事故・災害
レファレンスブック

日外アソシエーツ

Reference Books
of
Accidents and Disaster

Compiled by

Nichigai Associates, Inc.

©2015 by Nichigai Associates, Inc.

Printed in Japan

本書はディジタルデータでご利用いただくことが
できます。詳細はお問い合わせください。

●編集担当● 立木 茉梨
装 丁：赤田 麻衣子

刊行にあたって

　事故や災害について調査する際の基本となる参考図書には、事典・辞書はもちろん、年鑑や統計集、地図帳など多様な種類があるが、それらの中から目当てのものを探すのは難しい。本書は、事故や災害に関する参考図書を素早く探し出すことを目的とした図書目録である。

　小社では、参考図書を分野別に収録したツールとして、『福祉・介護 レファレンスブック』、『「食」と農業 レファレンスブック』、『動植物・ペット・園芸 レファレンスブック』、『児童書 レファレンスブック』、『環境・エネルギー問題 レファレンスブック』、『学校・教育問題 レファレンスブック』、『美術・文化財 レファレンスブック』、『歴史・考古 レファレンスブック』、『文学・詩歌・小説 レファレンスブック』、『図書館・読書・出版 レファレンスブック』を刊行した。本書はそれらに続くタイトルで、1,720 点の参考図書を収録した。全体を、事故・災害全般、自然災害、人為的災害・事故に分け、それぞれを参考図書のテーマに沿ってわかりやすく分類している。さらに書誌・事典・年鑑・年表・地図帳など形式ごとに分けて収録した。また、できる限り内容解説あるいは目次のデータを付記し、どのような調べ方ができるのかわかるようにした。巻末の索引では、書名、著編者名、主題（キーワード）から検索することができる。

　インターネットでの検索で、必要最低限のことがらをすぐに得られるようになった昨今だが、専門の年鑑や統計、事典に掲載されている詳細な情報が、より高い信頼性を持っていることは言うまでもない。本書が、事故や災害についての参考図書を調べるツールとして、既刊と同様にレファレンスの現場で大いに利用されることを願っている。

　2015 年 6 月

日外アソシエーツ編集部

凡　　例

1．本書の内容

　　本書は、事故・災害に関する書誌、事典、ハンドブック、法令集、年鑑、統計集など参考図書の目録である。収録した図書には、できる限り内容解説あるいは目次を付記し、どのような参考図書なのかがわかるようにした。

2．収録の対象

　　1990 年（平成 2 年）から 2014 年（平成 26 年）に日本国内で刊行された、事故・災害に関する参考図書 1,720 点を収録した。必要に応じて、複数の見出しの下に収録した図書もある。

3．見出し

（1）全体を「事故・災害」「自然災害」「人為的災害・事故」に大別し、大見出しを立てた。

（2）上記の区分の下に、各参考図書の主題によって分類し、72 の中見出し・小見出しを立てた。

（3）同一主題の下では、参考図書の形式別に分類し「書誌」「年表」「事典」「辞典」「名簿・人名事典」「ハンドブック」「法令集」「図鑑・図集」「地図帳」「年鑑・白書」「統計集」の小見出しを立てた。

4．図書の排列

　　同一主題・同一形式の下では、書名の五十音順に排列した。

5．図書の記述

　　記述の内容および記載の順序は以下の通りである。
　　書名／副書名／巻次／各巻書名／版表示／著者表示／出版地（東京以外を表示）／出版者／出版年月／ページ数または冊数／大き

さ／叢書名／叢書番号／注記／定価（刊行時）／ISBN（Ⓘで表示）
／NDC（Ⓝで表示）／目次／内容

6．索　引

（1）書名索引

　　各参考図書を書名の五十音順に排列し、所在を掲載ページで示し
た。

（2）著編者名索引

　　各参考図書の著者・編者を姓の五十音順、名の五十音順に排列し、
その下に書名と掲載ページを示した。機関・団体名は全体を姓とみ
なして排列した。

（3）事項名索引

　　本文の各見出しに関するテーマなどを五十音順に排列し、その見
出しと掲載ページを示した。

7．典拠・参考資料

　　各図書の書誌事項は、データベース「bookplus」およびJAPAN/
MARCに拠った。内容解説はできるだけ原物を参照して作成した。

目　　次

事故・災害

事故・災害全般 ……………………… 1
災害史 …………………………………… 4
災害時の対応 ………………………… 9
　災害救助 …………………………… 10
　交通・運輸 ………………………… 13
　情報 ………………………………… 14
　災害弱者問題 ……………………… 15
災害復旧・復興 ……………………… 17
　被災者のメンタル・ケア ………… 18
　法令 ………………………………… 19
防災・危機管理全般 ………………… 19
　家庭・住宅の防災 ………………… 25
　企業の防災・危機意識 …………… 28
　各種施設の防災 …………………… 29
　地域の防災 ………………………… 34
　国家の防災行政 …………………… 38
　法令 ………………………………… 49

自然災害

自然災害全般 ………………………… 53
　自然災害対策・災害復旧 ………… 59
農林水産業被害 ……………………… 60
気象災害全般 ………………………… 62
　気象災害史 ………………………… 65
風水害 ………………………………… 69
　台風 ………………………………… 69
　風害 ………………………………… 70
　水害 ………………………………… 70
　　水害予防・対策 ………………… 71
　雪害 ………………………………… 72
地殻変動災害全般 …………………… 73
　地震・火山全般 …………………… 73

地盤災害全般 ………………………… 73
地震 …………………………………… 73
　各地の地震・震災と復旧 ………… 74
　　北海道 …………………………… 75
　　東北地方 ………………………… 75
　　関東地方 ………………………… 78
　　中部・北陸地方 ………………… 79
　　近畿地方 ………………………… 80
　　四国地方 ………………………… 84
　　外国 ……………………………… 84
　地震学 ……………………………… 85
　震災時の対応 ……………………… 86
　地震対策・震災対策 ……………… 88
噴火・火山活動 ……………………… 90
　火山活動研究 ……………………… 91
　各地の火山 ………………………… 91

人為的災害・事故

人為的災害・事故全般 ……………… 93
公害 …………………………………… 95
　水質汚染 …………………………… 97
産業災害 …………………………… 100
　原子力・放射線災害 …………… 102
　製品事故 ………………………… 113
　労働災害 ………………………… 119
　　職業病とその予防 …………… 137
　　労働災害時の補償 …………… 139
　労働安全衛生 …………………… 146
　　労働安全衛生法 ……………… 149
　　安全管理 ……………………… 158
　　危険物取扱・保管 …………… 160
　　健康管理・産業保険 ………… 165
医療・介護・看護事故 …………… 167
　医療・介護・看護事故防止 …… 168

交通事故 ………………………… *169*

　陸上交通事故 ………………… *173*

　　自動車事故 ………………… *174*

　　鉄道事故 …………………… *191*

　水上交通事故 ………………… *193*

　航空交通事故 ………………… *200*

火災 ……………………………… *202*

　火災対策 ……………………… *202*

　消防 …………………………… *204*

　各地の火災と消防 …………… *216*

書名索引 ………………………… *219*

著編者名索引 …………………… *243*

事項名索引 ……………………… *279*

(7)

事故・災害

事故・災害全般

＜書 誌＞

災害文献大事典　1945（昭和20）年～2008（平成20）年　文献情報研究会編著，千川剛史監修　日本図書センター　2009.6　667p　27cm　〈年表あり 索引あり〉　18000円　Ⓘ978-4-284-50131-6　Ⓝ369.3

Ⓒ内容「災害」に関するテーマを含んだ約4000点の文献（図書）を集め，主要な文献約3200点には，その内容を示すために略目次を収録。リーフレットなどの小冊子や雑誌の特集号を含む場合もある。

災害・防災の本全情報　45-95　日外アソシエーツ，紀伊国屋書店〔発売〕　1995.11　924p　21cm　29500円　Ⓘ4-8169-1333-5

Ⓜ目次災害・防災全般，自然災害，人為的災害

Ⓒ内容1945～95年6月に刊行された災害・防災に関する図書1万6000点を集めた図書目録。「災害・防災全般」「自然災害」「人為的災害」の3部に分けて主題別に排列する。ただし戦争災害に関する図書は収録対象外。巻末に事項名索引がある。

災害・防災の本全情報　1995-2004　日外アソシエーツ編　日外アソシエーツ，紀伊國屋書店〔発売〕　2005.4　822p　21cm　28500円　Ⓘ4-8169-1909-0

Ⓜ目次災害・防災の本全情報（災害・防災全般，自然災害，人為的災害），事項名索引

Ⓒ内容阪神淡路大震災より10年，災害の恐ろしさを知り，備えるための図書16210点を収録。1995年から2004年12月までに国内で刊行された災害・防災に関する図書を集大成。地震、台風などの自然災害から、工場火災、鉄道事故などの人為的災害までを対象とし事故原因報告書からルポルタージュ、政府・自治体の防災計画書までを幅広く収録。

災害・防災の本全情報　2004-2012　新潟県中越地震から東日本大震災まで　日外

アソシエーツ株式会社編集　日外アソシエーツ，紀伊国屋書店（発売）　2012.8　751p　22cm　〈索引あり〉　28500円　Ⓘ978-4-8169-2376-0　Ⓝ369.3

Ⓜ目次災害・防災全般，自然災害，人為的災害

Ⓒ内容災害を忘れず，備えるための図書14,238点。2004年11月から2012年5月までに日本国内で刊行された災害・防災に関する図書を集成。地震・台風などの自然災害から、原発事故・鉄道事故などの人為的災害までを対象とし、事故調査報告書、解説書、写真集、ルポルタージュ、体験記、防災計画書など幅広く収録。

統計図表レファレンス事典　事故・災害　日外アソシエーツ株式会社編　日外アソシエーツ，紀伊国屋書店（発売）　2011.9　215p　21cm　8800円　Ⓘ978-4-8169-2336-4　Ⓝ350.31

Ⓒ内容調べたいテーマについての統計図表が、どの資料の、どこに、どんなタイトルで掲載されているかをキーワードから調べられる。1997年（平成9年）から2010年（平成22年）までに日本国内で刊行された白書・年鑑・統計集385種を精査。事故・災害に関する表やグラフなどの形式の統計図表2,951点を収録。

＜事 典＞

これだけは知っておきたい! 山村流災害・防災用語事典　山村武彦著　ぎょうせい　2011.5　369p　19cm　〈文献あり 索引あり〉　2190円　Ⓘ978-4-324-09271-2　Ⓝ519.9

Ⓜ目次第1章 地震編，第2章 津波編，第3章 台風・水害・落雷・竜巻編，第4章 土砂災害編，第5章 火災・消防編，第6章 火山・噴火編，第7章 豪雪・雪崩編，第8章 気象関係用語編，第9章 災害・防災に係る主な法令，第10章 その他の防災関係用語

Ⓒ内容重要用語については意味だけでなく、過去の災害事例や災害が起きるメカニズムなどの関連解説も充実。

リスク学事典　日本リスク研究学会編　ティ

事故・災害レファレンスブック　1

ビーエス・ブリタニカ 2000.9 375p
26cm 8500円 Ⓘ4-484-00407-0 Ⓝ369.3
Ⓣ第1章 リスク学の領域と方法，第2章 健康
被害と環境リスクへの対応，第3章 自然災害と
都市災害への対応，第4章 高度技術リスクと技
術文明への対応，第5章 社会経済的リスクとリ
スク対応社会，第6章 リスク評価の科学と方法，
第7章 リスクの認知とコミュニケーション，第
8章 リスクマネジメントとリスク政策
Ⓝ防災科学、公衆衛生、環境医学等をふま
えて総合的政策科学としてのリスク学を解説す
る事典。リスク学の領域は8章に分け、章ごと
のはじめに概説を配し、章全体が見渡せるよう
に記述する。概説に続く中項目は117項目を採
録し各章15前後で構成し、原則見開き2頁で解
説する。巻末に専門用語・特定用語を解説する
用語集（小項目）を掲載。索引用語には英文を併
記した。付録としてリスク研究関連ホームペー
ジ一覧を掲載する。

リスク学事典 増補改訂版 日本リスク研究
学会編 阪急コミュニケーションズ 2006.7
10,423p 26cm 9000円 Ⓘ4-484-06211-9
Ⓣ第1章 リスク学の領域と方法，第2章 健康
被害と環境リスクへの対応，第3章 自然災害と
都市災害への対応，第4章 高度技術リスクと技
術文明への対応，第5章 社会経済的リスクとリ
スク対応社会，第6章 リスク評価の科学と方法，
第7章 リスクの認知とコミュニケーション，第8
章 リスクマネジメントとリスク政策，第9章 リ
スク対応の新潮流
Ⓝ鳥インフルエンザ、エイズ、牛海綿状脳
症（BSE）、ダイオキシン、産業廃棄物、土壌・
水質汚染、食品添加物、モラル・ハザード、地
震、地球温暖化、遺伝子組換え、環境ホルモン、
医療上リスク、金融リスクなど―さまざまな危
険現象を取り上げ、その最新の研究成果と対応
策を解説。

＜ハンドブック＞

災害対策全書 1 災害概論 ひょうご震災
記念21世紀研究機構災害対策全書編集企画委
員会編 ひょうご震災記念21世紀研究機構災
害対策全書編集企画委員会，ぎょうせい（制
作・発売） 2011.5 487p 31cm 〈他言語
標題：Handbook of disaster management
年表あり〉 5714円 Ⓘ978-4-324-80041-6
Ⓝ369.3
Ⓣ第1章 災害概論，第2章 災害と復興の歴

史，第3章 災害・防災関連法規，第4章 災害・防
災関連組織，第5章 災害・防災関連研究所，第
6章 世界と日本の災害年表
Ⓝ多発する「自然災害」「人為災害」のリス
クに「いかに備える」か! 災害と防災対策、危
機管理を学ぶ総合テキスト。

**発達科学ハンドブック 7 災害・危機と
人間** 日本発達心理学会編，矢守克也，前川
あさ美責任編集 新曜社 2013.12 307p
21cm （発達科学ハンドブック 7） 3400円
Ⓘ978-4-7885-1365-5 Ⓝ143,369.3
Ⓣ第1部 総括編（臨床・発達からみた災害・
危機，社会・文化からみた災害・危機），第2部
領域編：人間を取りまくさまざまな災害・危機
（自然災害，原子力災害（人災、福島、チェルノ
ブイリ）ほか），第3部 キーワード編：災害・危
機を解き明かす（愛着，解離性障害 ほか），第4
部 事例編（乳幼児の事例，学齢期の事例 ほか）
Ⓝ「災害・危機」という経験は、個人や関係
の発達にどのような影響を与えていくのか? 私
たちはどのように災害・危機とむきあい、つき
あうことが可能になるのか?

＜統計集＞

**災害と防災・防犯統計データ集 2012年
版** 三冬社編集部編 三冬社 2011.10
308p 30cm 〈年表あり〉 14800円
Ⓘ978-4-904022-75-7 Ⓝ369.3
Ⓝ災害対策の提案に役立つ保存版データ集。
日本・世界の災害史、気象による災害、火災と
消防防災、防災意識アンケート、日本・世界の
原子力事故、犯罪・交通事故の推移など、防災
に役立つデータを収録。

**データでみる県勢 日本国勢図会地域統計
版 1999年版** 第8版 矢野恒太記念会編
国勢社 1998.12 510p 21cm 2816円
Ⓘ4-87549-318-5
Ⓣ第1部 府県のすがた（北海道・東北地方，
関東地方，北陸・中部地方，近畿地方，中国・
四国地方，九州・沖縄地方），第2部 府県別統
計（国土・人口，労働，資源・エネルギー，産
業，金融・財政，運輸・通信・マスコミ，社会・
文化，公害と災害・事故），第3部 市の統計（面
積・人口，労働・産業，商業・金融・財政，生
活），第4部 町村の統計
Ⓝ最新の統計データをもとに地方の社会・
経済情勢を明らかにしたデータブック。47都道
府県の現状を代表的な統計指標で示し、多数の

社会・経済統計により府県別の比較を行い、全国670市、東京23区、2562町村主要統計を掲載。

データでみる県勢 日本国勢図会地域統計版 2000年版 第9版 矢野恒太記念会編
国勢社 1999.12 510p 21cm 2816円 ⓘ4-87549-319-3

(目次)第1部 府県のすがた，第2部 府県別統計（国土・人口，労働，資源・エネルギー，産業，金融・財政，運輸・通信・マスコミ，社会・文化，公害と災害・事故），第3部 市の統計（面積・人口，労働・産業，商業・金融・財政，生活），第4部 町村の統計

(内容)全国670市、東京23区、2562町村の主要統計を掲載したデータブック。47都道府県の現状を代表的な統計指標で示し、多数の社会・経済統計により府県別の比較を行っている。

データでみる県勢 2001年版 第10版 矢野恒太記念会編 国勢社 2000.12 510p 21cm 2571円 ⓘ4-87549-320-7 Ⓝ351

(目次)第1部 府県のすがた（北海道・東北地方，関東地方，北陸・中部地方，近畿地方 ほか），第2部 府県別統計（国土・人口，労働，資源・エネルギー，産業，金融・財政，運輸・通信・マスコミ，社会・文化，公害と災害・事故），第3部 市の統計（面積・人口，労働・産業，商業・金融・財政，生活），第4部 町村の統計（主要データ表）

(内容)地方の社会・経済情勢を示す最新の統計データを収録した統計集。第1部では47都道府県の現状を、経済指標、生活指標、等の統計指標と多数の社会・経済統計によって示し、第2部では国土・産業・社会・文化などの項目別に全国671市、東京23区、2558町村の主要統計を掲載する。巻末に索引がある。

データでみる県勢 2002年版 第11版 矢野恒太記念会編 矢野恒太記念会 2001.12 510p 21cm 2571円 ⓘ4-87549-321-5 Ⓝ351

(目次)第1部 府県のすがた（北海道・東北地方，関東地方，北陸・中部地方，近畿地方，中国・四国地方，九州・沖縄地方），第2部 府県別統計（国土・人口，労働，資源・エネルギー，産業，金融・財政，運輸・通信・マスコミ，社会・文化，公害と災害・事故），第3部 市の統計（面積・人口，労働・産業，商業・金融・財政，生活），第4部 町村の統計（主要データ表）

(内容)地方の社会・経済情勢を示す最新の統計データを収録した統計集。47都道府県の現状を

代表的な統計指標で示し、府県別の比較を行い、全国670市、東京23区、2557町村の主要統計を掲載する。

データでみる県勢 2003年版 第12版 矢野恒太記念会編 矢野恒太記念会 2002.12 510p 21cm 2571円 ⓘ4-87549-323-1 Ⓝ351

(目次)第1部 府県のすがた（北海道・東北地方，関東地方，北陸・中部地方，近畿地方，中国・四国地方，九州・沖縄地方），第2部 府県別統計（国土・人口，労働，資源・エネルギー，産業，金融・財政，運輸・通信・マスコミ，社会・文化，公害と災害・事故），第3部 市の統計（面積・人口，労働・産業，商業・金融・財政，生活），第4部 町村の統計

(内容)地方の社会・経済情勢を示す最新の統計データを収録した統計集。日本国勢図会の地域統計版。47都道府県の現状を代表的な統計指標で示し、多数の社会・経済統計により府県別の比較を行い、全国675市、東京23区、2543町村の主要統計を掲載する。府県別統計は国土・人口、労働、資源・エネルギー、産業などにわたる。巻末に索引がつく。

データでみる県勢 2004年版 第13版 矢野恒太記念会編 矢野恒太記念会 2003.12 510p 21cm 2571円 ⓘ4-87549-325-8

(目次)第1部 府県のすがた（北海道・東北地方，関東地方 ほか），第2部 府県別統計（国土・人口，労働 ほか），第3部 市の統計（面積・人口，労働・産業 ほか），第4部 町村の統計（主要データ表）

(内容)最新の統計データをもとに、地方の社会・経済情勢を明らかにしたデータブックの決定版。47都道府県の現状を代表的な統計指標で示し、多数の社会・経済統計により府県別の比較を行い、全国677市、東京23区、2513町村の主要統計を掲載。

データでみる県勢 2005年版 第14版 矢野恒太記念会編 矢野恒太記念会 2004.12 510p 21cm 2571円 ⓘ4-87549-327-4

(目次)第1部 府県のすがた（北海道・東北地方，関東地方，北陸・中部地方，近畿地方，中国・四国地方，九州・沖縄地方），第2部 府県別統計（国土・人口，労働，資源・エネルギー，産業 ほか），第3部 市の統計（面積・人口，労働・産業，商業・金融・財政，生活），第4部 町村の統計

(内容)47都道府県の現状を代表的な統計指標で示し、多数の社会・経済統計により府県別の比

較を行い、全国695市、東京23区、2405町村の主要統計を掲載。

データでみる県勢 2006年版 第15版 矢野恒太記念会編 矢野恒太記念会 2005.12 502p 21cm 2571円 ⓘ4-87549-329-0

(目次)第1部 府県のすがた(北海道・東北地方,関東地方,北陸・中部地方,近畿地方,中国・四国地方,九州・沖縄地方),第2部 府県別統計(国土・人口,労働,資源・エネルギー,産業,金融・財政,運輸・通信・マスコミ,社会・文化,公害と災害・事故),第3部 市の統計(面積・人口,労働・産業,商業・金融・財政,生活),第4部 町村の統計

(内容)最新の統計データをもとに、地方の社会・経済情勢を明らかにしたデータブックの決定版!!47都道府県の現状を代表的な統計指標で示し、多数の社会・経済統計により府県別の比較を行い、全国740市、東京23区、1637町村の主要統計を掲載。

データでみる県勢 日本国勢図会地域統計版 2007年版 第16版 矢野恒太記念会編 矢野恒太記念会 2006.12 494p 21cm 2571円 ⓘ4-87549-331-2

(目次)第1部 府県のすがた(北海道・東北地方,関東地方,北陸・中部地方,近畿地方,中国・四国地方,九州・沖縄地方),第2部 府県別統計(国土・人口,労働,資源・エネルギー,産業,金融・財政,運輸・通信・マスコミ,社会・文化,公害と災害・事故),第3部 市の統計(面積・人口,労働・産業,商業・金融・財政,生活),第4部 町村の統計(主要データ表,日本標準産業分類の改訂)

(内容)最新の統計データをもとに、地方の社会・経済情勢を明らかにしたデータブックの決定版。47都道府県の現状を代表的な統計指標で示し、多数の社会・経済統計により府県別の比較を行い、全国777市、東京23区、1044町村の主要統計を掲載。

データでみる県勢 2008年版 第17版 矢野恒太記念会編 矢野恒太記念会 2007.12 494p 21cm 2571円 ⓘ978-4-87549-333-4

(目次)第1部 府県のすがた(北海道・東北地方,関東地方,北陸・中部地方,近畿地方,中国・四国地方,九州・沖縄地方),第2部 府県別統計(国土・人口,労働,資源・エネルギー,産業,金融・財政,運輸・通信・マスコミ,社会・文化,公害と災害・自己),第3部 市の統計(面積・人口,労働・産業,商業・財政,行政・生

活),第4部 町村の統計

(内容)47都道府県の現状を代表的な統計指標で示し、多数の社会・経済統計により府県別の比較を行い、全国782市、東京23区、1022町村の主要統計を掲載。

災害史

＜書 誌＞

読書案内「昭和」を知る本 金融恐慌・闇市から高度成長・バブル経済へ 2 社会 日外アソシエーツ編集部編 日外アソシエーツ,紀伊國屋書店〔発売〕 2006.10 378p 21cm 6800円 ⓘ4-8169-2000-5

(内容)昭和時代の経済、社会、教育、事件・事故・災害に関する事項、法律・制度、人物、機関・団体、など261のキーワードと参考図書7327点を収録。

読書案内「戦国」を知る本 2 戦乱 天下太平までの合戦・事件 日外アソシエーツ株式会社編 日外アソシエーツ 2008.10 411p 21cm 7600円 ⓘ978-4-8169-2131-5 Ⓝ210.47

(目次)戦国時代全般,政治,合戦・災害,経済・社会,国際交流,戦国から太平へ

(内容)本書は、日本の戦国時代の政治・軍事・経済・社会を知るための243のテーマを設け、それぞれのテーマを解説するとともに、より深く学ぶための参考図書リストを付したものである。収録点数は7895点である。

読書案内 続・大事件を知る本 古代〜近世 日外アソシエーツ編 日外アソシエーツ,紀伊国屋書店〔発売〕 1999.9 331p 21cm 6600円 ⓘ4-8169-1565-6

(目次)合戦・内乱・政変,対外関係事件,一揆・民衆運動,弾圧事件,御家騒動,仇討ち事件,その他の社会事件,地震,噴火,大火,洪水・治水関連事件,飢饉

(内容)古代から19世紀末までに起きた日本史上の大事件に関する図書を集めた図書目録。古代から19世紀末までに発生した日本史上の大事件(災害・紛争を含む)216件を選定し、このうち関連図書を見つけることができた170件について、1945年以降1997年までに国内で刊行された関連図書3629冊を収録した。各事件には概要を示す解説を付す。図書の記述は、書名、副書名、巻次、各巻書名、著者表示、版表示、出版地、出

事故・災害　　災害史

版者、出版年月、ページ数または冊数、大きさ、叢書名、叢書番号、注記、定価、ISBN、NDC、内容など。事件名索引付き。

読書案内 大事件を知る本　日外アソシエーツ編　日外アソシエーツ，紀伊国屋書店〔発売〕　1997.12　426p　21cm　6800円　Ⓘ4-8169-1470-6

Ⓘ目次地震・津波，噴火，火災，気象災害，交通事故・交通関連事件，産業事故・産業災害，紛争・革命・政治事件，テロ事件・クーデター，思想弾圧事件，戦争犯罪・残虐行為，スパイ事件・機密漏洩事件，汚職・疑獄事件，経済事件，争議事件・ストライキ，学生運動・市民運動，暴動・騒乱事件，公害・薬害・医療事件，再審請求事件・冤罪疑惑の事件，宗教関連事件，その他の犯罪・社会事件

Ⓘ内容1901年から1955年までに発生した内外の大事件277件について，1945年以降1996年までに国内で刊行された関連の書籍4925冊を収録した図書目録。

<年表>

机上版 日本史年表　増補版　歴史学研究会編　岩波書店　1995.1　400p　21cm　3200円　Ⓘ4-00-001710-1

Ⓘ内容先史時代から1992年までを収録した日本史年表。横組み・見開きを西暦，和暦・干支，政治，社会・文化，天皇・官職，世界史の項目に分けて記載し，文化関係事項，災害関係事項の充実を図っている。五畿七道図ほかの付録，事項・人名4000項目から引ける索引がある。初版は1966年刊行で，1984年刊行の新版に1983年以降の事項を加えた増補版。

昭和史年表 年表で綴る昭和のあゆみ　第3版　神田文人編　小学館　1990.4　183p　21cm　1200円　Ⓘ4-09-376014-4

Ⓘ内容1年ごとの見開きで，昭和の64年間の流れを綴る。原因・結果・目的などの解説的要素をふやし，事件の持つ意味やその背景にもせまる。世界欄に日本と外国との交流欄を設け，来日外人や海外で活躍の日本人を多く紹介。社会欄には，スポーツ・事件・事故など一般に関心の深いことがらをくわしく掲載。世相欄を充実させ，流行語の意味と背景，流行歌と歌手，テレビ，物故者などを配列。

昭和・平成 現代史年表 大正12年9月1日～平成8年12月31日　神田文人編　小学館　1997.6　207p　21cm　1300円　Ⓘ4-09-

626073-8

Ⓘ内容収録範囲は，大正12年9月1日の関東大震災から平成8年12月31日までである。各項目については，原因・結果・背景・影響などにまで言及。索引には五十音索引，項目索引がある。

世界災害史事典 1945-2009　日外アソシエーツ編集部編　日外アソシエーツ　2009.10　484p　22cm　12000円　Ⓘ978-4-8169-2211-4　Ⓝ369.3

Ⓘ内容戦後から現在までの65年間に世界を揺るがせた大災害を一望。香港かぜ(1968)・チェルノブイリ原発事故(1986)・四川大地震(2008)，巨大災害を年月日順に一覧できる。ハリケーン，地震，異常寒波，干ばつのほか，大規模火災や鉱山事故，列車や航空機の事故，伝染病など，世界各地で発生した災害3200件を収録。巻末に，災害別，国・地域別に引ける便利な一覧付き。

中国災害史年表　佐藤武敏編　国書刊行会　1993.2　422,15p　26cm　15000円　Ⓘ4-336-03472-9　Ⓝ222.017

Ⓘ目次はじめに―中国災害史の編纂と研究(災害の記録の起源，災害史の編纂，近代における災害史の編纂と研究)，中国災害史年表，附 中国災害史研究文献目録

Ⓘ内容古代(秦初)から近代(清末)までを対象とした中国の災害史年表。正史にあらわれた災害を年代順に記載する。巻末には中国災害史研究文献目録を付す。

日本災害史事典 1868-2009　日外アソシエーツ編集部編　日外アソシエーツ　2010.9　665p　22cm　12000円　Ⓘ978-4-8169-2274-9　Ⓝ369.3

Ⓘ目次明治期(1868～1911年)，大正期(1912～1926年)，昭和2～20(1927～1945年)，21～30(1946～1955年)，31～40(1956～1965年)，41～50(1966～1975年)，51～63(1976～1988年)，平成1～10(1989～1998年)，11～21(1999～2009年)

Ⓘ内容明治から現在までの142年間に日本を揺るがせた大災害を一望。台風，地震，噴火，雪崩のほか，火災，鉱山事故，鉄道・航空事故，原発事故，公害，伝染病，薬害事故など日本各地で発生した災害4557件を収録。巻末に，災害別，都道府県別に引ける便利な一覧付き。

日本災変通志　池田正一郎著　新人物往来社　2004.12　746p　22cm　28000円　Ⓘ4-404-03190-4　Ⓝ210.17

Ⓘ目次古代(西暦一九三・七九三);上代 平安朝

事故・災害レファレンスブック　5

災害史　　　　　　　事故・災害

時代前期(七九四‐九三八);上代 平安朝時代後期(九三九‐一一八四);中世 鎌倉時代(源氏・北条氏)(一一八五‐一三三〇);中世 南北朝時代(一三三一‐一三九二);中世 室町時代(足利将軍時代)(一三九三‐一四六五);中世 戦国時代(一四六六‐一五九五);近世 江戸時代前期(一五九六‐一七七一);近世 江戸時代後期(一七七二‐一八七七)

(内容)地震は突然やってくる。西暦一九三年〜一八七七年まで。厖大な史料・文献から、日本に起こったあらゆる災害を調べ尽くした必備書。

年表昭和・平成史 1926-2011　中村政則,森武磨編　岩波書店　2012.7　94p　21cm
（岩波ブックレット No.844）　640円
Ⓘ978-4-00-270844-7　Ⓝ210.7
(目次)1926‐1945,1945‐1959,1960‐1972,1973‐1989,1989‐2011

(内容)激動の「昭和」64年間と「平成」15年までの政治・経済・社会の主要な出来事を、1年1頁でコンパクトにまとめて定評のあった『年表昭和史増補版』に、2011年までを加え、新たに『年表昭和・平成史』とした。戦争から高度成長、そして東日本大震災まで、時代の動きが一目で分かる。

<事　典>

江戸東京学事典　新装版　小木新造, 陣内秀信, 竹内誠, 芳賀徹, 前田愛ほか編　三省堂　2003.3　1052,34p　21cm　4800円　Ⓘ4-385-15388-4
(目次)都市空間(都市のイメージ, 自然史と地形 ほか), 江戸東京の日常(江戸東京考古学, 生活意識 ほか), 都市文化(コミュニケーション, 江戸ことば・東京ことば ほか), 災害と病い(地震・噴火・津波, 関東大震災 ほか)

(内容)江戸開府以来400年の「江戸」と「東京」を解説した、唯一の都市学事典。江戸東京を読み解く1100項目を立項。歴史・経済・社会・文学・建築など264名の専門家が執筆。理解を深めるための写真や図・グラフを豊富に掲載。(カラー図版200点、モノクロ図版500点、表・グラフ100点)巻末に江戸東京の地図、地名の変遷、伝統工芸、年中行事、読書案内、タウン誌案内、年表などを収録。

NHK20世紀日本 大災害の記録　藤吉洋一郎監修, NHK情報ネットワーク, NHKソフトウェア編　日本放送出版協会　2002.6　286p　28×22cm　4500円　Ⓘ4-14-007205-9

Ⓝ369.3

(目次)地震・噴火編(濃尾地震, 三陸地震津波, 芸予地震, 桜島大噴火, 秋田仙北地震 ほか), 台風・異常気象編(関東大水害, 関東大水害, 室戸台風, 阪神大水害, 枕崎台風 ほか)

(内容)NHKのDVD『20世紀日本の大災害』写真による自然災害記録集。地震・噴火編と台風・異常気象編の2編から構成、地震・火山関連の43災害と、台風・異常気象関連の44災害を収録する。各災害を年代順に排列、NHKのDVD『20世紀日本の大災害』から抜き焼きした写真を多数掲載、一覧表にまとめた被害データとともに、災害について解説を加えている。DVDに収録されている災害の教訓15本、防災知識8本も掲載。DVDとは別に、災害に関連した用語や現状をまとめた「防災一口メモ」や、災害に関連するテーマを紹介したコラムを掲載する。

環境・災害・事故の事典　平野敏右編集代表, 黒田勲, 小林恭一, 駒宮功額ほか編　丸善　2001.3　994p　26cm　25000円　Ⓘ4-621-04872-4　Ⓝ519.9
(目次)環境問題, 宇宙開発関係事故, 航空機事故, 鉄道事故, 船舶事故, 産業災害, 火災, 地震・津波災害, 火山噴火災害, 風水害, 寒波・雪害, 熱波・干ばつ

(内容)過去に起きた環境破壊や事故、災害についてまとめた事典。本文は事故・災害を11種に分類してまず年表をまとめ、関連する用語を解説、国内外の事例を年代順に紹介・解説する。巻末に索引がある。

災害・事故事例事典　災害情報センター編　丸善　2002.9　495p　26cm　28000円　Ⓘ4-621-07092-4　Ⓝ369.3
(目次)化学物質関係事故, 一般火災, 鉄道事故, 自動車事故, 航空機事故, 船舶事故, 原子力・放射線関係事故, 宇宙開発関係事故, コンピューター・システム障害, 大規模停電, 崩壊事故, 医療事故, その他の人為災害―製品事故, 群集雑踏事故など, 風水害, 寒波・大雪・雪崩, 地震津波災害, 火山災害

(内容)死傷者や損害が大きく、社会的な注目を集めた大災害・事故を収録した事典。各項目の原因や災害対象別に分類して構成する。発生日、発生地、関係者、形態、経過概要、人的被害、法的措置などを解説。巻末に雑誌、ニュース源、公的情報源をまとめた情報源リストが付く。

事故・災害 日本と世界の主要全事故・災害総覧 92年版　溝川徳二編　（東村山）

6　事故・災害レファレンスブック

教育社 1992.7 1025p 18cm （Newton DATABASE） 2000円 ①4-315-51269-9

目次 日本編（大和時代～江戸時代，明治・大正，昭和元年～20年，昭和21年～40年，昭和41年～平成3年），外国編（古代～第2次世界大戦まで，第2次世界大戦後）

昭和災害史事典 1 日外アソシエーツ，紀伊国屋書店〔発売〕 1995.11 309p 21cm 9800円 ①4-8169-1336-X

内容 昭和62年間に発生した災害の概要を年表形式でまとめたもの。本巻では昭和2～20年の19年間に発生した災害1999件を収録する。各項目末に災害の規模を示すデータを明記。巻末に災害の種類別一覧，都道府県別一覧がある。

昭和災害史事典 3 日外アソシエーツ編集部編 日外アソシエーツ，紀伊国屋書店〔発売〕 1993.7 607p 21cm 13800円 ①4-8169-1192-8 Ⓝ369.3

内容 昭和期62年間に発生した各種災害を年表形式で構成したもの。第2回配本の本書は，昭和36年から昭和45年まで，日本の高度成長期の10年間に発生した第2室戸台風（昭和36年），新潟地震（昭和39年）などの天災，三河島事故（昭和37年），鶴見事故（昭和38年），三池炭鉱坑内爆発（昭和38年），カネミ油症事件（昭和43年），光化学スモッグ被害などの人災，計3104件を収録、巻末に災害別一覧，都道府県一覧を付す。

昭和災害史事典 4 昭和46年～昭和55年 日外アソシエーツ，紀伊国屋書店〔発売〕 1995.2 553p 21cm 14800円 ①4-8169-1283-5

内容 昭和年間に発生した災害の概要を示した事典。5巻構成で，本巻には昭和46年から55年に発生した天災及び人災2750件を収録。発生日順に排列，月日が確定できないものも推定年の末尾に収録した。災害の規模を示すデータを各項目末に示す。各巻に災害の種類別・発生都道府県別一覧を付すほか，別巻の総索引を付す。

昭和災害史事典 5 昭和56年～昭和63年 日外アソシエーツ，紀伊国屋書店〔発売〕 1995.7 453p 21cm 14800円 ①4-8169-1312-2

内容 昭和62年間に発生した災害の概要を年表形式でまとめたもの。本巻では昭和56～63年の8年間に発生した災害2004件を収録する。各項目末に災害の規模を示すデータを明記。巻末に災害の種類別一覧，都道府県別一覧がある。

昭和災害史事典 総索引 日外アソシエーツ，紀伊国屋書店〔発売〕 1995.11 342p 21cm 8000円 ①4-8169-1337-8

内容 「昭和災害史事典」1～5巻に収録された災害1万2091件の総索引。災害名を見出しとし，その発生年月日を指示する。見出しの排列は五十音順。

昭和災害史年表事典 2 昭和21年～昭和35年 日外アソシエーツ編集部編 日外アソシエーツ，紀伊国屋書店〔発売〕 1992.6 426p 21cm 8800円 ①4-8169-1138-3 Ⓝ210.7

内容 昭和期62年間に発生した各種災害を年表形式で再現。第1回配本の本書は，戦後も間もない昭和21年から，復興期を経て高度成長が始まる昭和35年までに発生した南海地震（昭和21），洞爺丸台風（昭和29），阿蘇山中岳大爆発（昭和33）などの天災，および米軍池子弾薬庫爆発（昭和22），三鷹事件（昭和24），鳥取大火（昭和27），漁船第5福竜丸被曝（昭和29），森永砒素ミルク中毒（昭和30）などの人災，計2234件を収録，巻末に災害別一覧，都道府県別一覧を付す。

戦後史大事典 佐々木毅，鶴見俊輔，富永健一，中村政則，正村公宏，村上陽一郎編 三省堂 1991.3 1143p 26cm 〈付：ダイアリー〉 15000円 ①4-385-15430-9 Ⓝ210.76

目次 歴史と思想，政治，経済・産業，社会・生活・環境，科学技術・医療，学術・文化，メディアと大衆文化，災害と事件

内容 1945年8月15日から1990年までの45年間について約3,000項目を選び解説した五十音順による事典。中項目主義，写真・グラフ・図等を掲載，項目によっては参考文献を示す。巻頭に分野別目次，年代別目次を置き，巻末資料編は事項索引・人名索引・戦後史年表・戦後史文献解題（戦後日本 1945～56，戦後日本 1957～90，世界のみた戦後日本 1945～90）のほか，主要政党系統図等15の諸表を収める。

日本歴史災害事典 北原糸子，松浦律子，木村玲欧編 吉川弘文館 2012.6 838,29p 23×16cm 15000円 ①978-4-642-01468-7

目次 特集 東日本大震災，1 災害，2 災害と現代社会，3 災害の歴史，4 歴史災害，災害基本用語

内容 貞観年間から2011年まで，日本列島を襲った地震・津波・噴火・台風・火災などの災害を収録。人文・社会科学，理・工学など関連分野

災害史　　　　　　　　　　　　　　　　事故・災害

の第一人者を結集し、災害のメカニズム・被害・復興・防災などの総合的な視点から書き下ろす。個別の災害項目に加え、専門用語解説・コラムも充実。これからの防災・復興を考えるための画期的"災害総合事典"。

平成災害史事典　平成元年～平成10年
　日外アソシエーツ編集部編　日外アソシエーツ，紀伊国屋書店〔発売〕　1999.5　647p　21cm　15000円　①4-8169-1541-9

(目次)昭和64年・平成元年(1989)―(おたふくかぜ大流行，ガスタンク爆発 ほか)，平成2年(1990)―(ロック観客将棋倒し，レジャーヘリ不時着 ほか)，平成3年(1991)―(広島新交通システム工事現場橋げた落下，プラント爆発 ほか)，平成4年(1992)―(マンション外壁落下，米軍基地内で爆発 ほか)，平成5年(1993)―(平成5年釧路沖地震，円教院全焼 ほか)，平成6年(1994)―(東燃川崎工場火災，中華航空機墜落ほか)，平成7年(1995)―(阪神・淡路大震災，水蒸気爆発 ほか)，平成8年(1996)―(下水道工事現場土砂崩れ，豊浜トンネル崩落事故 ほか)，平成9年(1997)―(ナホトカ号重油流失事故，自衛隊ヘリコプター墜落 ほか)，平成10年(1998)―(特養老人ホームでインフルエンザ，海上保安本部ヘリコプター墜落 ほか)

(内容)平成元年(1989)から平成10年(1998)までに発生した災害3574件を年表形式で収録した事典。台風，豪雨，豪雪，噴火，地滑り，雪崩などの自然災害(天災)，および火災，工場・鉱山災害，各種交通機関の事故，公害・被曝，伝染病，食中毒，薬害・医療事故，山岳遭難，戦争災害などの社会的災害(人災)を収録の対象とした。災害別一覧，都道府県別一覧付き。

平成災害史事典　平成11年～平成15年
　日外アソシエーツ編集部編　日外アソシエーツ，紀伊國屋書店〔発売〕　2004.5　407p　21cm　12500円　①4-8169-1845-0

(目次)平成11年(1999)(古タイヤ炎上，患者取り違えて手術 ほか)，平成12年(2000)(特養ホームでインフルエンザ集団感染，生体用ボンド使い患者死亡 ほか)，平成13年(2001)(貨物船沈没，タンクローリー横転 ほか)，平成14年(2002)(世田谷区の病院でセラチア菌院内感染，トレーラータイヤ脱落事故 ほか)，平成15年(2003)(特別養護老人ホームで肺炎死，輸血でE型肝炎感染 ほか)

(内容)山陽新幹線トンネルでコンクリート塊落下(11年)，東海村臨界事故(11年)，航空自衛隊ジェット練習機墜落(11年)など，平成11年か

ら平成15年までの5年間に発生した天災から人災まで各種災害2086件を年表形式で再現。

平成災害史事典　平成16年～平成20年
　日外アソシエーツ編集部編　日外アソシエーツ，紀伊國屋書店〔発売〕　2009.3　451p　22cm　13000円　①978-4-8169-2167-4　Ⓝ369.3

(目次)平成16年(2004)(JAS機車輪故障，鳥インフルエンザ発生 ほか)，平成17年(2005)(ノロウイルス集団感染，ショッピングセンターで乳児殺害 ほか)，平成18年(2006)(JR下関駅放火で在来線不通，老人施設全焼 ほか)，平成19年(2007)(風力発電機倒壊，3歳児歩道橋から投げられ負傷 ほか)，平成20年(2008)(タミフル耐性ウイルス集団感染，イージス艦「あたご」衝突事故 ほか)

(内容)平成16年から平成20年までの5年間に発生した台風・地震・事故など災害2,367件を日付順に掲載。

平成災害史事典　平成21年～平成25年
　日外アソシエーツ編集部編　日外アソシエーツ，紀伊國屋書店〔発売〕　2014.3　493p　22cm　13000円　①978-4-8169-2462-0　Ⓝ369.3

(目次)平成21年(2009)(多剤耐性菌に集団感染，ロボット型おもちゃで怪我 ほか)，平成22年(2010)(おでんパックに縫い針，化学工場で爆発 ほか)，平成23年(2011)(鳥インフルウイルス検出，新燃岳噴火 ほか)，平成24年(2012)(豪雪，倉敷海底トンネル事故 ほか)，平成25年(2013)(マダニによる感染被害，風疹大流行ほか)

(内容)平成21年から平成25年までの5年間に発生した台風・地震・事故など災害2,389件を日付順に掲載。

＜ハンドブック＞

災害・引揚・共同募金基本資料　第1巻
　災害救助 1　柏書房　2014.12　395p　27cm　(資料集戦後日本の社会福祉制度 5)　〈解説：寺脇隆夫 浅井純二　「木村忠二郎文書資料」(日本社会事業大学図書館所蔵)の複製〉　①978-4-7601-4431-0,978-4-7601-4430-3　Ⓝ369.3

災害・引揚・共同募金基本資料　第2巻
　災害救助 2　柏書房　2014.12　539p　27cm　(資料集戦後日本の社会福祉制度 5)

8　事故・災害レファレンスブック

〈解説：寺脇隆夫 浅井純二 「木村忠二郎文書資料」（日本社会事業大学図書館所蔵）の複製〉 Ⓘ978-4-7601-4432-7,978-4-7601-4430-3 Ⓝ369.3

災害・引揚・共同募金基本資料 第3巻
　災害救助 3 柏書房 2014.12 477p 27cm （資料集戦後日本の社会福祉制度 5）〈解説：寺脇隆夫 浅井純二 「木村忠二郎文書資料」（日本社会事業大学図書館所蔵）の複製〉 Ⓘ978-4-7601-4433-4,978-4-7601-4430-3 Ⓝ369.3

＜地図帳＞

古地図が語る大災害 絵図・瓦版で読み解く大地震・津波・大火の記憶 本渡章著 （大阪）創元社 2014.12 158p 21cm 〈文献あり 索引あり〉 2000円 Ⓘ978-4-422-25078-6 Ⓝ210.17
　Ⓣ第1章 地震と津波の国で，第2章 古地図にみる南海トラフ大地震，第3章 関西の大地震・大津波，第4章 日本史上最大級の地震の記憶，第5章 京阪神の大水・大火，その教訓，第6章 記憶の伝え方
　Ⓝ古代から近代までの古地図・瓦版等を題材に，歴史上繰り返されてきた大災害の記録を読み解き，人の営みと教訓に学ぶ。大災害を生き延びた人々が書き残してきたメッセージ。折込み付録・新雕大坂細見全図，大坂大津浪図，大阪今昔三度の大火，災害モニュメント探訪記。

地図でみる東日本の古代 律令制下の陸海交通・条里・史跡 島方洸一企画・編集統括，立石友男編集主幹，金田章裕，木下良，井村博宣，落合康浩編集委員 平凡社 2012.10 310p 38cm 〈布装 文献あり 索引あり〉 14000円 Ⓘ978-4-582-46703-1 Ⓝ210.3
　Ⓣ総説，東海道，東山道，坂東，奥羽，北陸道，挿入図一覧，参考資料（日本海，北海道，地形図図式，参考文献），索引（五十音順索引，難読名称一覧）
　Ⓝ奈良・平安時代の主要な道路を明治期の五万分一地形図で網羅し，2011年の東北地方太平洋沖地震による津波浸水範囲を詳細に記載するなど，自然災害との関連性をも考察できる。古代日本における農村計画の基礎を築いた条里地割を旧版地形図判読により明らかにし，条里呼称についての研究成果も採録。国名，郡名は

もちろん，郷名までも収録し，国府，郡家，駅家といった古代施設も掲載。さらに関連遺跡，古墳，貝塚をも収録。

＜年鑑・白書＞

災害・事故年鑑 平成12年版 災害情報センター編 丸善 2000.9 362p 26cm 〈付属資料：CD-ROM1〉 15000円 Ⓘ4-621-04785-X Ⓝ369.3
　Ⓣ風水害，竜巻，落雷，寒波・大雪・雪崩，熱波，土砂災害，地震，火災，爆発事故，中毒事故，自動車事故，航空機事故〔ほか〕
　Ⓝ平成11年中の災害・事故の情報を整理・収録した年鑑。今版では，東海村核燃料臨界事故，新幹線トンネルのコンクリート落下事故，H2ロケット打ち上げ失敗などの重要事例について，経過や原因，対策について解説を加えている。

災害・事故年鑑 CD‐ROM付 平成13年版 災害情報センター編 丸善 2001.9 311p 26cm 〈付属資料：CD‐ROM1〉 20000円 Ⓘ4-621-04907-0 Ⓝ369.3
　Ⓣ火災・爆発事故，漏洩・中毒事故，船舶事故，鉄道事故，自動車事故，航空機事故，崩壊・破壊事故，原子力，放射線関係事故，宇宙開発関係事故，医療事故，製品事故，大規模停電，コンピューター、システム障害，風水害，寒波・大雪・雪崩，地震災害，火山災害，土砂災害，付録—情報源リスト
　Ⓝ平成12年中の災害・事故の情報を整理・収録した年鑑。日比谷線脱線，日進化工のヒドロキシルアミン爆発，コンコルド機墜落，雪印食中毒，などの事故・事件を解説。

災害時の対応

＜ハンドブック＞

災害対策全書 2 応急対応 ひょうご震災記念21世紀研究機構災害対策全書編集企画委員会編 ひょうご震災記念21世紀研究機構災害対策全書編集企画委員会，ぎょうせい（制作・発売） 2011.5 501p 31cm 〈他言語標題：Handbook of disaster management 年表あり〉 5714円 Ⓘ978-4-324-80042-3 Ⓝ369.3
　Ⓣ第1章 災害発生時の初動対応，第2章 被災者，被災地の災害医療，第3章 応急復旧対策，第

4章 被災者の救助、救援対策，第5章 生活、経済の緊急復旧，資料 阪神・淡路大震災の復旧・復興年表

(内容)災害発生時に行政や企業、地域が何をすべきか。災害と防災対策、危機管理を学ぶ総合テキスト。

『避難所』から『被災者支援拠点』へ 多様なニーズに応える・備えるために 日本財団次の災害に備える企画実行委員会編 日本財団次の災害に備える企画実行委員会 2014.3 72p 30cm 非売品 Ⓝ369.3

◆災害救助

＜事 典＞

災害医学用語事典 和・英・仏・西語 S.W.A.Gunn著，青野允ほか監訳 へるす出版 1992.9 109p 26cm 〈原書名：原書名：Multilingual dictionary of disaster medicine and international relief.〉 4500円 Ⓘ4-89269-181-X

(内容)国際的災害医療対策従事者を利用対象とし、災害医学分野の用語、単位・度量衡、略語を収録。五十音順排列（略語はアルファベット順）。アラビア語の訳を付す。また巻末に英文索引がある。

新救急救命士医学用語辞典 安田和弘編著，山本保博監修 へるす出版 2009.9 737p 19cm 〈索引あり〉 6200円 Ⓘ978-4-89269-637-4 Ⓝ490.33

(内容)救急救命士の教育および現場業務に欠かすことのできない医学関係用語2052語を選び解説。国家試験に出る重要用語は太字で表現し、ひと目でポイントがわかるよう重要解説部分はカラーで強調。同義語・類義語等も豊富に収載。

＜ハンドブック＞

救急実務ハンドブック 改訂版 救急問題研究会編，東京消防庁救急部監修 全国加除法令出版 1991.3 890p 19cm 3200円 Ⓘ4-421-00538-X

(目次)基本法令（消防組織法 抄，消防法 抄，地方自治法 抄），条例・規則（救急業務等に関する条例，救急業務等に関する条例施行規則），規程・要綱，救急医療機関，救急医療対策，東京消防庁救急業務懇話会答申，高速自動車国道（高速自動車国道法 抄，道路整備特別措置法 抄）

救急ハンドブック ケガ事故急病 いざというときの応急手当法 三井香児著 大泉書店 1991 154p 21cm 1165円 Ⓝ598.5

(内容)応急手当法を2色刷の図解入りで平易に解説。構成は、応急手当を行う前に、基礎を覚える、ケガ・事故、急病人、中毒事故等の5章。

救急ハンドブック いざというときすぐ役立つ （新宿区）池田書店 1992.5 95p 17cm 980円 Ⓘ4-262-15623-0

(目次)1章 倒れた時何をするか?，2章 事故と災害，3章 やけど，付録 救命の特別メモ

(内容)救急車がくるまでの『第一次救命処置法』。けがの正しい『救急処置法』。事故・災害時の『救助・救命法』。

緊急時の整体ハンドブック 河野智聖著 筑摩書房 2012.3 161p 15cm （ちくま文庫） 680円 Ⓘ978-4-480-42917-9

(目次)第1章 災害の時代を生き抜く術，第2章 自力でできる調整法―愉気，活元運動，快気法，第3章 整体救急法について，第4章 いざという時の救急法，第5章 避難所における救急法，第6章 家庭・避難所でのボディワーク，第7章 放射能の影響に対する整体，第8章 未来へ――これからの時代をどう乗り越えるか

(内容)地震の時に落ち着いて逃げるには? 火傷、骨折、出血、中毒などの救急法は? 放射能の不安に対してできることは? 整体と武術を学んできた著者は、阪神大震災後や、東日本大震災の原発事故後に被災地に行き、整体を行ってきた。その経験を元に、災害時の整体法や、倒れた人の運搬法、応急処置の方法を教示する。便秘、せき、食べ物のつかえ等、平常時にも使える方法も満載。書き下ろし。

災害救助の運用と実務 平成26年版 災害救助実務研究会編著 第一法規 2014.9 941p 21cm 5600円 Ⓘ978-4-474-02989-7 Ⓝ369.3

(目次)第1編 災害救助法関係法令・通知（制度の概要，災害救助法関係法令，基本通知，日赤関係），第2編 災害救助の実務（災害救助法の概要，災害対策関連法令，災害救助法の適用，災害情報の提供，応急救助，強制権の発動，日本赤十字社の協力，救助の事務を行うのに必要な費用，費用の負担及び精算，被災者に対する公的資金による融資），第3編 関係法令等（災害弔慰金の支給等に関する法律，災害対策基本法，被災者生活再建支援法，特定非常災害の被害者の権利利益の保全等を図るための特別措置に関する法

事故・災害　　　　　　　　　　　　　　　　　　災害時の対応

律（抄），激甚災害に対処するための特別の財政
援助等に関する法律），第4編 報告書等，附録

災害・健康危機管理ハンドブック　石井昇，
奥寺敬，箱崎幸也編　診断と治療社　2007.5
329p　26cm　5200円　①978-4-7878-1531-6
(目次)序章 わが国の災害・健康危機管理システ
ムの構築に向けて，第1章 総論，第2章 災害・
健康危機管理の計画／調整／実行，第3章 自然
災害，第4章 人為災害，第5章 特殊／テロ災害，
第6章 集団感染等に関わる健康危機管理，第7章
教育・訓練

災害時における透析医療活動マニュアル
改訂版　東京都福祉保健局保健政策部疾病対
策課編　東京都福祉保健局保健政策部疾病対
策課　2014.3　76p　30cm　Ⓝ498.021

最新版 テーピング・ハンディマニュアル
成瀬臣彦著　千早書房　1993.7　78p　21cm
780円　④4-88492-049-X　Ⓝ780.19
(目次)基本テーピング，部位別テーピング法，
スポーツ事故の応急処置，どこででもできる疲
労，痛みの回復運動
(内容)あらゆるスポーツに対応できるテーピン
グの基本をまとめたハンドブック。スポーツ事
故に対する応急処置，疲れや痛みをとるための
セルフマッサージの方法なども紹介する。

職場・学校・家庭・地域での応急手当マ
ニュアル 小さなケガから救急救命処置
まで 改訂版　郷木義子編集代表　（岡山）
ふくろう出版　2014.4　205p　26cm　〈文献
あり〉　2200円　①978-4-86186-594-7
Ⓝ492.29
(目次)第1章 救急蘇生法の基本，第2章 一次救命
処置，第3章 応急手当，第4章 年齢別に起こり
やすい事故と病気，第5章 学校における救急処
置，第6章 災害時の救助，付録 労働安全衛生か
らみた安全対策

大規模災害における緊急消防援助隊ハンド
ブック　4訂版　防災行政研究会編著　東京
法令出版　2009.5　255p　26cm　2200円
①978-4-8090-2276-0　Ⓝ317.79
(目次)第1章 緊急消防援助隊の概要と消防組織
法改正による法制化，第2章 消防の広域応援体
制の仕組みと沿革，第3章 緊急消防援助隊に係
る基本計画，第4章 緊急消防援助隊の運用，第
5章 東海地震等における緊急消防援助隊の運用
方針，第6章 緊急消防援助隊の主な出動事例，
第7章 緊急消防援助隊の活動に係る留意点及び

今後の課題，第8章 受援計画，第9章 緊急消防
援助隊の登録，第10章 緊急消防援助隊に係る財
政措置等，関係法令等

必携 救急・災害ハンドブック　山本保博監
修　池田書店　2007.8　223p　17cm　850円
①978-4-262-17236-1
(目次)第1章 救急!そのとき（緊急事態の心得（1）
アタマ・ココロ，緊急事態の心得（2）ハラ・ウデ
ほか），第2章 病気・けが（胸痛，頭痛 ほか），
第3章 事故・災害（交通事故，交通事故後の処
理 ほか），第4章 救急の予備知識（救急箱の用
意，救命講習を受ける ほか）
(内容)手当て・対策が見てわかる・すぐできる。

レスキュー・ハンドブック　藤原尚雄，羽根
田治著　山と渓谷社　2002.5　159p　19cm
980円　④4-635-15601-X　Ⓝ786
(目次)序文 これだけは知っておきたい3つのキー
ワード，第1章 ファーストエイド，第2章 キャ
ンプ場周辺のトラブル，第3章 川と川辺の安全
管理マニュアル，第4章 海と海辺の安全管理マ
ニュアル，第5章 山のトラブルと回避策
(内容)応急手当てや救助に関する最先端の内容
を紹介するハンドブック。野山や川，海といっ
たフィールド別に，起こりやすい事故を回避す
るための予防策と，事故後の対処法をケースご
とに図解で解説する。

レスキュー・ハンドブック　新版　藤原尚
雄，羽根田治著　山と渓谷社　2012.7　159p
19×12cm　1200円　①978-4-635-15604-2
(内容)野山・水辺ですぐ役立つファーストエイ
ド＆レスキューの最新テクニック。

＜法令集＞

救急・救助六法　平成2年版　消防庁救急救
助課編　全国加除法令出版　1990.8　983p
19cm　3500円　①4-421-00510-X　Ⓝ317.79
(目次)第1編 基本法令，第2編 救急業務（基本事
項，応急処置，資格・教育訓練，救急医療機関，
集団救急事故，感染防止，高速自動車国道，報
告要領，救急関係法令，その他），第3編 救助業
務（基本事項，救助操法，教育訓練及び安全管
理，国際消防救助隊，救助関係法令，その他），
第4編 財政（国庫補助，地方交付税，その他），
第5編 参考法令（組織等，公務災害補償等，緊
急車両，警察，交通安全），第6編 参考資料

救急・救助六法　平成10年度版　自治省消
防庁救急救助課編　東京法令出版　1998.6

事故・災害レファレンスブック　*11*

災害時の対応　　　　　事故・災害

1冊　22cm　5429円　Ⓘ4-8090-2035-5
Ⓝ317.79

救急・救助六法　平成12年版　自治省消防庁
救急救助課編　東京法令出版　1999.10　1冊
22cm　5600円　Ⓘ4-8090-2041-X　Ⓝ317.79

救急・救助六法　平成13年版　救急救助問
題研究会編　東京法令出版　2001.2　2250p
22cm　〈平成12年版までの編者：自治省消防
庁救急救助課〉　5800円　Ⓘ4-8090-2113-0
Ⓝ317.79

救急・救助六法　平成14年12月31日現在
救急救助問題研究会編　東京法令出版
2003.3　2450p　22cm　6000円　Ⓘ4-8090-
2161-0　Ⓝ317.79

救急・救助六法　3訂版　救急救助問題研究会
編　東京法令出版　2006.4　3465p　21cm
6000円　Ⓘ4-8090-2205-6

⽬次 第1編 基本法令，第2編 救急業務，第3編
救助業務，第4編 航空消防防災体制，第5編 財
政，第6編 参考法令，第7編 参考資料

救急・救助六法　4訂版　救急救助問題研究会
編　東京法令出版　2008.11　1冊　22cm
〈平成20年8月1日現在〉　6400円　Ⓘ978-4-
8090-2261-6　Ⓝ317.79

⽬次 第1編 基本法令，第2編 救急業務，第3編
救助業務，第4編 航空消防防災体制，第5編 財
政，第6編 参考法令，第7編 参考資料

内容 救急・救助行政担当者をはじめ消防職員・
団員等救急・救助業務に関係される方々の座右
にあって日常の実務の手助けとして利用される
ことをねらいとした法令・通達・行政実例集。

救急・救助六法　平成22年8月1日現在　救
急救助問題研究会編　東京法令出版　2010.
10　1冊　22cm　〈索引あり〉　6600円
Ⓘ978-4-8090-2314-9　Ⓝ317.79

⽬次 第1編 基本法令，第2編 救急業務，第3編
救助業務，第4編 航空消防防災体制，第5編 財
政，第6編 参考法令，第7編 参考資料

救急・救助六法　6訂版　救急救助問題研究会
編集　東京法令出版　2013.4　1冊　22cm
〈平成25年2月1日現在　索引あり〉　6600円
Ⓘ978-4-8090-2359-0　Ⓝ317.79

⽬次 第1編 基本法令，第2編 救急業務，第3編
救助業務，第4編 航空消防防災体制，第5編 財
政，第6編 参考法令，第7編 参考資料

**救急現場活動における法的判断　救急事例
から紛争防止を考える**　丸山富夫著　近代
消防社　2014.2　280p　26cm　〈索引あり〉
2300円　Ⓘ978-4-421-00851-7　Ⓝ317.79

⽬次 第1章 はじめに，第2章 救急現場活動の
法的ルール，第3章 蘇生拒否，第4章 救急現場
活動と接遇，第5章 おわりに，図表・資料，救
急事例研究，救急現場活動の法的判断フロー図
（解説付）

社会福祉六法　平成4年版　厚生省監修　新
日本法規出版　1991.12　2494p　21cm
4700円　Ⓘ4-7882-1041-X

⽬次 第1編 社会福祉一般，第2編 生活保護，第
3編 児童福祉，第4編 母子及び寡婦福祉，第5編
母子保健，第6編 精神薄弱者福祉，第7編 老人
福祉，第8編 身体障害者福祉，第9編 売春防止，
第10編 災害救助，第11編 消費生活協同組合，
第12編 公益質屋，第13編 戦傷病者戦没者遺族
等の援護，第14編 関係法令

<図鑑・図集>

**ビジュアル博物館　第85巻　レスキュー
救命方法から最新の技術まで、勇気に満
ちた救命・救助の世界を知る**　クレア・
ウォッツ著，岡田真人日本語版監修　同朋
舎，角川書店〔発売〕　2001.11　63p
29cm　〈索引あり　原書名：Rescue〉　3400
円　Ⓘ4-8104-2721-8　Ⓝ403.8

⽬次 真っ先になすべき仕事，救難・救助の物
語，昔の救難・救助，救難・救助の技術の進歩，
消防活動，消防士の仕事，閉じこめられた人，
救急ヘリコプター，救急用具，救急医療〔ほか〕

内容 救急活動のさまざまを紹介する博物図鑑。
救助隊員の現場での活動、救急活動に用いられ
る装備・機器、救急技術などを写真によって紹
介し、「レスキュー」の歴史とその仕事の内容を
解説する。巻末に五十音索引を付す。

<年鑑・白書>

**看護白書　平成24年版　東日本大震災でつ
ないだ支え合いを今後に活かす　テーマ
災害時における看護の力・組織の力**　日
本看護協会編　日本看護協会出版会　2012.10
250p　26cm　2800円　Ⓘ978-4-8180-1688-0

⽬次 第1部（総論，各論1 災害時の各組織の活
動と考察，各論2 災害に対する備え─教育につ
いて，関連資料），第2部 資料編

12　事故・災害レファレンスブック

（内容）まず総論で東日本大震災の特徴と、日本看護協会および被災県である岩手、宮城、福島の各県協会の活動について報告。そして各論では、災害支援ナースをはじめ、行政や実際に支援活動に従事した各団体が、組織としてどのような活動を行ってきたのかに焦点を当て、今回の教訓から何を学び、今後どう取り組むべきかを提示。また、単に各組織の活動を時系列で追った概要だけに留まらず、活動の結果と考察から、各組織が今後に向けた提言を示した。

◆交通・運輸

＜ハンドブック＞

危険物ハンドブック ギュンター・ホンメル編，新居六郎訳 シュプリンガー・フェアラーク東京 1991.10 4冊（セット） 26cm 〈原書名：Handbuch der gefahrlichen Guter：Erlauterungen und Synonymliste〉 128000円 Ⓘ4-431-70624-0 Ⓝ574.036

（内容）本書は、輸送される危険物に対する最も重要な事項をマニュアル・カードに記載するよう意図したものである。各カードには、放置された危険物の挙動、その災害活動用勧告ならびに災害現場における救急および治療に関する指針が与えられている。本書の目的は、まず第1に警察、消防ならびに危険物災害時の防災活動に関係する機関に、防災活動の際の手助けとなることを意図している。

危険物防災救急要覧 新訂版 神戸海難防止研究会編 成山堂書店 1999.12 1162p 26cm 30000円 Ⓘ4-425-38023-1

（目次）1 品目欄索引，2 凡例（品目欄引用の手引き），3 危険物取り扱い上の参考事項，4 危険性の評価・判定基準，5 品目欄，6 関係法規抜粋

（内容）船積輸送される危険物（主として化学関連物質）について、その性状、危険性、事故に際しての救急処置、船積規則及び関連事項などを解説した要覧。見出しの品目は約530類で、個々の物質数は約1100種を採録した。掲載項目は、品名、化学的分類、同義語（商品名等）、類似品、法規上の分類等、標札、積載場所、船舶上の注意事項、性状、化学的危険性、人体への影響、救急措置など。正式名のほか慣用名、通称も記載した、約2800項目の英文索引、約2500項目の和文索引がある。

危険物防災救急要覧 2006年新訂版 新訂版 神戸海難防止研究会編 成山堂書店

2006.3 1044p 26cm 〈付属資料：CD-ROM1〉 30000円 Ⓘ4-425-38024-X

（目次）1 品目欄索引，2 凡例（品目欄引用の手引き），3 品目欄

（内容）本書は、神戸大学海事科学部（旧神戸商船大学商船学部）化学系教官のほか、神戸、大阪所在の海運関係の官庁、会社、団体によりそれぞれの任期に応じて交替派遣される経験豊かな方並びに危険物の調査、応急措置について実績豊富な専門家などを委員として検討を重ねた結果を取りまとめたものである。

道路震災対策便覧 震後対策編 日本道路協会編 日本道路協会，丸善〔発売〕 1996. 10 95,45p 21cm 2060円

（目次）第1章 総則，第2章 防災体制とは，第3章 地震が発生したら，第4章 参集する，第5章 行動する，第6章 応急復旧に入る，第7章 応援を申し入れ応援を出す，第8章 震後の情報の取扱い

道路震災対策便覧 震前対策編 改訂版 日本道路協会編 日本道路協会，丸善〔発売〕 2006.9 388p 21cm 5800円 Ⓘ4-88950-606-3

（目次）第1章 総則（便覧の目的と適用範囲，用語の定義 ほか），第2章 地震災害の特徴（地震動の強さと震害，道路被害の特徴 ほか），第3章 震災予防計画（一般，緊急輸送道路 ほか），第4章 耐震調査法（一般，道路構造物の点検および点検データの管理 ほか），第5章 耐震対策工法（一般，切土のり面・斜面の耐震対策工法 ほか）

道路震災対策便覧 震前対策編 改訂版 日本道路協会編 日本道路協会，丸善〔発売〕 2002.7 393p 21cm 5800円 Ⓘ4-88950-604-7 Ⓝ514

（目次）第1章 総則，第2章 地震災害の特徴，第3章 震災予防計画，第4章 危機管理計画，第5章 耐震調査法，第6章 耐震対策工法

（内容）地震による道路被害の地震前対策をまとめた便覧。震前対策編、震後対策編、震災復旧編のうちの1編。付属資料として、耐震対策実施例、耐震調査法例、法令・計画等がある。

道路震災対策便覧 震災復旧編 改訂版 日本道路協会編 日本道路協会，丸善〔発売〕 2002.7 318p 21cm 5800円 Ⓘ4-88950-605-5 Ⓝ514

（目次）第1章 総則，第2章 震災復旧の進め方，第3章 復旧計画の立案，第4章 応急復旧，第5章 本復旧，付属資料（震災復旧事例，最大断面力

災害時の対応　　　　　　　事故・災害

および断面係数の簡易算定表）

(内容)地震による道路被害復旧の進め方と復旧技術をまとめた便覧。震前対策編，震後対策編，震災復旧編のうちの1編。平成14年の改訂では，復旧体制，広報などソフト面における対応も含め，震災復旧の進め方を整理したほか，最新の技術基準等との整合を行う。付属資料として震災復旧事例等がある。

道路震災対策便覧　震災危機管理編　日本道路協会編　日本道路協会，丸善出版事業部（発売）　2011.1　235p　22cm　4000円
Ⓘ978-4-88950-608-2　Ⓝ514

(目次)第1章 総則（便覧の目的と適用範囲，用語の定義 ほか），第2章 平常時における危機管理（地震時の対応時系列，既往地震から得られた課題・教訓 ほか），第3章 地震発生後の対応（初動体制の種類，地震・津波情報の収集 ほか），第4章 連携・支援（連携体制の構築，情報を共有し提供するための連携のしくみ ほか），付属資料（関係法令・計画等，地震時の対応時系列（事例紹介）ほか）

＜年鑑・白書＞

運輸白書のあらまし　平成7年版　大蔵省印刷局　1996.2　64p　18×10cm　（白書のあらまし 27）　320円　Ⓘ4-17-351927-3

(目次)第1部 災害に強い運輸をめざして（阪神・淡路大震災と運輸，震災対策の強化，その他の災害対策の推進），第2部 運輸の動き（平成6年度の運輸の概況と最近の動向，運輸関係社会資本整備の動向，変貌する国際社会と運輸，新時代に対応した物流体系の構築，観光レクリエーションの振興 ほか）

交通システムの信頼性向上に関する調査　国土庁計画・調整局総合交通課編　大蔵省印刷局　1996.7　158p　30cm　2000円　Ⓘ4-17-191250-4

(目次)1 阪神・淡路大震災が交通システムに及ぼした影響の検討，2 わが国が有する自然災害に対するリスク，3 リスクマネジメントの考え方，4 交通システムのリダンダンシー向上に向けて踏まえるべき理念，5 交通システムのリダンダンシー向上に向けての施策

(内容)本調査は，阪神・淡路大震災の際に，阪神間の交通の途絶の影響が全国に及んだことを踏まえ，国土を支える幹線（広域）交通体系の被災に対する信頼性確保のあり方について検討した成果を取りまとめたものである。

図でみる運輸白書　災害に強い運輸をめざして　平成7年度　運輸省運輸政策局情報管理部編　運輸振興協会　1996.1　129p　19cm　1300円

(目次)第1部 災害に強い運輸をめざして（阪神・淡路大震災と運輸，震災対策の強化，その他の災害対策の推進），第2部 運輸の動き（平成6年度の運輸の概況と最近の動向，運輸関係社会資本整備の動向，変貌する国際社会と運輸，新時代に対応した物流体系の構築，観光レクリエーションの振興 ほか）

◆情報

＜ハンドブック＞

衛星通信ガイドブック　2011　サテマガBI（株）編　サテマガ・ビー・アイ　2011.6　53p　30cm　1714円　Ⓘ978-4-901867-40-5

(目次)災害特集 東日本大震災と衛星通信—未曽有の大災害に衛星通信が果たした役割，世界のナビゲーションシステムの動向，日本の衛星ナビゲーションシステム「準天頂衛星システム」の可能性，つながる・ひろがる「衛星通信」の世界（"Q&Aでわかりやすく解説"衛星通信の基礎知識），BSとCS各衛星の仕様一覧〔ほか〕

衛星通信ガイドブック　2012　サテマガ・ビー・アイ　2012.6　61p　30cm　1714円　Ⓘ978-4-901867-46-7

(目次)SPECIAL INTERVIEW，特集 BCP対策と衛星通信—東日本大震災から1年，FUTURE REPORT，衛星通信基礎解説，衛星通信ビジネス事業者一覧＆衛星ユーザー事例等，海外REPORT，衛星関連団体紹介

衛星通信ガイドブック　2013　サテマガ・ビー・アイ　2013.6　61p　30cm　1714円　Ⓘ978-4-901867-51-1

(目次)SPECIAL INTERVIEW，特集 BCP対策と衛星通信—東日本大震災の教訓，特集 衛星と携帯のホットな関係，SPECIAL REPORT，衛星通信基礎解説，衛星通信ビジネス事業者一覧＆衛星ユーザー事例等，海外REPORT，衛星関連団体紹介

情報通信アウトルック　2012　スマート化する社会　情報通信総合研究所編　NTT出版　2011.12　348p　21cm　2200円　Ⓘ978-4-7571-0315-3

(目次)特集 東日本大震災とICT，第1章 ICTを

14　事故・災害レファレンスブック

取り巻く社会のゆくえ，第2章 モバイル端末，ア
プリケーションのゆくえ，第3章 インターネット
サービスのゆくえ，第4章 ブロードバンド・
ネットワークのゆくえ，第5章 成長著しい新興
国におけるICTのゆくえ

(内容)スマートフォン・タブレットがつなぐ世
界、変わるライフスタイル。ICTサービスの最
新動向を徹底解説。

＜年鑑・白書＞

インターネット白書 2011 インターネッ
ト協会監修，インプレスR&Dインターネッ
トメディア総合研究所編 インプレスジャパ
ン，インプレスコミュニケーションズ（発
売） 2011.8 239p 28×22cm 6800円
①978-4-8443-3049-3

(目次)第1部 震災復興とインターネット，第2部
ネットビジネス動向，第3部 通信事業者と製品
技術動向，第4部 社会動向，第5部 個人利用動
向，第6部 企業利用動向

**情報化白書 情報インフラ整備の現状と課
題 1995** 日本情報処理開発協会編 コン
ピュータ・エージ社 1995.5 548p 26cm
5000円 ①4-87566-152-5

(目次)1 情報化編（産業における情報化，個人・
生活における情報化 ほか），2 情報産業編（情
報関連技術の動向 ほか），3 環境・基盤整備編
（標準化の動向，セキュリティ対策 ほか），4 国
際編（国際環境の変化と情報化の進展，アメリ
カの情報産業 ほか）

(内容)情報化に関する最新の情報と課題をまと
めたもの。特に阪神大震災をふまえ、総論およ
び各論において情報化と防災上の課題を取り上
げる。データ編はコンピュータ利用状況等に関
する各種データのほか、1994年の情報化年表を
掲載。巻末に事項索引がある。

日本新聞年鑑 2012 日本新聞協会編 日
本新聞協会 2011.12 655p 26cm 12000
円 ①978-4-88929-054-7

(目次)東日本大震災の取材と報道，概況編（国内
新聞の概況，外国新聞の概況），現況編（新聞・
通信各社の現況，放送各社の現況 ほか），資料
編（各賞一覧，新聞週間 ほか），新聞人名録

**モバイル・コミュニケーション ケータイ
社会白書 2012・13** NTTドコモモバイ
ル社会研究所編 中央経済社 2012.8 331p
21cm 3000円 ①978-4-502-69750-0

(目次)特集 東日本大震災とケータイ，第1章 ケー
タイの普及状況―ケータイ社会の「いま」を数
字で捉える，第2章 ケータイをめぐるコミュニ
ケーションとリテラシー，第3章 モバイルコン
テンツ・アプリケーション文化―ソーシャルメ
ディアの台頭，第4章 海外のケータイ市場動向
―世界で同時進行するモバイル化，第5章 ケー
タイをめぐる法制度概説―ケータイの進化と法
整備，補章 訪問留置調査の紹介

(内容)ケータイ、スマートフォンの最新動向が
わかるデータブック。

◆災害弱者問題

＜ハンドブック＞

災害時要援護者支援活動事例集 東京都社
会福祉協議会 2014.4 123p 21cm （災害
時要援護者支援ブックレット 3） 800円
①978-4-86353-189-5 Ⓝ369.3

(目次)災害時情報支援（福島県社会福祉協議会
「支援につなげるためには、情報の集約と発信が
大切」），福祉避難所（石川県輪島市「能登半島
地震で日本初の福祉避難所を設置」），相互応援
協定（山形県老人福祉施設協議会「県内ブロッ
ク単位の相互応援協定と広域の防災ネットワー
ク」），福祉避難所（大田区立うめのき園「区と福
祉避難所設置の協定を締結」），要援護者たちの
力（特定非営利活動法人Jin（浪江町サラダ農園）
「復興の最前線を拓く高齢者・障害者たち」），災
害時情報支援（東京都社会福祉協議会「会員施
設、区市町村社協からの情報把握訓練を実施」），
平成25年台風26号大島土石流災害に伴う要援護
者支援（大島老人ホーム「福祉避難所の設置と
特養利用者の平穏を守る支援」，大島町地域包括
支援センター「関係機関と連携した安否確認、
避難への支援」，大島町民生児童委員協議会「島
民同士のつながりを活かした支援」，大島町立元
町保育園「土石流の危険から他の町立園2園で
保育を継続」，知的障害者入所施設藤倉学園「災
害時だからこそ、自分たちにもできることを」）

**災害に負けない防災ハンドブック 小学校
低学年・家族・発達障害をもつ子・先生
のための** 堀清和著 （大阪）エンタイトル
出版，星雲社〔発売〕 2013.8 132p
21cm 1200円 ①978-4-434-18285-3
ⓃE374.92,E369.3

(目次)あんぜん，さいがい，じしん，かじ，た
いふう，たつまき，こうずい，かみなり，かざ
ん，ひなんじょ，ボード，れんしゅう，マップ，

じてん，しんぶん，ポスター，カード
（内容）東北大学災害科学国際研究所特定プロジェクト研究「発達障害を持つ子のための防災教育および防災対策」の成果物。安全教育の常識を覆す大人も子どもも楽しめる画期的な本。

重症児者の防災ハンドブック　3.11を生きぬいた重い障がいのある子どもたち　田中総一郎，菅井裕行，武山裕一編著　（京都）クリエイツかもがわ　2012.4　235p　21cm　2200円　①978-4-86342-082-3

（目次）第1部 3.11障がいの重い人たちへの支援（医療と生活，両面からの支援，拓桃医療療育センターの経験，被災地の中の支援学校，当事者による支援活動 ほか），第2部 重症児者の防災マニュアル―災害の備え（災害時の医療機器と電源の確保，家庭における災害時への備え，HELPカード―災害時のサポートカード，ボランティアスタッフのコーディネーション ほか）
（内容）人工呼吸器やたんの吸引など「医療的ケア」が，常時，必要な重い障害をもつ子ども・人達が，3.11をどう生きのびたか，支援の記録と教訓からの災害時の備え，防災マニュアル。

発達障害児者の防災ハンドブック　いのちと生活を守る福祉避難所を　新井英靖，金丸隆太，松坂晃，鈴木栄子編著　（京都）クリエイツかもがわ　2012.7　157p　21cm　1800円　①978-4-86342-090-8

（目次）第1章 避難所に入れない障害児者の苦悩と福祉避難所の開設，第2章 大規模災害時における発達障害児家族のニーズ，第3章 発達障害児者家族の避難の実際と避難所に対する要望，第4章 大震災後に避難所となった特別支援学校の状況，第5章 在校・入所していた障害児者はどのように避難したか，第6章 要援護者支援マニュアルと福祉避難所設置の方法，第7章 福祉避難所となるにはどのような備えが必要か，第8章 大災害を想定した福祉避難所設置の防災訓練，第9章 東日本大震災からの教訓―私たちにできること
（内容）東日本大震災で避難所を利用した人は40万人。多くの発達障害児者とその家族の避難状況，生の声，実態調査から見えてきた教訓と福祉避難所のあり方，運営システムを提言。

民生委員のための地域福祉活動実践ハンドブック　小林雅彦著　中央法規出版　2011.8　148p　21cm　1200円　①978-4-8058-3437-4　⑦369.17

（目次）第1章 民生委員らしさを発揮して地域福祉活動を実践する（「常に住民の立場に立って活動する」ことの意味，民生委員の本質はボランティアである ほか），第2章 個人情報保護の意味を正しく理解して活動する（個人情報保護の考え方と関連する制度の範囲，個人情報保護法の概要（目的，規制の対象になる事業者の範囲，事業者の責務等）ほか），第3章 災害とその対策の全体像を知り，民生委員らしい活動を展開する（災害に対する取り組みと民生委員，災害はなぜ起こるのか ほか），資料（個人情報の保護に関する法律（抄），民生委員児童委員による災害時要援護者の安否確認等の円滑な実施について ほか）
（内容）災害への取り組みと個人情報保護を中心とした50のQ&A。

＜年鑑・白書＞

3・11被災地子ども白書　大橋雄介著　明石書店　2011.12　214p　21cm　1600円　①978-4-7503-3515-5

（目次）第1章 調査の概要・目的，第2章 被災地の概況，第3章 被災した子どもたちが置かれた現状，第4章 動き出している支援，第5章 NPO法人アスイクの取り組み，第6章 総括と今後の課題

発達障害年鑑　日本発達障害ネットワーク年報　VOL.4　日本発達障害ネットワーク（JDDネット）編　明石書店　2012.11　184p　26cm　2300円　①978-4-7503-3726-5

（目次）第1部 発達障害とはなにか（発達障害について分かってきたこと―生物学的背景を中心に），第2部 発達障害をめぐる2010～2011年の動向（発達障害の2010～11年，厚生労働省の取り組み ほか），第3部 災害時の発達障害児・者の支援（災害時・災害後の発達障害児・者の支援，東日本大震災から考えること，震災1ヶ月後の現地調査から ほか），第4部 年次大会報告（日本発達障害ネットワークの歩み，第6回年次大会報告 ほか），資料編―関係法令・年表・名簿（障害者自立支援法，障害者基本法 ほか）

発達障害白書　2013年版　日本発達障害福祉連盟編　明石書店　2012.9　208p　26cm　〈付属資料：CD‐ROM1〉　3000円　①978-4-7503-3660-2

（目次）第1部 特集（東日本大震災での支援活動と災害への対応策，ボーダーレス化する「発達障害」），第2部 各分野における2011年度の動向（障害概念，医療，幼児期／家族支援，教育：特

別支援学校の教育，教育：小・中学校等での特別支援教育，日中活動，住まい，地域生活支援，職業，権利擁護／本人活動，文化・社会活動，国際動向），第3部 資料

災害復旧・復興

＜事 典＞

NPO NGO事典　市民社会の最新情報とキーワード　山内直人，田中敬文，奥山尚子編　（豊中）大阪大学大学院国際公共政策研究科NPO研究情報センター　2012.4　309p　30cm　〈他言語標題：The encyclopedia of contemporary civil society　文献あり〉　3000円　Ⓘ978-4-87974-664-1　Ⓝ335.8

(目次)第1部 NPO NGO事典（第1章 基礎概念・基礎理念，第2章 寄付とボランティア，第3章 制度・政策，第4章 NPOとの協働，第5章 NPOマネジメント，第6章 学術・文化・教育，第7章 福祉・介護・医療，第8章 まちづくり・災害・環境，第9章 国際協力），第2部 NPO NGOキーワード

(内容)分野別解説（78項目）、キーワード（626項目）で解説するNPO・NGOの基本情報。

災害復旧実務用語の手引　改訂3版　山端勝二編著　大成出版社　1997.6　411p　19cm　3143円　Ⓘ4-8028-4457-3

(内容)災害復旧実務上必要と思われる1147語を収録。排列は、見出し語の五十音順。外国語もカタカナで表し、発音に従って排列。

＜ハンドブック＞

災害対策全書　3　復旧・復興　ひょうご震災記念21世紀研究機構災害対策全書編集企画委員会編　ひょうご震災記念21世紀研究機構災害対策全書編集企画委員会，ぎょうせい（制作・発売）　2011.5　549p　31cm　〈他言語標題：Handbook of disaster management〉　6190円　Ⓘ978-4-324-80043-0　Ⓝ369.3

(目次)第1章 復旧・復興の理念と目標（復旧・復興の定義と意義，災害復興体制と復興計画，復興計画作成の課題検討と整理，災害復興のファイナンス，復興事業の評価と検証），第2章 分野別課題（被災者の生活再建，要援護者の生活復興，医療の復興，こころのケア，教育の復興，芸術と文化の復興，住宅の復興，産業の復興，雇用・就業の復興，復興のまちづくり，都市基盤の復興と防災都市構造の強化，グリーンリカバリー）

(内容)復興で新しい歴史を創造する！その理念と事業のポイントは何か。災害と防災対策、危機管理を学ぶ総合テキスト。

災害時の水利用　飲める水・使える水　空気調和・衛生工学会編　空気調和・衛生工学会，丸善〔発売〕　2002.11　172p　26cm　2578円　Ⓘ4-87418-034-5

(目次)1章 阪神・淡路大震災の被害と対応例，2章 震災時の水使用用途の水量と水質，3章 災害時の水源，4章 給水・排水設備の耐震対策，5章 災害時のトイレ対策，6章 防災計画の概要

(内容)本書は、災害自体に対する技術的な対応を扱うのではなく、災害が起こった時点において、被災者がどのようにして水を得て、平常時に近い生活ができるかを記述するものである。

災害復旧工事の積算　改訂版　災害復旧工事積算研究会編　経済調査会　1994.4　419p　21cm　（積算ハンドブックシリーズ）　5800円　Ⓘ4-87437-327-5　Ⓝ513.1

(目次)第1章 災害査定設計書の作成，第2章 積算上（査定設計書）の留意事項，第3章 総合単価，第4章 設計変更について，第5章 災害復旧工法について，第6章 復旧工事の積算事例

被災生活ハンドブック　災害時トラブル対処の決定版！災害発生から生活再建まで　玉木貴著　本の泉社　2007.9　111p　18cm　952円　Ⓘ978-4-7807-0342-9

(目次)第1章 事前に決めよう！災害時の基本方針―日頃の基本方針，第2章 いざ災害、被害軽減のポイント―発災直前～発災時，第3章 救出作業とケガの応急手当―発災～半日程度，第4章 避難と被災生活のスタート―発災当日，第5章 被災生活を乗り切る知恵―被災翌日～，第6章 被害の後片づけと応急復旧―被災数日後～半月，第7章 生活再建に向けて―被災半月～

(内容)いざ災害が起きたら、避難や救出・応急手当、避難生活の衣食住、被害の後片付けや解体、生活再建のための支援制度や保険・金融など、さまざまなジャンルでやるべきことが山積み。本書は、被災直前から生活再建までの順に、直面する問題と対処のカギを収録。

復興まちづくり実践ハンドブック　復興まちづくり研究会編　ぎょうせい　2011.10　291p　21cm　2762円　Ⓘ978-4-324-09387-0

(目次)第1章 地震・津波・原子力事故（東日本大

災害復旧・復興　　　　　　　事故・災害

震災の概要，被害状況，復旧方策，復興への道
のり，原子力事故），第2章 過去の震災復興事
例から学ぶこと（阪神・淡路大震災，新潟県中
越沖地震，北海道南西沖地震，チェルノブイリ
原子力発電所事故，災害時の要援護者支援とま
ちづくり―阪神・淡路大震災における神戸市長
田区真野地区の事例），第3章 復興に向けた先
進的な取組み（コミュニティケア型仮設住宅の
提案・実現・運営，大学生による仮設住宅のコ
ミュニティガーデンづくり，数々の困難を乗
り越えての支援―3.11ドキュメント：日本ハビ
タット協会の支援活動，芸術・文化による復興
支援ファンド―交易社団法人企業メセナ協議会
「GBFund」の取り組み，被災自治体への全国か
らの職員派遣とカウンターパート方式，東北大
学など諸大学の取組み，震災復興とスマートシ
ティ構想の推進），第4章 必要な法律・制度―
その限界と改善策（被災者の住居等の生活に関
する法制度と問題点，震災対策に関する法制度
と問題点，原発事故に関する法制度と問題点）
(内容)復興まちづくりに必要な法律と制度を
コンパクトにまとめました。現場から見た制度の
問題点と改善策，弾力的な運用指針や法改正の
動向も詳細に紹介。

<年鑑・白書>

住宅白書　2002‐2003　マンション居住
日本住宅会議編　ドメス出版　2002.5　356p
21cm　3000円　Ⓘ4-8107-0572-2　Ⓝ365.3
(目次)第1部 特集マンション居住（マンション問
題の背景，多様化するマンション供給 ほか），
第2部 住宅政策・住宅運動（2000年住宅宅地審
議会答申「21世紀の豊かな生活を支える住宅・
宅地政策について」，東京都住宅政策審議会答
申 ほか），第3部 災害と居住（住宅復興から何
処へ?，7年目を迎える復興再開発 ほか），第4
部 資料編
(内容)住宅問題についてまとめた白書。1986年
発刊で以降隔年で刊行されている。毎回、特集
テーマを設定する。もう一つの視点として1998
年以来、居住の権利についても取り上げている。

ボランティアコーディネーター白書　コー
ディネーターの追求する価値と果たすべ
き役割　2010-2012年版　特集：日本の
ボランティア・市民活動センターは、今
後どうなるのか?　日本ボランティアコー
ディネーター協会編　（大阪）大阪ボラン
ティア協会　2011.2　101p　30cm　〈文献あ
り 年表あり〉　2400円　Ⓘ978-4-87308-062-

8　Ⓝ369.14
(目次)論文（日本のボランティアセンター・市民
活動センターは、今後どうなるのか?，中間支援
組織におけるボランティアコーディネーション
の意味と必要性 ほか），現場レポート（途上国
におけるボランティアセンター設立ガイドの開
発研究事業，NPO支援センターの全国調査より
ほか），分野別レポート（国際交流・多文化共生
におけるボランティアコーディネーション，社
会福祉施設におけるボランティアコーディネー
ション ほか），実践研究（生涯学習ボランティ
アとコーディネーション技術，災害ボランティ
アコーディネート支援に関する研究報告―災害
ボランティア活動支援SNSの可能性），調査報
告（社会福祉法人全国社会福祉協議会「全国ボ
ランティア活動実態調査」報告書（平成22年7月
発行）について，独立行政法人日本学生支援機
構「平成20年度大学等におけるボランティア活
動の推進と環境に関する調査報告書」について）

ボランティア白書　2009　日本青年奉仕協
会　2009.3　146p　26cm　2381円　Ⓘ978-
4-931308-10-7　Ⓝ369.7
(目次)第1章 特集 今後の地域社会とボランティ
ア（今後の地域福祉の推進とボランティア実践の
あり方，市民活動の特性を生かした地域福祉展
開のあり方―民間市民活動推進機関の視点から，
コミュニティソーシャルワークとボランティア
コーディネート ほか），第2章 統計データで見
るボランティア活動の現状と課題（統計データ
で見るボランティア活動の現状と課題），第3章
ボランティア活動の論点（社協ボランティアセ
ンターの今後のあり方―『社協における第3次ボ
ランティア・市民活動推進5ヵ年プラン』の目
指すもの，災害ボランティアセンターの役割と
近年の課題，地域における教育コミュニティの
創造と市民活動・ボランティア―東京都下にお
ける「地域教育プラットフォーム」づくりの取
り組みを通じて ほか），第4章 付録 ボランティ
ア活動相談窓口

◆被災者のメンタル・ケア

<ハンドブック>

クライシス・カウンセリングハンドブック
カリフォルニア開発的カウンセリング協会
編，国分康孝，国分久子，坂本洋子監訳　誠
信書房　2002.3　163p　21cm　〈原書名：
CAUTION CRISIS AHEAD：A Crisis
Counseling Handbook〉　1900円　Ⓘ4-414-

事故・災害　　　　　　　　　　　防災・危機管理全般

40291-3

(目次)第1章 危機介入序論，第2章 若者の自殺，第3章 社会不安，第4章 身体的・性的虐待，第5章 自然災害と物理的災害，第6章 死別と悲嘆，第7章 殺人と暴力

(内容)クライシス(危機)とは，どうしてよいかわからない心理的状況をさす。たとえば、災害、事故、病気、学級崩壊、虐待、暴力、自殺未遂、死別、失業、倒産などに直面すると、人はその対処方法がわからず、困惑したりパニックに陥る。こうした場合、伝統的なカウンセリング方式では十分に対応しきれないことが多い。本書は、危機状況に対する予防と対処の実際をわかりやすく解説する。

◆法令

<ハンドブック>

くらしの法律相談ハンドブック　自由法曹団編　労働旬報社　1996.2　766,14p　21cm　5800円　①4-8451-0424-5

(目次)災害と法律をめぐる問題，消費生活をめぐる問題，損害賠償をめぐる問題，金銭の貸し借りをめぐる問題，交通事故をめぐる問題，借地・借家をめぐる問題，不動産取引をめぐる問題，不動産登記をめぐる問題，マンションをめぐる問題，建物の建築をめぐる問題，私道と近隣関係をめぐる問題，都市計画・土地収用・区画整理をめぐる問題

(内容)最新の情報・最新の法律。困ったときにすぐに役立つ。類書をしのぐ600例。

<法令集>

Q&A災害時の法律実務ハンドブック　改訂版　関東弁護士会連合会編　(名古屋)新日本法規出版　2011.6　523p　21cm　〈文献あり〉　4800円　①978-4-7882-7450-1　N369.3

(目次)災害対策関係法，建物と境界に関する問題，借地借家に関する問題，財産、保険、生活に関する問題，営業に関する問題，雇用に関する問題，年金、社会保険、税に関する問題，環境に関する問題，支援を必要とする人に関する問題，津波の被害に関する問題，原子力被害に関する問題，弁護士等の役割

検証被災者生活再建支援法　関西学院大学災害復興制度研究所被災者生活再建支援法効果検証研究会著　自然災害被災者支援促進連

絡会　2014.3　240p　21cm　〈文献あり　年表あり〉　N369.3

法人税法令集　8年度版　税務経理協会　1996.8　912p　21cm　4600円　①4-419-02637-5

(目次)法人税法，法人税法施行令，法人税法施行規則，租税特別措置法(抄)，租税特別措置法施行令(抄)，租税特別措置法施行規則(抄)，阪神・淡路大震災の被災者等に係る国税関係法律の臨時特例に関する法律，阪神・淡路大震災の被災者等に係る国税関係法律の臨時特例に関する法律施行令，阪神・淡路大震災の被災者等に係る国税関係法律の臨時特例に関する法律施行規則，減価償却資産の耐用年数等に関する省令

防災・危機管理全般

<事 典>

安全の百科事典　田村昌三編　丸善　2002.3　871p　21cm　20000円　①4-621-04958-5　N519.9

(目次)総論(安全とは，物質の安全，リスクと安全，システムと安全，安全教育，日常生活における安全，職場における安全，教育現場における安全，エネルギーと安全，環境安全，安全関連法規，災害と安全対策)，各論

(内容)日常生活・職場の安全、環境の安全に関する情報事典。総論と各論で構成。総論では、安全の基本、物質の安全、リスクと安全、システムと安全、安全教育等、安全に関わる基本的な知識をまとめている。各論では、食品・医療・日常品・建築・交通・動植物等、日常生活や職場・教育現場における安全、またエネルギーや環境の安全に関わる事項を五十音順に解説する。巻末に日本・世界の主な事故等の資料と、和文・英文索引を付す。

防災事典　日本自然災害学会監修　築地書館　2002.7　543p　26cm　35000円　①4-8067-1233-7　N519.9

(内容)防災の実務を行なう上での総合的な情報と研究成果を収めた事典。前版にあたる1988年刊行の『自然災害科学事典』を増補改訂したもの。従来の火災・爆発、地震、火山、地盤、気象、海岸、雪水、河川に加え、防災、都市、防災行政、被害想定、復旧、情報といった分野を網羅する。見出し語を五十音順に排列し、読み仮名、英語表記、分野名、関連項目、解説を記載。巻末に分野別項目リスト、英語索引を付す。

＜名簿・人名事典＞

防災アドレス帳　'96　地震情報新聞社編
タイアップ株式会社，(立川)けやき出版〔発売〕　1996.5　302p　21cm　1800円　Ⓝ4-905942-95-0
(目次)防災関連商品・サービス，ライフライン・金融，主要交通機関，研究機関・学会・団体，主要報道機関，主要官庁・全国地方自治体，全国消防本部，全国救急医療機関

＜ハンドブック＞

災害対策全書　4　防災・減災　ひょうご震災記念21世紀研究機構災害対策全書編集企画委員会編　ひょうご震災記念21世紀研究機構災害対策全書編集企画委員会，ぎょうせい(制作・発売)　2011.5　343p　31cm　〈他言語標題：Handbook of disaster management〉4286円　Ⓝ978-4-324-80044-7　Ⓝ369.3
(目次)第1章 総合的な防災対策を実現するために，第2章 防災戦略計画，第3章 一元的な危機対応システム，第4章 防災計画と復興計画，第5章 ライフラインとハードの防災・減災，第6章 地域防災力の向上，第7章 国宝，文化財等の防災・減災対策，第8章 地域防災計画等各種防災計画の改善・強化対策，第9章 国際・国内空港の防災・減災対策と危機管理，第10章 防災・減災投資の投資的効果の研究，第11章 東日本大震災から何を学ぶか
(内容)災害多発時代を生きる「知恵」と「行動」がここに! 災害と防災対策、危機管理を学ぶ総合テキスト。

自殺対策ハンドブックQ&A　基本法の解説と効果的な連携の手法　本橋豊編著
ぎょうせい　2007.2　266p　21cm　2571円　Ⓝ978-4-324-08126-6
(目次)第1章 自殺とその対策の現状(日本の自殺の現状，国の自殺対策の取組み ほか)，第2章 自殺対策基本法の解説Q&A(なぜ自殺対策基本法ができたのですか?その背景を教えてください。，参議院厚生労働委員会の「自殺に関する総合対策の緊急かつ効果的な推進を求める決議」と自殺対策基本法はどういう関係があるのですか? ほか)，第3章 地域における自殺対策Q&A(地域において自殺対策を進める上で大切なことは何ですか?，ヘルスプロモーションモデルによる自殺予防とはどういうことか教えてください。 ほか)，第4章 自殺対策の進め方マニュ

アル(自殺対策の目標を設定し、社会的なコンセンサスを得る，知事や市町村長などの政治的リーダーに自殺対策の必要性を理解してもらうほか)，第5章 関係資料(法令・通知等，関係機関連絡先等)
(内容)平成18年10月28日、自殺対策基本法が施行。自殺の実態とは?自殺の正しい考え方とは?具体的に何をすれば良いのか?これから自殺対策を進める現場で本当に役に立つ一冊。

防災学ハンドブック　京都大学防災研究所編
朝倉書店　2001.4　724p　26cm　32000円　Ⓝ4-254-26012-1　Ⓝ519.9
(目次)第1部 総論(災害と防災，自然災害の変遷，総合防災的視点)，第2部 自然災害誘因とその予知・予測(異常気象，地震，火山噴火，地表変動)，第3部 災害の制御と軽減(洪水災害，海象災害，渇水災害と水資源計画，土砂災害，地震動災害，強風災害，市街地火災，林野火災，環境災害)，第4部 防災の計画と管理(地域防災計画，都市の災害リスクマネジメント都市基盤施設および構造物の防災診断，災害情報と伝達，災害からの復興とこころのケア)
(内容)災害をもたらす自然現象のメカニズム、建物や道路など構造物の脆弱性と耐災性、防災法制や防災システム、情報伝達や避難誘導体制などの、防災学に関する最新の研究成果をまとめたもの。災害の防止・軽減、災害からの復興についての総合情報を掲載。付録として、災害史年表がある。

防災基本計画　平成14年4月　中央防災会議
内閣府政策統括官編　財務省印刷局　2002.6　420p　30cm　2500円　Ⓝ4-17-391004-5　Ⓝ369.3
(目次)総則，震災対策編，風水害対策編，火山災害対策編，雪害対策編，海上災害対策編，航空災害対策編，鉄道災害対策編，道路災害対策編，原子力災害対策編，危険物等対策編，大規模な火事災害対策編，林野火災その他の災害に共通する対策編，防災業務計画および地域防災計画において重点を置くべき事項

防災公園 計画・設計ガイドライン　建設省都市局公園緑地課，建設省土木研究所環境部監修，都市緑化技術開発機構編　大蔵省印刷局　1999.8　240p　30cm　3000円　Ⓝ4-17-390700-1
(目次)第1章 総論(緑とオープンスペースがもつ防災の役割，防災公園とは，防災公園等の位置づけ，防災公園設備プログラム，防災公園等の

設備にかかる事業制度），第2章 防災公園等の配置（配置の基本的考え方，防災公園等の配置），第3章 防災公園の計画・設計（手順と条件整理，防災公園の計画，防災公園の設計）

(内容)本書は，防災公園の計画・設計に関する技術的資料の整理、及びその解説となる総合的な防災公園の計画・設計ガイドラインをとりまとめたものである。

防災・震災管理ハンドブック　産労総合研

究所編　経営書院　1995.10　315p　26cm　8500円　Ⓘ4-87913-549-6

(目次)第1部 防災・震災管理の実務Q&A，第2部 調査・事例編，第3部 マニュアル・規程編，第4部 各種施策・通達編

防災手帳　2012　（福島）日進堂印刷所，メ

ディアパル（発売）　2011.11　63p　19cm　1143円　Ⓘ978-4-89610-211-6

(目次)地震直後の対応，被災後のくらし，津波から身を守る，まとめ，3.11原発事故に学ぶ

(内容)書き込んで使える防災啓発ダイアリー。被災地がつくった2012年版。

<年鑑・白書>

環境ソリューション企業総覧　ユーザーのためのソリューションガイド　2012年度版（Vol.12）　日刊工業出版プロダク

ション編　日刊工業新聞社　2012.10　339p　26cm　3000円　Ⓘ978-4-526-06965-9

(目次)巻頭鼎談 これからの「スマートソリューション」―絆と手綱で人間優先の環境技術の確立へ，TOPインタビュー テルム・後藤元晴社長に聞く―環境に対する様々な課題と，変化する時代のニーズに応えて半世紀 持続可能な社会の発展に向けた環境ソリューションに大きく貢献，特集 これからのスマートソリューションの可能性，特集 水ビジネスの将来性，特集 ポスト京都議定書―日本の役割，特集 震災後の災害対応ロボ事情，環境ソリューション企業編，環境対応型技術・製品編，ソリューション対応表，資料編

防災白書　平成2年度版　国土庁編　大蔵省

印刷局　1990.6　451p　21cm　1800円　Ⓘ4-17-390165-8

(目次)第1部 災害の状況と対策（災害の状況，災害対策の現況と課題，震災対策，豪雨と土砂災害，火山災害対策，現代社会と防災，世界の自然災害と国際防災協力），第2部 昭和63年度に

おいて防災に関してとった措置の概況（概要，法令の整備等，科学技術の研究，災害予防，国土保全，災害復旧等），第3部 平成2年度において実施すべき防災に関する計画（概要，科学技術の研究，災害予防，国土保全，災害復旧等）

防災白書　平成3年版　国土庁編　大蔵省印

刷局　1991.4　469p　21cm　1800円　Ⓘ4-17-390166-6

(目次)第1部 災害の状況と対策（災害の状況，災害対策の現況と課題，震災対策，豪雨と土砂災害，火山災害対策，現代社会と防災，世界の自然災害と国際防災協力），第2部 平成元年度において防災に関してとった措置の概況（概要，法令の整備等，科学技術の研究，災害予防，国土保全，災害復旧等），第3部 平成3年度において実施すべき防災に関する計画（概要，科学技術の研究，災害予防，国土保全，災害復旧等）

防災白書　平成4年版　国土庁編　大蔵省印

刷局　1992.6　561p　21cm　2000円　Ⓘ4-17-390167-4

(目次)第1部 災害の状況と対策（災害の状況，災害対策の現況と課題，雲仙岳噴火災害と火山災害対策，震災対策，風水害対策，現代社会と防災，世界の自然災害と国際防災協力），第2部 平成2年度において防災に関してとった措置の概況（概要，法令の整備等，科学技術の研究，災害予防，国土保全，災害復旧等），第3部 平成4年度において実施すべき防災に関する計画（概要，科学技術の研究，災害予防，国土保全，災害復旧等）

防災白書　平成5年版　国土庁編　大蔵省印

刷局　1993.6　585p　21cm　2100円　Ⓘ4-17-390168-2　Ⓝ369.3

(目次)第1部 災害の状況と対策（災害の状況，災害対策の現況と課題，震災対策，雲仙岳噴火災害と火山災害対策，風水害対策，現代社会と防災，世界の自然災害と国際防災協力），第2部 平成3年度において防災に関してとった措置の概況（法令の整備等，科学技術の研究，災害予防，国土保全，災害復旧等），資料 予算額等集計表

防災白書　平成6年版　国土庁編　大蔵省印

刷局　1994.6　583p　21cm　2700円　Ⓘ4-17-390169-0　Ⓝ369.3

(目次)第1部 災害の状況と対策（我が国の災害の状況，災害対策の現況と課題，平成5年度に発生した主要な災害の状況と対策，現代社会と防災，世界の自然災害と国際防災協力），第2部 平成4年度において防災に関してとった措置の概況

防災・危機管理全般　　　事故・災害

（法令の整備等，科学技術の研究，災害予防，国土保全，災害復旧等），第3部 平成6年度において実施すべき防災に関する計画（科学技術の研究，災害予防，国土保全，災害復旧等）

防災白書　平成7年版　国土庁編　大蔵省印刷局　1995.6　535p　21cm　2700円　Ⓘ4-17-390170-4

（目次）第1部 災害の状況と対策（阪神・淡路大震災の被害と対策，今後の防災体制に向けての取組み，平成6年度に発生した主要な災害の状況と対策），第2部 平成5年度において防災に関してとった措置の概況，第3部 平成7年度において実施すべき防災に関する計画

防災白書　平成8年版　国土庁編　大蔵省印刷局　1996.7　581p　21cm　2700円　Ⓘ4-17-390171-2

（目次）第1部 「災害の状況と対策」―阪神・淡路大震災を踏まえた新たな災害対策の推進（阪神・淡路大震災の概要と復旧・復興状況，我が国の新たな災害対策の推進，震災に強い都市構造の形成と施設の整備 ほか），第2部 平成6年度において防災に関してとった措置の概況（概要，法令の整備等，科学技術の研究 ほか），第3部 平成8年度において実施すべき防災に関する計画（概要，科学技術の研究，災害予防 ほか）

防災白書　平成9年版　国土庁編　大蔵省印刷局　1997.6　705p　21cm　2800円　Ⓘ4-17-390172-0

（目次）第1部 災害の状況と対策（我が国の災害の状況，我が国の災害対策の現況と課題，平成8年度に発生した主要な災害とその対策 ほか），第2部 平成7年度において防災に関してとった措置の概況（概要，法令の整備等，科学技術の研究 ほか），第3部 平成9年度において実施すべき防災に関する計画（概要，科学技術の研究，災害予防 ほか）

防災白書　平成10年版　国土庁編　大蔵省印刷局　1998.5　727p　21cm　2800円　Ⓘ4-17-390173-9

（目次）第1部 災害の状況と対策（我が国の災害の状況，我が国の災害対策の現況と課題，平成9年度に発生した主要な災害とその対策，阪神・淡路大震災の災害復興対策，「防災に関する世論調査」（平成9年9月：総理府調査）と今後の防災対策の課題，国民の防災活動，世界の自然災害と国際防災協力），第2部 平成8年度において防災に関してとった措置の概況（概要，法令の整備等，科学技術の研究，災害予防，国土保全，

災害復旧等），第3部 平成10年度において実施すべき防災に関する計画（概要，科学技術の研究，災害予防，国土保全，災害復旧等）

防災白書　平成11年版　国土庁編　大蔵省印刷局　1999.6　743p　21cm　2800円　Ⓘ4-17-390174-7

（目次）第1部 災害の状況と対策（我が国の災害の状況，我が国の災害対策の推進状況，阪神・淡路大震災の災害復興対策，防災と情報，国民の防災活動，世界の自然災害と国際防災協力），第2部 平成9年度において防災に関してとった措置の概況（概要，法令の整備等，科学技術の研究，災害予防，国土保全，災害復旧等），第3部 平成11年度において実施すべき防災に関する計画（概要，科学技術の研究，災害予防，国土保全，災害復旧等）

防災白書　平成12年版　国土庁編　大蔵省印刷局　2000.6　769p　21cm　2800円　Ⓘ4-17-390175-5　Ⓝ369.3

（目次）第1部 災害の状況と対策（我が国の災害の状況，我が国の災害対策の推進状況，阪神・淡路大震災の災害復興対策，国民の防災活動，地域防災力の強化に向けて―風水害を事例として，世界の自然災害と国際防災協力），第2部 平成10年において防災に関してとった措置の概況（概要，法令の整備等，科学技術の研究，災害予防，国土保全，災害復旧等），第3部 平成12年度において実施すべき防災に関する計画（概要，科学技術の研究，災害予防，国土保全，災害復旧等）

（内容）日本の災害の状況と災害対策についてまとめた白書。平成12年版では，東海地震に係る地震防災基本計画の20年ぶりの修正，防災基本計画原子力災害対策編の見直し，激甚災害指定基準の改正などを取りあげる。また，阪神・淡路大震災の復興に関する取組みと震災の教訓を踏まえた対策についても記述。巻末に五十音順索引を付す。

防災白書　平成13年版　内閣府編　財務省印刷局　2001.7　394p　30cm　2500円　Ⓘ4-17-390176-3　Ⓝ369.3

（目次）防災に関してとった措置の概況 第1部 災害の状況と対策（我が国の災害の状況，我が国の災害対策の推進状況，国民の防災活動，世界の自然災害と国際防災協力），第2部 平成11年度において防災に関してとった措置の概況，平成13年度において実施すべき防災に関する計画

（内容）日本の災害の状況と災害対策施策についてまとめた白書。災害対策基本法第9条第2項の

規定に基づき、政府が毎年国会に対して行う報告「防災に関してとった措置の概況」「防災に関する計画」を収録する。巻末に五十音順索引を付す。

防災白書 平成14年版 内閣府編 財務省印刷局 2002.7 404p 30cm 〈付属資料：CD‐ROM1〉 2800円 Ⓘ4-17-390177-1
(目次)第1部 災害の状況と対策(我が国の災害の状況，我が国の災害対策の推進状況，国民の防災活動 ほか)，第2部 平成12年度において防災に関してとった措置の概況(概要，法令の整備等，科学技術の研究 ほか)，第3部 平成14年度において実施すべき防災に関する計画(概要，科学技術の研究，災害予防 ほか)

防災白書 平成15年版 内閣府編 国立印刷局 2003.7 418p 30cm 2600円 Ⓘ4-17-390178-X
(目次)第1部 災害の状況と対策(我が国の災害の状況，我が国の災害対策の推進状況，国民の防災活動，世界の自然災害と国際防災協力)，第2部 平成13年度において防災に関してとった措置の概況(法令の整備等，科学技術の研究，災害予防，国土保全，災害復旧等)，第3部 平成15年度において実施すべき防災に関する計画(科学技術の研究，災害予防，国土保全，災害復旧等)

防災白書 平成16年版 内閣府編 国立印刷局 2004.8 257p 30cm 〈付属資料：CD-ROM1〉 2286円 Ⓘ4-17-390179-8
(目次)第1部 災害の状況と対策(新たな防災行政の視点，我が国の災害の状況，我が国の災害対策の推進状況，国民の防災活動，世界の自然災害と国際防災協力)

防災白書 平成17年版 内閣府編 国立印刷局 2005.7 333p 30cm 〈付属資料：CD-ROM1〉 2800円 Ⓘ4-17-390180-1
(目次)第1部 災害の状況と対策(迫りくる巨大地震と「備え」を実践する国民運動の展開へ，我が国の災害の状況，我が国の災害対策の推進状況，国民の防災活動，世界の自然災害と国際防災協力)
(内容)災害対策の推進状況を取りまとめているほか、いつどこでも起こりうる災害、特に迫りくる巨大地震への備えを実践する「減災社会」の実現に向けて、国、地方公共団体の取組みに加えて、地域コミュニティ、企業、ボランティアなどの先進的な取組事例を紹介するとともに、国民の一人ひとりまで巻き込んだ国民運動を展開することを訴えかけている。

防災白書 平成18年版 内閣府編 セルコ 2006.6 315p 30cm 〈付属資料：CD-ROM1〉 2800円 Ⓘ4-9903152-0-0
(目次)第1部 災害の状況と対策(災害から命と暮らしを守る一足元から始める国民運動の継続，我が国の災害の状況，我が国の災害対策の推進状況，国民の防災活動，世界の自然災害と国際防災協力)

防災白書 平成19年版 内閣府編 セルコ 2007.7 259p 30cm 〈付属資料：CD-ROM1〉 2800円 Ⓘ978-4-9903152-1-4
(目次)第1部 災害の状況と対策(災害リスク認識を高め、多様な主体の行動により被害の軽減へ，我が国の災害の状況，我が国の災害対策の推進状況，国民の防災活動，世界の自然災害と国際防災協力)

防災白書 平成20年版 内閣府編 佐伯印刷 2008.7 268p 30cm 〈付属資料：CD‐ROM1〉 2800円 Ⓘ978-4-903729-37-4 Ⓝ369.3
(目次)第1部 災害の状況と対策(災害に対する関心の高まりを「自助」「共助」の防災行動につなげる，我が国の災害の状況，我が国の災害対策の推進状況，国民の防災活動の促進，世界の自然災害と国際防災協力)

防災白書 平成21年版 内閣府編 佐伯印刷 2009.7 246p 30cm 〈付属資料：CD‐ROM1〉 2800円 Ⓘ978-4-903729-60-2 Ⓝ369.3
(目次)第1部 災害の状況と対策(変化する災害リスクを正しく認識し、災害被害を軽減へ，我が国の災害の状況，我が国の災害対策の推進状況，国民の防災活動の促進，世界の自然災害と国際防災協力)

防災白書 平成22年版 内閣府編 佐伯印刷 2010.7 276p 30cm 〈付属資料：CD‐ROM1〉 2800円 Ⓘ978-4-903729-82-4 Ⓝ369.3
(目次)特集 『新しい公共』の力を活かした防災力の向上(はじめに―阪神・淡路大震災で認識された「新しい公共」の重要性，阪神・淡路大震災以降における民間主体の防災活動の広がり，地域を取り巻く災害，各地域で広がっている「新しい公共」の力を活かした防災活動，地域防災力及び防災分野における「新しい公共」の活動に関する国民意識，課題及び今後への期待)，第1部 防災対策に関する現状と課題(主な施策の

防災・危機管理全般　　　　　　　　事故・災害

取組状況，防災施策の効果の検証事例，課題と
今後の方向），第2部 災害の状況と対策（我が国
の災害の状況，我が国の災害対策の推進状況，
国民の防災活動の促進，世界の自然災害と国際
防災協力）

防災白書　平成23年版　内閣府編　佐伯印
刷　2011.7　135p　30cm　〈付属資料：CD
‐ROM1〉　2500円　Ⓘ978-4-905428-05-3
(目次)第1部 東日本大震災（地震・津波災害の概
要とその対策等，原子力災害の概要とその対策
等），第2部 平成22年以降に発生した主要な災
害とその対策等

防災白書　平成24年版　内閣府編　日経印刷
2012.8　117,113p　30cm　〈付属資料：CD
‐ROM1〉　2800円　Ⓘ978-4-905427-22-3
(目次)第1部 東日本大震災を踏まえた災害対策
（東日本大震災の概要と復興に向けた取組，東
日本大震災を踏まえた災害対策の推進），第2部
各種災害対策への取組の方向性と平成23年以降
発生した主な災害とその対応―東日本大震災を
除く（各種災害対策への取組の方向性，平成23
年以降に発生した主な災害―東日本大震災を除
く），附属資料（東日本大震災に関する各府省庁
の取組，平成23年（2011年）東北地方太平洋沖地
震の概要，1900年以降に発生した地震の規模の
大きなもの上位10位 ほか）

防災白書　平成25年版　内閣府編　日経印
刷　2013.7　275,73p　30cm　2800円
Ⓘ978-4-905427-51-3
(目次)第1部 災害の状況と対策（指標等からみる
我が国の防災対策，東日本大震災の復旧と復興
に向けた取組，平成24年以降に発生した主な災
害，我が国の災害対策の取組の状況等），第2部
平成23年度において防災に関してとった措置の
概況（法令の整備等，科学技術の研究，災害予
防，国土保全，災害復旧等，国際防災協力），
第3部 平成25年度の防災に関する計画（科学技
術の研究，災害予防，国土保全，災害復旧等，
国際防災協力）

防災白書のあらまし　平成2年版　大蔵省印
刷局編　大蔵省印刷局　1990.7　83p　18cm
（白書のあらまし 5）　260円　Ⓘ4-17-
351405-0
(目次)1 災害の状況，2 震災対策，3 豪雨と土砂
災害，4 火山災害対策，5 現代社会と防災，6 世
界の自然災害と国際防災協力，7 昭和63年度に
おける防災に関してとった措置の概況，8 平成
2年度において実施すべき防災に関する計画

防災白書のあらまし　平成3年版　大蔵省印
刷局　1991.7　89p　18cm　（白書のあらま
し 5）　260円　Ⓘ4-17-351505-7
(目次)1 災害の状況，2 震災対策，3 豪雨と土砂
災害，4 火山災害対策，5 現代社会と防災，6 世
界の自然災害と国際防災協力，7 平成元年度に
おいて防災に関してとった措置の概況，8 平成
三年度において実施すべき防災に関する計画

防災白書のあらまし　平成4年版　大蔵省印
刷局編　大蔵省印刷局　1992.9　73p　18cm
（白書のあらまし 5）　280円　Ⓘ4-17-
351605-3
(目次)1 災害の状況，2 雲仙岳噴火災害と火山
災害対策，3 震災対策，4 風水害対策，5 現代社
会と防災，6 世界の自然災害と国際防災協力，
7 平成二年度において防災に関してとった措置
の概況，8 平成四年度において実施すべき防災
に関する計画

防災白書のあらまし　平成5年版　大蔵省印
刷局編　大蔵省印刷局　1993.8　77p　18cm
（白書のあらまし 5）　300円　Ⓘ4-17-
351705-X　Ⓝ369.3
(目次)1 災害の状況，2 震災対策，3 雲仙岳噴火
災害と火山災害対策，4 風水害対策，5 現代社
会と防災，6 世界の自然災害と国際防災協力，
7 平成3年度において防災に関してとった措置
の概況及び平成5年度において実施すべき防災
に関する計画

防災白書のあらまし　平成6年版　大蔵省
刷局　1994.8　65p　17×10cm　（白書のあ
らまし 5）　300円　Ⓘ4-17-351805-6
(目次)1 我が国の災害の状況，2 災害対策の現
況と課題，3 平成5年度に発生した主要な災害の
状況と対策，4 現代社会と防災，5 世界の自然
災害と国際防災協力，6 平成4年度において防災
に関してとった措置の概況
(内容)白書が正式発表された後，担当省庁の執
筆書がその概要を平易に解説し，官報資料版に
掲載された「白書のあらまし」を原文のまま1冊
にとりまとめたもの。

防災白書のあらまし　平成7年版　大蔵省印
刷局　1995.8　59p　18cm　（白書のあらま
し 5）　320円　Ⓘ4-17-351905-2
(目次)第1部 災害の状況と対策―阪神・淡路大
震災等に関してとった措置の概況（阪神・淡路
大震災の被害と対策，今後の防災体制に向けて
の取組，平成6年度に発生した主要な災害の状

事故・災害　　　　　　　　　　　　防災・危機管理全般

況と対策），第2部 平成5年度において防災に関してとった措置の概況

防災白書のあらまし　平成8年版　大蔵省印刷局　1997.1　40p　17cm　（白書のあらまし）　311円　Ⓝ4-17-352105-7

（目次）第1部 災害の情報と対策―阪神・淡路大震災等を踏まえた新たな災害対策の推進，第2部 平成6年度において防災に関してとった措置の概況，第3部 平成8年度において実施すべき防災に関する計画

防災白書のあらまし　平成9年版　大蔵省印刷局編　大蔵省印刷局　1997.9　35p　18cm　（白書のあらまし 5）　320円　Ⓝ4-17-352205-3　Ⓝ369.3

防災白書のあらまし　平成10年版　大蔵省印刷局編　大蔵省印刷局　1998.8　31p　17cm　（白書のあらまし 5）　320円　Ⓝ4-17-352305-X

（目次）第1部 災害の状況と対策，第2部 平成8年度において防災に関してとった措置の概況，第3部 平成10年度において実施すべき防災に関する計画

防災白書のあらまし　平成11年版　大蔵省印刷局編　大蔵省印刷局　1999.8　35p　17cm　（白書のあらまし 5）　320円　Ⓝ4-17-352405-6

（目次）第1部 災害の状況と対策，第2部 平成9年度において防災に関してとった措置の概況，第3部 平成11年度において実施すべき防災に関する計画

防災白書のあらまし　平成12年版　大蔵省印刷局編　大蔵省印刷局　2000.9　21p　17×10cm　（白書のあらまし 5）　320円　Ⓝ4-17-352505-2

（目次）第1部 災害の状況と対策，第2部 平成10年度において防災に関してとった措置の概況

防災白書のあらまし　平成13年版　財務省印刷局編　財務省印刷局　2001.9　22p　19cm　（白書のあらまし 5）　340円　Ⓝ4-17-352605-9

（目次）第1部 災害の状況と対策，第2部 平成11年度において防災に関してとった措置の概況，第3部 平成13年度において実施すべき防災に関する計画

防災白書のあらまし　平成14年版　財務省印刷局編　財務省印刷局　2002.8　24p

19cm　（白書のあらまし 5）　340円　Ⓝ4-17-352705-5

（目次）第1部 災害の状況と対策，第2部 平成12年度において防災に関してとった措置の概況，第3部 平成14年度において実施すべき防災に関する計画

防犯・防災関係データ集　2006　日本能率協会総合研究所編　生活情報センター　2006.5　318p　30×21cm　14800円　Ⓝ4-86126-252-6

（目次）第1章 防災（消防，火災 ほか），第2章 防犯（防犯対策，非行対策，防犯設備機器統計 ほか），第3章 安全・救急（交通事故，交通安全 ほか），第4章 犯罪（刑法犯罪，不正薬物・銃砲の密輸入 ほか），第5章 身の回りの事件（生活経済事犯の検挙，ネット通販のトラブル ほか）

<統計集>

実践的な防災訓練の普及に向けた事例調査報告書　（［東京］）消防庁応急対策室　2014.3　205p　30cm　Ⓝ369.3

◆家庭・住宅の防災

<事　典>

実用暮らしの知恵事典　学研辞典編集部編　学習研究社　2004.10　285p　16cm　650円　Ⓝ4-05-402454-8

（目次）1 衣，2 食，3 住，4 おしゃれ，5 美容，6 健康，7 危機管理，8 マネー

（内容）日常生活のさまざまなステージで役にたつ情報を収録。本文は衣，食，住，おしゃれ，美容，健康，危機管理，マネーに分けて掲載。

<ハンドブック>

1億人の防災ハンドブック　大災害・テロを生き抜く!　青山佾監修，防災を考える会著　ビジネス教育出版社　2005.6　109p　26cm　1300円　Ⓝ4-8283-0091-0

（目次）1章 次はこの地域が危ない!，2章 大災害はこうして起こる!，3章 災害にあう前に備えるべきこと，4章 被災直後はどのように対応すべきか，5章 被災後1日から1週間を乗り切る，6章 避難生活が長引いたときの対策，7章 テロへの備えは万全か

（内容）必ず起こる。首都直下大地震。想定死者1万3000人。そのとき，あなたは生き残れるか。

防災・危機管理全般　　　　事故・災害

おかあさんと子どものための防災&非常時ごはんブック　4コマでわかる!　草野かおる著，木原実監修　ディスカヴァー・トゥエンティワン　2014.8　165p　19cm　1300円　①978-4-7993-1545-3　Ⓝ369.3

(目次)1章 これだけは知っておきたい防災の常識，2章 外出先で子どもと被災!どうする?，3章 子どもと離れている時に被災!どうする?，4章 電車や車に乗っている時に被災!どうする?，5章 家にいる時に被災!どうする?，6章 避難生活の常識，知ってる?，いざという時のための非常時ごはん

(内容)明日災害が起きたら!?そのとき，自分は?子どもは?家は?12日間家族を守る備蓄食糧って?防災力は，地頭力。いざという時，臨機応変に，素早く判断することが生き残ることにつながる。

子どもの安全ハンドブック　森健，岩崎大輔，子川智美　山と溪谷社　2006.3　159p　19cm　980円　①4-635-50029-2

(目次)第1章 子どもの事件簿(子どもの安全管理とは，自宅周辺の安全マップ ほか)，第2章 子どもの心の問題への対応(子どもの気持ちを理解する，気分が落ち込んでいるようだ ほか)，第3章 家庭内での子どもの事故(家庭内での事故とは，家庭内に潜む危険マップ ほか)，第4章 家庭外での子どもの事故(学校での事故とは，学校と周辺の危険マップ ほか)，第5章 応急処置マニュアル(骨折したら，突き指・ねんざ・肘内障 ほか)

(内容)近年の事件・事故を徹底検証。いますぐ安全対策を。

これだけは知っておきたい!防災ハンドブック　「安心」チェック&トライ お役立ち版　防災教育を考える会編・著　日本標準　2006.9　95p　21cm　1000円　①4-8208-0273-9

(目次)1章 地震に備えて(地震が起こったら，どうなる!?，地震だ!そのとき，どうする? ほか)，2章 火災に備えて(火事だ!そのとき，どうする?，初期消火ここがポイント ほか)，3章 各種自然災害に備えて(自然災害とは?，台風接近!そのとき，どうする? ほか)，4章 わが家の防災お役立つ情報(わが家の防災会議を開こう!，連絡は，避難は，どうすれば? ほか)

(内容)地震，津波，火災，土砂崩れ，水害…全国・全世界で各種災害が頻発する今だからこそ。「備えあれば憂いなし」への第一歩。

災害・状況別 防災絵事典　危険から身を守る　山村武彦監修　PHP研究所　2005.9　79p　29×22cm　2800円　①4-569-68562-5

(目次)第1章 日本の自然と災害(災害は大自然の活動，防災に関する日，自然災害にはこんなものがある)，第2章 これだけは知っておきたい―いざというときの身の守り方(地震ってなんだろう?，地震―揺れによる災害から身を守る，地震―二次火災から身を守る ほか)，第3章 災害に備えてわたしたちにできること(地域での取り組み，家族で話し合おう，災害に備えて準備したいもの ほか)

自分と家族を守る防災ハンドブック　アーサー・T・ブラッドレー著，月谷真紀訳　楽工社　2014.5　457p　21cm　〈文献あり　原書名：THE DISASTER PREPAREDNESS HANDBOOK〉　2500円　①978-4-903063-64-5　Ⓝ369.3

(目次)生き残るためには，食料，水，シェルター，照明，電力，冷暖房，空気，睡眠，医療・応急手当，通信，お金の備え，移動手段，護身術，子供・妊婦・高齢者・身体障碍者・ペットのケア，防災ネットワークをつくる，防災訓練のすすめ

(内容)NASAの工学博士が自分の家族に読ませるために執筆。その内容が読者に支持されベストセラーとなった科学的防災書。地震，洪水，放射能漏れ―様々な災害時に共通して必要なる「もの・知識・技術」を徹底解説。一般家庭ですぐ始められるノウハウ多数収録。本気で備える人のためのガイドブック。日本向け情報を補足!

数字でツカめ生活のリスク　2005 前編　生活と経済編　生活と経済　2005.2　189p　21cm　1524円　①4-88408-700-3

(目次)第1章 医療保険って本当に必要，第2章 あなたの死因を変更する，第3章 ベイオフ全面解禁完全対策，第4章 最新情報：リスクと予防：がん，第5章 最新情報：リスクと予防：健康，第6章 最新情報：リスクと予防：食品，第7章 最新情報：リスクと予防：ペット，第8章 最新情報：リスクと予防：犯罪と災害，第9章 最新情報：リスクと予防：大災害

(内容)よーく考えよう。「医療保険」，「ガン保険」本当に必要なの?確率や金額，そして "実態" を知れば不要な「不安」が見えてくる。「ペイオフ全面解禁」もこの一冊で完全対応。

積算ポケット手帳 防犯・防災ハンドブック　建築資料研究社　2005.6　302p　21cm　2800円　①4-87460-862-0

(目次)防犯ハンドブック(防犯のグッドデザイ

事故・災害　　　　　　　　　　　　　　防災・危機管理全般

ン，防犯設計ガイド，防犯インフォメーション），防災ハンドブック（耐震のグッドデザイン，地盤耐震評価と補修，木造耐震設計，RC造・S造耐震設計，免震設計・制震設計，消防法改正：住宅の防火設備，防災インフォメーション），おすすめ最新!防犯・防災製品ガイド

(内容)防犯・防災対応を始めるための全情報源，まるごと1冊。

大災害に備える! お金の危機管理ハンドブック
方波見寧著　光文社　2011.5
157p　18cm　1000円　①978-4-334-97647-7
Ⓝ591

(目次)はじめに 災害のあとにやってくるのはお金の問題です，第1章 緊急時には，お金にアクセスできなくなる，第2章 ケガや病気をしたら，どこから費用は捻出されるか?，第3章 大災害のために働けなくなったらどうするか?，第4章 家やクルマが津波に流されたらどうする?，第5章 生命保険にきちんと入っているか?，第6章 いまこそ相続について話し合おう，特別章 大災害でも怯えない，投資の危機管理

(内容)現金，保険，ローン，相続…いますぐ確認しておきたいお金の問題。緊急時には，お金にアクセスできなくなる・ケガや病気をしたら，どこから費用は捻出されるか? 大災害のために働けなくなったらどうするか? 家やクルマが津波に流されたらどうする? 生命保険にきちんと入っているか? いまこそ相続について話し合おう。これまで考えることを避けてきたリスクに，正面から向き合うための1冊。

にげましょう　災害でいのちをなくさないために
特別版　河田惠昭著，河田惠昭，GK京都編集　共同通信社　2014.2　125p
16×25cm　1800円　①978-4-7641-0667-3
Ⓝ369.3

(目次)1分1秒が生死を分ける巨大災害。防災の第一人者が教える，いのちをつなぐ避難のタイミング。にげることは生きること。好評の既刊に「地震編」を増補した特別版!

(内容)地震の場合，津波の場合，火山噴火の場合，高潮の場合，竜巻の場合，野山で有害な虫や大型動物と出合った場合，広域豪雨の場合，集中豪雨の場合，ゲリラ豪雨の場合，土砂災害の場合，インフルエンザが流行中の場合，原子力発電所事故の場合

防災ピクニックが子どもを守る!　災害時に役立つサバイバル術を楽しく学ぶ
MAMA-PLUG編・著　KADOKAWA

2014.2　95p　21cm　1000円　①978-4-04-066330-2　Ⓝ369.3

(目次)1 防災ピクニック1-まずはやってみよう（防災ピクニックって?，子どもと一緒に防災ウォーク ほか），2 防災ピクニック2-こだわってみよう（炊飯袋で，簡単・非常食を作ろう，ガスバーナーで非常食クッキング ほか），3 防災の視点をポケットに，野や山へ（防災の視点をポケットにハイキングへ!，親子で成長!防災ハイキング ほか），4 生きる力につなげる取り組み方のコツ（防災は日常生活力，子どもに伝えたい生きる力 ほか），5 防災はアクティブに!（アクティブ防災って?，私たちが解決したい課題 ほか）

(内容)防災ピクニックで，防災力をアップしよう。家族の楽しいアウトドア経験が，いざというとき，生死を分ける!?わが家の防災，他人事になっていませんか?

ママのための防災ハンドブック　いざというとき、家族を守る!
国崎信江，岡部朋子監修，Lotus8編　学研パブリッシング，学研マーケティング（発売）　2011.9　127p
19cm　1300円　①978-4-05-405073-0
Ⓝ369.31

(目次)1 日ごろから気にかけておきたい準備編（とっさに持ち出すバッグと中身の話，用意が間に合わなかったらとりあえずコレ! ほか），2 とっさの判断力が大切。その日にどうする?（"地震!"そのときの行動をシミュレーション，一時避難するかしないか? 様子見の判断基準は5つ ほか），3 とっさの判断力が大切。その日にどうする?（被災したときは"食べる"努力が必要，トイレは成人用の紙おむつで代用。穴掘りは後の始末が大変! ほか），付録（タイプ別災害ストレス度チェック，防災イエローページ）

(内容)ママだからこそできる半径10mの防災対策満載! 子供のこと，両親のこと，ペットのこと。気づくところがパパとは違うからこそできることはいろいろあります。初めての避難袋作りから一緒に進めていきませんか。

4コマですぐわかるみんなの防災ハンドブック
草野かおる著，渡辺実監修　ディスカヴァー・トゥエンティワン　2011.8
215p　19cm　1200円　①978-4-7993-1047-2
Ⓝ369.3

(目次)地震・災害に備える，地震そのとき，火災そのとき，津波そのとき，豪雨・台風・竜巻・雷・土砂災害・雪崩そのとき，停電対策，非常時を乗り切るアイディア，非常時の調理方法，

事故・災害レファレンスブック　27

非常時の衛生・体調管理，非常時のメンタルケア，放射能対策，避難生活の知恵，災害に乗じた犯罪対策，被災地を支援する方法

(内容)地震，津波，自然災害から身を守る，節電・放射能対策，非常時や避難生活を乗りきるアイディア…もしものときのために今すぐ読みたい自分と家族を守る180の方法。

<統計集>

食の安全と健康意識データ集　2012　三冬
社編集部編集　三冬社　2012.4　332p　30cm
14800円　①978-4-904022-80-1　⑩498.54

(目次)第1章 東日本大震災と食の安全，第2章 口蹄疫・鳥インフルエンザ・BSE他，第3章 食の安全と表示，第4章 幼児・子ども，若者，高齢者の食と健康，第5章 健康に関するデータと食品，第6章 国際比較

(内容)東日本大震災，鳥インフルエンザ，口蹄疫，BSE! 日本の最重要課題となった食の安心・安全対策のために必要な一冊です。

◆企業の防災・危機意識

<ハンドブック>

災害時の労務管理ハンドブック　大震災の
教訓を実務に活かす　丸の内総合法律事務
所編　経営書院　2011.7　94p　21cm　1000
円　①978-4-86326-102-0

(目次)第1章 災害時の社員への緊急対応(在社・帰宅を会社が強制できるか，震災発生時，帰宅困難になった社員の会社待機を強制できるか ほか)，第2章 災害時・災害後の労災・通災・メンタルヘルス(業務中に発生した大地震で行方不明となった社員への対応は，出張中の天災による負傷は ほか)，第3章 災害の影響からくる企業の労務問題(被災時の時間外・休日労働は，余震を心配して自宅待機を求める社員がいるが ほか)，第4章 災害後の事業継続計画の見直しと災害対策マニュアル(災害対策マニュアルの見直し，今後の災害対策について ほか)，第5章 震災特例措置一覧(雇用調整助成金の支給要件緩和，保険料の納期限の延長等)，付録 モデル規程(在宅勤務制度規程，ボランティア休暇規程 ほか)

(内容)22のQ&A，規程例，厚生労働省通達要旨で構成。

職場のトラブル防止ハンドブック　人事労
務スタッフ・管理者、労組担当者のため

の　産労総合研究所編　経営書院　2006.6
340p　26cm　9300円　①4-87913-959-9

(目次)第1部 全体総論—21世紀企業社会の「危機管理・トラブル防止」のあり方(その前提—躬行の精神と三現主義，危機管理・トラブル防止の視点，未然にとらえること，危機管理・トラブル防止に求められる根拠 ほか)，第2部 問題別対応(パワー・ハラスメントを発生させない職場管理，ITの進展とトラブル防止対策，不払い残業を発生させない労働時間管理，個人の情報保護の向けた人事労務の対応 ほか)

(内容)危機の本質を確認し，トラブルを未然に防止する。

防火管理者・防災管理者の役割と仕事　こ
れ1冊ですべてわかる　災害時の対応法ま
でを徹底解説　東京防災設備保守協会著
日本能率協会マネジメントセンター　2014.3
445p　21cm　(他言語標題：FIRE &
DISASTER PREVENTION MANAGER)
3800円　①978-4-8207-4873-1　⑩369.3

(目次)防火・防災管理者になったら，防火・防災の法規制−自分に該当する事項を知ろう，防火・防災管理の体制づくり，災害別の取り組み(火災，地震，テロ，風水害)，自衛消防訓練，法定点検と査察への対応

(内容)具体的な必要作業が時系列で理解できる。取り組む際のポイントが整理できる。作業項目・作業手順・各項目の要点がよくわかる。火災，地震，テロ，風水害対応。

防火・防災管理の知識　改訂版　東京消防庁
監修　東京防災救急協会　2014.4　370p
30cm　1500円　⑩369.3

<年鑑・白書>

企業リスク白書　2006年版　企業リスク
軽視の代償と教訓　藤田英夫著編　(大阪)
日本ビジネス開発　2006.3　204p　30cm
38000円　①4-90158-627-0

(目次)1 2000年春〜2006年冬における企業リスクの総括(企業リスク年表，企業リスク軽視の代償と教訓)，2 2000年春〜2006年冬における個別リスク事例と2000年春〜それ以前のトピックス(欠陥品リスク(2000年春〜2006年冬の内容)，2000年春〜それ以前の欠陥商品リスクトピックス，事故・環境リスク(2000年春〜2006年冬の内容)，2000年春〜それ以前の環境リスクトピックス，商取引リスク(2000年春〜2006年冬の内容) ほか)

事故・災害　　　　　　　　　　　　防災・危機管理全般

企業リスク白書　2008年版　藤田英夫編著
（大阪）日本ビジネス開発　2008.11　196p
30cm　〈2008年版のサブタイトル：企業リス
クの最新全貌を追跡・検証する　年表あり〉
38000円　①978-4-901586-44-3　⑩336
⦅目次⦆1 2006年春〜2008年秋における企業リスク
の総括（企業リスク年表（2000年〜2008年秋），
企業リスクの最新全貌を追跡・検証する），2 リ
スク動向と事例（欠陥品リスクの最新動向（2006
年春〜2008年秋の内容），事故・環境リスクの最
新動向（2006年春〜2008年秋の内容），商取引リ
スクの最新動向（2006年春〜2008年秋の内容），
情報・ITリスクの最新動向（2006年春〜2008年
秋の内容），知的財産権リスクの最新動向（2006
年春〜2008年秋の内容），不正リスクの最新動
向（2006年春〜2008年秋の内容），雇用リスクの
最新動向（2006年春〜2008年秋の内容），株主
代表訴訟リスクの最新動向（2006年春〜2008年
秋の内容），買収リスクの最新動向（2006年春〜
2008年秋の内容），国際リスクの最新動向（2006
年春〜2008年秋の内容），倒産リスクの最新動
向（2006年春〜2008年秋の内容））

企業リスク白書　2011年 春号　藤田英夫
編著　（大阪）日本ビジネス開発　2011.5
201p　30cm　（JBDビジネス白書シリーズ）
〈2011年春号のタイトル関連情報：大転換の
時代—企業リスクの死角「1」原発事故東京
電力の死角&企業の震災リスク事象第1報
年表あり〉　38000円　①978-4-901586-56-6
⑩336
⦅目次⦆1 2008年冬〜2011年春における企業リス
クの総括（企業リスク年表（2008年冬〜2011年
春），東日本大震災特集），2 リスク動向と事例
（欠陥品リスクの最新動向（2008年冬〜2011年
春の内容），伝染病・薬害等リスクの最新動向
（2008年冬〜2011年春の内容），事故・環境リス
クの最新動向（2008年冬〜2011年春の内容），
商取引リスクの最新動向（2008年冬〜2011年春
の内容），情報・ITリスクの最新動向（2008年
冬〜2011年春の内容），知的財産権リスクの最
新動向（2008年冬〜2011年春の内容），不正リ
スクの最新動向（2008年冬〜2011年春の内容），
雇用リスクの最新動向（2008年冬〜2011年春の
内容），買収リスクの最新動向（2008年冬〜2011
年春の内容），国際リスクの最新動向（2008年
冬〜2011年春の内容），倒産リスクの最新動向
（2008年冬〜2011年春の内容））

◆各種施設の防災

<事 典>

**子どもの救急大事典　応急手当と体のしく
み 救急車が来るまえにみんなでわかる
できる学校での応急手当**　窪田和弘著，浅
井利夫監修　理論社　2009.3　169p　31cm
〈まんが：伊藤章夫 構成：添田由美 文献あ
り〉　5000円　①978-4-652-04409-4　⑩598.
5
⦅目次⦆第1章 登校時に，第2章 体育の時間に，
第3章 給食の時間に，第4章 休み時間に，第5章
課外活動の時間に，資料編 応急手当の基礎知識
と災害時の避難方法
⦅内容⦆学校での時系列的場面を想定して，その
場で起こることが危惧されるけがや病気を取り
上げ，応急手当と基礎知識を掲載。

事例解説 事典 学校の危機管理　下村哲夫編
教育出版　1997.5　688p　21cm　9500円
①4-316-32380-6
⦅目次⦆1 学校の組織と運営，2 教育課程と教育
活動，3 児童・生徒の指導，4 児童・生徒の問題
行動，5 学校事故と危機管理，6 教職員の勤務，
7 PTA・家庭・地域社会，8 非常災害への対応

<ハンドブック>

生きる力を育む学校防災　2　学校防災研究
プロジェクトチーム著　協同出版　2014.3
211p　21cm　〈1は「生きる力をはぐくむ学
校防災」が該当〉　1900円　①978-4-319-
00263-4　⑩374.92

**医療・高齢者施設の計画法規ハンドブック
建築に関する基準の概要と留意点**　日本
医療福祉建築協会編　中央法規出版　1998.
11　354p　26cm　4200円　①4-8058-4171-0
⦅目次⦆第1章 法令等の種類と諸基準，第2章 医
療・高齢者福祉施設の種類と概要，第3章 各施
設の計画にあたっての諸法規・諸基準に関する
概要と法令通知，第4章 医療・高齢者福祉施設
における補助・助成制度及び融資制度，第5章
各施設に共通して課題となる諸法規・諸基準の
うちの主な項目，第6章 防災計画

学生部ハンドブック　文部省高等教育局学生
課内厚生補導研究会編　第一法規出版　1991.
6　966p　21cm　5000円　①4-474-09046-2
⦅目次⦆学生生活について，教育基本，学校教育，

防災・危機管理全般　　　　事故・災害

厚生補導組織，学生の事故，就職指導，学園の秩序維持，奨学援護，学費，資料（高等教育の規模等の推移，学生の生活等の実態に関する調査結果の概要，昭和63年度学生生活調査報告）

学校安全ハンドブック　喜多明人，堀井雅道著　草土文化　2010.4　213p　21cm　1800円　Ⓘ978-4-7945-1021-1　Ⓝ374

(目次) 序章 "人権としての学校安全"のために，第1章 子どもに事故が起きたとき―学校災害の救済としくみ（子どもが事故にあったら，学校災害がなぜ社会問題に，戦後日本の学校災害と救済・防止の60年），第2章 子どもの事故を防ぐには―学校災害の予防と安全指針（教師の教育専門的な安全配慮とは，学校体育・スポーツ事故の防止と安全指針，学校環境・施設と安全基準，学校防犯・防災と教職員の役割，「学校安全」の組織），終章 解説 学校保健安全法―その制定意義と安全規定の活用方法，資料編（学校安全に関する法令・指針等，学校安全に関わる日本教育学会の提案）

学校医・学校保健ハンドブック　必要な知識と視点のすべて　衞藤隆，中原俊隆編　文光堂　2006.3　542p　21cm　7600円　Ⓘ4-8306-4007-3

(目次) 第1章 学校保健と学校医（学校保健の概念，学校保健にかかわる法令と行政 ほか），第2章 健康診断の実施と事後措置（健康診断，健康相談 ほか），第3章 個別課題への対応（感染症への対応，アレルギー疾患への対応 ほか），第4章 学校における応急処置と事故対策（学校管理下における事故，応急対策，事後措置，心肺蘇生法）

学校運営便覧　花輪稔編　教育出版　1993.4　436p　21cm　4800円　Ⓘ4-316-38380-9　Ⓝ374

(目次) 1 教育行政と学校関係目次，2 教職員関係目次，3 児童・生徒関係目次，4 保健・安全・事故・懲戒・体罰関係目次，5 教育課程関係目次，6 学習指導関係目次，7 生徒指導関係目次，8 指導要録，教育評価，研修・研究関係目次

学校危機対策・頻発36事案　緊急確認！ 学校の安全・安心を脅かす重大危機への備えは万全か!?　渡邉正樹編集　教育開発研究所　2014.5　198p　19cm　〈教職研修総合特集〉　1800円　Ⓘ978-4-87380-668-6　Ⓝ374

Q&A学校災害対応ハンドブック　学校災害対応ハンドブック編集委員会編　ぎょうせい　2011.5　173p　26cm　2190円　Ⓘ978-4-324-09327-6　Ⓝ374

(目次) 第1章 学校としての災害対応―阪神・淡路大震災のケースより，第2章 メンタルケアのための処方箋，第3章 教育委員会・学校間の対応課題，第4章 平常時のリスクマネジメント，第5章 法規でみる学校災害対応，第6章 資料

教師のための防災教育ハンドブック　山田兼尚編　学文社　2007.3　157p　21cm　1600円　Ⓘ978-4-7620-1641-7

(目次) 第1部 防災教育を始めよう（防災を学ぶということ，命を守れる子どもたちと社会をつくるために），第2部 防災教育のプログラム（小・中・高における防災教育の現状と取り組みやすい事例の紹介，家庭で学ぶ防災の知恵，小学校の防災教育：アースシステム教育における防災教育の事例，「生きる力」に結びつく総合学習：ゲーミングを活用した実践的な防災学習，中学校の防災教育，世界とつながる高校の防災教育，防災学習と災害に強い地域づくり），第3部 防災教育の実態と課題（学校防災の教育の現状と課題：和歌山県の学校の防災教育の実態調査より，防災学習を支援するメディア，防災教育の動向と課題）

教師のための防災教育ハンドブック　増補改訂版　立田慶裕編　学文社　2013.9　184p　21cm　〈2007年刊の改訂新版〉　1800円　Ⓘ978-4-7620-2387-3　Ⓝ374.92

(目次) 第1部 防災教育を始めよう（防災を学ぶということ，命を守れる子どもたちと社会をつくるために），第2部 防災教育のプログラム（小・中・高における防災教育の現状と取り組みやすい事例の紹介，家庭で学ぶ防災の知恵 ほか），第3部 防災教育の実態と課題（学校防災の教育の現状と課題：和歌山県の学校の防災教育の実態調査より，防災学習を支援するメディア ほか），第4部 子どもたちの命と心と生きる力（心の支援と命と防災教育，生きる力を育む防災教育：科学的思考力と共同する力，そして物語る力の形成）

(内容) 学校防災の中核をなす防災教育に関わるテーマとして地震防災対策について記述。家庭や小学校から高校，地域や大学の防災教育やメディア利用の教育までの展開を視野に入れた，小・中・高校・大学，学校防災対策必読ガイド。

教職員のための学校の危機管理とクレーム対応　いじめ防止対策推進法の施行を受

けて　改訂　堀切忠和著　日本加除出版
2014.6　166p　21cm　1800円　①978-4-
8178-4169-8　Ⓝ374

⦅目次⦆第1章 いじめ防止対策推進法への対応と
課題（いじめ防止対策推進法の成立と問題点－
いじめと向き合うために，いじめ防止対策推進
法，いじめの法的責任と対応，事例研究－学校
の調査義務，いじめと向き合うための技術－聞
き取りの技法を中心に），第2章 学校における
危機管理（学校活動における危機の特質，危機
管理をめぐる基本的視座，リスク管理の手法，
リスク管理に当たっての検討課題，学校の安全
配慮義務，事故発生後の対応について，法的な
リスク管理と弁護士の活用，結び），第3章 ク
レーム対応の指針（クレーム対応の基本的視座，
クレームの初期対応，クレームの質・係争の種
類に応じた対応（事実関係がある程度明確な場
合について，初期段階で事実関係がつかみきれ
ないままの場合について），いわゆるイチャモ
ン対応，クレーム対応における弁護士の活用，
結び－よりしっかりとした対応をするために）

苦情対応と危機管理体制　江沢和彦，山野雅
弘編　ぎょうせい　2011.2　196p　21cm
（シリーズ介護施設安全・安心ハンドブック
第5巻）　2381円　①978-4-324-08701-5
Ⓝ369.263

⦅目次⦆第1章 苦情対応，第2章 事故防止策の周
知，第3章 身体拘束，第4章 個人情報保護・プ
ライバシー保護，第5章 職員の労働災害・個人
的なトラブルなど，第6章 自然災害などによる
被害，第7章 経営上の危機管理，第8章 その他

クローズドシステム処分場技術ハンドブック　花嶋正孝，古市徹監修，最終処分場技術
システム研究協会編　オーム社　2012.12
167p　26cm　〈付属資料：CD-ROM1〉
3200円　①978-4-274-21272-7

⦅目次⦆第1編 総論編，第2編 計画編，第3編 設
計・施工編，第4編 維持管理編，第5編 地域融
和・跡地利用編，第6編 災害時のクローズドシ
ステム処分場の有効利用編，第7編 クローズド
システム処分場の将来展開編

現場から生まれた介護福祉施設の災害対策
ハンドブック　山田滋著　中央法規出版
2012.12　149p　26cm　2800円　①978-4-
8058-3739-9

⦅目次⦆第1章 東日本大震災からみえた介護福祉
施設の大規模災害対策の課題，第2章 介護福祉
施設の災害対策の見直し，第3章 自施設の危険

性を把握する，第4章 震災対策のマニュアルづ
くり，第5章 水害と土砂災害対策，第6章 火災
対策

⦅内容⦆東日本大震災を境に，全国の介護福祉施
設では災害対策への危機感が高まっています。
本書は，施設固有の事情を前提に，震災・水害・
土砂災害・火災への効果的な備えと，具体的な
対策を提案します。従来軽視されていた災害発
生後の業務継続対策や災害発生時の利用者の保
護・避難の具体的手法など，施設固有の課題に
対して一つひとつていねいに解決策を示した，
初めての実用書。

子どもの命を守る防災教育　実践活用編
秦野市教育研究所・幼小中一貫防災教育研究
部会編　（[秦野]）秦野市教育研究所・幼小
中一貫防災教育研究部会　2014.3　58p
29cm　（研究紀要 第92集）　Ⓝ374.92

災害に強い病院であるために　被災者であ
り救援者でもある病院　福田幾夫，池内淳
子，鵜飼卓編　（大阪）医薬ジャーナル
2014.12　239p　26cm　〈文献あり 索引あ
り〉　4800円　①978-4-7532-2711-2　Ⓝ498.
16

⦅目次⦆阪神・淡路大震災と病院被害，新潟県中
越地震，東日本大震災における病院被害，東日
本大震災における手術室－アンケート調査から，
病院と災害，病院建築と災害，災害に対する備
え（水，食糧，ロジスティクス），病院の災害耐
性評価，全病院避難，座談会 災害に強い病院を
つくるには

最新Q&A 教師のための救急百科　衛藤隆，
田中哲郎，横田俊一郎，渡辺博編　大修館書
店　2006.6　465p　21cm　3800円　①4-
469-26603-5

⦅目次⦆第1章 知っておきたい救急の基礎知識（救
急についてまず知っておくべきこと，救急法実
施にあたって ほか），第2章 事故と救急法の実
際（止血法，包帯法 ほか），第3章 急病と救急
法の実際（発熱と頭痛，咳と呼吸困難 ほか），
第4章 学校行事の事故対策と救急法（部活動や
スポーツ大会，水泳指導 ほか），第5章 保健管
理と保健指導の実際（感染症予防と対策，保健
管理と保健指導 ほか）

⦅内容⦆健康や安全に関する諸問題のうち，主と
して学校で緊急に問題となり得るテーマを選び，
「救急百科」としてまとめた。

事故の防止に向けた実践ハンドブック　社
会福祉施設における安全で快適な生活を

防災・危機管理全般 　　事故・災害

めざして　岡本多喜子，泉亮著　東京都社会福祉協議会　2010.2　88p　30cm　952円　Ⓘ978-4-86353-038-6　Ⓝ369.13

Ⓣ目次第1章 利用者の安全で快適な生活（社会福祉サービスの基本，社会福祉施設の法的な位置付け ほか），第2章 施設で発生する事故およびその影響（施設で発生する事故内容，事故がどのような影響を与えるのか），第3章 法人・施設全体での取り組み（法人の理念の理解，事故防止指針について ほか），第4章 利用者一人ひとりにあった取り組み（アセスメント，個別援助計画の流れ ほか），第5章 適切な支援に必要な能力・専門性（知識，技術 ほか）

Ⓝ内容社会福祉施設の利用者と職員の関わりを中心に，サービスの基本に関わるリスクマネジメントについて取り上げる。個々の職員が業務に従事する中で，どのような視点で考え行動すればよいのかを解説，リスクマネジメントの全体像が理解できるように構成する。

小学校・中学校 理科薬品ハンドブック　新訂版　長谷川秀吉著　東洋館出版社　1993.6　456p　21cm　6000円　Ⓘ4-491-01020-X

Ⓣ目次1 理科薬品，2 学校で必要な理科薬品等，3 理科薬品等の特性と小学校・中学校における用途，4 理科薬品等の管理と取り扱い，5「毒物及び劇物」とその管理，6「危険物」とその管理，7 その他の危険性物品，8 毒物・劇物、危険物等の廃棄及び実験廃液の処理，9 理科薬品等の清潔管理，10 理科薬品容器のラベル，11 分類・貯蔵・運搬，12 理科薬品等の取り扱いの安全，13 理科薬品等に関する法令，14 試薬などの調製法，15 諸表

事例解説 事典 学校の危機管理　第2版　下村哲夫監修　教育出版　2006.11　732p　22×16cm　9500円　Ⓘ4-316-80101-5

Ⓣ目次1 学校の組織と運営，2 教育課程と教育活動，3 児童・生徒の指導，4 児童・生徒の問題行動，5 学校事故と危機管理，6 教職員の勤務，7 PTA・家庭・地域社会，8 非常災害・犯罪被害への対応，附録 危機管理の手引き―学校・学区の防犯，事故防止の具体策

Ⓝ内容本事典は，学校をめぐって起きる危機を，トラブルの次元から組織の崩壊をもたらしかねない重大な危機に至るまで総合的に集成し，これを系統的に分類・整理した。各項目は「危機の所在」と「学校としての対応」に区分し，項目ごとに具体的な対応を示した。

病院・施設の防災"実戦"ハンドブック　こ

の事例に学べば災害対策は大丈夫　医療経営情報研究所編　経営書院　2006.12　291p　26cm　9000円　Ⓘ4-87913-981-5

Ⓣ目次第1章 体験で語る災害対策心得（大規模広域災害時の医療活動―新潟中越地震を経験して，被害を最小にする予知・予防を―阪神淡路大震災の教訓 ほか），第2章 体験現場からみた災害対策（災害体験の職員アンケートでみえたこと―中越地震・集中豪雨の体験で得た留意点，震災発生とPSW活動6カ月―中越地震を体験してほか），第3章 地域の責任医療機関の対策（患者受け入れ（トリアージ）訓練―大型バスと普通乗用車の交通災害を想定，全員参加の非常訓練の要点―都心部の病院としての災害対策の視点 ほか），第4章 部門別災害対策の実際（広域支援体制を念頭に―緊急避難路『ふれあい橋』架設，5つの視点での防災計画―高度医療機器設置機関のチェックポイント ほか），第5章 災害に強い病院建築のポイント（過去の災害からの警告―ハード面での災害対策を考える）

病院のBCP　災害時の医療継続のために　佐々木勝著　新興医学出版社　2014.3　62p　26cm　〈別タイトル：病院のBusiness Continuity Plan　文献あり 索引あり〉　1900円　Ⓘ978-4-88002-746-3　Ⓝ498.163

病院の見えないリスクに「気づく」方法　葛田一雄著　ぱる出版　2014.8　207p　21cm（NEW MEDICAL MANAGEMENT）　1800円　Ⓘ978-4-8272-0875-7　Ⓝ498.163

Ⓝ内容見えないリスクを管理する病院のリスクマネジメントの実践教科書!危機の"洗い出し"から始めるヒューマンエラー対策、人と組織のリスク管理術!＼M0＼第1章 見えないリスクとは何か，第2章 病院にはどんなリスクが潜んでいるのか―ここ10年に起こった主な医療事故，第3章 病院のヒューマンエラー対策6つのポイント，第4章 人と組織のリスクをマネジメントする・実践10のルール，第5章 病院の見えないリスクに対応する方法・事例編，第6章 医療事故が発生したらどう動いたらいいのか

文教施設災害実務ハンドブック　第二次改訂版　文教施設災害復旧法令研究会編著　第一法規　2013.8　667p　21cm　〈2000年刊，2007年刊の改訂新版〉　3500円　Ⓘ978-4-474-02880-7　Ⓝ374.7

Ⓣ目次概説編（公立学校施設災害復旧費国庫負担（補助）制度の沿革，公立学校施設災害復旧費国庫負担法等による国庫負担（補助）制度，激甚

災害に対処するための特別の財政援助等に関する法律による財政援助制度，公立社会教育施設災害復旧事業に対する補助，私立学校施設の災害復旧事業に対する補助，災害復旧事業に対する起債措置，除雪に対する財政援助措置，降灰除去事業に対する補助，自然災害に伴う応急仮設校舎等に対する補助，事例解説），実務編（災害復旧事業の実務，激甚災害の関係事務），法令・通達編（通則，事務手続，その他）。

(内容)公立学校施設災害復旧費国庫負担法等による国庫負担（補助）制度などをまとめた概説編，災害復旧事業の実務および激甚災害の関係事務を述べた実務編，通則および事務手続等を収載した法令・通達編から構成するハンドブック。

保育所・幼稚園等南海トラフ地震対策事例集　太田光洋監修，高知県教育委員会事務局幼保支援課編　（[高知]）高知県教育委員会事務局幼保支援課　2014.3　86p　30cm　Ⓝ369.31

＜法令集＞

教育判例ガイド　浪本勝年，箱田英子，岩崎政孝，吉岡睦子，船木正文著　有斐閣　2001.6　292p　21cm　2900円　①4-641-01861-8

(目次)第1部 学習への権利（教育内容と学習への権利），第2部 子どもの人権（自己決定権）（信教・思想の自由，子どもの自己決定権，教育情報とプライバシーの権利，体罰と懲戒，いじめ），第3部 教育環境（ハンディキャップを持つ子どもの権利，スクール・セクシュアル・ハラスメント，学校事故，地域の教育活動と子どもの事故）

(内容)豊かな教育環境をつくるにはどうするか。研究者と弁護士の共同作業で，判例からその指針をひきだす。

現代的学校マネジメントの法的論点厳選10講 文部科学省若手職員が学校管理職の疑問に答える　高橋洋平，栗山和大著　第一法規　2011.12　223p　21cm　2800円　①978-4-474-02732-9　Ⓝ374

(目次)第1講 教育関係法令の基礎知識（入門編），第2講 教育委員会や地域との関係・連携，第3講 PTAが主催して学校や教員とともに行う補習授業，第4講 部活動における学校事故に対する危機管理，第5講 土日や祝日における授業や運動会の実施，第6講 教員以外の多様な専門的スタッフのマネジメント，第7講 教員の「心の病」への対応，第8講 子どもへの指導が不適切など問題のある教員への対応，第9講 制限される政治的行為の判断，第10講 学校現場における職員団体への対応

(内容)「心の病」で病気休暇を繰り返す教員への対処は？ 教員がPTA主催の補習授業の講師になって報酬を受け取ることは可能？ 学校事故が起こった際の学校の法的責任は？ 土曜日に公開授業をすることは可能？ 現役文部科学省職員が解説。学校マネジメントにおける課題への対処方法を法的観点からわかりやすく解説した入門書。

子どもと法　棚村政行著　日本加除出版　2012.10　373p　21cm　〈他言語標題：CHILDREN AND THE LAW　索引あり〉　3400円　①978-4-8178-4022-6　Ⓝ369.4

(目次)現代社会と子どもの人権，子どもの人権の歴史，児童の権利に関する条約，親の離婚と子ども，子の国際的奪い去りとハーグ条約，児童虐待と子どもの保護，子どもの学習権と教育環境，学校事故・いじめ等と子どもの保護，性的搾取と子どもの保護，少年犯罪・非行と子どもの立ち直り，子どものための養子・里親制度，メディアと子どもの人権，生殖補助医療と子どもの権利，「子ども・若者ビジョン」と青少年施策

＜年鑑・白書＞

教育課題便覧　平成20年版　窪田眞二監修，学校教育課題研究会編著　学陽書房　2007.6　301p　21cm　2800円　①978-4-313-64424-3

(目次)特集 数字で読む教育課題（8年間，「いじめ自殺」ゼロ見直し，41件の事故を再調査，中学生は，5人に1人が朝食ぬき，3人が12時以降の就寝，8割の子どもが保護者の目の届かないところでネット利用，体力低下，歯止めかからず），第1編 教育改革に関する答申・報告と最近の教育課題（教職員に必要な学校改革の判断基準となる答申・報告，最近の管理職試験の出題傾向に見る教育の重要課題），第2編 データで読む教育課題の背景と現状・実態（学校制度改革に関するもの，学校運営に関するもの，教育活動に関するもの，教職員に関するもの，幼児児童生徒に関するもの），第3編 学校改革のための重要課題への具体的な対応（新しい時代における学校づくりに関するもの，これからの学校管理・運営に関するもの，教育課程の編成・実施と学習指導・評価に関するもの，教師の資質・能力や研修課題に関するもの），第4編 教育改革・学校改革と関係法規等の改正及び通知

防災・危機管理全般　　　　事故・災害

（学校制度改革に関するもの，学校運営に関するもの，教育活動に関するもの，教職員に関するもの，幼児児童生徒に関するもの）

(内容)学校が抱えるいじめや不登校、学力問題などの諸問題を法令や統計調査を用いて解説。教育基本法の改正をはじめとする教育改革の動向を収録。

◆地域の防災

＜ハンドブック＞

安全・安心まちづくりハンドブック　防犯まちづくり編　安全・安心まちづくり研究会編　ぎょうせい　1998.9　135p　26cm　2200円　Ⓘ4-324-05559-9

(目次)第1部 防犯まちづくりのすすめ(防犯まちづくりとは何か，あるまちの防犯まちづくり物語，防犯まちづくりの進め方 ほか)，第2部 防犯まちづくり論(刑事司法から見た防犯まちづくりの課題と展望，「地理情報システム」を活用した防犯まちづくりの課題と展望，安全・安心まちづくりをどう進めるべきか)，第3部 防犯まちづくりのための資料(犯罪に関する基礎知識，防犯まちづくりの事例)

(内容)防犯と防災を含めた安全なまちづくりのための手法を掲げた、まちづくりのガイドブック。

都市防災実務ハンドブック　震災に強い都市づくり・地区まちづくりの手引　改訂　都市防災実務ハンドブック編集委員会編　ぎょうせい　2005.2　196p　26cm　2762円　Ⓘ4-324-07610-3

(目次)第1部 震災に強いまちづくりの計画指針～ガイドライン編(震災に強い都市づくり・地区まちづくりの必要性，震災危険の診断と防災対策の評価手法，都市防災施設の計画指針)，第2部 震災に強いまちづくりの進め方～プロセス編(震災に強い都市づくりの進め方，地区防災まちづくりの進め方)，巻末資料(災害経験と施策への反映，災害危険度判定の補足資料，都市防災施設等の計画指針に関する根拠等 ほか)

自治体・事業者のための防災計画作成・運用ハンドブック　最新被害想定による南海トラフ・首都直下型地震対策　防災計画研究会編集　ぎょうせい　2014.11　289p　26cm　3700円　Ⓘ978-4-324-09890-5　Ⓝ369.31

(目次)第1章 地震被害想定の見直し(南海トラフ地震の被害想定，首都直下地震の被害想定 ほ

か)，第2章 南海トラフ地震対策特別措置法の解説とQ&A(南海トラフ地震に係る地震防災対策の推進に関する特別措置法改正の背景，南海トラフ法の解説 ほか)，第3章 首都直下地震対策特別措置法の解説とQ&A(首都直下地震対策特別措置法の制定の背景・趣旨，首都直下地震対策特別措置法の解説 ほか)，第4章 参考資料(南海トラフ地震に係る地震防災対策の推進に関する特別措置法，南海トラフ地震に係る地震防災対策の推進に関する特別措置法施行令 ほか)

全国77都市の地盤と災害ハンドブック　地盤工学会編　丸善出版　2012.1　611p　26cm　〈付属資料：DVD1〉　35000円　Ⓘ978-4-621-08477-9

(目次)序論(はじめに，地形・地盤の成り立ちと特徴(地形は何を表しているのか，地形の区分と地盤の関係 ほか)，都市の地盤災害(風水害，土砂災害 ほか))，全国77都市の地盤と災害(札幌市，釧路市 ほか)

(内容)本書は、日本全国77都市の地盤について、地盤の成り立ちや過去の災害事例、防災対策の現状などを、各土地に特有な現象に焦点をあてて解説しています。研究者はもちろん、防災関連の実務者、地盤や防災に関心をもたれている市民の方々にとって、日本全国の主要都市の地盤や災害の特徴を総括的に知ることができる貴重なハンドブックです。

地域防災とまちづくり　みんなをその気にさせる図上訓練　増補改訂版　瀧本浩一著　イマジン出版　2014.5　147p　21cm　（Copa Books　自治体議会政策学会叢書）　1200円　Ⓘ978-4-87299-666-1　Ⓝ369.3

(目次)1 地域防災活動をはじめる，2 地域防災の考え方，すすめ方，3 地域の災害観，4 地域を知る！－災害図上訓練(T‐DIG)その1 課題抽出編，5 地域のカルテをつくる！－災害マップづくり，6 地域活動を探る！－災害図上訓練(T‐DIG)その2 課題検討編，7 地域防災活動は持続できるか，8 「災害・防災」という道具の使用上の注意，9 行政と防災、そして

(内容)大震災がくらしを襲うと政府が予測。みんなが参加して防災・減災の地域力を強める。災害図上訓練がまちづくりを変える。まちづくりと防災を知り尽くした著者が全国で実践指導。

中部圏建設計画　平成13年度～17年度　国土交通省編　財務省印刷局　2002.3　326,53p　30cm　2600円　Ⓘ4-17-266007-X　Ⓝ601.15

事故・災害　　防災・危機管理全般

(目次)1 計画の性格，2 計画の対象区域，3 計画の期間，4 整備及び開発の基本構想，5 人口の規模及び労働力の需給に関する事項，6 産業の業種，規模等に関する事項，7 土地の利用に関する事項，8 施設の整備に関する事項，9 環境の保全に関する事項，10 防災対策に関する事項

都市再開発・防災実務必携　平成10年版

建設省都市局都市再開発防災課監修　ぎょうせい　1998.7　2567p　19cm　5048円　①4-324-05452-5

(目次)第1編 都市再開発，第2編 住宅街区整備事業，第3編 都市開発資金，第4編 流通業務市街地の整備，第5編 都市防災，第6編 関係法令

都市ライフラインハンドブック　上下水道・都市ガス・電力・情報通信施設とその共同溝の設計・施工・保全・環境・防災技術

土木学会編　丸善　2010.1　803p　27cm　〈文献あり〉　65000円　①978-4-621-08130-3　Ⓝ518.036

(内容)市民生活を保障するライフラインシステムの設計・施工，維持・管理，防災対策および環境対策に関する技術開発と知見をまとめたハンドブック。各種のライフライン施設の設計・施工，維持管理，防災対策，環境対策，災害発生時の応急・復旧対策，まちづくり，LCC等の幅広い視点から解説する。

<地図帳>

東京都足立区

昭文社　2013　地図1枚：両面色刷　63×89cm（折りたたみ19cm）　（災害避難マップ）　〈付属資料：防災ハンディマニュアル　ホルダー入　裏面：東京23区全図（1：60000）〉　1000円　①978-4-398-68170-6　Ⓝ369.3

(内容)東京都足立区の防災拠点がひとめでわかる。東京23区大判地図のシリーズ。それぞれの区全域が把握できる地図に広域避難場所・避難所・帰宅支援ステーション・病院など防災拠点となる施設を掲載。大判地図の発行とあわせて地図をアプリ化して提供する。東日本大震災で発生した都心の帰宅困難に対する危機意識や住民の防災意識に応える出版。

東京都荒川区

昭文社　2013　地図1枚：両面色刷　63×88cm（折りたたみ19cm）　（災害避難マップ）　〈付属資料：防災ハンディマニュアル　ホルダー入　裏面：東京23区全図（1：60000）〉　1000円　①978-4-398-68167-6　Ⓝ369.3

(内容)東京都荒川区の防災拠点がひとめでわかる。東京23区大判地図のシリーズ。それぞれの区全域が把握できる地図に広域避難場所・避難所・帰宅支援ステーション・病院など防災拠点となる施設を掲載。大判地図の発行とあわせて地図をアプリ化して提供する。東日本大震災で発生した都心の帰宅困難に対する危機意識や住民の防災意識に応える出版。

東京都板橋区

昭文社　2013　地図1枚：両面色刷　63×88cm（折りたたみ19cm）　（災害避難マップ）　〈付属資料：防災ハンディマニュアル　ホルダー入　裏面：東京23区全図（1：60000）〉　1000円　①978-4-398-68168-3　Ⓝ369.3

(内容)東京都板橋区の防災拠点がひとめでわかる。東京23区大判地図のシリーズ。それぞれの区全域が把握できる地図に広域避難場所・避難所・帰宅支援ステーション・病院など防災拠点となる施設を掲載。大判地図の発行とあわせて地図をアプリ化して提供する。東日本大震災で発生した都心の帰宅困難に対する危機意識や住民の防災意識に応える出版。

東京都江戸川区

昭文社　2013　地図1枚：両面色刷　94×64cm（折りたたみ19cm）　（災害避難マップ）　〈付属資料：防災ハンディマニュアル　ホルダー入　裏面：東京23区全図（1：60000）〉　1000円　①978-4-398-68172-0　Ⓝ369.3

(内容)東京都江戸川区の防災拠点がひとめでわかる。東京23区大判地図のシリーズ。それぞれの区全域が把握できる地図に広域避難場所・避難所・帰宅支援ステーション・病院など防災拠点となる施設を掲載。大判地図の発行とあわせて地図をアプリ化して提供する。東日本大震災で発生した都心の帰宅困難に対する危機意識や住民の防災意識に応える出版。

東京都大田区

昭文社　2013　地図1枚：両面色刷　64×94cm（折りたたみ19cm）　（災害避難マップ）　〈付属資料：防災ハンディマニュアル　ホルダー入　裏面：東京23区全図（1：60000）〉　1000円　①978-4-398-68160-7　Ⓝ369.3

(内容)東京都大田区の防災拠点がひとめでわかる。東京23区大判地図のシリーズ。それぞれの区全域が把握できる地図に広域避難場所・避難所・帰宅支援ステーション・病院など防災拠点となる施設を掲載。大判地図の発行とあわせて

事故・災害レファレンスブック　35

防災・危機管理全般　　事故・災害

地図をアプリ化して提供する。東日本大震災で発生した都心の帰宅困難に対する危機意識や住民の防災意識に応える出版。

東京都葛飾区　昭文社　2013　地図1枚：両面色刷　89×63cm（折りたたみ19cm）　（災害避難マップ）　〈付属資料：防災ハンディマニュアル　ホルダー入　裏面：東京23区全図（1：60000）〉　1000円　①978-4-398-68171-3　Ⓝ369.3

(内容)東京都葛飾区の防災拠点がひとめでわかる。東京23区大判地図のシリーズ。それぞれの区全域が把握できる地図に広域避難場所・避難所・帰宅支援ステーション・病院など防災拠点となる施設を掲載。大判地図の発行とあわせて地図をアプリ化して提供する。東日本大震災で発生した都心の帰宅困難に対する危機意識や住民の防災意識に応える出版。

東京都北区　昭文社　2013　地図1枚：両面色刷　63×88cm（折りたたみ19cm）　（災害避難マップ）　〈付属資料：防災ハンディマニュアル　ホルダー入　裏面：東京23区全図（1：60000）〉　1000円　①978-4-398-68166-9　Ⓝ369.3

(内容)東京都北区の防災拠点がひとめでわかる。東京23区大判地図のシリーズ。それぞれの区全域が把握できる地図に広域避難場所・避難所・帰宅支援ステーション・病院など防災拠点となる施設を掲載。大判地図の発行とあわせて地図をアプリ化して提供する。東日本大震災で発生した都心の帰宅困難に対する危機意識や住民の防災意識に応える出版。

東京都江東区　昭文社　2013　地図1枚：両面色刷　94×64cm（折りたたみ19cm）　（災害避難マップ）　〈付属資料：防災ハンディマニュアル　ホルダー入　裏面：東京23区全図（1：60000）〉　1000円　①978-4-398-68157-7　Ⓝ369.3

(内容)東京都江東区の防災拠点がひとめでわかる。東京23区大判地図のシリーズ。それぞれの区全域が把握できる地図に広域避難場所・避難所・帰宅支援ステーション・病院など防災拠点となる施設を掲載。大判地図の発行とあわせて地図をアプリ化して提供する。東日本大震災で発生した都心の帰宅困難に対する危機意識や住民の防災意識に応える出版。

東京都品川区　昭文社　2013　地図1枚：両面色刷　63×78cm（折りたたみ19cm）　（災害避難マップ）　〈付属資料：防災ハンディ

マニュアル　ホルダー入　裏面：東京23区全図（1：60000）〉　1000円　①978-4-398-68158-4　Ⓝ369.3

(内容)東京都品川区の防災拠点がひとめでわかる。東京23区大判地図のシリーズ。それぞれの区全域が把握できる地図に広域避難場所・避難所・帰宅支援ステーション・病院など防災拠点となる施設を掲載。大判地図の発行とあわせて地図をアプリ化して提供する。東日本大震災で発生した都心の帰宅困難に対する危機意識や住民の防災意識に応える出版。

東京都渋谷区　昭文社　2013　地図1枚：両面色刷　63×89cm（折りたたみ19cm）　（災害避難マップ）　〈付属資料：防災ハンディマニュアル　ホルダー入　裏面：東京23区全図（1：60000）〉　1000円　①978-4-398-68162-1　Ⓝ369.3

(内容)東京都渋谷区の防災拠点がひとめでわかる。東京23区大判地図のシリーズ。それぞれの区全域が把握できる地図に広域避難場所・避難所・帰宅支援ステーション・病院など防災拠点となる施設を掲載。大判地図の発行とあわせて地図をアプリ化して提供する。東日本大震災で発生した都心の帰宅困難に対する危機意識や住民の防災意識に応える出版。

東京都新宿区　昭文社　2013　地図1枚：両面色刷　64×94cm（折りたたみ19cm）　（災害避難マップ）　〈付属資料：防災ハンディマニュアル　ホルダー入　裏面：東京23区全図（1：60000）〉　1000円　①978-4-398-68153-9　Ⓝ369.3

(内容)東京都新宿区の防災拠点がひとめでわかる。東京23区大判地図のシリーズ。それぞれの区全域が把握できる地図に広域避難場所・避難所・帰宅支援ステーション・病院など防災拠点となる施設を掲載。大判地図の発行とあわせて地図をアプリ化して提供する。東日本大震災で発生した都心の帰宅困難に対する危機意識や住民の防災意識に応える出版。

東京都杉並区　昭文社　2013　地図1枚：両面色刷　63×89cm（折りたたみ19cm）　（災害避難マップ）　〈付属資料：防災ハンディマニュアル　ホルダー入　裏面：東京23区全図（1：60000）〉　1000円　①978-4-398-68164-5　Ⓝ369.3

(内容)東京都杉並区の防災拠点がひとめでわかる。東京23区大判地図のシリーズ。それぞれの区全域が把握できる地図に広域避難場所・避難

所・帰宅支援ステーション・病院など防災拠点
となる施設を掲載。大判地図の発行とあわせて
地図をアプリ化して提供する。東日本大震災で
発生した都心の帰宅困難に対する危機意識や住
民の防災意識に応える出版。

東京都墨田区　昭文社　2013　地図1枚：両
　面色刷　88×63cm（折りたたみ19cm）　（災
　害避難マップ）　〈付属資料：防災ハンディ
　マニュアル　ホルダー入　裏面：東京23区全
　図（1：60000）〉　1000円　①978-4-398-
　68156-0　N369.3

（内容）東京都墨田区の防災拠点がひとめでわか
る。東京23区大判地図のシリーズ。それぞれの
区全域が把握できる地図に広域避難場所・避難
所・帰宅支援ステーション・病院など防災拠点
となる施設を掲載。大判地図の発行とあわせて
地図をアプリ化して提供する。東日本大震災で
発生した都心の帰宅困難に対する危機意識や住
民の防災意識に応える出版。

東京都世田谷区　昭文社　2013　地図1枚：
　両面色刷　63×89cm（折りたたみ19cm）
　（災害避難マップ）　〈付属資料：防災ハン
　ディマニュアル　ホルダー入　裏面：東京23
　区全図（1：60000）〉　1000円　①978-4-398-
　68161-4　N369.3

（内容）東京都世田谷区の防災拠点がひとめでわ
かる。東京23区大判地図のシリーズ。それぞれ
の区全域が把握できる地図に広域避難場所・避
難所・帰宅支援ステーション・病院など防災拠
点となる施設を掲載。大判地図の発行とあわせ
て地図をアプリ化して提供する。東日本大震災
で発生した都心の帰宅困難に対する危機意識や
住民の防災意識に応える出版。

東京都台東区　昭文社　2013　地図1枚：両
　面色刷　63×89cm（折りたたみ19cm）　（災
　害避難マップ）　〈付属資料：防災ハンディ
　マニュアル　ホルダー入　裏面：東京23区全
　図（1：60000）〉　1000円　①978-4-398-
　68155-3　N369.3

（内容）東京都台東区の防災拠点がひとめでわか
る。東京23区大判地図のシリーズ。それぞれの
区全域が把握できる地図に広域避難場所・避難
所・帰宅支援ステーション・病院など防災拠点
となる施設を掲載。大判地図の発行とあわせて
地図をアプリ化して提供する。東日本大震災で
発生した都心の帰宅困難に対する危機意識や住
民の防災意識に応える出版。

東京都中央区　昭文社　2013　地図1枚：両

面色刷　89×63cm（折りたたみ19cm）　（災
害避難マップ）　〈付属資料：防災ハンディ
マニュアル　ホルダー入　裏面：東京23区全
図（1：60000）〉　1000円　①978-4-398-
68151-5　N369.3

（内容）東京都中央区の防災拠点がひとめでわか
る。東京23区大判地図のシリーズ。それぞれの
区全域が把握できる地図に広域避難場所・避難
所・帰宅支援ステーション・病院など防災拠点
となる施設を掲載。大判地図の発行とあわせて
地図をアプリ化して提供する。東日本大震災で
発生した都心の帰宅困難に対する危機意識や住
民の防災意識に応える出版。

東京都千代田区　昭文社　2013　地図1枚：
　両面色刷　63×88cm（折りたたみ19cm）
　（災害避難マップ）　〈付属資料：防災ハン
　ディマニュアル　ホルダー入　裏面：東京23
　区全図（1：60000）〉　1000円　①978-4-398-
　68150-8　N369.3

（内容）東京都千代田区の防災拠点がひとめでわ
かる。東京23区大判地図のシリーズ。それぞれ
の区全域が把握できる地図に広域避難場所・避
難所・帰宅支援ステーション・病院など防災拠
点となる施設を掲載。大判地図の発行とあわせ
て地図をアプリ化して提供する。東日本大震災
で発生した都心の帰宅困難に対する危機意識や
住民の防災意識に応える出版。

東京都豊島区　昭文社　2013　地図1枚：両
　面色刷　63×89cm（折りたたみ19cm）　（災
　害避難マップ）　〈付属資料：防災ハンディ
　マニュアル　ホルダー入　裏面：東京23区全
　図（1：60000）〉　1000円　①978-4-398-
　68165-2　N369.3

（内容）東京都豊島区の防災拠点がひとめでわか
る。東京23区大判地図のシリーズ。それぞれの
区全域が把握できる地図に広域避難場所・避難
所・帰宅支援ステーション・病院など防災拠点
となる施設を掲載。大判地図の発行とあわせて
地図をアプリ化して提供する。東日本大震災で
発生した都心の帰宅困難に対する危機意識や住
民の防災意識に応える出版。

東京都中野区　昭文社　2013　地図1枚：両
　面色刷　94×64cm（折りたたみ19cm）　（災
　害避難マップ）　〈付属資料：防災ハンディ
　マニュアル　ホルダー入　裏面：東京23区全
　図（1：60000）〉　1000円　①978-4-398-
　68163-8　N369.3

（内容）東京都中野区の防災拠点がひとめでわか

防災・危機管理全般　　事故・災害

る。東京23区大判地図のシリーズ。それぞれの区全域が把握できる地図に広域避難場所・避難所・帰宅支援ステーション・病院など防災拠点となる施設を掲載。大判地図の発行とあわせて地図をアプリ化して提供する。東日本大震災で発生した都心の帰宅困難に対する危機意識や住民の防災意識に応える出版。

東京都練馬区　昭文社　2013　地図1枚：両面色刷　64×94cm（折りたたみ19cm）　（災害避難マップ）　〈付属資料：防災ハンディマニュアル　ホルダー入　裏面：東京23区全図（1：60000）〉　1000円　Ⓘ978-4-398-68169-0　Ⓝ369.3

(内容)東京都練馬区の防災拠点がひとめでわかる。東京23区大判地図のシリーズ。それぞれの区全域が把握できる地図に広域避難場所・避難所・帰宅支援ステーション・病院など防災拠点となる施設を掲載。大判地図の発行とあわせて地図をアプリ化して提供する。東日本大震災で発生した都心の帰宅困難に対する危機意識や住民の防災意識に応える出版。

東京都文京区　昭文社　2013　地図1枚：両面色刷　63×89cm（折りたたみ19cm）　（災害避難マップ）　〈付属資料：防災ハンディマニュアル　ホルダー入　裏面：東京23区全図（1：60000）〉　1000円　Ⓘ978-4-398-68154-6　Ⓝ369.3

(内容)東京都文京区の防災拠点がひとめでわかる。東京23区大判地図のシリーズ。それぞれの区全域が把握できる地図に広域避難場所・避難所・帰宅支援ステーション・病院など防災拠点となる施設を掲載。大判地図の発行とあわせて地図をアプリ化して提供する。東日本大震災で発生した都心の帰宅困難に対する危機意識や住民の防災意識に応える出版。

東京都港区　昭文社　2013　地図1枚：両面色刷　94×64cm（折りたたみ19cm）　（災害避難マップ）　〈付属資料：防災ハンディマニュアル　ホルダー入　裏面：東京23区全図（1：60000）〉　1000円　Ⓘ978-4-398-68152-2　Ⓝ369.3

(内容)東京都港区の防災拠点がひとめでわかる。東京23区大判地図のシリーズ。それぞれの区全域が把握できる地図に広域避難場所・避難所・帰宅支援ステーション・病院など防災拠点となる施設を掲載。大判地図の発行とあわせて地図をアプリ化して提供する。東日本大震災で発生した都心の帰宅困難に対する危機意識や住民の防災意識に応える出版。

防災意識に応える出版。

東京都目黒区　昭文社　2013　地図1枚：両面色刷　89×63cm（折りたたみ19cm）　（災害避難マップ）　〈付属資料：防災ハンディマニュアル　ホルダー入　裏面：東京23区全図（1：60000）〉　1000円　Ⓘ978-4-398-68159-1　Ⓝ369.3

(内容)東京都目黒区の防災拠点がひとめでわかる。東京23区大判地図のシリーズ。それぞれの区全域が把握できる地図に広域避難場所・避難所・帰宅支援ステーション・病院など防災拠点となる施設を掲載。大判地図の発行とあわせて地図をアプリ化して提供する。東日本大震災で発生した都心の帰宅困難に対する危機意識や住民の防災意識に応える出版。

◆国家の防災行政

＜ハンドブック＞

建設省防災業務計画　平成10年3月　建設省編　大蔵省印刷局　1998.4　211p　30cm　1500円　Ⓘ4-17-182007-3

(目次)第1編　総則（計画の目的及び構成，防災対策の基本方針，防災に関する組織・体制），第2編　震災対策編（災害予防，災害応急対策，災害復旧・復興，東海地震の地震防災対策強化地域に係る地震防災強化計画），第3編　風水害対策編（災害予防，災害応急対策，災害復旧・復興），第4編　火山災害対策編（災害予防，災害応急対策，災害復旧・復興），第5編　雪害対策編（災害予防，災害応急対策，災害復旧），第6編　道路災害対策編（災害予防，災害応急対策，災害復旧・復興），第7編　水質事故災害対策編（災害予防，災害応急対策），第8編　大規模火事等災害対策編（災害予防，災害応急対策，災害復旧），第9編　その他の災害に共通する対策編（災害予防，災害応急対策，災害復旧・復興），第10編　地域防災計画の作成の基準（災害予防に関する事項，災害応急対策に関する事項，災害復旧・復興に関する事項）

厚生省防災業務計画関連資料集　厚生省大臣官房政策課監修　中央法規出版　1996.8　404p　21cm　3296円　Ⓘ4-8058-4033-1

(目次)第1編　厚生省防災業務計画，第2編　災害対策に係る各種マニュアル等，第3編　災害対策に係る各種提言等，第4編　阪神・淡路大震災に関する厚生省の取組状況

事故・災害　　　　　　　　　　　　　　　　　　　　防災・危機管理全般

＜年鑑・白書＞

科学技術白書　平成24年版　東日本大震災の教訓を踏まえて　強くたくましい社会の構築に向けて　文部科学省編　日経印刷，全国官報販売協同組合（発売）　2012.6　304p　30cm　1619円　①978-4-905427-18-6

⊡目次⊡第1部　強くたくましい社会の構築に向けて―東日本大震災の教訓を踏まえて（これまでの東日本大震災への対応を省みて，強くたくましい社会の構築に向けた科学技術イノベーション政策の改革），第2部　科学技術の振興に関して講じた施策（科学技術政策の展開，将来にわたる持続的な成長と社会の発展の実現，我が国が直面する重要課題への対応，基礎研究及び人材育成の強化，社会とともに創り進める政策の展開），附属資料

警察白書　平成2年版　警察庁編　大蔵省印刷局　1990.8　388p　21cm　〈平成2年版の副書名：特集―外国人労働者の急増と警察の対応〉　1030円　①4-17-182165-7　Ⓝ317.7

警察白書　平成3年版　警察庁編　大蔵省印刷局　1991.8　391p　21cm　〈平成3年版の副書名：特集―薬物問題の現状と課題〉　1100円　①4-17-182166-5　Ⓝ317.7

警察白書　平成4年版　ボーダーレス時代における犯罪の変容　警察庁編　大蔵省印刷局　1992.8　432p　21cm　1250円　①4-17-182167-3

⊡目次⊡第1章　ボーダーレス時代における犯罪の変容，第2章　現代の地域社会と警察活動，第3章　少年非行の防止と少年の健全な育成，第4章　生活の安全の確保と環境の浄化，第5章　交通安全と警察活動，第6章　公安の維持，第7章　災害，事故と警察活動，第8章　犯罪情勢と捜査活動，第9章　警察活動のささえ，第10章　警察活動と国際協力，国際交流

警察白書　平成5年版　暴力団対策法施行後1年を振り返って　警察庁編　大蔵省印刷局　1993.7　430p　21cm　1400円　①4-17-182168-1　Ⓝ317.7

⊡目次⊡第1章　暴力団情勢と対策の現況・課題―暴力団対策法施行後1年を振り返って，第2章　国際化社会と警察活動，第3章　犯罪情勢と捜査活動，第4章　地域社会と警察活動，第5章　少年非行の防止と少年の健全な育成，第6章　生活の安全の確保と環境の浄化，第7章　交通安全と警察活動，第8章　公安の維持，第9章　災害，事故と

警察活動，第10章　警察活動のささえ

⊡内容⊡平成4年の治安情勢と警察活動の現況について解説，今後の課題について述べた年次報告。

警察白書　平成6年版　安全で住みよい地域社会を目指して　警察庁編　大蔵省印刷局　1994.7　415p　21cm　1400円　①4-17-182169-X

⊡目次⊡地域の安全確保と警察活動，国際化社会と警察活動，犯罪情勢と捜査活動，暴力団対策の推進，少年の非行防止と健全な育成，社会的危険の除去と環境の浄化，交通安全と警察活動〔ほか〕

警察白書　平成7年版　サリン・銃・大震災に対峙した警察　警察庁編　大蔵省印刷局　1995.9　418p　21cm　1500円　①4-17-182170-3

⊡目次⊡第1章　サリン・銃・大震災に対峙した警察，第2章　生活安全の確保と警察活動，第3章　犯罪情勢と捜査活動，第4章　暴力団総合対策の推進，第5章　安全かつ快適な交通の確保，第6章　公安の維持，第7章　災害，事故と警察活動，第8章　警察活動の国際化と国際協力，第9章　警察活動の基盤と関連する諸活動

⊡内容⊡1994年1年間の日本の警察活動をまとめたもの。本年度版では特集としてサリン等の有毒ガスを使用した事案，銃器犯罪，阪神・淡路大震災に焦点を当てた特集を組む。巻末に資料編として各種統計資料，用語索引等がある。

警察白書　平成8年版　警察庁編　大蔵省印刷局　1996.8　430p　21cm　1500円　①4-17-182171-1

⊡目次⊡第1章　新しい組織犯罪への対応―オウム真理教関連事件を回顧して，第2章　生活安全の確保と警察活動，第3章　犯罪情勢と捜査活動，第4章　暴力団総合対策の推進，第5章　安全かつ快適な交通の確保，第6章　公安の維持，第7章　災害，事故と警察活動，第8章　国際化社会と警察活動，第9章　警察活動の基盤と関連する諸活動

警察白書　平成9年版　国際テロ情勢と警察の取組み　警察庁編　大蔵省印刷局　1997.9　348p　30cm　1800円　①4-17-182172-X

⊡目次⊡第1章　国際テロ情勢と警察の取組み，第2章　交通社会の変化に対応する交通警察活動，第3章　生活安全の確保と警察活動，第4章　犯罪情勢と捜査活動等，第5章　暴力団総合対策の推進，第6章　公安の維持，第7章　災害，事故と警察活動，第8章　国際化社会と警察活動，第9章　警察

事故・災害レファレンスブック　39

防災・危機管理全般　　　事故・災害

活動の基盤と関連する諸活動，資料編

警察白書　平成10年版　ハイテク犯罪の現状と警察の取組み　警察庁編　大蔵省印刷局　1998.10　380p　30cm　2000円　①4-17-182173-8

(目次)第1章 ハイテク犯罪の現状と警察の取組み，第2章 警察における被害者対策の推進，第3章 生活安全の確保と警察活動，第4章 犯罪情勢と捜査活動等，第5章 暴力団総合対策の推進，第6章 安全かつ快適な交通の確保，第7章 公安の維持，第8章 災害、事故と警察活動，第9章 国際化社会と警察活動，第10章 公安委員会と警察活動のささえ，資料編

(内容)1997年1年間の日本の警察活動をまとめたもの。本年度版では、我が国及び欧米諸国のハイテク犯罪の現状と、それに対する国際社会、欧米諸国及び我が国の取組みについて特集。

警察白書　平成11年版　国境を越える犯罪との闘い　警察庁編　大蔵省印刷局　1999.9　351p　30cm　2000円　①4-17-182174-6

(目次)第1章 国境を越える犯罪との闘い，第2章 生活安全の確保と警察活動，第3章 犯罪情勢と捜査活動等，第4章 暴力団総合対策の推進，第5章 安全かつ快適な交通の確保，第6章 公安の維持，第7章 災害、事故と警察活動，第8章 公安委員会と警察活動のささえ

警察白書　平成12年版　時代の変化に対応する刑事警察　警察庁編　大蔵省印刷局　2000.10　359p　30cm　2100円　①4-17-182175-4　Ⓝ317.7

(目次)序章 国民の信頼の回復を目指して，第1章 時代の変化に対応する刑事警察，第2章 生活安全の確保と警察活動，第3章 暴力団総合対策の推進，第4章 安全かつ快適な交通の確保，第5章 公安の維持，第6章 災害、事故と警察活動，第7章 国際化社会と警察活動，第8章 公安委員会と警察活動のささえ

警察白書　平成13年版　21世紀を担う少年のために　警察庁編　財務省印刷局　2001.10　342p　30cm　2200円　①4-17-182176-2

(目次)第1章 21世紀を担う少年のために，第2章 生活安全の確保と警察活動，第3章 犯罪情勢と捜査活動，第4章 暴力団総合対策の推進，第5章 安全かつ快適な交通の確保，第6章 公安の維持，第7章 災害、事故と警察活動，第8章 国際化社会と警察活動，第9章 公安委員会と警察活動のささえ

警察白書　平成14年版　我が国の治安回復に向けて厳しさを増す犯罪情勢への取組み　警察庁編　財務省印刷局　2002.10　432p　30cm　2800円　①4-17-182177-0

(目次)第1章 我が国の治安回復に向けて一厳しさを増す犯罪情勢への取組み，第2章 国際テロ情勢と警察の対応，第3章 生活安全の確保と警察活動，第4章 犯罪情勢と捜査活動，第5章 暴力団総合対策の推進，第6章 安全かつ快適な交通の確保，第7章 公安の維持，第8章 災害、事故と警察活動，第9章 国際化社会と警察活動，第10章 公安委員会制度と警察活動のささえ

警察白書　平成15年版　組織犯罪との闘い　警察庁編　ぎょうせい　2003.10　392,8p　30cm　〈付属資料：CD-ROM1〉　2800円　①4-324-07181-0

(目次)第1章 組織犯罪との闘い，第2章 生活安全の確保と警察活動，第3章 犯罪情勢と捜査活動，第4章 暴力団総合対策の推進，第5章 安全かつ快適な交通の確保，第6章 公安の維持，第7章 災害、事故と警察活動，第8章 国際化社会と警察活動，第9章 公安委員会制度と警察活動のささえ，資料編

警察白書　平成16年版　地域社会の連帯　警察庁編　ぎょうせい　2004.10　355,8p　27×21cm　〈付属資料：CD-ROM1〉　2571円　①4-324-07481-X

(目次)第1章 地域社会との連帯，第2章 日本警察50年の軌跡と新たなる展開，第3章 生活安全の確保と警察活動，第4章 犯罪情勢と捜査活動，第5章 組織犯罪対策の推進，第6章 安全かつ快適な交通の確保，第7章 公安の維持，第8章 災害、事故と警察活動，第9章 公安委員会制度と警察活動のささえ

警察白書　平成17年版　特集：世界一安全な道路交通を目指して　警察庁編　ぎょうせい　2005.8　364p　27×21cm　〈付属資料：CD-ROM1〉　2524円　①4-324-07712-6

(目次)第1章 世界一安全な道路交通を目指して，第2章 国際社会における日本警察の活動，第3章 生活安全の確保と犯罪捜査活動，第4章 組織犯罪対策，第5章 安全かつ快適な交通の確保，第6章 公安の維持と災害対策，第7章 公安委員会制度と警察活動の支え，資料編

(内容)警察白書は、国民が安心して暮らせる安全な社会を確立するための警察活動の現況を広く国民に知らせるために作成されている。また、犯罪の国際化が進展し、「一国治安主義」が過去

のものとなる中、第2章で「国際社会における日本警察の活動」と題した特集を組み、日本警察が行う諸外国との捜査協力、諸外国の犯罪対処能力向上のための支援等の現状と課題を記述した。さらに、第3章以下では、治安の回復を願う国民の期待にこたえ、厳しい犯罪情勢に対処し、「世界一安全な国、日本」の復活を図るための各種治安対策について記述した。加えて、本年からの新企画として、「警察活動の最前線」と題し、現場で活躍する警察職員が率直な心情をつづった手記を十数編掲載している。

警察白書 平成18年版 特集安全・安心なインターネット社会を目指して 警察庁編 ぎょうせい 2006.8 304,8p 27×21cm 〈付属資料：CD-ROM1〉 2190円 ①4-324-08034-8

(目次)第1章 安全・安心なインターネット社会を目指して，第2章 生活安全の確保と犯罪捜査活動，第3章 組織犯罪対策，第4章 安全かつ快適な交通の確保，第5章 公安の維持と災害対策，第6章 公安委員会制度と警察活動の支え，資料編

(内容)特集の「安全・安心なインターネット社会を目指して」では、国民の生活を脅かすインターネット社会の現実とこれまで講じられてきた対策について紹介するとともに、安全・安心なインターネット社会を実現するために、今後、警察はもとより社会全体で取り組むべき課題について記述。また、第2章以下では、最新の治安情勢について解説するとともに、国民が安心して暮らせる安全な社会を確立するための警察活動の現況や今後の課題を記述する。

警察白書 平成19年版 特集：暴力団の資金獲得活動との対決 警察庁編 ぎょうせい 2007.7 248p 27×21cm 1990円 ①978-4-324-08227-0

(目次)特集 暴力団の資金獲得活動との対決，トピックス，第1章 生活安全の確保と犯罪捜査活動，第2章 組織犯罪対策の推進，第3章 安全かつ快適な交通の確保，第4章 公安の維持と災害対策，第5章 公安委員会制度と警察活動の支え，資料編

警察白書 平成20年版 警察庁編 ぎょうせい 2008.8 226p 27×21cm 1857円 ①978-4-324-08534-9 Ⓝ317.7

(目次)特集 変革を続ける刑事警察，第1章 生活安全の確保と犯罪捜査活動，第2章 組織犯罪対策の推進，第3章 安全かつ快適な交通の確保，第4章 公安の維持と災害対策，第5章 公安委員

会制度と警察活動の支え，警察活動の最前線，資料編

警察白書 平成21年版 警察庁編 ぎょうせい 2009.7 222p 27×21cm 1714円 ①978-4-324-08824-1 Ⓝ317.7

(目次)特集 日常生活を脅かす犯罪への取組み，トピックス，第1章 生活安全の確保と犯罪捜査活動，第2章 組織犯罪対策の推進，第3章 安全かつ快適な交通の確保，第4章 公安の維持と災害対策，第5章 公安委員会制度と警察活動の支え，資料編

(内容)振り込め詐欺、悪質商法、食品偽装問題などに対する警察の取組みを解説。トピックスでは「捜査における取調べをめぐる諸施策」などを取り上げる。各章の最後には「警察活動の最前線」として、各部署、各地域で実際に活動する警察官の手記を掲載。交通事故や様々な凶悪犯罪などへの対応を、平成20年度中のデータをもとに、グラフと表でわかりやすく解説する。

警察白書 平成22年版 特集：犯罪のグローバル化と警察の取組み 警察庁編 ぎょうせい 2010.7 212p 27cm 1571円 ①978-4-324-09107-4

(内容)犯罪のグローバル化の脅威と、それに対応するための警察の戦略を特集で紹介するほか、「警察による国際緊急援助活動」といった5つのトピックスを解説。最新の治安情勢や警察活動の現況なども記述する。

警察白書 平成23年版 警察庁編 佐伯印刷 2011.7 220p 27×21cm 1524円 ①978-4-324-08824-1

(目次)特集1 東日本大震災と警察活動，特集2 安全・安心で責任あるサイバー市民社会の実現を目指して，第1章 生活安全の確保と犯罪捜査活動，第2章 組織犯罪対策の推進，第3章 安全かつ快適な交通の確保，第4章 公安の維持と災害対策，第5章 公安委員会制度と警察活動の支え，資料編

警察白書 平成25年版 国家公安委員会・警察庁編 日経印刷 2013.7 224p 30cm 1524円 ①978-4-905427-52-0 Ⓝ317.7

(目次)特集1 サイバー空間の脅威への対処，特集2 子供・女性・高齢者と警察活動，第1章 警察の組織と公安委員会制度，第2章 生活安全の確保と犯罪捜査活動，第3章 組織犯罪対策，第4章 安全かつ快適な交通の確保，第5章 公安の維持と災害対策，第6章 警察活動の支え，資料編

防災・危機管理全般　　　　事故・災害

警察白書のあらまし　平成4年版　大蔵省印
刷局編　大蔵省印刷局　1992.10　58p
18cm　（白書のあらまし 16）　280円　①4-
17-351616-9
(目次)第1章 ボーダーレス時代における犯罪の
変容，第2章 現代の地域社会と警察活動，第3
章 少年非行の防止と少年の健全な育成，第4章
生活の安全の確保と環境の浄化，第5章 交通安
全と警察活動，第6章 公安の維持，第7章 災害，
事故と警察活動，第8章 犯罪情勢と捜作活動，
第9章 警察活動のささえ，第10章 警察活動と国
際協力、国際交流

警察白書のあらまし　平成5年版　大蔵省印
刷局編　大蔵省印刷局　1993.11　49p
18cm　（白書のあらまし 16）　300円　①4-
17-351716-5　Ⓝ317.7

警察白書のあらまし　平成6年版　大蔵省印
刷局　1994.11　46p 19cm　（白書のあらま
し 16）　300円　①4-17-351816-1

警察白書のあらまし　平成7年版　大蔵省印
刷局　1996.2　46p 18cm　（白書のあらま
し 16）　320円　①4-17-351916-8
(目次)第1章 サリン・銃・大震災に対峙した警
察，第2章 生活安全の確保と警察活動，第3章
犯罪情勢と捜査活動，第4章 暴力団総合対策の
推進，第5章 安全かつ快適な交通の確保，第6章
公安の維持，第7章 災害，事故と警察活動，第
8章 警察活動の国際化と国際協力，第9章 警察
活動の基盤と関連する諸活動

警察白書のあらまし　平成8年版　大蔵省印
刷局編　大蔵省印刷局　1996.12　46p
18cm　（白書のあらまし 16）　320円　①4-
17-352116-2
(目次)第1節 オウム真理教の誕生からテロ集団
化に至るまで，第2節 オウム真理教の組織犯罪
活動等の実態，第3節 事件捜査と市民の保護，
第4節 新しい組織犯罪への対応

警察白書のあらまし　平成9年版　大蔵省印
刷局編　大蔵省印刷局　1997.11　57p
18cm　（白書のあらまし 16）　320円　①4-
17-352216-9　Ⓝ317.7

警察白書のあらまし　平成10年版　大蔵省
印刷局編　大蔵省印刷局　1998.11　53p
18cm　（白書のあらまし 16）　320円　①4-
17-352316-5
(目次)第1章 ハイテク犯罪の現状と警察の取組
み，第2章 警察における被害者対策の推進，第3

章 生活安全の確保と警察活動，第4章 犯罪情勢
と捜査活動等，第5章 暴力団総合対策の推進，
第6章 安全かつ快適な交通の確保，第7章 公安
の維持，第8章 災害、事故と警察活動，第9章 国
際化社会と警察活動，第10章 公安委員会と警察
活動のささえ

警察白書のあらまし　平成11年版　大蔵省
印刷局編　大蔵省印刷局　2000.1　50p
18cm　（白書のあらまし 16）　320円　①4-
17-352416-1
(目次)第1章 国境を越える犯罪との闘い，第2章
生活安全の確保と警察活動，第3章 犯罪情勢と
捜査活動等，第4章 暴力団総合対策の推進，第
5章 安全かつ快適な交通の確保，第6章 公安の
維持，第7章 災害，事故と警察活動，第8章 公
安委員会と警察活動のささえ

警察白書のあらまし　平成12年版　財務省
印刷局編　財務省印刷局　2001.1　45p
19cm　（白書のあらまし 16）　320円　①4-
17-352516-8
(目次)序章 国民の信頼の回復を目指して，第1
章 時代の変化に対応する刑事警察，第2章 生活
安全の確保と警察活動，第3章 暴力団総合対策
の推進，第4章 安全かつ快適な交通の確保，第
5章 公安の維持，第6章 災害、事故と警察活動，
第7章 国際化社会と警察活動，第8章 公安委員
会と警察活動のささえ
(内容)各省庁から提出された白書が正式発表さ
れた後，担当省庁の執筆者がその概要を平易に
解説した「白書のあらまし」が官報資料版に掲
載されます。本書は、その「あらまし」を原文
のまま一冊にとりまとめたものです。

警察白書のあらまし　平成13年版　財務省
印刷局編　財務省印刷局　2001.11　46p
19cm　（白書のあらまし 16）　340円　①4-
17-352616-4
(目次)第1章 非行のない社会を築くために，第2
章 生活安全の確保と警察活動，第3章 犯罪情勢
と捜査活動，第4章 暴力団総合対策の推進，第
5章 安全かつ快適な交通の確保，第6章 公安の
維持，第7章 災害、事故と警察活動，第8章 国
際化社会と警察活動，第9章 公安委員会と警察
活動のささえ

警察白書のあらまし　平成14年版　財務省
印刷局編　財務省印刷局　2002.12　56p
19cm　（白書のあらまし 16）　340円　①4-
17-352716-0
(目次)第1章 我が国の治安回復に向けて―厳し

42　事故・災害レファレンスブック

事故・災害　　　　　　　　　　　　　　　防災・危機管理全般

さを増す犯罪情勢への取組み，第2章 国際テロ情勢と警察の対応，第3章 生活安全の確保と警察活動，第4章 犯罪情勢と捜査活動，第5章 暴力団総合対策の推進，第6章 安全かつ快適な交通の確保，第7章 公安の維持，第8章 災害，事故と警察活動，第9章 国際化社会と警察活動，第10章 公安委員会制度と警察活動のささえ

国土交通白書　2011　平成22年度年次報告　国土交通省編　日経印刷　2011.9　378p　30cm　2857円　①978-4-904260-97-5
(目次)第1部 災害から国民の命と暮らしを守る国土づくり―未曽有の東日本大震災を乗り越えて(未曽有の大震災と国土交通省の総力対応，災害に強い国土づくりに向けた課題)，第2部 国土交通行政の動向(時代の要請にこたえた国土交通行政の展開，観光立国の実現と美しい国づくり，地域活性化の推進，心地よい生活空間の創生，競争力のある経済社会の構築，安全・安心社会の構築，美しく良好な環境の保全と創造，戦略的国際展開と国際貢献の強化，ICTの利活用及び技術研究開発の推進)

国土交通白書　2013　平成24年度年次報告　国土交通省編　日経印刷　2013.7　1冊　30cm　2000円　①978-4-905427-49-0
(目次)第1部 若者の暮らしと国土交通行政(現在の若者の意識・行動の特徴，若者の暮らしにおける変化，国土交通分野における取組み)，第2部 国土交通行政の動向(東日本大震災からの復旧・復興に向けた取組み，時代の要請にこたえた国土交通行政の展開，観光立国の実現と美しい国づくり，地域活性化の推進，心地よい生活空間の創生，競争力のある経済社会の構築，安全・安心社会の構築，美しく良好な環境の保全と創造，戦略的国際展開と国際貢献の強化，ICTの利活用及び技術研究開発の推進)

自殺対策白書　平成19年版　内閣府編　佐伯印刷　2007.12　252p　30cm　2381円　①978-4-903729-19-0
(目次)第1部 我が国の自殺の現状と自殺対策の経緯(我が国の自殺の現状，自殺対策基本法制定以前の取組，自殺対策基本法の制定と自殺総合対策大綱の策定)，第2部 自殺対策の実施状況(自殺総合対策大綱における基本認識及び基本的考え方，自殺総合対策大綱における当面の重点施策)，資料編

自殺対策白書　平成20年版　内閣府編　佐伯印刷　2008.12　183p　30cm　2000円　①978-4-903729-43-5　Ⓝ368.3

(目次)第1章 我が国の自殺の現状(自殺者数の推移，自殺死亡率の推移，平成19年における自殺の状況 ほか)，第2章 総合的な自殺対策の推進(自殺対策の経緯，自殺総合対策大綱の概要，国・地方公共団体等の推進体制)，第3章 自殺対策の実施状況(自殺総合対策大綱における基本認識及び基本的考え方，大綱に基づく具体的施策)，資料編

自殺対策白書　平成21年版　内閣府編　佐伯印刷　2009.12　223p　30cm　2000円　①978-4-903729-65-7　Ⓝ368.3
(目次)第1章 我が国の自殺の現状(自殺者数の推移，自殺死亡率の推移 ほか)，特集 自殺の実態把握(地域における自殺の基礎資料，自殺対策のための自殺死亡の地域統計，自殺予防と遺族支援のための基礎調査)，第2章 自殺対策基本法の制定と自殺総合対策大綱の策定(自殺対策基本法制定以前の取組，自殺対策基本法の制定，自殺総合対策大綱の策定，国・地方公共団体等の推進体制)，第3章 自殺対策の実施状況(自殺の実態を明らかにする取組，国民一人ひとりの気づきと見守りを促す取組，早期対応の中心的役割を果たす人材を養成する取組，心の健康づくりを進める取組，自殺未遂者の再度の自殺を防ぐ取組，遺された人の苦痛を和らげる取組，民間団体との連携を強化する取組)，資料編

自殺対策白書　平成22年版　内閣府編　印刷通販　2010.7　193p　30cm　1905円　①978-4-904681-00-8　Ⓝ368.3
(目次)第1章 自殺の現状(自殺者数の推移，自殺死亡率の推移 ほか)，特集1 自殺対策強化のための基礎資料(時節的リスクに関する分析，職業別リスクに関する分析 ほか)，特集2 フィンランドにおける自殺対策(フィンランドにおける自殺対策の経緯，フィンランドにおける「自殺防止プロジェクト」とその後の取組 ほか)，第2章 自殺対策の基本的な枠組みと動向(自殺対策基本法及び自殺総合対策大綱，いのちを守る自殺対策緊急プラン)，第3章 自殺対策の実施状況(自殺の実態を明らかにする取組，国民一人ひとりの気づきと見守りを促す取組 ほか)

自殺対策白書　平成23年版　内閣府編　勝美印刷　2011.7　155p　30cm　1905円　①978-4-9902721-5-9
(目次)第1章 自殺の現状(自殺者数の推移，自殺死亡率の推移 ほか)，自殺対策の総括と今後の課題(自殺の現状，政府の取組状況の総括 ほか)，第2章 自殺対策の基本的な枠組みと動向(自殺対策基本法及び自殺総合対策大綱，自殺対策タ

事故・災害レファレンスブック　43

スクフォース），第3章 自殺対策の実施状況（自殺の実態を明らかにする取組，国民一人ひとりの気づきと見守りを促す取組 ほか），資料編

自殺対策白書　平成24年版　内閣府編　（新潟）新高速印刷　2012.7　205p　30cm
2191円　①978-4-903944-09-8

（目次）第1章 自殺の現状（自殺者数の推移，自殺死亡率の推移 ほか），第2章 自殺対策の基本的な枠組みと動向（自殺対策基本法及び自殺総合対策大綱，自殺対策に関する意識調査），特集 自殺統計の分析（平成23年の自殺者数の動向について，自殺者数の動向全般について ほか），第3章 自殺対策の実施状況（自殺の実態を明らかにする取組，国民一人ひとりの気づきと見守りを促す取組 ほか），資料編（自殺対策基本法，自殺総合対策大綱 ほか）

自殺対策白書　平成25年版　内閣府編　勝美印刷　2013.7　183p　30cm　2000円
①978-4-906955-14-5

（目次）第1章 自殺の現状（自殺者数の推移，自殺死亡率の推移，年齢階級別の自殺者数の推移，職業別の自殺者数の推移，原因・動機別の自殺者数の推移，平成24年の自殺の状況，同居人・配偶関係別の自殺の状況，自殺未遂の状況，国際的にみた自殺の状況と外国人の自殺の状況），特集 自殺統計の分析（年齢階級別にみた自殺動向の変化，原因・動機別にみた自殺動向の変化，意識調査にみる「悩みや不安」の変化，まとめ），第2章 自殺対策の基本的な枠組みと実施状況（自殺対策基本法及び自殺総合対策大綱，自殺総合対策大綱の見直し，平成24年度の自殺対策の実施状況），資料編

消防白書　平成2年版　消防庁編　大蔵省印刷局　1990.11　327p　21cm　1750円　①4-17-210565-3

（目次）第1章 総説（住民生活の安全確保をめざして，最近の災害の動向，当面の諸問題），第2章 火災等の災害の実態（火災，地震災害等，ガス等によるその他の災害），第3章 消防行政の現況（消防体制，救急業務，救助活動，防災体制，広域応援体制，風水害対策等，震災対策，地域防災計画の見直しの推進，防災意識の高揚と自主防災体制，予防行政，危険物行政，石油コンビナート災害対策，林野火災対策，特殊災害対策，消防の教育訓練等，消防防災の国際化，消防職員及び消防団員の活動状況と処遇，消防の科学技術の研究，消防財政）

消防白書　平成3年版　消防庁編　大蔵省印刷局　1991.11　333p　21cm　1800円　①4-17-210566-1

（目次）第1章 総説（住民生活の安全確保をめざして，最近の災害の動向，当面の諸問題），第2章 火災等の災害の実態（火災，地震災害等，ガス等によるその他の災害），第3章 消防行政の現況（消防体制，救急業務，救助活動，防災体制，広域応援体制，風水害対策等，震災対策，地域防災計画の見直しの推進，防災意識の高揚と自主防災体制，予防行政，危険物行政，石油コンビナート災害対策，林野火災対策，特殊災害対策，消防の教育訓練等，消防防災の国際化，消防職員及び消防団員の活動状況と処遇 ほか）

消防白書　平成4年版　消防庁編　大蔵省印刷局　1992.11　333p　21cm　1800円　①4-17-210567-X

（目次）第1章 総説（住民生活の安全確保をめざして，最近の災害の動向，当面の諸問題），第2章 火災等の災害の実態（火災，地震災害等，ガス等によるその他の災害），第3章 消防行政の現況（消防体制，救急業務，救助活動，防災体制，広域応援体制，風水害対策等，震災対策，地域防災計画の見直しの推進，防災意識の高揚と自主防災体制，予防行政，危険物行政，石油コンビナート災害対策，林野火災対策，特殊災害対策，消防の教育訓練等，消防防災の国際化，消防職員及び消防団員の活動状況と処遇，消防の科学技術の研究，消防財政）

消防白書　平成5年版　消防庁編　大蔵省印刷局　1993.11　341p　21cm　1800円　①4-17-210568-8　Ⓝ317.79

（目次）第1章 火災等の災害対策（火災予防，危険物施設等における災害対策，石油コンビナート災害対策，林野火災対策，風水害対策等，震災対策，特殊災害対策），第2章 消防防災体制（消防体制，航空消防防災体制，救急体制，救助体制，防災体制，住民の防災意識の高揚と自主防災体制，広域応援体制），第3章 国際協力の推進と地球環境の保全，第4章 消防の科学技術の研究，第5章 今後の消防防災行政の方向

消防白書　平成6年版　消防庁編　大蔵省印刷局　1994.11　347p　21cm　1800円　①4-17-210569-6　Ⓝ317.79

（目次）第1章 火災等の災害対策，第2章 消防防災体制，第3章 国際協力の推進と地球環境の保全，第4章 消防の科学技術の研究，第5章 今後の消防防災行政の方向

消防白書　平成7年版　消防庁編　大蔵省印

事故・災害　　　　　　　　　　　　　防災・危機管理全般

刷局　1995.12　403p　21cm　1900円　Ⓓ4-
17-210570-X　Ⓝ317.79

消防白書　平成8年版　消防庁編　大蔵省印
刷局　1996.12　429p　21cm　1900円　Ⓓ4-
17-210571-8

(目次)第1章 阪神・淡路大震災について，第2章
火災等の災害対策，第3章 消防防災の組織と活
動，第4章 自主的な防災活動と災害に強い地域
づくり，第5章 規制緩和への対応，第6章 国際協
力の推進と地球環境の保全，第7章 消防の科学
技術の研究，第8章 今後の消防防災行政の方向

消防白書　平成9年版　消防庁編　大蔵省印
刷局　1997.12　409p　21cm　2100円　Ⓓ4-
17-210572-6　Ⓝ317.79

消防白書　平成10年版　消防庁編　大蔵省
印刷局　1998.12　411p　21cm　2100円
Ⓓ4-17-210573-4

(目次)第1章 災害の現況と課題(火災予防，危険
物施設等における災害対策，石油コンビナート
災害対策，林野火災対策，風水害対策，火山災
害対策，震災対策，特殊災害対策)，第2章 消防
防災の組織と活動(消防体制，消防職団員の活
動，教育訓練体制，救急体制，救助体制，航空
消防防災体制，国と地方公共団体の防災体制，
広域消防応援，消防防災の情報化の推進)，第
3章 自主的な防災活動と災害に強い地域づくり
(防災防災意識の高揚，住民等の自主防災活動，
災害に強い安全なまちづくり)，第4章 規制緩和
への対応，第5章 国際協力の推進と地球環境の
保全，第6章 消防の科学技術の研究，第7章 今
後の消防防行政の方向

消防白書　平成11年版　消防庁編　ぎょう
せい　1999.12　436p　21cm　〈付属資料：
CD‐ROM1〉　2857円　Ⓓ4-324-06035-5

(目次)第1章 災害の現況と課題，第2章 消防防災
の組織と活動，第3章 自主的な防災活動と災害
に強い地域づくり，第4章 規制改革への対応，
第5章 国際協力の推進と地球環境の保全，第6章
消防の科学技術の研究，第7章 今後の消防防災
行政の方向，特別解説 消防・連携の時代

(内容)平成10年中の火災・救急等に関する各種
データを収録するほか、平成11年9月までの災
害・事故に関するデータを収録した白書。解説
として、「消防・連携の時代」を掲載。平成7年
版から平成11年版まで5年間の白書全文を収録
したCD-ROM付き。

**消防白書　平成12年版　阪神・淡路大震災
から5年 新たな地震防災対策を目指して**

消防庁編　ぎょうせい　2000.12　494p
21cm　〈付属資料：CD-ROM〉　2857円
Ⓓ4-324-06349-4　Ⓝ317.79

(目次)特集 阪神・淡路大震災から5年，災害の現
況と課題，消防防災の組織と活動，自主的な防
災活動と災害に強い地域づくり，規制改革への
対応，国際協力の推進と地球環境の保全，消防
の科学技術の研究，今後の消防防災行政の方向

(内容)火災その他の災害の実態と消防に関する
施策の現状についてとりまとめた白書。1955年
の「わが国の火災の実態と消防の現状」以来、
毎年公表されている。今版では、阪神・淡路大
震災から5年を迎え、新時代に向けての地震防
災施策を特集でとりあげている。

**消防白書　平成13年版　特集 新たな住宅
防火対策の推進 連携と実践**　消防庁編
ぎょうせい　2001.12　544p　21cm　〈付属
資料：CD‐ROM1〉　3000円　Ⓓ4-324-
06701-5　Ⓝ317.79

(目次)特集 新たな住宅防火対策の推進―連携と
実践，第1章 災害の現況と課題，第2章 消防防
災の組織と活動，第3章 自主的な防災活動と災
害に強い地域づくり，第4章 規制改革への対応，
第5章 国際的課題への対応，第6章 消防の科学
技術の研究，第7章 今後の消防防災行政の方向

(内容)火災など各種災害の実態や消防防災行政
の現況と課題等について解説した白書。高齢者
被災の低減を目的とした「住宅防火基本方針」
に基づく今後の取組みや現状について記載する。
そのほか、放対火災予防対策、老朽化消化器の
破裂による事故の再発防止対策、住宅に適した
消火器等住宅防火に関連する諸施策について記
述。付属資料にCD-ROMが付く。

消防白書　平成15年版　消防庁編　ぎょう
せい　2003.12　313p　30cm　2571円　Ⓓ4-
324-07279-5

(目次)特集 消防組織法・消防法の改正と新たな
消防行政の展開，緊急報告1 救急救命士の処置
範囲の拡大について，緊急報告2 多発する企業
災害とその対応，第1章 災害の現況と課題，第
2章 消防防災の組織と活動，第3章 自主的な防
災活動と災害に強い地域づくり，第4章 規制改
革への対応，第5章 国際的課題への対応，第6章
消防防災の科学技術の研究・開発，第7章 今後
の消防防災行政の方向

(内容)本書においては、火災をはじめとする各
種災害の現況と課題、消防防災の組織と活動、
自主的な防災活動と災害に強い地域づくり等に
ついて解説した。特に、特集として「消防組織

防災・危機管理全般　　　事故・災害

法・消防法の改正と新たな消防行政の展開」と
題し、本年6月に成立した消防組織法及び消防法
のポイントを概説するとともに、緊急消防援助
隊の充実・強化をはじめ今後の消防防災体制の
整備・強化策や地方公共団体及び消防関係者に
期待される役割等について記述した。また、消
防庁と厚生労働省との共同で開催した「救急救
命士の業務のあり方等に関する検討会」が、昨
年12月に取りまとめた報告書を踏まえて、本年4
月から実施された除細動、来年7月を目途に実施
される気管挿管、早期の実施に向けてドクター
カーによる検証等が進められている薬剤投与、
これらの前提となるメディカルコントロール体
制の整備などについて、これまでの経過と現在
の取り組み状況等を中心に、緊急報告1として
記述した。さらに、本年、全国各地で頻発した
企業の産業施設での火災事故等を踏まえ、これ
らの企業災害の状況と今後の産業事故防災体制
の構築に向けた取組み、現在の具体的な検討の
方向などについて、緊急報告2として記述した。

消防白書　国家的視野に立った消防の新たな構築　平成16年版　特集 緊急消防援助隊と国民保護法制

消防庁編　ぎょうせい　2004.12　363p　30cm　2667円　①4-324-07555-7

(目次)特集 緊急消防援助隊と国民保護法制―国家的視野に立った消防の新たな構築、トピックス1 新潟県中越地震及び本年の風水害の状況と消防の対応、トピックス2 地域防災体制の戦略的整備について、トピックス3 住宅防火対策の充実強化―住宅用火災警報器等の設置義務化、トピックス4 地域安心安全ステーション整備モデル事業―地域安心安全アクションプラン、第1章 災害の現況と課題、第2章 消防防災の組織と活動、第3章 自主的な防災活動と災害に強い地域づくり、第4章 規制改革への対応、第5章 国際的課題への対応、第6章 消防防災の科学技術の研究・開発、第7章 今後の消防防災行政の方向

消防白書　安心・安全な社会の確立に向けて　平成17年版　特集 消防防災力強化戦略

消防庁編　ぎょうせい　2005.12　385p　30cm　2667円　①4-324-07852-1

(目次)特集 消防防災力強化戦略―安心・安全な社会の確立に向けて、トピックス1 消防防災分野における国際緊急援助・国際協力の進展、トピックス2 増加する救急需要への対応、第1章 災害の現況と課題、第2章 消防防災の組織と活動、第3章 国民保護への取組み、第4章 自主的な防災活動と災害に強い地域づくり、第5章 規

制改革への対応、第6章 国際的課題への対応、第7章 消防防災の科学技術の研究・開発、第8章 今後の消防防災行政の方向

消防白書　国民の安心・安全を確保する消防防災体制の確立　平成18年版　特集 消防組織の体制強化

消防庁編　ぎょうせい　2006.12　413p　30cm　2762円　①4-324-08085-2

(目次)特集 消防組織の体制強化―国民の安心・安全を確保する消防防災体制の確立、トピックス1 火災予防対策の充実強化、トピックス2 救命率の向上に向けた取組み、トピックス3 防災拠点となる公共施設等の耐震化促進、第1章 災害の現況と課題、第2章 消防防災の組織と活動、第3章 国民保護への取組み、第4章 自主的な防災活動と災害に強い地域づくり、第5章 規制改革への対応、第6章 国際的課題への対応、第7章 消防防災の科学技術の研究・開発、第8章 今後の消防防災行政の方向

(内容)火災をはじめとする各種災害の現況と課題、消防防災の組織と活動、国民保護への取組み、自主的な防災活動と災害に強い地域づくり等について解説するとともに、特集として、全国的・広域的な見地から消防体制の充実・高度化を図り、国民の安心・安全を確保するため、「消防組織の体制強化―国民の安心・安全を確保する消防防災体制の確立」と題し、平成18年6月に改正された消防組織法に基づく市町村の消防の広域化、緊急消防援助隊の増強整備など大規模災害等に備えた災害対応力の充実強化、消防団の充実強化に係る様々な施策の推進、消防救急無線のデジタル化及び広域化・共同化について、その概要、課題、今後の取組み等について紹介。

消防白書　それに立ち向かう施策とは　平成19年版　特集 切迫する大地震

消防庁編　ぎょうせい　2007.12　399p　30cm　2857円　①978-4-324-08374-1

(目次)特集 切迫する大地震―それに立ち向かう施策とは、消防の広域化に向けて、消防団員確保に向けた取組、国民保護体制充実のためのシステム整備―全国瞬時警報システム（J-ALERT）と安否情報システム、急増する救急需要!―救急自動車の適正利用の推進、災害の現況と課題、消防防災の組織と活動、国民保護への取組、自主的な防災活動と災害に強い地域づくり、規制改革への対応、国際的課題への対応、消防防災の科学技術の研究・開発、今後の消防防災行政の方向

事故・災害　　　　　　　　　防災・危機管理全般

（内容）火災をはじめとする各種災害の現況と課題、消防防災の組織と活動、国民保護への取組、自主的な防災活動と災害に強い地域づくり等について解説するとともに、特集として現在、東海地震、東南海・南海地震や首都直下地震の発生の切迫性が指摘されていることから「切迫する大地震～それに立ち向かう施策とは～」と題し、防災拠点となる公共施設等の耐震化の促進、災害時における消防と医療の連携の推進、緊急消防援助隊の現状と大規模地震災害時の運用方針、大規模地震時に対応した自衛消防力の確保について紹介。また、消防防災上、特に話題性のある4項目をトピックスとして紹介。

消防白書　消防と住民が連携した活動の重要性　平成20年版　特集 地域総合防災力の強化　消防庁編　ぎょうせい　2008.12　331p　30cm　2857円　①978-4-324-08604-9　Ⓝ317.79

（目次）特集 地域総合防災力の強化―消防と住民が連携した活動の重要性，トピックス1 大規模災害に備える，トピックス2 市町村の消防の広域化―将来の消防本部，トピックス3 消防と医療の連携の推進―迅速な救急搬送を確保するために，トピックス4 中国四川省大地震災害における国際消防救助隊の活動について，第1章 災害の現況と課題，第2章 消防防災の組織と活動，第3章 国民保護への取組，第4章 自主的な防災活動と災害に強い地域づくり，第5章 規制改革への対応，第6章 国際的課題への対応，第7章 消防防災の科学技術の研究・開発，附属資料

（内容）特集として、「地域総合防災力の強化―消防と住民が連携した活動の重要性」と題し、自助・共助の精神に基づく住民一人ひとりによる防災の取組と消防との連携の必要性、地域防災の中核の存在である消防団の充実強化、自主防災組織など民間の防災組織の活動、住宅用火災警報器のすみやかな普及に向けた取組について紹介。

消防白書　消防と医療の連携による救急搬送の円滑化　平成21年版　特集 消防と医療の連携の推進　消防庁編　日経印刷　2009.11　292p　30cm　2858円　①978-4-904260-36-4　Ⓝ317.79

（目次）特集 消防と医療の連携の推進―消防と医療の連携による救急搬送の円滑化，第1章 災害の現況と課題，第2章 消防防災の組織と活動，第3章 国民保護への取組，第4章 自主的な防災活動と災害に強い地域づくり，第5章 国際的課題への対応，第6章 消防防災の科学技術の研究・

開発，附属資料

消防白書　平成22年版　消防庁編　佐伯印刷　2010.11　326p　30cm　2858円　①978-4-903729-87-9　Ⓝ317.79

（目次）チリ中部沿岸を震源とする地震による津波の概要と消防庁の対応，消防と医療の連携の推進―傷病者の搬送及び受入れの実施に関する基準に基づく救急搬送・受入，消防の広域化の推進，消防救急無線のデジタル化について，消防団の充実強化について，屋外タンク貯蔵所の保安検査の周期についての調査検討，災害の現況と課題，消防防災の組織と活動，国民保護への取組，自主的な防災活動と災害に強い地域づくり，国際的課題への対応，消防防災の科学技術の研究・開発

消防白書　平成23年版　消防庁編　日経印刷　2011.12　362p　30cm　2858円　①978-4-905427-00-1

（目次）第1部 東日本大震災について（地震・津波の概要，災害の概要，消防庁・消防機関等の活動，東日本大震災を踏まえた課題への対応），第2部 消防を取り巻く現状と課題について（災害の現況と課題，消防防災の組織と活動，国民保護への取組，自主的な防火防災活動と災害に強い地域づくり，国際的課題への対応，消防防災の科学技術の研究・開発），附属資料

消防白書　平成24年版　消防庁編　勝美印刷　2012.12　358p　30cm　2858円　①978-4-906955-07-7

（目次）第1部 東日本大震災を踏まえた課題への対応（地震・津波対策の推進と地域防災力の強化，消防職員の初動活動及び消防職団員の安全対策，緊急消防援助隊の効果的な運用・施設整備等，民間事業者における地震・津波対策，原子力災害への対応 ほか），第2部 消防行政を取り巻く現状と課題について（災害の現況と課題，消防防災の組織と活動，国民保護への取組，自主的な防火防災活動と災害に強い地域づくり，国際的課題への対応 ほか）

消防白書　平成25年版　消防庁編　日経印刷　2013.12　324p　30cm　2857円　①978-4-905427-66-7

（目次）特集（東日本大震災について，緊急消防援助隊の即応体制の強化等，市町村の消防の広域化，消防団の充実・強化，最近の火災を踏まえた防火安全対策，消防防災通信基盤の強化），第1章 災害の現況と課題，第2章 消防防災の組織と活動，第3章 国民保護への対応，第4章 自

防災・危機管理全般　　　　　事故・災害

主的な防火防災活動と災害に強い地域づくり，
第5章 国際的課題への対応，第6章 消防防災の
科学技術の研究・開発

消防白書　平成26年版　消防庁編　勝美印
刷，全国官報販売協同組合〔発売〕　2014.12
341p　30cm　2900円　⑪978-4-906955-31-2
⬚目次特集1 緊急消防援助隊の機能強化，特集2
消防団等地域防災力の充実強化，特集3 最近の
大規模自然災害・火災爆発事故への対応及びこ
れを踏まえた消防防災体制の整備，第1章 災害
の現況と課題，第2章 消防防災の組織と活動，
第3章 国民保護への対応，第4章 自主的な防火
防災活動と災害に強い地域づくり，第5章 国際
的課題への対応，第6章 消防防災の科学技術の
研究・開発

消防白書のあらまし　平成2年版　大蔵省印
刷局編　大蔵省印刷局　1990.12　49p
18cm　（白書のあらまし 23）　260円　⑪4-
17-351423-9
⬚目次住民生活の安全確保をめざして，火災等
の災害の実態，消防行政の現況と当面の諸問題

消防白書のあらまし　平成3年版　大蔵省印
刷局編　大蔵省印刷局　1991.12　56p
18cm　（白書のあらまし 23）　260円　⑪4-
17-351523-5
⬚目次1 住民生活の安全確保をめざして，2 火
災等の災害の実態，3 消防行政の現況と当面の
諸問題

消防白書のあらまし　平成4年版　大蔵省印
刷局編　大蔵省印刷局　1992.12　57p
18cm　（白書のあらまし 23）　280円　⑪4-
17-351623-1
⬚目次1 住民生活の安全確保をめざして，2 火
災等の災害の実態，3 消防行政の現況と当面の
諸問題

消防白書のあらまし　平成5年版　大蔵省印
刷局編　大蔵省印刷局　1994.1　33p　18cm
（白書のあらまし 23）　300円　⑪4-17-
351723-8　Ⓝ317.79
⬚目次第1章 火災等の災害対策，第2章 消防防
災体制，第3章 国際協力の推進と地球環境の保
全，第4章 消防の科学技術の研究，第5章 今後
の消防防災行政の方向

消防白書のあらまし　平成6年版　大蔵省印
刷局　1995.1　39p　18cm　（白書のあらま
し 23）　300円　⑪4-17-351823-4

⬚内容1994年11月に消防庁が公表した平成6年版
消防白書の概要を解説したもの。第1章で火災
を始めとする各種災害の現状とそれへの対策の
現況について，第2章では各種消防防災体制の
現況と今後の課題について，第3章では国際協
力の推進と地球環境の保全について，第4章で
は消防の科学技術の研究についてそれぞれまと
め，最後の第5章において今後の消防防災行政
の方向について述べている。

消防白書のあらまし　平成7年版　大蔵省印
刷局　1996.3　55p　18×11cm　（白書のあ
らまし 23）　320円　⑪4-17-351923-0
⬚目次第1部 阪神・淡路大震災（被害の概要，震
災を踏まえて講じた措置と今後の課題），第2部
消防防災行政の現況と課題（火災等の災害対策，
消防防災体制，規制緩和への対応，国際協力の
推進と地球環境の保全，消防の科学技術の研究，
今後の消防防災行政の方向）

消防白書のあらまし　平成8年版　大蔵省印
刷局編　大蔵省印刷局　1997.3　53p　18cm
（白書のあらまし 23）　311円　⑪4-17-
352123-5
⬚目次第1章 阪神・淡路大震災について，第2章
火災等の災害対策，第3章 消防防災の組織と活
動，第4章 自主的な防災活動と災害に強い地域
づくり，第5章 規制緩和への対応，第6章 国際
協力の推進と地域環境の保全，第7章 消防の科
学技術の研究，第8章 今後の消防行政の方向

消防白書のあらまし　平成9年版　大蔵省印
刷局編　大蔵省印刷局　1998.2　52p　17cm
（白書のあらまし 23）　320円　⑪4-17-
352223-1
⬚目次第1章 災害の現況と課題，第2章 消防防災
の組織と活動，第3章 自主的な防災活動と災害
に強い地域づくり，第4章 規制緩和への対応，
第5章 国際協力の推進と地域環境の保全，第6章
消防の科学技術の研究，第7章 今後の消防防災
行政の方向

消防白書のあらまし　平成10年版　大蔵省
印刷局編　大蔵省印刷局　1999.3　52p
18cm　（白書のあらまし 23）　320円　⑪4-
17-352323-8
⬚目次第1章 災害の現況と課題，第2章 消防防災
の組織と活動，第3章 自主的な防災活動と災害
に強い地域づくり，第4章 規制緩和への対応，
第5章 国際協力の推進と地域環境の保全，第6章
消防の科学技術の研究，第7章 今後の消防防災
行政の方向

事故・災害 防災・危機管理全般

消防白書のあらまし　平成11年版　大蔵省
印刷局編　大蔵省印刷局　2000.3　51p
19cm　（白書のあらまし 23）　320円　Ⓘ4-
17-352423-4
(目次)第1章 災害の現況と課題，第2章 消防防災
の組織と活動，第3章 自主的な防災活動と災害
に強い地域づくり，第4章 規制改革への対応，
第5章 国際協力の推進と地球環境の保全，第6章
消防の科学技術の研究，第7章 今後の消防防災
行政の方向
(内容)各省庁から提出された白書が正式発表さ
れた後，担当省庁の執筆者がその概要を平易に
解説したもの。

消防白書のあらまし　平成12年版　財務省
印刷局編　財務省印刷局　2001.4　39p
19cm　（白書のあらまし 23）　320円　Ⓘ4-
17-352523-0
(目次)特集 阪神・淡路大震災から5年―新たな
地震防災対策を目指して，第1章 災害の現況と
課題，第2章 消防防災の組織と活動，第3章 自
主的な防災活動と災害に強い地域づくり，第4
章 規制改革への対応，第5章 国際協力の推進と
地球環境の保全，第6章 消防の科学技術の研究，
第7章 今後の消防防災行政の方向

消防白書のあらまし　平成13年版　財務省
印刷局編　財務省印刷局　2002.3　46p
19cm　（白書のあらまし 23）　340円　Ⓘ4-
17-352623-7　Ⓝ317.79
(目次)特集 新たな住宅防火対策の推進―連携と
実践，緊急報告1 新宿区歌舞伎町ビル火災，緊
急報告2 米国同時多発テロ事件と消防庁の対応，
第1章 災害の現況と課題，第2章 消防防災の組
織と活動，第3章 自主的な防災活動と災害に強
い地域づくり，第4章 規制改革への対応，第5章
国際的課題への対応，第6章 消防の科学技術の
研究，第7章 今後の消防防災行政の方向

消防白書のあらまし　白書のあらまし
〈23〉　平成14年版　財務省印刷局編　財
務省印刷局　2003.3　47p　19cm　（白書の
あらまし 23）　340円　Ⓘ4-17-352723-3
(目次)特集 新たな火災予防対策の推進―新宿区
歌舞伎町ビル火災の教訓を踏まえて，緊急報告
救急救命士の処置範囲の拡大について，特別報
告 大規模災害等に備えた地域防災力の向上，
第1章 災害の現況と課題，第2章 消防防災の組
織と活動，第3章 自主的な防災活動と災害に強
い地域づくり，第4章 規制改革への対応，第5章
国際的課題への対応，第6章 消防防災の科学技

術の研究・開発，第7章 今後の消防防災行政の
方向

<統計集>

**我が国における自殺の概要及び自殺対策の
実施状況　平成25年度**　（［東京］）［内閣
府］　［2014］　203p　30cm　〈第186回国会
（常会）提出〉　Ⓝ368.3

◆法令

<ハンドブック>

社会福祉に関する法とその展開　一番ヶ瀬
康子監修，片居木英人，長野典右，福原英
起，安達宏之著　一橋出版　1999.12　165p
21cm　（介護福祉ハンドブック）　1100円
Ⓘ4-8348-0050-4
(目次)「社会福祉に関する法」とは，「社会福祉
と地方自治」に関する法，医療保障・介護保障
と法，家庭支援と労働に関する法，子ども期の
生活保障と法―児童福祉法を中心に，子ども期
の生活保障と法―教育法を中心に，子ども期の
生活保障と法―少年法を中心に，住宅保障と法，
防災・災害と法，平和保障と法，環境保全と法
(内容)本書では主に，地方自治，医療・介護，家
庭，労働，子ども（児童福祉，教育，少年司法），
居住，防災・災害救援，平和，環境などの問題
を取り上げ，それぞれにつながりをもって展開
していきますが，それらはすべて「社会福祉に
関する法」の問題であり，「社会福祉に関する権
利」（発展の権利）に直結しています。

<法令集>

**開発許可・宅地防災法令要覧　法令・通
知・行政実例　2005年版**　開発許可・宅
地防災制度研究会監修　大成出版社　2005.4
1556p　21cm　5505円　Ⓘ4-8028-9110-5
(目次)第1編 都市計画法編（法令，技術的助言 ほ
か），第2編 宅地造成等規制法編（法令，技術的
助言 ほか），第3編 (旧)住宅地造成事業に関す
る法律編（法令，通達），第4編 宅地開発等指導
要綱編，第5編 関連法令通達編（建築基準法関
係，消防法関係 ほか）

**開発許可・宅地防災法令要覧　法令・通
知・行政実例　2007年版**　開発許可・宅
地防災制度研究会監修　大成出版社　2007.8
1433p　21cm　5500円　Ⓘ978-4-8028-9306-

事故・災害レファレンスブック　49

防災・危機管理全般　　　事故・災害

0

(目次)第1編 都市計画法編(法令，技術的助言 ほか)，第2編 宅地造成等規制法編(法令，技術的助言 ほか)，第3編 (旧)住宅地造成事業に関する法律編(法令，通達)，第4編 宅地開発等指導要綱編，第5編 関連法令通達編(建築基準法関係，集落地域整備法関係 ほか)

(内容)開発規制行政の的確な理解と遂行についての要請はますます強くなっている。本書は，こうした要請に応え，開発規制行政を理解し遂行する上で，必要不可欠な関係法令，技術的助言等を体系的かつ網羅的に収録。

緊急事態関係法令集　2000年版　内外出版
2000.2　511p　22cm　2800円　①4-931410-27-8　Ⓝ393.2

(目次)第1章 基本法，第2章 防衛，第3章 治安，第4章 災害，第5章 条約，第6章 政府答弁等

(内容)世界ではいまだ紛争や闘争が絶えず，わが国においても国際間の安全保障に係る課題は常に重要問題となっています。国家の防衛のみならず，大規模地震や原子力発電所の臨界事故などによる災害，特定の団体や集団による無差別な殺傷事件など，市民の安全を脅かすものは後を絶ちません。本書は，こうした緊急事態に際し，または対処するために，いかに法に従い行動するのか，また有事に備え何をすべきかについての簡潔な手引きとするべく，必要不可欠な関係法令とその条文を選定・抄録し，改正年月日や附則については，最新のもののみ記すにとどめました。内容は，平成12年1月1日現在。

緊急事態関係法令集　2002　内外出版
2002.2　638,2p　22cm　3000円　①4-931410-28-6　Ⓝ393.2

緊急事態関係法令集　2003　内外出版
2003.2　638,2p　22cm　3000円　①4-931410-93-6　Ⓝ393.2

緊急事態関係法令集　2004　内外出版
2004.1　640p　22cm　3000円　①4-931410-63-4　Ⓝ393.2

緊急事態関係法令集　2005　内外出版
2005.2　639p　22cm　3000円　①4-931410-64-2　Ⓝ393.2

緊急事態関係法令集　2006　内外出版
2006.2　640p　21cm　3000円　①4-931410-67-7　Ⓝ393.2

緊急事態関係法令集　2007　内外出版
2007.3　640p　21cm　3000円　①978-4-

931410-06-0　Ⓝ393.2

緊急事態関係法令集　2008　内外出版
2008.3　640p　21cm　3000円　①978-4-931410-22-0　Ⓝ393.2

(内容)有事やテロ，災害など緊急事態への対処のための国内外の法規を収録した法令集。各中央省庁の実務担当者，全国の自治体の危機管理担当者，大学研究者を利用対象に，武力攻撃事態，周辺事態および国民保護ならびに国際協力など，分野を横断して必要となる法規類を収録する。

緊急事態関係法令集　2009　内外出版
2009.1　640p　21cm　〈付属資料(CD-ROM1枚 12cm)：戦争とテロ対策の法〉3000円　①978-4-931410-42-8　Ⓝ393.2

(目次)第1章 基本法，第2章 安全保障，第3章 国際協力，第4章 災害，第5章 国際法，第6章 資料

緊急事態関係法令集　2010　内外出版
2010.1　640p　21cm　〈付属資料(CD-ROM1枚 12cm)：戦争とテロ対策の法〉3000円　①978-4-931410-57-2　Ⓝ393.2

(目次)第1章 基本法，第2章 安全保障，第3章 国際協力，第4章 災害，第5章 国際法，第6章 資料

緊急事態関係法令集　2011　内外出版
2011.2　622p　21cm　〈付属資料(CD-ROM1枚 12cm)：戦争とテロ対策の法〉3000円　①978-4-931410-86-2　Ⓝ393.2

(目次)第1章 基本法，第2章 安全保障，第3章 国際協力，第4章 災害，第5章 国際法，第6章 資料

緊急事態関係法令集　2012　内外出版
2012.2　631p　21cm　〈付属資料：CD-ROM1枚 12cm：戦争とテロ対策の法〉3200円　①978-4-905285-04-5　Ⓝ393.2

(目次)第1章 基本法，第2章 安全保障，第3章 国際協力，第4章 災害，第5章 国際法，第6章 資料

緊急事態関係法令集　2013　第十四版　内外出版　2013.2　647p　21cm　〈付属資料：CD・ROM1〉　3200円　①978-4-905285-15-1

(目次)第1章 基本法(日本国憲法，内閣法 ほか)，第2章 安全保障(武力攻撃事態，自衛隊の行動 ほか)，第3章 国際協力(国際連合平和維持活動等に対する協力に関する法律，海賊行為の処罰及び海賊行為への対処に関する法律 ほか)，第4章 災害(災害対策基本法，災害救助法 ほか)，第5章 国際法(国際連合，日米安全保障 ほか)

50　事故・災害レファレンスブック

事故・災害　　　　　　　　　　　　　　　防災・危機管理全般

緊急事態関係法令集　2014　内外出版
2014.3　679p　21cm　3200円　Ⓘ978-4-905285-31-1　Ⓝ393.2

港湾小六法　平成15年版　国土交通省港湾局監修　東京法令出版　2002.12　3416p　19cm　11000円　Ⓘ4-8090-5063-7
(目次)港湾，公有水面埋立・運河，海岸，空港整備，災害対策，環境，国土利用，都市計画，バリアフリー，海上交通の安全，諸法，行政組織
(内容)平成十五年版の本書は，平成十四年に成立した都市再生特別措置法を始め，近年の法律改正を踏まえて重要だと思われる法令，行政財産である港湾施設の民間への貸付けを可能とする港湾法等の特例が盛り込まれている構造改革特別区域法案や，港湾法と同じ公物管理法である道路法など関連する法令を多数収録したほか，『港湾小六法』がコンパクトな法令集としての使いやすさを失わないよう，これまでの収録法令の見直しを行い，整理した。

国内外の安全防災に係わる法令・規則　調査報告書　平成2年度業務　日本損害保険協会　1991.9　3冊　30cm　（安基 90-1～90-3）　Ⓝ509.8
(目次)第1編 アメリカ，第2編 イギリス，第3編 タイ

災害対策基本法改正ガイドブック　平成24年及び平成25年改正　災害対策法制研究会編著　大成出版社　2014.1　349p　30cm　3800円　Ⓘ978-4-8028-3141-3　Ⓝ369.3
(目次)第1部 第1弾改正の概要(地方防災会議及び災害対策本部の見直し，災害発生時における積極的な情報の収集・伝達・共有の強化，地方公共団体間の応援，広域一時滞在(法第86条の2から第86条の6まで関係)，物資等の供給及び運送 ほか)，第2部 第2弾改正の概要(災害対策基本法の一部改正関係，災害救助法の一部改正関係，特定非常災害の被害者の権利利益の保全等を図るための特別措置に関する法律の一部改正関係，内閣府設置法及び厚生労働省設置法の一部改正関係，その他)

災害対策基本法等の一部を改正する法律案（内閣提出第18号）資料　（［東京］）衆議院調査局第三特別調査室(災害対策特別委員会担当)　2014.10　52p　30cm　〈第187回国会（臨時会）〉　Ⓝ369.3

防災・危機管理六法　平成13年版　内閣府政策統括官(防災担当)監修　（名古屋）新日

本法規出版　2001.6　952p　22cm　4800円　Ⓘ4-7882-0306-5　Ⓝ369.3

防災・危機管理六法　平成15年版　内閣府政策統括官(防災担当)監修　（名古屋）新日本法規出版　2003.2　1072p　22cm　5000円　Ⓘ4-7882-0499-1　Ⓝ369.3

防災・危機管理六法　平成17年版　内閣府政策統括官(防災担当)監修　（名古屋）新日本法規出版　2004.10　1123p　22cm　5000円　Ⓘ4-7882-0722-2　Ⓝ369.3

防災・危機管理六法　平成18年版　災害対策制度研究会編　（名古屋）新日本法規出版　2005.10　1146p　22cm　5000円　Ⓘ4-7882-0840-7　Ⓝ369.3

防災・危機管理六法　平成20年版　災害対策制度研究会編　（名古屋）新日本法規出版　2007.10　1148p　22cm　5100円　Ⓘ978-4-7882-7006-0　Ⓝ369.3

防災六法　平成3年版　消防庁防災課編　全国加除法令出版　1991.5　1451p　19cm　5500円　Ⓘ4-421-00523-1
(目次)第1編 基本法関係(災対法関係，大震法関係，石コン法関係，その他)，第2編 組織関係，第3編 予防関係，第4編 応急対策関係，第5編 災害復旧及び財政金融措置，第6編 その他

防災六法　平成5年版　消防庁防災課編　ぎょうせい　1993.8　1522p　21cm　6500円　Ⓘ4-324-03763-9
(目次)第1編 基本法関係，第2編 組織関係，第3編 予防関係，第4編 応急対策関係，第5編 災害復旧及び財政金融措置，第6編 その他
(内容)災害対策基本法を中心に，防災行政関係の法令・通達等を編集収録した法令集。平成5年6月21日内容現在。

防災六法　平成8年版　防災行政研究会編　ぎょうせい　1996.9　1冊　22cm　9000円　Ⓘ4-324-04883-5　Ⓝ369.3

防災六法　平成14年版　防災行政研究会編　ぎょうせい　2002.4　1冊　22cm　7143円　Ⓘ4-324-06422-9　Ⓝ369.3

防災六法　平成18年版　防災行政研究会編　ぎょうせい　2006.9　1721p　21cm　7238円　Ⓘ4-324-07970-6
(目次)法令編(基本法，組織関係，予防関係，応急対策関係，災害復旧及び財政金融措置，その

事故・災害レファレンスブック　**51**

防災・危機管理全般　　　　　事故・災害

他），通知編（基本法関係，組織関係，災害復旧，
テロ対策）

(内容)本書は、災害から国民の尊い命と財産を
守る防災行政の円滑な推進に寄与することを目
的として、災害対策基本法を中心に、広範多岐
にわたる防災行政関係の法令・通知等を、防災
行政の全貌と法令相互の関連性が把握できるよ
うに編纂したものである。本書の内容現在は、
平成十八年七月十三日とした。

自然災害

自然災害全般

<書 誌>

環境記事索引 '92年版 地球環境情報セン
ター編 メディア・インターフェイス, 現代
書館〔発売〕 1992.3 231p 26cm 〈「週
刊地球環境情報」別冊〉 3502円

(目次)1 総論, 2 大気と気象：3 生態系, 4 水問
題, 5 資源・エネルギー, 6 健康と公害・食品,
7 廃棄物とリサイクル, 8 開発, 9 環境関連市
場, 10 その他

(内容)本書は「週刊地球環境情報」の記事索引で
ある。'91年4月の創刊から12月までに発行され
た号(1号〜36号)の記事を収録した。「総合版」
「エコビジネス」「ゴミとリサイクル」「水質汚染
と水処理」のすべての版に掲載された記事を対
象としている。記事の日付は'91年3月末から12
月下旬まで及んでいる。

環境記事索引 '93年版 地球環境情報セン
ター編 メディア・インターフェイス, 現代
書館〔発売〕 1993.4 293p 26cm 〈「週
刊地球環境情報」別冊〉 4120円 ①4-7684-
8862-5

(目次)1 総論, 2 大気と気象, 3 生態系, 4 水問
題, 5 資源・エネルギー, 6 健康と公害・食品,
7 廃棄物とリサイクル, 8 開発, 9 環境関連市
場, 10 その他, 特集(地球サミット, 長良川河
口堰問題, 核廃棄物問題, 新サンシャイン計画)

(内容)1992年中に主要な新聞に掲載された環境
問題関係の記事を網羅的に収録した記事索引。
対象紙は, 朝日新聞, 毎日新聞, 読売新聞, 日
刊工業新聞, 流通サービス新聞で, それぞれの
地方版の記事も収録している。収録件数は, お
よそ9600件。

環境記事索引 '94年版 地球環境情報セン
ター編 メディア・インターフェイス, 現代
書館〔発売〕 1994.8 326p 26cm 4120
円 ①4-7684-8863-3

(目次)大気と気象, 生態系, 水問題, 資源・エ
ネルギー, 健康と公害・食品, 廃棄物とリサイ

クル, 開発, 環境関連市場, 特集 タンカー事故
と海洋汚染, オゾン層の破壊状況, 環境税導入
を巡る議論, 捕鯨問題, ラムサール条約釧路会
議, 特集 リゾート法と環境問題〔ほか〕

(内容)1993年中に主要な新聞に掲載された環境
問題関係の記事を網羅的に収録した記事索引。
収録件数は約11000件。

環境問題記事索引 1998 日外アソシエー
ツ編集部編 日外アソシエーツ, 紀伊国屋書
店〔発売〕 2000.1 554p 26cm 19000円
①4-8169-1588-5 ⑩519.031

(目次)環境問題一般, 地球温暖化, オゾン層破
壊, 大気汚染, 水質汚染, 土壌汚染, 人口問題,
開発問題, 農業問題, 砂漠化, 森林破壊, 生物
多様性, 公害, 健康問題, ゴミ問題, 都市問題,
交通問題, 資源・エネルギー問題, 軍事・戦争,
環境保全, 文化

(内容)環境問題に関する記事・論文の目録。1998
年に日本で発行された雑誌1194誌と論文集30冊
に掲載された環境問題に関する記事・論文13484
点を収録。分類943テーマの分類見出しの下, 掲
載誌・書名の五十音順に排列する。巻頭に「文
献から見た環境問題1998」, 巻末に事項名索引
と著者名索引付き。

環境問題記事索引 1999 日外アソシエー
ツ編集部編 日外アソシエーツ, 紀伊国屋書
店〔発売〕 2000.9 694p 26cm 19000円
①4-8169-1624-5 ⑩519.031

(目次)環境問題一般, 地球温暖化, オゾン層破
壊, 酸性雨, 大気汚染, 水質汚染, 土壌汚染,
人口問題, 開発問題, 農業問題, 砂漠化, 森林
破壊, 生物多様性, 公害, 健康問題, ゴミ問題,
都市問題, 運輸・交通問題, 資源・エネルギー
問題, 軍事・戦争, 環境保全, 文化

(内容)環境問題に関する記事・論文の目録。1999
年に日本で発行された雑誌1339誌と論文集30冊
に掲載された環境問題に関する記事・論文16994
点を収録。22の大区分, 895件のテーマに分類
し掲載誌・書名の五十音順に排列する。巻頭に
「文献から見た環境問題1998」, 巻末に五十音順
の事項名索引と著者名索引付き。

事故・災害レファレンスブック　53

自然災害全般　　　　　　　　　　自然災害

環境問題記事索引　1988-1997　日外アソ
シエーツ編集部編　日外アソシエーツ，紀伊
国屋書店〔発売〕　1999.7　436p　26cm
16800円　Ⓘ4-8169-1559-1

(目次)環境問題一般，オゾン層破壊，酸性雨，大
気汚染，水質汚染，土壌汚染，人口問題，開発
問題，農業問題，砂漠化，森林破壊，生物多様
性，公害，健康問題，ゴミ問題，都市問題，交通
問題，エネルギー問題，軍事・戦争，環境保全

(内容)1988年から1997年までの10年間に日本国
内で発行された総合雑誌，経済専門誌など約170
誌の中から，環境問題に関して報道・論評して
いる主なもの134誌を選び，関連記事12335点を
収録し，体系化した文献目録。記載事項は，記
事タイトル，著者名，掲載誌名，巻号・通号，
刊行年月日，掲載頁など。事項名索引，著者名
索引がある。

環境問題文献目録　2000-2002　日外アソ
シエーツ編　日外アソシエーツ，紀伊國屋書
店〔発売〕　2003.7　818p　26cm　23500円
Ⓘ4-8169-1794-2

(目次)環境問題一般，地球温暖化，オゾン層破
壊，酸性雨，大気汚染，水質汚染，土壌・地下
水汚染，開発問題，農業問題，砂漠
化，森林破壊，生物多様性，公害，健康問題，
ゴミ問題，都市問題，運輸・交通問題，資源・
エネルギー問題，軍事・戦争，環境保全，文化

(内容)環境問題に関する図書5171点と，一般誌，
人文・社会科学専門誌，一般研究誌に掲載され
た記事・論文16809点を収録した文献目録。地球
温暖化，オゾン層破壊，酸性雨，環境ホルモン，
ゴミ・リサイクル問題，原子力発電など928件
のテーマに分類体系化した。「著者名索引」「事
項名索引」付き。

環境問題文献目録　2003-2005　日外アソ
シエーツ編　日外アソシエーツ，紀伊國屋書
店〔発売〕　2006.5　795p　26cm　23500円
Ⓘ4-8169-1976-7

(目次)環境問題一般，地球温暖化，オゾン層破
壊，酸性雨，大気汚染，水質汚染，土壌・地下
水汚染，人口問題，開発問題，農業問題，砂漠
化，森林破壊，生物多様性，公害，健康問題，
ゴミ問題，都市問題，運輸・交通問題，資源・
エネルギー問題，軍事・戦争，環境保全，文化

(内容)最近3年間の環境問題に関する図書4463点
と，一般誌，人文・社会科学専門誌，一般研究
誌に掲載された雑誌記事・論文15854点を収録。
地球温暖化，京都議定書，トレーサビリティ，

大気汚染、アスベスト、廃棄物処理、環境教育
など963のテーマで分類。巻末に便利な著者名
索引、事項名索引付き。

環境問題文献目録　2006-2008　日外アソ
シエーツ株式会社編　日外アソシエーツ
2009.5　851p　27cm　〈索引あり〉　24500
円　Ⓘ978-4-8169-2186-5　Ⓝ519.031

(目次)環境問題一般，地球温暖化，オゾン層破
壊，酸性雨，大気汚染，水質汚染，土壌・地下
水汚染，開発問題，農業問題，砂漠化，森林破
壊，生物多様性，公害，健康問題，ゴミ問題，
都市問題，運輸・交通問題，資源・エネルギー
問題，軍事・戦争，環境保全，文化

(内容)環境問題に関する図書・雑誌論文21997点
を一望。最近3年間の環境問題に関する図書3762
点と、一般誌、人文・社会科学専門誌、一般研
究誌に掲載された雑誌記事・論文18235点を収
録。地球温暖化、森林破壊、世界自然遺産、ゴ
ミ・リサイクル問題、環境ホルモン、バイオマ
ス・エネルギー、省エネルギーなど888のテーマ
で分類。巻末に著者名索引、事項名索引付き。

地球環境大事典　今「地球」を救う本
〔特装版〕　ウータン編集部編　学習研究社
1992.3　382p　26cm　4800円　Ⓘ4-05-
106128-0

(目次)1 大気汚染・異常気象，2 水質汚濁，3 生
態系の破壊，4 エネルギー・廃棄物，5 食の危
機，6 生活公害，7 地震・火山，8 地球環境

(内容)本書は、現在の地球の問題点をレポート
し、マスコミなどに頻繁に登場する用語の解説
をします。また、具体的にどこからスタートす
べきかというヒントも提案します。

地球・自然環境の本全情報　45-92　日外
アソシエーツ編　日外アソシエーツ，紀伊国
屋書店〔発売〕　1994.2　739p　21cm
32000円　Ⓘ4-8169-1215-0　Ⓝ450.31

(内容)地球・自然環境に関する図書目録。1945
年～1992年に刊行された1万4千点を分類体系順
に収録する。収録テーマは、地球科学、自然保
護、気象、海洋、水、地震、火山、化石、鉱物
資源など。事項名索引を付す。

地球・自然環境の本全情報　1993-1998
日外アソシエーツ編　日外アソシエーツ，紀
伊国書店〔発売〕　1999.7　678p　21cm
28000円　Ⓘ4-8169-1557-5

(目次)地球全般，自然環境全般，自然環境汚染，
自然保護，自然エネルギー，自然学・博物学，

54　事故・災害レファレンスブック

自然災害 　　　　　　　　　　　　　　　　自然災害全般

自然誌, 気象, 海洋, 陸水, 地震・火山, 地形・地質, 古生物学・化石, 鉱物

(内容)地球・自然環境に関する図書を網羅的に集め、主題別に排列した図書目録。1993年(平成5年)から1998年(平成10年)までの6年間に日本国内で刊行された商業出版物、政府刊行物、私家版など8011点を収録。各図書を「地球全般」「自然環境全般」「自然環境汚染」「自然保護」「自然エネルギー」「自然学・博物学」「自然誌」「気象」「海洋」「陸水」「地震・火山」「地形・地質」「古生物学・化石」「鉱物」の14分野に区分した。図書の記述は、書名、副書名、巻次、各巻書名、著者表示、版表示、出版地、出版者、出版年月、ページ数または冊数、大きさ、叢書名、叢書番号、注記、定価、ISBN、NDC、内容など。書名索引、事項名索引付き。

地球・自然環境の本全情報　1999-2003
日外アソシエーツ編　日外アソシエーツ, 紀伊國屋書店〔発売〕　2004.8　673p　21cm　28000円　Ⓘ4-8169-1860-4

(目次)地球全般, 自然環境全般, 自然環境汚染, 自然保護, 自然エネルギー, 自然学・博物学, 自然誌, 気象, 海洋, 陸水, 地震・火山, 地形・地質, 古生物学・化石, 鉱物

(内容)地球・自然環境に関する図書を網羅的に集め、主題別に排列した図書目録。1999年(平成11年)から2003年(平成15年)までの5年間に日本国内で刊行された商業出版物、政府刊行物、私家版など7456点を収録。巻末に書名索引、事項名索引が付く。

地球・自然環境の本全情報　2004-2010
日外アソシエーツ株式会社編　日外アソシエーツ, 紀伊国屋書店(発売)　2011.1　957p　22cm　〈索引あり〉　28000円　Ⓘ978-4-8169-2296-1　Ⓝ450.31

(目次)地球全般, 自然環境全般, 自然環境汚染, 自然保護, 自然エネルギー, 自然学・博物学, 自然誌, 気象, 海洋, 陸水, 地震・火山, 地形・地質, 古生物学・化石, 鉱物

(内容)地球・自然環境に関する図書10091点を収録。2004年から2010年までに国内で刊行された図書をテーマ別に分類。地球環境、自然エネルギーから気象、地質、鉱物まで幅広い図書を収録。巻末に「書名索引」「事項名索引」付き。

地理学関係書誌の書誌　奥野隆史編著　皓星社　1998.9　483p　27cm　〈「地理学関係文献目録総覧」(原書房1985年刊)の増訂〉　18000円　Ⓘ4-7744-0201-X　Ⓝ290.31

(目次)第一部 文献目録・抄録集集覧(一般書誌, 地理学, 地球, 地質, 地形, 土壌, 気候・気象, 海洋, 陸水, 生物, 災害, 人口・労働, 村落, 都市, 経済地理, 農業, 畜産, 林業, 水産業, 資源, 工業, 地域計画・開発, 商業, 交通・観光, 政治, 社会, 文化, 歴史, 地図・地名, 地誌・地方史誌), 第二部 雑誌総索引・総目次集覧

(内容)地理学およびその周辺分野において、1880年から1996年までわが国で発刊された、地理学に関連した文献目録・抄録集・雑誌総索引・総目次を収録。

地理学文献目録　第9集(1987〜1991)
人文地理学会文献目録編集委員会編　古今書院　1993.3　316p　26cm　14000円　Ⓘ4-7722-1831-9　Ⓝ290.31

(目次)地理学総論, 地理学史, 地図・古地図, 地形, 気候, 水文, その他の自然地理学, 災害〔ほか〕

地理学文献目録　第10集(1992〜1996)
人文地理学会文献目録編集委員会編　古今書院　1998.4　396p　27cm　〈付属資料：CD-ROM1枚(12cm)：1987-1996〉　17000円　Ⓘ4-7722-5017-4　Ⓝ290.31

地理学文献目録　第11集　1997〜2001
人文地理学会文献目録編集委員会編　古今書院　2004.7　450p　26cm　〈付属資料：CD-ROM1〉　19000円　Ⓘ4-7722-5090-5

(目次)地理学総論, 地理学史, 地図・古地図, 地形, 気候, 水文, その他の自然地理学, 災害, 環境問題, 人口, 村落, 都市, 経済地理, 農業, 牧畜, 林業, 水産業, 資源・鉱業, 工業, 地域計画・地域開発, 商業・貿易・金融, 交通・通信, 観光, 政治, 社会, 文化, 知覚・行動, 歴史地理, 地名, 地理教育, 紀行・随筆

(内容)1997年1月から2001年12月までの5年間に日本国内で刊行された地理学の単行本、雑誌論文、単行本所載の論文などの文献を採録した文献目録。文献の配列は主題分類、地域分類、刊行形態、刊行年の順、付録に1987年以降の文献情報を収録したCD-ROMが付く。

地理学文献目録　第12集　2002〜2006
人文地理学会文献目録編集委員会編　古今書院　2009.7　538p　27cm　20000円　Ⓘ978-4-7722-5225-6　Ⓝ290.31

(目次)地理学総論, 地理学史, 地図・古地図, 地形, 気候, 水文, その他の自然地理学, 災害, 環境問題, 人口, 村落, 都市, 経済地理, 農業,

事故・災害レファレンスブック　55

自然災害全般　　　　自然災害

牧畜, 林業, 水産業, 資源・鉱業, 工業, 地域計画・地域開発, 商業・貿易・金融, 交通・通信, 観光, 政治, 社会, 文化, 知覚・行動, 歴史地理, 地名, 地誌, 地理教育, 紀行・随筆

＜年　表＞

地球環境年表　地球の未来を考える　2003
インデックス編　（横浜）インデックス, 丸善〔発売〕　2002.11　1035p　21cm　2400円　Ⓘ4-901091-19-0　Ⓝ450.36
Ⓑ目次Ⓑ1 日本の気象, 2 平年値, 3 気象災害, 4 高層気象観測, 5 オゾン層, 6 地震・火山, 7 世界の気象, 8 大気環境データ(2000年度・市区町村単位), 9 環境データ
Ⓒ内容Ⓒ主に気象に関するデータを収録するデータブック。日本の気象、平年値、気象災害、高層気象観測、オゾン層、地震・火山、世界の気象、大気環境データ、環境データの9分野に分類し構成。

＜事　典＞

環境問題情報事典　日外アソシエーツ編　日外アソシエーツ, 紀伊国屋書店〔発売〕　1992.7　416p　19cm　4800円　Ⓘ4-8169-1129-4　Ⓝ519.03
Ⓒ内容Ⓒ本書は、オゾン層破壊、砂漠化など、地球レベルの環境問題に関する用語から、大気汚染、水質汚濁、廃棄物、各種公害など、国内の環境問題に関する用語、および関連の機関・団体名、会議・条約名まで870語の環境問題関連用語について、簡明な文章と5,500点の参考文献とで解説する新機軸の情報事典である。ある著者が発言している関連の問題やテーマが一覧でき、参考文献著者索引、2252語のキーワードで引ける事項索引付き。

環境と健康の事典　牧野国義, 佐野武仁, 篠原厚子, 中井里史, 原沢英夫著　朝倉書店　2008.5　556p　21cm　14000円　Ⓘ978-4-254-18030-5　Ⓝ498.4
Ⓑ目次Ⓑ第1編 地球環境(地球温暖化, オゾン層破壊, 砂漠化, 森林減少, 酸性雨, 気象・異常気象), 第2編 国内環境(大気環境, 水環境・水資源, 廃棄物, 音と振動, ダイオキシン・内分泌攪乱化学物質, 環境アセスメント, リスクアセスメントとリスクコミュニケーション), 第3編 室内環境(化学物質, アスベスト, 微生物─化学物質といたちごっこ, 電磁波, 温熱条件, 換気・空気調和, 採光・照明, 色彩)

災害の事典　萩原幸男編　朝倉書店　1992.11　400p　21cm　12360円　Ⓘ4-254-16024-0
Ⓑ目次Ⓑ1 地震災害, 2 火山災害, 3 気象災害, 4 雪氷災害, 5 土砂災害, 6 リモートセンシングによる災害調査, 7 地球環境変化と災害, 8 地球災害・宇宙災害, 付録(日本の主な自然災害年表, 世界の主な自然災害年表)

自然災害の事典　岡田義光編　朝倉書店　2007.2　694p　図版8p　〈文献あり, 年表あり〉　20000円　Ⓘ978-4-254-16044-4
Ⓒ内容Ⓒ自然災害について解説した事典。地震災害、火山災害、気象災害など8章で構成。それぞれの分野の専門家が、基礎的概要、実態、予測、防災などをデータとともに説明。最近起きた災害については、コラムで記述。日本と世界の主な自然災害年表付き。

＜ハンドブック＞

岩波講座 地球惑星科学　14　社会地球科学　鳥海光弘, 松井孝典, 住明正, 平朝彦, 鹿園直建, 青木孝, 井田喜明, 阿部勝征著　岩波書店　1998.3　262p　21cm　3700円　Ⓘ4-00-010734-8
Ⓑ目次Ⓑ1 人間圏とは何か, 2 地球資源論, 3 自然災害, 4 予知・防災の地球科学, 5 地球・人間社会システムの将来設計

NHK気象・災害ハンドブック　NHK放送文化研究所編　日本放送出版協会　2005.11　300p　21cm　2300円　Ⓘ4-14-011215-8
Ⓑ目次Ⓑ第1部 気象編(日本のお天気, 天気予報, 生活と気象, 地球環境と気候変動), 第2部 災害編(地震と火山, 河川, 気象のことば集)
Ⓒ内容Ⓒ気象と災害のすべてをわかりやすく解説。報道・防災にかかわる人、必携の書。

NHK気象ハンドブック　新版　日本放送出版協会　1995.9　260,8p　21cm　2200円　Ⓘ4-14-011084-8
Ⓑ目次Ⓑ1 天気予報, 2 日本のお天気(四季, 一般気象), 3 地震と火山, 4 地球環境と気候変動, 5 気象のことば集

NHK気象ハンドブック　改訂版　NHK放送文化研究所編　日本放送出版協会　1996.10　264p　21cm　2300円　Ⓘ4-14-011088-0
Ⓒ内容Ⓒ本書改訂版は、まず、第1章の「天気予報」では、「気象レーダー」に、「ドップラーレーダー」の記述を加えました。また、1996年から始まる

56　事故・災害レファレンスブック

自然災害　　　　　　　　　　　　　自然災害全般

「新しい天気予報」を概観するとともに、「天気予報の自由化」の項を設け、民間気象にも触れました。このほか、「アメダス」「ひまわり」「数値予報」「短時間予報」についても、最新のデータを加えて補筆しました。第2章の「日本のお天気」は、この本の中核となる部分ですが、データを新しくすることを中心に改訂を図りました。第3章の「地震と火山」は、1993年以来多発した地震や火山の災害の記述を中心に内容を一新しました。第4章として「地球環境と気候変動」の新たな章を設けました。「温室効果と地球大気の温暖化」「オゾン層破壊・オゾンホール」「エルニーニョ現象」など地球規模で起こる気候の変動をとらえて詳述しました。第5章は、「気象のことば集」として、放送や気象に携わる人たちが利用できるように、疑問のありそうなことばを集めて、この使い方や注意すべき点などを示しました。このほか、二十四節気や天気に関することわざ、また地震防災メモなど、日常の暮らしに役立つ内容も豊富にしました。

自然災害ハンドブック　アシトチエ・プレス著，山と渓谷社編　山と渓谷社　2004.6　159p　19cm　980円　Ⓘ4-635-42032-9

（目次）第1章 地震，第2章 津波，第3章 火災，第4章 火山，第5章 台風，第6章 雷，第7章 救急法

（内容）本書では、地震や津波、火災（特に二次的な火災）、火山、台風、雷、そして救急法について、基礎的な知識と個人や企業レベルでとりうる対応策をコンパクトにまとめた。

地球環境工学ハンドブック　地球環境工学ハンドブック編集委員会編　オーム社　1991.11　1372p　26cm　25000円　Ⓘ4-274-02216-1　Ⓝ519.036

（目次）1 総論編（地球工学概論，地球規模問題概論），2 基礎編（地球科学，地球資源），3 地球（規模）問題編（エネルギー問題，鉱物資源問題，森林資源問題，食料問題，気候・異常気象問題，自然災害），4 地球規模環境問題・対策編（地球温暖化問題，オゾン層破壊問題，酸性雨問題，森林破壊・土壌問題，砂漠化問題，海洋汚染問題，野生生物問題，放射能汚染問題，廃棄物・越境移動・途上国問題），5 地球システム技術編（地球の観測，地球環境のモデリング，経済・エネルギーシステムのモデリング，大規模工学），6 データ編（地球規模環境問題についての条約・宣言・会議・報告，太陽系天体のデータ，資源データ，環境データ，生物データ，観測衛星データ，モデリングデータ，用語解説，地球規模環境問題年表）

（内容）自然科学的知見や最新技術の解説に加え、21世紀の新しい技術哲学をも提示。国際会議、関連機関・団体、地球環境問題関連キーワード、環境年表など、周辺知識を掲載。総論編、基礎編、地球（規模）問題編、地球規模環境問題・対策編、地球システム技術編、そしてデータ編と続く内容構成により、地球温暖化、酸性雨、オゾン層破壊、砂漠化などの現象ごとに、専門家以外にも無理なく理解できる内容。

ひと目でわかる地球環境データブック　地球環境データブック編集委員会編　オーム社　1993.5　460p　26cm　8500円　Ⓘ4-274-02244-7　Ⓝ519

（目次）第1部 基礎科学編（環境科学における物理・化学の基礎データ，生物・生態に関するデータ），第2部 気圏データ編（大気環境，気象），第3部 陸水圏データ編（国内におけるデータ，国外におけるデータ），第4部 海洋データ編（海の概要，海水の性質，海の生物，海洋汚染），第5部 地圏データ編（歴史的にみた地球環境の変遷，地圏環境の現状），第6部 生物圏データ編（酸性降下物，地球温暖化，オゾン層破壊，熱帯林の減少，砂漠化，野生生物の減少，海洋汚染，放射性物質，人口増加，サンゴ礁），第7部 農業・林業データ編（農業，林業），第8部 人間活動圏データ編（エネルギーと経済，資源とリサイクル，原子力と放射能），第9部 データベース編（データベース，略語一覧，環境関連団体連絡先 国内版），第10部 地球環境問題年表，第11部 地球環境問題に対する国の取組み（地球環境問題全般に関する国際的議論と国の取組み，個別問題と国の取組み，資料）

（内容）地球・地域環境に関わる国内・国外のデータをまとめたデータブック。データと図表を主体とした解説を掲載している。

理科年表　平成24年　机上版　国立天文台編　丸善出版　2011.11　118p　21cm　2800円　Ⓘ978-4-621-08439-7

（目次）暦部，天文部，気象部，物理／化学部，地学部，生物部，環境部，特集

（内容）気象部10年ぶりの大改訂。3.11東日本大震災「特集」ページを掲載。科学知識のデータブック。

＜法令集＞

気象・防災六法　天気予報から地震・火山業務まで　平成8年版　ぎょうせい　1996.1　487p　22cm　〈『気象業務関係法令集』の

改題 監修：気象庁 折り込み図1枚〉 4500円
Ⓘ4-324-04741-3 Ⓝ451

気象・防災六法 平成10年版 天気予報から地震・火山業務まで 気象庁監修 ぎょうせい 1998.9 473p 21cm 4667円
Ⓘ4-324-05525-4

（目次）1 気象業務法関係，2 防災関係，3 交通安全関係，4 気候変動・地球環境関係，5 行政手続関係，6 組織法関係，7 参考資料

（内容）災害の予防，交通の安全の確保から産業の興隆，国民生活の利便の向上等に至るまでの気象庁に係わる行政分野を収録した法令集。

気象・防災六法 天気予報から地震・火山業務まで 平成15年版 気象庁監修 ぎょうせい 2003.2 487p 21cm 4667円
Ⓘ4-324-07016-4

（目次）1 気象業務法関係，2 防災関係，3 交通安全関係，4 気候変動・地球環境関係，5 行政手続関係，6 組織法関係，7 参考資料

自然災害・土壌汚染等と不動産取引 現代型リスクをめぐる判例 升田純著 大成出版社 2014.9 406p 22cm 〈文献あり 索引あり〉 4200円 Ⓘ978-4-8028-3175-8 Ⓝ324.2

（目次）第1章 不動産取引における現代型リスクの概観（不動産取引の歴史と諸相，不動産取引と現代型リスク－大地動乱と土壌汚染の時代），第2章 現代型リスクをめぐる判例（造成された土地の取引をめぐる諸問題，土地の地盤等をめぐる判例，地震をめぐる判例，土地の地中物をめぐる判例，土壌汚染と土地の取引をめぐる諸問題，土壌汚染をめぐる判例），第3章 現代型リスクに関する法的な諸問題をめぐる判例（錯誤をめぐる判例，特約をめぐる判例，買主の悪意・過失（善意・無過失）をめぐる判例，権利行使の期間をめぐる判例，債務不履行責任をめぐる判例，不法行為責任をめぐる判例，国家賠償責任をめぐる判例，求償をめぐる判例，損害の範囲・額をめぐる判例）

（内容）不動産取引上問題（土地等に関する瑕疵，虚偽の告知・説明，説明義務違反，公序良俗等）となる自然災害（大地震等による液状化，地盤沈下等）や土壌汚染といった現代型リスクについて概観するとともに，関連する判例を分析・検討し，実務的な観点からの対応を検討した関係者待望の書！

＜図鑑・図集＞

語りかける国土 大自然の脅威 災害緊急撮影事例集 2000-2013 第5版 パスコ災害緊急撮影プロジェクト編 パスコ災害緊急撮影プロジェクト 2014.6 84p 28cm 〈他言語標題：Addressing national land 英語併記〉 非売品 Ⓝ369.3

地球と気象 地震・火山・異常気象 実業之日本社 1994.5 168p 19cm （ジュニア自然図鑑 9） 1300円 Ⓘ4-408-36149-6

（目次）地球のつくり，地震，火山，地球は動いている，過去の地球の動きを探る，地表の変化，海洋，大気のつくりとはたらき，雲のつくりとはたらき，大気中のめずらしい現象，風はどうしてふくのか，台風，気団と天気，天気予報，日本の気象の特徴，異常気象

＜年鑑・白書＞

気象業務はいま 2011 気象庁編 （岡山）研精堂印刷 2011.12 201p 30cm 2700円 Ⓘ978-4-904263-03-7

（目次）特集1 平成23年（2011年）東北地方太平洋沖地震（地震・津波の概要，観測施設の被害と復旧・強化 ほか），特集2 気象情報を支える基盤的な観測（気象災害を防ぐための観測網，地震・火山災害を防ぐための観測網 ほか），トピックス（市町村を対象とした気象警報・注意報の発表について，気候変動や異常気象に対応するための気候情報とその利活用 ほか），第1部 気象業務の現状と今後（国民の安全・安心を支える気象情報，気象業務を高度化するための研究開発 ほか），第2部 最近の気象・地震・火山・地球環境の状況（気象災害，台風など，天候，異常気象など ほか）

気象業務はいま 2012 守ります人と自然とこの地球 気象庁編 （岡山）研精堂印刷 2012.6 199p 30cm 2700円 Ⓘ978-4-904263-04-4

（目次）特集1 命を守るための避難と防災情報，特集2 津波警報改善に向けた取り組み，トピックス，第1部 気象業務の現状と今後，第2部 最近の気象・地震・火山・地球環境の状況，資料編

今日の気象業務 自然と地球をみつめて 平成8年版 気象庁編 大蔵省印刷局 1996.6 240p 30cm 2400円 Ⓘ4-17-197096-2

（目次）第1部 最近の気象、地震、火山、海洋等

自然災害　　　　　　　　　　　　　　　　　　　　自然災害全般

の状況，第2部 気象業務の現状と新たな展開，第3部 気象，地震，火山，海洋等の基礎知識

（内容）気象白書。急激に変貌をとげる気象業務の展開がここに。よりわかりやすく，よりくわしく。自然災害の防止に向けて。

今日の気象業務　気象白書　平成10年版　大地の鼓動・大気の躍動・大洋の脈動
　気象庁編　大蔵省印刷局　1998.6　240p
　30cm　2660円　Ⓘ4-17-197098-9

（目次）トピックス，第1部 異常気象と気候情報―頻発する異常気象と高まる気候情報充実への期待（エルニーニョ現象（1997〜98年）と異常気象，社会・経済活動における気候情報への高まる期待，気候の監視及び気象予報の現状，気候情報の充実に向けた今後の取り組み），第2部 気象業務の現状と新たな展開（地震・火山の監視と津波予報・警報，気象の監視と予報・警報，交通の安全を支援する気象情報，防災機関との提携，気象業務からの地球環境問題への貢献，気象情報の流れと利用の促進，次世代の技術をめざして，重要性を増す国際的な連携・協力），第3部 最近の気象，海洋，地震，火山，気候変動及び地球環境の状況（気象と海洋，地震・津波及び火山，気候変動及び地球環境）

◆**自然災害対策・災害復旧**

<事　典>

最新防災事典　命を守る　辞典編集部編，防災科学技術研究所監修　学習研究社　2004.5
　304p　18cm　1500円　Ⓘ4-05-402268-5

（目次）1 グラッ!ときたら…地震が起こったらこう動く，2 身近でできる防災対策をしておこう（いざというときの地震対策，身近でできる防災対策），3 ここまでわかった災害発生のメカニズム（地震災害発生のメカニズム，気象災害発生のメカニズム ほか），4 災害の予知や気象観測の最前線（地震の予知最前線，気象観測最前線 ほか），5 災害対策はここまで行われている（地震災害対策，気象災害対策 ほか）

（内容）暮らしに身近な，地震災害，気象災害，土砂災害，雪氷（せっぴょう）災害，火山災害について，それらの災害の発生の仕組みを解説するとともに，そうした災害に関する研究の最前線を紹介。

自然災害と防災の事典　宝馨，戸田圭一，橋本学編，京都大学防災研究所監修　丸善出版
　2011.12　306p　27cm　〈年表あり　索引あ

り〉　7800円　Ⓘ978-4-621-08445-8　Ⓝ519.9

（目次）1 自然災害と防災，2 地震・火山災害，3 地盤・土砂災害，4 気象・水災害，5 火災・環境災害・複合災害，6 防災計画と管理

（内容）「災害大国」日本では，古くより様々な自然災害を経験してきた。本書は地震・津波・火山・地盤・気象・水災害やそれらが同時に発生する複合災害など，あらゆる自然災害とその防災の知識をわかりやすく解説する。京都大学防災研究所創立60周年を記念し，総力をあげて編纂した本書は，災害発生のメカニズムから過去の被害や防災技術，これからの防災対策まで，防災の基礎から最先端までを紹介する。臨場感あふれる貴重な写真や図を交え，視覚的にも理解することができる。2011年東日本大震災など近年起こった災害もコラムとして紹介している。これからの防災のあり方を考えるうえでも欠かせない一冊。

<ハンドブック>

地球の危機　人類生存のための青地図。その管理と可能性　普及版　ノーマン・マイヤーズ監修，竹田悦子，中村浩美，半田幸子訳　産調出版　2002.2　272p　30cm　（ガイアブックス）　6800円　Ⓘ4-88282-292-X
　Ⓝ361.7

（目次）地球の管理に携わる人々，序論，大地，海洋，資源，進化，人類，文明，地球の管理

（内容）地球の自然環境の危機管理についてのデータマップ。大地，海洋，資源，進化，人類，文明，地球の管理の7章に分けて，それぞれについて，地球の資源・生物の潜在的な能力とその未来への可能性，人類の自然破壊や戦争等によって生じた危機，現在の破壊を止め自然環境を保全するための方策を，各国事例を挙げ，写真や統計地図等のデータを示しながら解説している。改訂版では1990年代に起こった変化，事件についての解説を追加，2000年以降の行動計画指針を提示している。巻頭にOxfamによる序章を，各章の冒頭には世界的有識者の序文をそれぞれ掲載。巻末に執筆者紹介，参考文献，参考資料，索引を付す。

九州・山口県防災気象情報ハンドブック2014　（［福岡］）福岡管区気象台　2014.5
　140p　30cm　Ⓝ369.3

自然災害ハンドブック　災害時のパニックを避け，大切な命を守るために!　新版

事故・災害レファレンスブック　　59

アシトチエ・プレス著，山と渓谷社編　山と
渓谷社　2011.5　159p　19cm　〈文献あり〉
1200円　Ⓘ978-4-635-42044-0　Ⓝ369.3

(目次)第1章 地震，第2章 津波，第3章 火災，第
4章 火山，第5章 台風，第6章 雷，第7章 救急法

(内容)突然の大地震，襲いくる津波，予期でき
ない火山噴火。そして，温暖化で猛威をふるう
台風まで。普段の災害対策に加え，見えない放
射能への対処法も新たに掲載。

農林水産業被害

＜ハンドブック＞

稲作大百科　2　栽培の基礎，品質・食味，
気象災害　第2版　農文協編　農山漁村文化
協会　2004.3　616p　26cm　11429円　Ⓘ4-
540-03327-1

(目次)イネの生理作用(生育相と生態・生理反
応のとらえ方，苗の生育と生理反応 ほか)，米
の品質と食味(米の品質と構成成分，米の食味
と評価法 ほか)，乾燥・調製・貯蔵・出荷技術
(収穫後処理のシステム，収穫 ほか)，気象災
害(冷害，病害虫対策)

(内容)イネの生理と関係づけて栽培の基礎を解
説。さらに，食味を左右する要因と食味向上の
ポイント，乾燥・調製・貯蔵・出荷技術，冷害・
病害対策まで。

＜法令集＞

漁業災害補償関係法令集　水産庁漁政部漁業
保険課監修　地球社　1995.12　252,109p
30cm　6500円　Ⓘ4-8049-9035-6

(内容)漁業災害補償制度関連の法律，政令，省
令，告示等を収録。

最新漁業災害補償関係法令集　水産社
2003.2　324,19,120p　26cm　〈奥付のタイ
トル：漁業災害補償関係法令集〉　6476円
Ⓘ4-915273-62-8　Ⓝ661.59

農林水産業災害六法　平成15年版　農林水
産業災害関係法令研究会編　ぎょうせい
2003.3　2228p　19cm　4667円　Ⓘ4-324-
07043-1

(目次)第1章 基本法令，第2章 災害補償制度，第
3章 制度金融，第4章 災害復旧事業，第5章 激
甚災害法関係，第6章 防災対策関係，第7章 税
対策，第8章 その他

(内容)本書は，災害対策の実務に携わっている

皆様に，制度の体系的な理解と，最新の内容を
熟知していただき，適時適切な対策を通じ，被
害農林漁業者等の円滑な経営再建に資すること
を目的としたもの。農林水産業関係の災害対策
に関する法令・通知等を収録対象とした。内容
現在は，平成一五年一月二三日とした。

＜年鑑・白書＞

全国農村サミット　2009　日本大学生物資
源科学部全国農村サミット運営委員会編　農
林統計協会　2010.10　220p　21cm　2700円
Ⓘ978-4-541-03729-9　Ⓝ611.921

(目次)基調講演，第1分科会 「流域保全・再生・
交流活動」，第2分科会 「山村振興と鳥獣害対
策・地域資源の活用」，全体集会

＜統計集＞

農作物災害種類別被害統計　被害応急調査
結果　平成元年　農林水産省経済局統計情
報部編　農林統計協会　1990.3　217p
26cm　5200円　Ⓘ4-541-01286-3

(目次)1 概要(気象概要，被害概況 ほか)，2 平
成元年主要災害種類別被害概況(4月下旬の凍霜
害による農作物被害，4月下旬から6月下旬まで
の低温等による農作物被害，7月中旬から8月上
旬までの干害による農作物被害，台風第17号に
よる農作物被害，9月上・中旬の大雨による農作
物被害 ほか)，3 昭和50年以降の月別の主な農
作物被害(1月から3月までの主な農作物被害，4
月の主な農作物被害 ほか)

農作物災害種類別被害統計　被害応急調査
結果　平成7年　農林水産省経済局統計情
報部編　農林統計協会　1996.3　218p
26cm　5900円　Ⓘ4-541-02058-0

(目次)1 概要，2 平成7年主要災害種類別被害状況

農作物災害種類別被害統計　被害応急調査
結果　平成12年　農林水産省大臣官房統計
情報部編　農林統計協会　2001.4　190p
30cm　(農林水産統計報告 13・31)　5300
円　Ⓘ4-541-02730-5

(目次)概要，平成12年主要災害種類別被害概況，
平成12年被害情報(災害種類別被害概況)，平成
元年以降の災害種類別の主な農作物被害，平成
元年以降の月別の主な農作物被害

(内容)本報告書は，平成12年に発生した農作物
被害について，災害種類別に被害状況を取りま
とめたものであり，今後の災害関連施策の企画・

推進の基礎資料として活用されることを期待するものである。

農作物災害種類別被害統計　平成13年
農林水産省大臣官房統計情報部編　農林統計協会　2002.7　221p　30cm　5700円　Ⓘ4-541-02971-5　Ⓝ615.8

(目次) 1 概要(気象概況, 被害概況, 平成13年に日本列島に上陸・接近した台風の経路図), 2 平成13年主要災害種類別被害概況(1月上旬から下旬にかけての大雪による農作物被害, 4月下旬の低温・降霜による農作物被害, 5月中旬の降ひょうによる農作物被害, 台風第11号による農作物被害 ほか), 参考(平成13年被害情報(災害種類別被害概況), 平成元年以降の災害種類別の主な農作物被害, 平成元年以降の月別の主な農作物被害)

(内容) 平成13年の農作物被害統計。平成13年に発生した農作物被害について、災害種類別に被害状況を取りまとめたもの。災害関連施策の企画・推進のための基礎資料。

農作物災害種類別被害統計　被害応急調査結果　平成14年
農林水産省大臣官房統計情報部編　農林統計協会　2003.5　178p　30cm　4300円　Ⓘ4-541-03052-7

(目次) 1 概要(気象概況, 被害概況, 平成14年に日本列島に上陸・接近した台風の経路図), 2 平成14年主要災害種類別被害概況(6月9日～11日の強風による農作物被害, 6月25日～26日の降霜による農作物被害, 台風第6号、第7号及び梅雨前線に伴う大雨による農作物被害 ほか), 参考(平成14年被害情報(災害種類別被害概況), 平成元年以降の災害種類別の主な農作物被害, 平成元年以降の月別の主な農作物被害)

(内容) 本書は、平成14年に発生した農作物被害について、災害種類別に被害状況を取りまとめたものであり、今後の災害関連施策の企画・推進の基礎資料として活用されることを期待するものである。

農作物災害種類別被害統計　平成15年
農林水産省大臣官房統計情報部編　農林統計協会　2004.5　223p　30cm　4300円　Ⓘ4-541-03159-0

(目次) 1 概要(気象概況, 被害概況, 平成15年に日本列島に上陸・接近した台風の経路図), 2 平成15年主要災害種類別被害概況(1月下旬～3月下旬の低温等による果樹の被害, 台風第6号による農作物被害, 台風第10号による農作物被害, 台風第14号による農作物被害, 5月中旬以降の低温等による農作物被害, 1月～12月までの桜島の火山活動による農作物被害), 参考(平成15年被害情報(災害種類別被害概況), 平成元年以降の災害種類別の主な農作物被害, 平成元年以降の月別の主な農作物被害)

(内容) 本書は、平成15年に発生した農作物被害について、災害種類別に被害状況を取りまとめたものである。

農作物災害種類別被害統計　被害応急調査結果　平成16年
農林水産省大臣官房統計部編　農林統計協会　2005.7　333p　30cm　5500円　Ⓘ4-541-03281-3

(目次) 1 概要(気象概況, 被害概況 ほか), 2 平成16年主要災害種類別被害概況(台風第4号による農作物被害, 台風第6号による農作物被害 ほか), 参考(平成16年被害情報(災害種類別被害概況)(風水害による農作物被害情報, 凍霜害による農作物被害情報 ほか), 平成元年以降の災害種類別の主な農作物被害(平成元年以降の主な降雪等による農作物被害概況, 平成元年以降の主な降霜等による農作物被害概況 ほか), 平成元年以降の月別の主な農作物被害(1月～3月までの主な農作物被害, 4月の主な農作物被害 ほか))

(内容) 平成16年に発生した農作物被害について、災害種類別に被害状況を取りまとめたものであり、今後の災害関連施策の企画・推進の基礎資料として期待される。

農作物災害種類別被害統計　平成17年
農林水産省大臣官房統計部編　農林統計協会　2006.3　155p　30cm　3700円　Ⓘ4-541-03337-2

(目次) 1 概要, 2 平成17年主要災害種類別被害概況, 参考(平成17年被害情報(災害種類別被害概況), 平成元年以降の災害種類別の主な農作物被害, 平成元年以降の月別の主な農作物被害)

(内容) 平成17年に発生した重大な農作物被害について、災害種類別に被害状況を取りまとめたもの。

農作物災害種類別被害統計　被害応急調査結果　平成18年
農林水産省大臣官房統計部編　農林統計協会　2007.4　245p　30cm　4800円　Ⓘ978-4-541-03468-7

(目次) 1 概要(気象概況, 被害概況, 平成18年に日本列島に上陸・接近した台風の経路図), 2 平成18年主要災害種類別被害概況(平成17年12月初旬からの降雪等による農作物被害, 3月28日の和歌山県における降ひょうによる農作物被害,

4月から梅雨明けまでの日照不足等による農作物被害 ほか)，参考(平成18年被害情報(災害種類別被害概況)，平成元年以降の災害種類別の主な農作物被害，平成元年以降の月別の主な農作物被害)

(内容)平成18年に発生した重大な農作物被害について、災害種類別に被害状況を取りまとめたもの。

農作物災害種類別被害統計　平成19年　農林水産大臣官房統計部編　農林統計協会　2008.3　182p　30cm　4000円　①978-4-541-03558-5　Ⓝ615.8

(目次)概要(気象概況，被害概況 ほか)，平成19年主要災害種類別被害概況(台風第4号及び梅雨前線による大雨の農作物被害，台風第5号による農作物被害 ほか)，平成19年被害情報(災害種類別被害概況)(大雨、強風による農作物被害情報，降霜、凍結、異常低温による農作物被害情報 ほか)，平成元年以降の災害種類別の主な農作物被害(平成元年以降の主な降雪等による農作物被害概況，平成元年以降の主な降霜等による農作物被害概況 ほか)，平成元年以降の月別の主な農作物被害(1月から3月までの主な農作物被害，4月の主な農作物被害 ほか)

農作物災害種類別被害統計　平成20年　農林水産省大臣官房統計部編　農林統計協会　2009.4　67p　30cm　2000円　①978-4-541-03619-3　Ⓝ615.8

(目次)1 概要(気象概況，被害概況，平成20年に日本列島に上陸・接近した台風経路図)，2 平成20年主要災害種類別被害概況(5月11日から12日の青森県における降霜による農作物被害，1月から12月までの桜島火山活動における降灰等による農作物被害)，参考(平成20年被害情報(災害種類別被害概況)，平成元年以降の災害種類別の主な農作物被害，平成元年以降の月別の主な農作物被害)

(内容)平成20年に発生した重大な農作物被害について、災害種類別に被害状況を取りまとめた。

農作物災害種類別被害統計　平成21年　農林水産省大臣官房統計部編　農林統計協会　2010.4　160p　30cm　3400円　①978-4-541-03687-2　Ⓝ615.8

(目次)1 概要(気象概況，被害概況，平成21年に日本列島に上陸・接近した台風経路図)，2 平成21年主要災害種類別被害概況(4月中旬から下旬にかけての降霜による農作物被害，7月以降の日照不足、低温等による農作物被害，台風第18号による農作物被害 ほか)，参考(平成21年被害情報(災害種類別被害概況)，平成元年以降の災害種類別の主な農作物被害，平成元年以降の月別の主な農作物被害)

農作物災害種類別被害統計　平成22年　農林水産省大臣官房統計部編　農林統計協会　2011.5　94p　30cm　2600円　①978-4-541-03759-6

(目次)1 概要(気象概況，被害概況，平成22年に日本列島に上陸・接近した台風経路図)，2 平成22年主要災害種類別被害概況(3月下旬の降霜による農作物被害，4月中旬の低温・積雪等による農作物被害)，参考(平成22年被害情報(災害種類別被害概況)，平成元年以降の災害種類別の主な農作物被害，平成元年以降の月別の主な農作物被害)

農作物災害種類別被害統計　平成23年　農林水産省大臣官房統計部編　農林統計協会　2012.8　249p　30cm　4700円　①978-4-541-03886-9

(目次)1 被害応急調査結果(概況，平成23年主要災害種類別被害概況)，参考(平成23年被害情報(災害種類別被害概況)，平成10年以降の災害種類別の主な農作物被害，平成10年以降の月別の主な農作物被害)，2 平成22年産共済減収調査結果(農作物，畑作物，果樹)

農作物災害種類別被害統計　被害応急調査結果　平成24年　併載：平成23年産共済減収調査結果　農林水産省大臣官房統計部編　農林統計協会　2013.6　243p　30cm　4900円　①978-4-541-03933-0

(目次)1 被害応急調査結果(概況，平成24年主要災害種類別被害概況)，平成24年被害情報(災害種類別被害概況)，平成10年以降の災害種類別の主な農作物被害，平成10年以降の月別の主な農作物被害，2 平成23年産共済減収調査結果(農作物，畑作物，果樹)

気象災害全般

＜事 典＞

いちばんやさしい天気と気象の事典　武田康男著　永岡書店　2013.6　127p　21cm　850円　①978-4-522-43196-2　ⓃE451

(目次)第1章 季節と天気のふしぎ(一日に昼と夜があるのはどうして?，どうして空と海は青く見える? ほか)，第2章 天気図から天気を予報しよう(天気図はどうやって見る?，風が吹くの

はどうして? ほか)，第3章 雲や雨を観察しよう (どうして雲はできるの?，雲の形がちがうのはどうして? ほか)，第4章 雪や霜を観察しよう (雪の結しょうはどうやってできる?，あられやひょうはどうして降る? ほか)

(内容)調べ学習・自由研究に! 天気のことがなんでも分かる!「猛暑」「竜巻」「ゲリラ豪雨」「爆弾低気圧」「地球温暖化」…。ニュースに出てくる天気の言葉もまるわかり。

キーワード 気象の事典　新田尚，伊藤朋之，
　木村龍治，住明正，安成哲三編　朝倉書店
　2002.1　520p　21cm　17000円　①4-254-
　16115-8　Ⓝ451.036

(目次)第1編 地球環境と環境問題 (総論，太陽系と地球，大気の構造 ほか)，第2編 大気の力学 (総論，大気中の放射過程，大気の熱力学 ほか)，第3編 気象の観測と予報 (総論，観測，気象観測システム ほか)，第4編 気候と気候変動 (総論，気候の形成，過去の気候変化 ほか)，第5編 気象情報の利用 (総論，防災，エネルギー利用 ほか)

(内容)気象についてほぼ全分野をカバーする総合的な事典。キーワードとなる70項目を5つの分野に振り分けて構成する。巻末付録に気象学単位・換算表・換算式，気象定数・常用値および気象学的諸量計算式など。五十音順索引あり。

地球温暖化の事典　国立環境研究所地球環境
　研究センター編著　丸善出版　2014.3　435p
　21cm　〈索引あり〉　4800円　①978-4-621-
　08660-5　Ⓝ451.85

(目次)1章 総論，2章 温室効果ガス，3章 地球システム，4章 気候変化の予測と解析，5章 地球表層環境の温暖化影響，6章 生物圏の温暖化影響，7章 人間社会の温暖化影響と適応，8章 緩和策，9章 条約・法律・インベントリ，10章 持続可能な社会に向けて

(内容)本事典は，地球温暖化に関する基本的かつ重要な事項をできるだけ網羅的に系統立てて解説したもので，温暖化問題に関する用語の意味や基本的な概念について理解を深めることができます。

＜ハンドブック＞

気象と天気図がわかる本 身近な空模様のしくみや種類がもっとよくわかる!　天気
　検定協会監修　メイツ出版　2014.7　160p
　21cm　(「わかる!」本「知っている…」が
　「わかる!」になる)　〈索引あり〉　1500円
　①978-4-7804-1153-9　Ⓝ451

(目次)第1章 気象と天気図を理解する－基礎知識編，第2章 天気図の描き方，第3章 四季で変わる気象と天気図－春編 (3・4・5月)，第4章 四季で変わる気象と天気図－夏編 (6・7・8月)，第5章 四季で変わる気象と天気図－秋編 (9・10・11月)，第6章 四季で変わる気象と天気図－冬編 (12・1・2月)

(内容)『春一番』の地方ごとの定義。『晴れ』や『曇り』の基準。『天気図』と『気象衛星画像』の比較。『梅雨前線』の源はどこからくるか。図やチャートで気象用語を徹底解説!

新版 気象ハンドブック　朝倉正，関口理郎，
　新田尚編　朝倉書店　1995.11　773p　26cm
　28840円　①4-254-16111-5

(目次)第1編 地球環境，第2編 大気の理論，第3編 気象の観測と予報，第4編 気象情報の利用

世界地図で読む環境破壊と再生　伊藤正直
　編　旬報社　2004.11　119p　21cm　1200円
　①4-8451-0901-8

(目次)1 グローバル化と環境問題 (人口増加と環境—地球の人口許容量は，地球温暖化—経済優先がもたらすもの，異常気象と自然災害—温暖化がもたらすもの ほか)，2 環境問題の現状と産業経済 (都市化と都市公害—悪化する都市の生活環境，農業と農村—自然破壊と農産物汚染，エネルギー—求められる新エネルギー ほか)，3 環境の再生をめざして (環境政策—国家レベル・国際レベルの取り組み，環境問題への企業の取り組み—環境マネジメント，エコビジネス—環境問題を市場にどう埋め込むか ほか)

(内容)激増する異常気象，猛威を振るう自然災害，破壊される自然，砂漠化する大地，投棄される有害廃棄物…。環境と経済は両立できるのか?23の世界地図で描く地球環境の現在。

やさしい気象教室　島田守家著　東海大学出
　版会　1994.9　201p　19cm　1854円　①4-
　486-01298-4

(目次)第1章 大気と気圧，第2章 地球の熱収支，第3章 大気の安定と不安定，第4章 気象現象のスケールの大小と探知法，第5章 風に働く力，第6章 地球大気の大循環，第7章 ジェット気流と温帯低気圧，第8章 台風，第9章 局地風，第10章 雷・電・竜巻・ダウンバースト，第11章 雨滴の生成と集中豪雨，第12章 気候の変化，第13章 数値予報—新しい天気予報，コーヒーブレークに代えて気象と文学・美術，次に読む本

気象災害全般　　　　自然災害

＜図鑑・図集＞

気象　ジョン・ウッドワード著，吉田旬子，ス
　マーテック訳，藤谷徳之助監修　ランダムハ
　ウス講談社　2009.7　96p　29cm　（見て読
　んで調べるビジュアル＆アクセス大図鑑シ
　リーズ 7）〈年表あり　索引あり〉　原書名：
　E.explore weather.〉　2400円　Ⓘ978-4-270-
　00482-1　Ⓝ451
　(目次)特設ウェブサイトの使い方，気象と気候，
　宇宙の中の地球，大気圏，太陽エネルギー，地
　球を暖める熱，季節，暖気と寒気，コリオリ効
　果，卓越風，海洋と大陸，気団，前線，高気圧
　と低気圧，風の力，ジェット気流，水蒸気，雲
　の形成，上層雲，中層雲，下層雲，靄と霧，雨，
　雪，空に輝く光，移動する気象システム，嵐雲
　と雹，雷鳴と稲妻，竜巻，ハリケーン，モンスー
　ン，局地風，洪水と干ばつ，氷，エルニーニョ
　現象，大気汚染とスモッグ，酸性雨とオゾン層
　破壊，気候変化，地球温暖化，気候の未来，気
　象観測，天気予報
　(内容)気象について知るべきことを41の項目に
　分け，すべて見開きで図説した分かりやすい構
　成。気象に関する「年表」と「用語解説」も付
　与した便利な1冊。

気象大図鑑　ストーム・ダンロップ著，山岸
　米二郎監修，乙須敏紀訳　産調出版　2007.3
　287p　35×26cm　〈原書名：WEATHER〉
　7800円　Ⓘ978-4-88282-605-7
　(目次)1 雲起青天，2 驟雨の合間の陽光，3 視界
　をさえぎるものたち，4 氷の世界，5 気象警報，
　6 大気光学現象，7 全球観測，8 世界の気象，9
　気候変動
　(内容)台風、竜巻、氷冠、砂漠、大気光学現象、
　降雨・降雪の仕組み、暴風雨、視程（霧、もや
　等）、気候変動、気象予測等々、その科学的方
　法の解説と、そして世界の稀少な気象現象の迫
　力ある画像の集大成。

気象・天気の新事実 ビジュアル版 気象現
　象の不思議　木村龍治監修　新星出版社
　2014.6　223p　21cm　（大人のための図鑑）
　〈文献あり　索引あり〉　1500円　Ⓘ978-4-
　405-10803-5　Ⓝ451
　(目次)プロローグ1 美しく神秘的な気象現象，
　プロローグ2 宇宙から見た気象，第1章 気象と
　地球の大気，第2章 気象変化の基本としくみ，
　第3章 天気図と天気予報，第4章 日本の天気，
　第5章 世界の気象，第6章 異常気象と地球環境，

エピローグ 太陽系惑星の気象
　(内容)科学が発展してもなぜ当たらない?いま，
　空で何が起きているのか?気象にかかわる天気
　の疑問・大解明!!

地球温暖化図鑑　布村明彦，松尾一郎，垣内
　ユカ里著　文渓堂　2010.5　64p　31cm
　〈索引あり〉　2800円　Ⓘ978-4-89423-658-5
　Ⓝ451.85
　(目次)グラビア（ねむらない地球，地球温暖化で
　ゲリラ豪雨がふえている? ほか），第1章 地球温
　暖化が始まっている（大気に守られている地球，
　急激に温暖化しはじめている地球 ほか），第2
　章 地球温暖化でふえる災害（世界的に強い雨が
　ふり大洪水を引き起こす，あたたかくなる海は
　台風を凶暴にする ほか），第3章 地球温暖化に
　そなえる（温暖化しないようにする、温暖化し
　ても困らないようにする，ふえる集中豪雨にそ
　なえる ほか），第4章 社会的な取り組み（世界
　的な動き，試み，日本の政策 ほか）
　(内容)地球温暖化とそれにともなう気候変動に
　ついて，どうして起きるのか?その結果，わたし
　たちの生活にどんな影響が出るのか?また，ど
　うしたら，問題が解決するのか?などを，豊富な
　資料と写真とでわかりやすく説明。特に，地球
　温暖化とそれにともなう気候変動によって新た
　に起こったり，またはそれまで以上に大きくなる
　災害について，さまざまな具体例をあげて説
　明した。

＜年鑑・白書＞

気候変動監視レポート　気候変動の動向及
　び温室効果ガスとオゾン層の状況につい
　て　1997　気象庁編　大蔵省印刷局　1998.
　5　53p　30cm　2060円　Ⓘ4-17-160297-1
　(目次)1997年の主な監視結果，第1章 世界の気
　候変動，第2章 日本の気候変動，第3章 温室効
　果ガスおよびオゾン層破壊物質等の動向，第4章
　オゾン層および紫外域日射の動向，引用文献，
　用語一覧，話題1 気候変動の監視・予測及び情
　報の利用に関する国際ワークショップ，話題2
　神戸コレクション─気候問題への歴史的海上気
　象データの利用，話題3 インドネシア森林火災
　による大気微量成分の航空機観測

気候変動監視レポート　気候変動の動向及
　び温室効果ガスとオゾン層の状況につい
　て　1998　気象庁編　大蔵省印刷局　1999.
　5　45p　30cm　2060円　Ⓘ4-17-160298-X
　(目次)第1章 世界の気候変動（1998年の世界の天

64　事故・災害レファレンスブック

候，地上気温と降水量，エルニーニョ現象，海面水温，北極および南極域の海氷），第2章 日本の気候変動（1998年の日本の天候，1998年の主な日本の気象災害，地上気温と降水量，台風，北大西洋の海面水温，オホーツク海の海氷），第3章 温室効果ガスおよびオゾン層破壊物質等の動向（大気中の温室効果ガス，海洋の二酸化炭素，エーロゾルの状況），第4章 オゾン層および紫外域日射の動向（オゾン層の状況，紫外域日射の動向）

気候変動監視レポート　1999　気象庁編

大蔵省印刷局　2000.4　55p　30cm　2060円
Ⓘ4-17-160299-8　Ⓝ451.8

Ⓣ目次Ⓣ第1章 世界の気候変動（1999年の世界の天候，地上気温と降水量の経年変化 ほか），第2章 日本の気候変動（1999年の日本の天候，1999年の主な日本の気象災害 ほか），第3章 温室効果ガスおよびオゾン層破壊物質等の動向（大気中の温室効果ガス，海洋の二酸化炭素 ほか），第4章 オゾン層および紫外域日射の動向（オゾン層の状況，紫外域日射の動向），用語一覧，話題（海洋化学物質循環モデルを用いた人為起源・二酸化炭素の海洋への吸収と蓄積の見積もり，1997年インドネシア森林火災で発生した煙霧の光学特性と雲粒子形成への影響）

気候変動監視レポート　2000　世界と日本の気候変動および温室効果ガスとオゾン層の状況について　気象庁編　財務省印刷局　2001.4　51p　30cm　2060円　Ⓘ4-17-160300-5

Ⓣ目次Ⓣ第1章 世界の気候変動（2000年の世界の天候，地上気温と降水量，エルニーニョ／ラニーニャ現象，海面水温，北極域および南極域の海氷），第2章 日本の気候変動（2000年の日本の天候，2000年の主な日本の気象災害，地上気温と降水量，台風，北西太平洋の海面水温，オホーツク海の海氷），第3章 温室効果ガスおよびオゾン層破壊物質等の状況（大気中の温室効果ガス，海洋の二酸化炭素，エーロゾル），第4章 オゾン層および紫外域日射の状況（オゾン層，紫外域日射）

日本の水資源　水に関する危機対策　平成7年版　国土庁長官官房水資源部編　大蔵省印刷局　1995.8　539p　21cm　3200円　Ⓘ4-17-310970-9

Ⓣ目次Ⓣ平成6年列島渇水，阪神・淡路大震災，水に関する危機対策，水の循環と水資源の賦存状況，水資源の利用状況，水資源開発と水供給の現状，地域別の水需給状況，渇水等の状況，水

資源の有効利用，水資源の保全と環境〔ほか〕

Ⓒ内容Ⓒ国土庁および関係機関の調査に基づいて水需給の現況，水資源開発の現況，水資源に係る今後の課題等についてまとめたもの。

日本の水資源　平成17年版　気候変動が水資源に与える影響　国土交通省土地・水資源局水資源部編　国立印刷局　2005.8　274p　30cm　3200円　Ⓘ4-17-310980-6

Ⓣ目次Ⓣ第1編 気候変動が水資源に与える影響（気候変動に関する研究等，気候変動が水資源に与える影響），第2編 平成16年度の日本の水資源の状況（水の循環と水資源の賦存状況，水資源の利用状況，水資源開発と水供給の現状，地域別の状況，渇水，災害，事故等の状況 ほか）

日本の水資源　平成23年版　気候変動に適応するための取組み　国土交通省水管理・国土保全局水資源部編　ミツバ綜合印刷　2011.8　307p　30cm　2600円　Ⓘ978-4-9904239-1-9

Ⓣ目次Ⓣ第1編 気候変動に適応するための取組み（我が国の水資源の現状と課題，水問題に関する国際的な取組みの動向，今後取組むべき方向，世界各国の気候変動への適応策の取組み），第2編 日本の水資源と水需給の現況（水の循環と水資源の賦存状況，水資源の利用状況，水資源開発と水供給の現状，地下水の保全と適正な利用，水資源の有効利用，渇水，災害，事故等の状況 ほか）

◆気象災害史

<年　表>

古記録による14世紀の天候記録　水越允治編　東京堂出版　2008.1　13,373p　31cm　30000円　Ⓘ978-4-490-20625-8　Ⓝ451.91

Ⓣ目次Ⓣ1301年（正安3年），1302年（正安4年・乾元元年），1303年（乾元2年・嘉元元年），1304年（嘉元2年），1305年（嘉元3年），1306年（嘉元4年・徳治元年），1307年（徳治2年），1308年（徳治3年・延慶元年），1309年（延慶2年），1310年（延慶3年）〔ほか〕

Ⓒ内容Ⓒ鎌倉時代末期から室町幕府第4代将軍時代までの日本の14世紀の天候記録をまとめた資料集。「継塵記」など150点の史料を出典とする。年月ごとの表に，和暦，史料名，天気，天文現象，地震，火災，疫病の流行などを記載する。

日本中世気象災害史年表稿　藤木久志編　高志書院　2007.11　427p　31cm　20000円

Ⓘ978-4-86215-031-8　Ⓝ210.4

＜事典＞

台風・気象災害全史　宮沢清治，日外アソシ
　エーツ編集部編　日外アソシエーツ　2008.7
　477p　21cm　（日外選書fontana　シリーズ
　災害・事故史 3）　〈文献あり〉　9333円
　　Ⓘ978-4-8169-2126-1　Ⓝ451.981
Ⓗ次第1部 大災害の系譜（明治17年8月25日の
　風水害，明治18年の暴風雨・洪水，十津川大水
　害，東京・墨田川などの大洪水，別子銅山を直撃
　した台風，明治43年の洪水，東京湾を襲った高
　潮（東京湾台風）ほか），第2部 気象災害一覧，
　第3部 索引（総説，第1部）・主な種類別災害一覧
　（第2部）・参考文献
Ⓒ容台風や豪雨雪，竜巻などに代表される気象
　災害―。古代から始まって，直近2007年までの
　データ・2461件を収録。その内の55件を詳説。
　災害の，点と線を解明。現在と未来に生かすた
　めに。

日本災害資料集　気象災害編第1巻　風災、
凶作　吉越昭久編・解説　クレス出版
　2013.10　284,6p　21cm　15000円　Ⓘ978-
　4-87733-780-3
Ⓗ次颱風，颶（せん）風，時化，暴風警報，落
　雷，降電，早手，龍巻，避雷法及び感電救助法，
　漁船暴風避航法，船舶暴風避航法
Ⓒ容優れた防災計画をたてるために必要な過
　去の災害を記録した文献を復刻。

日本災害資料集　気象災害編第2巻　第1巻
秘密気象報告　吉越昭久編・解説　クレス
　出版　2013.10　375,3p　26cm　16000円
　　Ⓘ978-4-87733-781-0
Ⓗ次山東綿花作と氣象との關係に就いて，薄
　荷取卸油と氣象との關係に就いて，北海道に於
　ける甜菜と氣象との關係に就いて，苫前郡に於
　ける甜菜反當收量並びに糖分含量と氣象要素と
　の關係，日本主要農作物道府縣別累年反當收量
　農事氣象用農事統計第1報，降雨前兆としての
　伊吹山の暖氣に就いて，橫濱に於ける風向の日
　變化（第1報春季の風に就いて），相良町須々木
　大火に就いて，濃霧發生の豫報に就いて，南洋
　群島に於ける赤道前線の研究及び夫に關聯して
　颱風，スコールに就いて（序報）〔ほか〕

日本災害資料集　気象災害編第3巻　第2巻
秘密気象報告　吉越昭久編・解説　クレス
　出版　2013.10　514,3p　26cm　21000円
　　Ⓘ978-4-87733-782-7

Ⓗ次第1編 調査の部（概説，本年の凶冷の氣象
　的原因，東北地方に於ける本年の凶冷の特異性，
　凶冷に對する本年の長期豫想と其の成績，氣象
　状況 ほか），第2編 論文の部（凶冷に就いて，4
　月に於いて夏季氣温を豫察する試み，北海道，
　奥羽，北陸地方に於ける夏期氣温豫想の一方法，
　高氣壓に及ぼす寒流域の影響に就いて（概報），
　氣壓配置と乾況との關係（第1報）ほか）

日本災害資料集　気象災害編第4巻　第3
巻、第4巻 秘密気象報告　吉越昭久編・
　解説　クレス出版　2013.10　330,189,2p
　26cm　22000円　Ⓘ978-4-87733-783-4
Ⓗ次昭和16年7・8月の前橋地方の雷雨の氣象
　學的調査，大氣の垂直不安定度と雷雨の規模及
　び強度との關係

日本災害資料集　気象災害編第5巻　第6巻
秘密気象報告　吉越昭久編・解説　クレス
　出版　2013.10　357,2p　26cm　15000円
　　Ⓘ978-4-87733-784-1
Ⓗ次第1章 概説，第2章 氣象學的概觀，第3章
　颱風による高潮，第4章 颱風被害，第5章 颱風
　による地盤脈動の調査，第6章 特別報告，第7章
　特令暴風警報發表に就いて

＜ハンドブック＞

兵庫県の気象　空と海を見つめて100年
　神戸海洋気象台編集　財務省印刷局　2001.
　12　365p　30cm　〈付属資料：CD-ROM（1
　枚 12cm）〉　4280円　Ⓘ4-17-362300-3
　Ⓝ451.9164
Ⓗ次第1章 気候と気象，第2章 気象災害，第3
　章 観測資料，第4章 地震，第5章 瀬戸内海の気
　象と海況，第6章 神戸海洋気象台の沿革
Ⓒ容神戸海洋気象台の20世紀の100年間を通し
　た記録集。兵庫県の気候と気象，気象災害，各
　種資料はもとより地震，海洋・海上気象観測の
　成果等を収録する。

＜年鑑・白書＞

気候変動監視レポート　2001　気象庁編
　財務省印刷局　2002.4　78p　30cm　1900円
　　Ⓘ4-17-160301-3　Ⓝ451.8
Ⓗ次第1章 世界の気候変動（2001年の世界の天
　候，地上気温と降水量 ほか），第2章 日本の気
　候変動（2001年の日本の天候，2001年の主な日
　本の気象災害 ほか），第3章 温室効果ガス及び
　オゾン層破壊物質等の状況（大気中の温室効果

ガス，海洋の二酸化炭素 ほか），第4章 オゾン層及び紫外域日射の状況（オゾン層，紫外域日射）

気象年鑑　1990年版　日本気象協会編，気象庁監修　大蔵省印刷局　1990.8　212p　26cm　2200円　①4-17-160190-8　Ⓝ451.059

(目次)季節暦(1990年4月〜1991年3月)，気象記録 1989年(365日の連続天気図，世界の天候，日本の天候，大雨，台風，農作物と天候，生物季節，大気汚染，天候と社会・経済，統計値からみた日本の天候，'89年主要都市の気象記録，寒候期現象，真冬日・真夏日・熱帯夜)，地象・海象記録 1989年(内外の地震活動，内外の火山活動，海況，潮位，海氷，気候変動に係る最近の動向，オゾン層保護への取組り組みとオゾン層解析室の開設 ほか)，資料(天候ダイヤグラム，気象庁のうごき，日本気象協会のうごき，台風発生・上陸数，特別名称のついた気象災害 ほか)，付録(季節ダイヤル・生物季節ダイヤル，'89年台風経路図・台風一覧・台風の概要，「天気図日記」索引)

気象年鑑　1991年版　日本気象協会編，気象庁監修　大蔵省印刷局　1991.7　219p　26cm　2500円　①4-17-160191-6　Ⓝ451.059

(目次)季節暦(1991年4月〜1992年3月)，気象記録1990年(世界の天候，日本の天候，大雨，台風，農作物と気象，生物季節，大気汚染，統計値からみた日本の天候，オゾン層の状況，天候と社会・経済，'90年主要地の気象記録，寒候期現象，真冬日・真夏日・熱帯夜)，地象・海象記録1990年(内外の地震活動，内外の火山活動，海況，潮位，海氷，1990年トピックス)，資料(天候ダイヤグラム，特別名称のついた気象災害，各地の梅雨期間と梅雨期間の降水量 ほか)，付録(季節ダイヤル・生物季節ダイヤル，'90年台風経路図・台風一覧表・台風の概要，「天気図日記」策引)

気象年鑑　1992年版　日本気象協会編，気象庁監修　大蔵省印刷局　1992.9　238p　26cm　2800円　①4-17-160192-4

(目次)季節暦，気象記録1991年(365日の連続天気図，世界の天候，日本の天候，大雨，台風，農作物と気象，生物季節，大気汚染，統計値からみた日本の天候，オゾン層の状況，天候と社会・経済，気候変動に関する世界の動き，'91年主要地の気象記録，寒候期現象，真冬日・真夏日・熱帯夜)，地象・海象記録1991年，資料

気象年鑑　1993年版　日本気象協会編，気象庁監修　大蔵省印刷局　1993.9　254p　26cm　3100円　①4-17-160193-2

(目次)季節暦，気象記録(366日の連続天気図，世界の天候，日本の天候，大雨，台風，農作物と気象，生物季節，大気汚染，統計値からみた日本の天候，オゾン層の状況，天候と社会・経済，気候変動に関する世界の動き，'92年主要地の気象記録，寒候期現象，真冬日・真夏日・熱帯夜)，地象・海象記録1992年(内外の地震活動，内外の火山活動，海況，潮位，海氷，1992年トピックス)，資料，付録

気象年鑑　1994年版　日本気象協会編　大蔵省印刷局　1994.8　277p　26cm　3100円　①4-17-160194-0

(目次)季節暦—1994年4月〜1995年3月，気象記録—1993年(平成5年)，地象・海象記録—1993年(平成5年)，資料，付録

(内容)1993年1年間の記録の記録・話題・各種資料をまとめた年鑑。199年4月〜1995年3月の季節暦、日本を中心とした1993年の気象記録、地象・海象記録、過去の記録を含めた資料、生物季節ダイヤルなどの付録の全5部で構成する。

気象年鑑　1995年版　気象庁監修，日本気象協会編　大蔵省印刷局　1995.8　274p　26cm　3100円　①4-17-160195-9

気象年鑑　1996年版　気象庁監修，日本気象協会編　大蔵省印刷局　1996.8　265p　26cm　3100円　①4-17-160196-7

(目次)季節暦(1996年4月〜1997年3月)，気象記録1995年(平成7年)，地象・海象記録1995年(平成7年)

気象年鑑　1997年版　気象庁監修，日本気象協会編　大蔵省印刷局　1997.8　273p　26cm　3000円　①4-17-160197-5

(目次)季節暦—1997年4月〜1998年3月，気象記録—1996年(366日の連続天気図，世界の天候，日本の天候，大雨，台風，大気汚染，農作物と天候，生物季節，統計値からみた日本の天候，天候と社会・経済，オゾン層の状況，気候変動に関する世界の動き，96年主要地の気象記録，寒候期現象，真冬日・真夏日・熱帯夜)，地象・海象記録—1996年(内外の地震活動，内外の火山活動，海況，海氷，潮位，1996年トピックス)，資料(天候ダイヤグラム，気象庁の動き，日本気象協会の動き ほか)

気象年鑑　1998年版　気象庁監修，日本気象協会編　大蔵省印刷局　1998.8　270p

26cm　3280円　Ⓘ4-17-160198-3

(目次)季節暦—1998年4月〜1999年3月，気象記録—1997年(365日の連続天気図(天気図日記)，世界の天候，日本の天候，大雨，台風，大気汚染，農作物と天候，生物季節，統計値からみた日本の天候，天候と社会・経済，オゾン層の状況，気候変動に関する世界の動き，'97年主要地の気象記録，寒候期現象(雪・霜・氷・初冠雪)，真冬日・真夏日・熱帯夜)，地象・海象記録—1997年(内外の地震活動，内外の火山活動，海況，海氷，潮位，1997年トピックス)，資料(天候ダイヤグラム，気象庁の動き，日本気象協会の動き，台風発生・上陸数(1951〜1997)，日本各地の極値表(気温・湿度・風速・降水量・雪・霜など)，日本と外国の気象記録，災害年表(気象・地震・噴火)，特別名称のついた気象・地震災害等，気象官署一覧)

気象年鑑　1999年版　気象庁監修，日本気
象協会編　大蔵省印刷局　1999.8　277p
26cm　3280円　Ⓘ4-17-160199-1

(目次)季節暦(1999年4月〜2000年3月)，気象記録1998年(平成10年)(365日の連続天気図(天気図日記)，世界の天候，日本の天候，大雨，台風，大気汚染，農作物と天候，生物季節，統計値からみた日本の天候，天候と社会・経済，オゾン層の状況，気候変動に関する世界の動き，'98年主要地の気象記録，寒候期現象(雪・霜・氷・初冠雪)，真冬日・真夏日・熱帯夜)，地象・海象記録—1998年(内外の地震活動，内外の火山活動，海況，海氷，潮位，1998年トピックス)，資料(天候ダイヤグラム，気象庁の動き，日本気象協会の動き，台風発生・上陸数(1951〜1997)，日本各地の極値表(気温・湿度・風速・降水量・雪・霜など)，各地の梅雨の時期と降水量，気象要素別ランキング20(日本各地の気温・降水量・風速など)，日本と外国の気象記録，災害年表(気象・地震・噴火)，特別名称のついた気象・地震災害等，気象官署一覧)

気象年鑑　2000年版　気象庁監修，日本
象協会編　大蔵省印刷局　2000.8　281p
26cm　3280円　Ⓘ4-17-160200-9　Ⓝ451.059

(目次)季節暦(2000年4月〜2001年3月)，気象記録1999年(平成11年)，地象・海象記録1999年(平成11年)，資料，付録

(内容)1999年の気象記録および地象・海象記録と2000年の季節暦を掲載した年鑑。季節暦は2000年の季節上の暦を月別に掲載。1999年の記録は，365日の連続天気図，世界および日本の天候，気象上の災害・現象，作物・生物などの関

連事項と主要地の気象記録，内外の地震および火山活動，海象，1999年のトピックスについて掲載。ほかに資料として天候ダイヤグラム，気象庁の動き，日本気象協会の動き，台風発生・上陸数，日本各地の極値表，各地の梅雨の時期と降水量，気象要素別ランキングなどを収録。巻末に付録として季節ダイヤル・生物季節ダイヤル，'99年台風経路図・台風一覧表・台風の概要，「天気図日記」索引を付す。

気象年鑑　2001年版　気象庁監修，日本気
象協会編　財務省印刷局　2001.8　302p
26cm　〈2000年版までの出版者：大蔵省印刷局　年表あり〉　3500円　Ⓘ4-17-160201-7
Ⓝ451.059

(目次)季節暦(2001年4月〜2002年3月)，気象記録2000年(平成12年)，地象・海象記録2000年(平成12年)，資料，付録

(内容)2000年の気象記録および地象・海象記録と2001年の季節暦を掲載した年鑑。季節暦は2001年の季節上の暦を月別に掲載。2000年の記録は，365日の連続天気図，世界および日本の天候，気象上の災害・現象，作物・生物などの関連事項と主要地の気象記録，内外の地震および火山活動，海象，2000年のトピックスについて掲載する。

気象年鑑　2002年版　気象庁監修，日本気
象協会編　財務省印刷局　2002.8　314p
26cm　4000円　Ⓘ4-17-160202-5

(目次)季節暦(2002年4月〜2003年3月)，気象記録(2001年(平成13年))，地象・海象記録(2001年(平成13年))，資料，付録

気象年鑑　2003年版　気象庁監修　気象業
務支援センター　2003.8　265p　26cm
4000円　Ⓘ4-87757-000-4

(目次)1 2002(平成14)年の気象記録，2 2002(平成14)年の地象・海象記録，3 気象界の動向，4 参考資料

気象年鑑　2004年版　気象庁監修　気象業
務支援センター　2004.8　273p　26cm
3600円　Ⓘ4-87757-001-2

(目次)1 2003(平成15)年の気象記録(日々の天気図(09時の地上天気図)，日別地上気象観測値ほか)，2 2003(平成15)年の地象・海象記録(日本及び世界の地震活動，日本及び世界の火山活動 ほか)，3 気象界の動向(トピックス・東海地震に関する新しい情報発表について，トピックス・2003年に実施した台風情報の改善 ほか)，4 参考資料(季節暦，気象災害年表 ほか)

自然災害　　　　　　　　　　　　　　　　　　風水害

気象年鑑　2005年版　気象庁監修　気象業
　務支援センター　2005.8　270p　26cm
　3600円　Ⓘ4-87757-002-0
Ⓣ目次1 2004（平成16）年の気象記録（日々の天
気図（09時の地上天気図），日別地上気象観測値
ほか），2 2004（平成16）年の気象・海象記録（日
本及び世界の地震活動，日本及び世界の火山活
動 ほか），3 気象界の動向（トピックス・2100年
頃の日本における気候について，トピックス・
関東地方におけるヒートアイランド現象の監視
ほか），4 参考資料（季節暦，気象災害年表 ほ
か）

気象年鑑　2006年版　気象庁監修　気象業
　務支援センター　2006.7　257p　26cm
　3600円　Ⓘ4-87757-003-9
Ⓣ目次1 2005（平成17）年の気象記録（日々の天
気図（09時の地上天気図），日別地上気象観測
値 ほか），2 2005（平成17）年の地象・海象記録
（日本及び世界の地震活動，日本及び世界の火
山活動 ほか），3 気象界の動向（その他の気象
庁の動き，気候変動に関する世界の動き），4 参
考資料（平成17（2005）年の全台風の経路図，気
象災害年表 ほか）

気象年鑑　2008年版　気象業務支援セン
　ター編，気象庁監修　気象業務支援センター
　2008.7　255p　26cm　3600円　Ⓘ978-4-
　87757-005-7
Ⓣ目次1 2007（平成19）年の気象記録（日々の天
気図，日別地上気象観測値（2007年），地上気象
観測値の統計，主要な大気現象，日本及び世界
の天候，予報精度の評価），2 2007（平成19）年
の地象・海象記録，3 気象界の動向，4 参考資
料，折り込み資料

気象年鑑　2009年版　気象業務支援セン
　ター編，気象庁監修　気象業務支援センター
　2009.7　257p　26cm　3600円　Ⓘ978-4-
　87757-006-4　Ⓝ451.059
Ⓣ目次1 2008（平成20）年の気象記録（日々の天
気図，日別地上気象観測値，地上気象観測値の
統計，主要な大気現象，日本及び世界の天候，
予報精度の評価），2 2008（平成20）年の地震・
火山の記録，3 2008（平成20）年の地球環境の記
録，4 内外の気象界の動向，5 参考資料，折り
込み資料

気象年鑑　2010年版　気象業務支援セン
　ター編，気象庁監修　気象業務支援センター
　2010.8　253p　26cm　3600円　Ⓘ978-4-
　87757-007-1　Ⓝ451.059

Ⓣ目次1 2009（平成21）年の気象の記録，2 2009
（平成21）年の地震・火山の記録，3 2009（平成
21）年の地球環境の記録，4 内外の気象界の動
向，5 参考資料，折り込み資料

20世紀の日本の気候　気象庁編　財務省印刷
　局　2002.5　116p　30cm　〈付属資料：CD
　‐ROM1〉　1900円　Ⓘ4-17-315175-6
　Ⓝ451.91
Ⓣ目次第1章 20世紀の日本の気候（平年値にみる
日本の気候，暖かくなった20世紀，雨や雪からみ
た20世紀，日本を取り巻く大気と海洋），第2章
20世紀の気候と災害（顕著な気象災害の記録），
第3章 21世紀の気候（21世紀の地球温暖化，21
世紀の日本の気候）

風水害

＜ハンドブック＞

雨と風の事典　饒村曜編　クライム　2004.3
　211p　21cm　2800円　Ⓘ4-907664-48-6
Ⓣ目次本編，解説編（雨とは，雨には塵が重要，
冷たい雨と暖かい雨，目先の細かい予報である
降水短時間予報，雨模様と荒れ模様，変化する
災害とこれに対応する警報や注意報，酸性雨は
降っても被害が出にくい日本 ほか），付録 雨と
風を中心とした気象庁の沿革概要
Ⓝ内容本書は，テレビやラジオ，新聞などで報じ
られる気象情報に使われている用語や，気象観
測から天気予報の実際に使われている用語を詳
しく理解するための基礎知識を，日本人にとっ
て一番身近な雨と風を中心に，できるだけ分か
り易くまとめ，「読む用語事典」とした。気象の
面白さと合わせて，知的好奇心を満足させてく
れるものである。

◆台風

＜事典＞

台風・気象災害全史　宮沢清治，日外アソシ
　エーツ編集部編　日外アソシエーツ　2008.7
　477p　21cm　（日外選書fontana　シリーズ
　災害・事故史 3）　〈文献あり〉　9333円
　Ⓘ978-4-8169-2126-1　Ⓝ451.981
Ⓣ目次第1部 大災害の系譜（明治17年8月25日の
風水害，明治18年の暴風雨・洪水，十津川大水
害，東京・墨田川などの大洪水，別子銅山を直撃
した台風，明治43年の洪水，東京湾を襲った高
潮（東京湾台風）ほか），第2部 気象災害一覧，

風水害 自然災害

第3部 索引（総説、第1部）・主な種類別災害一覧（第2部）・参考文献
(内容)台風や豪雨雪、竜巻などに代表される気象災害一。古代から始まって、直近2007年までのデータ・2461件を収録。その内の55件を詳説。災害の、点と線を解明。現在と未来に生かすために。

日本災害資料集　水害編第6巻　カスリン台風の研究　吉越昭久編・解説　クレス出版　2012.7　445,3p　27cm　〈布装　群馬縣昭和25年刊の複製〉　19000円　①978-4-87733-688-2　Ⓝ369.3

◆風害

＜事　典＞

気象予報のための風の基礎知識　山岸米二郎著　オーム社　2002.2　189p　21cm　2800円　①4-274-02468-7　Ⓝ451.4
(目次)1 春の章（春一番とフェーン，フェーンか熱対流混合風か―東北山林大火 ほか），2 夏の章（やませ，だし ほか），3 秋の章（台風の風と高潮，竜巻 ほか），4 冬の章（真冬のミニ台風，冬の日本海側地方の南風 ほか），付録（大気現象のスケール，風の基礎 ほか）
(内容)風の知識をまとめた知識百科。春夏秋冬の4章で構成し、いくつかの風の現象を取り上げ説明する。季節別の構成により日々の生活に即した現象の理解が容易になっている。巻末に付録とコラム目次を付す。

＜ハンドブック＞

風工学ハンドブック　構造・防災・環境・エネルギー　日本風工学会編　朝倉書店　2007.4　419p　27cm　〈文献あり，年表あり〉　19000円　①978-4-254-26014-4
(内容)建築物や土木構造物の耐風安全性や強風災害から、ビル風、汚染物拡散、風力エネルギー、さらにはスポーツにおける風の影響まで、風にまつわる様々な問題について総合的かつ体系的に解説。付録として「強風災害と耐風設計の変遷の一覧」を付す。索引付き。

◆水害

＜事　典＞

利根川荒川事典　利根川文化研究会編　国書刊行会　2004.6　462p　23×16cm　5800円　①4-336-04604-2
(内容)利根川水系の利根川本流に、荒川、渡良瀬川、鬼怒川、小貝川、江戸川、中川などの本支流と、手賀沼、印旛沼、霞ヶ浦・北浦などを含めた全域の「自然・歴史・民俗・文化」を約2100項目の解説と図版・写真、年表・文献などで網羅。本文は五十音順に排列。巻頭にカラー図版、巻末に「近世・近現代の主な水害一覧（年表）」「利根川・荒川流域河岸一覧」「利根川荒川事典参考図書目録」などを収録。

日本災害資料集　水害編第1巻　水災と雪害、水害の日本　吉越昭久編・解説　クレス出版　2012.7　391,183,5p　22cm　〈布装　岩波書店昭和10年刊の複製　岩波書店昭和27年刊の複製〉　14000円　①978-4-87733-683-7　Ⓝ369.3

日本災害資料集　水害編第2巻　大正八年福山水害誌　吉越昭久編・解説　クレス出版　2012.7　292,4p　22cm　〈布装　福山水害誌刊行會昭和九年刊の複製〉　8000円　①978-4-87733-684-4　Ⓝ369.3

日本災害資料集　水害編第3巻　昭和十年群馬県風水害誌　吉越昭久編・解説　クレス出版　2012.7　494,4p　22cm　〈布装　群馬縣昭和十二年刊の複製〉　15000円　①978-4-87733-685-1　Ⓝ369.3

日本災害資料集　水害編第4巻　水害の綜合的研究　吉越昭久編・解説　クレス出版　2012.7　177,3p　図版23枚　27cm　〈布装　柏葉書院昭和23年刊の複製〉　11000円　①978-4-87733-686-8　Ⓝ369.3

日本災害資料集　水害編第5巻　北上川流域水害実態調査　吉越昭久編・解説　クレス出版　2012.7　310,8,3p　27cm　〈布装　資源協會昭和25年刊の複製〉　14000円　①978-4-87733-687-5　Ⓝ369.3

日本災害資料集　水害編第7巻　昭和二十二年東京都水災誌　吉越昭久編・解説　クレス出版　2012.7　320,3p　27cm　〈布装　東京都昭和26年刊の複製〉　14000円　①978-4-87733-689-9　Ⓝ369.3

＜ハンドブック＞

岩波講座 地球環境学　7　水循環と流域環境　高橋裕，河田恵昭編，宝馨，大久保賢治，

中辻啓二，水山高久，船水尚行，大垣真一郎，浅野孝，磯部雅彦著　岩波書店　1998.9　305p　21cm　3700円　Ⓘ4-00-010907-3

Ⓣ1 地球の水危機と日本，2 水系における水循環再生への科学技術的対応，3 水系における物質循環，4 環境変化と開発による将来の災害，5 排水再利用と水環境，6 水・物質循環とミティゲーション，7 地球環境を考慮した水資源の開発、水利用、技術の方向

Ⓒ本書は、水を循環という面から降水が集まる範囲の河川の流域単位でとらえて論じている。

これからの都市水害対応ハンドブック　役立つ41知恵!　末次忠司著　山海堂　2007.5　132p　19cm　1600円　Ⓘ978-4-381-02265-3

Ⓣ避難編，サバイバル編，復旧・生活再建編，防災準備編，参考編，基礎知識編，巻末資料

Ⓒ洪水時からの避難や、その後のサバイバルに関する情報・技術を紹介。巻末には水害への対応に関するチェックリストを収録。

◆◆水害予防・対策

＜ハンドブック＞

河川技術ハンドブック　総合河川学から見た治水・環境　末次忠司著　鹿島出版会　2010.9　500p　27cm　〈年表あり 索引あり〉　7500円　Ⓘ978-4-306-02422-9　Ⓝ517.036

Ⓣ基盤地形の形成要因，基盤地形の形成とその影響，河川地形の形成と河道特性，水循環・物質動態とその予測，洪水状況，水害被害と対策，河道・堤防整備，河川計画と施設設計，河道災害と対策，氾濫水理と氾濫対策，施設の維持管理，ダム整備とその効果・影響，河川利用と水環境，生態系の環境構造，個別生態系の特徴，河川環境の再生・調査，河川に関する事柄

Ⓒ河川の治水・利水・環境に関係する項目を網羅した実用的なハンドブック。地形・河道特性から見た治水・環境について、これまでの河川技術のノウハウと知見を総合的に解説。実務面でも参考になる図表や資料を多数掲載し編集された内容。

河川工事の積算　河川工事積算研究会編　経済調査会　1994.12　704p　21cm　（積算ハンドブックシリーズ）　9000円　Ⓘ4-87437-359-3　Ⓝ517

Ⓣ第1編 概要（日本の河川とその整備，公共工事における積算の位置付け，請負工事費の構成と積算基準類），第2編 河川工事の積算（河川土工，護岸，水制，根固め・沈床，導流堤，水門，樋管，河川維持，災害復旧，その他），第3編 資料編（参考資料，河川工事の歴史）

国土交通省河川砂防技術基準 同解説・計画編　国土交通省河川局監修，日本河川協会編　日本河川協会，山海堂〔発売〕　2005.11　230p　31×22cm　4000円　Ⓘ4-381-01714-5

Ⓣ基本計画編（基本方針，河川計画，砂防（土砂災害等対策）計画，海岸保全計画，情報の共有と流域との連携 ほか），施設配置等計画編（河川環境等の整備と保全及び総合的な土砂管理，河川施設配置計画，砂防等施設配置計画，海岸保全施設配置計画，情報施設配置計画）

最新 雨水貯留・浸透施設要覧　経済調査会編　経済調査会　2004.11　318p　30cm　3810円　Ⓘ4-87437-809-9

Ⓣ雨水貯留浸透技術の将来展望，施工事例，土質データ，雨水貯留・浸透施設製品概要，技術資料，参考資料

Ⓒ本書では、浸水被害対策のひとつとして関心が高まっている雨水貯留浸透施設製品の特徴、仕様、施工図のほか、地方自治体制定による降雨強度データ、技術基準・指導要綱類の整備状況、ハザードマップ概要紹介、施工事例、土質データ例等の関連情報を一体化してとりまとめた。

実務者のための水防ハンドブック　国土交通省国土技術政策総合研究所監修，水防ハンドブック編集委員会編　技報堂出版　2008.10　304p　21cm　4500円　Ⓘ978-4-7655-1739-3　Ⓝ517.57

Ⓣ水防体制の変遷，川の基礎知識と災害危険性の見方，水害の発生状況と治水対策の動向，水防活動にあたって，水防工法，水防以外の活動，水防ノウハウ，水防体制のあり方，水防活動実態，地域社会における水防への取り組み，より良い水防活動へ向けて，水防用語集

＜法令集＞

河川六法　平成4年版　建設省河川局監修　大成出版社　1992.3　1492p　19cm　4500円　Ⓘ4-8028-7842-7

Ⓣ第1編 河川，第2編 ダム・水資源開発，第3編 砂利採取，第4編 砂防，第5編 海岸，第6編 治山治水緊急措置，第7編 水防，第8編 災害，第9編 公有水面埋立て，第10編 運河，第11編 環

風水害　　　　自然災害

境保全・公害対策, 第12編 参考法令

＜年鑑・白書＞

河川便覧　1990（平成2年版）　日本河川協
会編　国土開発調査会　1990.9　391p　22cm
〈発売：東京官書普及〉　3204円　Ⓝ517.21

Ⓘ内容）河川・水資源開発・砂防・地下水等の基
礎データを集成したデータブック。

河川便覧　1992　国土開発調査会編　国土開
発調査会　1992.10　411p　21cm　3480円

Ⓘ目次）1 一般指標, 2 河川, 3 水資源開発, 4 砂
防, 5 地すべり, 6 急傾斜地崩壊対策, 7 雪崩
対策, 8 海岸, 9 海洋開発, 10 災害復旧, 11 水
防, 12 利水, 13 地下水, 14 水質, 15 外国

河川便覧　1994（平成6年版）　国土開発調
査会　1994.10　438p　21cm　3700円

Ⓘ目次）1 一般指標, 2 河川, 3 水資源開発, 4 砂
防, 5 地すべり, 6 急傾斜地崩壊対策, 7 雪崩
対策, 8 海岸, 9 海洋開発, 10 災害復旧, 11 水
防, 12 利水, 13 地下水, 14 水質, 15 外国

河川便覧　1996　国土開発調査会編, 日本河
川協会監修　国土開発調査会　1996.10
413p　21cm　3700円

Ⓘ目次）1 一般指標, 2 河川, 3 水資源開発, 4 砂
防, 5 地すべり, 6 急傾斜地崩壊対策, 7 雪崩
対策, 8 海岸, 9 海洋開発, 10 災害復旧, 11 水
防, 12 利水, 13 地下水, 14 水質, 15 外国

河川便覧　1998　国土開発調査会編, 日本河
川協会監修　国土開発調査会　1998.10
425p　21cm　3524円

Ⓘ目次）1 一般指標, 2 河川, 3 水資源開発, 4 砂
防, 5 地すべり, 6 急傾斜地崩壊対策, 7 雪崩
対策, 8 海岸, 9 海洋開発, 10 災害復旧, 11 水
防, 12 利水, 13 地下水, 14 水質, 15 外国

河川便覧　2000　国土開発調査会編, 日本河
川協会監修　国土開発調査会　2000.10
427p　21cm　3524円　Ⓝ517.21

Ⓘ目次）1 一般指標, 2 河川, 3 水資源開発, 4 砂
防, 5 地すべり, 6 急傾斜地崩壊対策, 7 雪崩
対策, 8 海岸, 9 海洋開発, 10 災害復旧, 11 水
防, 12 利水, 13 地下水, 14 水質, 15 外国

Ⓘ内容）日本の河川事業の統計・施策資料などを
まとめた実務便覧。巻末には外国の主要な資料
も掲載する。

河川便覧　2004　国土開発調査会編, 日本河

川協会監修　国土開発調査会　2004.10
443p　21cm　3524円

Ⓘ目次）一般指標, 河川, 水資源開発, 砂防, 地
すべり, 急傾斜地崩壊対策, 雪崩対策, 海岸,
海洋開発, 災害復旧〔ほか〕

河川便覧　2006　国土開発調査会編, 日本河
川協会監修　（茅ヶ崎）国土開発調査会
2006.10　452p　21cm　3700円

Ⓘ目次）一般指標, 河川, 水資源開発, 砂防, 地す
べり, 急傾斜地崩壊対策, 雪崩対策, 総合流域
防災事業, 海岸, 海洋開発, 災害復旧, 水防,
利水, 地下水, 水質, 外国

◆雪害

＜ハンドブック＞

雪崩ハンドブック　デビッド・マックラン
グ, ピーター・シアラー著, 日本雪崩ネット
ワーク訳　東京新聞出版局　2007.12　342p
26cm　〈原書第3版　原書名：THE
AVALANCHE HANDBOOK,3rd edition〉
2476円　Ⓘ978-4-8083-0884-1

Ⓘ目次）第1章 雪崩の特徴と影響, 第2章 山岳にお
ける雪気候と気象要素, 第3章 大気中および積
雪内での雪形成と成長, 第4章 雪崩の形成, 第
5章 雪崩地形、運動、影響, 第6章 雪崩予測に
適用される要素, 第7章 不安定性の評価と予測
に関係する要素, 第8章 バックカントリーでの
雪崩予測と意思決定のABC, 第9章 安全対策と
レスキュー, 第10章 雪崩対策, 付録

Ⓘ内容）スキー場, 山岳ガイド, ヘリスキー, 道
路管理など, 北米における雪崩の現場に携わる
人にとって, この60年間, 常に"座右の書"とし
てベストブックであり続けたのが『雪崩ハンド
ブック』。雪の物性から雪崩発生のメカニズム,
そしてバックカントリーでの雪崩予測や人間の
認知に基づく意思決定のプロセスまで, まさに
根本原則から最新の知見までを包括的に網羅。
新たに加わったバックカントリーユーザー向き
の章を含め, 雪崩に真摯に向き合う人にとって,
垂涎の一冊。

雪と氷の事典　日本雪氷学会監修　朝倉書店
2005.2　760p　21cm　25000円　Ⓘ4-254-
16117-4

Ⓘ目次）雪氷圏, 降雪, 積雪, 融雪, 吹雪, 雪崩,
氷, 氷河, 極地氷床, 海氷, 凍土・凍上, 雪氷と
地球環境変動, 宇宙雪氷, 雪氷災害と対策, 雪
氷と生活, 雪氷リモートセンシング, 雪氷対策

自然災害　　地震

(内容)「雪と氷」に関するあらゆる事象を網羅し、その個別事象そのものの知識を簡潔に記述するとともに、さらにその事象が雪氷自然とのどのようなかかわりをもつかを理解できるよう構成。

地殻変動災害全般

◆地震・火山全般

＜事典＞

地震・火山の事典　勝又護編　東京堂出版　1993.9　318p　21cm　5800円　Ⓘ4-490-10354-9　Ⓝ453.033

(内容)プレートテクトニクス、ダイラタンシーモデルなど、最新の研究成果をもとに地震・津波・火山の姿を解説する事典。付録に最新の科学資料を収録する。

地震・津波と火山の事典　東京大学地震研究所監修、藤井敏嗣、纐纈一起編　丸善　2008.3　188p　27cm　〈年表あり〉　6500円　Ⓘ978-4-621-07923-2　Ⓝ453.036

(目次)1 地球（地球の内部、地球の動き）、2 地震（地震とは何か、地震波と地震動、地震に伴う諸現象と災害、津波とその災害、地震の予測）、3 火山（火山とは、火山のもと、マグマ、噴火のしくみと様々な規模、火山噴火に伴う諸現象、火山噴出物と噴火現象、火山噴火と環境、火山活動による災害、過去の主な噴火、地球外の火山）

(内容)地震・津波・火山の3大災害の入門知識を体系的にまとめた事典。平易な文章と多数のフルカラー図版を用いる。地震・津波と火山のメカニズムや過去の被害、未来予測や対策など、基本から研究の最前線までを収録。巻末資料には、火山活動度と火山ランク、過去の噴火災害・地震・津波災害の年表などを掲載する。

地震・噴火災害全史　災害情報センター，日外アソシエーツ編集部編　日外アソシエーツ　2008.2　389p　21cm　（日外選書fontanaシリーズ災害・事故史 2）　〈文献あり〉　9333円　Ⓘ978-4-8169-2089-9　Ⓝ369.31

(目次)総説，第1部 大災害の系譜（磐梯山噴火，濃尾地震，東京湾北部地震，庄内地震，明治三陸地震津波 ほか），第2部 地震・噴火災害一覧，第3部 地震—震源地とマグニチュード一覧参考文献

(内容)本書は、西暦416年から2007年までに発生した地震・噴火災害、1847件の記録・解説である。

◆地盤災害全般

＜ハンドブック＞

土砂災害から命を守る　知っておくべきこと＋なすべきこと　池谷浩著　五月書房　2014.10　189p　19cm　〈文献あり〉　1600円　Ⓘ978-4-7727-0510-3　Ⓝ369.3

(目次)第1部 土砂災害の怖さを正しく知る（土砂災害をもたらすものとは何か，都会も土砂災害の危険がいっぱい—土砂災害大国日本の実態），第2部 命を守るために必要なこと（防災情報をどう活用すればいいか，命を守るために何をすべきか—Aさん一家の事例でみる災害対策）

(内容)土砂災害による甚大な被害が増えている…それは、土砂災害がいつ、どこで、どのように起きるかがいまだ予測できないためだ。しかしいま、最新の研究や技術をもとに、土砂災害から人命を助ける方法が明らかになってきている。土砂災害から命を守る方法を、住民の視点に立ち、わかりやすく教える。

地震

＜事典＞

日本災害資料集　地震編第7巻　震災　伊津野和行編・解説　クレス出版　2013.3　377,4p　21cm　10000円　Ⓘ978-4-87733-724-7

(目次)地震・第一部，地震・第二部，山崩、地亡、陥没など，火山，耐震及び耐風家屋，震災避難心得，地震時化学薬品の扱ひ方

＜法令集＞

大震災と日本の法政策　白鷗大学法学部開設20周年記念　石村耕治，市村充章編著　丸善プラネット，丸善出版（発売）　2013.1　372p　22cm　（白鷗大学法政策研究所叢書4）　〈索引あり〉　3800円　Ⓘ978-4-86345-155-1　Ⓝ369.3

(目次)1 災害対策の基本構造，2 大震災における「絆」と人権論，3 震災・原発事故と自治体の対応—地域防災計画の限界と補完，4 原子炉設置許可をめぐる判例理論への視点，5 税制を活用した被災者支援の基本課題—租税歳出対直接歳出の日米比較分析，6 被災者支援ボランティア活動を促進するための税制—参加諸費用に寄附金控除を認めるのも一案，7 国民災害保険制度の是非—アメリカでの議論からわが国での是非

事故・災害レファレンスブック　73

を探る，8 不可抗力と災害時における不法行為
について，9 大規模災害と雇用・生活保障のあ
り方―「特定求職者支援法」の課題，10 原子力
安全のための国際的規制

(内容)今後の大震災に備えたより精緻な法政策
や緊急対応措置を探る際のひとつの道しるべと
なるよう，大震災に関するわが国での法政策上
の課題について，行政法学，憲法学，行政学，
政策学，税法学，民法学，労働法学，国際法学
など多岐の分野から究明した成果を集成する。

◆各地の地震・震災と復旧

<事 典>

最新版 日本被害地震総覧 416-2001 宇佐
美龍夫著 東京大学出版会 2003.4 605p
26cm 〈付属資料：別冊1〉 28000円 ①4-
13-060742-1

(目次)1 序―地震と災害，2 内容の概説(取り上
げた地震，記事，震度，震央分布図，基本公式，
参考文献)，3 被害地震総論(被害地震の統計，
津波に関する統計，被害地震の地理的分布，被
害地震の相似性と反復性，被害の種々相)，4 被
害地震各論

(内容)西暦416年から2001年12月までの1000の
地震と被害状況を収録した地震総覧。配列は発
生年順，震源，震度，被害状況を記載。別冊に
「安政2年10月2日の江戸地震における大名家の
被害一覧表」が付く。

日本被害地震総覧 599‐2012 宇佐美竜
夫，石井寿，今村隆正，武村雅之，松浦律子
著 東京大学出版会 2013.9 694p 26cm
〈2003年刊の改訂〉 28000円 ①978-4-13-
060759-9 Ⓝ453.21

(目次)1 序―地震と災害，2 内容の概説(取り上
げた地震，記事，震度 ほか)，3 被害地震総論
(被害地震の統計，津波に関する統計，被害地
震の地理的分布 ほか)，4 被害地震各論(416／
8／23：大和，599／5／28：大和，628：道後温
泉 ほか)

(内容)日本の1400年間にわたる被害地震の歴史
を網羅した基礎資料。東日本大震災を含む2012
年12月までの被害地震の資料を加え，過去の地
震についても新たに判明した知見を追加。見返
しに地図あり。

日本被害津波総覧 第2版 渡辺偉夫著 東
京大学出版会 1998.2 238p 26cm 10000
円 ①4-13-061113-5

(目次)第1編 津波総論(津波の物理，津波の統計，
津波の防災)，第2編 津波各論(日本およびその
周辺の沿岸で発生した津波，外国の沿岸で発生
した津波のうち，日本およびその周辺の沿岸に
影響を与えた津波)

(内容)1985年刊行の「日本被害津波総覧」の第
2版。新たに1996年末までの被害津波を追加。

<ハンドブック>

**最新地震津波総覧 地球科学に迫る「防災
対策書」** 加藤美勝著 知道出版 2012.5
245p 19cm 1500円 ①978-4-88664-239-4

(目次)第1部 東日本大震災の総括(花綵列島の
三陸海岸，主な三陸地震津波災害，東日本大震
災)，第2部 発生源と今後の想定(発生源による
津波災害，津波の教訓・今後の想定)，第3部 地
震津波の日本史(歴史に学ぶ巨大地震津波，古
墳時代から安土桃山時代(戦国後期)，江戸時代
から現代)

(内容)東日本大震災の総括と詳報。今後の想定、
東海・東南海・南海・首都直下。地震津波の日
本史(古墳時代～現代に変遷)。1千年後まで伝
えたい教訓。

**地域の経済 2011 震災からの復興、地
域の再生** 内閣府政策統括官室(経済財政分
析担当)編 日経印刷，全国官報販売協同組
合(発売) 2011.12 212p 30cm 1900円
①978-4-905427-01-8

(目次)第1章 大きな変動に見舞われた地域経済
(総論―この1年間の景気の基調，この1年の主
な事象，企業・雇用・家計の動向)，第2章 東日
本大震災の発生と復旧・復興(震災の発生，震
災の経済への影響，復旧・復興に向けた動き)，
第3章 地域経済の "実力"―人口動態の切り口か
ら見た地域経済(雇用の推移と人口流出入，生
産の推移と産業構造転換，消費の推移と高齢化
ほか)，補論1 首都圏人口の変化の長期的推移，
補論2 大都市圏内における "街の高齢化"

<年鑑・白書>

NHK年鑑 2005 NHK放送文化研究所編
日本放送出版協会 2005.10 755p 26cm
6700円 ①4-14-007221-0

(目次)特集 相次いだ災害と放送(スマトラ島沖
巨大地震とインド洋大津波，新潟県中越地震と
放送 ほか)，第1部 2004年度の動き(放送界の
動き，社会の動き ほか)，第2部 NHK(放送，
番組解説 ほか)，第3部 放送界(民間放送，衛

星放送 ほか），第4部 資料編（NHK，放送界）

大震災と子どもの貧困白書 「なくそう！子どもの貧困」全国ネットワーク編 （京都）
かもがわ出版 2012.3 360p 26cm 3000円 ①978-4-7803-0521-0

(目次)第1部 大震災と子どもの貧困（震災があぶり出した子どもの貧困，子どもたち・若者たちから，子ども・家庭への支援，震災と子どもの貧困を考える），第2部 子どもの貧困2011（「過去最悪」子どもの貧困率15.7%，子どもの貧困解決政策へ）

(内容)子どもが貧困と隣り合わせで生きる日本の社会。震災は，貧困を生み，貧困をあぶり出し，貧困を深刻にし，そして，貧困を置き去りにします。貧困を放置してきたことが，震災被害を拡大させています。3・11後，子どもたちとともに未来にあゆみだすための第一歩，どんなときにも，どんな子どもたちにも，育ち，学び，暮らすことを保障するセーフティネットを。

◆◆北海道
＜事 典＞

日本災害資料集 地震編第6巻 十勝沖地震調査報告 地震篇 伊津野和行編・解説
十勝沖地震調査委員會編集 クレス出版 2012.9 303,4p 27cm 〈布装 十勝沖地震調査委員會昭和29年刊の複製〉 13000円 ①978-4-87733-696-7 Ⓝ369.3

日本災害資料集 地震編第12巻 十勝沖地震調査報告・その2 伊津野和行編・解説
クレス出版 2013.3 1018,3p 26cm 30000円 ①978-4-87733-729-2

(目次)第1篇 地象篇（十勝沖地震調査報告，十勝沖地震地域地質調査報告，十勝沖地震一等水準検測結果報告 ほか），第2篇 土木篇（道路被害について，鉄道の被害，河川の被害 ほか），第3篇 建築篇（鉄筋コンクリート造及び鉄骨構造，組積造，木造建築物の被害について ほか），第4篇 電気篇（十勝沖地震による電気関係の被害状況について），第5篇 農水産篇（農耕地及び水産関係被害）

＜統計集＞

1994年北海道東方沖地震災害調査報告・1994年三陸はるか沖地震災害調査報告
日本建築学会編著 日本建築学会，丸善〔発

売〕 1996.9 506p 26cm 7730円 ①4-8189-2000-2

(目次)1994年北海道東方沖地震災害調査報告（地震と被害の概要，地震および地震動，地盤および地質，建築構造物の被害，地盤・ライフライン・土木構造物の被害，社会・住生活に及ぼす影響），1994年三陸はるか沖地震災害調査報告（地震・地震動，建築物被害の概要，地盤の被害，鉄筋コンクリート造建物の被害，鉄骨造建物の被害 ほか）

◆◆東北地方
＜書 誌＞

3・11を心に刻むブックガイド 草谷桂子著
子どもの未来社 2013.11 139p 21cm 1400円 ①978-4-86412-068-5 Ⓝ369.31

(目次)第1章 絵本で伝える3・11（笑顔をとりもどすために，自然災害の脅威に向き合う（地震・津波）ほか），第2章 児童文学からみる3・11（立ち止まって考える（創作童話・詩・エッセイ），ノンフィクション ほか），第3章 科学の本から3・11を検証する（地震・津波の本，防災の本 ほか），第4章 マンガで読む3・11（マンガで伝える3・11，あの日からのマンガ ほか）

(内容)2011年3月11日に起きた東日本大震災後，人々が負った深い傷から血がふき出るように，数々の本が出版された。創作，ノンフィクション，写真，エッセイ，マンガ，俳句，短歌，紙芝居，また地震や津波，防災，エネルギーや放射能についての科学の本等々…。家庭文庫を30年以上主宰している著者が，子どもの本を中心とした3.11に関連する本を読みつづけ，「あの日を忘れない」ために300冊の本を紹介する。それらの本には，怒り，失望，悲しみ，命の重さ，人との絆の尊さなど，事実と共にさまざまな思いがうずまいている。あの日あの時のみならず，現在そして未来を考え，示唆できるブックガイド。

3.11の記録 東日本大震災資料総覧 震災篇 「3.11の記録」刊行委員会編 日外アソシエーツ 2013.7 560p 22cm 〈索引あり 発売：（東京）紀伊国屋書店〉 19000円 ①978-4-8169-2423-1 Ⓝ369.31

(目次)東日本大震災（総合，被災，復旧・復興，社会的影響，環境への影響，報道・メディア・情報，阪神淡路大震災との関連），地震・災害（地震・災害と自然科学，地震・災害と人文・社会科学，防災・減災），写真集，児童書・絵本，視聴覚・電子資料，新聞記事（連載・特集），索引

地震　　　　　　　　　　自然災害

（内容）東日本大震災発生以降2013年3月までの2年間に発表・報じられた震災に関する図書のべ3,891冊、雑誌記事3,551点、新聞記事1,835件、視聴覚・電子資料285点を収録。写真集、児童書・絵本は別項目を立て紹介。

3.11の記録　東日本大震災資料総覧　テレビ特集番組篇　原由美子, 山田健太, 野口武悟共編　日外アソシエーツ　2014.1　87, 356p　22cm　〈発売：紀伊國屋書店〉　19000円　①978-4-8169-2443-9　Ⓝ369.31

（目次）3.11の記録－東日本大震災資料総覧 テレビ特集番組篇，索引（放送日別索引，事項名索引）

（内容）東日本大震災及びその後に発生した福島第一原発事故をテーマに制作、放送されたテレビ番組2,873タイトルを収録。岩手、宮城、福島の地元民放局が放送した番組も併録。

＜事 典＞

日本災害資料集　地震編第2巻　三陸大震災史　伊津野和行編・解説　三陸大震災史刊行會編　クレス出版　2012.9　185,5p　22cm　〈布装　友文堂書房昭和8年刊の複製〉　6000円　①978-4-87733-692-9　Ⓝ369.3

日本災害資料集　地震編第10巻　昭和八年三月三日三陸沖強震及津浪報告　伊津野和行編・解説　クレス出版　2013.3　260,4p　21cm　10000円　①978-4-87733-727-8

（目次）論文（三陸沖強震及津浪に就て，三陸津浪に関する二三の考察，牡鹿半島は沈降しつつありや ほか），報告（三陸沖強震測観結果，三陸津浪に依る被害調査，昭和八年三月三日前後の天候状態 ほか），雑報（茨城県下に於ける津浪の調査，発光現象報告，神奈川県下地震被害報告 ほか）

＜名簿・人名事典＞

助成団体要覧　民間助成金ガイド　2012　助成財団センター編　助成財団センター, ワールドプランニング（発売）　2012.2　1087p　26cm　9333円　①978-4-86351-046-3

（目次）助成財団の現状と東日本大震災被災地・被災者支援（日本の助成財団の現状，東日本大震災被災地・被災者支援），掲載団体リスト（団体名目次50音順），助成団体概要（50音順）

＜ハンドブック＞

医療系大学データブック　2012　大学通信　2011.10　156p　26cm　1000円　①978-4-88486-154-4

（目次）特別企画 東日本大震災の医療活動を支えた医科大学と大学病院―世界が注目した震災被災地の医療活動，2012年度医療系学部入試の展望，医学部，歯学部，薬学部，看護・保健系学部

（内容）Interview医、歯、薬、看護学部を目指す人へ!2011年度一般入試結果。2012年度入試国公立大・私立大推薦入試最新状況、私立大一般入試スケジュール・一般入試科目。医療系学部入試のプロが教える医療系学部合格のための実践アドバイス。私立大学学費一覧／大学別国家試験全成績／所在地一覧。

地域の経済　2012　集積を活かした地域づくり　内閣府政策統括官編　日経印刷, 全国官報販売協同組合（発売）　2012.12　231p　30cm　1900円　①978-4-905427-37-7

（目次）第1章 この1年間の地域経済の歩み（総論・地域経済動向の概観，企業・雇用・家計の動向），第2章 東日本大震災からの復旧・復興（復旧・復興へ向けた基盤の整備，被災3県の経済動向，復興計画の実現に向けて），第3章 集積のメリットを活かした地域づくり（政令市等のレベルでの集積，集積のメリット，コンパクトシティの形成へ向けて），補論 製造業の縮小と地域経済―賃金構造からみた課題

統計と地図でみる東日本大震災被災市町村のすがた　衛藤英達著　日本統計協会　2012.3　348p　26cm　2300円　①978-4-8223-3718-6

（目次）序説 東日本大震災による被災3県沿岸市町村の人的被害（東日本大震災の沿岸市町村内の犠牲者数，沿岸部市町村の死者数の年齢階級別分布），第1章 岩手県沿岸部（沿岸部概況，洋野町 ほか），第2章 宮城県沿岸部（沿岸部概況，気仙沼市 ほか），第3章 福島県沿岸部（沿岸部概況，新地町 ほか），第4章 福島県内陸部（内陸部概況，飯舘村 ほか）

東日本大震災の復興　自治体・企業・労組の支援実例集　くらしのリサーチセンター編　くらしのリサーチセンター　2011.12　220p　26×21cm　2857円　①978-4-87691-031-1

（目次）1 観測史上最大の地震・津波並びに被災の概要（地震，津波 ほか），2 地方自治体の支

76　事故・災害レファレンスブック

援・協力活動―「東日本大震災に係る支援・取り組み状況について」（人的支援・物的支援等）（北海道，青森 ほか），3 企業の復旧・復興・支援協力活動―「わが社の支援・協力活動」（人的支援・物的支援等）（NEC，大阪ガス株式会社ほか），4 労働組合の支援・協力活動（震災ボランティア活動立ち上げ，連合ボランティアの活動内容 ほか），5 東日本大震災から学ぶべきこと（科学・技術の到達点，科学・技術とどう向き合うか ほか）

＜法令集＞

「3・11」震災法務Q&A　東京弁護士会法友会東日本大震災復興支援特別委員会編　三和書籍　2011.6　201p　21cm　〈付属資料（CD-ROM1枚 12cm）：資料編〉　2400円　①978-4-86251-102-7　Ⓝ369.31

⽬次 第1章 不動産に関する問題（土地・境界に関する問題，建物に関する問題 ほか），第2章 金融，ローン等支払，保険，税金等に関する問題（金融，ローン等支払に関する問題，保険に関する問題 ほか），第3章 雇用，企業に関する問題（企業活動に関する問題，手形に関する問題 ほか），第4章 相続，財産管理，生活支援等に関する問題（相続，遺族に対する給付，行方不明者の財産管理等に関する問題，生活援助に関する問題 ほか），第5章 原発事故に関する問題

内容 未曽有の災害をもたらした東日本大震災の法律問題を東京弁護士会所属弁護士がわかりやすいQ&Aで緊急出版。付属CD‐ROMに関係法令や通達等を収録。

廃棄物処理法令・通知集　平成25年版　日本産業廃棄物処理振興センター編　オフィスTM,TAC出版（発売）　2013.5　1冊　26cm　4000円　①978-4-8132-8983-8

⽬次 廃棄物処理法 法律・施行令・施行規則（廃棄物の処理及び清掃に関する法律，廃棄物の処理及び清掃に関する法律施行令 ほか），廃棄物処理法 政省令（金属等を含む産業廃棄物に係る判定基準を定める省令，廃棄物の処理及び清掃に関する法律施行令第六条第一項第四号に規定する油分を含む産業廃棄物に係る判定基準を定める省令 ほか），廃棄物処理法 告示（産業廃棄物に含まれる金属等の検定方法，廃棄物の処理及び清掃に関する法律施行令第六条第一項第四号に規定する海洋投入処分を行うことができる産業廃棄物に含まれる油分の検定方法 ほか），東日本大震災対応 災害廃棄物対策（東日本大震災により生じた災害廃棄物の処理に関する特別

措置法，東日本大震災により生じた災害廃棄物の広域処理に関する基準等 ほか）

＜地図帳＞

東日本大震災復興支援地図　青森・岩手・宮城・福島・茨城・千葉太平洋沿岸地域　昭文社　〔2011〕　72,71p　37cm　〈左右同一ページ付　索引あり〉　952円　①978-4-398-69101-9　Ⓝ291.2

⽬次 沿岸地域本図，主要都市拡大図，広域図，東北・関東地方図，町名索引，施設索引，避難所索引

＜年鑑・白書＞

NHK放送文化研究所年報　2012（No.56）　NHK放送文化研究所編　NHK出版　2012.1　378p　26cm　1900円　①978-4-14-007244-8

⽬次 放送番組が媒介する新たな公共圏のデザイン―番組レビューSNSサイト "teleda" の実証実験を中心に，若者のネット動画利用とテレビへの意識―「中高生の動画利用調査」の結果から，放送史資料収集・保存・公開の方法論を探る―NHK文研所蔵資料の研究活用に向けて，「世界の公共放送の制度と財源」報告，再録 東日本大震災とメディア―「放送研究と調査」（月報）掲載論文から（東日本大震災発生時・テレビは何を伝えたか，東日本大震災発生から24時間テレビが伝えた情報の推移，巨大津波襲来と警報・メディア―想定外をどう伝えるか，原子力災害と避難情報・メディア―福島第一原発事故の事例検証，大洗町はなぜ「避難せよ」と呼びかけたのか―東日本大震災で防災行政無線放送に使われた呼びかけ表現の事例報告 ほか）

3・11被災地子ども白書　大橋雄介著　明石書店　2011.12　214p　21cm　1600円　①978-4-7503-3515-5

⽬次 第1章 調査の概要・目的，第2章 被災地の概況，第3章 被災した子どもたちが置かれた現状，第4章 動き出している支援，第5章 NPO法人アスイクの取り組み，第6章 総括と今後の課題

＜統計集＞

アンケート調査年鑑　2011年版（vol.24）　竹内宏編　並木書房　2011.7　1104p　23×16cm　16000円　①978-4-89063-276-3

地震　　　　　　　　　自然災害

（目次）1 ビジネスマン・OL, 2 ヤング・学生，3
女性・主婦，4 男性・父親，5 夫婦・家庭，6 子
ども，7 マネー・財テク，8 レジャー・ニュー
メディア，9 生活全般
（内容）東日本大震災後の意識変化，節電，エコ
対策…日本人の生活と消費行動が分かる唯一の
年鑑。2010年6月～11年5月発表の最新アンケー
ト118点を収録。

厚生労働統計で知る東日本大震災の実状
　　吉田浩編著　統計研究会　2014.3　234p
　　21cm　〈文献あり〉　1500円　Ⓘ978-4-8876-
　　2099-5　Ⓝ369.31

災害と防災・防犯統計データ集　2014
　　東日本大震災保存版　三冬社編集部編集・
　　制作　三冬社　2013.10　346p　30cm　〈他
　　言語標題：Datebook of a disaster,crime
　　prevention,and disaster prevention〉　14800
　　円　Ⓘ978-4-904022-91-7　Ⓝ369.3
（目次）第1章 災害史，第2章 東日本大震災と地
震，第3章 気象による災害，第4章 防災対策（火
災・津波・災害等），第5章 防犯と安全
（内容）東日本大震災の幅広い関連データを豊富に
収録。災害対策の提案に役立つ保存版データ集。

◆◆関東地方

<事 典>

日本災害資料集　地震編第8巻　東京大正
　　震災誌　伊津野和行編・解説　クレス出版
　　2013.3　274,5p　21cm　8000円　Ⓘ978-4-
　　87733-725-4
（目次）第1編 災害（建物被害，人的被害，交通被
害 ほか），第2編 救護（保健衛生ニ関スル救護
施設，衣糧ニ対スル救護施設，住居ニ対スル応
急施設 ほか），第3編 復旧（住宅復旧，交通復
旧，上水道事業ノ復旧 ほか），第4編 余録（労
銀ノ高低，震災ニ際シテノ犯罪ト災後ノ土地家
屋ニ対スル係争事件，対外市民感謝会）

日本災害資料集　火災編第2巻　大正大震
　　災大火災　大地震による大火災　関東大
　　震災と帝都復興事業　田中哮義編・解説
　　［大日本雄辯會講談社］［編纂］　［中村清二］
　　［述］　クレス出版　2013.6　1冊　22cm
　　〈布装　大日本雄辯會・講談社 大正12年刊の
　　複製　東京帝國大學部会 大正14年刊の複製
　　ほか〉　15000円　Ⓘ978-4-87733-759-9,978-
　　4-87733-765-0　Ⓝ369.3

<地図帳>

首都大地震揺れやすさマップ　あなたのま
　　ちはなぜ揺れるのか! 東京23区・横浜・
　　川崎・千葉・松戸・大宮・浦和など60地
　　域　目黒公郎監修　旬報社　2013.10　139p
　　30cm　1800円　Ⓘ978-4-8451-1326-2
　　Ⓝ369.31
（目次）土地条件に対応した危険度評価，「首都
大地震揺れやすさマップ」活用ガイド，首都大
地震揺れやすさマップ，関東大震災の震度分布，
東日本大震災の震度分布，地名から知る危険な
地域，イラストで知る災害と仕組み，首都圏の
液状化予測地図，首都直下地震の震度予測地図，
南海トラフ地震の震度予測地図，縄文海進と首
都圏の地形
（内容）揺れやすさには理由がある! 家の購入・建
替えをする前に，耐震・防災を考える時に，そ
の「土地」の生い立ちを知ろう!

<年鑑・白書>

首都圏白書　平成23年版　国土交通省編
　　勝美印刷　2011.8　129p　30cm　2500円
　　Ⓘ978-4-9902721-4-2
（目次）第1章 首都圏をめぐる最近の動向（首都圏
における東日本大震災の被害状況について，首
都圏の国際競争力の動向について），第2章 首
都圏整備の状況（人口等の状況，産業機能の状
況，個人主体の多様な活動の展開，環境との共
生，安全・快適で質の高い生活環境の整備，将
来に引き継ぐ社会資本の整備，首都圏整備の推
進），資料 首都圏整備に関する各種データ

首都圏白書　平成24年版　国土交通省編
　　日経印刷，全国官報販売協同組合（発売）
　　2012.7　114p　30cm　2500円　Ⓘ978-4-
　　905427-23-0
（目次）第1章 首都圏整備をめぐる最近の動向（東
京圏の経済活力低下の懸念，老いる東京圏，首
都圏のDID縮退の可能性，東京圏の社会資本の
老朽化，首都圏における環境負荷の増大，東日
本大震災の首都圏への影響，新しい首都圏の胎
動，首都圏のさらなる魅力向上に向けて），第2
章 首都圏整備の状況（人口等の状況，産業機能
の状況，個人主体の多様な活動の展開，環境
との共生，安全・快適で質の高い生活環境の整備，
将来に引き継ぐ社会資本の整備，首都圏整備の
推進），資料 首都圏整備に関する各種データ

自然災害　　　　地震

＜統計集＞

震災対策における都民等の意識調査　平成25年度　（［東京］）警視庁警備心理学研究会　2014.3　203p　30cm　〈奥付のタイトル：首都直下地震に対する都民等の意識調査〉　非売品　Ⓝ369.31

震災直後ノ市勢統計　〔東京市〕編，大串夏身監修　ゆまに書房　1999.6　243p　27cm（近代都市統計資料集成　東京市市勢調査篇24）　〈複製〉　15000円　Ⓘ4-89714-339-X　Ⓝ351.36

◆◆中部・北陸地方

＜事 典＞

長野の大地　やさしい地学小事典　地学団体研究会長野支部「長野の大地」編集委員会編　（長野）ほおずき書籍，星雲社（発売）　2012.12　225p　19cm　1600円　Ⓘ978-4-434-17393-6

Ⓣ1 地震と災害，2 地盤，3 地形と地質構造，4 岩石，5 鉱物と地下資源，6 石材，7 化石，8 伝説と地学，9 長野の大地の生い立ち

Ⓒ本書は、2010年3月から2012年3月まで、長野市民新聞に連載された同名の連載記事を元にして、再編集したものです。2004年に出版した「長野の大地見どころ100選」の続編にあたります。前著では、長野近辺の主だった山や川など、各場所ごとの地質解説を中心にしました。これに対して、本書では、東北信地域にみられるさまざまな地学現象を理解するうえで欠かせない基礎知識に関して、やさしい解説を行いました。

日本災害資料集　地震編第1巻　昭和五年十一月二十六日北伊豆地震報告　伊津野和行編・解説　中央氣象臺編輯　クレス出版　2012.9　150,216,5p　22cm　〈布装　中央氣象臺昭和5・6年刊の複製〉　14000円　Ⓘ978-4-87733-691-2　Ⓝ369.3

日本災害資料集　地震編第4巻　福井震災誌　伊津野和行編・解説　福井縣編集　クレス出版　2012.9　704,77,5p　22cm　〈布装　福井縣昭和24年刊の複製〉　21000円　Ⓘ978-4-87733-694-3　Ⓝ369.3

日本災害資料集　地震編第11巻　福井地震誌　伊津野和行編・解説　クレス出版

2013.3　490,4p　21cm　14000円　Ⓘ978-4-87733-728-5

Ⓣ第1章 概説，第2章 震災直後の緊急措置，第3章 鉄道の被害とその復旧，第4章 運転及び運輸，第5章 経理，第6章 厚生及保健，第7章 復旧対策事務の暫定組織，第8章 各鉄道局その他の応援人員，第9章 鉄道公安，第10章 連合軍関係，第11章 その他，附 災害発生の際における応急処理体制

＜年鑑・白書＞

データしずおか　'96　静岡年鑑　（静岡）静岡新聞社　1995.9　559p　21cm　3900円　Ⓘ4-7838-0139-8

Ⓒ1995年度の静岡県の各種データをまとめた年鑑。特集・統一地方選、参院選の結果、静岡県と全国の諸指標、各種スポーツ記録、静岡県の文化財、政治・産業・福祉・教育等の県勢、市長村議・団体役員等の名簿、県内高額所得法人・納税者ランキング等を収録する。別冊「東海地震に備える」付き。

＜統計集＞

東海地震についての県民意識調査　報告書　平成25年度　（静岡）静岡県危機管理部危機情報課　2014.3　187p　30cm　（地震対策資料 no.281-2014）　Ⓝ369.31

2004年10月23日新潟県中越地震災害調査報告　日本建築学会編著　日本建築学会，丸善〔発売〕　2006.8　238p　30cm　5000円　Ⓘ4-8189-2031-2

Ⓣ第1章 被害の概要，第2章 地震と地震動，第3章 地形・地質と地盤災害，第4章 建物の被害，第5章 歴史的建造物の被害，第6章 建築設備関連の被害，第7章 生活関連の被害，第8章 人的被害と医療機関の被害，第9章 災害から復旧・復興，第10章 まとめ

Ⓒ2004年10月23日に新潟県中越地方を中心としてマグニチュード（M）6.8の地震が発生した。日本建築学会災害委員会では、地震発生の直後に北陸支部に依頼して、「2004年10月23日新潟県中越地震被害調査委員会」を発足させた。初動調査は10月24日から開始され、その状況は災害委員会ホームページと北陸支部災害部会ホームページに公開された。また、東海支部、東北支部からも調査協力をいただいた。さらに、当初の被害調査委員会メンバーで十分調査できないと思われる項目について、上記のホーム

事故・災害レファレンスブック　*79*

地震 自然災害

ページや災害委員会のメーリングリストで調査
協力を呼びかけ、これに応じていただいた方々
の協力により調査を完了することができた。こ
れらの調査結果は、「2004年10月23日新潟県中
越地震の災害調査速報」としてとりまとめられ、
2004年12月12日の金沢工業大学において「新潟
県中越地震速報会速報会」で報告された。本報
告書はその後の調査結果と速報会で報告できな
かった調査項目を追加してとりまとめたもので
ある。

◆◆近畿地方

＜書 誌＞

**阪神・淡路大震災関連文献目録 1995 -
2000** 日外アソシエーツ編 日外アソシ
エーツ, 紀伊国屋書店〔発売〕 2000.10
460p 21cm 15000円 ⓘ4-8169-1628-8
Ⓝ369.31

(目次)震災一般, 被災, 震災と社会, 科学・技
術と震災, 防災・危機管理, 復興, 創作
(内容)阪神・淡路大震災に関する図書と雑誌記事
の目録。1995年1月から2000年7月までの間に日
本国内で発行された図書1738点, 雑誌記事7347
点を7つのテーマに分類, 発行年月順に排列す
る。記載事項は, 雑誌記事については文献番号,
記事タイトル, 著者名, 掲載紙名, 巻号・通号,
発行年月, 掲載頁。図書については文献番号,
書名, 著者名, 版表示, 出版地, 出版者, 発行
年月, 頁数又は冊数, 大きさ, 叢書名・叢書番
号, 注記, 定価, ISBN, NDC, 内容。巻末に
事項名索引つき。

＜事 典＞

1995年阪神・淡路大震災調査報告 1
〔東京大学社会情報研究所〕 〔東京大学社
会情報研究所〕 1996.3 237p 26cm 〈奥
付等の出版者表示(新名称):東京大学大学院
情報学環「災害と情報」研究会〉

(目次)兵庫県南部地震の地震像と災害の概要／
伊藤和明／著, 阪神・淡路大震災と災害情報／
廣井脩／著, 阪神・淡路大震災と住民の行動／
廣井脩／著, 阪神・淡路大震災と芦屋市職員の
参集行動／黒田洋司, 廣井脩／著, 阪神・淡路
大震災と災害弱者対策／田中淳, 廣井脩／著,
兵庫県南部地震時の携帯電話の役割と問題点／
中村功, 廣井脩／著, 阪神・淡路大震災と初動
情報／中森広道, 廣井脩／著, 阪神・淡路大震
災とラジオ放送／川端信正, 廣井脩／著

**日本災害資料集 地震編第5巻 北但震災
誌 昭和十九年二月七日東南海大地震調
査概略** 伊津野和行編・解説 中央氣象臺
編輯 クレス出版 2012.9 202,94,4p
27cm 〈布装 兵庫縣大正15年刊の複製 中
央氣象臺昭和20年刊の複製〉 16000円
ⓘ978-4-87733-695-0 Ⓝ369.3

**日本災害資料集 地震編第9巻 丹後地震
誌** 伊津野和行編・解説 クレス出版
2013.3 465,4, 5p 21cm 14000円
ⓘ978-4-87733-726-1

(目次)第1編 前紀(地震の突発, 地震の記録, 地
震の正体, 地震の紀念碑 ほか), 第2編 本紀(地
震の原因, 地震の性質, 地震の震源, 地震の震
波 ほか), 第3編 後紀(地震の飛電, 地震の宸
恤, 地震の救援, 地震の救護 ほか)

**阪神・淡路大震災調査報告書 平成7年兵
庫県南部地震東京都調査団** 東京都総務
局災害対策部防災計画課編 東京都(東京)
1995.7 379p 30cm

**阪神・淡路大震災調査報告書 資料編 vol.
1** 地盤工学会阪神大震災調査委員会編 地
盤工学会(東京) 1996.10 6,31,834p
30cm 〈付属資料(フロッピーディスク1枚
2HD 袋入)付(1枚)〉

**阪神・淡路大震災調査報告書 資料編 vol.
2** 地盤工学会阪神大震災調査委員会編 地
盤工学会(東京) 1996.10 6,24,649p
30cm

**阪神・淡路大震災調査報告書 資料編 vol.
3** 地盤工学会阪神大震災調査委員会編 地
盤工学会(東京) 1996.10 6,27,654p
30cm 〈折り込図58枚〉

**阪神・淡路大震災調査報告書 資料編 vol.
4** 地盤工学会阪神大震災調査委員会編 地
盤工学会(東京) 1996.10 6,25,715p
30cm 〈折り込図6枚〉

阪神・淡路大震災調査報告書 解説編 地
盤工学会阪神大震災調査委員会編 地盤工学
会(東京) 1996.3 594p 30cm

**阪神・淡路大震災調査報告 土木構造物の
被害原因の分析 地盤・土構造物 港湾・
海岸構造物等** 阪神・淡路大震災調査報告
編集委員会編著 土木学会, 丸善〔発売〕
1998.8 300p 31×22cm 20000円 ⓘ4-

80 事故・災害レファレンスブック

自然災害　　　　　　　　　　　　　　　　　地震

8106-0209-5

(目次)地盤の増幅特性と地盤物性の同定，水際
地盤の変状，地盤の流動変形，地盤改良の効果，
粘土地盤の挙動分析，盛土・斜面の挙動解析，
擁壁、補強土擁壁の挙動分析，基礎構造物の挙
動解析

**阪神・淡路大震災調査報告　交通施設と農
業施設の被害と復旧**　阪神・淡路大震災調
査報告編集委員会編著　土木学会，丸善〔発
売〕　1998.2.20　351p　30cm（A4）　20000
円　①4-8106-0213-3

(目次)第1章 鉄道及び鉄道輸送，第2章 道路及
び道路交通，第3章 旅客及び貨物自動車輸送，
第4章 港湾及び海上輸送，第5章 空港及び航空
輸送，第6章 公園施設，オープンスペース，第
7章 リゾート保養施設，第8章 農業施設，第9章
水産施設

(内容)本書では，鉄道、道路、港湾、空港からな
る交通施設、公園緑地、リゾート保養施設、農
業施設、水産施設からなる自然環境に関連する
社会基盤施設を対象に被害と復旧についてとり
まとめたものである。

**阪神・淡路大震災調査報告　社会経済的影
響の分析**　阪神・淡路大震災調査報告編集
委員会編　土木学会，丸善〔発売〕　1998.
11.30　271p　30cm（A4）　20000円　①4-
8106-0214-1

(目次)第1章 序論，第2章 環境影響（地震による
環境影響の概要，震災前の環境状況，震災後の
環境影響調査 ほか），第3章 震災による貨物流
動と交通量の変化（震災前の神戸港の貨物流動
と船舶の流動，震災前の貨物流動，都市内交通
とその変化－シミュレーション ほか），第4章
経済被害の推計（経済被害の推計方法，機能障害
による経済損失，間接的な社会経済被害 ほか）

(内容)大気汚染や水質汚染といった環境面の被
害と対策、生産施設の直接被害及び交通施設の
被災による間接的な経済被害といった、従来、
震災の調査報告で省みられなかった分野に関す
る報告。

**阪神・淡路大震災調査報告　土木構造物の
被害原因の分析 地盤・土構造物 港湾・
海岸構造物等**　阪神・淡路大震災調査報告
編集委員会編著　土木学会，丸善〔発売〕
1998.8.20　300p　31×22cm　20000円
①4-8106-0209-5

(目次)地盤の増幅特性と地盤物性の同定，水際
地盤の変状，地盤の流動変形，地盤改良の効果，

粘土地盤の挙動分析，盛土・斜面の挙動解析，
擁壁、補強土擁壁の挙動分析，基礎構造物の挙
動解析

**阪神・淡路大震災調査報告　機械編　機械
設備の被害**　阪神・淡路大震災調査報告編
集委員会編　日本機械学会，丸善（発売）
1998.8　426p　31cm　20000円　①4-88898-
086-1

阪神・淡路大震災調査報告　共通編 1　阪
神・淡路大震災調査報告編集委員会編　日本
建築学会，丸善（発売）　2000.3　549p
31cm　20000円　①4-8189-2021-5

阪神・淡路大震災調査報告　共通編 2　阪
神・淡路大震災調査報告編集委員会編著　土
木学会，日本建築学会，丸善〔発売〕　1998.
3.20　577p　30cm（A4）　20000円　①4-
8106-0216-8

(目次)1編 地震・地震動，2編 地盤・地質

阪神・淡路大震災調査報告　共通編 3　阪
神・淡路大震災調査報告編集委員会編　日本
建築学会　1999.6　605p　31cm　20000円
①4-8189-2023-1

**阪神・淡路大震災調査報告　建築編 1　鉄
筋コンクリート造建築物**　阪神・淡路大震
災調査報告編集委員会編　日本建築学会，丸
善〔発売〕　1997.7.1　443p　30cm（A4）
13000円　①4-8189-2001-0

(目次)第1章 被害概要，第2章 構造設計に関する
諸基規準の変遷，第3章 被害統計，第4章 被害
形態，第5章 個別事例

阪神・淡路大震災調査報告　建築編 2　阪
神・淡路大震災調査報告編集委員会編　日本
建築学会，丸善（発売）　1998.8　621p
31cm　14000円　①4-8189-2002-9

阪神・淡路大震災調査報告　建築編 3　阪
神・淡路大震災調査報告編集委員会編著　日
本建築学会，丸善〔発売〕　1997.10.25
410p　21cm（A5）　13000円　①4-8189-
2003-7

(目次)鉄骨造建築物，シェル・空間構造，容器
構造

(内容)本書は、兵庫県南部地震による鉄骨造建物
被害の詳細を、事実に即して記述したものです。

阪神・淡路大震災調査報告　建築編 4　阪
神・淡路大震災調査報告編集委員会編　日本

事故・災害レファレンスブック　*81*

建築学会，丸善（発売）　1998.3　547p
31cm　14000円　Ⓘ4-8189-2004-5

阪神・淡路大震災調査報告　建築編 5　阪神・淡路大震災調査報告編集委員会編　日本建築学会，丸善（発売）　2000.5　275p
31cm　11000円　Ⓘ4-8189-2005-3

阪神・淡路大震災調査報告　建築編 6　火災・情報システム　日本建築学会編著　日本建築学会，丸善〔発売〕　1998.10　517p
30cm　13000円　Ⓘ4-8189-2006-1
Ⓘ次 第1章 概要，第2章 出火の実態，第3章 火災拡大の実態，第4章 耐火建築物等の火害事例，第5章 ビル防災設備の被災状況，第6章 住宅防火内外装材等の被災状況，第7章 住民行動，第8章 まとめ―今後の課題

阪神・淡路大震災調査報告　建築編 7　阪神・淡路大震災調査報告編集委員会編　日本建築学会，丸善（発売）　1999.3　423p
31cm　13000円　Ⓘ4-8189-2007-X

阪神・淡路大震災調査報告　建築編 8　阪神・淡路大震災調査報告編集委員会編　日本建築学会，丸善（発売）　1999.3　424p
31cm　13000円　Ⓘ4-8189-2008-8

阪神・淡路大震災調査報告　建築編 9　海洋建築・建築経済・建築法制　阪神・淡路大震災調査報告編集委員会編　日本建築学会編著　日本建築学会　1999.10　445p　31cm
〈他言語標題：Report on the Hanshin-Awaji earthquake disaster　東京 丸善（発売）〉　13000円　Ⓘ4-8189-2009-6　Ⓝ524.91

阪神・淡路大震災調査報告　建築編 10　阪神・淡路大震災調査報告編集委員会編　日本建築学会，丸善（発売）　1999.12　469p
31cm　13000円　Ⓘ4-8189-2010-X

阪神・淡路大震災調査報告　土木・地盤 1　阪神・淡路大震災調査報告編集委員会編著　土木学会，丸善（発売）　1996.12　349p
31cm　20000円　Ⓘ4-8106-0204-4

阪神・淡路大震災調査報告　土木・地盤 2　阪神・淡路大震災調査報告編集委員会編著　土木学会，丸善（発売）　1998.6　360p
31cm　20000円　Ⓘ4-8106-0205-2
Ⓘ次 トンネル・地下構造物，土構造物，基礎構造物

阪神・淡路大震災調査報告　土木・地盤 3

土木構造物の被害　阪神・淡路大震災調査報告編集委員会編著　土木学会，丸善〔発売〕　1997.12.20　537p　30cm（A4）
25000円　Ⓘ4-8106-0206-0
Ⓘ次 第5章 港湾・海岸構造物の被害（地震被害の概況，港湾地域の地震動，港湾地域の地盤，港湾施設の被害，コンテナクレーンの被害，漁港施設の被害，空港施設の被害，被害のまとめ）
Ⓘ内容 本書は，学術的に正確で客観的な記述を目指した総合報告書。

阪神・淡路大震災調査報告　土木・地盤 4　土木構造物の被害原因の分析　阪神・淡路大震災調査報告編集委員会編著　土木学会，丸善〔発売〕　1997.12.10　310p　30cm（A4）　20000円　Ⓘ4-8106-0207-9
Ⓘ次 第1章 コンクリート構造物，第2章 鋼構造物

阪神・淡路大震災調査報告　土木・地盤 5　阪神・淡路大震災調査報告編集委員会編著　土木学会，丸善（発売）　1999.8　468p
31cm　20000円　Ⓘ4-8106-0208-7
Ⓘ次 耐震設計基準の変遷，構造システムと耐震性，トンネル・地下構造物

阪神・淡路大震災調査報告　土木・地盤 7　土木構造物の応急復旧、補修、補強　阪神・淡路大震災調査報告編集委員会編著　土木学会，丸善〔発売〕　1999.10　696p
30cm　25000円　Ⓘ4-8106-0210-9
Ⓘ次 第1章 橋梁（総括，復旧の基本方針，桁橋の被災度判定と復旧，ラーメン高架橋の被災度判定と復旧，アーチ橋及びトラス橋の被災度判定と復旧，吊橋・斜張橋の被災度判定と復旧，被災調査技術，兵庫県南部地震を契機として実施中の耐震補強例），第2章 トンネル・地下構造物（総括，復旧の基本方針，開削トンネルの被災判定と復旧，シールドトンネルの被災判定と復旧，山岳トンネルの被災判定と復旧）

阪神・淡路大震災調査報告　土木・地盤 8　阪神・淡路大震災調査報告編集委員会編著　土木学会，丸善（発売）　1998.6　318p
31cm　20000円　Ⓘ4-8106-0211-7
Ⓘ次 地盤・土木構造物・基礎構造物，港湾・海岸構造物等，河川・砂防関係施設の復旧と今後の対策

阪神・淡路大震災調査報告　土木・地盤 9　阪神・淡路大震災調査報告編集委員会編著

丸善（発売）　1997.9　520p　図版10枚
31cm　26000円　Ⓘ4-8106-0212-5

阪神・淡路大震災調査報告　土木・地盤
12　阪神・淡路大震災調査報告編集委員会
編著　土木学会，丸善（発売）　2000.2
266p　31cm　20000円　Ⓘ4-8106-0215-X

＜ハンドブック＞

思い刻んで　震災10年のモニュメント
NPO法人阪神淡路大震災1.17希望の灯り，毎
日新聞震災取材班編著　（大阪）どりむ社
2004.12　254p　21cm　1429円　Ⓘ4-
925155-61-X
Ⓣ01 神戸市中央区，02 神戸市東灘区／灘
区，03 神戸市兵庫区／長田区，04 神戸市須磨区
／垂水区／北区／西区／兵庫県明石市／三木市
／淡路島，05 兵庫県西宮市／芦屋市，06 宝塚
市／川西市／伊丹市／尼崎市／大阪市／遠隔地
Ⓒあの日から10年，記憶を繋ぐモニュメン
トガイド。記者が綴った200超モニュメントの
行き方ガイドマップ付。

こうべ災害ボランティア支援マニュアル
改訂　（神戸）神戸市社会福祉協議会ボラン
ティア情報センター　2014.3　106p　30cm
Ⓝ369.3

5000人の鎮魂歌　朝日新聞社　1995.4
199p　18cm　（ASAHI NEWS SHOP）
680円　Ⓘ4-02-273040-4
Ⓣ第1章 鎮魂歌—震災の構図，第2章 亡くな
られた方々
Ⓒ阪神大震災のデータ集。1995年3月4日現
在で身元が判明した死者の氏名，年齢，住所を
掲載する「亡くなられた方々」（第2章）がある。
排列は住所地の市区ごとに五十音順。

阪神・淡路大震災復興誌　総理府阪神・淡路
復興対策本部事務局編　大蔵省印刷局
2000.6　587p　30cm　5000円　Ⓘ4-17-
355100-2　Ⓝ369.31
Ⓣ第1章 阪神・淡路大震災の概要と被害状
況，第2章 主な緊急対策，第3章 復興に向けて
の取組み，第4章 主な復旧・復興対策，第5章 震
災の経験を踏まえた取組み，第6章 阪神・淡路
地域の復興の現状，第7章 終わりに，第8章 関
連資料・年表
Ⓒ阪神・淡路大震災から5年が経過し，阪神・
淡路復興対策本部の解散を機に，国が講じてき

た復旧・復興対策の詳細な記録を取りまとめた
資料集。

＜法令集＞

大震災が遺したもの　教訓は生かされた
か、阪神淡路・十年目の事実　松島悠佐著
内外出版　2005.1　255p　22cm　2400円
Ⓘ4-931410-05-7　Ⓝ369.31

＜年鑑・白書＞

朝日年鑑　1996　朝日新聞社　1996.3
840p　26cm　4400円　Ⓘ4-02-220096-0
Ⓣ'95年表，特集，政治，経済・産業・労働，
社会・司法・教育，科学・医学・環境，文化・メ
ディア，スポーツ，都道府県要覧，国際情勢・
各国要覧，統計・資料
Ⓒ1995年1年間に起きた国内，海外の出来事
をまとめた年鑑。政治，経済，社会，科学，文
化，スポーツ，都道府県要覧，国際情勢・各国
要覧の8分野に関する概説，トピックス，小分野
別の回顧で構成される「本記」，500余表を掲載
する「統計・資料」から成る。本年度版では特
集として「阪神・淡路大震災」「オウム真理教
事件」を取り上げる。巻末に五十音順の事項索
引がある。—阪神大震災，オウム事件，そして
「戦後50年」、'95年を解説と資料で徹底回顧。

関西年鑑　'97　月刊オール関西編　（神戸）
コミュニティサービス　1997.9　714p
26cm　5714円　Ⓘ4-906154-20-4
Ⓣカラー特集（日本文化の故郷 歴史街道，
関西の個性 プロスポーツ編—イチロー，赤堀元
之，檜山進次郎，エムボマ，森島寛晃，永島昭
浩，藤吉信次，プロジェクト関西展望），ボーダ
レス時代の関西，情報化社会と産業の活性化，
豊かな社会づくりと地域整備，芸術文化の新し
い動向，観光は地域経済の核となる，「阪神・
淡路大震災」復興の現状と展望，教育界の新し
い潮流，自治体の動向（京都府，大阪府，兵庫
県，滋賀県，奈良県，和歌山県，三重県，福井
県，徳島県），関西人名簿

研究年報　No.28　住宅総合研究財団，丸善
〔発売〕　2002.3　294p　30cm　2400円
ⒾISSN0916-1864
Ⓣ1 委託論文・住総研シンポジウム（第21
回）（阪神大震災での復興経験からマンション
の更新、建替を考える，マンション建替法改正
構想，スケルトン・インフィル方式の可能性，
第21回住総研シンポジウム「マンション居住を

考える―マンションの建替をめぐって―」），2研究論文（近世京都における新地開発の展開に関する研究，東北地方の武家地における屋外住環境利用形態に関する研究，東京における外国人居住者の住まいと住環境に関する比較研究，パートナーシップ型多世代コレクティブ居住に関する研究 ほか），3 研究論文評，4 研究年報総目録（2002年3月末現在）

住宅白書 1996年版 阪神・淡路大震災とすまい 日本住宅会議編 ドメス出版 1996.1 366p 21cm 3090円 Ⓘ4-8107-0420-3

Ⓣ目次Ⓣ第1部 阪神・淡路大震災（住宅はどのように壊れ人びとはどのように死んだのか，震災ののち人びとはどこですごし何をしたのか，住宅をどのように再建するか，街をどのように復興するか），第2部 住宅政策・住宅事情・住宅運動

Ⓝ内容Ⓝいのちを守るべき住宅が一瞬に凶器と化す。死者のほとんどはつぶれた家の下敷きとなった。彼らは，日本の貧しい住宅・都市政策の犠牲者でもあった。被災の実態，人びとの苦悩，住宅・生活再建とまちづくりに取り組む姿―日本人すべてに重い問いかけを発した大震災の全体像に迫る初の白書。

1995年兵庫県南部地震災害調査速報 英訳版 日本建築学会，丸善〔発売〕 1995.4 216p 30cm 〈本文：英文 原書名：Preliminary Reconnaissance Report of the 1995 Hyogoken - Nanbu Earthquake〉 7050円 Ⓘ4-8189-0449-X

阪神・淡路大震災人権白書 高齢者・障害者・子ども・住宅 近畿弁護士会連合会編 明石書店 1996.10 287p 21cm 3399円 Ⓘ4-7503-0864-1

Ⓣ目次Ⓣ序章 居住の権利，第1章 被災高齢者の人権，第2章 被災障害者の人権，第3章 大震災と子どもたち，第4章 大震災と住宅

Ⓝ内容Ⓝ未曽有の大災害をもたらした阪神・淡路大震災から早くも1年半余りが経過しました。近畿弁護士会連合会と連合会を構成する近畿2府4県の単位弁護士会は，震災直後から震災救援対策の諸活動に全力を傾注してきました。本書は，連合会が取り組んできました諸活動のうち，平成8年1月27日に開催されたシンポジウム「阪神・淡路大震災と人権」の中から高齢者・障害者・子どもの人権と住宅問題を取り上げて編集されています。

＜統計集＞

地震・津波等に関する県民意識調査 平成25年度 （[和歌山]）和歌山県 2014.4 151p 30cm Ⓝ369.31

◆◆四国地方

＜事 典＞

日本災害資料集 地震編第3巻 南海大震災誌 伊津野和行編・解説 クレス出版 2012.9 692,188,5p 22cm 〈布装 高知縣昭和24年刊の複製〉 25000円 Ⓘ978-4-87733-693-6 Ⓝ369.3

◆◆外国

＜年鑑・白書＞

社会人類学年報 Vol.32.（2006） 東京都立大学社会人類学会編，鈴木二郎，村武精一，松園万亀雄監修 弘文堂 2006.11 234p 21cm 3700円 Ⓘ4-335-51062-4

Ⓣ目次Ⓣ身内で結婚する―スリランカ・タミル漁村における婚姻をめぐって，アビジャン・レゲエと政治の関係―アルファ・ブロンディの歌詞に表現される政治的視点の変化，市場経済におけるカシュタチ（刺繡屋）事業の誕生―ウズベキスタン・ショーフィルコーン地区の事例から，スリランカ海村における災害をめぐる人類学的課題―内戦後の復興から津波災害を経て，宗教実践としての「病院奉仕」―台湾における仏教団体の事例から，パラオの葬儀における首長位称号の客体化―屋敷地への埋葬と食物の分配を事例として，現代台湾における"原住民族"の位置づけ―「原住民族自治区法」草案をめぐって，研究動向 日本における葬制研究の展開―近代化による変容を中心に

政府開発援助（ODA）白書 日本の国際協力 2012年版 外務省編 文化工房，全国官報販売協同組合〔発売〕 2013.3 247,20p 30cm 2381円 Ⓘ978-4-9903851-9-4

Ⓣ目次Ⓣ第1部 共に歩み，共に成長する国際協力（共に歩むODA，共に成長するODA），第2部災害に負けない社会づくり―日本の防災協力（防災を世界に発信する，防災協力の実際），第3部2011年度の政府開発援助実績（実績から見た日本の政府開発援助，日本の政府開発援助の具体的取組），第4部 資料編（日本の政府開発援助予

自然災害　　地震

算，日本の政府開発援助実績，二国間援助案件リスト，国際機関を通じた政府開発援助実績，政府開発援助に関する主な資料）

まんがで読む防衛白書　平成22年版　ハイチにおける国際平和協力活動　松山セツ作画，吉岡佐和子シナリオ・編集　防衛省，少年写真新聞社（制作）　2011.7　81p　21cm　476円　Ⓘ978-4-87981-389-3　Ⓝ392.1076

Ⓣ第1章 プロローグ―ハイチからの手紙，第2章 2010年1月13日（日本時間），ハイチ大地震発生，第3章 日本からハイチへ―第1次要員の派遣，第4章 「みんな元気です。」―第2次要員の派遣，第5章 みんなの笑顔は世界中に守られている，第6章 日本を守る、世界をつなぐ―「まもるお仕事」，第7章 エピローグ―いつか、また会えることを夢見て

ラテンアメリカレポート　Vol.29No.2　特集 ラテンアメリカ政治の現在　（千葉）　アジア経済研究所　2012.12　96p　26cm　1200円　ⓉISSN0910-3317

Ⓣ特集 ラテンアメリカ政治の現在（ベネズエラ・チャベス大統領の4選，メキシコはどこへ行く―2012年大統領選挙に見る政党の戦略と国家の選択，ペルー左派政権はなぜ新自由主義路線をとるのか?―「左から入って右に出る」政治力学の分析，2010年大地震で露わになったハイチの自然災害への脆弱性―その構造的問題に関する一考察，パラグアイにおけるルゴ大統領に対する弾劾裁判と国際社会の対応，メキシコにおける基礎教育の質改善をめぐって―近年の全国教育労働者組合（SNTE）の政治行動と議会，市民の動き），資料 ブラジルの医療制度，現地報告 ペルー・リマの自動車通勤，資料紹介

＜統計集＞

1994年ノースリッジ地震災害調査報告書　日本建築学会，丸善〔発売〕　1996.3　345p　26cm　2910円　Ⓘ4-8189-0077-X

Ⓣ1 地震および被害の概要，2 地震・地震動，3 地盤災害，4 建築物の被害，5 耐震設計と各種構造物の被害，6 免震構造建築の応答性状，7 建築設備の被害，8 ライフライン施設の被害，9 土木構造物の被害，10 火災および消防，11 行政の対応と被害建物の対策，12 防災体制と災害時の対応，13 被災者支援策としての損害保険

◆地震学

＜事 典＞

地震の事典　第2版　宇津徳治，嶋悦三，吉井敏尅，山科健一郎編　朝倉書店　2001.7　657p　22×16cm　23000円　Ⓘ4-254-16039-9　Ⓝ453.036

Ⓣ1 地震の概観，2 地震の観測と観測資料の処理，3 地震波と地球内部構造，4 変動する地球と地震の分布，5 地震活動の性質，6 地震の発生機構，7 地震に伴う自然現象，8 地震による地盤の振動と地震災害，9 地震の予測・予知

Ⓝ地震の知識・情報をまとめた事典。専門家のほか，地震の観測・調査担当者，防災関連担当者，地震に関する記事を担当する記者などを利用対象とする。用語の解説集ではなく，地球物理学，地球化学，土木・建築工学など地震に関する学問の分野から，地震に関するできるだけ多くの知識を系統的に解説する。15年ぶりに全面改訂の第2版。

地震の事典　第2版 普及版　宇津徳治，嶋悦三，吉井敏尅，山科健一郎編　朝倉書店　2010.3　657p　21cm　〈他言語標題：Encyclopedia of earthquakes　文献あり　年表あり〉　19000円　Ⓘ978-4-254-16053-6　Ⓝ450

Ⓣ1 地震の概観，2 地震の観測と観測資料の処理，3 地震波と地球内部構造，4 変動する地球と地震の分布，5 地震活動の性質，6 地震の発生機構，7 地震に伴う自然現象，8 地震による地盤の振動と地震災害，9 地震の予測・予知

地震予測ハンドブック　計測機器を使わない　三一書房編集部編　三一書房　2013.9　295p　19cm　2000円　Ⓘ978-4-380-13010-6　Ⓝ453.38

Ⓣ第1部 生物編（哺乳類，鳥類，魚類・貝類・両生類・甲殻類ほか，爬虫類ほか，無脊椎動物，植物），第2部 電器・天・地・海・人編（電気機器，体温計など，空と天候の異常，大地の変化，人体，地震時の発光現象）

Ⓝ専門家や研究者が無視し続けてきた「宏観現象」先人たちの知恵に学び，地震前兆をいち早くつかむ! 道具を使わず，誰でもできる地震予測方法の集大成!

津波の事典　縮刷版　首藤伸夫，今村文彦，越村俊一，佐竹健治，松冨英夫編　朝倉書店　2011.10　350p　19cm　〈索引あり〉　5500

事故・災害レファレンスブック　85

地震　　　　　　　　　　自然災害

円　Ⓘ978-4-254-16060-4　Ⓝ453.4

[目次]1 津波各論，2 津波の調査，3 津波の物理，4 津波の被害，5 津波の予測，6 津波対策，7 津波予警報，8 国際連携

<辞 典>

学術用語集　地震学編　増訂版　文部省，日本地震学会著　日本学術振興会　2000.3　310p　19cm　〈東京 丸善出版事業部（発売）〉　2200円　Ⓘ4-8181-9509-X　Ⓝ453.033

<ハンドブック>

津波堆積物調査・評価に関する手引き
（［東京］）原子力安全基盤機構　2014.1　75p　30cm　（JNES-RE-report series JNES-RE-2013-2022）　Ⓝ453.4

日本の地震活動　被害地震から見た地域別の特徴　第1版追補版　総理府地震調査研究推進本部地震調査委員会編　財団法人地震予知総合研究振興会地震調査研究センター　1999.4　395p　30cm　3190円　Ⓘ4-9980750-0-4

[目次]全国の地震活動の特徴，北海道地方の地震活動の特徴，東北地方の地震活動の特徴，関東地方の地震活動の特徴，中部地方の地震活動の特徴，近畿地方の地震活動の特徴，中国・四国地方の地震活動の特徴，九州・沖縄地方の地震活動の特徴

<年鑑・白書>

地震災害を究明せよ　まんが・未来をひらく夢への挑戦　子ども科学技術白書編集委員会編，おがたたかはる，よしのえみこ漫画・脚本，文部科学省科学技術・学術政策局調査調整課監修　国立印刷局　2006.3　64p　21cm　（子ども科学技術白書 7）　477円　Ⓘ4-17-196403-2

[内容]文部科学省編「平成17年版科学技術白書」などをもとに，自然災害からの被害の軽減・未然防止に役立つ防災科学技術について説明。"子ども科学研究隊"を主人公としたマンガで，子どもにもわかりやすく解説している。研究者のインタビューなどを収録したCD-ROM付き。

◆震災時の対応

<ハンドブック>

Q&A震災と住まいの法律相談　曽我陽一著　商事法務　2011.6　221p　19cm　1600円　Ⓘ978-4-7857-1890-9　Ⓝ324.2

[目次]第1章 被災後の土地建物の管理，第2章 持ち家の問題，第3章 マンションの問題，第4章 賃貸借物件の損壊・立退きに関する問題，第5章 賃貸借契約の当事者の死亡，第6章 賃貸借物件の修繕，賃料その他の問題，第7章 被災者生活再建支援制度，第8章 不動産担保の問題，第9章 住まいとその周辺の問題

[内容]被災地復興の礎となる住まいの法律問題についてQ&A形式でわかりやすく解説。震災から生じる持ち家・マンション・借地借家等の問題に加え，被災者生活再建支援制度の要点も紹介。

<法令集>

Q&A震災後の人事労務・賃金管理　第一協同法律事務所編　日本経団連出版　2011.11　176p　21cm　1300円　Ⓘ978-4-8185-1103-3　Ⓝ336.4

[目次]Q&A編（業務災害・通勤災害に認定されるのはどういう場合ですか，業務上災害と通勤災害では労災保険の給付内容は異なりますか，労災が発生した場合の給付請求手続きを教えてください，業務災害や通勤災害で休業した労働者に対する解雇制限は？ ほか），参考資料編（東日本大震災に伴う雇用調整助成金の活用Q&A，東日本大震災に伴う未払賃金の立替払事業の申請促進について，震災により休業を余儀なくされている事業主・労働者の方へのお知らせ，東日本大震災に伴う解雇・雇止め等に対する対応について ほか）

震災における不動産の法律問題　馬場・沢田法律事務所編　中央経済社　2011.8　124p　19cm　1200円　Ⓘ978-4-502-04590-5　Ⓝ324.2

[目次]第1章 持家・持ちビル（建築途中の建物，建物解体時の注意点 ほか），第2章 マンション（区分所有建物）と震災（地震によるマンションの損壊と売主・建築業者の責任，マンションの修繕，建替え ほか），第3章 借地と借地上の建物（地震・津波により土地が損壊した場合，地震・津波で全壊した借地上の建物の再築 ほか），第4章 借家・アパート・賃貸マンション（地震・

津波と借家契約，地震・津波と大家の責任 ほか），第5章 保険（地震保険とは，保険金請求の手続 ほか）

(内容)東日本大震災により問題となっており、今後も続出してくると思われる不動産に関する法律問題を解説する法令資料集。地震や津波、それらに伴い生じた液状化現象、原発事故の影響で住めなくなったり修繕が必要になった家（持ち家、マンション）、借地上の家、借家、賃貸マンションやアパート。それらをめぐる権利義務関係や責任問題、補償、費用負担、保険、国の支援制度などをわかりやすくまとめています。

震災の法律相談　小倉秀夫，佐々木亮，山口
元一，小川義竜編著　学陽書房　2011.6
238p　21cm　2400円　①978-4-313-51154-5
Ⓝ369.31

(目次)1章 生活（地上残置物の処理，不動産 ほか），2章 雇用・労働（震災と業務災害，震災と通勤災害 ほか），3章 企業経営・ビジネス（生活活動の減衰，損失の補填 ほか），4章 震災と外国人の地位（在留期限を過ぎてしまった場合，再入国許可を取得せずに出国した場合 ほか）

(内容)被災者が直面する多様な法律問題につき具体的ケースをもとに詳細に解説。がれき処理、借地借家、生活の再建、物損、原発事故、労災、雇用、企業経営、事業の継続、外国人の地位などについて、54の設問で適切な解決方法を示す。津波災害、放射能被害、風評被害、計画停電、土地の液状化など東日本大震災特有の問題にも対応。被災者の法的支援に取り組む法律家のための法律実務書。

震災の法律相談Q&A　淀屋橋・山上合同編
民事法研究会　2011.4　219p　21cm　1400
円　①978-4-89628-687-8　Ⓝ369.31

(目次)特定非常災害特別措置法，不動産，預貯金・有価証券，取引，不法行為，会社法・金融商品取引法，労働，人，倒産，保険，税金，参考資料

震災の法律相談Q&A　第2版　淀屋橋・山
上合同編　民事法研究会　2011.10　360p
21cm　2800円　①978-4-89628-729-5
Ⓝ369.31

(目次)第1章 災害に関する法律，第2章 不動産，第3章 不動産以外の財産，第4章 取引，第5章 不法行為，第6章 会社法・金融商品取引法，第7章 労働，第8章 人，第9章 倒産，第10章 保険，第11章 税金，第12章 行政

(内容)最新の情報・特例措置・新たな実務を織り込み改訂。新たに災害救助法、被災者生活再建支援法、原子力損害をめぐる法律を織り込み、船舶・自動車、津波、原子力被害等、東日本大震災下での独自の問題にも丁寧に対応した最新版。

震災法務Q&A　企業対応の実務　荒井正
児，石井裕介，小田大輔，松井秀樹編著　金融財政事情研究会，きんざい（発売）　2011.
6　419p　21cm　2800円　①978-4-322-
11920-6　Ⓝ335

(目次)第1部 災害関連法令等に関するQ&A（災害関連法令，被災企業・被災者関連），第2部 企業における震災対応Q&A（金融法務，保険，人事労務，不動産・環境，契約，独占禁止法，震災と損害賠償，会社法，会計・税務），巻末資料 東日本大震災と立法・行政・業界団体の最新動向

(内容)東日本大震災という未曾有の事態に対してどのように対処し、どのように乗り切っていけばよいのか、現場が知りたい震災法務150問に、企業法務に精通した弁護士が応える。

絶対に知っておきたい! 震災時の法律相談
清原博著　自由国民社　2011.9　183p　19cm
1400円　①978-4-426-11290-5　Ⓝ369.31

(目次)1章 土地と建物，2章 借地と借家，3章 お金やローン、保険，4章 家族の行方不明や相続，5章 仕事と雇用，6章 原発事故と損害賠償，7章 被災企業の支援と再建，8章 被災地の復興、その他

(内容)かつてない大災害にどう対処するか? 正しい正法律知識で想定外の危機を冷静に乗り切る!77のQ&Aで解説。

労働判例に見る危機管理対応　震災・災害
時の基本実務　河本毅著　日本経団連出版
2011.7　262p　21cm　1600円　①978-4-
8185-1102-6　Ⓝ336.4

(内容)震災による企業危機下で、物的・人的合理化諸施策がどのようになされるべきか、不要・不急な労使トラブルを回避するためにどう対応すべきかについて、各項目ごとに説明する。『ビジネスガイド』掲載を書籍化。

<年鑑・白書>

大都市直下型震災時における被災地域住民
行動実態調査　総合研究開発機構，全国官報販売協同組合〔発売〕　1995.10　117p
26cm　（NIRA研究報告書 NO.950067）
2000円　①4-7955-4441-7

地震　　　　　　　　　自然災害

(目次)第1部 コミュニティ防災体制の研究（震災と都市社会のシステム，公共システム，個人システム，地域システム，市民システム，地域・地区センターの形成），第2部 阪神・淡路大震災による被災市民の意識と行動に関する実態調査結果（調査の趣旨と目的，アンケート調査の概要，調査結果の分析・評価，アンケート調査票，アンケート自由意見，ヒアリングの結果）

◆地震対策・震災対策

＜事 典＞

現代用語の基礎知識　1996　自由国民社
　1996.1　1528p　26cm　2500円
(内容)時事用語，学術常識語，風俗・流行語，外来語・略語等の「現代用語」をジャンル別に解説した事典。特集「都市型震災とその防災を考える」ほかを掲載。巻末に「外来語最新事典'96」を収録。巻頭に五十音順の全用語索引，略語索引がある。

地震防災の事典　岡田恒男，土岐憲三編　朝倉書店　2000.9　675p　21cm　24000円
　①4-254-16035-6　Ⓝ369.31
(目次)1 過去の地震に学ぶ，2 地震の起こり方，3 地震災害の特徴，4 都市の震災，5 地震災害の軽減に向けて，6 付録
(内容)地震防災に関する事典。本編は5章で構成。地震動を受けたときの構造物の挙動，都市の巨大化・複雑化などに伴う都市の地震災害の複雑化，多様化，その他人的，物的損害以外にも広範なシステムの混乱，停滞などの地震防災に関する総合的な情報を提供する。付録では，被害の観点からみた日本有史以来の破壊的大地震と明治以降の大地震一覧，防災基本法，現行耐震設計基準の概要を収録する。

日本災害資料集　火災編第5巻　震災予防調査会報告　田中哮義編・解説　クレス出版　2013.6　296,3，3p 図版13枚　27cm　〈布装　震災豫防調査會 大正14年刊の複製〉　13000円　①978-4-87733-762-9,978-4-87733-765-0　Ⓝ369.3

＜ハンドブック＞

イザのとき役立つ震災ハンドブック　国崎信江監修　中経出版　2011.6　159p　15cm　（中経の文庫 く−8-1）〈文献あり〉　505円　①978-4-8061-4083-2　Ⓝ369.31

(目次)プロローグ 東日本大震災の教訓，1 震災から身を守る，2 震災に備える，3 被災後の生活設計，4 被災者への支援，巻末資料
(内容)2011年3月11日に発生した，東北地方を中心とする東日本各地に甚大な被害を与えた「東日本大震災」。本書は，この一大事から得た貴重な経験を中心にまとめ，今後起こりうる大地震から身を守るための "震災心得" となるよう，シンプルにわかりやすく解説したものです。

親子の地震まるごとハンドブック　備えがあれば地震はこわくない！　インパクト編　日本出版社　1995.8　150p　21cm　1200円　①4-89048-358-6
(目次)1 こんなとき地震が起こったら‼，2 地震に備えよう，3 地震後の暮らし，4 博士の地震まるごとものしり帳

家族で学ぶ地震防災はじめの一歩　大木聖子著　東京堂出版　2014.2　149p　21cm　〈イラスト：溝口真幸　文献あり〉　1500円　①978-4-490-20855-9　Ⓝ369.31
(目次)1章 地図をつくろう（おうち・学校・公園，避難できる場所に☆印 ほか），2章 学校の中（大きな地震の強い揺れ，教室の中の危険なもの ほか），3章 おうちの中（家具は絶対に手でおさえない，キッチンの地震対策 ほか），4章 ピクニックに行こう（上流の景色，中流にある村や町 ほか），5章 生きている地球（大陸の移動，ひとつだった大陸 ほか），6章 防災館で体験（震度7の体験，地震のあとは ほか）
(内容)地震のときに「まさか!」ではなく「いつ起こってもだいじょうぶ」になる知恵がつめこまれた，みんなの命を守るための本。

建築施工単価　2000秋　建築工事市場単価・特集／地震対策の最新技術　経済調査会編　経済調査会　2000.10　662p　26cm　4381円　①4-87437-648-7　Ⓝ525.3
(目次)建築工事（仮設・土工事，躯体関連工事，仕上げその他工事），電気設備工事，機械設備工事，外構工事，公園工事，ビルメンテナンス・警備・保全，建設発生土・産業廃棄物処理，地質調査
(内容)建築工事費のデータをまとめたデータブック。建築工事、電気設備工事、機械設備工事、地質調査・測量などの業種別に構成し、各編の冒頭に解説を付す。工事費は最小の単位である細目や費目と呼ばれる費用を工事価格として掲載。また細目、費目については誌面上の制約から代表的、標準的なものを掲載している。

88　事故・災害レファレンスブック

自然災害　　地震

最新耐震・防火建築ハンドブック　実務家のための　最新耐震・防火建築ハンドブック編集委員会編　建設産業調査会　1991.12　966p　27cm　47000円

(内容)耐震設計技術に係る知識を体系的に整理し、設計実務の参考書用にまとめた耐震編と、新しい防火設計法に関する事項を実務者用にまとめた防火編の2部で構成。巻末に五十音順の用語索引を付す。

地震に強いマンションにする55の方法　マンション地震防災マニュアル　矢野克巳著　毎日新聞社　2014.6　158p　21cm　〈文献あり〉　2000円　①978-4-620-32226-1　⒩369.31

(目次)第1章「人」を守る地震対策のために(「物」を守る耐震から「人」を守る耐震へ、死亡を防ぐために圧死と火災の対策を ほか)、第2章 共用部の被害を最小にする点検と改修(共用部と専有部の管理責任をはっきりさせる、敷地の弱点を知り現実的な対策を ほか)、第3章 これだけは押さえたい住戸の責任と減災行動(住戸(専有部)の安全は個人の責任、家具の固定は確実に安全性を向上させる ほか)、第4章 防災対策から復旧まで、管理組合の責任と役割(防災における管理組合の立場を知る、まずは防災対策の「標準的な対応」を ほか)

(内容)建物診断、被災時の対応、管理組合と住民による体制づくりまで。「建物の大破を防ぐ」という従来の考え方だけでは「生命」は守れない。住民の生命と暮らしを本当に守るためには何が必要なのか。これまで指摘されてこなかったマンションをもっと強くするためのガイドブック。

地震防災対策ハンドブック　地域における震災対策の実務　消防庁震災対策指導室監修、地震防災対策研究会編　ぎょうせい　1997.7　274p　21cm　3000円　①4-324-05147-X

(目次)第1章 地震の発生と被害、第2章 地震防災対策への取り組み(国における地震対策、地方公共団体における地震防災対策、地震災害対策関連法令の整備 ほか)、第3章 地震防災対策Q&A(震度階級関連解説表関係、補助事業関係、地震防災対策特別措置法関係 ほか)、第4章 地震防災対策に関する今後の課題

(内容)地方公共団体の防災担当職員が地震防災担当事務を推進する上で、参考とすべき事項を簡潔にまとめたもの。

地震防災ハンドブック　新装改訂版　メディアックス　2008.8　118p　19cm　(メディアックス新書)　800円　①978-4-86201-616-4　⒩369.31

(目次)第1章 シチュエーション別対処法(6つの心得、自宅にいた時は ほか)、第2章 避難(避難のしかた、避難時の服装 ほか)、第3章 応急手当(応急手当の原則、やけど ほか)、第4章 備え(持ち出し品の揃え方、1次持ち出し品 ほか)、第5章 マイ・ハンドブック(避難所マップ、帰宅ルートマップ ほか)

(内容)大地震が発生した「その瞬間」からの対処法、避難、応急手当、そして日頃の備えに特化した防災ハンドブック。

首都直下地震等対処要領　東京都総務局総合防災部防災対策課編　東京都総務局総合防災部防災対策課　2014.5　80p　30cm　⒩369.31

震度7から家族を守る家　防災・減災ハンドブック　国崎信江著　潮出版社　2012.10　94p　21cm　1200円　①978-4-267-01918-0

(目次)第1章 わが家を「家族を守る」避難所に!(キッチン、ダイニング、食料棚・備蓄 ほか)、第2章 わが家を「防災に強い家」に!(コツコツ防災のススメ、わが家を「防災に強い家」にするおすすめグッズ、火事にも強い家をめざそう ほか)、第3章「それでも避難」の時の必需グッズ(避難時には防災ベストを、わが家の防災ベストに入っている物、子ども用ベストも用意しておこう ほか)

(内容)お洒落で素敵な国崎さんのおうちには、女性と子どもを守る「防災の知恵」がいっぱい!キッチン、ダイニング、バス・トイレ、寝室、子ども部屋…1カ月3000円のコツコツ防災で、あなたの家が「避難所」に早変わり。あなたと家族を守る「おススメ防災グッズ」も満載。

震災対策の充実のために　阪神・淡路大震災の教訓を踏まえて　総務庁行政監察局編　大蔵省印刷局　1998.4　154p　30cm　1400円　①4-17-218731-5

(目次)第1 監察の目的等、第2 監察結果(防災体制及び施策の強化、防災対策の充実、その他)、参考資料、各省庁(指定行政機関)が阪神・淡路大震災に関連して講じた措置

耐震構造設計ハンドブック　日本建築構造技術者協会編　オーム社　2008.10　884p　27cm　15000円　①978-4-274-20611-5　⒩524.91

事故・災害レファレンスブック　　**89**

噴火・火山活動　　　　自然災害

[目次]耐震設計法の歴史，地震動，構造解析，構造計画，耐震設計法，鉄筋コンクリート構造，プレストレストコンクリート構造，金属構造，鉄骨鉄筋コンクリート構造，コンクリート充填鋼管構造（CFT構造），木質構造，基礎構造，免震構造，制震構造，空間構造，非構造部材，耐震診断・耐震補強

津波防災地域づくり法ハンドブック　大成出版社編集部編　大成出版社　2012.2　156p　21cm　1200円　①978-4-8028-3048-5

[目次]第1章　「津波防災地域づくり法」について，第2章　基礎調査・津波浸水想定・推進計画，第3章　推進計画区域における特別の措置，第4章　津波防護施設等，第5章　津波災害警戒区域、津波災害特別警戒区域，第6章　その他の規定等，第7章　津波防災地域づくりによる被災地復興への支援

都市防災実務ハンドブック　地震防災編　建設省都市局都市防災対策室監修，都市防災実務ハンドブック編集委員会編　ぎょうせい　1997.9　249p　26cm　3714円　①4-324-05252-2

[目次]第1章　新しい都市防災対策の要点，第2章　都市防災対策手法（マニュアル）の解説，第3章　都市防災制度の解説，第4章　都市防災Q&A，第5章　先進都市事例等の紹介

[内容]都市レベルの防災対策に加え，地区レベルの防災対策を進める上での基本的な考え方を示すとともに，対策の前提となる災害危険度の判定手法や実際の計画に当たって必要とされる指針を解説したもの。

一人暮らしの地震対策ハンドブック　志田雅洋著　新風舎　2004.10　95p　19cm　1000円　①4-7974-4303-0

[目次]第1部　地震への備え（平時の心得，地震に強い部屋探し，地震に負けない部屋造り ほか），第2部　地震への対処―地震発生!!生き残るための対処法（地震発生時の四大心得，場所別対処法，初期消火の実施 ほか），第3部　地震の後始末（部屋に戻ったならば，被災後の手続き）

[内容]地震はいつどこで発生しても不思議ではない。しかし，過剰に怖がる必要もない。地震に対する知識を持ち，備えをし，冷静に対処すればいいのだ。

保育所・幼稚園等南海トラフ地震対策事例集　太田光洋監修，高知県教育委員会事務局幼保支援課編　（［高知］）高知県教育委員会事務局幼保支援課　2014.3　86p　30cm

Ⓝ369.31

<法令集>

建築防火防災法規の解説　3訂版　日本建築防災協会編，建設省住宅局建築指導課，自治省消防庁予防課監修　新日本法規出版　1990.10　633p　21cm　4300円　①4-7882-3120-4

[目次]第1編　建築基準法の防火・防災規定（防火，避難施設等，建築設備，都市計画区域内の建築物の敷地、構造及び建築設備，その他），第2編　消防法の防火・防災規定（消防設備，防災），第3編　JIS防火試験方法等

<年鑑・白書>

首都圏白書　平成18年版　国土交通省編　国立印刷局　2006.6　112p　30cm　2500円　①4-17-219018-9

[目次]第1章　首都圏をめぐる最近の動向（首都圏における人口動向の変化と居住動向，産業及び大学の立地の動向，首都直下地震対策に関する動向 ほか），第2章　首都圏の現況（人口・世帯数の状況，活力創出に資する機能の状況，個人主体の多様な活動の展開 ほか），第3章　首都圏整備の推進（首都圏整備計画，政策区域等に基づく諸施策の推進，東京圏のリノベーションプログラム ほか），資料　首都圏整備に関する各種データ

噴火・火山活動

<図鑑・図集>

世界の火山図鑑　写真からわかる火山の特徴と噴火・予知・防災・活用について　須藤茂著　誠文堂新光社　2013.8　223p　21cm　2600円　①978-4-416-11364-6　Ⓝ453.8

[目次]火山の地形と大きさ，火山の内部構造，日本の火山，世界の火山，火山噴出物，噴火と災害，噴火予知と災害軽減，火山活動の推移の例，火山の調査，火山観測所，火山の恵み，地熱発電，温泉，観光，火山の博物館

[内容]カラー写真をふんだんに用い，世界の火山の特徴をさまざまな角度から紹介した火山図鑑。火山の地形と大きさ，内部構造，火山噴出物，噴火と災害，火山の恵みなどを取り上げて解説する。

世界の火山百科図鑑　マウロ・ロッシ他著，

90　事故・災害レファレンスブック

日本火山の会訳　柊風舎　2008.6　335p
21cm　〈原書名：Tutto. 重訳　Volcanoees.〉
8500円　Ⓘ978-4-903530-15-4　Ⓝ453.8

(目次)マグマ，火山噴火，火山地形，火山の観
測，火山学者，シンボルの説明，ヨーロッパ，
アフリカ，アジア・オセアニア，南北アメリカ
〔ほか〕

(内容)火山の噴火はなぜ起こるのか?地球内部の
構造から説き起こし，噴火のしくみやマグマ，
火山地形，火山の観測と噴火予知などについて
分かりやすく解説。さらに，世界の主要な活火
山を一堂に集めて紹介した画期的な火山図鑑。

ビジュアル博物館　第38巻　火山　スザン
ナ・ヴァン・ローズ著，リリーフ・システム
ズ訳　(京都)同朋舎出版　1993.5　61p
30cm　2800円　Ⓘ4-8104-1290-3　Ⓝ453.8

(目次)気まぐれな地球，地中から火が噴き出す，
プレートの上の世界，山が爆発するとき，火山
灰，火成岩，ガスと電光，ホットスポット，広
がる海底山脈，ベスビオ山の大噴火，現代のポ
ンペイ サン・ピエール，世界の気象への影響，
噴気孔（ふんきこう）と泡立つ泥，眠れる美女，
溶岩に生命が戻る，火山学者，ほかの惑星の火
山，地球が動くとき，震度とマグニチュード，
地震波，地震波を測る，泥，洪水，なだれ，緊
急事態，災害に備える，神の怒り

(内容)大英博物館・大英自然史博物館の監修の
もと，同館収蔵品をカラー写真で紹介する図鑑。
第38巻では，火山と地震をテーマとし，溶岩流や
火山灰でできた雲の写真と立体模型などで示す。

◆**火山活動研究**

<事　典>

火山の事典　下鶴大輔，荒牧重雄，井田喜明
編　朝倉書店　1995.7　590p　21cm　18540
円　Ⓘ4-254-16023-2

(目次)1 火山の概観，2 マグマ，3 火山活動と火
山帯，4 火山の噴火現象，5 噴出物とその堆積
物，6 火山体の構造と発達史，7 火山岩，8 他
の惑星の火山，9 地熱と温泉，10 噴火と気候，
11 火山観測，12 火山災害，13 火山噴火予知

(内容)火山現象とそれに関わる事象について総
合的に解説した事典。付録として世界の主な活
火山および日本の第四世紀火山のデータ，国内
海外火山の主要な噴火記録等がある。巻末に事
項索引付き。

火山の事典　第2版　下鶴大輔，荒牧重雄，井

田喜明，中田節也編　朝倉書店　2008.6
575p　27cm　〈文献あり〉　23000円
Ⓘ978-4-254-16046-8　Ⓝ453.8

(目次)第1章 火山の概観，第2章 マグマ，第3章
火山活動と火山帯，第4章 火山の噴火現象，第5
章 噴出物とその堆積物，第6章 火山の内部構造
と深部構造，第7章 火山岩，第8章 他の惑星の
火山，第9章 地熱と温泉，第10章 噴火と気候，
第11章 火山観測，第12章 火山災害と防災対応，
付録

(内容)初版出版以降の，火山現象の解明のため
の重要な知見の蓄積，新しい研究成果を入れて
内容の正確さと充実を図った第2版。

<ハンドブック>

火山工学入門　応用編　土木学会地盤工学委
員会火山工学研究小委員会編　土木学会
2014.12　179p　21cm　〈著作目録あり 索引
あり　発売:丸善出版〉　2000円　Ⓘ978-4-
8106-0849-6　Ⓝ453.8

(目次)1 火山噴火と災害，2 火山噴火災害への
工学的対応，3 火山噴火災害への社会学的対応，
4 火山噴火災害からの復旧と復興策，5 火山噴
火災害の比較研究，6 火山噴火災害を軽減する
ための課題

◆**各地の火山**

<ハンドブック>

日本活火山総覧　第2版　気象庁編　大蔵省
印刷局　1996.4　502p　26cm　2500円
Ⓘ4-17-315150-0

(内容)本書は，火山ごとの地質，火山活動，観
測状況等の概要をとりまとめたものであり，平
常時はもちろん異常時にも迅速簡便に火山の概
要を検索，調査できることを主眼にしている。

**北海道開発レポート　2000　明日の日本
をつくる北海道**　北海道開発庁編　大蔵省
印刷局　2000.11　358p　21cm　2300円
Ⓘ4-17-391518-7

(目次)第1部 北海道開発をめぐる情勢（有珠山噴
火の被害と対応，北海道経済等の動向，国土交
通省への移行），第2部 平成12年度の北海道総
合開発の推進（平成12年度北海道開発予算，地
球規模に視点を置いた食糧基地を実現し成長期
待産業等を育生する施策の推進，北の国際交流
圏を形成する施策の推進 ほか），第3部 北海道
総合開発行政のあゆみ（北海道開発の沿革，北

噴火・火山活動　　　　　　　自然災害

海道総合開発計画と北海道開発予算，北海道開
発行政の回顧と展望）

北海道駒ヶ岳噴火史料集　津久井雅志編
　（千葉）津久井雅志　2014.3　103p　30cm
　〈文献あり〉　Ⓝ369.31

人為的災害・事故

人為的災害・事故全般

＜年表＞

公害・労災・職業病年表 新版 飯島伸子編
著 すいれん舎 2007.6 403,89p 27cm
〈索引付 初版・改訂版の出版者：公害対策
技術同友会〉 15000円 ①978-4-903763-12-
5 Ⓝ519.21

＜事典＞

健康と環境の科学 川添禎浩編 講談社
2014.3 161p 26cm 〈執筆：有薗幸司ほか
索引あり〉 2800円 ①978-4-06-155234-0
Ⓝ498.4
(目次)「環境と健康」編では、生活に身近な環境
の衛生に触れ、典型7公害に対する基礎的事項と
健康とのかかわり、規制基準、現状と対策など
を述べるとともに、廃棄物や放射能に関する事
項を含めた。化学物質による新しい環境問題の
現状も取り上げ、化学物質と人の健康の因果関
係の調査について具体例を示して解説している。
(内容)人と環境編(人と環境のかかわり、環境問
題の歴史、地球環境問題、環境保全)、環境と
健康編(生活環境と衛生、空気と大気汚染、水
と水質汚濁、土と土壌汚染、地盤沈下、音と騒
音、震動、においと悪臭、廃棄物、放射線、最
近の化学物質による環境問題、化学物質と人の
健康影響の因果関係を調査するための手法)

心身健康事典 笠谷和司著 現代書館 2009.
10 619p 21cm 〈索引あり〉 2600円
①978-4-7684-5611-8 Ⓝ498.3
(目次)1 食、2 健康、3 教育、4 化学物質、5 社
会問題、6 遊び、7 災害、8 その他
(内容)ひとが安全に暮らすための情報を纏めた
安全生活百科。医・食・住・教育・遊び・事故・
事件まで網羅する。

＜ハンドブック＞

学校災害ハンドブック 喜多明人著 草土文
化 1996.9 206p 21cm 1600円 ①4-
7945-0697-X
(目次)1部 学校災害が起きたとき(増える学校災
害、子どもが事故にあったら、学校災害がなぜ
社会問題に?、学校災害問題解決への道)、2部
学校災害を防ぐには(子どもの事故はなぜ起き
る?、学校体育・スポーツ事故、学校環境・施設
と事故防止)

災害共済給付ハンドブック 児童生徒等の
学校の管理下の災害のために 日本スポー
ツ振興センター編 ぎょうせい 2012.10
171p 30cm 2381円 ①978-4-324-09543-0
(目次)日本スポーツ振興センターと災害共済給
付、災害共済給付制度への加入・契約、名簿の
更新及び共済掛金、センターに対する国の補助、
給付金の支払の請求、給付金の支払とその受給
者、「災害」の範囲—どのようなけがや病気な
どが給付対象となるか、「学校の管理下」の範
囲—どのような場合が給付対象となるか、セン
ターの給付対象とする災害共済給付の範囲、災
害共済給付の行われる期間〔ほか〕

事故に遭いたくない人のためのダイビング
生き残りハンドブック 中田誠著 太田出
版 1999.5 293p 18cm 1550円 ①4-
87233-463-9
(目次)第1部 ダイバーの安全のために(マンガ版
『私が事故に遭った時の物語』、ダイバーの耳
に届かないダイビングの事故の実態、安全な
ダイビングへの手がかり、ダイバーたちの思い出
に残るインストラクターたちの伝説、役に立つ
話)、第2部 さらなるステップアップのために
(レジャーダイビング業界、泳力に関する意識、
ダイビングビジネスとPL法について、レジャー
スクーバダイビング業界の損害賠償責任保険の
あり方)
(内容)本書は、誰もが興味ある水中での楽しさ
を語る本ではありません。それ以前に必要な安
全を得るための情報をお伝えする本です。ダイ
バーの方々が普段得ることの出来ない、自己の
事例を中心とした情報を得ることによって、自
分自身の身を守る手段にしていただくための本
です。

事故・災害レファレンスブック **93**

人為的災害・事故全般　　人為的災害・事故

新安全工学便覧　新版　安全工学協会編　コロナ社　1999.7　996p　26cm　30000円　①4-339-07770-4

(目次)総論，材料物性，危険性物質と反応危険性，火災の防止，爆発災害の防止，作業環境，環境保全，機械装置安全，プロセス・システム安全，材料の破損とその防止，人間工学，個人防護，緊急非常対策，災害調査の方法，安全管理，リスクマネージメントと損害保険，法規・基準・機関・文献

スポーツ事故ハンドブック　伊藤堯，入沢充編著　道和書院　2000.8　219p　21cm　2000円　①4-8105-2030-7

(目次)1 事例編（スポーツ事故1998～1999，事故による死亡・傷害・負傷・疾病の概況），2 判例編（国内の判例，アメリカの判例），3 資料編（事故関連法条・通知，災害共済給付・保険，事故防止のためのチェックリスト）

(内容)本書は，「安心してスポーツに参加するために」をモットーに，事故の実態の把握から，補償対策まで，詳細にわたってまとめてある。「備えあれば憂いなし」，スポーツを楽しむ人から指導，管理に当たる人まで，すべての人々の座右の書として編集されたものである。

必携―NBCテロ対処ハンドブック　CBRNEテロ対処研究会編　診断と治療社　2008.5　371p　26cm　〈文献あり〉　3800円　①978-4-7878-1577-4　Ⓝ559.3

(目次)NBCテロ対処総論，1 化学剤，生物剤，放射線・核兵器について（化学剤，生物剤，放射線・核兵器の概要，化学・生物テロへの対処，核・放射能テロへの対処），2 化学剤，生物剤，放射線，爆弾の医療対処（化学剤の医療対処，生物剤の医療対処，放射線障害の医療対処，爆弾の医療対処），3 NBCテロに対する関係機関の取り組み（政府のテロ対策，関係機関の連携とNBCテロ対処現地関係機関連携モデル，関連機関のNBCテロ対処に関わる活動，日本中毒情報センターの活動と連携モデルにおける役割，生物テロに対するサーベイランスと疫学調査，災害時（原子力発電所事故）における国の対処），4 付録（テロ対処のためのシナリオモデル，NBCテロ対策のためのチェックリスト，有用な情報源）

<年鑑・白書>

アクトンファイル　98　1997年ネットワーク事件 事故レポート　アクトンファ

イル制作委員会編　サイビズ　1998.6　158p　21cm　1480円　①4-916089-15-4

(目次)侵入・攻撃，詐欺・窃盗，猥褻，脅迫・誹謗中傷，その他，ネットキーワード，資料編，索引

(内容)1997年にコンピュータネットワークで起きた、犯罪・トラブルをまとめたもの。

アクトンファイル　1998年ネットワーク事件＋事故レポート　99　アクトンファイル制作委員会編　サイビズ　1999.5　159p　21cm　980円　①4-916089-16-2

(目次)総括（法律がインターネットに追いつこうとした1年 法規制の網、続々と，裁判のデジタル情報化がスタート 法廷にPCを持ち込んで証言も），侵入・攻撃（DTP・デザイン業界に猛威をふるうMacウイルス，「2000年問題適応保険」「クラッカー保険」などネットワーク関連保険が続々摘発 ほか），詐欺・窃盗（電子メール詐欺の手口を公開，「インターネット消費者被害対策弁護団」が発足 ほか），わいせつ（ネットで広域化する小児性愛者組織 国境を越えた協力体制で摘発，ユーザーのわいせつ画像でプロバイダに有罪判決 ほか），不法売買（「違法アップロード」の排除をプロバイダに要請，「ドクター・キリコ」事件，ネットで購入した青酸カリで服毒自殺 ほか），脅迫・誹謗中傷・ストーカー行為（インターネットのわいせつ画像でセクハラ 新潟県警ハイテク犯罪対策室の初摘発，元社員が社名をかりたわいせつ画像を発信し営業妨害 ほか），その他（「エクソン・モービル」のドメイン名を巨額の資金で買い取り，米CATV局がインターネットで出産の模様を生中継 ほか），ネットキーワード，資料編，索引

(内容)1998年にコンピュータネットワークで起きた、事件、事故、犯罪、トラブル等をまとめたもの。

スポーツにおける紛争と事故　日本スポーツ法学会，早稲田大学出版部〔発売〕　1995.12　197p　21cm　（日本スポーツ法学会年報第2号（1995））　4500円　①4-657-95946-8

(目次)スポーツ事故と自己責任による加害者側の減責，アメリカのスポーツ紛争―スポーツ・バイオレンスの規制をめぐって，スポーツ紛争とその処理制度―スポーツ固有法の機能，スポーツ障害・事故の法律的側面の現状と課題，スポーツ・ボランティアとスポーツ事故，スポーツ事故の予防―社会状況の変化及び過失理念から見る指導上の注意〔ほか〕

94　事故・災害レファレンスブック

人為的災害・事故　　　　　　公害

公害

＜書 誌＞

地球環境情報　新聞記事データベース
1990　メディア・インターフェイス編　ダイヤモンド社　1990.10　478p　26cm　5500円　Ⓘ4-478-87012-8

(目次)第1部 地球環境のいま（温暖化，オゾン層破壊，酸性雨，熱帯雨林，都市ゴミとリサイクル，ゴルフ場，環境事故），第2部 自然の環境（気候，大気，水系，森林，野生生物，農林水産業，開発），第3部 産業と環境（エネルギー，有害物質，公害訴訟，自動車，交通騒音，地盤沈下），第4部 人間と環境（食品汚染，健康，住環境，生活公害，ライフスタイル），第5部 社会環境（市民運動，環境行政，各界の動き，企業，世論調査，環境教育），第6部 国際社会（国際協力と紛争，南北問題，国際機関と行動，海外諸国）

(内容)環境問題に関する膨大な量の新聞報道をオンライン・データベースで検索，厳選，分類した。調査研究、企画、行動のための貴重な情報資料集。地球温暖化の国際会議から環境ビジネスまで、公害防止の先端技術からコミュニティのリサイクル運動まで、「地球環境」をめぐる社会の動きを幅広く収録。本書に収録されたデータベースは1987年1月～1990年6月の期間である。

地球環境情報　新聞記事データベース
1992　メディア・インターフェイス編　ダイヤモンド社　1992.3　370p　26cm　5000円　Ⓘ4-478-87021-7

(目次)第1部 地球環境のいま，第2部 自然の環境，第3部 産業と環境，第4部 人間と環境，第5部 社会と環境

(内容)90年7月～91年12月の環境問題に関する膨大な量の新聞報道をデータベースから検索。調査研究・企画・行動のための貴重な情報資料集。

地球環境情報　新聞記事データベース
1994　メディア・インターフェイス編　ダイヤモンド社　1994.3　404p　26cm　5000円　Ⓘ4-478-87031-4　Ⓝ519.031

(目次)第1部 地球環境のいま，第2部 地球環境とひと，第3部 環境汚染，第4部 産業と環境，第5部 社会と環境，第6部 国際社会と環境

(内容)環境問題に関する新聞報道をデータベースから検索、抄録を掲載したもの。対象期間は1992年1月～1993年12月。

地球環境情報　新聞記事データベース

地球環境情報　新聞記事データベース
1996　メディア・インターフェイス編　ダイヤモンド社　1996.3　404p　26cm　5000円　Ⓘ4-478-87049-7

(目次)第1部 戦後五十年，第2部 地球環境と生態系，第3部 環境汚染，第4部 産業と環境，第5部 社会と環境，第6部 国際社会と環境

(内容)1994年1月～95年12月の新聞記事データベースをもとに、環境問題に関する記事をまとめたもの。テーマ別の6部構成で、さらに章、節に分類して収録。記事見出し、記事の掲載年月日、掲載紙、掲載頁、掲載面および記事の全文あるいは一部を掲載する。巻頭に環境総合年表、章ごとにテーマ年表を付す。巻末に記事中の人名、物質名、団体・組織名、地名、事件等が引ける五十音順の索引がある。一戦後50年の節目に現れた環境問題の諸相。調査研究・企画・行動のための情報資料集。

地球環境情報　新聞記事データベース
1998　メディア・インターフェイス編　ダイヤモンド社　1998.3　404p　26cm　5700円　Ⓘ4-478-87070-5

(目次)第1部 地球環境（地球温暖化と京都会議，オゾン層破壊），第2部 エネルギーと環境（石油代替エネルギー，原子力），第3部 開発と生態系（（開発，森林と砂漠化，野生生物と生物多様化），第4部 環境汚染（大気汚染，水質汚染，有害物質，公害），第5部 社会と環境（ゴミとリサイクル，廃棄物問題と地域社かい，循環型社会とライフスタイル），第6部 地球サミット5周年（地球サミット総点検，アジアの環境問題）

(内容)国内主要8紙（朝日新聞、読売新聞、毎日新聞、日本経済新聞、日経産業新聞、日刊工業新聞、流通サービス新聞、日本工業新聞）と共同通信の記事情報から地球環境に関する記事を収録した情報資料集。収録期間は1996年1月から1997年12月までの2年間、1000件の記事を収録。巻末に事項名の索引が付く。

＜事 典＞

環境と健康の事典
牧野国義，佐野武仁，篠原厚子，中井里史，原沢英夫著　朝倉書店　2008.5　556p　21cm　14000円　Ⓘ978-4-254-18030-5　Ⓝ498.4

(目次)第1編 地球環境（地球温暖化，オゾン層破壊，砂漠化，森林減少，酸性雨，気象・異常気象），第2編 国内環境（大気環境，水環境・水資源，廃棄物，音と振動，ダイオキシン・内分泌攪乱化学物質，環境アセスメント，リスクアセ

スメントとリスクコミュニケーション），第3編
室内環境（化学物質，アスベスト，微生物―化
学物質といたちごっこ，電磁波，温熱条件，換
気・空気調和，採光・照明，色彩）

＜ハンドブック＞

環境汚染 ダイオキシン、環境ホルモン、土壌汚染の恐怖 石井一郎，石田哲朗共著

セメントジャーナル社 1999.5 205p
21cm 1900円 ①4-915849-10-4

目次第1章 汚染物質と事故対策，第2章 地球環
境問題，第3章 人間の生活空間，第4章 廃棄物
処理とダイオキシン，第5章 水質汚濁と環境ホ
ルモン，第6章 土壌の機能，第7章 土壌と地下
水の汚染

首都圏の酸性雨 ネットワーク観測による環境モニタリング 慶応義塾大学理工学部

環境化学研究室編 慶應義塾大学出版会
2003.1 253p 26cm 〈付属資料：CD-
ROM1〉 5400円 ①4-7664-0970-1

目次1 酸性雨の歴史と生成機構，2 降水、乾
性降下物試料の採取地点，採取分析方法および
試料データの評価方法，3 降水中化学成分の地
域特性，4 降水中化学成分濃度のpHに対する寄
与，5 気象条件の降水中化学成分濃度に対する
影響，6 首都圏の酸性雨に対する三宅島噴火活
動の影響，7 降水中化学成分濃度の長期的動向

内容1990年度から継続的に行ってきた降水試
料の測定結果をもとにした，首都圏の酸性雨の
実態を解明。2000年以降，継続的に起こってい
る三宅島の火山活動によって，首都圏の降雨に
はどのような影響が出ているかについても言及。
酸性雨の問題ばかりでなく，長期間継続して行
われることに重要性を帯びる環境モニタリング。
国や地方自治体による環境モニタリングに限界
が見られるなか，それを補完する効率的・長期
的なモニタリング活動の実例を提示。12年間に
わたる降水試料のpH，導電率，化学イオン成分
などの測定データをCD-ROMとしても付与。

世界地図で読む環境破壊と再生 伊藤正直

編 旬報社 2004.11 119p 21cm 1200円
①4-8451-0901-8

目次1 グローバル化と環境問題（人口増加と環
境―地球の人口許容量は，地球温暖化―経済優
先がもたらすもの，異常気象と自然災害―温暖
化がもたらすもの ほか），2 環境問題の現状と
産業経済（都市化と都市公害―悪化する都市の
生活環境，農業と農村―自然破壊と農産物汚染，

エネルギー―求められる新エネルギー ほか），
3 環境の再生をめざして（環境政策―国家レベ
ル・国際レベルの取り組み，環境問題への企業
の取り組み―環境マネジメント，エコビジネス
―環境問題を市場にどう埋め込むか ほか）

内容激増する異常気象，猛威を振るう自然災
害，破壊される自然，砂漠化する大地，投棄さ
れる有害廃棄物…。環境と経済は両立できるの
か？23の世界地図で描く地球環境の現在。

船舶からの大気汚染防止関係法令及び関係条約 国土交通省海事局安全基準課監修

成山堂書店 2005.9 211,132p 21cm
4600円 ①4-425-24121-5

目次船舶の大気汚染防止規制に係る改正法令
の要旨，海洋汚染等及び海上災害の防止に関す
る法律（昭和四十五年法律第三十六号），海洋
汚染等及び海上災害の防止に関する法律施行令
（昭和四十六年政令第二百一号），海洋汚染等及
び海上災害の防止に関する法律施行規則（昭和
四十六年運輸省令第三十八号），海洋汚染防止
設備等，海洋汚染防止緊急措置手引書等及び大
気汚染防止検査対象設備に関する技術上の基準
等に関する省令（昭和五十八年運輸省令第三十
八号），海洋汚染防止設備等，海洋汚染防止緊急
措置手引書等及び大気汚染防止検査対象設備の
検査等に関する規則（昭和五十八年運輸省令第
三十九号），大気汚染防止設備等の技術基準
上の基準を定める告示（平成十七年二月一日国
土交通省告示第百二十号），海洋汚染防止設備
等，海洋汚染防止緊急措置手引書等及び大気汚
染防止検査対象設備の検査等に関する規則第一
条の二第三号の用途を定める告示（平成十七年
二月一日国土交通省告示第百二十一号），千九百
七十三年の船舶による汚染の防止のための国際
条約に関する千九百七十八年の議定書によって
修正された同条約を改正する千九百九十七年の
議定書，窒素酸化物に関する技術規則（仮訳），
船上NOx確認手続ガイドライン―直接計測とモ
ニタリング方法（第49回海洋環境保護委員会決
議103）（仮訳）

地球環境工学ハンドブック 地球環境工学

ハンドブック編集委員会編 オーム社
1991.11 1372p 26cm 25000円 ①4-274-
02216-1 Ⓝ519.036

目次1 総論編（地球工学概論，地球規模問題概
論），2 基礎編（地球科学，地球資源），3 地球
（規模）問題編（エネルギー問題，鉱物資源問題，
森林資源問題，食料問題，人口問題，気候・異
常気象問題，自然災害），4 地球規模環境問題・

対策編(地球温暖化問題, オゾン層破壊問題, 酸性雨問題, 森林破壊・土壌問題, 砂漠化問題, 海洋汚染問題, 野生生物問題, 放射能汚染問題, 廃棄物・越境移動・途上国問題), 5 地球システム技術編(地球の観測, 地球環境のモデリング, 経済・エネルギーシステムのモデリング, 大規模工学), 6 データ編(地球規模環境問題についての条約・宣言・会議・報告, 太陽系天体のデータ, 資源データ, 生物データ, 観測衛星データ, モデリングデータ, 用語解説, 地球規模環境問題年表)

(内容)自然科学的知見や最新技術の解説に加え, 21世紀の新しい技術哲学をも提示。国際会議, 関連機関・団体, 地球環境問題関連キーワード, 環境年表など, 周辺知識を掲載。総論編, 基礎編, 地球(規模)問題編, 地球規模環境問題・対策編, 地球システム技術編, そしてデータ編と続く内容構成により, 地球温暖化, 酸性雨, オゾン層破壊, 砂漠化などの現象ごとに, 専門家以外にも無理なく理解できる内容。

ひと目でわかる地球環境データブック
地球環境データブック編集委員会編 オーム社 1993.5 460p 26cm 8500円 Ⓘ4-274-02244-7 Ⓝ519

(目次)第1部 基礎科学編(環境科学における物理・化学の基礎データ, 生物・生態に関するデータ), 第2部 気圏データ編(大気環境, 気象), 第3部 陸水圏データ編(国内におけるデータ, 国外におけるデータ), 第4部 海洋データ編(海の概要, 海水の性質, 海の生物, 海洋汚染), 第5部 地圏データ編(歴史的にみた地球環境の変遷, 地圏環境の現状), 第6部 生物圏データ編(酸性降下物, 地球温暖化, オゾン層破壊, 熱帯林の減少, 砂漠化, 野生生物の減少, 海洋汚染, 放射性物質, 人口増加, サンゴ礁), 第7部 農業・林業データ編(農業, 林業), 第8部 人間活動圏データ編(エネルギーと経済, 資源とリサイクル, 原子力と放射能), 第9部 データベース編(データベース, 略語一覧, 環境関連団体連絡先 国内版), 第10部 地球環境問題年表, 第11部 地球環境問題に対する国の取組み(地球環境問題全般に関する国際的議論と国の取組み, 個別問題と国の取組み, 資料)

(内容)地球・地域環境に関わる国内・国外のデータをまとめたデータブック。データと図表を主体とした解説を掲載している。

<法令集>

環境六法 平成4年版
環境庁環境法令研究会編 中央法規出版 1992.1 2251p 19cm 5700円 Ⓘ4-8058-0916-7

(目次)第1章 環境一般, 第2章 大気汚染・悪臭, 第3章 騒音・振動, 第4章 水質汚濁, 第5章 土壌汚染・農薬, 第6章 地盤沈下, 第7章 廃棄物・海洋汚染, 第8章 化学物質, 第9章 被害救済・紛争処理, 第10章 費用負担・助成, 第11章 自然保護, 第12章 国土利用・都市計画, 第13章 関係法令, 資料

(内容)本書には, 平成3年12月9日現在の内容で, 環境関係法令を13章に区分し, 巻末に資料として, 閣議決定, 中央公害対策審議会答申, 通達等を収載した。

自然災害・土壌汚染等と不動産取引 現代型リスクをめぐる判例
升田純著 大成出版社 2014.9 406p 22cm 〈文献あり 索引あり〉 4200円 Ⓘ978-4-8028-3175-8 Ⓝ324.2

(目次)第1章 不動産取引における現代型リスクの概観(不動産取引の歴史と諸相, 不動産取引と現代型リスク-大地動乱と土壌汚染の時代), 第2章 現代型リスクをめぐる判例(造成された土地の取引をめぐる諸問題, 土地の地盤等をめぐる判例, 地震をめぐる判例, 土地の地中物をめぐる判例, 土壌汚染と土地の取引をめぐる諸問題, 土壌汚染をめぐる判例), 第3章 現代型リスクに関する法的な諸問題をめぐる判例(錯誤をめぐる判例, 特約をめぐる判例, 買主の悪意・過失(善意・無過失)をめぐる判例, 権利行使の期間をめぐる判例, 債務不履行責任をめぐる判例, 不法行為責任をめぐる判例, 国家賠償責任をめぐる判例, 求償をめぐる判例, 損害の範囲・額をめぐる判例)

(内容)不動産取引上問題(土地等に関する瑕疵, 虚偽の告知・説明, 説明義務違反, 公序良俗等)となる自然災害(大地震等による液状化, 地盤沈下等)や土壌汚染といった現代型リスクについて概観するとともに, 関連する判例を分析・検討し, 実務的な観点からの対応を検討した関係者待望の書!

◆水質汚染

<ハンドブック>

油流出事故環境影響調査のためのガイダンス
環境庁水質保全局監修, 国際エメックスセンター編 大蔵省印刷局 2000.9 1冊 30cm 1600円 Ⓘ4-17-103100-1

(目次)1 調査にあたって(油流出事故とは, 流出

公害　　　　　　　　　　　　　　人為的災害・事故

油の環境中での変遷 ほか），2 環境影響調査手
法（流出油を知る，流出油の分析にあたって ほ
か），3 環境影響調査のための情報収集・整備
（バックグラウンドデータ，地理的総合情報（セ
ンシティビティ・マップ）ほか），5 参考（基本
的な防除装置，油処理剤について ほか）

[内容]平成9年1月に日本海で発生したナホトカ
号重油流出事故に対し，環境庁では平成9年度
から事故発生直後における人体，海生生物等へ
の影響に関する速報的な情報提供と継続的な環
境影響調査を効果的に行うことを目的として，
油の特性に応じた人体，海生生物等に対する影
響の大きい物質の選定及びこれらを適切な時間
と精度で検出できる調査手法の抽出並びに調査
に関連する情報の収集・整理を行ってきた。本
書は，これらの情報を体系化したガイダンスで
ある。

**重油汚染 明日のために 「ナホトカ」は日
本を変えられるか**　海洋工学研究所出版部
編　海洋工学研究所出版部　1998.12　464p
21cm　3000円　①4-906549-02-0

[目次]第1章 重油と闘う，第2章 混迷の中で，第
3章 拡散する重油被害，第4章 繰り返される事
故，エピローグ もしものために・そして明日の
ために

<法令集>

**最新 海洋汚染及び海上災害の防止に関す
る法律及び関係法令**　改訂版　運輸省運輸
政策局環境課監修　成山堂書店　1990.10
542p　21cm　4600円　①4-425-24106-1

[内容]平成2年10月施行法令集録。

**最新 海洋汚染及び海上災害の防止に関す
る法律及び関係法令 平成5年4月現在**
改訂版　運輸省運輸政策局環境・海洋課監修
成山堂書店　1993.7　629p　21cm　5600円
①4-425-24107-X

**最新 海洋汚染及び海上災害の防止に関す
る法律及び関係法令**　改訂版　運輸省運輸
政策局環境・海洋課海洋室監修　成山堂書店
1999.10　768p　19cm　6600円　①4-425-
24108-8

[目次]海洋汚染及び海上災害の防止に関する法
律，海洋汚染及び海上災害の防止に関する法律
施行令，海洋汚染及び海上災害の防止に関する
法律施行規則，有害液体物質等の範囲から除か
れる液体物質を定める総理府令，海洋汚染防止

設備等及び油濁防止緊急措置手引書に関する技
術上の基準を定める省令，海洋汚染防止設備等
及び油濁防止緊急措置手引書に関する技術上の
基準を定める省令第三十一条の有害液体物質を
定める告示，海洋汚染防止設備等及び油濁防止
緊急措置手引書検査規則，海洋汚染及び海上災
害の防止に関する法律第九条の六第三項の規定
に基づく未査定液体物質の査定に関する総理府
令，未査定液体物質の査定結果，海洋汚染及び
海上災害の防止に関する法律第九条の七の規定
に基づく指定確認機関〔ほか〕

**最新 海洋汚染等及び海上災害の防止に関
する法律及び関係法令 平成20年1月現
在**　国土交通省総合政策局海洋政策課監修
成山堂書店　2008.2　10,793p　21cm　9400
円　①978-4-425-24109-5　Ｎ519.4

[目次]海洋汚染等及び海上災害の防止に関する
法律，海洋汚染等及び海上災害の防止に関する
法律施行令，海洋汚染等及び海上災害の防止に
関する法律施行規則，有害液体物質等の範囲か
ら除かれる液体物質を定める省令，海洋汚染防
止設備等，海洋汚染防止緊急措置手引書等及び
大気汚染防止検査対象設備に関する技術上の基
準等に関する省令，海洋汚染防止設備等，海洋
汚染防止緊急措置手引書等及び大気汚染防止検
査対象設備に関する技術上の基準等に関する省
令第三十一条の有害液体物質を定める告示，海
洋汚染防止設備等，海洋汚染防止緊急措置手引
書等及び大気汚染防止検査対象設備の検査等に
関する規則，海洋汚染等及び海上災害の防止に
関する法律第九条の六第三項の規定に基づく未
査定液体物質の査定に関する省令，海洋汚染等
及び海上災害の防止に関する法律の規定に基づ
く事業場の認定に関する規則，海洋汚染防止設
備及び大気汚染防止検査対象設備型式承認規則
〔ほか〕

<年鑑・白書>

日本河川水質年鑑　1989　日本河川協会編，
建設省河川局監修　山海堂　1990.12　1153p
26cm　19570円　①4-381-00836-7

[目次]実態編（全国河川の水質概況，北海道地方
の河川の水質，東北地方の河川の水質，関東地
方の河川の水質，北陸地方の河川の水質，中部
地方の河川の水質，近畿地方の河川の水質，中
国地方の河川の水質，四国地方の河川の水質，
九州地方の河川の水質），研究・参考編（水質汚
濁防止法の一部改正について，日本の淡水魚，
融雪水の酸性化現象，BOD測定用バイオセンサ

の開発，噴水による富栄養化対策，霞ケ浦の自
然を生かした「植生浄化施設」，筑後川〈沼川〉
魚の斃死とその対応について），川を愛する女
性からの特別寄稿（私と河川水質の出会い，釣
り師から見た川），資料編

日本河川水質年鑑　1990　日本河川協会編，
建設省河川局監修　山海堂　1992.3　2冊
（セット）　26cm　〈別冊（518p）：「日本河川
水質年鑑」発刊20周年記念特集号〉　25000
円　Ⓘ4-381-08156-0

⦅目次⦆実態編（全国河川の水質概況，北海道地方
の河川の水質，東北地方の河川の水質，関東地
方の河川の水質，北陸地方の河川の水質，中部
地方の河川の水質，近畿地方の河川の水質，中
国地方の河川の水質，四国地方の河川の水質，
九州地方の河川の水質），座談会　「水環境の未
来」，研究・参考編（水質監視及び水質事故，水
質予測等，上水，下水，生態系，環境，浄化対
策，水管理制度）

日本河川水質年鑑　1991　日本河川協会編，
建設省河川局監修　山海堂　1993.3　1116p
26cm　19570円　Ⓘ4-381-08184-6

⦅目次⦆実態編（全国河川の水質概況，北海道地方
の河川の水質，東北地方の河川の水質，関東地
方の河川の水質，北陸地方の河川の水質，中部
地方の河川の水質，近畿地方の河川の水質，中
国地方の河川の水質，四国地方の河川の水質，
九州地方の河川の水質），研究・参考編（K-82型
水質自動監視装置の改良，貯水池における水質
予測，都市域からの雨水流出水の水質特性，土
壌農地が河川水質に及ぼす影響，森林の水質浄
化機能，流出油回収装置の開発），資料編（平成
3年一級河川主要地点の水質測定資料）

日本河川水質年鑑　1992　日本河川協会編，
建設省河川局監修　山海堂　1994.7　1128p
26cm　19570円　Ⓘ4-381-08220-6

⦅目次⦆実態編（全国河川の水質概況，北海道地方
の河川の水質，東北地方の河川の水質，関東地
方の河川の水質，北陸地方の河川の水質，中部
地方の河川の水質，近畿地方の河川の水質，中
国地方の河川の水質，四国地方の河川の水質，
九州地方の河川の水質），研究・参考編（マン
グローブ林と河川の係り，湖沼沿岸の生態系構
造の特色，特に藻類群集の生産と窒素の取込み
について，水道水源としての河川の水質につい
て，水質事故対策技術について，木炭浄化シス
テム，淡水魚類の生息状況と河川水質の関係に
ついて），資料編（平成4年一級河川主要地点の
水質測定資料）

日本河川水質年鑑　1993　建設省河川局監
修，日本河川協会編　山海堂　1995.6
1123p　26cm　19570円　Ⓘ4-381-00982-7

⦅目次⦆実態編（全国河川の水質概況，北海道地方
の河川の水質，東北地方の河川の水質，関東地
方の河川の水質 ほか），研究・参考編（河川・湖
沼等の水質浄化方策の視点，わが国の酸性雨の
現状と陸域生態系への影響について，生物生産
と湖沼の水質，文学作品よりみた戦前の東京の
河川環境について ほか）

⦅内容⦆全国の一級河川の建設省直轄管理区間（一
部指定区間も含む）に関する水質調査の結果お
よび水質問題に関する調査・研究論文等を掲載
する年鑑。

日本河川水質年鑑　1995　建設省河川局監
修，日本河川協会編　山海堂　1997.11
1151p　26cm　22000円　Ⓘ4-381-01025-6

⦅目次⦆実態編（全国河川の水質概況，北海道地方
の河川の水質，東北地方の河川の水質，関東地
方の河川の水質，北陸地方の河川の水質，中部
地方の河川の水質，近畿地方の河川の水質，中
国地方の河川の水質，四国地方の河川の水質，
九州地方の河川の水質），研究・参考編（バイオ
センサによる水質計測，水中の生物利用可能栄
養物質量を評価するMBOD法，地下水保全対策
の一層の推進及び事故時対策の充実について―
汚染された地下水の浄化措置の導入・油事故時
対策の追加，河川水質試験方法の改定と今後の
課題，土浦ビオパーク（市民参加型の水質浄化
施設））

⦅内容⦆平成7年に行った水質測定結果をまとめた
もの。

日本河川水質年鑑　1996　建設省河川局監
修，日本河川協会編　山海堂　1998.9
1146p　26cm　22000円　Ⓘ4-381-01192-9

⦅目次⦆実態編（全国河川の水質概況，北海道地方
の河川の水質，東北地方の河川の水質，関東地
方の河川の水質，北陸地方の河川の水質，中部地
方の河川の水質，近畿地方の河川の水質，中国
地方の河川の水質，四国地方の河川の水質，九
州地方の河川の水質），研究・参考編（琵琶湖・
淀川水系における農薬消長の機構解明―木津川
流域における農薬の使用実態と河川水中濃度の
関係，クリプトスポリジウム等の水道水源にお
ける動態に関する研究結果，利根川水系黒部川
貯水池における水環境改善計画について，「ろ
紙吸光法」による河川総合水質指標の試みにつ
いて，八田原ダム水質保全対策）

産業災害　　　　　　　　　　　人為的災害・事故

〈内容〉全国の一級河川の建設省直轄管理区間（一部指定区間も含む）に関する水質調査の結果および水質問題に関する調査・研究論文等を掲載する年鑑。

日本河川水質年鑑　1997　日本河川協会編
山海堂　2000.6　1150p　26cm　22000円
Ⓘ4-381-01339-5　Ⓝ517.21

〈目次〉実態編（全国河川の水質概況，北海道地方の河川の水質，東北地方の河川の水質，関東地方の河川の水質，北陸地方の河川の水質，中部地方の河川の水質，近畿地方の河川の水質，中国地方の河川の水質，四国地方の河川の水質，九州地方の河川の水質），研究・参考編（効率的な湖沼底泥処理技術の開発，都市部に適した湿地浄化法「コンパクトウエットランド」による水質浄化，河川等の直接浄化施設の現状と課題，綾瀬川・芝川等浄化導水事業，油分検出装置の開発），資料編（平成9年一級河川主要地点の水質測定資料）

〈内容〉全国の一級水系の全てと主要な二級水系の水質調査のデータ・関連する情報，及び水質問題に関する最近の調査・研究論文などを収録した年鑑。

日本河川水質年鑑　1998　日本河川協会編
山海堂　2001.12　1161p　30cm　22000円
Ⓘ4-381-01431-6　Ⓝ517.21

〈目次〉実態編（全国河川の水質概況，北海道地方の河川の水質，東北地方の河川の水質，関東地方の河川の水質，北陸地方の河川の水質，中部地方の河川の水質，近畿地方の河川の水質，中国地方の河川の水質，四国地方の河川の水質，九州地方の河川の水質），研究・参考編（クロロフィルa簡易測定法の検討，硝化細菌を用いた毒性モニタによる河川水質モニタリング，平成10年度水環境における内分泌攪乱物質に関する実態調査，渡良瀬遊水池における水質浄化事業，水質事故現場における簡易バイオアッセイの活用に関する検討）

〈内容〉1998年時点の国内のすべての一級河川と主要な二級河川の水質調査結果や関連情報を収録した年鑑。水質問題に関する調査・研究論文なども掲載する。巻末の資料編では平成10年一級河川主要地点の水質測定資料を収載。

産業災害

＜事　典＞

事典 働く者の健康・安全・衛生と補償　外

井浩志著　中央経済社　1996.4　237p
19cm　1800円　Ⓘ4-502-54294-6

〈目次〉1章 職場における健康管理，2章 労災事故・職業病・過労死，3章 災害補償義務と労災保険給付，4章 損害賠償と示談，5章 労働安全衛生法と安全衛生管理

〈内容〉本書は，働く者の健康・安全・衛生から補償問題まで広い範囲にわたり，時代的背景にフィットする新しい傾向を取り入れてわかりやすくまとめたものです。

＜ハンドブック＞

産業安全技術総覧　産業安全技術総覧編集委
員会編　丸善　1999.12　656p　26cm
30000円　Ⓘ4-621-04693-4

〈目次〉1編 総論，2編 機械設備における災害とその防止，3編 建設工事における災害とその防止，4編 爆発・火災災害とその防止，5編 電気による災害とその防止，6編 ヒューマンファクターと災害防止，7編 安全解析技法とその応用

産業災害全史　日外アソシエーツ編集部編
日外アソシエーツ　2010.1　450p　21cm
（日外選書fontana　シリーズ災害・事故史4）〈文献あり 索引あり〉　12200円
Ⓘ978-4-8169-2227-5　Ⓝ509.8

〈目次〉総説，第1部 産業災害の系譜（足尾鉱毒，日立鉱山煙害，国鉄信濃川発電所トンネル工事現場落盤，花火問屋爆発，イタイイタイ病 ほか），第2部 産業災害一覧，第3部 索引（総説，第1部）主な種類別災害一覧（第2部）参考文献

〈内容〉爆発や火災，公害などに代表される産業災害の記録。明治から平成20年までに発生した産業災害2545件を収録。その内の30件については経緯や原因を詳しく解説。

JISハンドブック　10　公害関係　1990
日本規格協会編　日本規格協会　1990.4
1358p　21cm　6400円　Ⓘ4-542-12100-3

〈目次〉用語，分析通則，標準物質，サンプリング，大気関係，水質関係，騒音・振動関係

〈内容〉原則として平成2年3月までに制定・改正された公害関係のJISを収録。

JISハンドブック　10　公害関係　1991
日本規格協会編　日本規格協会　1991.4
1381p　21cm　6700円　Ⓘ4-542-12610-2

〈目次〉用語，分析通則，標準物質，サンプリング，大気関係，水質関係，騒音・振動関係

人為的災害・事故　　　　　　　　　　　　　　　　　　　　産業災害

(内容)JISは，適正な内容を維持するために，5年ごとに見直しが行われ，改正，確認又は廃止の手続きがとられている。本書は，原則として平成3年2月までに制定・改正されたJISを収録している。

JISハンドブック　21　安全　1991　日本規格協会編　日本規格協会　1991.4　1111p　21cm　5500円　①4-542-12634-X

(目次)用語，機械安全，電気安全，爆発・火災防止，建設安全，運搬安全，交通安全，医療安全，労働環境の整備，安全色彩・標識，個人用保護具及び救急用具

(内容)JISは，適正な内容を維持するために，5年ごとに見直しが行われ，改正，確認又は廃止の手続きがとられている。本書は，原則として平成3年2月までに制定・改正されたJISを収録している。

JISハンドブック　21　安全　1996　日本規格協会　1996.4　1196p　21cm　6100円　①4-542-12826-1

(目次)用語，機械安全，電気安全，爆発・火災防止，建設安全，運搬安全，交通安全，医療安全，労働環境の整備，安全色彩・標識，個人用保護具及び救急用具，参考

(内容)1996年2月末日現在の安全関連の主なJIS（日本工業規格）を抜粋したもの。

JISハンドブック　36　安全　産業関連／その他　日本規格協会編　日本規格協会　2001.1　1293p　21cm　8500円　①4-542-17036-5　Ⓝ509.8

(目次)用語，機械安全，爆発・火災防止，建設安全，運搬安全，交通安全，医療安全，労働環境の整備，安全色彩・標識，個人用保護具及び救急用具，参考

(内容)2000年11月末日現在におけるJISの中から，産業における安全に関係する主なJISを収集し，利用者の要望等に基づき使いやすさを考慮し，必要に応じて内容の抜粋などを行ったハンドブック。

JISハンドブック　2003　36　安全1　日本規格協会編　日本規格協会　2003.1　1227p　21cm　8500円　①4-542-17176-0

(目次)用語，機械安全，爆発・火災防止，建設安全，運搬安全，交通安全，医療安全，労働環境の整備，安全色彩・標識，個人用保護具及び救急用具，参考

新版 静電気ハンドブック　静電気学会編

オーム社　1998.11　1294p　26cm　33000円　①4-274-03510-7

(目次)序編　静電気と社会（科学技術文明と静電気，静電気と学術，静電気学会の沿革と活動），1編　環境と安全（大気汚染，静電気現象と障災害，爆発・火災，コンタミネーション，電子システムの静電気破壊と誤動作，障災害防止技術と安全管理，障災害の事故分析，障災害防止機器・材料），2編　計測と機器・材料（基礎・応用計測，静電気材料物性の測定，高電圧発生の測定，静電気材料），3編　応用技術（画像情報関連技術，生産関連技術，細胞・生体高分子操作，静電エネルギー変換），4編　静電気理論（静電界理論・電界計算，帯電現象，誘電体の電気現象，気体の放電現象，静電気による力学現象），5編　資料（単位・数表，物性表，帯電防止剤（例），静電気に関連する学会，雑誌，その他関連情報源）

労働基準法・労働安全衛生法・労災保険法のあらまし　改訂7版　労働基準調査会編　労働基準調査会　1997.5　98p　26cm　（労働法ハンドブックシリーズ）　1000円　①4-89782-441-9

(目次)労働基準法，労働安全衛生法，労災保険法等

労働基準法・労働安全衛生法・労災保険法のあらまし　改訂12版　労働調査会出版局編　労働調査会　2004.8　121p　26cm　（労働法ハンドブックシリーズ）　1000円　①4-89782-853-8

(目次)労働基準法（継続勤務期間と年次有給休暇付与日数，危険有害業務の就業制限，労働時間の適正な把握のために使用者が講ずべき措置に関する基準について ほか），労働安全衛生法（作業主任者（免許・技能講習），定期自主検査，特別教育を必要とする危険有害業務 ほか），労災保険法等（「労災保険法」様式一覧表（抜粋），届出様式記載例）

(内容)労働時間の適正な把握のために使用者が講ずべき措置に関する基準，三六協定の特別条項付協定に関する通達，労働者派遣法が規定する関係法の適用など，労働基準法に関する参考資料を多数掲載。職場における喫煙対策のためのガイドライン，過重労働による健康障害防止のための総合対策のほか，安全衛生関係の主な内容を収録。3法の主要届出様式の記載例付き。

事故・災害レファレンスブック　*101*

産業災害　　　　　　　人為的災害・事故

◆原子力・放射線災害

＜書誌＞

原子力問題図書・雑誌記事全情報　1985-
1999　日外アソシエーツ編　日外アソシ
エーツ，紀伊國屋書店〔発売〕　2000.4
488p　21cm　23000円　Ⓘ4-8169-1603-2
Ⓝ539.031

(目次)原子力問題一般，原子力政策，平和利用
とその問題，軍事利用，放射能汚染・放射線障
害，原子力と文学

(内容)原子力問題に関する雑誌記事と図書を収
録した文献目録。1985年から1999年に日本国内
で発行された一般誌，週刊誌，専門誌などの掲
載記事4980点と3879点の関連する図書を収録。
文献の主題により原子力政策，平和利用とその
問題，軍事利用，放射能汚染・放射線障害，原
子力と文学に大別しさらに小見出しを設けて排
列。索引は事項名索引。著者名索引を付す。

原子力問題図書・雑誌記事全情報　2000-
2011　日外アソシエーツ株式会社編　日外
アソシエーツ，紀伊國屋書店（発売）　2011.
10　641p　22cm　〈年表あり　索引あり〉
23000円　Ⓘ978-4-8169-2341-8　Ⓝ539.031

(目次)原子力問題一般，原子力政策，平和利用
とその問題，福島第一原発事故—東日本大震災，
軍事利用，放射能汚染・放射線障害，原子力と
文学

(内容)2000（平成12）年から2011（平成23）年6月
までに国内で刊行された原子力問題に関する
図書3,057点，雑誌記事10,551点をテーマ別に分
類。原子力政策，原発事故，核兵器，放射能汚
染など，平和利用，軍事利用の両面にわたり幅
広く収録。便利な「事項名索引」「著者名索引」
「原子力関連年表」付き。

原発をよむ　高木仁三郎編著　アテネ書房
1993.10　178p　19cm　（情報源をよむ）
1500円　Ⓘ4-87152-187-7　Ⓝ543.5

(目次)原子力発電とは，放射線と人間，原発事
故，核燃料サイクル，原発と社会，原発とエネ
ルギー政策，脱原発社会の展望

(内容)原子力発電を知り，考えるための図書100
余冊を紹介する解題書誌。

3.11の記録　東日本大震災資料総覧　原発
事故篇　「3.11の記録」刊行委員会編　日外
アソシエーツ　2013.7　451p　22cm　〈索引
あり　発売：（東京）紀伊國屋書店〉　19000

円　Ⓘ978-4-8169-2424-8　Ⓝ369.31

(目次)福島第一原発事故（事故，事故対応，避
難，賠償・訴訟，体験記 ほか），原子力・核エ
ネルギー（原子力の動向，原子力発電，電力会
社，地方自治体と原発，脱原発・反原発・廃炉
ほか），写真集，児童書・絵本，視聴覚・電子資
料，新聞記事（連載・特集），索引

(内容)東日本大震災発生以降2013年3月までの2
年間に発表・報じられた原発事故に関する図書
のべ2,604冊，雑誌記事3,581点，新聞記事1,260
点，視聴覚・電子資料285点を収録。写真集、児
童書・絵本は別項目を立て紹介。

＜事典＞

原発・放射能キーワード事典　野口邦和編
旬報社　2012.3　215p　21cm　2200円
Ⓘ978-4-8451-1228-9

(目次)第1部「原発と放射能」基礎知識（原子力
発電のしくみと原発事故，放射線と放射能の基
礎知識，放射線の人体影響の基礎知識），第2部
「原発と放射能」キーワード

(内容)原発をどうする？放射能の影響は？基礎
知識（第1部）と320のキーワード（第2部）で，原
発のしくみと危険性，放射線と放射能の基礎知
識，放射能の身体への影響をトータルに理解で
きる初めての総合事典。

自然エネルギーと環境の事典　北海道自然
エネルギー研究会編著　東洋書店　2013.11
318p　26cm　3600円　Ⓘ978-4-86459-144-7
Ⓝ501.6

(内容)1252項目に及ぶ，自然エネルギーと環境
の用語解説。理解を深めるように収録した図・
写真は228点、表は51点。重要37項目について
は総合解説。自然エネルギーの基礎から応用ま
でを具体的に紹介。原子力・核・フクシマ事故
についても正確に解説。

電力エネルギーまるごと！ 時事用語事典
2012年版　日本電気協会新聞部　2012.3
565p　19cm　〈奥付・背のタイトル：電力・
エネルギー時事用語事典　索引あり〉　2667
円　Ⓘ978-4-905217-12-1　Ⓝ501.6

(目次)巻頭特集 東日本大震災と福島第一原子力
発電所事故，電力経営，原子力，環境，電力自
由化，資源燃料，エネルギー技術，電力系統・
設備 電気工事・保安

(内容)最新のデータと役立つ情報を凝縮したエ
ネルギーの総合時事用語事典。

人為的災害・事故 産業災害

＜ハンドブック＞

いまからできる放射線対策ハンドブック 日常生活と食事のアドバイス 香川靖雄, 菊地透著 女子栄養大学出版部 2012.10 159p 19cm 1100円 ①978-4-7895-5438-1

（目次）第1章 あらためて学ぶ正しい放射線知識（福島の原発事故ではいったい何が起きたのか?, 自然界に存在する放射性物質から外部被曝も内部被曝も受けている, 放射線をあらわす単位ベクレル、シーベルトって? ほか）, 第2章 放射線の害を避ける生活と食事の知恵（原発事故の放射線でがんになるのか、ならないのか?, 放射線を受けると細胞に何が起きるのか?, きちんと栄養をとればDNAの損傷は修復される ほか）, 第3章 正しい放射線対策のためのQ&A（栄養士をしています。保育園の保護者から, 海外の食品中の放射線量の規制値と比べて, 今年度から食品の基準値が100ベクレルに ほか）

（内容）子どもたちの明るい未来のためにいま, 私たちができることを提言します。

原子力安全委員会安全審査指針集 改訂第9版 科学技術庁原子力安全局原子力安全調査室監修 大成出版社 1998.7 1229p 21cm 5143円 ①4-8028-1454-2

（目次）第1部 指針類（発電用軽水型原子炉施設などに関係するもの, 高速増殖炉, 新型転換炉, 原子力船などに関係するもの, 核燃料サイクル施設に関係するもの）, 第2部 専門部会報告書等（原子炉安全基準専門部会報告書, 放射性廃棄物安全規制専門部会報告書, 原子炉安全専門審査会内規, 防災・環境に関係するもの）

原発事故と子どもたち 放射能対策ハンドブック 黒部信一著 三一書房 2012.2 166p 19cm 1300円 ①978-4-380-11003-0

（目次）第1章 放射能と向き合う親たち―子ども健康相談の現場から, 第2章 放射性物質の恐ろしさ―親たちが知っておくべき基礎知識, 第3章 親ができること―家庭での自衛策, 第4章 原発の今後を考える―子どもたちの未来のために

（内容）福島の人びとと, ともに考え, ともに闘う小児科医のアドバイス。

政府事故調 中間・最終報告書 東京電力福島原子力発電所における事故調査・検証委員会著 メディアランド, 全国官報販売協同組合（発売） 2012.10 2冊（セット） 26cm 5800円 ①978-4-904208-27-4

（内容）平成23年3月11日に起きた東京電力株式会社福島第一原子力発電所及び福島第二原子力発電所における事故の調査・検証報告書。平成23年12月26日の中間報告と, 平成24年7月23日の最終報告を収録する。

＜法令集＞

原子力規制関係法令集 2010年 原子力規制関係法令研究会編著 大成出版社 2010.9 2140p 21cm 7500円 ①978-4-8028-2965-6 Ⓝ539.0912

（目次）第1編 基本的法令（原子力基本法, 原子力委員会及び原子力安全委員会設置法 ほか）, 第2編 核原料物質、核燃料物質及び原子炉の規制（試験研究の用に供する原子炉に関する規制, 研究開発段階炉に関する規制 ほか）, 第3編 放射性同位元素等による放射線障害の防止（放射性同位元素等による放射線障害の防止に関する法律, 登録認証機関等に関する規則 ほか）, 第4編 防災対策（原子力災害対策特別措置法, 災害対策基本法 ほか）, 第5編 関係法令（電気事業関係, 輸送関係等 ほか）

原子力実務六法 2004年版 エネルギーフォーラム編 エネルギーフォーラム 2004.2 2639p 19cm 15000円 ①4-88555-291-5

（目次）第1編 組織（原子力委員会及び原子力安全委員会設置法, 原子力委員会及び原子力安全委員会設置法施行令 ほか）, 第2編 原子力利用（原子力基本法, 核燃料物質、核原料物質、原子炉及び放射線の定義に関する政令 ほか）, 第3編 電気事業（電気事業法, 電気事業法施行令 ほか）, 第4編 防災対策等（災害対策基本法, 災害対策基本法施行令 ほか）

（内容）原子力関係の職務に従事される人が, 日常参照する頻度が高いと考えられる条文を中心に編集した法令集。基本的な法令はできるだけ全文を収録。核原料物質、核燃料物質及び原子炉の規制に関する法律には, 参照条文（"参"で示す）を付した。平成十五年十二月二十六日までの官報に掲載されたものを収録。

原子力実務六法 2008年版 原子力安全・保安院監修 エネルギーフォーラム 2008.12 2274p 19cm 13000円 ①978-4-88555-355-4 Ⓝ539.0912

（目次）第1編 組織（原子力委員会及び原子力安全委員会設置法, 原子力委員会及び原子力安全委員会設置法施行令 ほか）, 第2編 原子力利用（原子力基本法, 核燃料物質、核原料物質、原子炉及

び放射線の定義に関する政令 ほか)，第3編 電気事業(電気事業法，電気事業法施行令 ほか)，第4編 防災対策等(災害対策基本法，災害対策基本法施行令 ほか)

原子力実務六法 2011年版 原子力安全・保安院監修 エネルギーフォーラム 2011.1 2327p 19cm 13000円 ①978-4-88555-383-7 ⓃS39.0912

(目次)第1編 組織(原子力委員会及び原子力安全委員会設置法，原子力委員会及び原子力安全委員会設置法施行令 ほか)，第2編 原子力利用(原子力基本法，核燃料物質，核原料物質，原子炉及び放射線の定義に関する政令 ほか)，第3編 電気事業(電気事業法，電気事業法施行令 ほか)，第4編 防災対策等(災害対策基本法，災害対策基本法施行令 ほか)

条約集 多数国間 昭和62年 外務省編 大蔵省印刷局 1990.4 327p 21cm 3500円 ①4-17-217625-9

(目次)絶滅のおそれのある野生動植物の種の国際取引条約第11条3(a)の改正，雇用政策条約(第122号)，人的資源開発条約(第142号)，水鳥生息地保全条約改正議定書，アジア・太平洋郵便連号憲章，アジア・太平洋郵便連合一般規則，アジア・太平洋郵便条約，1986年の国際ココア協定，国家代表等犯罪防止処罰条約，人質行為防止条約，原子力事故早期通報条約，原子力事故援助条約，GATTへのチュニジアの暫定的加入宣言延長第19調書，アジア太平洋統計研修所事業計画(第4期)，1987年原子力科学技術研究、開発及び訓練地域協力協定

除染電離則の理論と解説 東日本大震災における安全衛生対策の展開：安全な除染作業のすべてが分かる 高崎真一著 労働調査会 2012.3 536p 21cm 4000円 ①978-4-86319-242-3 ⓃS39.68

(目次)第1編 東日本大震災における安全衛生対策の展開(東日本大震災に対する厚生労働行政の対応，復旧・復興工事での労働災害防止対策，東電福島第一原発作業員の安全衛生対策)，第2編 除染電離則の理論(福島県内の災害廃棄物の処理等に従事する労働者の健康確保対策，除染作業等に従事する労働者の健康障害防止対策)，第3編 除染電離則の逐条解説(総則，線量の限度及び測定，除染等業務の実施に関する措置 ほか)

(内容)除染電離則を一条ごとにわかりやすく解説。復旧・復興工事での労働災害防止対策、除

染作業や災害廃棄物処理等の安全衛生対策を体系的に整理。イラスト付き除染作業パンフレット等を含む関係資料を多数収録。

放射性物質等の輸送法令集 2002年度版 日本原子力産業会議編 日本原子力産業会議 2002.2 681p 21cm 1400円 ①4-88911-300-2 ⓃS39.0912

(目次)1 核燃料物質等の運搬関係法令(図 核燃料物質等の運搬に関する基本体系，陸上輸送関係法令，海上輸送関係法令，航空輸送関係法令)，2 放射性同位元素等の運搬関係法令(図 放射性同位元素等の運搬に関する基本体系，放射性同位元素等の輸送に関する規制法令，陸上輸送関係法令，海上輸送関係法令，航空輸送関係法令)，3 関係法令及び定義 等

(内容)放射性物質の輸送に関する法令を収録した法令集。2001年7月から適用の省令、告示、通達、原子力防災に関する法令等を盛りこむ。IAEA輸送規則の改定、原子力安全規制体制の強化に伴う法令の改正等も収録。

＜年鑑・白書＞

NHK年鑑 2013 NHK編 NHK出版 2013.11 774p 26cm 6700円 ①978-4-14-007249-3

(目次)第1部 2012年度の動き(放送界の動き，東日本大震災)，第2部 NHK(放送，番組解説，技術，視聴者，地域放送局，経営，関連事業)，第3部 放送界(放送行政，放送関係機関，ケーブルテレビ，世界の放送)，第4部 資料編(NHK，放送界)

(内容)2013年版は、2012(平成24)年度の動きを対象として記録。巻頭の「特集」として、「テレビ放送60年」を取り上げた。東日本大震災関連については、引き続き口絵グラビアで紹介するとともに第1部の中で章を設け、復興の状況、原発事故のその後等を記載している。

NHK放送文化研究所年報 2012(No. 56) NHK放送文化研究所編 NHK出版 2012.1 378p 26cm 1900円 ①978-4-14-007244-8

(目次)放送番組が媒介する新たな公共圏のデザイン─番組レビューSNSサイト "teleda" の実証実験を中心に，若者のネット動画利用とテレビへの意識─「中高生の動画利用調査」の結果から，放送史資料収集・保存・公開の方法論を探る─NHK文研所蔵資料の研究活用に向けて，「世界の公共放送の制度と財源」報告，再録 東

日本大震災とメディア―「放送研究と調査」（月報）掲載論文から（東日本大震災発生時・テレビは何を伝えたか，東日本大震災発生から24時間テレビが伝えた情報の推移，巨大津波襲来と警報・メディア―想定外をどう伝えるか，原子力災害と避難情報・メディア―福島第一原発事故の事例検証，大洗町はなぜ「避難せよ」と呼びかけたのか―東日本大震災で防災行政無線放送に使われた呼びかけ表現の事例報告 ほか）

エネルギー白書　2011年版　東日本大震災によるエネルギーを巡る課題と対応、国際エネルギー市場を巡る近年の潮流、今後の我が国エネルギー政策の検討の方向性　経済産業省編　新高速印刷，全国官報販売協同組合（発売）　2012.1　249p　30cm　2500円　①978-4-903944-08-1

（目次）第1部 エネルギーを巡る課題と対応（東日本大震災によるエネルギーを巡る課題と対応，国際エネルギー市場を巡る近年の潮流，今後の我が国エネルギー政策の検討の方向性），第2部 エネルギー動向（エネルギーと国民生活・経済活動，国内エネルギー動向，国際エネルギー動向），第3部 平成22年度においてエネルギーの需給に関して講じた施策の概況（平成22年度に講じた施策について，資源確保・安定供給強化への総合的取組，自立的かつ環境調和的なエネルギー供給構造の実現，電力事業制度・ガス事業制度のあり方，低炭素型成長を可能とするエネルギー需要構造の実現，新たなエネルギー社会の実現，確信的なエネルギー技術の開発・普及拡大，エネルギー・環境分野における国際協力の推進，エネルギー国際協力の強化，国民との相互理解の促進と人材の育成）

エネルギー白書　2012年版　東日本大震災と我が国エネルギー政策の聖域無き見直し　経済産業省編　エネルギーフォーラム　2012.12　264p　30cm　2800円　①978-4-88555-411-7

（目次）第1部 エネルギーを巡る課題と対応―東日本大震災と我が国エネルギー政策の聖域無き見直し（東日本大震災・東京電力福島第一原子力発電所事故で明らかになった課題，東日本大震災・東京電力福島第一原子力発電所事故後に講じたエネルギーに関する主な施策，原子力発電所事故関連，東日本大震災・東京電力福島第一原子力発電所事故を踏まえたエネルギー政策の見直し），第2部 エネルギー動向（エネルギーと国民生活・経済活動，国内エネルギー動向，国際エネルギー動向），第3部 平成23年度にお

いてエネルギーの需給に関して講じた施策の概況（2011（平成23）年度に講じた施策について，資源確保・安定供給強化への総合的取組，自立的かつ環境調和的なエネルギー供給構造の実現，電力事業制度・ガス事業制度のあり方，低炭素型成長を可能とするエネルギー需要構造の実現，新たなエネルギー社会の実現，革新的なエネルギー技術の開発・普及拡大，エネルギー・環境分野における国際協力の推進，エネルギー国際協力の強化，国民との相互理解の促進と人材の育成）

エネルギー白書　2013年版　経済産業省編　新高速印刷，全国官報販売協同組合〔発売〕　2013.8　277p　30cm　2800円　①978-4-904681-06-0

（目次）第1部 エネルギーを巡る課題と対応（エネルギーを巡る世界の過去事例からの考察，東日本大震災と我が国エネルギー政策のゼロベースからの見直し），第2部 エネルギー動向（国内エネルギー動向，国際エネルギー動向），第3部 平成24年度においてエネルギーの需給に関して講じた施策の概況（2012（平成24）年度に講じた施策について，資源確保・安定供給強化への総合的取組，自立的かつ環境調和的なエネルギー供給構造の実現，電力事業制度・ガス事業制度のあり方，低炭素型成長を可能とするエネルギー需要構造の実現，新たなエネルギー社会の実現，革新的なエネルギー技術の開発・普及拡大，エネルギー・環境分野における国際協力の推進，エネルギー国際協力の強化，国民との相互理解の促進と人材の育成）

環境白書　循環型社会白書／生物多様性白書　平成24年版　環境省編　日経印刷，全国官報販売協同組合（発売）　2012.6　422p　30cm　2381円　①978-4-905427-13-1

（目次）平成23年度環境の状況・平成23年度循環型社会の形成の状況・平成23年度生物の多様性の状況（総合的な施策等に関する報告（地球と我が国の現状，東日本大震災及び原子力発電所における事故への対応，元気で豊かな地域社会づくり，各種施策の基盤，各主体の参加及び国際協力に係る施策），各分野の施策等に関する報告（低炭素社会の構築，生物多様性の保全及び持続可能な利用，循環型社会の構築に向けて，大気循環・水循環，土壌環境等の保全，化学物質の環境リスクの評価・管理，各種施策の基盤，各主体の参加及び国際協力に係わる施策），平成24年度環境の保全に関する施策・平成24年度循環型社会の形成に関する施策・平成24年度生物の多様性の保全及び持続可能な利用に関する

事故・災害レファレンスブック　　105

産業災害　　　　　　　　　人為的災害・事故

施策(低炭素社会の構築，生物多様性の保全及び持続可能な利用—私たちのいのちと暮らしを支える生物多様性，循環型社会の形成，大気循環、水環境、土壌環境等の保全，化学物質の環境リスクの評価・管理，各種施策の基盤・各主体の参加及び国際協力に係施策)

原子力安全白書　平成元年版　原子力安全

委員会編　大蔵省印刷局　1990　424p
21cm　2301円　Ⓝ539.9

(内容)原子力発電所における故障・トラブル等とその教訓の反映，原子力の安全確保関連施策の現状(原子力施設全体に関する安全確保施策の現状を紹介)、資料、の3部からなる。

原子力安全白書　平成2年版　原子力安全委

員会編　大蔵省印刷局　1991.3　427p
21cm　2500円　Ⓘ4-17-182565-2

(目次)第1編 原子力の安全確保関連施策の現状(原子力安全委員会の活動，原子力施設等の安全規制及び安全確保，環境放射能調査，原子力発電所等周辺の防災対策，原子力の安全研究等，国際協力，安全確保のための基盤整備)，第2編 原子力における安全の考え方(原子力施設における安全確保対策，放射性廃棄物の処理・処分における安全確保対策，放射線の影響の評価と防護の考え方)，資料編(我が国の原子力発電所の運転・建設状況〈電気事業用〉，東京電力福島第二原子力発電所3号炉の原子炉再循環ポンプ損傷事象について，原子力施設等の安全審査に関する原子力安全委員会の実績一覧 ほか)

原子力安全白書　平成3年版　原子力安全委

員会編　大蔵省印刷局　1992.2　386p
21cm　2500円　Ⓘ4-17-182566-0

(目次)第1編 原子力の安全確保関連施策の現状(原子力安全委員会の活動，原子力施設等の安全規制及び安全確保，環境放射能調査，原子力発電所等周辺の防災対策，原子力の安全研究等，国際協力)，第2編 安全確保の考え方について—蒸気発生器伝熱管損傷を中心として(原子力発電所の安全確保と安全審査，蒸気発生器をめぐる諸問題について，美浜事故の概要)，資料編(原子力安全委員会の組織，公開ヒアリング等の実施方法について，我が国の原子力発電所の運転・建設状況〈電気事業用〉ほか)

原子力安全白書　平成4年版　原子力安全委

員会編　大蔵省印刷局　1993.2　369p
21cm　2700円　Ⓘ4-17-182567-9　Ⓝ539.9

(目次)第1編 原子力の安全確保関連施策の現状(原子力安全委員会の活動，原子力施設等の安

全規制及び安全確保，環境放射能調査，原子力発電所等周辺の防災対策，原子力の安全研究等，国際協力)，第2編 核燃料サイクルの安全確保(核燃料サイクルの概要，ウラン濃縮等の加工事業の安全確保，再処理事業の安全確保，放射性廃棄物の処理処分の安全確保，核燃料物質等の輸送の安全確保)，資料編

原子力安全白書　平成5年版　原子力安全委

員会編　大蔵省印刷局　1994.3　445p
21cm　2950円　Ⓘ4-17-182568-7　Ⓝ539.9

(目次)第1編 原子力の安全確保関連施策の現状，第2編 発電用原子炉施設におけるプルトニウム利用に係る安全確保，資料編

原子力安全白書　平成6年版　原子力安全委

員会編　大蔵省印刷局　1995.3　443p
21cm　3000円　Ⓘ4-17-182569-5

(目次)第1編 原子力の安全確保の現状(原子力安全委員会の活動，原子力施設等の安全規制を中心とした安全確保，環境放射能調査，原子力発電所等周辺の防災対策，原子力の安全研究，国際協力)，第2編 原子力安全をめぐる国際動向について—セイフティ・カルチュアの醸成を中心として(セイフティ・カルチュアの概念形成，セイフティ・カルチュア醸成のための国際的な活動)，資料編

原子力安全白書　平成7年版　原子力安全委

員会編　大蔵省印刷局　1996.7　453p
21cm　3200円　Ⓘ4-17-182570-9

(目次)第1編 原子力の安全確保の現状，第2編 原子力施設の耐震安全性—平成7年兵庫県南部地震を踏まえて，第3編 高速増殖原型炉もんじゅのナトリウム漏えい事故について

原子力安全白書　平成9年版　原子力安全委

員会編　大蔵省印刷局　1998.10　332p
18cm　3000円　Ⓘ4-17-182572-5

(目次)第1編 原子力安全に対する信頼回復に向けて(一連の事故への対応，信頼回復に向けた取組み)，第2編 原子力の安全確保の現状(原子力施設等の安全規制を中心とした安全確保，環境放射能調査，原子力発電所等周辺の防災対策，原子力の安全研究の推進，原子力安全に関する国際協力)

原子力安全白書　平成10年版　原子力安全

委員会編　大蔵省印刷局　1999.8　420p
21cm　3500円　Ⓘ4-17-182573-3

(目次)第1編 原子力安全—この20年の歩みとこれから(原子力安全のこの20年の歩み，国民の

106　事故・災害レファレンスブック

信頼と期待に応え得る原子力安全を目指して），
第2編 原子力の安全確保の現状（原子力施設等
の安全規制を中心とした安全確保，環境放射能
調査，原子力発電所等周辺の防災対策，原子力
の安全研究の推進，原子力安全に関する国際協
力）

原子力安全白書　平成11年版　原子力安全
委員会編　大蔵省印刷局　2000.9　360p 図
版10p　21cm　3300円　Ⓣ4-17-182574-1
Ⓝ539.9

〔目次〕第1編 原子力安全の再構築に向けて（（株）
ジェー・シー・オー ウラン加工工場における臨
界事故について，その他の主な問題への対応に
ついて，原子力安全の再構築に向けた対応につ
いて ほか），第2編 原子力の安全確保の現状（原
子力施設等の安全規制を中心とした安全確保，
環境放射能調査，原子力発電所等周辺の防災対
策 ほか），資料編（原子力安全委員会の当面の
施策について，原子力安全委員会の行う原子力
施設に係る安全審査等について，原子力安全委
員会の組織 ほか）

〔内容〕原子力安全に関わる施策についてとりま
とめた白書。1981年以来公表・刊行されている。
今版では「原子力安全の再構築に向けて」と題
し、1999年に発生した事故を中心に原子力安全
の今後の考え方等を特集している。第2編では，
原子力安全委員会及び安全規制機関における
1999年の活動，原子力施設全般に関する安全確
保の現状を紹介している。資料編では，原子力
安全委員会関係の各種資料、安全確保の実績に
関する各種資料等を掲載する。

原子力安全白書　平成12年版　原子力安全
委員会編　財務省印刷局　2001.4　247p
30cm　3400円　Ⓣ4-17-182575-X　Ⓝ539.9

〔目次〕第1編 原点からの原子力安全確保への取
組み（原子力の平和利用に伴う潜在的危険性と
事故・災害，安全確保の取組み，原子力災害対
策，原点からの取組み―その課題），第2編 平
成12年の動き（原子力安全委員会の活動，平成
12年の事故・故障等），第3編 原子力安全確保
のための諸活動（原子力施設等に対する安全規
制体制，原子力施設等の防災対策，原子力の安
全研究の推進，環境放射能調査，原子力安全に
関する国際協力），資料編

〔内容〕原子力安全に関わる施策についてとりま
とめた白書。資料編では，原子力安全委員会の
組織、省庁再編成後の原子力規制体制、核燃料
加工施設一覧等を掲載する。

原子力安全白書　平成13年版　原子力安全

委員会編　財務省印刷局　2002.5　232p
30cm　3400円　Ⓣ4-17-182576-8　Ⓝ539.9

〔目次〕平成13年を振り返って，第1編 プルトニ
ウムに関する安全確保について（プルトニウム
の利用技術と特性，原子炉におけるプルトニウ
ムに関する安全確保，核燃料施設におけるプル
トニウムに関する安全確保，輸送に関する安全
確保，まとめ―プルサーマルの安全性とプルト
ニウム技術の今後の課題），第2編 平成13年の
動き（原子力安全委員会の活動，平成13年の事故
・故障等），第3編 原子力安全確保のための
諸活動（原子力施設等に対する安全規制体制，
原子力施設等の防災対策，安全目標について，
安全文化の醸成・定着について，原子力の安全
研究の推進，環境放射能調査，原子力安全に関
する国際協力）

原子力安全白書　平成14年版　原子力安全
委員会編　国立印刷局　2003.9　260p
30cm　3400円　Ⓣ4-17-182577-6

〔目次〕第1編 原子力の安全維持の意味と実践―
原子力施設の不正を防ぐために（原子力利用で
求められている「安全」とその維持・向上，何
が起きたのか。政府はどのように対応したか。
ほか），第2編 高速増殖原型炉「もんじゅ」に
ついて（「もんじゅ」の安全確保のための原子力
安全委員会としての取組み，「もんじゅ」控訴
審判決について ほか），第3編 平成14年の動き
（原子力安全委員会の活動，平成14年の事故・
故障等），第4編 原子力安全確保のための諸活
動（原子力施設等に対する安全規制体制，原子
力施設等の防災対策 ほか），資料編（原子力安
全委員会の組織図，専門部会等の設置に関する
原子力安全委員会決定 ほか）

原子力安全白書　平成15年版　原子力安全
委員会編　国立印刷局　2004.4　268p
30cm　2900円　Ⓣ4-17-182578-4

〔目次〕第1編 特集―リスク情報を活用した原子
力安全規制への取組み（原子力が有するリスク
及びこれまでの原子力施設の安全確保対策につ
いて，リスク情報を活用した原子力安全規制に
向けた取組みについて，安全目標について），
第2編 平成15年の動き（原子力安全規制の新制
度について，原子力安全委員会の活動，平成15
年の事故・故障等），第3編 原子力安全確保の
ための諸活動（原子力施設等に対する安全規制
体制，原子力施設等の防災対策，原子力安全研
究の推進 ほか），資料編

原子力安全白書　平成16年版　原子力安全
委員会編　国立印刷局　2005.5　277p

産業災害 人為的災害・事故

30cm 2900円 ①4-17-182579-2

(目次)第1編 特集―原子力施設の廃止措置に係る安全規制とクリアランス制度(原子力施設の廃止措置に係る安全規制制度, 原子力施設のクリアランス制度), 第2編 平成16年の動き(原子力安全委員会の活動, 平成16年の事故・故障等), 第3編 原子力安全確保のための諸活動(原子力施設等に対する安全規制体制, 原子力施設等の防災対策等, 原子力安全研究の推進, 環境放射能調査, 原子力安全に関する国際協力), 資料編

原子力安全白書 平成18年版 原子力安全

委員会編 佐伯印刷 2007.7 290p 30cm 2500円 ①978-4-903729-03-9

(目次)第1編 特集 原子力発電設備における過去の不正の総点検と今後の対応(発電設備の総点検とその結果, 総点検結果を受けた政府の対応, おわりに―原子力安全の一層の向上を目指して, 原子力施設における改ざん・隠ぺい等の不正に係る今後の対応について), 第2編 特集 耐震安全性に係る安全審査指針類の改訂―最新の知見を反映し, 原子力施設の耐震安全性の一層の向上へ(発電用軽水型原子炉施設における耐震安全性の確保, 耐震安全性に係る指針類の改訂を巡る経緯等, 新耐震指針の概要と今後の対応等), 第3編 平成18年の動き(原子力安全委員会の活動, 平成18年の事故・故障等), 第4編 原子力安全確保のための諸活動(原子力施設等に対する安全規制体制, 原子力施設等の防災対策等, 原子力安全研究の推進, 安全文化の醸成と定着, リスク情報を活用した原子力安全規制への取組, 環境放射能調査, 原子力安全に関する国際的な取組)

原子力安全白書 平成19・20年版 原子力

安全委員会編 佐伯印刷 2009.3 305p 30cm 2300円 ①978-4-903729-49-7 Ⓝ539.9

(目次)第1編 特集―新潟県中越沖地震を踏まえた耐震安全性確保の取組について(新潟県中越沖地震による影響, 柏崎刈羽原子力発電所の安全確認の経緯, 柏崎刈羽原子力発電所の施設健全性の確認, 耐震安全性の確認, 原子力施設の危機管理体制の再点検, 安全審査の一層の充実・強化), 第2編 平成19・20年の動き(原子力安全委員会の活動, 平成19・20年の事故・故障等), 第3編 原子力安全確保のための諸活動(原子力施設等に対する安全規制体制, 原子力施設等の防災対策等, 原子力安全研究の推進, 安全文化の醸成と定着, リスク情報を活用した原子力安全規制への取組, 環境放射能調査, 原子力安全

に関する国際的な取組)

原子力安全白書 平成21年版 原子力安全

委員会編 佐伯印刷 2010.4 165p 30cm 2300円 ①978-4-903729-73-2 Ⓝ539.9

(目次)第1編 特集―「環境の時代」に期待される原子力安全―この10年これからの10年(原子力と原子力安全を取り巻く状況, 既設の原子力施設の安全に関する信頼性の向上, 耐震安全性の向上, 核燃料サイクル・放射性廃棄物の安全確保, 原子力の安全規制活動の向上に向けた基盤の整備, 原子力安全に必要な国際協力、透明性の確保), 第2編 平成21年の動き(原子力安全委員会の活動, 平成21年の事故・故障等), 第3編 原子力安全確保のための諸活動(原子力施設等に対する安全規制体制, 原子力施設等の防災対策等, 原子力安全研究の推進, 安全文化の醸成と定着, リスク情報を活用した原子力安全規制への取組, 環境放射能調査, 原子力安全に関する国際的な取組)

原子力安全白書のあらまし 平成元年版

大蔵省印刷局編 大蔵省印刷局 1990.1 63p 18cm (白書のあらまし 29) 260円 ①4-17-351329-1 ⓃN539.9

原子力安全白書のあらまし 平成2年版

原子力安全年報 大蔵省印刷局編 大蔵省印刷局 1991.3 54p 18cm (白書のあらまし 29) 260円 ①4-17-351429-8

(目次)第1編 原子力の安全確保関連施策の現状, 第2編 原子力における安全の考え方

原子力安全白書のあらまし 平成4年版

大蔵省印刷局編 大蔵省印刷局 1993.2 72p 17cm (白書のあらまし 29) 280円 ①4-17-351629-0

(目次)第1編 原子力の安全確保関連施策の現状, 第2編 核燃料サイクルの安全確保

原子力安全白書のあらまし 平成5年版

大蔵省印刷局編 大蔵省印刷局 1994.2 87p 18cm (白書のあらまし 29) 300円 ①4-17-351729-7

(目次)第1編 原子力の安全確保関連施策の現状, 第2編 発電用原子炉施設におけるプルトニウム利用に係る安全確保

原子力安全白書のあらまし 平成6年版 大

蔵省印刷局 1995.3 99p 18×11cm (白書のあらまし 29) 300円 ①4-17-351829-3

(目次)第1編 原子力の安全確保の現状, 第2編 原

子力安全をめぐる国際動向について

原子力安全白書のあらまし　平成7年版

大蔵省印刷局編　大蔵省印刷局　1996.6
102p　18cm　（白書のあらまし 29）　320円
Ⓘ4-17-351929-X　Ⓝ539.9

原子力安全白書のあらまし　平成9年版

大蔵省印刷局編　大蔵省印刷局　1998.10
48p　18cm　（白書のあらまし 29）　320円
Ⓘ4-17-352229-0

(目次)第1編 原子力安全に対する信頼回復に向けて（一連の事故への対応，信頼回復に向けた取り組み―「安全」に「安心」を）

原子力安全白書のあらまし　平成10年版

大蔵省印刷局編　大蔵省印刷局　1999.6
39p　18cm　（白書のあらまし 29）　320円
Ⓘ4-17-352329-7

(目次)第1編 原子力安全―この20年の歩みとこれから（原子力安全のこの20年の歩み，国民の信頼と期待に応え得る原子力安全を目指して）

原子力安全白書のあらまし　平成11年版

大蔵省印刷局編　大蔵省印刷局　2000.11
18p　19cm　（白書のあらまし 29）　320円
Ⓘ4-17-352429-3

(目次)第1章（株）ジェー・シー・オーウラン加工工場における臨界事故について，第2章 その他の主な問題への対応について，第3章 原子力安全の再構築に向けた対応について，終章 原子力安全委員会として決意を新たに

原子力安全白書のあらまし　平成12年版

財務省印刷局編　財務省印刷局　2001.6
30p　19cm　（白書のあらまし 29）　320円
Ⓘ4-17-352529-X

(目次)第1編 原点からの原子力安全確保への取組み（原子力の平和利用に伴う潜在的危険性と事故・災害，安全確保の取組み，原子力災害対策，原点からの取組み―その課題，終わりに）

原子力安全白書のあらまし　平成13年版

財務省印刷局編　財務省印刷局　2002.6
30p　19cm　（白書のあらまし 29）　340円
Ⓘ4-17-352629-6　Ⓝ539.9

(目次)平成13年を振り返って，第1編 プルトニウムに関する安全確保について（プルトニウムの利用技術と特性，原子炉におけるプルトニウムに関する安全確保，核燃料施設におけるプルトニウムに関する安全確保，輸送に関する安全確保，まとめ）

原子力市民年鑑　'98　原子力資料情報室編

七つ森書館　1998.4　390p　21cm　4000円
Ⓘ4-8228-9827-X

(目次)第1部 データで見る日本の原発―サイト別，第2部 データで見る原発をとりまく状況―テーマ別（プルトニウム，核燃料サイクル，廃棄物，事故，地震，被曝・放射能，核，世界の原発，原子力行政，原子力産業，輸送，エネルギー核融合，原発立地市町村の地域経済）

原子力市民年鑑　99　原子力資料情報室編

七つ森書館　1999.5　326p　21cm　3500円
Ⓘ4-8228-9933-0

(目次)新しい市民運動のいぶき，新しい世紀への飛翔，法人をめざして，1998年の原子力をめぐる動き，日本，そしてアジアのエネルギーの未来を考える―「1998年ワークショップ・アジアにおける持続可能で平和なエネルギーの未来」開催，原子力のライフ・サイクル・アセスメント―再処理・プルトニウム利用ケース，原子力産業の虚偽体質またも露呈―使用済み燃料・MOX燃料輸送容器のデータを捏造・改竄，東海原発―難題を抱えたままの廃炉，第1部 データで見る日本の原発（サイト別），第2部 データで見る原発をとりまく状況（テーマ別）

原子力市民年鑑　2000　原子力資料情報室

編　七つ森書館　2000.6　349p　21cm
3500円　Ⓘ4-8228-0039-3　Ⓝ543.5

(目次)第1部 データで見る日本の原発（サイト別）（計画地点について，運転・建設中地点について），第2部 データで見る原発をとりまく状況（テーマ別）（プルトニウム，核燃料サイクル，廃棄物，事故，地震，被曝・放射能，核，世界の原発，原子力行政，原子力産業，輸送，エネルギー，核融合，原発立地市町村の地域経済，その他）

(内容)原子力発電とそれをとりまく状況をまとめた年鑑。データで見る日本の原発とデータで見る原発をとりまく状況の2部で構成する。第1部のデータで見る日本の原発は日本の原子力発電所の一覧，原発お断りマップ，原発に関する住民投票条例一覧などと原子力発電所の計画地点および運転・建設中地点を掲載。運転・建設中地点は各地の施設ごとに所在地，設置者，原子炉の炉型，電気出力，主契約者などのデータと1999年の動向，運転実績，労働者被曝実績，過去の事故などを収録。第2部のデータで見る原発をとりまく状況では国内外の原発に関するデータをテーマ別に配列。ほかに巻頭特集としてJOC臨界事故，BNFL・MOX燃料検査データ

改ざんなどの論文を掲載。また、巻末には資料として官公庁・電力会社等の所在地、関係するインターネット・ホームページアドレス、原子力関係略語表などを収録する。

原子力市民年鑑 2001　原子力資料情報室
編　七つ森書館　2001.5　347p　21cm
2800円　①4-8228-0145-4
(目次)第1部 データで見る日本の原発(サイト別)(日本の原子力発電所一覧、原発おことわりマップ、原子力発電所の運転開始計画、原発に関する住民投票条例一覧 ほか)、第2部 データで見る原発をとりまく状況(テーマ別)(プルトニウム、核燃料サイクル、廃棄物、事故 ほか)

原子力市民年鑑 2002　原子力資料情報室
編　七つ森書館　2002.4　365p　21cm
2800円　①4-8228-0253-1
(目次)第1部 データで見る日本の原発(サイト別)、第2部 データで見る原発をとりまく状況(テーマ別)(プルトニウム、核燃料サイクル、廃棄物、事故、地震、被曝・放射能、核、世界の原発 ほか)

原子力市民年鑑 2003　原子力資料情報室
編　七つ森書館　2003.6　358p　21cm
2800円　①4-8228-0367-8
(目次)第1部 データで見る日本の原発(サイト別)(日本の原子力発電所一覧、原発おことわりマップ、各年度末の原発基数と設備・容量、原子力発電所の運転開始計画、主な原発裁判 ほか)、第2部 データで見る原発をとりまく状況(テーマ別)(プルトニウム、核燃料サイクル、廃棄物、事故、地震 ほか)

原子力市民年鑑 2004　原子力資料情報室
編　七つ森書館　2004.7　342p　21cm
4500円　①4-8228-0483-6
(目次)第1部 データで見る日本の原発(日本の原子力発電所一覧、原発おことわりマップ、各年度末の原発基数と設備・容量、原子力発電所の運転開始計画、主な原発裁判 ほか)、第2部 データで見る原発をとりまく状況(プルトニウム、核燃料サイクル、廃棄物、事故、地震 ほか)

原子力市民年鑑 2005　原子力資料情報室
編　七つ森書館　2005.7　342p　21cm
4500円　①4-8228-0505-0
(目次)第1部 データで見る日本の原発(サイト別)、第2部 データで見る原発をとりまく状況(テーマ別)(プルトニウム、核燃料サイクル、廃棄物、事故、地震、被曝・放射能、核、世界

の原発、アジアの原発、原子力行政、原子力産業、発電コスト、輸送、エネルギー、核融合、その他)

原子力市民年鑑 2006　原子力資料情報室
編　七つ森書館　2006.8　326p　21cm
3800円　①4-8228-0625-1
(目次)巻頭論文(『原子力政策大綱』への少数意見、六ヶ所再処理工場 アクティブ試験始まる、ますますふくらむ老朽原発の危険性—格納容器、原子炉圧力容器、再循環系配管、制御棒 ほか)、第1部 データで見る日本の原発(サイト別)(日本の原子力発電所一覧、原発おことわりマップ、各年度末の原発基数と設備容量 ほか)、第2部 データで見る原発をとりまく状況(テーマ別)(プルトニウム、核燃料サイクル、廃棄物 ほか)

原子力市民年鑑 2007　原子力資料情報室
編　七つ森書館　2007.6　318p　21cm
3800円　①978-4-8228-0746-7
(目次)巻頭論文(累卵の危うきに直面している原子力システム、六ヶ所再処理工場アクティブ試験をめぐる状況、高レベル放射性廃棄物の処分計画をめぐって ほか)、第1部 データで見る日本の原発(サイト別)(日本の原子力発電所一覧、原発おことわりマップ、各年度末の原発基数と設備容量 ほか)、第2部 データで見る 原発をとりまく状況(テーマ別)(プルトニウム、核燃料サイクル、廃棄物、事故、地震、被曝・放射能 ほか)

原子力市民年鑑 2008　原子力資料情報室
編　七つ森書館　2008.5　334p　21cm
3800円　①978-4-8228-0868-6
(目次)巻頭論文(新潟県中越沖地震を教訓に原子力発電問題を考える、柏崎刈羽原発を地震が襲った、柏崎刈羽原発の閉鎖を訴える ほか)、第1部 データで見る日本の原発(サイト別)(日本の原子力発電所一覧、原発おことわりマップ、各年度末の原発基数と設備容量 ほか)、第2部 データで見る原発をとりまく状況(テーマ別)(プロトニウム、核燃料サイクル、廃棄物 ほか)

原子力市民年鑑 2009　原子力資料情報室
編　七つ森書館　2009.7　334p　21cm
3800円　①978-4-8228-0994-2
(目次)巻頭論文(閉鎖すべき柏崎刈羽原発、柏崎刈羽で明らかになったこと、動かすな六ヶ所再処理工場 ほか)、第1部 データで見る日本の原発(サイト別)(計画地点について、運転・建設中地点について)、第2部 データで見る原発をとりまく状況(テーマ別)(プルトニウム、核燃

料サイクル，廃棄物 ほか）

原子力市民年鑑 2010　原子力資料情報室
編　七つ森書館　2010.8　330p　21cm
3800円　①978-4-8228-1018-4

(目次)第1部 データで見る日本の原発（サイト別）（計画地点について，運転・建設中地点について ほか），第2部 データで見る原発をとりまく状況（テーマ別）（プルトニウム，核燃料サイクル，廃棄物，事故，地震，被曝・放射能，核，世界の原発 ほか）

原子力市民年鑑 2011‐12　原子力資料情報室編　七つ森書館　2012.3　352p　21cm
4500円　①978-4-8228-1248-5

(目次)巻頭論文（福島第一原発事故の意味するもの 西尾漠，福島第一原発事故はどう起こったか―あらゆることが未解明 上沢千尋，福島第一原発事故による放射性物質の放出・拡散と陸上部分の汚染の広がり状況について 沢井正子，福島第一原発事故収束に向けての緊急作業に取り組む労働者の被曝 渡辺美紀子 ほか），第1部 データで見る日本の原発―サイト別（計画地点について，運転・建設中地点について），第2部 データで見る原発をとりまく状況―テーマ別（プルトニウム，核燃料サイクル，廃棄物，事故，地震，被曝・放射能 ほか）

原子力市民年鑑 2013　原子力資料情報室編　七つ森書館　2013.8　362p　21cm
4500円　①978-4-8228-1378-9

(目次)第1部 データで見る日本の原発 サイト別，第2部 データで見る原発をとりまく状況 テーマ別（プルトニウム，核燃料サイクル，廃棄物，事故，地震，被曝・放射能，核，世界の原発，アジアの原発，原子力行政，原子力産業，輸送，温暖化，エネルギー，その他）

原子力市民年鑑 2014　原子力資料情報室編　七つ森書館　2014.12　383p　21cm
4500円　①978-4-8228-1419-9

(目次)第1部 データで見る日本の原発 サイト別（計画地点，運転・建設中地点），第2部 データで見る原発をとりまく状況 テーマ別（プルトニウム，核燃料サイクル，廃棄物，事故，福島第一原発，地震，被曝・放射能，核兵器，世界の原発，アジアの原発，原子力行政，原子力産業，輸送，エネルギー，その他）

原子力年鑑 '96　日本原子力産業会議編
日本原子力産業会議　1996.10　597p　26cm
8100円　①4-88911-016-X

(目次)ハイライト，エネルギー需給，原子力発電，立地問題と国民的合意形成，原子力安全，軽水炉技術の動向，新型炉開発，核燃料サイクル，放射性廃棄物対策，原子炉等廃止措置，原子力産業，原子力船，核融合，RI・放射線利用，国際問題と原子力外交，各国の原子力動向，資料編（日本の原子力開発体制，海外の原子力開発体制，原子力年表，略語，動燃事業団もんじゅ事故報告）

原子力年鑑 2012　日本原子力産業協会監修　日刊工業新聞社　2011.10　486p　26cm
15000円　①978-4-526-06763-1

(目次)1 潮流―内外の原子力動向（新成長戦略"主役"へのシナリオ（2010年8月〜2011年3月10日），原子政策に激震―「減原発」への工程表（2011年3月11日〜7月）），2 原子力発電をめぐる動向（福島原子力発電所の事故とその対応，原子力施設における従事者の放射線管理と登録制度，放射線の健康管理，顕在化した原子力損害賠償の課題，原子力施設における耐震安全問題），3 放射性廃棄物対策と廃止措置（わが国の放射性廃棄物対策の状況，地層処分事業等の国際的な動向，地層処分事業等の国内の動向，放射線廃棄物等安全条約の現状），4 各国・地域の原子力動向（フクシマで揺れた世界の原子力開発，アジア，中東，オセアニア，南北米大陸，欧州，ロシア・中東諸国，アフリカ），5 原子力界―この一年

(内容)チェルノブイリ事故と同じ最悪の「レベル7」と評価された福島原発事故。この事故で各国は，多様な対応を示す。脱原子力に舵を切った国もあれば，引き続き原子力開発を堅持する国，そして初の原子炉導入へ向け，積極姿勢を示す新興国など。本年鑑では，各国の状況について，斯界の専門家が複眼的分析力で事故の実相に迫る。

原子力年鑑 2013　日本原子力産業協会監修，原子力年鑑編集委員会編　日刊工業新聞社　2012.11　483p　26cm　15000円
①978-4-526-06967-3

(目次)1 潮流―内外の原子力動向（潮流・国内編 日本として原子力技術を失っていいのか，潮流・海外編 原子力への回避と回帰―まだら模様の世界の原子力），2 原子力発電をめぐる動向（福島第一原子力発電所―現状と今後の見通し，原子力関連被災地の復興 ほか），3 放射性廃棄物対策と廃止措置（わが国の放射性廃棄物対策の状況，地層処分事業等の国際的な動向 ほか），4 各国・地域の原子力動向（世界の原子力発電は着実に

拡大，アジア ほか），原子力年表（1895～2012年）日本と世界の出来事

（内容）野田政権が打ち出した「2030年代・原発稼働ゼロ」を目指す原子力政策。一方で核燃料サイクルの維持や建設中原子炉の容認など，矛盾を内包したまま再スタートした日本の原子力。海外に目を転ずれば新興国を中核に加速化する原子力導入への奔流。激動する日本と世界の動きを斯界の専門家がその実態を炙り出す。

原子力年鑑　2014　日本原子力産業協会監修　日刊工業新聞社　2013.10　483p　26cm　15000円　①978-4-526-07142-3

（目次）1 潮流—内外の原子力動向（国内編・再構築されるエネルギー政策—原子力発電の復権なるか，海外編・世界が注目，フクシマのその後シェールガス登場で新局面のエネルギー情勢），2 福島を契機とした原子力発電をめぐる動向（東京電力福島第一原子力発電所—現状と今後の見通し，原子力被災地の復興（除染／被災者の状況／市町村の状況／中間貯蔵問題／放射線の取り扱い問題）ほか），3 放射性廃棄物対策と廃止措置（わが国の放射性廃棄物対策の状況，地層処分事業等の国際的な動向 ほか），4 各国・地域の原子力動向（アジア，中東 ほか），原子力年表（1895～2013年）日本と世界の出来事

（内容）相次ぐシェールガスの生産と再生エネルギー開発の実用化で，世界は今，エネルギー地政学の見直しを迫られている。その一方でフクシマ事故による汚染水の拡大などにより逆風にさらされている原子力発電開発。そして，新興国を中心に牽引される原子力導入への動き。斯界の専門家が複雑に絡み合う原子力問題の本質を解きほぐす。

食料・農業・農村白書　平成24年版　農林水産省編　佐伯印刷　2012.5　386p　30cm　2600円　①978-4-905428-18-3

（目次）第1部 食料・農業・農村の動向（東日本大震災からの復興1年—復興への歩みに向けて（地震・津波による被害と復旧・復興に向けた取組，東京電力株式会社福島第一原子力発電所事故の影響と対応），食料・農業・農村の動向（食料自給率の向上，食料の安定供給の確保，農業の持続的な発展，農村の振興・活性化）），平成23年度食料・農業・農村施策（東日本大震災に関する施策，食料自給率向上に向けた施策，食料の安定供給の確保に関する施策，農業の持続的な発展に関する施策，農村の振興に関する施策，食料・農業・農村に横断的に関係する施策，団体の再編整備等に関する施策，食料，農業及び

農村に関する施策を総合的かつ計画的に推進するために必要な事項，災害対策），平成24年度食料・農業・農村施策（東日本大震災に関する施策，食料自給率向上に向けた施策，食料の安定供給の確保に関する施策，農業の持続的な発展に関する施策，農村の振興に関する施策，食料・農業・農村に横断的に関係する施策，団体の再編整備等に関する施策，食料，農業及び農村に関する施策を総合的かつ計画的に推進するために必要な事項）

脱原発年鑑　96　原子力資料情報室編　七つ森書館　1996.4　270p　21cm　3605円　①4-8228-9619-6

（目次）第1部 データで見る日本の原発（サイト別），第2部 データで見る原発をとりまく状況（テーマ別）（プルトニウム，核燃料サイクル，廃棄物，事故，地震 ほか）

脱原発年鑑　97　原子力資料情報室編　七つ森書館　1997.4　333p　21cm　3800円　①4-8228-9722-2

（目次）第1部 データで見る日本の原発—サイト別，第2部 データで見る原発をとりまく状況—テーマ別（プルトニウム，核燃料サイクル，廃棄物，事故，地震，被曝，核，世界の原発，原子力行政，原子力産業，輸送，エネルギー，核融合，その他）

ニュービジネス白書　大転換の時代 東日本大震災・原発事故とニュービジネス　2010／2011年版　藤田英夫編著　（大阪）日本ビジネス開発　2012.2　216p　30cm　（JBDビジネス白書シリーズ　東日本大震災特集）　38000円　①978-4-901586-60-3

（目次）1 大転換の時代—東日本大震災・原発事故とニュービジネス，2 ニュービジネス事例＆データ（ニューレジャー・ニュースポーツ，ニューサービス・販売，ニュー健康・医療，ニューセグメンテーション・ニューターゲット，ニューリサイクル・環境，ニューアメニティ，ニュー情報・コミュニケーション，ニューライフイベント，新潮流・ニューソフト，趣味，ニューテクノ）

弁護士白書　2012年版　日本弁護士連合会編著　日本弁護士連合会　2012.11　367p　30cm　1905円　①978-4-902873-11-5

（目次）特集1 東日本大震災に関する日弁連の被災者支援活動（日弁連における東日本大震災・福島原発事故に関する動き，東日本大震災無料法律相談の集計結果 ほか），特集2 統計からみる

司法制度改革（統計からみる司法制度改革—特集の趣旨，司法制度改革関連統計資料），第1編弁護士等の実勢（弁護士人口，弁護士数の推移ほか），第2編 弁護士の活動状況（刑事弁護に関する活動，民事事件等に関する法廷活動 ほか），第3編 日弁連・各弁護士会の活動状況（日弁連の機構と弁護士会の財政状況，弁護士自治に関する活動 ほか），第4編 総合法律支援・司法関連予算（日本司法支援センター（法テラス），司法関連予算）

◆製品事故

＜ハンドブック＞

かしこい消費生活へのしおり 通商産業省の消費者行政 平成7年版 通商産業省編 大蔵省印刷局 1995.3 96p 30cm 400円 Ⓘ4-17-156570-7

Ⓣ1 生活から事故をなくしましょう，2 契約はよく理解して慎重に，3 正しい計量はあなたの暮らしを守ります，4 良い製品・正しい製品を選ぶ上でのワンポイント，5 資源・エネルギーを大切に使いましょう，6 企業の消費者志向を促進しましょう，7 アフターサービス制度を活用しましょう，8 商品テストのいろいろ，9 あなたの意見をお寄せください，10 苦情・相談の窓口を活用しましょう，11 消費者啓発用資料等を活用しましょう

かしこい消費生活へのしおり 通商産業省の消費者行政 平成11年版 通商産業省 産業政策局消費経済課編 日本消費者協会 1999.6 99p 30cm 505円 Ⓘ4-930898-10-2

Ⓣ1 契約はよく理解して慎重に，2 生活から事故をなくしましょう，3 正しい計量はあなたの暮らしを守ります，4 良い製品・正しい製品を選ぶ上でのワンポイント，5 資源・エネルギーを大切に使いましょう，6 個人情報の保護について，7 企業の消費者志向を促進しましょう，8 アフターサービス制度を活用しましょう，9 商品テストのいろいろ，10 あなたの意見をお寄せください，11 苦情・相談の窓口を活用しましょう，12 消費者啓発用資料等を活用しましょう，13 通商産業省における窓口

製造物責任 羽成守，青木荘太郎編 青林書院 2014.11 396p 21cm （判例ハンドブック）〈文献あり 索引あり〉 4000円 Ⓘ978-4-417-01637-3 Ⓝ324.55

Ⓣ第1章 総則，第2章 責任の主体，第3章 欠陥，第4章 損害，第5章 当事者の主張・立証，第6章 保険，期間

Ⓒ製造物の欠陥による損害賠償法の根幹をなす極めて重要な法制度PL法を解説!法施行から20年を迎えようとしているPL法。責任論，欠陥の内容並びに損害といった組み立てに加え，当事者の主張・立証の章も設け，精選した53の判例，裁判例で，法解釈まで論及する。

製造物責任ハンドブック Sam Brown編，矢部五郎訳 フジ・テクノシステム 1993.8 563p 24×20cm 〈原書名：THE PRODUCT LIABILITY HANDBOOK〉 44290円 Ⓘ4-938555-36-0 Ⓝ509.66

Ⓣ第1章 製造（賠償）責任の法的構成，第2章 高品質の工学設計—わかりにくい目標，第3章 生産者のための基準と標準の法的意味，第4章 生産者のガイドライン，第5章 事故調査と故障解析—工業技術の枠組み，第6章 背景調査—事象の文書化，第7章 背景研究—証拠書類，第8章 材料挙動の測定と試験条件，第9章 破損モード，第10章 実験的，理論的及び人間工学的解析，第11章 事故経過の推定，原因判定及び改善勧告，第12章 米国の製造物責任訴訟，付録（米国のプロフェッショナル・エンジニア登録条件，材料の弾性・非弾性挙動と基本的な物理法則，米国規格協会の組織と構成会員，連邦政府の規則基準，米国における法工学調査の費用例，弁護士が証言において技術専門家に質問する場合のチェックリスト，米国の訴訟関連文献の探し方）

身の回りの危険と安全への対応 第39回国民生活動向調査 国民生活センター 2011.12 216p 30cm 953円 Ⓘ978-4-906051-76-2

Ⓣ第1章 震災前1年間—購入した商品・サービスに対する不満・被害，センター・法律の周知度（購入した商品・サービスに対する不満・被害，対応状況，国民生活センター，消費生活センターの周知度と利用状況，利用目的，クーリング・オフ，個人情報の保護に関する法律，製造物責任法（PL法），消費者契約法，消費者基本法，消費者安全法の周知度），第2章 震災前1年間—身の回りの危険と安全への対応（問題のある商法や悪質業者などに関する注意情報，問題のある商法や悪質業者からの勧誘経験，対応等，食品や製品の事故や安全性に関する注意情報 ほか），第3章 震災2〜3ヵ月後—震災後に心がけたこと，震災に関連した悪質商法の勧誘状

況（東日本大震災後に、行ったこと、心がけて
いること，東日本大震災後に、震災に関連した
悪質商法の勧誘や消費者トラブルにあったか，
震災後悪質商法の勧誘や消費者トラブルにあっ
たときの対応）

＜年鑑・白書＞

**事故情報収集制度報告書　平成2年度　説明
　編**　通商産業省産業政策局消費経済課
　〔1992〕　31p　26cm　〈安全な消費生活の
　ために〉　Ⓝ365

**事故情報収集制度報告書　平成2年度　明細
　編**　通商産業省産業政策局消費経済課
　〔1992〕　249p　26cm　Ⓝ365

**事故情報収集制度報告書　平成3年度　説明
　編**　通商産業省産業政策局消費経済課
　〔1994〕　21p　30cm　〈安全な消費生活の
　ために〉　Ⓝ365

**事故情報収集制度報告書　平成3年度　明細
　編**　通商産業省産業政策局消費経済課
　〔1994〕　126p　30cm　Ⓝ365

**事故情報収集制度報告書　平成4年度　説明
　編**　通商産業省産業政策局消費経済課
　〔1994〕　23p　30cm　〈安全な消費生活の
　ために〉　Ⓝ365

**事故情報収集制度報告書　平成4年度　明細
　編**　通商産業省産業政策局消費経済課
　〔1994〕　126p　30cm　Ⓝ365

**事故情報収集制度報告書　平成5年度　説明
　編**　通商産業省産業政策局消費経済課
　〔1995〕　25p　30cm　〈安全な消費生活の
　ために　共同刊行：通商産業省通商産業検査
　所〉　Ⓝ365

**事故情報収集制度報告書　平成5年度　明細
　編**　通商産業省産業政策局消費経済課
　〔1995〕　125p　30cm　〈共同刊行：通商産
　業省通商産業検査所〉　Ⓝ365

**事故情報収集制度報告書　平成6年度　説明
　編**　通商産業省産業政策局消費経済課
　1995.9　29p　30cm　〈安全な消費生活のた
　めに　共同刊行：通商産業省通商産業検査所〉
　Ⓝ365

**事故情報収集制度報告書　平成6年度　明細
　編**　通商産業省産業政策局消費経済課

1995.9　157p　30cm　〈共同刊行：通商産業
省通商産業検査所〉　Ⓝ365

**事故情報収集制度報告書　平成7年度　安
全な消費生活のために**　通商産業省産業政
策局消費経済課監修　日本消費者協会　1996.
11　337p　30cm　3500円　Ⓘ4-930898-01-3
Ⓣ1　事故情報収集制度について，2　事故情
報の収集結果について，3　商品分類別事故情報

**事故情報収集制度報告書　平成7年度　説明
　編　安全な消費生活のために**　通商産業
　省産業政策局消費経済課　1996.10　46p
　30cm　〈共同刊行：通商産業省製品評価技術
　センター〉　Ⓝ365

**事故情報収集制度報告書　平成7年度　明細
　編**　通商産業省産業政策局消費経済課
　1996.10　297p　30cm　〈共同刊行：通商産
　業省製品評価技術センター〉　Ⓝ365

事故情報収集制度報告書　平成8年度　通
　商産業省産業政策局製品安全課　〔1997〕
　361p　30cm　〈共同刊行：通商産業省製品評
　価技術センター〉　Ⓝ365

**事故情報収集制度報告書　安全な消費生活
のために　平成9年度**　通商産業省産業政
策局製品安全課，通商産業省製品評価技術セ
ンター編　日本消費者協会　1998.7　380p
30cm　3333円　Ⓘ4-930898-07-2
Ⓣ事故情報収集制度について，情報提供内
容等の見直し，事故情報の収集結果について（概
況，事故情報通知者の状況，商品分類別の事故
通知件数，被害の状況，事故原因，自己原因別
の被害状況，再発防止措置状況，商品分類別製
造業者等の被害者への措置状況，事故情報処理
テスト，社告回収等一覧，事故情報の収集方法，
消費生活用製品安全法における最近の命令発動
及び事故情報等の公表実績），商品分類別事故
情報（家庭用電気製品，台所・食卓用品，燃焼
器具，家具・住宅用品，乗物・乗物用品，身の
まわり品，保健衛生用品，レジャー用品，乳幼
児用品，繊維用品，その他），平成8年度事故情
報収集結果―事故原因等が調査中であったもの

事故情報収集制度報告書　平成10年度　通
　商産業省産業政策局製品安全課　〔1999〕
　380p　30cm　〈共同刊行：通商産業省製品評
　価技術センター〉　Ⓝ365

事故情報収集制度報告書　平成11年度　通
　商産業省産業政策局製品安全課　〔2000〕

381p 30cm 〈共同刊行：通商産業省製品評価技術センター〉 Ⓝ365

事故情報収集制度報告書 安全な消費生活のために 平成12年度 製品評価技術基盤機構編 日本消費者協会 2001.11 490p 30cm 3333円 Ⓘ4-930898-18-8 Ⓝ324.55

(目次)平成12年度の事故情報の収集結果について（事故情報件数と事故原因，商品分類別の事故件数，被害状況，事故情報処理テスト ほか），商品分類別事故情報（事故原因区分，家庭用電気製品，台所・食卓用品，燃焼器具 ほか）

事故情報収集制度報告書 平成13年度 製品評価技術基盤機構編 日本消費者協会 2002.11 615p 30cm 3619円 Ⓘ4-930898-19-6

(目次)1 事故情報収集制度において収集する事故情報，2 事故情報の収集体制と事故情報収集件数，3 事故情報の調査，4 事故調査結果の分析と事故動向，5 事故情報収集結果の公表，6 平成13年度に公表した特記ニュース，7 平成13年度事故情報収集結果の統計，8 平成13年度社告回収等一覧，9 平成13年度製品区分別事故情報

事故情報収集制度報告書 平成14年度 製品評価技術基盤機構編 製品評価技術基盤機構 2004.2 725p 30cm 3524円 Ⓘ4-902587-00-9

(目次)1 事故情報収集制度において収集する事故情報，事故情報の収集体制と事故情報収集件数，事故情報の調査（事故調査状況，重大事故等の調査状況，製品の調査），4 事故調査結果の分析と事故動向（事故調査結果の分析，平成14年度の事故調査結果，平成14年度の事故動向），5 事故情報収集結果の公表（事故情報収集結果報告書，特記ニュース）

(内容)平成14年度（平成14年4月～平成15年3月）に収集された事故情報の収集状況、収集された事故情報に関する調査内容、事故動向等解析専門委員会による事故情報調査結果の分析・評価と事故動向等について取りまとめ公表するものである。

事故情報収集制度報告書 平成15年度 製品評価技術基盤機構編 製品評価技術基盤機構 2005.1 782p 30cm 3524円 Ⓘ4-902587-01-7

(目次)1 事故情報収集制度において収集する事故情報，2 事故情報の収集体制と事故情報収集件数，3 事故情報の調査，4 事故情報調査結果の分析と事故動向，5 事故情報収集結果の公表，

附属資料（平成15年度に公表した特記ニュース，平成15年度事故情報収集結果の統計，平成15年度社告回収等一覧，個別事故情報（個表），事故通報書），付録

(内容)平成15年度（平成15年4月～平成16年3月）に収集された事故情報の収集状況、平成15年度に調査が終了し公表された事故情報に関する調査内容、学識経験者等により構成される事故動向等解析専門委員会による事故情報調査結果の分析・評価と事故動向等について取りまとめ平成16年版として公表。

事故情報収集制度報告書 平成16年度 製品評価技術基盤機構編 製品評価技術基盤機構 2006.3 923p 30cm 3524円 Ⓘ4-902587-03-3

(目次)1 事故情報収集制度において収集する事故情報，2 事故情報の収集体制と事故情報収集件数，3 事故情報の調査，4 事故情報調査結果の分析と事故動向，5 事故情報収集結果の公表，附属資料1 平成16年度に公表した特記ニュース，附属資料2 平成16年度事故情報収集結果の統計，附属資料3 平成16年度社告回収等一覧，附属資料4 個別事故情報（個表），附属資料5 事故通報書，付録

事故情報収集制度報告書 平成17年度 生活・福祉技術センター編 製品評価技術基盤機構 2007.2 935p 30cm 3524円 Ⓘ978-4-902587-04-3

(目次)1 事故情報収集制度において収集する事故情報，2 事故情報の収集体制と事故情報収集結果，3 事故情報の調査，4 事故情報調査結果の分析と事故動向，5 事故情報収集結果等の公表，附属資料1 平成17年度に公表した特記ニュース，附属資料2 平成17年度事故情報収集結果の統計，附属資料3 平成17年度社告回収等一覧，附属資料4 個別事故情報（個表），附属資料5 事故通報書，付録

事故情報収集制度報告書 平成18年度 生活・福祉技術センター編 製品評価技術基盤機構 2008.1 1262p 30cm 4762円 Ⓘ978-4-902587-06-7

(目次)1 事故情報収集制度において収集する事故情報，2 事故情報の収集体制と事故情報収集結果，3 事故情報の調査，4 事故情報調査結果の分析と事故動向，5 事故情報収集結果等の公表，附属資料1 平成18年度に公表した特記ニュース，附属資料2 平成18年度事故情報収集結果の統計，附属資料3 平成18年度社告回収等一覧，附属資料4 個別事故情報（個表），附属資料5 nite事故

情報収集制度様式，付録

事故情報収集制度報告書　平成19年度　生
活・福祉技術センター編　製品評価技術基盤
機構　2009.3　1270p　30cm　4762円
Ⓘ978-4-902587-07-4　Ⓝ324.55

Ⓣ次 1 事故情報収集制度において収集する事
故情報，2 事故情報の収集体制と事故情報収集
結果，3 事故情報の調査，4 事故情報調査結果
の分析と事故動向，5 社告・リコール情報の収
集結果，6 事故情報収集結果等の公表，附属資
料1 平成19年度に公表した特記ニュース，附属
資料2 平成19年度事故情報収集結果の統計，附
属資料3 平成19年度社告回収等一覧，附属資料
4 個別事故情報（個表），附属資料5 nite事故情
報収集制度様式，付録

消費生活年報　1990　国民生活センター編
国民生活センター　1990.10　270p　26cm
2400円　Ⓘ4-906051-10-3

Ⓣ次 1 変動する社会と国民生活，2 消費者問題
クロニクル（家計からみた消費税と物価，土地
と住宅をめぐる法律・条例等，製造物責任をめ
ぐる最近の動向，企業の消費者対応—企業のア
ンケート調査を中心にして，情報公開と自治体
条例，消費者教育の現状と課題，増える「有機
農産物」と基準づくり，消費者運動の動向1989
‐1990，海外の消費者保護の現状—アジアの消
費者行政と国際機関），3 消費者相談の諸相（家
電発火事故とリコール問題，シルバービジネス
と消費者被害，リゾート会員権のトラブル，美
容サービスに関する相談，クレジットをめぐる
消費者問題，悪質電話勧誘—「110番」の結果か
ら，最近の問題商法，公園等の遊具による事故，
消費者被害早期警戒情報），4 消費生活関連資料

消費生活年報　1991　国民生活センター編
国民生活センター　1991.10　256p　26cm
2400円　Ⓘ4-906051-13-8

Ⓣ次 1 変動する社会と消費生活（消費者問題の
動きをみる—消費者相談および社会の動向），2
消費者問題クロニクル（土地・住宅をめぐる動
き，食糧・農業問題と消費者，地球環境危機下
のゴミ・リサイクル問題，有料老人ホームをめ
ぐる行政指導と消費者被害，製造物責任法論議
の動向，家電メーカーの消費者対応—小売店か
らみた現状と問題点），消費者運動の動き1990
‐1991，海外の消費者運動—第13回IOCU世界
大会・セミナーから），3 消費者相談の諸相（湾
岸危機・戦争関連の消費者問題，新聞の訪問販
売に関する相談，「ダイヤルQ2」に関する相談，
パック・ツアーのトラブル，クレジットをめぐ

る消費者問題，子どもの消費者トラブルと消費
者教育，商品による乳幼児事故，問題商法に関
する相談の傾向，消費者被害早期警戒警報），4
消費生活関連資料（国民生活センターにおける
消費生活相談の概要，全国消費生活相談統計の
概要，PIO‐NETにみる消費生活相談の概要，
危害情報の概要，危害危険原因速報概要一覧，
商品テストの概要，商品分類別比較・試買テス
ト一覧，研修事業の概要，普及啓発事業の概要，
特設展示会実施状況，消費生活関係調査報告書
等抄録，消費者問題年表〈1990.7～1991.6〉

消費生活年報　1992　国民生活センター編
国民生活センター　1992　291p　26cm
2331円

Ⓘ内容 消費生活の動向を分析すると共に，消費
者被害・トラブル防止のための情報を提供する
年鑑。変動する社会とくらし，消費者問題の動
き，国民生活センターの事業，関連資料，の4部
からなる。

消費生活年報　1994　国民生活センター編
国民生活センター　1994.8　251p　26cm
2400円　Ⓘ4-906051-19-7

Ⓣ次 1 変動する社会と消費生活，2 消費生活
相談の諸相，3 国民生活センターの事業，4 消
費生活関連資料

Ⓘ内容 変化する消費生活の動向を正確かつ迅速
に捉えるべく，国民生活センターや全国の消費
生活センターなどに寄せられた相談を，セン
ターの事業，消費者問題に関連するデータをま
とめたもの。消費生活関連資料として，相談統
計概要，商品テスト概要，報告書抄録，団体概
要，年表（1993.7～1994.6）を収める。

消費生活年報　1996　国民生活センター
1996.8　259p　26cm　2400円　Ⓘ4-906051-
26-X

Ⓣ次 1 変動する社会と消費生活（経済社会の変
化と消費生活），2 消費生活相談の諸相（PL法
施行後の事故情報の傾向，乳幼児・高齢者に多
い製品事故 ほか），3 国民生活センターの事業
（国民生活センターの事業概況，PIO‐NETに
みる消費生活相談 ほか），4 消費生活関連資料
（全国消費生活相談統計，全国商品テストの概
要 ほか）

消費生活年報　1998　国民生活センター編
国民生活センター　1998.9　237p　26cm
2400円　Ⓘ4-906051-32-4

Ⓣ次 1 変動する社会と消費者問題，2 消費生
活相談の諸相，3 特別調査等，4 国民生活セン

ターの事業，5 消費生活関連資料

消費生活年報　1999　国民生活センター編
　国民生活センター　1999.9　197p　26cm
　2400円　Ⓝ4-906051-34-0
Ⓣ目次1 変動する社会と消費者問題，2 消費生活相談の諸相，3 特別調査等，4 国民生活センターの事業，5 消費生活関連資料

消費生活年報　2000　国民生活センター編
　国民生活センター　2000.9　192p　26cm
　2400円　Ⓝ4-906051-36-7　Ⓝ365.8
Ⓣ目次1 変動する社会と消費者問題—経済社会の変化と消費生活，2 消費生活相談の諸相，3 特別調査等，4 国民生活センターの事業，5 消費生活関連資料(全国消費生活相談統計，全国における商品テストの概要，全国における特設展示会開催状況，地方自治体消費者行政部門のホームページを利用した情報提供，消費者問題年表(1999年4月～2000年3月))
Ⓒ内容消費者生活相談の年報。PIO‐NET(全国消費生活情報ネットワーク・システム)のデータ集計結果等を掲載し、1999年度における全国的な消費生活相談の動向をまとめる。また、消費者契約法と消費生活相談、資格講座やモニター商法等の消費者トラブル、各種の商品事故情報について紹介するとともに、金融商品に係る消費者トラブルに関する特別調査の結果や、介護事故に関する調査研究結果等についても掲載。消費者生活関連資料として全国消費生活相談統計、全国における商品テストの概要ほか1999年4月から2000年3月までの消費者問題年表などを掲載する。

消費生活年報　2001　国民生活センター編
　国民生活センター　2001.10　203p　26cm
　2400円　Ⓝ4-906051-37-5　Ⓝ365.8
Ⓣ目次1 変動する社会と消費者問題，2 消費生活相談の諸相，3 特別調査等，4 国民生活センターの事業，5 消費生活関連資料

消費生活年報　2002　国民生活センター編
　国民生活センター　2002.10　188p　30cm
　2400円　Ⓝ4-906051-40-5
Ⓣ目次1 変動する社会と消費者問題(経済社会の変化と消費者問題)，2 消費生活相談からみたこの1年(消費生活相談の傾向と特徴，PIO‐NETにみる消費生活相談 ほか)，3 国民生活センターの主な調査・商品テストから(「債権取立代行」に係る問題—電話等通信回線を通じて提供される情報(ダイヤルQ2、ツーショットダイヤル、インターネット上の有料サイト)、レン

タルビデオ等の延滞料など，個品割賦購入あっせん契約におけるクレジット会社の加盟店管理問題 ほか)，4 国民生活センターの事業(国民生活センターの事業概要，ホームページ事業 ほか)，5 消費生活関連資料(全国消費生活相談統計，全国における商品テストの概要 ほか)

消費生活年報　2003　国民生活センター編
　国民生活センター　2003.10　197p　30cm
　2400円　Ⓝ4-906051-43-X
Ⓣ目次1 変動する社会と消費者(経済社会の変化と消費者の在り方)，2 消費生活相談からみたこの1年(消費生活相談の傾向と特徴，PIO-NETにみる消費生活相談 ほか)，3 国民生活センターの主な調査・商品テストから(「訪問販売によるリフォーム工事」にかかわる消費者トラブルの現状と被害防止のための方策，特定継続的役務提供—適用外役務トラブルの概要 ほか)，4 国民生活センターの事業(国民生活センターの事業概要，ホームページ事業 ほか)，5 消費生活関連資料(全国消費生活相談統計，全国における商品テストの概要 ほか)

消費生活年報　2004　国民生活センター編
　国民生活センター　2004.10　189p　30cm
　2400円　Ⓝ4-906051-44-8
Ⓣ目次1 新しい消費者行政の展開，2 消費生活相談からみたこの1年(消費生活相談の傾向と特徴，PIO-NETにみる消費生活相談 ほか)，3 国民生活センターの主な調査・商品テストから(「製品回収」をめぐる現状と問題，マイナスイオンをうたった商品の実態 ほか)，4 国民生活センターの事業(国民生活センターの事業概要，ホームページ事業 ほか)，5 消費生活関連資料(全国消費生活相談統計，全国における商品テストの概要 ほか)

消費生活年報　2005　国民生活センター編
　国民生活センター　2005.10　181p　30cm
　2400円　Ⓝ4-906051-47-2
Ⓣ目次1 今後の消費者行政の展開，2 消費生活相談から見たこの1年(消費生活相談の傾向と特徴，PIO-NETに見る消費生活相談 ほか)，3 国民生活センターの主な調査分析・商品テスト結果(架空・不当請求に続々と新たな手口，商品先物取引に関する相談傾向と問題点 ほか)，4 国民生活センターの各種事業(情報分析事業，相談調査事業 ほか)，5 消費生活関連資料(全国消費生活相談統計，全国の商品テスト概要 ほか)

消費生活年報　2006　国民生活センター編
　国民生活センター　2006.10　199p　30cm

2400円 Ⓘ4-906051-52-9

Ⓗ目次1 今後の消費者行政の展開，2 消費生活相談から見たこの1年（消費生活相談の傾向と特徴，PIO-NETに見る消費生活相談 ほか），3 国民生活センターの主な調査分析・商品テスト結果（命を落とすこともある!子どもの誤飲事故，増加する「留学等斡旋サービス」トラブル ほか），4 国民生活センターの各種事業（情報分析事業，相談調査事業 ほか），5 消費生活関連資料（全国の商品テスト概要，製造物責任法（PL法）による訴訟一覧 ほか）

消費生活年報 2007 国民生活センター編
国民生活センター 2007.10 204p 30cm
2400円 Ⓘ4-906051-59-6

Ⓗ目次1 これからの消費者政策の展開（消費者政策の進展と国民生活センターの業務展開），2 消費生活相談から見たこの1年（最近の消費生活相談の傾向と特徴，PIO-NETに見る消費生活相談 ほか），3 国民生活センターの主な調査分析・商品テスト結果（未公開株をめぐる苦情相談が急増，架空請求の新たな手口—より悪質かつ巧妙に ほか），4 国民生活センターの各種事業（情報分析事業，相談調査事業 ほか），5 消費生活関連資料（全国の商品テスト概要，製造物責任法（PL法）による訴訟一覧 ほか）

消費生活年報 2008 国民生活センター編
国民生活センター 2008.10 203p 30cm
2400円 Ⓘ978-4-906051-65-6 Ⓝ365.8

Ⓗ目次1 これからの消費者政策の展開，2 消費生活相談から見たこの1年（最近の消費生活相談の傾向と特徴，PIO‐NETに見る消費生活相談 ほか），3 国民生活センターの主な調査分析・商品テスト結果（自費出版に関する相談が増加—作品をほめられても，安易に契約しない，次々販売のトラブル—クレジットを利用した相談を中心に ほか），4 国民生活センターの各種事業（情報事業，相談事業 ほか），5 消費生活関連資料（全国の商品テスト概要，社告掲載一覧（2007年4月～2008年3月） ほか）

消費生活年報 2009 国民生活センター編
国民生活センター 2009.10 177p 30cm
2400円 Ⓘ978-4-906051-68-7 Ⓝ365.8

Ⓗ目次1 これからの消費者政策の展開，2 消費生活相談から見たこの1年（最近の消費生活相談の傾向と特徴，PIO‐NETに見る消費生活相談 ほか），3 国民生活センターの主な調査分析・商品テスト結果（携帯電話機の水濡れによる不具合，ジャンプ式や自動開閉式折りたたみ傘の事故 ほか），4 国民生活センターの各種事業（情報事業，相談事業 ほか），5 消費生活関連資料（全国の商品テスト概要，社告掲載一覧（2008年4月～2009年3月） ほか）

消費生活年報 2010 国民生活センター編
国民生活センター 2010.10 177p 30cm
2400円 Ⓘ978-4-906051-71-7 Ⓝ365.8

Ⓗ目次1 消費者政策の現状とこれからの展開（消費者庁の発足と国民生活センターの業務展開，最近の消費生活相談の傾向と特徴），2 消費生活相談から見たこの1年（PIO‐NETに見る消費生活相談—全国のデータから，危害情報システムに見る危害・危険情報—全国のデータから ほか），3 国民生活センターの主な調査分析・商品テスト結果（2009年度・安全分野のトピックス，2009年度・取引分野のトピックス ほか），4 国民生活センターの各種事業紹介（2009年度）（情報事業，相談事業 ほか），5 消費生活関連資料（全国の商品テスト概要，製造物責任法（PL法）による訴訟 ほか）

消費生活年報 2011 国民生活センター編
国民生活センター 2011.10 185p 30cm
2400円 Ⓘ978-4-906051-74-8

Ⓗ目次1 消費者政策の現状とこれからの展開（国民生活センターの業務展開とその在り方に関する検討状況，最近の消費生活相談の傾向と特徴 ほか），2 消費生活相談から見たこの1年（PIO‐NETに見る消費生活相談—全国のデータから，PIO‐NETの危害・危険情報と医療機関ネットワークの情報 ほか），3 国民生活センターの主な調査分析・商品テスト結果（2010年度・安全分野のトピックス，2010年度・取引分野のトピックス ほか），4 国民生活センターの各種事業紹介（2010年度）（情報事業，相談事業 ほか），5 消費生活関連資料（全国の商品テスト概要，製造物責任法（PL法）による訴訟 ほか）

消費生活年報 2012 国民生活センター編
国民生活センター 2012.11 122p 30cm
953円 Ⓘ978-4-906051-78-6

Ⓗ目次1 最近の消費生活相談の傾向と特徴（相談関連情報を読むうえでのポイント，PIO‐NETに見る消費生活相談—用語の説明），2 消費生活相談から見たこの1年（PIO‐NETに見る消費生活相談—全国のデータから，東日本大震災に関する消費生活相談，PIO‐NETの危害・危険情報と医療機関ネットワークの情報，国民生活センター相談窓口に寄せられた消費生活相談），3 国民生活センターによる情報提供（2011年度），4 消費生活関連資料（全国の商品テスト概要，消費者問題に関する2011年の10大項目）

人為的災害・事故　　　　　　　　　　　　　　　　　　　　　　産業災害

消費生活年報　2013　国民生活センター編
　国民生活センター　2013.10　111p　30cm
　953円　Ⓟ978-4-906051-82-3
Ⓣ目次1 最近の消費生活相談の傾向と特徴，2 消費生活相談から見たこの1年（PIO‑NETに見る消費生活相談—全国のデータから，PIO‑NETの危害・危険情報と医療機関ネットワークの情報，国民生活センター相談窓口に寄せられた消費生活相談），3 国民生活センターによる情報提供（2012年度），4 消費生活関連資料（全国の商品テスト概要，消費者問題に関する2012年の10大項目）

◆労働災害

＜書　誌＞

労働・雇用問題文献目録　1990-2004　日外アソシエーツ編　日外アソシエーツ，紀伊國屋書店〔発売〕　2005.10　965p　26cm　28500円　Ⓟ4-8169-1946-5
Ⓣ目次労働問題，労働政策，労働行政，労働法，労働力，労働条件，労働者福祉，労使関係，労働組合，労働運動，労働者，労働科学，労働衛生
Ⓝ内容労働・雇用問題に関する図書2947点と雑誌・紀要に掲載された記事・論文25716点を収録。労働行政，日本型労働・雇用システム，高齢者雇用政策，リストラ，若年失業者，ニート，労働災害など，関連分野を幅広く収録。巻末に著者名索引，事項名索引付き。

＜事　典＞

社会保障便利事典　平成5年版　厚生省大臣官房政策課調査室監修　法研　1993.1　316p　19cm　1500円　Ⓟ4-87954-025-0
Ⓣ目次第1章 妊娠・出産・育児，第2章 病気・けが・身体障害，第3章 労働災害と職業病，第4章 交通事故，第5章 失業，第6章 生活困窮者，第7章 高齢者，第8章 死亡
Ⓝ内容ライフサイクルに沿った実用的でわかりやすい社会保障ガイド。

社会保障便利事典　平成8年版　改訂版第15版　厚生省大臣官房政策課調査室監修　法研　1996.1　345p　19cm　1500円　Ⓟ4-87954-132-X
Ⓣ目次第1章 妊娠・出産・育児，第2章 病気・けが・身体障害，第3章 労働災害と職業病，第4章 交通事故，第5章 失業，第6章 生活困窮者，第7

章 高齢者，第8章 死亡
Ⓝ内容本書では，母性保護から遺族保障までの社会保障のすべてを網羅するとともに，それらを人間一生の生活サイクルに沿って整理しなおし，実際に必要なときに必要な知識がすぐその場で得られるように編集。"こんなときにはこんな保障"という形で，保障の内容，手続きのしかた，問合せ先など，具体的かつ実用的なオールガイド。

社会保障便利事典　平成9年版　厚生省大臣官房政策課調査室監修　法研　1997.1　350p　19cm　1456円　Ⓟ4-87954-167-2
Ⓣ目次第1章 妊娠・出産・育児，第2章 病気・けが・身体障害，第3章 労働災害と職業病，第4章 交通事故，第5章 失業，第6章 生活困窮者，第7章 高齢者，第8章 死亡

社会保障便利事典　平成10年版　厚生省大臣官房政策課調査室監修　法研　1998.1　358p　19cm　1500円　Ⓟ4-87954-220-2
Ⓣ目次第1章 妊娠・出産・育児，第2章 病気・けが・身体障害，第3章 労働災害と職業病，第4章 交通事故，第5章 失業，第6章 生活困窮者，第7章 高齢者，第8章 死亡
Ⓝ内容母性保護から遺族保障までの社会保障のすべてを解説した事典。"こんなときにはこんな保障"という形で，保障の内容，手続きのしかた，問合せ先など，具体的かつ実用的できている。

社会保障便利事典　平成11年版　厚生省大臣官房政策課調査室監修　法研　1999.1　350p　19cm　1500円　Ⓟ4-87954-258-X
Ⓣ目次第1章 妊娠・出産・育児・児童，第2章 病気・けが・障害，第3章 労働災害と職業病，第4章 交通事故，第5章 失業・再就職・雇用，第6章 生活困窮者，第7章 高齢者，第8章 死亡
Ⓝ内容社会保障と社会福祉施策を中心に，母性保護から遺族保障まで，人間一生の生活サイクルにそって整理したガイド。内容は1998年10月現在

社会保障便利事典　平成12年版　週刊社会保障編集部編　法研　2000.1　349p　19cm　1500円　Ⓟ4-87954-323-3　Ⓝ364
Ⓣ目次第1章 妊娠・出産・育児・児童，第2章 病気・けが・障害，第3章 労働災害と職業病，第4章 交通事故，第5章 失業・再就職・雇用，第6章 生活困窮者，第7章 高齢者，第8章 死亡
Ⓝ内容母性保護から遺族保障までの社会保障の

事故・災害レファレンスブック　　119

必要情報を解説した事典。"こんなときにはこんな保障"という形で、保障の内容、手続きのしかた、問合せ先などを具体的に解説する。

社会保障便利事典　平成13年版　週刊社会
　保障編集部編　法研　2001.1　370p　19cm
　1500円　Ⓘ4-87954-371-3　Ⓝ364
Ⓣ次第1章 妊娠・出産・育児・児童，第2章 病気・けが・障害，第3章 労働災害と職業病，第4章 交通事故，第5章 失業・再就職・雇用，第6章 生活困窮者，第7章 高齢者，第8章 死亡
Ⓝ容すべての社会保障を、人間の一生の生活サイクルに沿って整理しなおすことによって必要なときに必要な知識が得られることを目的として編集・構成した事典。2000年12月現在。社会保険と社会福祉施策を中心に、母性保護から遺族保障までのすべての社会保障について、保障の内容、手続きの仕方、問い合わせ先などの具体的・実用的な情報を掲載する。巻末に関係施設一覧を付す。

社会保障便利事典　平成14年版　週刊社会
　保障編集部編　法研　2002.1　374p　19cm
　1500円　Ⓘ4-87954-416-7　Ⓝ364
Ⓣ次第1章 妊娠・出産・育児・児童，第2章 病気・けが・障害，第3章 労働災害と職業病，第4章 交通事故，第5章 失業・再就職・雇用，第6章 生活困窮者，第7章 高齢者，第8章 死亡，附・関係施設一覧
Ⓝ容母性保護から遺族保障までを対象とした社会保障についての実用ガイドブック。内容は2001年11月現在。人間の一生を追って保障制度を分類し、保障の内容、手続きの仕方、問い合わせ先などの具体的な情報を記載。巻末に関連施設所在地一覧がある。

社会保障便利事典　平成15年版　週刊社会
　保障編集部編　法研　2003.1　365p　19cm
　1500円　Ⓘ4-87954-457-4
Ⓣ次第1章 妊娠・出産・育児・児童，第2章 病気・けが・障害，第3章 労働災害と職業病，第4章 交通事故，第5章 失業・再就職・雇用，第6章 生活困窮者，第7章 高齢者，第8章 死亡
Ⓝ容本書では、人間一生の生活サイクルに沿って社会保障のすべてを網羅しなおし、実際に必要なときに必要な知識がすぐその場で得られるように編集している。したがって、そのとりあげ方も、"こんなときにはこんな保障"という形で、保障の内容、手続きのしかた、問合わせ先など、具体的かつ実用的なオールガイドとしてある。

社会保障便利事典　平成16年版　週刊社会
　保障編集部編著　法研　2004.1　366p
　19cm　1500円　Ⓘ4-87954-507-4
Ⓣ次第1章 妊娠・出産・育児・児童，第2章 病気・けが・障害，第3章 労働災害と職業病，第4章 交通事故，第5章 失業・再就職・雇用，第6章 生活困窮者，第7章 高齢者，第8章 死亡
Ⓝ容本書では、人間一生の生活サイクルに沿って社会保障のすべてを網羅しなおし、実際に必要なときに必要な知識がすぐその場で得られるように編集した。したがって、そのとりあげ方も、"こんなときにはこんな保障"という形で、保障の内容、手続きのしかた、問合わせ先など、具体的かつ実用的なオールガイドとしている。

社会保障便利事典　平成17年版　週刊社会
　保障編集部編　法研　2005.1　367p　19cm
　1500円　Ⓘ4-87954-553-8
Ⓣ次第1章 妊娠・出産・育児・児童，第2章 病気・けが・障害，第3章 労働災害と職業病，第4章 交通事故，第5章 失業・再就職・雇用，第6章 生活困窮者，第7章 高齢者，第8章 死亡
Ⓝ容ライフサイクルにそって、社会保障の内容、手続きのしかた、問い合わせ先などがわかる。

社会保障便利事典　平成18年版　週刊社会
　保障編集部編　法研　2006.1　374p　19cm
　1500円　Ⓘ4-87954-604-6
Ⓣ次第1章 妊娠・出産・育児・児童，第2章 病気・けが・障害，第3章 労働災害と職業病，第4章 交通事故，第5章 失業・再就職・両立支援・雇用，第6章 生活困窮者，第7章 高齢者，第8章 死亡
Ⓝ容複雑な社会保障を、一生のライフサイクルに沿って、コンパクトに解説。社会保障の内容、手続きのしかた、問合せ先など、いざというとき役に立つ情報満載。

社会保障便利事典　平成19年版　改訂版
　〔第26版〕　週刊社会保障編集部編　法研
　2007.1　398p　19cm　1500円　Ⓘ978-4-87954-647-0
Ⓣ次第1章 妊娠・出産・育児・児童，第2章 病気・けが・障害，第3章 労働災害と職業病，第4章 交通事故，第5章 失業・再就職・両立支援・雇用，第6章 生活困窮者，第7章 高齢者，第8章 死亡
Ⓝ容複雑な社会保障を、一生のライフサイクルに沿って、コンパクトに解説。社会保障の内容、手続きのしかた、問合せ先など、いざとい

うとき役に立つ情報満載。

社会保障便利事典　平成20年版　週刊社会
保障編集部編著　法研　2008.2　398p
19cm　1500円　①978-4-87954-704-0　Ⓝ364
[目次]第1章 妊娠・出産・育児・児童，第2章 病気・けが・障害，第3章 労働災害と職業病，第4章 交通事故，第5章 失業・再就職・両立支援・雇用，第6章 生活困窮者，第7章 高齢者，第8章 死亡
[内容]社会保障の関係者，社会保障に関心のある人，必携!複雑な社会保障を，一生のライフサイクルに沿って，コンパクトに解説。社会保障の内容，手続きのしかた，問合せ先など，いざというとき役に立つ情報満載。

社会保障便利事典　平成21年版　週刊社会
保障編集部編　法研　2009.2　401p　21cm
1600円　①978-4-87954-752-1
[目次]第1章 妊娠・出産・育児・児童，第2章 病気・けが・障害，第3章 労働災害と職業病，第4章 交通事故，第5章 失業・再就職・両立支援・雇用，第6章 生活困窮者，第7章 高齢者，第8章 死亡
[内容]複雑な社会保障を，一生のライフサイクルに沿って，コンパクトに解説。社会保障の内容，手続きのしかた，問合せ先など，いざというとき役に立つ情報満載。

社会保障便利事典　平成22年版　週刊社会
保障編集部編　法研　2010.2　401p　21cm
1700円　①978-4-87954-786-6　Ⓝ364
[目次]第1章 妊娠・出産・育児・児童，第2章 病気・けが・障害，第3章 労働災害と職業病，第4章 交通事故，第5章 失業・再就職・両立支援・雇用，第6章 生活困窮者，第7章 高齢者，第8章 死亡
[内容]社会保障の関係者，社会保障に関心のある人，必携!複雑な社会保障を，一生のライフサイクルに沿って，コンパクトに解説。社会保障の内容，手続きのしかた，問合せ先など，いざというとき役に立つ情報満載。

社会保障便利事典　平成23年版　週刊社会
保障編集部編　法研　2011.1　428p　21cm
1700円　①978-4-87954-807-8　Ⓝ364.021
[目次]第1章 妊娠・出産・育児・児童，第2章 病気・けが・障害，第3章 労働災害と職業病，第4章 交通事故，第5章 失業・再就職・両立支援・雇用，第6章 生活困窮者，第7章 高齢者，第8章 死亡

[内容]複雑な社会保障を，一生のライフサイクルに沿って，コンパクトに解説。社会保障の内容，手続きのしかた，問合せ先など，いざというとき役に立つ情報満載。

社会保障便利事典　平成24年版　改訂版
（第31版）　週刊社会保障編集部編　法研
2012.2　434p　21cm　1700円　①978-4-87954-859-7
[目次]第1章 妊娠・出産・育児・児童，第2章 病気・けが・障害，第3章 労働災害と職業病，第4章 交通事故，第5章 失業・再就職・両立支援・雇用，第6章 生活困窮者，第7章 高齢者，第8章 死亡
[内容]複雑な社会保障を，一生のライフサイクルに沿って，コンパクトに解説。社会保障の内容，手続きのしかた，問合せ先など，いざというとき役に立つ情報満載。

社会保障便利事典　平成25年版　週刊社会
保障編集部編　法研　2013.2　439p　21cm
1700円　①978-4-87954-950-1
[目次]第1章 妊娠・出産・育児・児童，第2章 病気・けが・障害，第3章 労働災害と職業病，第4章 交通事故，第5章 失業・再就職・両立支援・雇用，第6章 生活困窮者，第7章 高齢者，第8章 死亡
[内容]社会保障の関係者，社会保障に関心のある人，必携! 複雑な社会保障を，一生のライフサイクルに沿って，コンパクトに解説。社会保障の内容，手続きのしかた，問合せ先など，いざというとき役に立つ情報満載。

＜ハンドブック＞

安全管理マニュアル　安全衛生担当者の実務テキスト　改訂版　労働基準調査会編著
労働基準調査会　1999.3　103p　26cm　（メイトブックス 1）　1000円　①4-89782-547-4
[目次]第1部 災害の分析法と対策の立て方（災害発生時の処理手順，特性要因の分析 ほか），第2部 作業標準の作り方と実例（作業標準作成時の手順，作業標準作成の進め方 ほか），第3部 チェックリストの活用法と実例（職場点検の種類，チェックリストの作り方 ほか），第4部 安全衛生計画（年間）の作り方（計画の意義，計画の作り方）
[内容]第1部では，災害分析の方法から対策の立て方まで，種々の手法や実例を紹介した。点検表方式やチャート方式を多く採用したため，そのまま現場でチェックしたり，書き込んで利用

できる。第2部と第3部では、安全管理に不可欠で最も重要な資料である作業標準とチェックリストを紹介。第4部では、年間計画の作り方を紹介。ノウハウが簡単に分かり、事業場独自の利用の作成に役立つ。

災害事例 イラスト100 東京災害事例研究会編 労働基準調査会 1997.8 135p 26cm （メイトブックス 16） 1000円 ①4-89782-478-8

(目次)近年の労働災害発生状況，建設業での労災の特徴，製造業での労災の特徴，運輸・貨物事業での労災の特徴，交通労働災害の特徴，警備業での労災の特徴，飲食業での労災の特徴，商店での労災の特徴，営業での労災の特徴，事務での労災の特徴〔ほか〕

(内容)主に東京局管内で発生した100の災害事例をイラスト入りで紹介したもの。業種をより細分化するとともに第3次産業向けに一部職種別分類で災害を集めている。

新訂 労災・通災・メンタルヘルスハンドブック 新訂版 産労総合研究所編 経営書院 2005.10 586p 26cm 9400円 ①4-87913-939-4

(目次)第1部 労災・通災・健康管理の実務知識（安全衛生と危険防止基準，健康管理と健康診断 ほか），第2部 ケースに学ぼう労災・通災・健康管理の裁判例（労災認定基準（行政処分の取消訴訟），民事損害賠償事件 ほか），第3部 労災・通災付加給付制度とメンタルヘルスの取組みの実態（労災・通災付加給付制度とメンタルヘルス対策に関する調査（産労総研調査・2005年），メンタルヘルスの取り組みに関するアンケート調査（産業人メンタルヘルス白書・社会経済生産性本部）ほか），第4部 関連資料

新労災・通災ハンドブック 労災・通災補償から労働衛生管理まで 産業労働調査所編 経営書院 1991.8 478p 26cm 8900円 ①4-87913-354-X

(目次)第1部 労災・通災の実務知識編（労災・通災制度の仕組みと実務，労災・通災補償規程・協定の実務，海外勤務者の労災と医療，労災・職業病の認定基準，労災の上積補償と損害保険の活用，労災・通災に関するQ&A，労働災害と安全衛生，安全衛生の基礎知識），第2部 労災・通災の調査・資料編（労災の上積補償制度に関する調査，通災の上積補償制度に関する調査，産別各社の労災補償の水準，産業別各社の通災補償の水準，労災・通災に関する主要通達一覧，労災・通災の裁決・判決一覧，高額労災事件の判決認容・和解金額一覧）

働くもののメンタルヘルス 職場活動ハンドブック 働くもののいのちと健康を守る全国センター編 学習の友社 2003.6 119p 21cm （実践・職場と権利シリーズ 8） 1143円 ①4-7617-0358-X

(目次)第1章 いま，職場で何が起きているのか（長時間労働と職場のストレスが引き起こす「過労自殺」，「全国センター」に寄せられた相談ほか），第2章 メンタルヘルスの正しい知識（心の病はなぜ起きる―多因子・多段階で起きる，心の病に気づき早めに対処するために ほか），第3章 健康で働き続けられる職場づくり（メンタルヘルス問題を労働組合の重点課題に，労働組合のメンタルヘルス対策の視点 ほか），第4章 活用しよう法・判例・通達・指針（安全・健康を守る憲法，労基法，労安法，行政「通達」「指針」を活用しよう ほか）

(内容)本書は次のような特徴を持っている。ひとつは労働の現場に舞台の中心を当て，働くものの生きる権利，働く権利との関係で組み立てていること。そして精神衛生分野の臨床医と労働組合・職場での安全衛生の実践家との協力関係のもとで執筆されてきた。したがってメンタルヘルスの問題を社会的経済的背景との関連で評価・分析している。二つ目の特徴は予防、職場復帰、リハビリなどの職場での実践的なとりくみが盛り込まれていること。さらに三つ目は、職場で活用できる行政通達、指針などを資料として収載している。

パワハラにあったときどうすればいいかわかる本 いじめ・メンタルヘルス労働者支援センター，磯村大著 合同出版 2014.11 143p 21cm 〈マンガ：たかおかおり〉 1500円 ①978-4-7726-1222-7 ℕ366.3

(目次)1 パワハラってなに？（そもそもパワハラってなに？，パワハラは「上司から部下へ」だけではない ほか），2 なぜパワハラが起きるのか？（背景1：人材不足による過重労働とストレス，背景2：ノルマの強化と成果主義賃金制度の導入 ほか），3 パワハラが起きたら（パワハラを受けたとき，どういう解決を目指すのか ほか），4 パワハラが引き起こす心と体の不調（心と体はつながっている，適性のない上司の存在がメンタルヘルス不調を引き起こした ほか），5 パワハラはこうして防ぐ（会社、労働組合、労働者一人一人が取り組む，会社には働く人の安全と健康に配慮する義務がある ほか）

(内容)本書は、自分の職場を働きやすい職場に

したいと考えるとき、あるいは、起きている問題をどう理解したらいいかと悩んだときに、必ずヒントになると思います。具体的な事例も多数紹介しています。さまざまに応用してほしいと思います。

労災・通災ハンドブック 改訂新版 産労総合研究所編 経営書院 1995.7 447p 26cm 8900円 Ⓘ4-87913-534-8

(目次)第1部 労災・通災の実務知識編、第2部 労災・通災の調査・規程・協定編、第3部 労災・通災に関する主要通達・裁決・判例一覧

労災・通災・メンタルヘルスハンドブック 産労総合研究所編 経営書院 2001.3 367p 26cm 8900円 Ⓘ4-87913-768-5 Ⓝ364.5

(目次)第1部 労災・通災・メンタルヘルスの実務知識(労災認定における最近の特徴―最近の過労自殺死認定にみる企業の責任、労災・通災実務Q&A101、職場におけるメンタルヘルスの実務)、第2部 労災・通災・メンタルヘルスの実態(労災・通災付加給付とメンタルヘルス対策に関する調査、メンタルヘルスに関する企業の取り組みと各界の対応、メンタルヘルスに関する調査報告)、第3部 関連資料(労災・通災に関する通達、裁判例など)

(内容)労働災害・通勤災害に関する実務知識に加えて、心の健康の問題であるメンタルヘルスについての実務知識と各種資料を紹介した資料集。労災・通災付加給付、メンタルヘルスに関する企業の取り組みなどの実態調査も掲載。

<法令集>

外国人労働者の労災白書 92年版 深刻化する労働災害 問われる日本の国際性 全国労働安全衛生センター連絡会議編 海風書房、現代書館〔発売〕 1992.5 127p 21cm 1030円 Ⓘ4-7684-8842-0

(目次)増加し続ける外国人労働者の労働災害、悪質な労災隠し、労災発生責任の追及、まとめと提言、補論 労働していても労働者とされない外国人、死んでまで差別される外国人(外国人の生命は「安い」のか、損害賠償実務の状況、裁判における損害の算定、東京地裁民事第27部の「見解」表明とその問題点、外国人の損害賠償において検討すべき問題点)、資料(外国人労働者の労災白書の概要、申し入れ事項に対する労働省の回答、不法就労外国人に対する災害補償の状況、外国人労働者の適正な就労条件及び安全衛生の確保を図るため事業者等が講ずべき

措置に関する指針、いわゆる労災隠しの排除について、『外国人の就労に関する実態調査結果報告書』〈抜粋〉)

災害事務必携 平成15年度 災害事務研究会編 (名古屋)新日本法規出版 2003.12 1367p 22cm 5500円 Ⓘ4-7882-0606-4 Ⓝ510.91

労働関係と社会保障法 荒木誠之先生米寿祝賀論文集 良永弥太郎、柳沢旭編 (京都)法律文化社 2013.1 284p 22cm 〈布装 著作目録あり 年譜あり〉 7000円 Ⓘ978-4-589-03481-6 Ⓝ364.021

(目次)第1章 社会保障法における労働者保険の相対的独自性―荒木教授の所説について、第2章 労災保険の発展と労災補償についての荒木理論、第3章 労働災害の法理―労災防止と労災補償、第4章 失業労働法の今日的意義―求職者法試論、第5章 最低生活保障給付と雇用促進政策―荒木理論を手がかりとして、第6章 児童扶養給付に関する法理論的検討―児童手当を中心に、第7章 社会福祉における給付別体系論の意義と役割―荒木社会保障法論の検討

<年鑑・白書>

安全の指標 平成14年度 厚生労働省労働基準局編 中央労働災害防止協会 2002.5 208p 13×19cm 560円 Ⓘ4-8059-0813-0 Ⓝ509.8

(目次)1 今年の全国安全週間、2 労働災害の現況、3 基本的災害防止対策、4 災害事例、5 安全活動の好事例、6 平成13年度中に発せられた安全に関する主な労働基準局長通達、7 資料

(内容)労働災害の防止と安全対策に関するガイドブック。平成14年度全国安全週間の実施要綱を掲載、労働災害の現況を統計データで紹介し、基本的災害防止対策について基準を示す。また、災害実例を、機械災害、取扱・運搬災害等9種の災害に区分、発生状況、原因と対策について紹介、安全活動の好事例も紹介する。さらに、平成13年度中に発せられた安全に関する主な労働基準局長通達、また災害統計等関連資料を収録する。

安全の指標 平成15年度 厚生労働省労働基準局編 中央労働災害防止協会 2003.5 218p 13×19cm 560円 Ⓘ4-8059-0877-7

(目次)1 今年の全国安全週間、2 労働災害の現況、3 基本的災害防止対策、4 災害事例、5 安

産業災害　　人為的災害・事故

全活動の好事例，6 平成14年度中に発せられた安全に関する主な労働基準局長通達，7 資料

安全の指標　平成16年度
厚生労働省労働基準局編　中央労働災害防止協会　2004.5　209p　13×19cm　560円　⑪4-8059-0941-2

(目次)1 今年の全国安全週間，2 労働災害の現況，3 基本的災害防止対策，4 災害事例，5 安全に関する主要通達，6 資料

安全の指標　平成17年度
中央労働災害防止協会編　中央労働災害防止協会　2005.5　244p　13×19cm　560円　⑪4-8059-0994-3

(目次)1 今年の全国安全週間，2 労働災害の現況，3 基本的災害防止対策，4 災害事例，5 安全に関する主要通達，6 資料

安全の指標　平成18年度
中央労働災害防止協会編　中央労働災害防止協会　2006.5　260p　13×19cm　560円　⑪4-8059-1058-5

(目次)1 平成18年度全国安全週間実施要綱，2 労働災害の現況，3 改正労働安全衛生法のあらまし，4 基本的災害防止対策，5 災害事例，6 安全に関する主要通達，7 資料

(内容)全国安全週間実施要綱をはじめ，労働災害の現況，基本的災害防止対策，災害事例とその対策，災害統計など最新の情報を収録したハンドブック。

安全の指標　平成19年度
中央労働災害防止協会編　中央労働災害防止協会　2007.5　203p　13×19cm　〈付属資料：別冊1〉　560円　⑪978-4-8059-1118-1

(目次)第1編 平成19年度全国安全週間実施要綱，第2編 労働災害の現況，第3編 労働災害防止対策の基本，第4編 各分野ごとの労働災害防止対策，第5編 災害事例，第6編 安全に関する主要通達，第7章 資料

安全の指標　平成21年度
中央労働災害防止協会編　中央労働災害防止協会　2009.5　295p　13×19cm　560円　⑪978-4-8059-1242-3

(目次)第1編 平成21年度全国安全週間実施要綱，第2編 労働災害の現況，第3編 労働災害防止対策の基本，第4編 各分野ごとの労働災害防止対策，第5編 災害事例，第6編 安全に関する主要指針・通達等，第7編 資料

(内容)全国安全週間実施要綱をはじめ，リスクアセスメント・労働安全衛生マネジメントシステムの導入と定着，労働災害の事例，安全に関する主要通達などの情報のほか，「足場等に関

する規制の改正のポイント」「主な危険物の性状一覧」など新たな資料も収録。安全管理従事者のためのハンドブック。

安全の指標　平成22年度
中央労働災害防止協会編　中央労働災害防止協会　2010.5　326p　13×19cm　560円　⑪978-4-8059-1293-5

(目次)第1編 平成22年度全国安全週間実施要綱，第2編 労働災害の現況，第3編 労働災害防止対策の基本，第4編 各分野ごとの労働災害防止対策，第5編 災害事例，第6編 安全に関する主要指針・通達等，第7編 資料

安全の指標　平成23年度
中央労働災害防止協会編　中央労働災害防止協会　2011.5　294p　13×19cm　560円　⑪978-4-8059-1362-8

(目次)第1編 平成23年度全国安全週間実施要綱，第2編 労働災害の現況，第3編 労働災害防止対策の基本，第4編 各分野ごとの労働災害防止対策，第5編 災害事例，第6編 安全に関する主要指針・通達等，第7編 資料

安全の指標　平成24年度
中央労働災害防止協会編　中央労働災害防止協会　2012.5　307p　19cm　600円　⑪978-4-8059-1434-2

(目次)第1編 平成24年度全国安全週間実施要綱，第2編 労働災害の現況，第3編 労働災害防止対策の基本，第4編 各分野ごとの労働災害防止対策，第5編 災害事例，第6編 安全に関する主要指針・通達等，第7編 資料

安全の指標　平成26年度
中央労働災害防止協会編　中央労働災害防止協会　2014.5　305p　19cm　600円　⑪978-4-8059-1563-9

(目次)第1編 平成26年度全国安全週間実施要綱，第2編 労働災害の現況，第3編 労働災害防止対策の基本，第4編 各分野ごとの労働災害防止対策，第5編 災害事例，第6編 安全に関する主要指針・通達等，第7編 資料

送検事例と労働災害　平成元年版
労働基準調査会編著　労働基準調査会　1990.5　67p　26cm　（MATE BOOKS）　500円　⑪4-89782-167-3

(目次)第1部 送検事例（挟まれ・巻き込まれ災害，倒壊災害，転落・墜落災害，中毒災害，爆発・火災災害，土砂崩壊災害，感電災害，事前送検），第2部 労働災害

送検事例と労働災害　平成3年版
労働基準調査会編著　労働基準調査会　1991.5　95p

人為的災害・事故　　　　　　　　産業災害

26cm　800円　Ⓓ4-89782-194-0　Ⓝ509.8

送検事例と労働災害　平成4年版　労働基準
調査会編著　労働基準調査会　1992.6　87p
26cm　800円　Ⓓ4-89782-232-7　Ⓝ509.8

送検事例と労働災害　平成5年版　労働基準
調査会編著　労働基準調査会　1993.6　102p
26cm　800円　Ⓓ4-89782-275-0

⦿目次⦿平成5年度労働基準行政の運営方針，安衛
法違反による送検事件の状況，第1部 送検事例，
第2部 労働災害，第3部 災害防止対策（墜落・転
落災害防止対策，重機・建設機械防止対策，土
砂崩壊災害防止対策，酸欠災害防止対策）

送検事例と労働災害　平成6年版　労働基準
調査会編著　労働基準調査会　1994.5　126p
26cm　1000円　Ⓓ4-89782-334-X

⦿目次⦿第1部 平成6年度労働基準行政の運営方針
安衛法違反による送検事件の状況，第2部 送検
事例，第3部 労働災害，第4部 災害事例研究

⦿内容⦿本書は，平成六年度の労働基準行政の運営
方針を紹介するとともに，全国の労働基準局や
労働基準監督署のご協力を得て取材した安衛法
違反による送検事例，災害事例のほか，平成五
年に安全衛生面で全国にどのような動きがあっ
たかをまとめた「安全衛生月表」や，労働災害
はなぜ起きるのか，それを防ぐにはどのような
手だてが必要か，といったことが読み取れるよ
う災害事例研究も掲載しました。

送検事例と労働災害　平成7年版　労働基準
調査会　1995.6　119p　26cm　1000円
Ⓓ4-89782-376-5

⦿目次⦿第1部 平成7年度労働基準行政の運営方
針・安衛法違反による送検事件の状況，第2部
送検事例，第3部 労働災害，第4部 災害事例研究

送検事例と労働災害　平成8年版　労働基準
調査会　1996.6　111p　26cm　1000円
Ⓓ4-89782-417-6

⦿目次⦿第1部 平成8年度労働基準行政の運営方針
安衛法違反による送検事件の状況，第2部 送検
事例，第3部 労働災害，第4部 災害事例研究

⦿内容⦿本書は，平成八年度の労働基準行政の運
営方針を紹介するとともに，平成七年に安全衛
生面で全国にどのような動きがあったかをまと
めた「安全衛生月表」や労働災害はなぜ起こる
のか，それを防ぐにはどのような手だてが必要
か，といったことが読み取れるよう災害事例研
究等を掲載している。

送検事例と労働災害　平成9年版　労働基準

調査会編著　労働基準調査会　1997.6　111p
26cm　1000円　Ⓓ4-89782-453-2

⦿目次⦿第1部 平成9年度労働基準行政の運営方針
安衛法違反による送検事件の状況，第2部 送検
事例，第3部 労働災害，第4部 災害事例研究

送検事例と労働災害　平成10年版　労働基
準調査会編著　労働基準調査会　1998.6
109p　26cm　1000円　Ⓓ4-89782-528-8

⦿目次⦿第1部 平成10年度労働基準行政の運営方
針安衛法違反による送検事例の状況，第2部 送
検事例，第3部 労働災害，第4章 労働災害防止5
カ年計画

送検事例と労働災害　平成11年版　労働基
準調査会編著　労働基準調査会　1999.6
109p　26cm　1000円　Ⓓ4-89782-568-7

⦿目次⦿第1部 平成11年度労働基準行政の運営方
針監督業務実施状況（平成9年）（平成11年度労
働基準行政の運営方針，監督業務実施状況），
第2部 送検事例（屋根上で外壁塗装中に墜落 囲
い等もなく安全帯も使用せず，足場板外した開
口部から墜落 用意された安全帯を使用せず ほ
か），第3部 労働災害（平成10年における労働災
害発生状況，1月の労働災害と出来事 ほか），
第4部 事例研究（酸欠災害）（酸素欠乏症等の防
止対策の徹底について（平10・12・22基安発第
三四号））

送検事例と労働災害　平成12年版　労働調
査会編著　労働調査会　2000.6　110p
26cm　1000円　Ⓓ4-89782-629-2

⦿目次⦿第1部 平成12年度労働基準行政の運営方
針監督業務実施状況（平成10年）（平成12年度労
働基準行政の運営方針，監督業務実施状況（平
成10年）），第2部 送検事例（ドラグショベルで
つった鉄板が落下─安易な用途外使用で作業員
が死亡，無資格者がロードローラーを運転─誘
導者も配置せず法面から転落，作業構台上から
作業員が墜落─柵が不完全なうえ安全帯も使用
せず，二階梁上で作業中のとび工が墜落─親綱
は設置するも，安全帯は使用せず ほか），第3
部 労働災害─平成11年における労働災害発生状
況，第4部 労働安全衛生マネジメントシステム
に関する指針─労働安全衛生マネジメントシス
テムに関する指針と行政通達の対照表

⦿内容⦿安全衛生教育の素材として最適な"安衛
法違反による送検事例"を紹介。すべての事例
に災害の概要図と担当した監督官のコメント付
き。労働安全衛生マネジメントシステムの理解
に役立つ「指針（平成11年告示第53号）」と「行

事故・災害レファレンスブック　　125

政通達（平成11年基発第293号）」の対照表を掲載。その他、労働災害に関する最新の各種統計資料を収録。

送検事例と労働災害　平成13年版　労働調

査会編著　労働調査会　2001.7　106p
26cm　1000円　⑪4-89782-683-7

(目次)第1部 平成13年度地方労働行政の運営方針・平成11年監督業務実施状況（平成13年度地方労働行政の運営方針，平成11年監督業務実施状況），第2部 送検事例（荷台からドラグショベルが横転ブームにはさまれ作業員が死亡（激突），定格荷重を超えたクレーン作業機体が傾き，つり荷が大工に激突（激突され）ほか），第3部 労働災害（平成12年における労働災害発生状況，2000年の出来事と労働災害），第4部 事例研究（「労災隠し」事件，公共工事で労災事故が発生発注者への気兼ねから「労災隠し」に走るほか）

(内容)安全衛生教育の素材として最適な"安衛法違反による送検事例"を紹介。すべての事例に災害の概要図と担当した監督官のコメント付き。労働災害に関する最新の各種統計資料を収録。

送検事例と労働災害　平成14年版　労働調

査会編著　労働調査会　2002.7　111p
26cm　1200円　⑪4-89782-744-2

(目次)第1部 平成14年度地方労働行政の運営方針・平成12年監督業務実施状況，第2部 送検事例（墨出し作業中に開口部から墜落 墜落防止措置を何ら講じず（墜落・転落），つり荷に押された作業員が墜落 開口部付近で安全帯使用せず（墜落・転落）ほか），第3部 労働災害（2001年の出来事と労働災害），第4部 事例研究（酸欠災害防止対策，酸欠災害の発生状況 ほか）

(内容)安全衛生教育の素材として最適な"安衛法違反による送検事例"23事例を収録。重大な法違反が災害に至る経緯をわかりやすく解説。労働災害に関する最新の各種統計資料を収録。すべての事例に理解を助ける概要図付き。

送検事例と労働災害　平成15年版　労働調

査会編著　労働調査会　2003.6　111p
26cm　1200円　⑪4-89782-792-2

(目次)第1部 平成15年度地方労働行政の運営方針・平成13年監督業務実施状況，第2部 送検事例（墜落・転落，はさまれ・巻き込まれ，崩壊・倒壊，飛来・落下，転倒，激突，激突され，爆発，感電，放射線被ばく，一酸化炭素中毒），第3部 労働災害，第4部 事例研究

(内容)安全衛生教育ツールとして最適な"安衛

法違反による送検事例"23事例を災害の型別に分類し収録。作業内容から発生原因、災害防止対策までを分かりやすく解説。関係法令付き。いかなる状況下で災害は発生したのか?理解を助ける災害発生状況図（イラスト）付き。労働災害に関する最新の各種統計資料を収録。

送検事例と労働災害　平成16年版　労働調

査会出版局編著　労働調査会　2004.7　111p
26cm　1200円　⑪4-89782-847-3

(目次)第1部 平成16年度地方労働行政運営方針・平成14年監督業務実施状況，第2部 送検事例（墜落・転落，はさまれ・巻き込まれ，飛来・落下，激突され，崩壊・倒壊，有害物等との接触，火災，事前送検），第3部 労働災害，第4部 事例研究／徹底対策 墜落・転落災害

(内容)安全衛生教育ツールとして最適な"安衛法違反による送検事例"24事例を災害の型別に分類し収録。作業内容から発生原因、災害防止対策までを分かりやすく解説。関係法令付き。いかなる状況下で災害は発生したのか?理解を助ける災害発生状況図（イラストまたは写真）付き。労働災害に関する最新の各種統計資料を収録。

送検事例と労働災害　送検事例から学ぶ労

働災害防止対策　平成17年版　労働調査
会出版局編著　労働調査会　2005.10　124p
26cm　1500円　⑪4-89782-889-9

(目次)第1部 送検事例と労働災害（データに見る労働災害，送検事例と災害防止対策（墜落・転落，はさまれ・巻き込まれ，崩壊・倒壊 ほか），年表），第2部 特別寄稿（労働災害発生時に伴う刑事手続と民事損害賠償）

送検事例と労働災害　送検事例から学ぶ労

働災害防止対策　平成18年版　労働調査
会出版局編　労働調査会　2006.7　122p
30cm　1500円　⑪4-89782-926-7

(目次)第1部 送検事例と労働災害（データに見る労働災害，送検事例と災害防止対策），第2部 特別寄稿（労災事故の実情，労災事故が起こった場合の補償，損害賠償額の計算方法，過失相殺，損益相殺）

送検事例と労働災害　送検事例から学ぶ労

働災害防止対策　平成19年版　労働調査
会出版局編　労働調査会　2007.7　120p
26cm　1500円　⑪978-4-89782-980-7

(目次)第1部 送検事例と労働災害（データに見る労働災害，送検事例と災害防止対策，年表），第2部 特別寄稿（労災事故の責任の種類と和解の活用）

人為的災害・事故　　　　　　　　　　　　　　　　　産業災害

送検事例と労働災害　送検事例から学ぶ労働災害防止対策　平成20年版　労働調査会出版局編　労働調査会　2008.7　122p　26cm　1500円　①978-4-86319-045-0

(目次)第1部 送検事例と労働災害(データに見る労働災害，送検事例と災害防止対策，年表)，第2部 特別寄稿─労災職業病に見る高額事例と労災補償等の諸問題(労災裁判の高額事例，労災補償と労災保険の内容，労働安全衛生法の改正と安全配慮義務の強化，労災事故と労働者派遣，外国人労働者の労災問題，二次健康診断，面接指導制度，メタボリック・シンドローム対策等の健康に関する配慮義務)

(内容)全国の労働局や労働基準監督署の協力を得て取材した労働安全衛生法違反による送検事例を掲載。あわせて，「平成19年労働災害の発生状況」、「平成20年度地方労働行政の運営方針」等を紹介するとともに，安全衛生面において全国でどのような動きがあったのかを一覧でまとめた「平成19年における安全衛生の年表」を掲載。

送検事例と労働災害　送検事例から学ぶ労働災害防止対策　平成21年版　労働調査会出版局編　労働調査会　2009.7　97p　26cm　（「労働安全衛生広報」別冊）　Ⓝ509.8

送検事例と労働災害　送検事例から学ぶ労働災害防止対策　平成22年版　労働調査会出版局編　労働調査会　2010.8　95p　26cm　1000円　①978-4-86319-146-4

(目次)第1章 データに見る労働災害(労働災害の発生動向，行政の取り組み)，第2章 送検事例と災害防止対策(墜落・転落，激突され，はさまれ・巻き込まれ，飛来・落下，転倒，切れ・こすれ，溺れ，無資格運転(免許偽造)，事前送検，虚偽報告，労災かくし，送検事例関係主要法令等一覧)，第3章 年表 2009年の出来事と労働災害(平成21年1月～12月)

送検事例と労働災害　送検事例から学ぶ労働災害防止対策 安全衛生担当者のための実務必携　平成23年版　労働調査会出版局編　労働調査会　2011.7　95p　26cm　1000円　①978-4-86319-194-5

(目次)第1章 データに見る労働災害(労働災害の発生動向，行政の取り組み)，第2章 送検事例と災害防止対策(墜落・転落，はさまれ・巻き込まれ，飛来・落下，激突，激突され，崩壊・倒壊，有害物との接触，労災かくし，送検事例関係主要法令等一覧)，第3章 年表─2010年の出来事と労働災害(平成22年1月～12月)

送検事例と労働災害　送検事例から学ぶ労働災害防止対策　平成24年版 第1集　労働調査会出版局編　労働調査会　2012.8　111p　26cm　1000円　①978-4-86319-272-0

(目次)第1章 送検事例と災害防止対策(墜落・転落，はさまれ・巻き込まれ，飛来・落下，激突，激突され，崩壊・倒壊，転倒，切れ・こすれ，有害物等との接触，火災，労災かくし，送検事例関係法令(安衛則等))，第2章 行政の動き，第3章 データに見る労働災害，第4章 年表，参考資料 労働安全衛生法の体系

日本労働年鑑　第62集（1992年版）　法政大学大原社会問題研究所編著　労働旬報社　1992.6　475p　21cm　12000円　①4-8451-0256-0

(目次)序章 政治・経済の動向と労働問題の焦点，特集 ユニオンリーダーの属性と意識(ユニオンリーダーの属性，ユニオンリーダーとしての属性と経歴，ユニオンリーダーの意識)，第1部 労働経済と労働者生活(労働経済の動向，労働者生活の実態，労働災害・職業病)，第2部 経営労務と労使関係(経営者団体の動向，経営・労務の動向，主要産業の動向)，第3部 労働組合の組織と運動(労働組合の組織現状と労働争議，労働組合全国組織の動向，賃金・時短闘争，政策・制度にかかわる運動，単産・単組の運動事例，国際労働組合運動)，第4部 労働組合と政治・社会運動(社会保障運動，労働者福祉運動，社会運動の状況，政党の動向)，第5部 労働・社会政策(労働政策，賃金政策，社会保障政策，労働判例・労働委員会命令，ILO)，付録，社会・労働運動年表

日本労働年鑑　第76集（2006年版）　大原社会問題研究所編　旬報社　2006.6　485p　21cm　15000円　①4-8451-0987-5

(目次)序 政治・経済の動向と労働問題の焦点，特集1 JR福知山線脱線事故とJRの労使関係─経営権の肥大化が招いた悲劇，特集2 日経連「新時代の日本的経営」から一〇年，第1部 労働経済と労働者生活，第2部 経営労務と労使関係，第3部 労働組合の組織と運動，第4部 労働組合と政治・社会運動，第5部 労働・社会政策

(内容)本書は『日本労働年鑑』の第七六集・二〇〇六年版である。内容的には，二〇〇五年一月から一二月までの，日本の労働問題，労働・社会運動の動向を記録している。

日本労働年鑑　第77集／2007年版　法政大学大原社会問題研究所編著　旬報社

事故・災害レファレンスブック　　127

産業災害　　人為的災害・事故

2007.6　463p　21cm　15000円　①978-4-8451-1038-4

（目次）政治・経済の動向と労働問題の焦点，特集1 業務請負と労働問題—主として製造業を対象として，特集2 アスベスト（石綿）問題の過去と現在，第1部 労働経済と労働者生活，第2部 経営労務と労使関係，第3部 労働組合の組織と運動，第4部 労働組合と政治・社会運動，第5部 労働・社会政策，付録

（内容）本書は『日本労働年鑑』の第七七集・二〇〇七年版である。内容的には，二〇〇六年一月から一二月までの，日本の労働問題、労働・社会運動の動向を記録している。

日本労働年鑑　第82集（2012年版） 法政大学大原社会問題研究所編　旬報社　2012.6　479p　21cm　15000円　①978-4-8451-1268-5

（目次）政治・経済の動向と労働問題の焦点，特集1 東日本大震災と労働組合，特集2 原子力問題と労働運動・政党—その歴史的展開，第1部 労働経済と労働者生活（労働経済の動向，労働者の生活と意識，女性労働，外国人労働者，労働災害・職業病），第2部 経営労務と労使関係（経営者団体の動向，経営労務の動向，主要産業の動向），第3部 労働組合の組織と運動（労働組合の組織状況と労働争議，労働組合全国組織の動向，政策・制度にかかわる運動，賃金・時短闘争，単産・単組の運動，国際労働運動），第4部 労働組合と政治・社会運動（社会保障運動，労働者福祉運動，社会運動の状況，政党の動向），第5部 労働・社会政策（労働政策，賃金政策，社会保障政策，労働判例・労働委員会命令，ILO）

<統計集>

グラフィック労働災害統計　平成21年版 中央労働災害防止協会編　中央労働災害防止協会　2009.6　32p　26cm　381円　①978-4-8059-1250-8　Ⓝ356.96

（目次）1 労働災害の現況，2 主要産業の労働災害発生状況（製造業，建設業，陸上貨物運送事業），3 主な労働災害の種類別発生状況（機械災害，墜落・転落災害，交通労働災害，爆発・火災災害），4 産業別災害率，5 派遣労働者の労働災害発生状況（全産業における労働災害発生状況，製造業における労働災害発生状況）

国際労働経済統計年鑑　1988 国際労働事務局編　日本ILO協会　1990.3　1117p

26cm　20600円

（目次）第1章 総人口と経済活動人口，第2章 雇用，第3章 失業，第4章 労働時間，第5章 賃金，第6章 労働費，第7章 消費者物価，第8章 職業災害，第9章 ストライキとロック・アウト

国際労働経済統計年鑑　1991 国際労働事務局編　日本ILO協会　1993.3　1105p　26cm　25000円

（目次）第1章 総人口と経済活動人口，第2章 雇用，第3章 失業，第4章 労働時間，第5章 賃金，第6章 労働費，第7章 消費者物価，第8章 職業災害，第9章 ストライキとロック・アウト

国際労働経済統計年鑑　1992年版 国際労働事務局編　日本ILO協会　1994.3　1127p　26cm　25000円

（目次）第1章 総人口と経済活動人口，第2章 雇用，第3章 失業，第4章 労働時間，第5章 賃金，第6章 労働費，第7章 消費者物価，第8章 職業災害，第9章 ストライキとロック・アウト

国際労働経済統計年鑑　1993年版 第52版　日本ILO協会　1995.3　1199p　26×20cm　25000円

（目次）第1章 総人口と経済活動人口，第2章 雇用，第3章 失業，第4章 労働時間，第5章 賃金，第6章 労務費，第7章 消費者物価，第8章 職業災害，第9章 ストライキとロック・アウト

国際労働経済統計年鑑　1994年版 第53版　国際労働事務局編　日本ILO協会　1996.2　1127p　26cm　25000円

（目次）第1章 総人口と経済活動人口，第2章 雇用，第3章 失業，第4章 労働時間，第5章 賃金，第6章 労務費，第7章 消費者物価，第8章 労働災害，第9章 ストライキとロック・アウト

国際労働経済統計年鑑　1995年版 日本ILO協会　1997.3　1051p　26cm　24272円

（目次）第1章 総人口と経済活動人口，第2章 雇用，第3章 失業，第4章 労働時間，第5章 賃金，第6章 労働費用，第7章 消費者物価，第8章 労働災害，第9章 ストライキとロック・アウト

国際労働経済統計年鑑　1996年版 第55版　国際労働事務局編　日本ILO協会　1998.3　1113p　26cm　24272円

（目次）第1章 経済活動人口，第2章 雇用，第3章 失業，第4章 労働時間，第5章 賃金，第6章 労働費用，第7章 消費者物価，第8表 労働災害，第9表 ストライキとロック・アウト

人為的災害・事故　　　　産業災害

国際労働経済統計年鑑　1997年版　第56版
国際労働事務局編　日本ILO協会　1999.2
1237p　26cm　24272円

(目次)第1章 経済活動人口，第2章 雇用，第3章
失業，第4章 労働時間，第5章 賃金，第6章 労
働費用，第7章 消費者物価，第8章 労働災害，
第9章 ストライキとロック・アウト

(内容)世界190以上の国、地域、領土の人口・雇
用・失業・賃金・物価等、労働経済に関する基
礎資料を収めた年鑑。1987年から1996年までの
10年間のデータを示した。内容は、1997年8月
31日現在。日英対訳版。

国際労働経済統計年鑑　1998年版　第57版
ILO（国際労働事務局）編　日本ILO協会
2000.2　1307p　21cm　〈本文：日英両文
原書名：Yearbook of Labour Statistics
1998〉　24272円　Ⓝ366.059

(目次)第1章 経済活動人口，第2章 雇用，第3章
失業，第4章 労働時間，第5章 賃金，第6章 労
働費用，第7章 消費者物価，第8章 労働災害，
第9章 ストライキとロック・アウト

(内容)各国の人口、雇用、失業、賃金、物価等労
働経済に関する基礎資料を収めた統計集。統計
はテーマごとに9つの章に分け、国および地域
ごとに労働統計の国際標準分類である全経済活
動に関する国際標準産業分類、国際標準職業分
類、従業上の地位別国際分類に従ったデータを
収載、日英対訳で示す。データは全世界約190
の国および地域の1998年8月31日現在でILOが
入手できた1987年～1997の最近10年間のもの
を掲載。巻末に各表にあげた国および地域の索
引を付ける。

国際労働経済統計年鑑　日本語版　1999年
版　第58版　国際労働事務局編　日本ILO協
会　2001.1　1321p　21cm　〈英文併記 並列
タイトル：Yearbook of labour statistics
文献あり 索引あり〉　24272円　Ⓝ366.059

(目次)第1章 経済活動人口，第2章 雇用，第3章
失業，第4章 労働時間，第5章 賃金，第6章 労
働費用，第7章 消費者物価，第8章 労働災害，
第9章 ストライキとロック・アウト

(内容)各国の人口、雇用、失業、賃金、物価等労
働経済に関する基礎資料を収めた統計集。統計
はテーマごとに9つの章に分け、国および地域
ごとに労働統計の国際標準分類である全経済活
動に関する国際標準産業分類、国際標準職業分
類、従業上の地位別国際分類に従ったデータを
収載、日英対訳で示す。データは全世界約190

の国および地域の1999年8月31日現在でILOが
入手できた1989年～1998年の10年間のものを掲
載。巻末に各表にあげた国および地域の索引を
付ける。

国際労働経済統計年鑑　2000年版　国際労
働事務局編　日本ILO協会　2002.2　1425p
26cm　〈本文：日英両文〉　24272円　Ⓝ366.
059

(目次)第1章 経済活動人口，第2章 雇用，第3章
失業，第4章 労働時間，第5章 賃金，第6章 労
働費用，第7章 消費者物価，第8章 労働災害，
第9章 ストライキとロック・アウト

国際労働経済統計年鑑　2001年版　第60版
国際労働事務局原版編集　日本ILO協会
2003.2　1495p　26cm　〈原書第60版，本
文：日英両文〉　24272円　①4-931097-12-X

(目次)第1章 経済活動人口，第2章 雇用，第3章
失業，第4章 労働時間，第5章 賃金，第6章 労
働費用，第7章 消費者物価，第8章 労働災害，
第9章 ストライキとロック・アウト

(内容)最近は、国際化にともない、主要国間で
の労働関係情報の交換が盛んになっている。主
要国政府の経済報告にも労働統計が掲載される
ようになっている。特に先進諸国間においても、
労働条件の違いが経済摩擦の一因ともなってお
り、重要な経済指標のひとつとなっている。本
書はこうした時代の要請に応えるため、各種の
労働経済指標を網羅している。

国際労働経済統計年鑑　2002年版　第61版
日本ILO協会　2004.3　1623p　26cm
23810円　①4-931097-15-4

(目次)第1章 経済活動人口，第2章 雇用，第3章
失業，第4章 労働時間，第5章 賃金，第6章 労
働費用，第7章 消費者物価，第8章 労働災害，
第9章 ストライキとロック・アウト，付録

(内容)1930年に、ILO（国際労働事務局）より、
「年間評論」の名前で発刊されて以来、今日に至
るまで、各国の人口・雇用・失業・賃金・物価
等、労働経済に関する基礎資料を収めた歴史あ
る労働経済統計年鑑の最新日英対訳版。この年
鑑では、全世界190あまりの国および地域の最
近10年間のデータを示してある。

国際労働経済統計年鑑　2003年版　第62版
国際労働事務局編　日本ILO協会　2005.2
1733p　26cm　23810円　①4-931097-19-7

(目次)第1章 経済活動人口，第2章 雇用，第3章
失業，第4章 労働時間，第5章 賃金，第6章 労

事故・災害レファレンスブック　129

働費用，第7章 消費者物価，第8章 労働災害，第9章 ストライキとロック・アウト

(内容)1930年に、ILO（国際労働事務局）より、「年間評論」の名前で発刊されて以来、今日に至るまで、各国の人口・雇用・失業・賃金・物価等、労働経済に関する基礎資料を収めた歴史ある労働経済統計年鑑の最新日英対訳版。この年鑑では、全世界190あまりの国および地域の最近10年間のデータを示してある。とくに1996年版からは、教育水準別のデータを導入し、教育水準別の人口構成および失業の分布がわかるようになっている。

国際労働経済統計年鑑　2004年版　第61版
日本ILO協会　2004.3　1623p　26cm
23810円　Ⓘ4-931097-15-4

(目次)第1章 経済活動人口，第2章 雇用，第3章 失業，第4章 労働時間，第5章 賃金，第6章 労働費用，第7章 消費者物価，第8章 労働災害，第9章 ストライキとロック・アウト，付録

(内容)1930年に、ILO（国際労働事務局）より、「年間評論」の名前で発刊されて以来、今日に至るまで、各国の人口・雇用・失業・賃金・物価等、労働経済に関する基礎資料を収めた歴史ある労働経済統計年鑑の最新日英対訳版。この年鑑では、全世界190あまりの国および地域の最近10年間のデータを示してある。

国際労働経済統計年鑑　2004年版　第63版
国際労働事務局編　日本ILO協会　2006.1
1511p　26cm　23810円　Ⓘ4-931097-21-9

(目次)第1章 経済活動人口，第2章 雇用，第3章 失業，第4章 労働時間，第5章 賃金，第6章 労働費用，第7章 消費者物価，第8章 労働災害，第9章 ストライキとロック・アウト

(内容)1930年に、ILO（国際労働事務局）より、「年間評論」の名前で発刊されて以来、今日に至るまで、各国の人口・雇用・失業・賃金・物価等、労働経済に関する基礎資料を収めた歴史ある労働経済統計年鑑の最新日英対訳版。この年鑑では、全世界190あまりの国および地域の最近10年間のデータを示してある。とくに1996年版からは、教育水準別のデータを導入し、教育水準別の人口構成および失業の分布がわかるようになっている。

国際労働経済統計年鑑　2005年版　第64版
国際労働事務局編　日本ILO協会　2007.3
1519p　26cm　23810円　Ⓘ978-4-931097-21-6

(目次)第1章 経済活動人口，第2章 雇用，第3章

失業，第4章 労働時間，第5章 賃金，第6章 労働費用，第7章 消費者物価，第8章 労働災害，第9章 ストライキとロック・アウト，付録 この年鑑で用いた分類

(内容)最近は、国際化にともない、主要国間での労働関係情報の交換が盛んになっている。主要国政府の経済報告にも労働統計が掲載されるようになっている。特に先進諸国間においても、労働条件の違いが経済摩擦の一因ともなっており、重要な経済指標のひとつとなっている。本書はこうした時代の要請に応えるため、各種の労働経済指標を網羅している。

災害統計年報　あらゆる災害動向がわかる：安全衛生担当者のための実務必携：災害予防にも役立つ本邦初の災害データブック　平成23年版　労働調査会出版局編
労働調査会　2011.10　143p　26cm　1000円
Ⓘ978-4-86319-223-2　Ⓝ509.8

(目次)1 労働災害と職業性疾病（労働災害，職業性疾病等），2 不慮の事故等（不慮の事故，交通事故，火災，農作物災害），3 自殺，4 関係資料

(内容)安全衛生担当者のための実務必携。災害予防にも役立つ本邦初の災害データブック。

データブック国際労働比較　1999　日本労働研究機構編
日本労働研究機構　1998.12
238p　21cm　2000円　Ⓘ4-538-26001-0

(目次)1 経済・経営，2 人口・労働力人口，3 就業構造，4 失業・失業保険・雇用調整，5 国際労働移動・外国人労働者，6 賃金・労働費用，7 労働時間・労働時間制度，8 労働組合・労使関係・労働災害，9 教育・能力開発，10 勤労者生活

(内容)我が国及び諸外国の労働面の実態を把握できるように、各種の労働に関する指標の中から代表的なものを選び、また分かりにくい指標についてはグラフや解説を盛り込むなどして、簡便な形で利用できる労働統計の国際比較資料集として編集作成したもの。

データブック国際労働比較　2000　日本労働研究機構編
日本労働研究機構　1999.11
235p　21cm　2000円　Ⓘ4-538-49000-8

(目次)1 経済・経営，2 人口・労働力人口，3 就業構造，4 失業・失業保険・雇用調整，5 国際労働移動・外国人労働者，6 賃金・労働費用，7 労働時間・労働時間制度，8 労働組合・労使関係・労働災害，9 教育・能力開発，10 勤労者生活

データブック国際労働比較　2001年版　日本労働研究機構編
日本労働研究機構

人為的災害・事故　　　産業災害

2000.10　251p　21cm　1500円　Ⓘ4-538-
49002-4　Ⓝ366.059

Ⓣ目次1 経済・経営, 2 人口・労働力人口, 3 就
業構造, 4 失業・失業保険・雇用調整, 5 国際労
働移動・外国人労働者, 6 賃金・労働費用, 7 労
働時間・労働時間制度, 8 労働組合・労使関係・
労働災害, 9 教育・能力開発, 10 勤労者生活

Ⓒ内容日本・及び諸外国の労働面での実態を把
握できるよう, 各種の労働に関する指標の中か
ら代表的なものを, グラフや解説とともに収録
した, 労働統計の国際比較資料集。

データブック国際労働比較　2002年版　日
本労働研究機構編　日本労働研究機構
2001.10　258p　21cm　1500円　Ⓘ4-538-
49004-0　Ⓝ366.059

Ⓣ目次1 経済・経営, 2 人口・労働力人口, 3 就
業構造, 4 失業・失業保険・雇用調整, 5 国際労
働移動・外国人労働者, 6 賃金・労働費用, 7 労
働時間・労働時間制度, 8 労働組合・労使関係・
労働災害, 9 教育・能力開発, 10 勤労者生活

Ⓒ内容日本・及び諸外国の労働面での実態を把
握できるよう, 各種の労働に関する指標の中か
ら代表的なものを, グラフや解説とともに収録
した, 労働統計の国際比較資料集。

データブック国際労働比較　2003年版　日
本労働研究機構計量情報部編　日本労働研究
機構　2002.11　264p　21cm　1500円　Ⓘ4-
538-49012-1　Ⓝ366.059

Ⓣ目次1 経済・経営, 2 人口・労働力人口, 3 就
業構造, 4 失業・失業保険・雇用調整, 5 国際
労働移動・外国人労働者, 6 賃金・労働費用, 7
労働時間・労働時間制度, 8 労働組合・労使関
係・労働災害, 9 教育・能力開発, 10 勤労者生
活・その他

Ⓒ内容日本・及び諸外国の労働面での実態を把
握できるよう, 各種の労働に関する指標の中か
ら代表的なものを, グラフや解説とともに収録
した, 労働統計の国際比較資料集。参考として
労働統計のホームページアドレスがある。

データブック国際労働比較　2004年版　労
働政策研究・研修機構（情報解析部）編　労
働政策研究・研修機構　2004.1　265p
21cm　1500円　Ⓘ4-538-49022-9

Ⓣ目次1 経済・経営, 2 人口・労働力人口, 3 就
業構造, 4 失業・失業保険・雇用調整, 5 国際
労働移動・外国人労働者, 6 賃金・労働費用, 7
労働時間・労働時間制度, 8 労働組合・労使関
係・労働災害, 9 教育・能力開発, 10 勤労者生

活・その他

Ⓒ内容本書は, 我が国及び諸外国の労働面の実
態を分かりやすく把握できるように, 各種の労
働に関する指標の中から代表的なものを精選し,
また分かりにくい指標についてはグラフや解説
を盛り込むなどして, 簡便な形で利用できる労
働統計の国際比較資料集として編集作成した。

データブック国際労働比較　2005年版　労
働政策研究・研修機構（情報解析部）著　労
働政策研究・研修機構　2005.1　282p
21cm　1500円　Ⓘ4-538-49025-3

Ⓣ目次1 経済・経営, 2 人工・労働力人口, 3 就
業構造, 4 失業・失業保険・雇用調整, 5 国際
労働移動・外国人労働者, 6 賃金・労働費用, 7
労働時間・労働時間制度, 8 労働組合・労使関
係・労働災害, 9 教育・能力開発, 10 勤労者生
活・その他

Ⓒ内容日本及び諸外国の労働面の実態を分かり
やすく把握できるように, 各種の労働に関する
指標の中から代表的なものを精選し, また分か
りにくい指標についてはグラフや解説を盛り込
むなどして, 労働統計の国際比較資料集として
編集作成したもの。

データブック国際労働比較　2006年版　労
働政策研究・研修機構編　労働政策研究・研
修機構　2006.3　280p　21cm　1500円
Ⓘ4-538-49028-8

Ⓣ目次1 経済・経営, 2 人口・労働力人口, 3 就
業構造, 4 失業・失業保険・雇用調整, 5 国際
労働移動・外国人労働者, 6 賃金・労働費用, 7
労働時間・労働時間制度, 8 労働組合・労使関
係・労働災害, 9 教育・能力開発, 10 勤労者生
活・その他

データブック国際労働比較　2007年版　労
働政策研究・研修機構編　労働政策研究・研
修機構　2007.3　279p　21cm　1500円
Ⓘ978-4-538-49030-4

Ⓣ目次1 経済・経営, 2 人口・労働力人口, 3 就
業構造, 4 失業・失業保険・雇用調整, 5 国際
労働移動・外国人労働者, 6 賃金・労働費用, 7
労働時間・労働時間制度, 8 労働組合・労使関
係・労働災害, 9 教育・能力開発, 10 勤労者生
活・その他

データブック国際労働比較　2008年版　労
働政策研究・研修機構編　労働政策研究・研
修機構　2008.3　308p　21cm　〈他言語標
題：Databook of international labour

statistics〉 1500円 Ⓘ978-4-538-49032-8
Ⓝ366.059

Ⓒ内容我が国及び諸外国の労働面の実態について分かりやすく理解できるように、労働に関する各種指標の中から代表的なものを精選し、また分かりにくい指標についてはグラフや解説を盛り込むなど配慮した、労働統計の国際比較資料集。

データブック国際労働比較　2009年版　労
働政策研究・研修機構編　労働政策研究・研修機構　2009.3　303p　21cm　〈他言語標題：Databook of international labour statistics〉　1500円　Ⓘ978-4-538-49034-2
Ⓝ366.059

Ⓒ内容我が国及び諸外国の労働面の実態について分かりやすく理解できるように、労働に関する各種指標の中から代表的なものを精選し、グラフや解説を盛り込んで掲載する。労働統計の国際比較資料集。

データブック国際労働比較　2010年版　労
働政策研究・研修機構編　労働政策研究・研修機構　2010.3　303p　21cm　〈他言語標題：Databook of international labour statistics〉　1500円　Ⓘ978-4-538-49036-6
Ⓝ366.059

Ⓒ内容我が国及び諸外国の労働・雇用の実態について分かりやすく理解できるように、関連する統計の中から代表的なものを精選し、グラフや解説を盛り込んで掲載する。労働統計の国際比較資料集。

データブック国際労働比較　2011年版　労
働政策研究・研修機構編　労働政策研究・研修機構　2011.3　295p　21cm　〈他言語標題：Databook of international labour statistics〉　1500円　Ⓘ978-4-538-49038-0
Ⓝ366.059

Ⓒ内容『データブック国際労働比較』は、労働に関する各種統計指標及び統計数値を理解する上で参考となる制度を、国際比較が可能な資料集として編集したもの。我が国及び諸外国の労働・雇用の実態について分かりやすく理解できるように、関連する統計の中から代表的なものを精選し、グラフや解説を盛り込んで掲載する。労働統計の国際比較資料集。

データブック国際労働比較　2012年版　労
働政策研究・研修機構編　労働政策研究・研修機構　2012.3　283p　21cm　〈他言語標題：Databook of international labour statistics〉　1500円　Ⓘ978-4-538-49040-3
Ⓝ366.059

Ⓒ内容労働統計の国際比較資料集。日本および諸外国の労働・雇用の実態について分かりやすく理解できるように、関連する統計の中から代表的なものを精選し、グラフや解説を盛り込んで掲載する。

データブック国際労働比較　2013年版　労
働政策研究・研修機構編　労働政策研究・研修機構　2013.3　286p　21cm　〈他言語標題：Databook of international labour statistics〉　1500円　Ⓘ978-4-538-49042-7
Ⓝ366.059

Ⓒ内容労働統計の国際比較資料集。日本および諸外国の労働・雇用の実態について分かりやすく理解できるように、関連する統計の中から代表的なものを精選し、グラフや解説を盛り込んで掲載する。2013年版は、「1.経済・経営」「2.人口・労働力人口」「3.就業構造」「4.失業・失業保険・雇用調整」「5.賃金・労働費用」「6.労働時間・労働時間制度」「7.労働組合・労使関係・労働災害」「8.教育・職業能力開発」「9.勤労者生活・福祉」──の9章により構成され、28の「グラフと解説」（各章頭）、142の「統計・制度表」を収録。

労働統計年報　第41回（昭和63年）　労働
大臣官房政策調査部編　労働法令協会　1990.2　365p　26cm　10000円　Ⓘ4-89764-446-1　Ⓝ366.059

Ⓣ目次1 労働経済指標，2 雇用及び失業，3 賃金，4 福利厚生，5 労働時間，6 労働災害と安全衛生，7 労働者生活，8 社会保険，9 労使関係，10 国際労働統計，調査の説明

Ⓒ内容この年報は我が国における労働経済及び労働情勢に関する昭和63年（1988年）の統計を収録したものである。

労働統計年報　第42回（平成元年）　労働大
臣官房政策調査部編　労働法令協会　1991.3　366p　26cm　10000円　Ⓘ4-89764-463-3
Ⓝ366.059

Ⓣ目次1 労働経済指標，2 雇用及び失業，3 賃金，4 労働時間，5 労働災害と安全衛生，6 労働者生活，7 社会保険，8 労使関係，9 国際労働統計

Ⓒ内容この年報は我が国における労働経済及び労働情勢に関する平成元年（1989年）の統計を収録したものである。

人為的災害・事故　　　　　　　　　　　　産業災害

労働統計年報　第43回（平成2年）　労働大臣官房政策調査部編集　労働法令協会　1992.1　401p　27cm　〈英語書名：Year book of labour statistics 英文併記〉　9709円　⑪4-89764-476-3

(内容)労働経済指標、雇用及び失業、労働生産性、賃金、福利厚生、労働時間、労働災害と安全衛生、労働者生活、社会保険、労使関係等わが国労働統計のすべてを収録するとともに、海外労働統計資料をも加えた年報。すべて英訳付、巻末に調査の説明・脚注（参照頁）を付す。

労働統計年報　第44回（平成3年）　労働大臣官房政策調査部編　労務行政研究所　1993.1　405p　26cm　11000円　⑪4-8452-3012-7

労働統計年報　第45回（平成4年）　労働大臣官房政策調査部編　労務行政研究所　1994.1　398p　26cm　11000円　⑪4-8452-4016-5

(目次)1 労働経済指標，2 雇用及び失業，3 賃金，4 福利厚生，5 労働時間，6 労働災害と安全衛生，7 労働者生活，8 社会保険，9 労使関係，10 国際労働統計，調査の説明

(内容)日本における労働経済及び労働情勢に関する平成4年の統計を収録した年刊版統計集。

労働統計年報　第46回（平成5年）　労働大臣官房政策調査部編　労務行政研究所　1995.2　395p　26cm　11000円

(目次)労働経済指標、雇用及び失業、賃金、労働時間、労働災害と安全衛生、労働者生活、社会保険、労使関係、国際労働統計、調査の説明

(内容)1993年における国内の労働経済及び労働情勢の現状と推移について、労働大臣官房調査部作成の統計を中心に収録した統計集。関係官庁及び海外の統計も収録する。労働経済指標・賃金・労使関係など分野別に掲載。表中の項目などもすべて日・英両文で表記する。

労働統計年報　第47回（平成6年）　労働大臣官房政策調査部編　労務行政研究所　1995.12　388p　30cm　11000円　⑪4-8452-5126-4

(目次)1 労働経済指標，2 雇用及び失業，3 賃金，4 福利厚生，5 労働時間，6 労働災害と安全衛生，7 労働者生活，8 社会保険，9 労使関係，10 国際労働統計

労働統計年報　第48回（平成7年）　労働大臣官房政策調査部編　労務行政研究所　1997.1　392p　30cm　11165円　⑪4-8452-7015-3

(目次)1 労働経済指標，2 雇用及び失業，3 賃金，4 福利厚生，5 労働時間，6 労働災害と安全衛生，7 労働者生活，8 社会保険，9 労使関係，10 国際労働統計

労働統計年報　第49回（平成8年）　労働大臣官房政策調査部編　労務行政研究所　1998.1　389p　30cm　〈本文：日英両文〉　11143円　⑪4-8452-8016-7

(目次)1 労働経済指標，2 雇用及び失業，3 賃金，4 福利厚生，5 労働時間，6 労働災害と安全衛生，7 労働者生活，8 社会保険，9 労使関係，10 国際労働統計，調査の説明

(内容)平成8年のわが国における労働経済及び労働情勢に関する統計を収録。

労働統計年報　第50回（平成9年）　労働大臣官房政策調査部編　労務行政研究所　1999.1　385p　30cm　11143円　⑪4-8452-9015-4

(目次)1 労働経済指標，2 雇用及び失業，3 賃金，4 労働時間，5 労働災害と安全衛生，6 労働者生活，7 社会保険，8 労使関係，9 国際労働統計

(内容)1997年における国内の労働経済及び労働情勢の現状と推移について、労働大臣官房調査部作成の統計を中心に収録した統計集。関係官庁及び海外の統計も収録する。労働経済指標・賃金・労使関係など分野別に掲載。表中の項目などもすべて日・英両文で表記する。

労働統計年報　第51回（平成10年）　労働大臣官房政策調査部編　労務行政研究所　2000.1　408p　30cm　〈本文：日英両文〉　11143円　⑪4-8452-0014-7　Ⓝ366.059

(目次)1 労働経済指標，2 雇用及び失業，3 賃金，4 福利厚生，5 労働時間，6 労働災害と安全衛生，7 労働者生活，8 社会保険，9 労使関係，10 国際労働統計

(内容)平成10年の我が国における労働経済及び労働情勢に関する平成10年（1998年）の統計を収録したもの。排列はおもな労働統計に関する項目を分類し、これをさらに細別して掲げた。掲載データは労働経済指標、就業状態、性、農・非農、従業上の地位別15歳以上人口等の労働調査、産業別常用労働者雇用指数等の毎月勤労統計調査など215の表を掲載。各統計調査の説明を巻末に記載している。英文併載。

労働統計年報　第53回（平成12年）　厚生労働省大臣官房統計情報部編　労務行政研究所　2002.1　377p　30cm　11143円　⑪4-8452-2132-2　Ⓝ366.059

事故・災害レファレンスブック　　133

産業災害　　　　　　　　　　　　　　　　人為的災害・事故

［目次］1 労働経済指標，2 雇用及び失業，3 賃金，4 労働時間，5 労働災害と安全衛生，6 労働者生活，7 社会保険，8 労使関係，9 国際労働統計
［内容］我が国における労働経済及び労働情勢に関する平成12年（2000年）の統計を収録した年報。厚生労働省大臣官房統計情報部が作成した主要な統計を中心とし，併わせて関係官庁及び海外の労働統計を収録。昭和23年の創刊以来今回で53回目になる。

労働統計年報　第54回（平成13年）　厚生
労働省大臣官房統計情報部編　労務行政
2002.12　418p　31×22cm　〈本文：日英両文〉　11143円　Ⓘ4-8452-2242-6

［目次］1 労働経済指標，2 雇用及び失業，3 賃金，4 労働時間，5 労働災害と安全衛生，6 労働者生活，7 社会保険，8 労使関係，9 国際労働統計
［内容］本書は，我が国における労働経済及び労働情勢の現状と推移について，主要な統計を中心とし，併せて関係官庁及び海外の労働統計を収録し，労働問題解明のための基礎資料とすることを目的としている。

労働統計年報　第56回（平成15年）　厚生
労働省大臣官房統計情報部編　労務行政
2005.1　400p　30cm　11143円　Ⓘ4-8452-5132-9

［目次］1 労働経済指標，2 雇用及び失業，3 賃金，4 福利厚生，5 労働時間，6 労働災害と安全衛生，7 労働者生活，8 社会保険，9 労使関係，10 国際労働関係統計
［内容］我が国における労働経済及び労働情勢に関する平成15年（2003年）の統計を収録。

労働統計年報　第57回（平成16年）　厚生
労働省大臣官房統計情報部編　労務行政
2006.1　387p　31×22cm　11143円　Ⓘ4-8452-6132-4

［目次］1 労働経済指標，2 雇用及び失業，3 賃金，4 福利厚生，5 労働時間，6 労働災害と安全衛生，7 労働者生活，8 社会保険，9 労使関係，10 国際労働関係統計
［内容］この年報は我が国における労働経済及び労働情勢に関する平成16年（2004年）の統計を収録したものである。

労働統計年報　第58回（平成17年）　厚生
労働省大臣官房統計情報部編　労務行政
2007.1　382p　30×22cm　〈本文：日英両文〉　11143円　Ⓘ978-4-8452-7132-0，ISSN1348-2386

［目次］1 労働経済指標，2 雇用及び失業，3 賃金，4 福利厚生，5 労働時間，6 労働災害と安全衛生，7 労働者生活，8 社会保険，9 労使関係，10 国際労働関係統計
［内容］労働統計年報は，我が国における労働経済及び労働情勢の現状と推移について，当部が作成した主要な統計を中心とし，併せて関係官庁及び海外の労働統計を収録し，労働問題解明のための基礎資料とすることを目的としている。

労働統計年報　第59回（平成18年）　厚生
労働省大臣官房統計情報部編　労務行政
2008.1　387p　30cm　〈本文：日英両文〉　11143円　Ⓘ978-4-8452-8133-6，ISSN1348-2386　Ⓝ366

［目次］1 労働経済指標，2 雇用及び失業，3 賃金，4 福利厚生，5 労働時間，6 労働災害と安全衛生，7 労働者生活，8 社会保険，9 労使関係，10 国際労働関係統計

労働統計年報　第60回（平成19年）　厚生
労働省大臣官房統計情報部編　労務行政
2009.2　388p　30cm　11143円　Ⓘ978-4-8452-9143-4　Ⓝ366

［目次］1 労働経済指標，2 雇用及び失業，3 賃金，4 労働時間，5 労働災害と安全衛生，6 労働者生活，7 社会保険，8 労使関係，9 国際労働関係統計，調査の説明
［内容］我が国における労働経済及び労働情勢の現状と推移について，当部が作成した主要な統計を中心とし，併せて関係官庁及び海外の労働統計を収録し，労働問題解明のための基礎資料とすることを目的とした。

労働統計要覧　1990年版　労働大臣官房政
策調査部編　大蔵省印刷局　1990.3　232p　19cm　1550円　Ⓘ4-17-540090-7　Ⓝ366.059

［目次］主要労働経済指標の推移（増減率）―グラフ，A 労働経済概観，B 労働力，C 雇用（雇用一般，職業紹介，雇用管理，その他），D 労働時間，E 賃金，F 経営・生産性・福祉，G 労働災害，H 労働者生活，I 労使関係，J 社会保障，K 外国労働経済，L 参考

労働統計要覧　1991年版　労働大臣官房政
策調査部編　大蔵省印刷局　1991.3　224p　19cm　1600円　Ⓘ4-17-540091-5　Ⓝ366.059

［目次］労働経済概観，労働力，雇用（雇用一般，職業紹介，雇用管理，その他），経営・生産性・福祉，労働災害・安全衛生，労働者生活，労使関係，社会保障，労働時間，賃金，外国労働経

済, 参考

労働統計要覧　1992年版　労働大臣官房政
策調査部編　大蔵省印刷局　1992.3　240p
19cm　1600円　Ⓘ4-17-540092-3

(目次)主要労働経済指標の推移(増減率)—グラ
フ, 労働経済概観, 労働力, 雇用(雇用一般),
雇用(職業紹介), 雇用(雇用管理), 雇用(その
他), 労働時間, 賃金, 経営・生産性・福祉, 労
働災害・安全衛生, 労働者生活, 労使関係, 社
会保障, 外国労働経済

労働統計要覧　1993年版　労働大臣官房政
策調査部編　大蔵省印刷局　1993.5　255p
19cm　1650円　Ⓘ4-17-540093-1

(目次)主要労働経済指標の推移労働経済概観,
労働力, 雇用(雇用一般, 職業紹介, 雇用管理),
労働時間, 賃金, 経営・生産性・福祉, 労働災
害・安全衛生, 労働者生活, 労使関係, 社会保
障, 外国労働経済

労働統計要覧　1994年版　労働大臣官房政
策調査部編　大蔵省印刷局　1994.3　269p
19cm　1700円　Ⓘ4-17-540094-X

(目次)労働経済概観, 労働力, 雇用, 労働時間,
賃金, 労働災害・安全衛生, 労働者生活, 労使
関係, 社会保障, 外国労働経済

労働統計要覧　1995　労働大臣官房政策調
査部編　大蔵省印刷局　1995.4　265p　18×
13cm　1700円　Ⓘ4-17-540095-8

(目次)労働経済概観, 労働力, 労働時間,
賃金, 労働災害・安全衛生, 労働者生活, 労使
関係, 社会保障, 外国労働経済, 参考

労働統計要覧　1996　労働大臣官房政策調
査部編　大蔵省印刷局　1996.4　269p　19×
13cm　1700円　Ⓘ4-17-540096-6

(目次)労働経済概観, 労働力, 雇用—雇用一般,
雇用—職業紹介, 雇用—雇用管理, 雇用—その
他, 労働時間, 賃金, 経営・生産性・福祉, 労
働災害・安全衛生〔ほか〕

労働統計要覧　1997　労働大臣官房政策調
査部編　大蔵省印刷局　1997.4　285p
19cm　1700円　Ⓘ4-17-540097-4

(目次)主要労働経済指標の推移(増減率)—グラ
フ, 労働経済概観, 労働力, 雇用—雇用一般,
雇用—職業紹介, 雇用—雇用管理, 雇用—その
他, 労働時間, 賃金, 経営・生産性・福祉, 労
働災害・安全衛生, 労働者生活, 労使関係, 社
会保障, 外国労働経済, 参考

労働統計要覧　1998　労働大臣官房政策調
査部編　大蔵省印刷局　1999.3　279p
19cm　1700円　Ⓘ4-17-540098-2

(目次)A 労働経済概観, B 労働力, C 雇用(雇
用一般, 職業紹介, 雇用管理, その他), D 労
働時間, E 賃金, F 経営・生産性・福祉, G 労
働災害・安全衛生, H 労働者生活, I 労使関係,
J 社会保障, K 外国労働経済, L 参考

(内容)労働省において作成される労働関係の諸
統計を中心とし, これに各省庁及び民間におい
て作成された主要な労働経済関係の諸統計を加
えて取りまとめたもの。

労働統計要覧　1999年版　労働大臣官房政
策調査部編　大蔵省印刷局　1999.3　271p
19cm　1700円　Ⓘ4-17-540099-0

(目次)労働経済概観, 労働力, 顧用(雇用一般,
職業紹介, 雇用管理, その他), 労働時間, 賃
金, 経営・生産性・福祉, 労働災害・安全衛生,
労働者生活, 労使関係, 社会保障, 外国労働経
済, 参考

(内容)労働省おいて作成される労働関係の諸統
計を中心とし, これに各省庁及び民間において
作成された主要な労働経済関係の諸統計を加え
て取りまとめたもの。

労働統計要覧　2000年版　労働大臣官房政
策調査部編　大蔵省印刷局　2000.3　281p
19cm　1700円　Ⓘ4-17-540150-4　Ⓝ366.059

(目次)主要労働経済指標の推移(増減率)—グラ
フ, A 労働経済概観, B 労働力, C 雇用(雇用
一般, 職業紹介, 雇用管理, その他), D 労働
時間, E 賃金, F 経営・生産性・福祉, G 労働
災害・安全衛生, H 労働者生活, I 労使関係, J
社会保障, K 外国労働経済, L 参考

労働統計要覧　平成12年度　厚生労働省大
臣官房統計情報部編　財務省印刷局　2001.3
247p　19cm　〈並列タイトル：Handbook of
labour statistics 2000年版までの出版者：大
蔵省印刷局〉　1700円　Ⓘ4-17-540151-2
Ⓝ366.059

(内容)労働省において作成される労働関係の諸
統計を中心とし, 各省庁及び民間において作成
された主要な労働経済関係の諸統計を加えて取
りまとめた統計集。労働力, 雇用, 労働時間、
賃金, 労働者生活, 社会保障, 外国労働経済な
どに分類・掲載する。

労働統計要覧　平成13年度　厚生労働省大
臣官房統計情報部編　財務省印刷局　2002.3

261p　21cm　1700円　Ⓘ4-17-540152-0　Ⓝ366.059

Ⓣ次労働経済概観, 労働力, 雇用(雇用一般, 職業紹介, 雇用管理, その他), 労働時間, 賃金, 経営・生産性・福祉, 労働災害・安全衛生, 労働者生活, 労使関係, 社会保障, 外国労働経済

労働統計要覧　平成14年度　厚生労働省大臣官房統計情報部編　国立印刷局　2003.5
265p　19cm　1500円　Ⓘ4-17-540153-9

Ⓣ次A 労働経済概観, B 労働力, C 雇用(雇用一般, 職業紹介, 雇用管理, その他), D 労働時間, E 賃金, F 経営・生産性・福祉, G 労働災害・安全衛生, H 労働者生活, I 労使関係, J 社会保障, K 外国労働経済, L 参考

労働統計要覧　平成15年度　厚生労働省大臣官房統計情報部編　国立印刷局　2004.4
259p　19cm　1239円　Ⓘ4-17-540154-7

Ⓣ次A 労働経済概観, B 労働力, C 顧用(顧用一般, 職業紹介, 雇用管理, その他), D 労働時間, E 賃金, F 経営・生産性・福祉, G 労働災害・安全衛生, H 労働者生活, I 労使関係, J 社会保障, K 外国労働経済, L 参考

労働統計要覧　平成16年度　厚生労働省大臣官房統計情報部編　国立印刷局　2005.4
267p　19cm　1239円　Ⓘ4-17-540155-5

Ⓣ次労働経済概観, 労働力, 雇用(雇用一般), 雇用(職業紹介), 雇用(雇用管理), 雇用(その他), 労働時間, 賃金, 経営・生産性・福祉, 労働災害・安全衛生, 労働者生活, 労使関係, 社会保障, 外国労働経済, 参考, 付録

労働統計要覧　平成17年度　厚生労働省大臣官房統計情報部編　国立印刷局　2006.5
262p　19cm　1239円　Ⓘ4-17-540156-3

Ⓣ次労働経済概観, 労働力, 雇用(雇用一般), 雇用(職業紹介), 雇用(雇用管理), 雇用(その他), 労働時間, 賃金, 経営・生産性・福祉, 労働災害・安全衛生, 労働者生活, 労使関係, 社会保障, 海外労働経済, 参考

労働統計要覧　平成18年度　厚生労働省大臣官房統計情報部編　国立印刷局　2007.8
266p　26cm　1239円　Ⓘ978-4-17-540157-2

Ⓣ次主要労働経済指標の推移—グラフ, 労働経済概観, 労働力, 雇用(雇用一般), 雇用(職業紹介), 雇用(雇用管理), 雇用(その他), 労働時間, 賃金, 経営・生産性・福祉, 労働災害・安全衛生, 労働者生活, 労使関係, 社会保障, 海外労働事情, 参考

労働統計要覧　平成19年度　厚生労働省大臣官房統計情報部編　(長野)蔦友印刷　2008.6　252p　19cm　1238円　Ⓘ978-4-904225-02-8　Ⓝ366.059

Ⓣ次A 労働経済概観, B 労働力, C 雇用, D 労働時間, E 賃金, F 経営・生産性・福祉, G 労働災害・安全衛生, H 労働者生活, I 労使関係, J 社会保障, K 海外労働経済, L 参考, 付録

労働統計要覧　平成20年度　厚生労働省大臣官房統計情報部編　(長野)蔦友印刷　2009.6　252p　19cm　1238円　Ⓘ978-4-904225-06-6　Ⓝ366.059

Ⓣ次A 労働経済概観, B 労働力, C 雇用, D 労働時間, E 賃金, F 経営・生産性・福祉, G 労働災害・安全衛生, H 労働者生活, I 労使関係, J 社会保障, K 海外労働経済, L 参考, 付録

労働統計要覧　平成21年度　厚生労働省大臣官房統計情報部編　(長野)蔦友印刷　2010.6　236p　19cm　1238円　Ⓘ978-4-904225-09-7　Ⓝ366.059

Ⓣ次労働経済概観, 労働力, 雇用(雇用一般), 雇用(職業紹介), 雇用(雇用管理), 雇用(その他), 労働時間, 賃金, 経営・生産性・福祉, 労働災害・安全衛生〔ほか〕

労働統計要覧　平成22年度　厚生労働省大臣官房統計情報部編　(長野)蔦友印刷　2011.6　242p　19cm　1238円　Ⓘ978-4-904225-10-3

Ⓣ次労働経済概観, 労働力, 雇用(雇用一般), 雇用(職業紹介), 雇用(雇用管理), 雇用(その他), 労働時間, 賃金, 経営・生産性・福祉, 労働災害・安全衛生, 労働者生活, 労使関係, 社会保障, 海外労働経済, 参考, 付録

労働統計要覧　平成23年度　厚生労働省大臣官房統計情報部編　(長野)蔦友印刷　2012.6　237p　19cm　1238円　Ⓘ978-4-904225-12-7

Ⓣ次労働経済概観, 労働力, 雇用, 労働時間, 賃金, 経営・生産性・福祉, 労働災害・安全衛生, 労働者生活, 労使関係, 社会保障, 海外労働経済, 参考

労働統計要覧　平成24年度　厚生労働省大臣官房統計情報部編　(長野)蔦友印刷　2013.5　247p　19cm　1238円　Ⓘ978-4-904225-14-1

Ⓣ次A 労働経済概観, B 労働力, C 雇用(雇用一般, 職業紹介, 雇用管理, その他), D 労働時間, E 賃金, F 経営・生産性, G 労働災害・安全衛生, H 労働者生活, I 労使関係, J 社会

保障，K 海外労働経済，L 参考

◆◆職業病とその予防

<ハンドブック>

アスベスト対策ハンドブック　アスベスト
問題研究会編　ぎょうせい　2007.2　260p
21cm　3048円　Ⓘ978-4-324-08153-2

(目次)第1部 被害拡大の防止(製造・新規使用等
の禁止，建築物解体時等の飛散防止，学校等に
おけるばく露防止)，第2部 国民不安への対応
(情報の提供，健康相談窓口の開設等)，第3部
健康管理と過去の被害への対応(健康管理，労
働者災害補償，救済のための新法)

業務上疾病の認定 資料集　改訂3版　厚生労
働省労働基準局労災補償部補償課編　労働調
査会　2002.3　662p　21cm　5239円　Ⓘ4-
89782-718-3　Ⓝ364.5

(目次)1 せき髄損傷の併発疾病，腰痛，振動障
害，上肢障害，化学物質過敏症，じん肺，ウイ
ルス肝炎，脳・心臓疾患(負傷に起因するもの
を除く)，精神障害

(内容)労災保険実務担当者のための，業務上疾
病の認定基準に関する資料集。業務上疾病を，
せき髄損傷の併発疾病，腰痛，振動障害，上肢
障害，科学物質過敏症，じん肺，ウイルス肝炎，
脳・心臓疾患，精神障害の9種類に区分，各疾病
について，基本的な症状を解説，厚生労働省に
よる研究報告，専門検討会の報告等について掲
載し，労働災害認定の基準を示す。巻末に業務
上疾病の関係法令，業務上疾病の認定基準通達
一覧，労災病院一覧等参考資料を付す。

建築携帯ブック 安全管理　改訂版　現場施
工応援する会編　井上書院　2010.10　124p
18cm　1800円　Ⓘ978-4-7530-0553-6
Ⓝ510.96

(目次)工種別安全管理項目，安全衛生管理活動
関係，車両系荷役運搬機械関係，建設機械関係，
墜落，飛来，崩壊関係，足場関係，掘削，鉄骨
組立関係，型枠支保工関係，ガス，電気，火気
管理関係，有機溶剤，酸欠関係，付録

(内容)建築現場における安全活動や安全教育・
指導に最適。安全管理のポイントが一目でわか
る。携帯に便利な手帳サイズ。事故・災害の未
然防止に役立つ。現場管理者必携。

**現場技術者のための安全管理ポケットブッ
ク**　平岡成明編著　山海堂　2000.2　344p
19cm　4000円　Ⓘ4-381-01312-3　Ⓝ510.96

(目次)1章 工事安全の基本，2章 建設業の労働
災害の状況と課題，3章 施工計画上の安全，4章
作業員の教育，5章 安全施工サイクルと安全行
事，6章 災害発生要因と災害事例，7章 国際単
位系(SI) 移行に伴う現場作業員の安全施工に対
する知識

石綿取扱い作業ハンドブック　亀井太著
中央労働災害防止協会　2006.1　136p
19cm　(安全衛生実践シリーズ)　1200円
Ⓘ4-8059-1031-3

(目次)1 石綿作業を安全にかつ効率的に(石綿の
使用実態とその歴史，石綿の有害性とその特徴，
石綿取扱い作業をより安全に ほか)，2 石綿作
業の実際(石綿取扱い作業を行う際の3つのポイ
ント，石綿作業の実態，作業事例)，3 資料編
(石綿障害予防規則，屋外作業場等における作
業環境管理に関するガイドライン，自動車のブ
レーキドラム等からのたい積物除去作業につい
て ほか)

(内容)石綿関連の補修作業や建造物のメンテナ
ンス作業等，石綿取扱い作業を行うすべての方
が手軽に使用できることを目的に，今後生じる
石綿および石綿含有製品の管理・取扱い作業，
ならびに廃棄物処理作業等に関連する重要な項
目についてわかりやすく，簡潔に記述。また，
作業現場のみならず，日常家庭レベルで行われ
る可能性のある家屋の補修作業の際の注意点や，
生活環境上の注意点についても記述。

廃石綿等処理マニュアル　廃棄物研究財団
編，厚生省生活衛生局水道環境部産業廃棄物
対策室監修　化学工業日報社　1993.3　132p
26cm　(特別管理廃棄物シリーズ 2)　4200
円　Ⓘ4-87326-125-2　Ⓝ519.7

(目次)第1部 廃石綿等処理マニュアル(総則，廃
石綿等の管理に係る基本的事項，処理委託，事
業場における保管，収集・運搬，中間処理，最終
処分)，第2部 アスベストに関する基礎知識及び
参考資料(アスベストの物性と使用，アスベス
トの人体影響，アスベストによる環境汚染，ア
スベスト廃棄物の処理，アスベスト使用の最近
の動向と代替化，参考資料)，第3部 関係法令等

<法令集>

石綿障害予防規則の解説　第3版　中央労働
災害防止協会編　中央労働災害防止協会
2010.2　231p　21cm　1600円　Ⓘ978-4-
8059-1266-9　Ⓝ498.82

(目次)第1章 総説(規則制定の経緯，旧特定化学

産業災害　　　　　　　人為的災害・事故

物質等障害予防規則から変更された主要な事項,その後の改正の要点), 第2編 逐条解説(総則,石綿等を取り扱う業務等に係る措置, 設備の性能等, 管理, 測定, 健康診断, 保護具, 製造許可等, 石綿作業主任者技能講習, 報告), 第3編 関係法令(労働安全衛生法(抄)・労働安全衛生法施行令(抄)・労働安全衛生規則(抄), 石綿障害予防規則, 作業環境測定法(抄)・作業環境測定法施行令(抄)・作業環境測定法施行規則(抄))

石綿障害予防規則の解説　第4版　中央労働

災害防止協会編　中央労働災害防止協会
2011.3　229p　21cm　1600円　Ⓘ978-4-8059-1343-7　Ⓝ498.82

Ⓣ目次)第1編 総説(規則制定の経緯, 旧特定化学物質等障害予防規則から変更された主要な事項,その後の改正の要点), 第2編 逐条解説(総則,石綿等を取り扱う業務等に係る措置, 設備の性能等, 管理, 測定, 健康診断, 保護具, 製造許可等, 石綿作業主任者技能講習, 報告, 附則),第3編 関係法令(労働安全衛生法(抄)・労働安全衛生法施行令(抄)・労働安全衛生規則(抄),石綿障害予防規則, 作業環境測定法(抄)・作業環境測定法施行令(抄)・作業環境測定法施行規則(株))

石綿障害予防規則の解説　第5版　中央労働

災害防止協会編　中央労働災害防止協会
2012.10　239p　21cm　1800円　Ⓘ978-4-8059-1466-3　Ⓝ498.82

Ⓣ目次)第1編 総説(規則制定の経緯, 旧特定化学物質等障害予防規則から変更された主要な事項,その後の改正の要点), 第2編 逐条解説(総則,石綿等を取り扱う業務等に係る措置, 設備の性能等, 管理, 測定, 健康診断, 保護具, 製造許可等, 石綿作業主任者技能講習, 報告), 第3編 関係法令(労働安全衛生法(抄)・労働安全衛生法施行令(抄)・労働安全衛生規則(抄), 石綿障害予防規則, 作業環境測定法(抄)・作業環境測定法施行令(抄)・作業環境測定法施行規則(抄))

新石綿則ハンドブック　アスベスト含有量
0.1%超の製造・使用を全面禁止　労働調

査会出版局編　労働調査会　2006.11　4,111p
26cm　952円　Ⓘ4-89782-955-0　Ⓝ498.82

続編 電気設備事故事例集　電気設備事故か
ら学ぶその対策　日本電気協会編　日本電

気協会, オーム社〔発売〕　2006.9　192p
21cm　2200円　Ⓘ4-88948-151-6

Ⓣ目次)1 引込線等(感電死傷事故, 供給支障事故ほか), 2 受・変電設備等(感電死傷事故, 供給

支障事故 ほか), 3 分電盤等(感電死傷事故,電気火災事故 ほか), 4 負荷設備等(感電死傷事故, 電気火災事故 ほか), 付録(電気関係報告規則(抜粋), 電気関係事故報告の方法)

Ⓒ内容)全国各地で発生した自家用の電気設備事故・感電死傷事故の事例を厳選し, 防止対策をわかりやすく解説した電気技術者の必携書。

労災職業病民事賠償年鑑　1993年版　労
働災害の民事責任と損害賠償　損害賠償
額算定と慰謝料　労災問題研究所　1992.5

442p　26cm　10000円　Ⓘ4-947583-03-7

Ⓣ目次)第1部 論文編(労災職業病における損害賠償額はどのように算定されるか―損害賠償額の算定をめぐる法律問題, 重婚的内縁関係の取扱いをめぐる法律問題―その法的評価, 救済理由等をめぐって, 労災事故の正しい解決方法とは何か―使用者に対する責任追及の方法等をめぐって, 労災保険特別加入者のじん肺所見―じん肺医学リポートから), 第2部 解説編(平均請求額は約5,400万円―過労死の民事賠償提訴, すでに15件に, 和解で民事賠償判決は減少へ!―平成3年における労災職業病関係重要民事判例, 最近10年間は約6.3%に―労働保険審査会の労災保険救済率はどの位か, 民事賠償の勝訴のポイントは?―民事・刑事・行政責任はどこまで追及されるか), 第3部 文献編(労災職業病における慰謝料の本質をめぐる諸問題―慰謝料をめぐってどのような考え方があるか, 慰謝料の金額等をめぐる諸問題―加害者の地位身分・財産状態等をめぐって, 安全配慮義務の法的性格―予見可能性, 業務上認定等との関係をめぐって, 労災職業病における損害賠償金額の算定方法―その裁判例をめぐる法律問題), 第4部 資料編(平成元年～2年の判例動向と労働保険審査会の裁決動向, 不明確な二つの最高裁判決?―平成元年における労災職業病関係重要民事判例,企業に高度の安全配慮義務あり!―平成2年における労災職業病関係重要民事判例, 過労死関係の38件は全滅!―平成元年度の裁決救済率はわずか2.9%!, 過労死関係50件は全て"外"に―平成2年度の裁決救済率はわずか3.2%!)

<年鑑・白書>

労災職業病民事賠償年鑑　1991年版　労災

問題研究所　1990.8　426p　26cm　10000円

Ⓣ目次)第1部 論文編(企業にとって示談のメリットは何か―東京地裁民事二七部では五年間で八八%が和解, 製造物責任PLと日本のかかわり―日本企業はいまどんなPL対策が必要か, 事業主

労災とリスク対策をめぐる諸問題―企業はいかなる対策を実務面でたてるべきか，近親者の固有の慰謝料請求権をめぐる法律問題―安全配慮義務違反と不履行の差異等をめぐって，「労災事故につき使用者が損害賠償した場合，使用者は労災保険金相当分を国に代償請求できない」），第2部 解説編，第3部 資料編，第4部 ゼミ編（最近のじん肺をめぐる法律問題，脳・心臓疾患等職業病の法律問題―主に企業の健康管理義務をめぐって）

労災職業病民事賠償年鑑　1992年版　労災
問題研究所　1991.7　476p　26cm　11000円
①4-947583-03-7
〔目次〕第1部 論文編（じん肺判決は被災者保護に厚い?―常磐興産・日鉄鉱業じん肺事件判決批判，労働災害の刑事責任は―どのような経過をへて書類送検され，起訴されるのか，内縁関係の慰謝料をめぐる法律問題―民事上と労災保険ではどうちがうのか，道なき道のアトリエ―「過労死」と「ゆとり創造」からの考察），第2部 解説編（最高裁も過労死を秘密裡に検討!―労働省，平成元年度の過労死認定わずか30件，企業側の対応で提訴は阻止できる―和解を中心とした労災補償研究会の研究報告書，最高裁で長崎事件は和解か判決か―建設業トンネルじん肺は長期化になりそう，企業に高度の安全配慮義務あり―平成2年における労災職業病関係重要民事判例，和解率80～90%の背景は何か!―なぜ和解〈示談〉がこれだけ数多く成立するのか!，過労死関係50件は全て"外"に―平成2年度の裁決救済率はわずか3.5%，社長の違反行為ゆえに両罰規定―第一化成工業事件にみる事故発生から送検まで），第3部 文献編（特別対談 安衛法の両罰規定とは何か―労働災害の刑事責任をめぐって，労働安全衛生法と刑事責任―具体的な内容に関して日常的な問題を中心に，業務主の処罰規定等をめぐって―労災保険における使用者の刑事責任はどうなっているか），第4部 ゼミ編（じん肺をめぐる医学的諸問題，じん肺の労災補償をめぐる諸問題，労働省担当官によるじん肺をめぐる質疑応答，じん肺をめぐる民事賠償の諸問題，じん肺の法律問題をめぐる質疑応答）

◆◆労働災害時の補償

<事 典>

事典 働く者の健康・安全・衛生と補償　外
井浩志著　中央経済社　1996.4　237p
19cm　1800円　①4-502-54294-6

〔目次〕1章 職場における健康管理，2章 労災事故・職業病・過労死，3章 災害補償義務と労災保険給付，4章 損害賠償と示談，5章 労働安全衛生法と安全衛生管理
〔内容〕本書は，働く者の健康・安全・衛生から補償問題まで広い範囲にわたり，時代的背景にフィットする新しい傾向を取り入れてわかりやすくまとめたものです。

新 労災保険の用語の解説　労災保険情報セ
ンター　2007.6　309p　26cm　2381円
①978-4-903286-15-0
〔内容〕労災保険制度上用いられる法令用語100を五十音順に配列。1つの用語について，解説，関係条文，参照条文，主な関係通達の4つの項目に分類し，わかりやすく解説。平成19年4月改正の労災保険法に対応。

労災保険雇用保険用語・手続事典　新日本
法規出版　1997.2～　冊（加除式）　22cm
〈監修：労働省大臣官房労働保険徴収課ほか〉　13000円　Ⓝ364.3

<ハンドブック>

外国人労働者のわかりやすい労災保険給付のあらまし　3版　労働省労働基準局補償課
編　日労研　2001.3　251p　21cm　〈本文：日英両文〉　2381円　①4-931562-03-5
〔目次〕第1編 労災保険制度のあらまし（労災保険の目的，通勤災害保護制度），第2編 労災保険制度の詳解（労災保険の目的，労災保険の適用の仕組み，業務災害の認定と通勤災害の認定，保険給付，特別支給金，労働福祉事業）
〔内容〕本書は，外国人労働者及び外国人労働者を雇用する事業主に労災保険制度の趣旨を正しく理解していただくため，適用の仕組み，保険給付の内容，請求手続等についてわかり易く，解説するとともに，特に外国人労働者の方が本書を利用しやすいように，請求書の記載例について，各ページを英語対訳版に編集しています。

国家公務員災害補償実務のてびき　平成10年版　人事院災害補償研究会編　日本人事行政研究所，人事行政出版〔発売〕　1998.6　359p　26cm　3800円
〔目次〕第1部 制度関係（国家公務員災害補償制度の概要，災害発生から認定・通知までの事務，平均給与額とは，療養中に行う補償及び福祉事業 ほか），第2部 認定関係（公務災害の認定，通勤災害の認定，傷病等級の決定，障害等級の

産業災害　　　　　　人為的災害・事故

決定 ほか)

新版 労災保険の給付手続便覧　労働省労働
基準局補償課編　労働法令協会　1991.1
300p　21cm　2500円　Ⓘ4-89764-223-X

(目次)第1 労災保険のしくみ，第2 平成2年に施
行された改正労災保険法等の概要，第3 保険給
付のあらまし，第4 保険給付の内容と請求の
手続，第5 労災保険の保険給付と民事損害賠償と
の調整，第6 第三者行為災害等，第7 労働福祉
事業，附録(労働基準局・労働基準監督署一覧)

新・福利厚生ハンドブック　労務研究所編
労務研究所　1990.1　825p　21cm　9200円

(目次)福利厚生と勤労者のライフプラン，福利
厚生費編，住宅，宅地事情編，持ち家対策編，
勤労者財産形成編，社宅管理編，独身寮管理編，
職場レクリエーション編，健康管理編，健康づ
くり運動編，労働災害補償編，通勤災害給付編，
長欠保障編，共済・慶弔・金融編，職場給食管
理編，生活援助編，生活関連諸手当編，単身赴
任者・転勤者への厚生対策編，遺族・遺児育英
年金編，高齢者・定年退職者福祉編，税務編，
参考統計

(内容)福利厚生は，経済的施策充実の時代を経
て，「ゆとりの時代」の福利厚生へと変容しつつ
ある。現在の福利厚生の到達水準とこれからの
課題は何か。本書は，福利厚生のすべての項目
にわたって解説した福利厚生担当者の実務書で
ある。

労災保険 医療費算定実務ハンドブック
平成6年版　労働省労働基準局補償課編　労
働基準調査会　1995.2　289p　21cm　2800
円　Ⓘ4-89782-357-9

(目次)第1章 労災保険制度の概要，第2章 労災
保険指定医療機関制度，第3章 指定医療機関に
おける労災診療の具体的取扱い，第4章 労災診
療費，第5章 労災診療費の請求及び支払い，第
6章 はり・きゅう施術(一般医療との併施)，第
7章 看護，第8章 移送

労災保険の給付手続便覧　改訂版　厚生労働
省労働基準局労災補償部補償課編　労務行政
研究所　2001.3　397p　21cm　3429円
Ⓘ4-8452-1027-4　Ⓝ364.5

(目次)第1 労災保険のしくみ，第2 労災保険法
の改正について，第3 保険給付のあらまし，第
4 業務災害・通勤災害に係る保険給付の内容と
請求の手続，第5 二次健康診断等給付の内容と
請求の手続(平成一三年四月一日施行)，第6 労
災保険の保険給付と民事損害賠償との調整，第

7 第三者行為災害等，第8 労働福祉事業

(内容)労災保険の中心である保険給付等の内容を
平易に解説し，実際に給付を受ける場合の諸手
続を実務に則して簡潔に説明した実務便覧。附
録として，労働局・労働基準監督署一覧を掲載。

労災保険労働福祉事業要覧　平成11年3月
労働省労働基準局監修　労働基準調査会
1999.3　421p　21cm　3000円　Ⓘ4-89782-
562-8

(目次)1 労働福祉事業の概要(労働福祉事業の意
義，保険給付と労働福祉事業との関係，労働福
祉事業団)，2 労働福祉事業の種類(療養に関す
る施設及びリハビリテーションに関する施設の
設置及び運営その他被災労働者の円滑な社会復
帰を促進するために必要な事業，被災労働者の
療養生活の援護，被災労働者の受ける介護の援
護，その遺族の就学の援護，被災労働者及びそ
の遺族が必要とする資金の貸付けによる援護そ
の他被災労働者及びその遺族の援護を図るため
に必要な事業，業務災害の防止に関する活動に
対する援助，健康診断に関する施設の設置及び
運営その他労働者の安全及び衛生の確保のため
に必要な事業，賃金の支払いの確保，労働条件
に係る事項の管理に関する事業主に対する指導
及び援助その他適正な労働条件の確保を図るた
めに必要な事業)

(内容)労働福祉事業を紹介したハンドブック。
平成8年の改訂後，アフターケア制度の拡充，社
会復帰援護措置の整理統合及び振動障害者に係
る社会復帰援護制度の拡充，その他所要の改正
が行われたこともあり改訂した。

労働災害が発生したときの企業の対応・手
続ハンドブック　檜浦徳行著　日本法令
2012.1　245p　21cm　2000円　Ⓘ978-4-
539-72242-8

(目次)第1章 労働災害が発生したときの企業の
対応・措置，第2章 災害・事故調査，第3章 災害
原因の分析と再発防止対策，第4章 労災保険と
手続き，第5章 企業内制度の整備と被災者への
対応，第6章 事業経営と安全，第7章 事業者責
任，第8章 企業に回避責任のある予見可能な労
働災害，第9章 労働安全衛生法違反と送検処分

(内容)「いざ労働災害が起こったら!?」元労働基
準監督署長が，実務のすべてを徹底解説。

労働保険の手引　平成19年度版　三信図書
編　三信図書　2007.3　267p　26cm　1524
円　Ⓘ978-4-87921-202-3

(目次)1 労働保険適用徴収システム，2 労働保

140　事故・災害レファレンスブック

険の適用と保険料，3年度更新の手続，4労働
保険の諸手続，5雇用保険の被保険者に関する
諸手続，6労災保険の保険給付及び労働福祉事
業，7雇用保険の給付

(内容)労働者災害補償保険(労災保険)と雇用保
険とを総称した，労働保険に関する適用から保
険料の申告・納付，保険給付請求の諸手続等を
各様式の記入例やイラストをふんだんに使って
わかりやすく解説。

＜法令集＞

国家公務員災害補償関係法令集　平成3年
版　日本人事行政研究所編，人事院災害補償
研究会監修　大蔵省印刷局　1991.3　891p
19cm　5200円　①4-17-190166-9

(目次)第1編 基本法令，第2編 認定事務関係，第
3編 給付事務関係，第4編 求償・免責事務関係，
第5編 給与・退手・共済関係，第6編 地方公務
員・特別職等，第7編 参考法令，参考

国家公務員災害補償関係法令集　平成5年
版　日本人事行政研究所編，人事院災害補償
研究会監修　大蔵省印刷局　1993.3　883p
19cm　5200円　①4-17-190168-5

(目次)第1編 基本法令，第2編 認定事務関係，第
3編 給付事務関係，第4編 求償・免責事務関係，
第5編 給与・退手・共済関係，第6編 地方公務
員・特別職等，第7編 参考法令

国家公務員災害補償関係法令集　平成7年
版　大蔵省印刷局　1995.9　918p　19cm
5200円　①4-17-190170-7

(目次)第1編 基本法令，第2編 認定事務関係，第
3編 給付事務関係，第4編 求償・免責事務関係，
第5編 給与・退手・共済関係，第6編 地方公務
員・特別職等，第7編 参考法令

(内容)災害補償に関する法令集。内容は1995年
4月1日現在。巻末に障害等級早見表，国家公務
員災害補償制度改正経過一覧等を収録する。

国家公務員災害補償関係法令集　平成9年
版　人事院災害補償研究会監修，日本人事行
政研究所編　大蔵省印刷局　1997.2　924p
19cm　5049円　①4-17-190172-3

(目次)第1編 基本法令，第2編 認定事務関係，第
3編 給付事務関係，第4編 求償・免責事務関係，
第5編 給与・退手・共済関係，第6編 地方公務
員・特別職等，第7編 参考法令

国家公務員災害補償関係法令集　平成12年
版　災害補償研究会監修，日本人事行政研究

所編　大蔵省印刷局　1999.11　971p　19cm
5100円　①4-17-190173-1

(目次)第1編 基本法令，第2編 認定事務関係，第
3編 給付事務関係，第4編 求償・免責事務関係，
第5編 給与・退手・共済関係，第6編 地方公務
員・特別職等，第7編 参考法令

国家公務員災害補償関係法令集　平成14年
版　災害補償研究会監修，日本人事行政研究
所編　財務省印刷局　2002.2　1112p　30cm
6100円　①4-17-190174-X

(目次)第1編 基本法令，第2編 認定事務関係，第
3編 給付事務関係，第4編 求償・免責事務関係，
第5編 給与・退手・共済関係

国家公務員災害補償関係法令集　平成16年
版　災害補償研究会監修，日本人事行政研究
所編　国立印刷局　2004.6　658p　21cm
6100円　①4-17-190175-8

(目次)第1編 基本法令，第2編 認定事務関係，第
3編 給付事務関係(平均給与額，療養補償，休
業補償，介護補償，年金たる補償，等級決定，
福祉事業，その他)，第4編 求償・免責事務関係

(内容)第一編には一般職国家公務員に対する災
害補償の基本的な法令を収め，第二編には公務
上外の認定事務に必要な通達を収め，第三編に
は補償及び福祉事業の給付事務に必要な公示等
を収め，第四編には損害賠償と補償との調整に
関連する法令を収めた。本法令集に収録した法
令の内容は，原則として平成十六年四月一日現
在のものである。

国家公務員災害補償関係法令集　平成20年
版　日本人事行政研究所編　日本人事行政研
究所，PM出版(発売)　2008.6　716p　22cm
7000円　①978-4-903541-11-2　Ⓝ317.35

(目次)第1編 基本法令(国家公務員法，国家公務
員災害補償法 ほか)，第2編 認定事務関係(特
定疾病に係る災害の認定手続等について，公務
上の災害の認定について ほか)，第3編 給付事
務関係(平均給与額の最低保障額，平均給与額
の改定に用いるべき率及び平均給与額の計算に
ついて用いるべき率 ほか)，第4編 求償・免責
事務関係(民法(抄)，国家賠償法 ほか)

国家公務員災害補償関係法令集　平成23年
版　日本人事行政研究所編　日本人事行政研
究所，PM出版(発売)　2011.5　772p
22cm　〈索引あり〉　7500円　①978-4-
903541-21-1　Ⓝ317.35

(目次)第1編 基本法令(国家公務員法，国家公務

員災害補償法 ほか），第2編 認定事務関係（特
定疾病に係る災害の認定手続等について，公務
上の災害の認定について ほか），第3編 給付事
務関係（平均給与額の最低保障額，平均給与額
の改定に用いるべき率及び平均給与額の計算に
ついて用いるべき率 ほか），第4編 求償・免責
事務関係（民法（抄），国家賠償法 ほか）

国家公務員災害補償関係法令集　平成25年
版　日本人事行政研究所編　日本人事行政研
究所，PM出版〔発売〕　2013.6　770p
21cm　7600円　①978-4-903541-30-3
目次第1編 基本法令（国家公務員法，国家公務
員災害補償法 ほか），第2編 認定事務関係（特
定疾病に係る災害の認定手続等について（平二
〇職補 - 一一五），公務上の災害の認定につい
て（昭四九職厚 - 二八六）ほか），第3編 給付事
務関係（平均給与額の最低保障額（平八人事院公
示第一一号），平均給与額の改定に用いるべき
率及び平均給与額の計算について用いるべき率
（平二人事院公示第八号）ほか），第4編 求償・
免責事務関係（民法（抄），国家賠償法 ほか）

自動車運転者の脳・心臓疾患災害補償判例
総覧　労働省労働基準局補償課編　労働基
準調査会　1998.12　682,5p　26cm　8000円
①4-89782-538-5
目次第1編 貨物自動車運転手（長距離トラック
運転手に発症した高血圧性脳内出血，トラック
運転手のブロック手降ろし作業中のくも膜下出
血 ほか），第2編 タクシー運転手（運転中のタ
クシー運転手に発症した脳出血，待機中のタク
シー運転手に発症した心筋梗塞 ほか），第3編
バス運転手（運行中のワンマンバス運転手に発
症した脳出血，観光バス運転手に発症したバル
サルバ洞動脈瘤 ほか），第4編 その他（運転中
の支店長付運転手に発症したくも膜下出血）
内容労災保険給付に係る業務上認定件数及び
訴訟係属件数がともに増加傾向にある運輸業，
その中でも貨物自動車，バス及びタクシーの運
転手に係る昭和45年から平成9年までに平成9年
に出された判例を取りまとめたもの。

体系労災保険判例総覧　新訂版　労働省労働
基準局監修　労働法令協会　1991.1　1026,
8p　21cm　9000円　①4-89764-222-1
目次第1章 業務上外の認定（負傷，疾病），第2
章 治ゆと再発，第3章 障害（併合，加重，準用，
眼，耳，鼻，口の障害，精神神経の障害，せき
柱その他の体幹骨の障害，上肢，下肢の障害），
第4章 その他（労働者性，受給権，給付基礎日

額，療養の範囲，時効，通勤災害，審査請求，
行政事件訴訟）
内容本書は，労働者災害補償保険制度発足以
後における労働者災害補償保険法に関する主要
な行政事件訴訟裁判例を掲載したほか，関連す
る民事裁判例のうち，特に重要なものもあわせ
て掲載した。

体系労災保険判例総覧　第4集　新訂版　労
働省労働基準局監修　労働基準調査会
1999.12　919,14p　21cm　9000円　①4-
89782-544-X
目次第1章 業務上外の認定（負傷，疾病），第
2章 治ゆと再発（治ゆ，再発），第3章 障害（神
経の障害，せき柱その他の体幹骨の障害，耳の
障害，上肢の障害），第4章 その他（労働者性，
通勤災害，特別加入，受給権，労働福祉事業）
内容本書は，具体的事案を通して労災保険制
度についての理解を深めていただくため，労災
保険に関する判決の中から重要と思われるもの
を選んで体系的に整理したもので，特に，本書
の〔第三集〕（平成九年二月）以降平成九年及び
同十年に出された主な判決を掲載し，また，原
審判決が既に掲載されているものであっても，
その後上級審判決が出された事件については，
参照される際の利便を考慮して，併せて掲載し
ています。

体系労災保険判例総覧　第5集　新訂　厚生
労働省労働基準局労災補償部補償課監修　企
業通信社　2001.3　1233,19p　27cm　10715
円　Ⓝ364.5

体系労災保険判例総覧　第6集　新訂　厚生
労働省労働基準局労災補償部補償課監修　企
業通信社　2003.2　1400,23p　27cm　10715
円　Ⓝ364.5

脳・心臓疾患の災害補償判例総覧　第2集
労働省労働基準局補償課編　労働基準調査会
1994.5　1048,15p　26cm　9000円　①4-
89782-319-6
目次第1編 労働者災害補償保険法関係，第2編
国家公務員災害補償法関係，第3編 地方公務員
災害補償法関係

脳・心臓疾患の災害補償判例総覧　第3集
労働省労働基準局補償課編　労働基準調査会
1996.3　995,18p　26cm　9000円　①4-
89782-396-X
目次第1編 労働者災害補償保険法関係，第2編
地方公務員災害補償法関係，第3編 船員保険法

関係

(内容)脳血管疾患・虚血性心疾患に関する訴訟
事件の判例41件をまとめたもの。「労働者災害
補償保険法関係」「地方公務員災害補償法関係」
「船員保険法関係」の3編で構成。巻末に年月日
順の判決索引がある。

脳・心臓疾患の災害補償判例総覧　第4集
労働省労働基準局補償課編　労働基準調査会
1998.3　1279,12p　26cm　9000円　①4-
89782-487-7

(目次)第1編 労働者災害補償保険法関係（脳血管
疾患，虚血性心疾患等），第2編 国家公務員災
害補償法関係，第3編 地方公務員災害補償法関
係（脳血管疾患，虚血性心疾患等）

(内容)労災保険給付に係わる行政事件訴訟のう
ち，脳・心臓疾患係る事件の平成8年及び平成9
年に出された判決をとりまとめて収録。判決索
引付き。

明説 労災保険法　新訂版　労働省労働基準局
労災管理課編著　労務行政研究所　1998.9
438p　19cm　3715円　①4-8452-8102-3

(目次)適用のしくみ，業務災害の認定と通勤災
害の認定，保険給付と他の諸制度との関係，特
別支給金，労働福祉事業の内容，保険料，特別
の費用徴収，一部負担金，国庫補助，労働保健
事務組合—中小企業のための事務代行制度，特
別加入—中小事業主，一人親方や海外派遣者等
のための労災保険，不服申立て

(内容)本書は，労災保険制度をわかりやすく解説
し，労働者や事業主その他の関係者の方々に労
災保険制度の趣旨としくみについて十分ご理解
をいただくようにと考え，執筆されたものです。

労災保険関係法令集　平成10年版　労働省
労働基準局編　三信図書　1998.3　946p
19cm　4660円　①4-87921-142-7

(目次)労災保険法関係，徴収法関係，整備法関
係，関係法令，ILO条約関係，通達

労災保険関係法令集　平成11年版　労働省
労働基準局編　三信図書　1999.2　963p
19cm　4667円　①4-87921-146-X

(目次)労災保険法関係，徴収法関係，整備法関
係，関係法令，ILO条約関係，通達

労災保険関係法令集　平成13年版　厚生労
働省労働基準局編　三信図書　2001.3
1013p　19cm　4667円　①4-87921-158-3
Ⓝ364.5

(目次)労災保険法関係，徴収法関係，整備法関
係，関係法令，ILO条約関係，通達

労災保険関係法令集　平成18年版　三信図
書編　三信図書　2006.2　1187p　19cm
4953円　①4-87921-191-5

(目次)労災保険法関係，徴収法関係，整備法関
係，関係法令，ILO条約関係，通達

労災保険関係法令集　平成19年版　三信図
書編　三信図書　2007.2　1056p　19cm
4953円　①978-4-87921-198-9

(目次)労災保険法関係，徴収法関係，整備法関
係，関係法令，ILO条約関係，通達

労災保険関係法令集　平成20年版　三信図
書有限会社編　三信図書　2008.2　1058p
19cm　4953円　①978-4-87921-209-2
Ⓝ364.5

(目次)労災保険法関係，徴収法関係，整備法関
係，関係法令，ILO条約関係，通達

労災保険関係法令集　平成21年版　三信図
書有限会社編　三信図書　2009.2　1057p
19cm　4953円　①978-4-87921-215-3
Ⓝ364.5

(目次)労災保険法関係，徴収法関係，整備法関
係，関係法令，ILO条約関係，通達

労災保険関係法令集　平成22年版　三信図
書有限会社編　三信図書　2010.1　1082p
19cm　4953円　①978-4-87921-219-1
Ⓝ364.5

(目次)労災保険法関係，徴収法関係，整備法関
係，関係法令，ILO条約関係，通達

労災保険関係法令集　平成23年版　三信図
書有限会社編　三信図書　2011.1　1090p
19cm　4953円　①978-4-87921-222-1
Ⓝ364.5

(目次)労災保険法関係，徴収法関係，整備法関
係，関係法令，ILO条約関係，通達

労災保険関係法令集　平成24年度版　三信
図書編　三信図書　2012.1　1102p　19cm
4952円　①978-4-87921-226-9

(目次)労災保険法関係，徴収法関係，整備法関
係，関係法令，ILO条約関係，通達

労災保険関係法令集　平成25年版　三信図
書編　三信図書　2013.1　1140p　19cm
5200円　①978-4-87921-230-6

(目次)労災保険法関係，徴収法関係，整備法関

産業災害　　　　　　　人為的災害・事故

係，関係法令，ILO条約関係，通達

労災保険関係法令集　平成26年版　三信図
書有限会社編　三信図書　2014.1　1158p
19cm　5200円　Ⓘ978-4-87921-233-7
Ⓝ364.5

労災保険法解釈総覧　労働省労働基準局監修
労働法令協会　1991.1　964p　19cm　5500
円　Ⓘ4-89764-221-3
Ⓒ内容本書は，労働者災害補償保険法とその関
係政省令との関係を明らかにし，同時に，具体
的な問題の解決処理のため，その条文と関係法
令及び告示並びにそれらに関する行政解釈等を
整理配列したものであり，法令集，解釈例規集
等を各別にひもとく不便さと煩雑さを一掃する
ことを主眼として編集したものである。

労災保険法解釈総覧　労働省労働基準局監修
労務行政研究所　1993.12　1044p　19cm
6000円　Ⓘ4-8452-3125-5
Ⓣ目次第1章 総則，第2章 保険関係の成立及び消
滅，第3章 保険給付，第3章の2 労働福祉事業，
第4章 費用の負担，第4章の2 特別加入，第5章
不服申立て及び訴訟，第6章 雑則，第7章 罰則
Ⓒ内容本書は，労働者災害補償保険法とその関
係政省令との関係を明らかにし，同時に，具体
的な問題の解決処理のため，その条文と関係法
令及び告示並びにそれらに関する行政解釈等を
整理配列したものであり，法令集，解釈例規集
等を各別にひもとく不便さと煩雑さを一掃する
ことを主眼として編集したものである。

労災保険法解釈総覧　労働省労働基準局監修
労務行政研究所　1996.3　1084p　19cm
6000円　Ⓘ4-8452-6035-2
Ⓣ目次第1章 総則，第2章 保険関係の成立及び消
滅，第3章 保険給付，第3章の2 労働福祉事業，
第4章 費用の負担，第4章の2 特別加入，第5章
不服申立て及び訴訟，第6章 雑則，第7章 罰則
Ⓒ内容労働者災害補償保険法の条文ごとに，関
連する施行令・施行規則・告示等を掲げ，解釈
例規を付したもの。巻末に発翰日付順例規索引
がある。

労災保険法解釈総覧　労働省労働基準局監修
労務行政研究所　1998.3　1076p　19cm
6667円　Ⓘ4-8452-8033-7
Ⓣ目次総則，保険関係の成立及び消滅，保険給
付，労働福祉事業，費用の負担，特別加入，不
服申立て及び訴訟，雑則，罰則
Ⓒ内容労働者災害保険法とその関係政省令との

関係を明らかにし，具体的な問題の解決処理の
ため，その条文と関係法令及び告示並びにそれ
らに関する行政解釈等を整理排列したもの。

労災保険法解釈総覧　厚生労働省労働基準局
編　労務行政研究所　2002.3　1100p　19cm
7524円　Ⓘ4-8452-2154-3　Ⓝ364.5
Ⓣ目次第1章 総則，第2章 保険関係の成立及び消
滅，第3章 保険給付，第3章の2 労働福祉事業，
第4章 費用の負担，第4章の2 特別加入，第5章
不服申立て及び訴訟，第6章 雑則，第7章 罰則
Ⓒ内容労働者災害補償保険法の条文ごとに関係
法令及び告示，行政解釈等を整理排列した法令
資料集。内容は，労働者災害補償保険法及び関
係政省令，法施行以来最近までの全通達のうち，
現に行政解釈例規として用いられているものの
主なものを登載する。

労災保険法解釈総覧　厚生労働省労働基準局
編　労務行政　2004.3　1110p　19cm　8000
円　Ⓘ4-8452-4145-5
Ⓣ目次第1章 総則，第2章 保険関係の成立及び消
滅，第3章 保険給付，第3章の2 労働福祉事業，
第4章 費用の負担，第4章の2 特別加入，第5章
不服申立て及び訴訟，第6章 雑則，第7章 罰則
Ⓒ内容労働者災害補償保険法とその関係政省令
との関係を明らかにし，同時に，具体的な問題
の解決処理のため，その条文と関係法令及び告
示並びにそれらに関する行政解釈等を整理配列
したものであり，法令集，解釈例規集等を各別
にひもとく不便さと煩雑さを一掃することを主
眼としてまとめたもの。労働者災害補償保険法
及び関係政省令，法施行以来最近までの全通達
のうち，現に行政解釈例規として用いられてい
るものの主なものを登載。

労災保険法解釈総覧　労務行政編　労務行政
2008.2　1198p　19cm　8000円　Ⓘ978-4-
8452-8143-5　Ⓝ364.5
Ⓣ目次第1章 総則，第2章 保険関係の成立及び消
滅，第3章 保険給付，第3章の2 社会復帰促進等
事業，第4章 費用の負担，第4章の2 特別加入，
第5章 不服申立て及び訴訟，第6章 雑則，第7章
罰則，附則

労災保険法便覧　改訂版　労働省労働基準局
編　労働基準調査会　1993.3　1826p　19cm
5000円　Ⓘ4-89782-292-9
Ⓒ内容労働者災害補償保険法の全体の構成を示
す，法令，解釈例規，判例を収録したもの。本
書に収録した関係諸法律，政省令，告示，解釈
例規などは，すべて平成4年12月31日現在。

144　事故・災害レファレンスブック

人為的災害・事故　　産業災害

労災保険法便覧　改訂2版　労働省労働基準
　局編　労働基準調査会　1996.5　1829,29p
　19cm　5000円　Ⓘ4-89782-415-X
(内容)労働者災害補償保険法の条文ごとに、条
文解説、関係政省令、関係告示、参照条文、解
釈例規、判例をまとめたもの。内容は1995年12
月31日現在。巻末に日付順の解釈例規総索引が
ある。

労災保険法便覧　改訂3版　労働省労働基準
　局編　労働基準調査会　1997.9　1865,30p
　19cm　6000円　Ⓘ4-89782-476-1
(目次)第1章 総則，第2章 保険関係の成立及び消
滅，第3章 保険給付，第3章の2 労働福祉事業，
第4章 費用の負担，第4章の2 特別加入，第5章
不服申立て及び訴訟，第6章 雑則，第7章 罰則

労災保険法便覧　改訂4版　労働省労働基準
　局編　労働調査会　2000.8　1888,31p
　19cm　6190円　Ⓘ4-89782-611-X　Ⓝ364.5
(内容)労災保険法と関係する政省令、告示、解釈
例規を対比させ、また、リーディングケースと
なる裁判例も参照させて掲載する法令資料集。
内容は平成12年7月末現在。重要な裁判例や必
須な各種届出様式を記載例つきで巻末に収録，
労働者災害補償保険法、労働者災害補償保険法
施行令、労働者災害補償保険法施行規則、労働
者災害補償保険特別支給金支給規則のそれぞれ
を成文の形で再掲する。

労災保険法便覧　改訂5版　厚生労働省労働
　基準局労災補償部補償課編　労働調査会
　2001.3　1920,32p　19×14cm　6190円
　Ⓘ4-89782-671-3　Ⓝ364.5
(目次)第1章 総則，第2章 保険関係の成立及び消
滅，第3章 保険給付，第3章の2 労働福祉事業，
第4章 費用の負担，第4章の2 特別加入，第5章
不服申立て及び訴訟，第6章 雑則，第7章 罰則，
附則，裁判例(要旨)，労災保険関係様式の記載
例，労災保険関係法令，解釈例規総索引
(内容)労災保険法と関係する政省令、告示、解釈
例規を対比させ、また、リーディングケースと
なる裁判例も参照させて掲載する法令資料集。
内容は平成13年4月末現在。重要な裁判例や必
須な各種届出様式を記載例つきで巻末に収録，
労働者災害補償保険法、労働者災害補償保険法
施行令、労働者災害補償保険法施行規則、労働
者災害補償保険特別支給金支給規則のそれぞれ
を成文の形で再掲する。

労働者災害補償保険法　労働法コンメン
　タール〈5〉　六訂新版　厚生労働省労働基

準局労災補償部労災管理課編　労務行政
2005.3　870p　21cm　（労働法コンメンター
ル 5）　11524円　Ⓘ4-8452-5157-4
(目次)序論(概要，沿革，改正経過)，本論(総
則，保険関係の成立及び消滅，保険給付，労働
福祉事業 ほか)

労働者災害補償保険法　7訂新版　厚生労働
　省労働基準局労災補償部労災管理課編　労務
　行政　2008.1　878p　22cm　（労働法コンメ
　ンタール 5）　11524円　Ⓘ978-4-8452-8135-
　0　Ⓝ364.5
(目次)序論(概要，沿革，改正経過)，本論(総
則，保険関係の成立及び消滅，保険給付，社会
復帰促進等事業，費用の負担，特別加入，不服
申立て及び訴訟，雑則，罰則，附則(抄))

労働保険徴収関係法令集　平成4年版　労
　働大臣官房労働保険徴収課監修　労働法令協
　会　1992.1　1712p　19cm　5800円　Ⓘ4-
　89764-478-X
(目次)労働保険の保険料の徴収等に関する法律，
整備法関係，労働者災害補償保険法関係，雇用
保険法関係，労働保険特別会計法関係，会計法
関係，行政不服審査法労働省設置法関係，国税
通則法関係，会社更生法関係，手形法・小切手
法関係，社会保険労務士法関係

労働保険徴収関係法令集　平成24年版　労
　働法令協会編　労働法令　2011.12　2282p
　19cm　7000円　Ⓘ978-4-86013-041-1
(目次)労働保険の保険料の徴収等に関する法律
関係，整備法関係，労働者災害補償保険法関係，
雇用保険法関係，特別会計法関係，会計法関係，
行政手続法関係，国税通則法関係，会社更生法
関係，手形法・小切手法関係，東日本大震災関係

＜年鑑・白書＞

労災職業病民事賠償年鑑　1994年版　企
　業の健康管理責任と過労死　労災問題研
　究所　1993.9　448p　26cm　12000円　Ⓘ4-
　947583-26-6
(目次)第1部 論文編(「企業の健康管理責任をめ
ぐる法律問題」—健康診断と従業員の健康管理
等をめぐって，「内縁の妻の損害賠償請求権の
取扱いをめぐる法律実務」—過失利益の賠償方
法をめぐって，「労働災害の紛争処理をめぐ
る法律問題」—示談を中心とした事後の解決方
法をめぐって，「外国人労働者と安全管理をめ
ぐって」—災害防止，安全教育，労災補償等へ

事故・災害レファレンスブック　**145**

産業災害　　　　　　　人為的災害・事故

の一考察，「企業経営者の安全対策をめぐって」
―安全管理体制の確立と労災防止，健康管理，
「ノルマルヘキサンの恐怖」―化学工場爆発と刑
事責任をめぐって），第2部 解説編（金額も2億2
千万円からゼロまで多様－ほぼほぼそろった過労
死提訴のスタイル，労働災害は提訴件数が若干
減少―和解優先の証拠?未済事案が依然滞留!，
高額和解の背景に刑事責任あり―広島・厚木両
事故で一部に和解が成立!，着実に増加、3年間
に5割増!―脳心臓疾患関係行政訴訟は53件が全
国に係属，むずかしい"じん肺判決"を免れた!
―仙台高裁判事が「随想」でホンネ?，久しぶり
に高額判決6,419万円―平成4年の労災職業病関
係重要民事賠償判例，過労死事案は申請サイド
2勝213負―平成4年度の裁決の救済率は5.4%），
第3部 資料編―過労死弁護団による報告、発表
等参考文書，第4部 訴状編（労働災害、過労死、
じん肺等の主要損害賠償等訴状一覧）

内容 労災・職業病の民事責任と損害賠償をめ
ぐる1年間の動きを、論文編、解説編、資料編、
訴状編の4編に分けてとりまとめたもの。

◆労働安全衛生

<ハンドブック>

安全衛生スタッフ便覧　平成13年度版　中
央労働災害防止協会　2001.4　524p　19cm
2200円　①4-8059-0730-4　Ⓝ366.34

目次 第1部 基本的事項（安全衛生一般，安全関
係，労働衛生関係），第2部 主要指針・行政通達
等（安全衛生一般，安全関係，労働衛生関係），
第3部 その他の資料

内容 安全衛生スタッフ及び関係者のために、安
全衛生活動の基本的な事項や各種のデータ、主
要な指針・行政通達、その他の資料等をまとめ
た便覧。

安全衛生スタッフ便覧　平成14年度版　中
央労働災害防止協会　2002.4　520p　19cm
2200円　①4-8059-0812-2　Ⓝ366.34

目次 第1部 基本的事項（安全衛生一般，安全関
係，労働衛生関係），第2部 主要指針・行政通達
等（安全衛生一般，安全関係，労働衛生関係），
第3部 その他の資料

内容 安全衛生スタッフ及び関係者のためのデー
タをまとめた実務便覧。3部で構成、第1部では、
安全衛生活動の基本的な事項や各種のデータを
解説。第2部では、平成13年4月までに発表され
た主要な指針・行政通達について掲載。第3部
では安全衛生関係届出・申請等一覧ほかの関連

資料をまとめている。

経営者のための安全衛生のてびき　第6版
中央労働災害防止協会 編　中央労働災害防止
協会　2014.3　148p　26cm　1800円
①978-4-8059-1554-7　Ⓝ366.34

目次 第1編 労働災害の予防管理（安全衛生は企
業発展の原動力，安全衛生管理の基本，安全衛
生管理体制の整備，安全衛生管理の実務，日常
の安全衛生活動），第2編 労働衛生と健康づくり
の基本（労働衛生対策，健康の保持増進，快適な
職場づくり），第3編 労働災害と事業者の法的
責任（安全は企業経営の根本，労働災害に関す
る事業者責任，民事損害賠償責任，災害補償責
任と労災保険制度），第4編 安全衛生関係機関・
団体の紹介（安全衛生関係機関・団体の概要）

派遣・請負の労務と安全衛生　改訂版，第2
版　全国労働基準関係団体連合会，中央労働
災害防止協会 編　全国労働基準関係団体連合
会　2008.10　197,56p　26cm　1905円
①978-4-915773-82-2

目次 第1章 偽装請負とは，第2章 偽装出向と
偽装派遣，店員派遣，二重派遣，第3章 業務請
負における労働条件管理，第4章 労働者派遣事
業における労働条件管理，第5章 業務請負にお
ける安全衛生管理，第6章 労働者派遣事業にお
ける安全衛生管理，第7章 出向における労働条
件・安全衛生管理，参考資料，付録 業務請負・
労働者派遣に関係した裁判例

労働衛生のしおり　平成13年度　厚生労働
省労働基準局 編　中央労働災害防止協会
2001.7　332p　19cm　520円　①4-8059-
0752-5

目次 1 労働衛生の実態，2 最近の労働衛生の
展開，3 労働衛生関係法令・通達等，4 その他
の法令・通達等，5 職業性疾病発生事例，6 労
働衛生関係統計資料

労働衛生のしおり　平成15年度　厚生労働
省労働基準局 編　中央労働災害防止協会
2003.7　349p　19cm　560円　①4-8059-
0888-2

目次 平成15年度全労働衛生週間実施要綱，1 労
働衛生の実態，2 最近の労働衛生の展開，3 労
働衛生関係法令・指針・通達等，4 その他の法
令・通達等，5 主な職業性疾病発生事例，6 労
働衛生関係統計資料

労働衛生のしおり　平成16年度　厚生労働
省労働基準局 編　中央労働災害防止協会

人為的災害・事故　　　　　　　　　　　　産業災害

2004.7　377p　19cm　560円　Ⓘ4-8059-0952-8

Ⓘ目次平成16年度全国労働衛生週間実施要綱, 1 労働衛生の実態, 2 最近の労働衛生の展開, 3 労働衛生関係法令・指針・通達等, 4 その他の法令・通達等, 5 主な職業性疾病発生事例, 6 労働衛生関係統計資料

労働衛生のしおり　平成18年度　中央労働
災害防止協会編　中央労働災害防止協会
2006.8　373p　19×13cm　560円　Ⓘ4-8059-1068-2

Ⓘ目次平成18年度全国労働衛生週間実施要綱, 1 労働衛生の現況, 2 改正労働安全衛生法の概要, 3 最近の労働衛生対策の展開, 4 労働衛生関係法令・指針・通達等, 5 その他の法令・通達等, 6 主な職業性疾病発生事例, 7 労働衛生関係統計資料

Ⓘ内容全国労働衛生週間実施要綱をはじめ, 労働衛生の現況, 化学物質や石綿などによる職業性疾病の予防対策, 労働衛生関係の主要指針や通達, 職業性疾病の発生事例などの情報を収録し, 労働衛生管理に携わる方々のためのハンドブックとして作成しており, 特に今回は改正労働安全衛生法令の概要を掲載した。

労働衛生のしおり　平成19年度　中央労働
災害防止協会編　中央労働災害防止協会
2007.8　359p　19cm　560円　Ⓘ978-4-8059-1132-7

Ⓘ目次平成19年度全国労働衛生週間実施要綱, 1 労働衛生の現況, 2 最近の労働衛生対策の展開, 3 労働衛生関係法令・指針・通達等, 4 その他の法令・通達等, 5 主な職業性疾病発生事例, 6 労働衛生関係統計資料

労働衛生のしおり　平成20年度　中央労働
災害防止協会編　中央労働災害防止協会
2008.8　349p　19cm　〈他言語標題: General guidebook on industrial health〉
560円　Ⓘ978-4-8059-1196-9　Ⓝ498.8

Ⓘ目次平成20年度 全国労働衛生週間実施要綱, 1 労働衛生の現況, 2 最近の労働衛生対策の展開, 3 第11次労働災害防止計画の概要(主に労働衛生関係について), 4 労働衛生関係法令・指針・通達等, 5 その他の法令・通達等, 6 主な職業性疾病発生事例, 7 労働衛生関係統計資料

Ⓘ内容全国労働衛生週間実施要綱をはじめ, 第11次労働災害防止計画の概要, 労働衛生の現況, 化学物質や石綿・粉じんなどによる職業性疾病の予防対策, 健康確保対策, 労働衛生関係の主

要指針や通達, 職業性疾病の発生事例などの情報を収録。

労働衛生のしおり　平成21年度　中央労働
災害防止協会編　中央労働災害防止協会
2009.8　373p　19cm　〈他言語標題: General guidebook on industrial health〉
560円　Ⓘ978-4-8059-1264-5　Ⓝ498.8

Ⓘ目次平成21年度全国労働衛生週間実施要綱, 1 労働衛生の現況, 2 最近の労働衛生対策の展開, 3 労働衛生関係法令・指針・通達等, 4 その他の法令・通達等, 5 主な職業性疾病発生事例, 6 労働衛生関係統計資料, 主な労働衛生関係機関一覧

労働衛生のしおり　平成22年度　中央労働
災害防止協会編　中央労働災害防止協会
2010.8　373p　19cm　560円　Ⓘ978-4-8059-1310-9　Ⓝ498.8

Ⓘ目次1 労働衛生の現況, 2 最近の労働衛生対策の展開, 3 労働衛生関係法令・指針・通達等, 4 その他の法令・通達等, 5 主な職業性疾病発生事例, 6 労働衛生関係統計資料

労働衛生のしおり　平成23年度　中央労働
災害防止協会編　中央労働災害防止協会
2011.8　373p　19cm　560円　Ⓘ978-4-8059-1387-1　Ⓝ336.48

Ⓘ目次平成23年度全国労働衛生週間実施要綱, 1 労働衛生の現況, 2 最近の労働衛生対策の展開, 3 労働衛生関係法令・指針・通達等, 4 その他の法令・通達等, 5 主な職業性疾病発生事例, 6 労働衛生関係統計資料

労働衛生のしおり　平成24年度　中央労働
災害防止協会編　中央労働災害防止協会
2012.8　349p　19cm　600円　Ⓘ978-4-8059-1463-2

Ⓘ目次平成24年度全国労働衛生週間実施要綱, 1 労働衛生の現況, 2 最近の労働衛生対策の展開, 3 労働衛生関係法令・指針・通達等, 4 その他の法令・通達等, 5 主な職業性疾病発生事例

<年鑑・白書>

安全衛生年鑑　平成2年版　中央労働災害防止協会　1990.11　744p　26cm　5000円
Ⓘ4-8059-0372-4　Ⓝ509.8

Ⓘ目次第1編 安全衛生のあゆみ(安全衛生行政の概要, 第63回全国安全週間, 第41回全国労働衛生週間, 表彰, 産業安全研究所および産業医学総合研究所の活動, 全国産業安全衛生大会, 中

事故・災害レファレンスブック　147

産業災害

人為的災害・事故

央労働災害防止協会の活動，業種別労働災害防止協会の活動，各種団体の安全衛生活動，都道府県における安全衛生のあゆみ），第2編 労働災害（労働災害の現況，主要災害の発生状況），第3編 資料

安全衛生年鑑　平成4年版　中央労働災害防止協会　1992.12　789p　27cm　〈東京官書普及〉　4854円　Ⓘ4-8059-0447-X

(目次)第1編 安全衛生のあゆみ，第2編 労働災害，第3編 資料

安全衛生年鑑　平成10年版　中央労働災害防止協会　1998.12　885p　26cm　6200円　Ⓘ4-8059-0638-3

(目次)第1編 安全衛生のあゆみ（安全衛生行政の課題，第71回全国安全週間，第49回全国労働衛生週間 ほか），第2編 労働災害（労働災害の現況，主要災害の発生状況），第3編 資料（おもなできごと，労働基準法適用事業場数及び労働者数，特殊技能等試験，講習並びに免許証，修了証交付状況 ほか）

安全衛生年鑑　平成12年版　中央労働災害防止協会　2000.12　585p　26cm　4000円　Ⓘ4-8059-0722-3　Ⓝ509.8

(目次)第1編 安全衛生のあゆみ（概説，安全衛生行政の課題，第73回全国安全週間，第51回労働衛生週間，表彰，産業安全研究所及び産業医学総合研究所の活動，全国産業安全衛生大会，中央労働災害防止協会の活動，業種別労働災害防止協会の活動，各種団体の安全衛生活動，都道府県における安全衛生の歩み），第2編 労働災害（労働災害の現況，主要災害の発生状況，業務上疾病の発生状況，業務上疾病の発生状況，労働災害原因要素の分析（建設業）），第3編 資料（おもな災害，労働基準法適用事業場数及び労働者数，特殊技能等試験，講習並びに免許証，修了証交付状況 ほか）

(内容)1999年の日本の産業安全と労働衛生の動向と指標をまとめた年鑑。資料の内容は、新規化学物質の届出状況、表彰を受けた安全・衛生・快適考案の概要、産業災害以外の災害、海外諸国の災害発生状況など。

安全衛生年鑑　平成13年版　中央労働災害防止協会　2001.12　688p　26cm　4000円　Ⓘ4-8059-0791-6　Ⓝ509.8

(目次)第1編 安全衛生のあゆみ（概説，安全衛生行政の課題，第74回全国安全週間，第52回全国労働衛生週間 ほか），第2編 労働災害（労働災害の現況，主要災害の発生状況，業務上疾病の

発生状況，労働災害原因要素の分析（陸上貨物運送事業，港湾荷役業，林業）），第3編 資料

(内容)我が国の産業安全と労働衛生の動向と資料をまとめた年鑑。昭和28年に創刊以来、平成13年版で49巻目になる。労働衛生の歩み、災害、資料の3編構成に成っている。第2編は図と表の索引、第3編の資料には関連資料の索引がある。

安全衛生年鑑　平成14年版　中央労働災害防止協会著　中央労働災害防止協会　2002.12　543p　26cm　4000円　Ⓘ4-8059-0862-9

(目次)第1編 安全衛生のあゆみ（概説，安全衛生行政の課題，第75回全国安全週間，第53回全国労働衛生週間 ほか），第2編 労働災害（労働災害の現況，主要災害の発生状況，業務上疾病の発生状況，労働災害原因要素の分析（製造業）），第3編 資料

(内容)我が国の産業安全と労働衛生の年次の総合記録。職場における安全と健康の確保のための基礎資料。

安全衛生年鑑　平成16年版　中央労働災害防止協会　2005.3　639p　26cm　4000円　Ⓘ4-8059-0987-0

(目次)第1編 安全衛生のあゆみ（安全衛生行政の課題，第77回全国安全週間，第55回全国労働衛生週間，表彰，産業安全研究所及び産業医学総合研究所の活動 ほか），第2編 労働災害（労働災害の現況，主要災害の発生状況，業務上疾病の発生状況，労働災害原因要素の分析（陸上貨物運送事業，港湾荷役業，林業）），第3編 資料

安全衛生年鑑　平成17年版　中央労働災害防止協会　2006.8　574p　26cm　4000円　Ⓘ4-8059-1045-3

(目次)第1編 安全衛生のあゆみ（概説，安全衛生行政の課題，第78回全国安全週間 ほか），第2編 労働災害（労働災害の現況，主要災害の発生状況，業務上疾病の発生状況 ほか），第3編 資料（おもな災害，労働基準法適用事業場数及び労働者数，特殊技能等試験，講習並びに免許証，修了証交付状況 ほか）

安全衛生年鑑　平成18年版　中央労働災害防止協会　2010.4　541p　26cm　3500円　Ⓘ978-4-8059-1295-9　Ⓝ509.8

(目次)第1編 安全衛生のあゆみ（概説，安全衛生行政の課題，第79回全国安全週間，第57回全国労働衛生週間 ほか），第2編 労働災害（労働災害の現況，主要災害の発生状況，業務上疾病の発生状況，労働災害原因要素の分析（建設業）），

第3編 資料（おもな災害，労働基準法適用事業場数及び労働者数，特定機械等設置状況，定期健康診断実施結果 ほか）

第3次産業に属する特定業種の安全衛生管理の実態　労働大臣官房政策調査部編　労働法令協会　1991.7　296p　26cm　6500円　①4-89764-470-4

(目次) 1 調査の概要，2 結果の概要（安全衛生管理体制の状況，安全衛生教育等の実施状況，定期健康診断の実施状況，労働災害防止対策，労働災害の発生状況），3 統計表

労働環境の実態　労働環境調査報告　平成8年　労働大臣官房政策調査部編　労務行政研究所　1997.12　365p　26cm　9239円　①4-8452-7127-3

(目次) 1 調査の概要，2 調査結果の概要，3 統計表

(内容) 平成8年11月に実施した「労働環境調査」の結果を取りまとめたもの。生産事業所における職場環境，有害業務の状況並びにずい道・地下鉄工事現場における災害防止対策，粉じん対策等の実態等を掲載。

労働環境の実態　平成13年　厚生労働省大臣官房統計情報部編　労務行政　2003.3　447p　26cm　9239円　①4-8452-3144-1

(目次) 1 調査の概要（調査の内容，調査対象の抽出方法，調査結果利用上の注意），2 結果の概要（事業所調査，労働者調査，ずい道・地下鉄工事現場調査），3 統計表（事業所調査，労働者調査，ずい道・地下鉄工事現場調査），付録

(内容) 本報告書は，平成13年11月に実施した「労働環境調査」の結果をとりまとめたものである。この調査は，生産事業所における職場環境，有害業務の従事状況並びにずい道・地下鉄工事現場における災害防止対策，粉じん対策等の実態を明らかにすることを目的として実施したものである。

◆◆労働安全衛生法

＜ハンドブック＞

労働安全衛生管理実務便覧　増本清，増本直樹編著　労働調査会　2013.1　333p　16cm　2000円　①978-4-86319-313-0

(目次) 1 安全衛生管理の進め方（安全衛生年間計画，安全衛生委員会，安全衛生パトロール ほか），2 安全管理の進め方（はさまれ・巻き込ま

れ災害防止，転倒，墜落・転落災害防止，火災・爆発災害防止 ほか），3 労働衛生管理の進め方（粉じん障害防止，有機溶剤障害防止，騒音障害防止 ほか）

労働安全衛生基本調査　平成7年版　労働省政策調査部編　労務行政研究所　1997.2　206p　26cm　7282円　①4-8452-7024-2

(目次) 1 調査の概要（調査の内容，主な用語の説明，調査対象の抽出の方法，調査結果使用上の注意），2 結果の概要（事業所調査，労働者調査），3 統計表（事業所調査，労働者調査）

労働安全衛生法実務便覧　平成4年10月1日現在　労働省安全衛生部編　労働基準調査会　1992.11　429p　15cm　1300円　①4-89782-245-9

(目次) 総則，労働災害防止計画，安全衛生管理体制，労働者の危険又は健康障害を防止するための措置，機械等及び有害物に関する規制〔ほか〕

(内容) 本書は，平成4年10月1日現在の労働安全衛生法（昭和47・6・8法律第57号），労働安全衛生法施行令（昭和47・8・19政令第318号），労働安全衛生法関係手数料令（昭和47・9・28政令第345号）の全条文を完全収録した。

労働安全衛生法実務便覧　改訂7版　厚生労働省安全衛生部編　労働調査会　2004.5　590p　15cm　1600円　①4-89782-839-2

(目次) 総則（第一条‐第五条），労働災害防止計画（第六条‐第九条），安全衛生管理体制（第十条‐第十九条の三），労働者の危険又は健康障害を防止するための措置（第二十条‐第三十六条），機械等及び有害物に関する規則（第三十七条‐第五十八条），労働者の就業に当たつての措置（第五十九条‐第六十三条），健康の保持増進のための措置（第六十四条‐第七十一条），快適な職場環境の形成のための措置（第七十一条の2‐第七十一条の四），免許等（第七十二条‐第七十七条），安全衛生改善計画等（第七十八条‐第八十七条）〔ほか〕

労働安全衛生法実務便覧　改訂8版　労働調査会出版局編　労働調査会　2006.10　518p　15cm　1600円　①4-89782-940-2

(目次) 労働安全衛生法（総則，労働災害防止計画，安全衛生管理体制 ほか），労働安全衛生法施行令（定義，総括安全衛生管理者を選任すべき事業場，安全管理者を選任すべき事業場 ほか），労働安全衛生法関係手数料令（免許等の手数料，技能講習の手数料，検査及び性能検査の手数料 ほか）

産業災害　　人為的災害・事故

〔内容〕本書は、平成一八年九月一日現在の労働安全衛生法、労働安全衛生法施行令、労働安全衛生法関係手数料令の全条文を完全収録した。

労働安全衛生法実務便覧　安全衛生担当者必携　平成21年6月1日現在　労働調査会出版局編　労働調査会　2009.7　568p　16cm　1600円　Ⓣ978-4-86319-102-0　Ⓝ509.8

〔目次〕労働安全衛生法（総則，労働災害防止計画，安全衛生管理体制 ほか），労働安全衛生法施行令（定義，総括安全衛生管理者を選任すべき事業場，安全管理者を選任すべき事業場 ほか），附録（労働安全衛生マネジメントシステムに関する指針，法・施行令の重点事項一覧）

労働安全衛生法実務便覧　安全衛生担当者必携　平成22年6月1日現在　労働調査会出版局編　労働調査会　2010.7　568p　16cm　1600円　Ⓣ978-4-86319-140-2　Ⓝ509.8

〔目次〕総則，労働災害防止計画，安全衛生管理体制，労働者の危険又は健康障害を防止するための措置，機械等並びに危険物及び有害物に関する規制，労働者の就業に当たつての措置，健康の保持増進のための措置，快適な職場環境の形成のための措置，免許等，安全衛生改善計画等，監督等，雑則，罰則，附則，別表

労働安全衛生法実務便覧　改訂14版　労働調査会出版局編　労働調査会　2012.6　572p　15cm　1600円　Ⓣ978-4-86319-266-9

〔目次〕総則，労働災害防止計画，安全衛生管理体制，労働者の危険又は健康障害を防止するための措置，機械等並びに危険物及び有害物に関する規制，労働者の就業に当たっての措置，健康の保持増進のための措置，免許等，快適な職場環境の形成のための措置，免許等，監督等，雑則，罰則

労働安全衛生法実務便覧　改訂15版　労働調査会出版局編　労働調査会　2013.10　576p　15cm　1760円　Ⓣ978-4-86319-371-0

〔目次〕労働安全衛生法（総則（第一条・第五条），労働災害防止計画（第六条・第九条），安全衛生管理体制（第十条・第十九条の三），労働者の危険又は健康障害を防止するための措置（第二十条・第三十六条）ほか），労働安全衛生法施行令（定義，総括安全衛生管理者を選任すべき事業場，安全管理者を選任すべき事業場，衛生管理者を選任すべき事業場 ほか），附録（労働安全衛生マネジメントシステムに関する指針，法・施行令の重点事項一覧）

労働衛生手続便覧　改訂2版　労働調査会出版局編　労働調査会　2013.5　173p　26cm　1900円　Ⓣ978-4-86319-352-9

〔目次〕労働安全衛生規則関係，有機溶剤中毒予防規則関係，鉛中毒予防規則関係，四アルキル鉛中毒予防規則関係，特定化学物質障害予防規則関係，高気圧作業安全衛生規則関係，電離放射線障害防止規則関係，東日本大震災により生じた放射性物質により汚染された土壌等を除染するための業務等に係る電離放射線障害防止規則関係，粉じん障害防止規則関係，石綿障害予防規則関係，作業環境測定法施行規則関係，じん肺施行規則関係

〔内容〕労働安全衛生法令に基づく衛生関係様式文書の，様式記載例と記載上の留意事項を中心にその手続を説明した，実務担当者の実務手引書。平成25年3月現在の法令に準拠。

<**法令集**>

安全衛生通達要覧　平成21年版　中央労働災害防止協会編　中央労働災害防止協会　2009.3　1294,32p　20cm　5600円　Ⓣ978-4-8059-1232-4　Ⓝ509.8

〔目次〕第1編 安全衛生関係告示・指針・通達（分野別関係告示・指針・通達，年代別主要通達），第2編 主要労働安全衛生様式（労働安全衛生規則関係，ボイラー及び圧力容器安全規則関係，クレーン等安全規則関係，ゴンドラ安全規則関係，有機溶剤中毒予防規則関係 ほか）

安全衛生通達要覧　平成22年版　中央労働災害防止協会編　中央労働災害防止協会　2010.2　1308,32p　20cm　5000円　Ⓣ978-4-8059-1282-9　Ⓝ509.8

〔目次〕第1編 安全衛生関係告示・指針・通達（分野別関係告示・指針・通達，年代別主要通達），第2編 主要労働安全衛生様式（労働安全衛生規則関係，ボイラー及び圧力容器安全規則関係，クレーン等安全規則関係，ゴンドラ安全規則関係 ほか）

安全衛生通達要覧　平成23年版　中央労働災害防止協会編　中央労働災害防止協会　2011.2　1309,32p　20cm　5000円　Ⓣ978-4-8059-1345-1　Ⓝ509.8

〔目次〕第1編 安全衛生関係告示・指針・通達（分野別関係告示・指針・通達，年代別主要通達），第2編 主要労働安全衛生様式（労働安全衛生規則関係，ボイラー及び圧力容器安全規則関係，クレーン等安全規則関係，ゴンドラ安全規則関

係，有機溶剤中毒予防規則関係 ほか）

安全衛生法令要覧　平成13年版　労働省安
全衛生部監修，中央労働災害防止協会編　中
央労働災害防止協会　2001.1　1060,21p
19cm　4400円　Ⓘ4-8059-0713-4　Ⓝ509.8

Ⓜ目次）労働安全衛生法，労働安全衛生法施行令，
作業環境測定基準，作業環境評価基準，労働安
全衛生法関係手数料令，労働安全衛生法に基づ
く製造時等検査及び型式検定の手数料の加算額
の計算に関する省令，労働安全衛生規則，衛生
管理者規程，安全衛生特別教育規程，ボイラー
及び圧力容器安全規則〔ほか〕

Ⓝ内容）実務者向けに，労働安全衛生関連の重要
な法令・条文を収録した法令集。内容は2001年
1月4日現在。巻末に，事項別索引，各種一覧，
索引を収録。

安全衛生法令要覧　平成14年版　労働省安
全衛生部監修，中央労働災害防止協会編　中
央労働災害防止協会　2001.12　1060,21p
19cm　4400円　Ⓘ4-8059-0788-6　Ⓝ509.8

Ⓜ目次）労働安全衛生法，労働安全衛生法施行令，
作業環境測定基準，作業環境評価基準，労働安
全衛生法関係手数料令，労働安全衛生法に基づ
く製造時等検査及び型式検定の手数料の加算額
の計算に関する省令，労働安全衛生規則，衛生
管理者規程，安全衛生特別教育規程，ボイラー
及び圧力容器安全規則〔ほか〕

Ⓝ内容）労働安全衛生関係の実務従事者向けに，必
要不可欠な法令・条文を収録する法令集。内容
は2001年11月16日現在。巻末に各種一覧，年次
別告示索引，事項別索引を付す。

安全衛生法令要覧　平成15年版　厚生労働
省安全衛生部監修，中央労働災害防止協会編
中央労働災害防止協会　2002.12　1062,21p
19cm　4400円　Ⓘ4-8059-0854-8

Ⓜ目次）労働安全衛生法，作業環境測定法，労働
災害防止団体法，労働者派遣事業の適正な運営
の確保及び派遣労働者の就業条件の整備等に関
する法律（抄），労働基準法，労働者災害補償保
険法

Ⓝ内容）労働安全衛生法および関係法令について
は，その性格上労働災害防止の直接の任に当た
る人はもちろん，広く労使関係者がその内容を
正確に知っておくことが望まれる。そこで本
書は，こうした方々が，随時労働安全衛生法令
の内容を参照できるようにハンディーな法令集
として編さんされたものです。また，労働安全
衛生法令と密接に関連する労働基準法等の法令

も併せて収録されています。

安全衛生法令要覧　平成16年版　厚生労働
省安全衛生部監修，中央労働災害防止協会編
中央労働災害防止協会　2004.1　1098,21p
19cm　4400円　Ⓘ4-8059-0915-3

Ⓜ目次）労働安全衛生法，労働安全衛生法施行令，
労働安全衛生法関係手数料令，労働安全衛生法
に基づく製造時等検査及び型式検定の手数料の
加算額の計算に関する省令，労働安全衛生規則，
ボイラー及び圧力容器安全規則，クレーン等安
全規則，ゴンドラ安全規則，有機溶剤中毒予防
規則，鉛中毒予防規則〔ほか〕

Ⓝ内容）本書は，職場で労働安全衛生関係の実務
に携わる方々が利用するハンディーな法令集と
して，厳選のうえ，必要不可欠な法令，条文を
収録している。労働安全衛生法，労働安全衛生
規則等の必要箇所に参照政令条文の条文内容自
体をその都度再掲し，ページを操らなくても理
解できるようにするなど，活用の便を図って
いる。巻末に，事項別索引をはじめ，各種一覧
を収録し，活用の便を図っている。平成十五年
十月十六日現在。

安全衛生法令要覧　平成17年版　厚生労働
省安全衛生部監修，中央労働災害防止協会編
中央労働災害防止協会　2005.1　1101,21p
19cm　4400円　Ⓘ4-8059-0977-3

Ⓜ目次）労働安全衛生法，労働安全衛生法施行令，
労働安全衛生法関係手数料令，労働安全衛生法
に基づく製造時等検査及び型式検定の手数料の
加算額の計算に関する省令，労働安全衛生規則，
ボイラー及び圧力容器安全規則，クレーン等安
全規則，ゴンドラ安全規則，有機溶剤中毒予防
規則，鉛中毒予防規則〔ほか〕

安全衛生法令要覧　平成18年版　中央労働
災害防止協会編　中央労働災害防止協会
2006.4　1154,21p　19cm　4400円　Ⓘ4-
8059-1050-X

Ⓜ目次）労働安全衛生法，作業環境測定法，じん
肺法，労働災害防止団体法，労働者派遣事業の
適正な運営の確保及び派遣労働者の就業条件の
整備等に関する法律（抄），労働基準法，女性労
働基準規則，労働者災害補償保険法

Ⓝ内容）職場で労働安全衛生関係の実務に携わる
読者が利用するハンディーな法令集。厳選のう
え，必要不可欠な法令，条文を収録している。
労働安全衛生法，労働安全衛生規則等の必要箇
所に参照政令条文の条文内容自体をその都度再
掲し，ページを操らなくても理解できるように

するなど、活用の便を図った。

安全衛生法令要覧 平成20年版 中央労働
災害防止協会編 中央労働災害防止協会
2008.2 1208,21p 20cm 5000円 Ⓘ978-
4-8059-1168-6 Ⓝ509.8

(目次)労働安全衛生法、労働安全衛生法施行令、
労働安全衛生法関係手数料令、労働安全衛生法
に基づく製造時等検査及び型式検定の手数料の
加算額の計算に関する省令、労働安全衛生規則、
ボイラー及び圧力容器安全規則、クレーン等安
全規則、ゴンドラ安全規則、有機溶剤中毒予防
規則、鉛中毒予防規則〔ほか〕

(内容)職場で労働安全衛生関係の実務に携わる
担当者が利用するハンディーな法令集。厳選の
うえ、必要不可欠な法令、条文を収録している。
労働安全衛生法、労働安全衛生規則等の必要箇
所に参照政令条文の条文内容自体をその都度再
掲し、ページを操らなくても理解できるように
するなど、活用の便を図った。巻末に、事項別
索引をはじめ、各種一覧を収録している。

安全衛生法令要覧 平成21年版 中央労働
災害防止協会編 中央労働災害防止協会
2009.3 1210,21p 20cm 5000円 Ⓘ978-
4-8059-1226-3 Ⓝ509.8

(目次)労働安全衛生法、労働安全衛生法施行令、
作業環境測定基準、作業環境評価基準、労働安
全衛生法関係手数料令、労働安全衛生法に基づ
く製造時等検査及び型式検定の手数料の加算額
の計算に関する省令、労働安全衛生規則、衛生
管理者規程、安全衛生特別教育規程、ボイラー
及び圧力容器安全規則〔ほか〕

(内容)随時労働安全衛生法令の内容を参照でき
るハンディーな法令集。労働安全衛生法令と密
接に関連する労働基準法等の法令も併せて収録。
労働安全衛生法、労働安全衛生規則等の必要箇
所に参照政令条文の条文内容自体をその都度再
掲している。巻末に、事項別索引をはじめ、各
種一覧を収録。

安全衛生法令要覧 平成22年版 中央労働
災害防止協会編 中央労働災害防止協会
2010.3 1274,20p 20cm 5000円 Ⓘ978-
4-8059-1291-1 Ⓝ509.8

(目次)労働安全衛生法、作業環境測定法、じん
肺法、労働災害防止団体法、労働者派遣事業の
適正な運営の確保及び派遣労働者の就業条件の
整備等に関する法律(抄)、労働基準法、労働者
災害補償保険法

安全衛生法令要覧 平成23年版 中央労働

災害防止協会編 中央労働災害防止協会
2011.2 1277,20p 20cm 5000円 Ⓘ978-
4-8059-1344-4 Ⓝ509.8

(目次)労働安全衛生法、作業環境測定法、じん
肺法、労働災害防止団体法、労働者派遣事業の
適正な運営の確保及び派遣労働者の就業条件の
整備等に関する法律(抄)、労働基準法、労働基
準法施行規則、労働者災害補償保険法

安全衛生法令要覧 平成24年版 中央労働
災害防止協会編 中央労働災害防止協会
2012.2 1302,20p 19cm 5000円 Ⓘ978-
4-8059-1411-3

(目次)労働安全衛生法、労働安全コンサルタン
ト及び労働衛生コンサルタント規程、作業環境
測定法、じん肺法、労働災害防止団体法、労働
者派遣事業の適正な運営の確保及び派遣労働者
の就業条件の整備等に関する法律(抄)、労働基
準法、労働者災害補償保険法

安全衛生法令要覧 平成25年版 中央労働
災害防止協会編 中央労働災害防止協会
2013.2 1323,20p 19cm 5000円 Ⓘ978-
4-8059-1487-8

(目次)労働安全衛生法、作業環境測定法、じん
肺法、労働災害防止団体法、労働者派遣事業の
適正な運営の確保及び派遣労働者の保護等に関
する法律(抄)、労働基準法、労働者災害補償保
険法

労働安全衛生関係法令集 平成2年度版
労働省安全衛生部編 労務行政研究所
1990.11 1598p 19cm 5350円

(目次)労働安全衛生法、労働安全衛生法施行令、
労働安全衛生規則、作業環境測定法、作業環境
測定法施行令、作業環境測定法施行規則、じん
肺法、炭鉱災害による一酸化炭素中毒症に関す
る特別措置法、労働災害防止団体法、労働者派
遣事業の適正な運営の確保及び派遣労働者の就
業条件の整備等に関する法律、労働福祉事業団
法(抄)、労働基準法、鉱山保安法(抄)、鉱業
法(抄)、行政不服審査法

(内容)本書には、労働安全衛生法、労働安全衛生
法施行令及び労働安全衛生関係省令に併せて、
作業環境測定法、じん肺法等労働安全衛生に関
係する法令をも掲載するとともに、利用者の便
宜のために、労働安全衛生法、労働安全衛生法
施行令、労働安全衛生規則等には、その各条ご
とに参照条文を付してある。

労働安全衛生関係法令集 平成5年度版
労働省安全衛生部編 労務行政研究所

人為的災害・事故　　　　産業災害

1993.8　1692p　19cm　5850円　Ⓘ4-8452-
3081-X　Ⓝ366.34

[目次]労働安全衛生法，労働安全衛生法施行令，
労働安全衛生規則，作業環境測定法，作業環境
測定法施行令，作業環境測定法施行規則，じん
肺法，炭鉱災害による一酸化炭素中毒症に関す
る特別措置法，労働災害防止団体法，労働者派
遣事業の適正な運営の確保及び派遣労働者の就
業条件の整備等に関する法律，労働福祉事業団
法(抄)，労働基準法，鉱山保安法(抄)，行政
不服審査法

[内容]労働安全衛生関係の諸法令・告示・主要
通達を網羅収録した実務法令集。

労働安全衛生関係法令集　平成6年度版

　労働省安全衛生部編　労務行政研究所
　1994.8　1694p　19cm　5850円　Ⓘ4-8452-
　4081-5　Ⓝ366.34

[目次]労働安全衛生法，労働安全衛生法施行令，
労働安全衛生規則，作業環境測定法，作業環境
測定法施行令，作業環境測定法施行規則，じん
肺法，炭鉱災害による一酸化炭素中毒症に関す
る特別措置法，労働災害防止団体法，労働者派
遣事業の適正な運営の確保及び派遣労働者の就
業条件の整備等に関する法律，労働福祉事業団
法(抄)，労働基準法，鉱山保安法(抄)，鉱業
法(抄)，行政不服審査法

[内容]労働安全衛生法をはじめとする労働安全
関連の法令と関係告示及び主要通達を集めた法
令集。労働安全衛生法，労働安全衛生法施行令，
労働安全衛生規則等には、その各条ごとに参照
条文を付している。

労働安全衛生関係法令集　平成7年度版　労

　働省安全衛生部編　労務行政研究所　1995.8
　1692p　19cm　5850円　Ⓘ4-8452-5081-0

[目次]労働安全衛生法，労働安全衛生法施行令，
労働安全衛生規則，作業環境測定法，作業環境
測定法施行令，作業環境測定法行施規則，じん
肺法，炭鉱災害による一酸化炭素中毒症に関す
る特別措置法，労働災害防止団体法，労働者派
遣事業の適正な運営の確保及び派遣労働者の就
業条件の整備等に関する法律

労働安全衛生関係法令集　平成8年度版

　労働省安全衛生部編　労務行政研究所
　1996.12　1716p　19cm　6300円　Ⓘ4-8452-
　6123-5

[目次]労働安全衛生法，労働安全衛生法施行令，
労働安全衛生規則，作業環境測定法，作業環境
測定法施行令，作業環境測定法施行規則，じん

肺法，炭鉱災害による一酸化炭素中毒症に関す
る特別措置法，労働災害防止団体法，労働者派
遣事業の適正な運営の確保及び派遣労働者の就
業条件の整備等に関する法律，労働福祉事業団
法(抄)，労働基準法，鉱山保安法(抄)，鉱業
法(抄)，行政不服審査法

労働安全衛生関係法令集　平成9年度版

　労働省安全衛生部編　労務行政研究所
　1997.8　1738p　19cm　6143円　Ⓘ4-8452-
　7081-1　Ⓝ366.34

労働安全衛生関係法令集　平成10年度版

　労働省安全衛生部編　労務行政研究所　1998.
　9　1750p　19cm　6143円　Ⓘ4-8452-8082-5

[目次]労働安全衛生法，労働安全衛生法施行令，
労働安全衛生規則，作業環境測定法，作業環境
測定法施行令，作業環境測定法施行規則，じん
肺法，炭鉱災害による一酸化炭素中毒症に関す
る特別措置法，労働災害防止団体法，労働者派
遣事業の適正な運営の確保及び派遣労働者の就
業条件の整備等に関する法律，労働福祉事業団
法(抄)，労働基準法，鉱山保安法(抄)，鉱業
法(抄)，行政不服審査法

[内容]労働安全衛生関係の諸法令・告示・主要
通達を収録したもの。法令番号順索引付き。平
成10年7月31日現在。

労働安全衛生関係法令集　平成13年度版

　厚生労働省安全衛生部編　労務行政研究所
　2001.8　1894p　19cm　6667円　Ⓘ4-8452-
　1092-4　Ⓝ509.8

[目次]労働安全衛生法，労働安全衛生法施行令，
労働安全衛生規則，作業環境測定法，作業環境
測定法施行令，作業環境測定法施行規則，じん
肺法，炭鉱災害による一酸化炭素中毒症に関す
る特別措置法，労働災害防止団体法，労働者派
遣事業の適正な運営の確保及び派遣労働者の就
業条件の整備等に関する法律〔ほか〕

[内容]労働安全衛生分野の法令を収録した法令
集。内容は2001年7月31日現在。労働安全衛生
法、労働安全衛生法施行令及び労働安全衛生法
関係省令のほか、作業環境測定法、じん肺法等
労働安全衛生に関係する法令も掲載する。また、
労働安全衛生法、労働安全衛生法施行令、労働
安全衛生規則等には、その各条ごとに参照条文
を付す。関係告示及び主要通達も最大限収録し
ている。

労働安全衛生関係法令集　平成14年度版

　厚生労働省安全衛生部編　労務行政　2002.8
　1902p　19cm　6667円　Ⓘ4-8452-2202-7

事故・災害レファレンスブック　　153

産業災害　　　　人為的災害・事故

Ⓝ366.34

労働安全衛生関係法令集　平成15年度版
　　厚生労働省安全衛生部編　労務行政　2003.7
　　1918p　19cm　6667円　Ⓘ4-8452-3192-1

Ⓗ次労働安全衛生法，労働安全衛生法施行令，労働安全衛生規則，作業環境測定法，作業環境測定法施行令，作業環境測定法施行規則，じん肺法，炭鉱災害による一酸化炭素中毒症に関する特別措置法，労働災害防止団体法，労働者派遣事業の適正な運営の確保及び派遣労働者の就業条件の整備等に関する法律，労働福祉事業団法（抄），労働基準法，鉱山保安法（抄），鉱業法（抄），行政不服審査法

Ⓒ内容本書は，労働安全衛生関係法令を網羅するハンディな法令集として企画され，各年ごとに版を改めて新法令，改正法令等を盛り込み，広く好評を博して今日に至っているものである。本書には，労働安全衛生法，労働安全衛生法施行令及び労働安全衛生法関係省令に併せて，作業環境測定法，じん肺法等労働安全衛生に関係する法令をも掲載するとともに，利用者の便宜のために，労働安全衛生法，労働安全衛生法施行令，労働安全衛生規則等には，その各条ごとに参照条文を付してある。また、関係告示及び主要通達も、広く利用されるようなものについては最大限収録してある。

労働安全衛生関係法令集　平成16年度版
　　労務行政研究所編　労務行政　2004.7
　　2030p　19cm　6667円　Ⓘ4-8452-4192-7

Ⓗ次労働安全衛生法，労働安全衛生法施行令，労働安全衛生規則，作業環境測定法，作業環境測定法施行令，作業環境測定法施行規則，じん肺法，炭鉱災害による一酸化炭素中毒症に関する特別措置法，労働災害防止団体法，労働者派遣事業の適正な運営の確保及び派遣労働者の就業条件の整備等に関する法律，独立行政法人労働者健康福祉機構法，労働基準法，鉱山保安法（抄），鉱業法（抄），行政不服審査法

Ⓒ内容労働安全衛生法、労働安全衛生法施行令及び労働安全衛生法関係省令に併せて、作業環境測定法、じん肺法等労働安全衛生に関係する法令をも掲載。労働安全衛生法、労働安全衛生法施行令、労働安全衛生規則等には、その各条ごとに参照条文を付している。

労働安全衛生関係法令集　平成17年度版
　　労務行政研究所編　労務行政　2005.8
　　2078p　19cm　6667円　Ⓘ4-8452-5203-1

Ⓗ次労働安全衛生法（総則（第一条‐第五条），

労働災害防止計画（第六条‐第九条），安全衛生管理体制（第十条‐第十九条の三）ほか），労働安全衛生法施行令（労働安全衛生法関係手数料令，労働安全衛生法に基づく製造時等検査及び型式検定の手数料の加算額の計算に関する省令），労働安全衛生規則（通則，安全基準，衛生基準 ほか）

労働安全衛生関係法令集　平成18年度版
　　労務行政研究所編　労務行政　2006.8
　　2142p　19cm　6667円　Ⓘ4-8452-6202-9

Ⓗ次労働安全衛生法，労働安全衛生法の施行期日を定める政令，労働安全衛生法及びじん肺法の一部を改正する法律の一部の施行期日を定める政令，労働安全衛生法及びじん肺法の一部を改正する法律の一部の施行に伴う経過措置及び関係政令の整備に関する政令（抄），労働安全衛生法及びじん肺法の一部を改正する法律の一部の施行期日を定める政令，労働安全衛生法の一部を改正する法律の一部の施行期日を定める政令，労働安全衛生法施行令，労働安全衛生法関係手数料令，労働安全衛生法に基づく製造時等検査及び型式検定の手数料の加算額の計算に関する省令，労働安全衛生規則〔ほか〕

労働安全衛生関係法令集　平成19年度版
　　労務行政研究所編　労務行政　2007.8
　　2142p　19cm　6667円　Ⓘ978-4-8452-7202-0

Ⓗ次労働安全衛生法，労働安全衛生法施行令，労働安全衛生規則，作業環境測定法，作業環境測定法施行令，作業環境測定法施行規則，じん肺法，炭鉱災害による一酸化炭素中毒症に関する特別措置法，労働災害防止団体法，労働者派遣事業の適正な運営の確保及び派遣労働者の就業条件の整備等に関する法律〔ほか〕

Ⓒ内容労働安全衛生法、労働安全衛生法施行令及び労働安全衛生法関係省令に併せて、作業環境測定法、じん肺法等労働安全衛生に関係する法令をも掲載するとともに、労働安全衛生法、労働安全衛生法施行令、労働安全衛生規則等には、その各条ごとに参照条文を付した。

労働安全衛生関係法令集　平成20年度版
　　労務行政研究所編　労務行政　2008.8
　　2142p　19cm　6667円　Ⓘ978-4-8452-8202-9　Ⓝ366.34

Ⓗ次労働安全衛生法，労働安全衛生法施行令，労働安全衛生法関係手数料令，労働安全衛生法に基づく製造時等検査及び型式検定の手数料の加算額の計算に関する省令，労働安全衛生規則，ボイラー及び圧力容器安全規則，クレーン等安

全規則，ゴンドラ安全規則，有機溶剤中毒予防規則，鉛中毒予防規則〔ほか〕

労働安全衛生関係法令集　平成21年度版

労務行政研究所編　労務行政　2009.8
2270p　19cm　〈索引あり〉　6667円
Ⓘ978-4-8452-9202-8　Ⓝ366.34
Ⓣ目次労働安全衛生法，労働安全衛生法施行令，労働安全衛生規則，作業環境測定法，作業環境測定法施行令，作業環境測定法施行規則，じん肺法，労働災害防止団体法，労働者派遣事業の適正な運営の確保及び派遣労働者の就業条件の整備等に関する法律，独立行政法人労働者健康福祉機構法，労働基準法，鉱山保安法(抄)，鉱山保安法施行規則(抄)，鉱業法(抄)，行政不服審査法

労働安全衛生関係法令集　平成22年度版

労務行政研究所編　労務行政　2010.7
2270p　19cm　〈索引あり〉　6667円
Ⓘ978-4-8452-0313-0　Ⓝ366.34
Ⓣ目次労働安全衛生法，労働安全衛生法施行令，労働安全衛生規則，作業環境測定法，作業環境測定法施行令，作業環境測定法施行規則，じん肺法，炭鉱災害による一酸化炭素中毒症に関する特別措置法，労働災害防止団体法〔ほか〕

労働安全衛生関係法令集　平成23年度版

労務行政研究所編　労務行政　2011.8
2334p　19cm　〈索引あり〉　7429円
Ⓘ978-4-8452-1322-1　Ⓝ366.34
Ⓣ目次労働安全衛生法，労働安全衛生法施行令，労働安全衛生規則，作業環境測定法，作業環境測定法施行令，作業環境測定法施行規則，じん肺法，炭鉱災害による一酸化炭素中毒症に関する特別措置法，労働災害防止団体法，労働者派遣事業の適正な運営の確保及び派遣労働者の就業条件の整備等に関する法律〔ほか〕

労働安全衛生関係法令集　平成24年度版

労務行政研究所編　労務行政　2012.10
2398p　19cm　7429円　Ⓘ978-4-8452-2343-5　Ⓝ366.34
Ⓣ目次労働安全衛生法，労働安全衛生法施行令(改)，労働安全衛生規則(改)，作業環境測定法，作業環境測定法施行令，作業環境測定法施行規則，じん肺法，炭鉱災害による一酸化炭素中毒症に関する特別措置法，労働災害防止団体法，労働者派遣事業の適正な運営の確保及び派遣労働者の保護等に関する法律(改)，独立行政法人労働者健康福祉機構法，労働基準法，鉱山保安法(抄)，工業法(抄)，行政不服審査法

＜年鑑・白書＞

安衛法便覧　平成2年度版　労働省安全衛生部編　労働基準調査会　1990.5　2冊(セット)　19cm　8300円　Ⓘ4-89782-164-9

Ⓝ内容労働安全衛生法と関連政令，省令の関係を明らかにするため，各条ごとに労働安全衛生法施行令及び労働安全衛生規則等各規則の条文を，規則別に収録。安衛法違反により送検された裁判例の要旨を収録。各規則・規程の条文末に，労働安全衛生法の根拠を条項号別に示すとともに，解釈例規を掲載。技術指針，健康保持増進指針，能力向上教育指針，安全衛生教育指針等告示を全文掲載。各年度の主要行政通達を収録。

安衛法便覧　平成3年度版　労働省安全衛生部編　労働基準調査会　1991.2　2冊(セット)　19cm　8300円　Ⓘ4-89782-186-X

Ⓣ目次法と関連告示関係，規則と関連告示関係，有害性の調査に関する基準関係，作業環境測定基準関係，特別教育規定関係，免許・試験規程関係，実技教習規程関係，技能講習規定関係，製造許可基準関係，構造規格関係，関連法関係，その他の告示関係，労働災害防止計画関係，健康保持増進のための指針に関する公示関係，技術上の指針に関する公示関係，能力向上教育に関する指針公示関係，安全衛生教育に関する指針公示関係，自主検査指針に関する公示関係，主要行政指導通達関係，様式関係

安衛法便覧　平成4年度版　労働省安全衛生部編　労働基準調査会　1992.4　2冊(セット)　19cm　8300円　Ⓘ4-89782-228-9

Ⓣ目次法と関連告示関係，規則と関連告示関係，有害性の調査に関する基準関係，作業環境測定基準関係，特別教育規程関係，免許・試験規程関係，実技教習規程関係，技能講習規程関係，整造許可基準関係，構造規格関係，関連法関係，その他の告示関係，労働災害防止計画関係，健康障害を防止する指針に関する公示関係，健康保持増進のための指針に関する公示関係，技術上の指針に関する公示関係，能力向上教育に関する指針公示関係，安全衛生教育に関する指針公示関係，自主検査指針に関する公示関係，主要行政指導通達関係，様式関係

Ⓝ内容労働安全衛生法と関連政令，省令の関係を明らかにするため，各条ごとに労働安全衛生法施行令及び労働安全衛生規則等各規則の条文を，規則別に収録。安衛法違反により送検された裁判例の要旨を収録。各規則・規程の条文末

産業災害　　　　　　　人為的災害・事故

に、労働安全衛生法の根拠を条項号別に示すとともに、解釈例規を掲載。各種の免許・試験規程、技能講習規程、構造規格等は、それぞれ各部門別に整理して収録。技術指針、健康保持増進指針、能力向上教育指針、安全衛生教育指針等告示を全文掲載。各年度の主要行政通達を収録。

安衛法便覧　平成5年度版　労働省安全衛生
部編　労働基準調査会　1993.3　2冊（セット）　19cm　8800円　Ⓘ4-89782-260-2

Ⓒ内容ⓒ労働安全衛生法と関連政令、省令の関係を明らかにするため、各条ごとに労働安全衛生法施行令及び労働安全衛生規則等各規則の条文を、規則別に収録。安衛法違反により送検された裁判例の要旨を収録。各規則・規程の条文末に、労働安全衛生法の根拠を条項号別に示すとともに、解釈例規を掲載。免種の免許・試験規程、技能講習規程、構造規程等は、それぞれ各部門別に整理して収録。全様式に記載例を入れている。技術指針、健康保持増進指針、能力向上教育指針、安全衛生教育指針等告示を全文掲載。各年度の主要行政通達を収録。

安衛法便覧　平成6年度版　労働省安全衛生
部編　労働基準調査会　1994.4　2冊セット
19cm　8800円　Ⓘ4-89782-333-1

Ⓣ目次ⓣ法と関連告示関係、規則と関連告示関係、実技教習規程関係、技能講習規程関係、労働災害再発防止講習規程関係、製造許可基準関係、構造規格関係、関連法関係、その他の告示関係、労働災害防止計画関係、化学物質等の危険有害性等の表示に関する指針関係、快適な職場環境の形成のための措置に関する指針関係、健康障害を防止するための指針に関する公示関係、健康保持増進のための指針に関する公示関係、技術上の指針に関する公示関係、能力向上教育に関する指針公示関係、安全衛生教育に関する指針公示関係、自主検査指針に関する公示関係、主要行政指導通達関係、様式関係

安衛法便覧　平成7年度版　労働省安全衛生
部編　労働基準調査会　1995.4　2冊（セット）　19cm　8800円　Ⓘ4-89782-365-X

Ⓒ内容ⓒ労働安全衛生法とその関係政省令の法令集。内容は平成7年1月31日現在。「法令編」「指針・行政通達・様式編」の2分冊。労働安全衛生法の根拠ごとに各政省令を排列し、各政省令の条文に、その運用の基礎となる施行通達を掲載する。

安衛法便覧　平成8年度版　労働省〔労働基準局〕安全衛生部編　労働基準調査会

1996.4　2冊　19cm　全8800円　Ⓘ4-89782-402-8　Ⓝ509.8

安衛法便覧　平成9年度版　労働省安全衛生
部編　労働基準調査会　1997.4　3冊（セット）　19cm　9400円　Ⓘ4-89782-438-9

Ⓣ目次ⓣ第1巻 法令・様式編、第2巻 告示・指針編、第3巻 行政通達編

安衛法便覧　平成10年度版　労働省安全衛
生部編　労働基準調査会　1998.4　3冊（セット）　19cm　9400円　Ⓘ4-89782-514-8

Ⓣ目次ⓣ法令・様式編（労働安全衛生法全条文、法と関連告示関係、規則と関連告示関係、その他の告示関係、様式関係）、告示・指針編（労働災害防止計画関係、能力向上教育に関する指針関係、技術上の指針関係、健康障害防止のための指針関係、製造許可基準・構造規格関係、自主検査指針関係、有害性の調査に関する基準関係、特別教育規程関係、作業環境測定に関する基準関係、免許・試験規程関係、技能講習規程関係、労働災害再発防止講習規程関係、その他各種指針・公示関係）、行政通達編（主要行政指導通達関係）

安衛法便覧　平成11年度版　労働省安全衛
生部編　労働基準調査会　1999.4　3冊（セット）　19cm　9400円　Ⓘ4-89782-550-4

Ⓣ目次ⓣ法令・様式編（労働安全衛生法全条文、法と関連告示関係、規則と関連告示関係、関連法関係、様式関係）、告示・指針編（労働災害防止計画関係、能力向上教育に関する指針関係、技術上の指針関係、健康障害防止のための指針関係、製造許可基準・構造規格関係、自主検査指針関係、有害性の調査に関する基準関係、特別教育規定関係、作業環境測定に関する基準関係、免許・試験規定関係、技能講習規定関係、労働災害再発防止講習規定関係、その他各種指針・公示関係）、行政通達編（主要行政指導通達関係）

Ⓒ内容ⓒ労働安全衛生法とその関係政省令の法令集。内容は1999年1月31日現在。「法令・様式編」「告示・指針編」「行政通達」の3分冊。労働安全衛生法の根拠ごとに各政省令を排列し、各政省令の条文に、その運用の基礎となる施行通達を掲載する。50音順の法令名索引付き。

安衛法便覧　平成12年度版　労働省安全衛
生部編　労働調査会　2000.5　3冊セット
19cm　9400円　Ⓘ4-89782-626-8　Ⓝ509.8

Ⓣ目次ⓣ第1巻 法令・様式編（労働安全衛生法全条文、法と関連告示関係、規則と関連告示関係 ほか）、第2巻 告示・指針編（労働災害防止計画関

156　事故・災害レファレンスブック

係，能力向上教育に関する指針関係，技術上の指針関係 ほか），第3巻 行政通達編（主要行政指導通達関係）

(内容)労働安全衛生法に関する法令等を収録した法令資料集。3分冊による構成。第1巻は法令・様式編として労働安全衛生法全条文等を収録，また第2巻は告示・指針編，第3巻は行政通達編としてそれぞれ各種指針，公示関係および主要行政指導通達関係を収録する。

安衛法便覧 平成13年度版 厚生労働省安
全衛生部編 労働調査会 2001.4 3冊（セット） 19cm 9400円 Ⓘ4-89782-656-X Ⓝ509.8

(目次)第1巻 法令・様式編（労働安全衛生法全条文，法と関連告示関係 ほか），第2巻 告示・指針編（労働災害防止計画関係，能力向上教育に関する指針関係 ほか），第3巻 行政通達編（主要行政指導通達関係）

(内容)各政省令を労働安全衛生法の根拠ごとに整理排列した法令集。内容は2001年1月31日現在。法令の他には項目別の解釈例規，解説，判例を収載する。

安衛法便覧 平成14年度版 厚生労働省安全
衛生部編 労働調査会 2002.4 3冊セット 19cm 9300円 Ⓘ4-89782-737-X Ⓝ509.8

(目次)第1巻 法令・様式編（法と関連告示関係，規則と関連告示関係，関連法関係，様式関係），第2巻 告示・指針編（労働災害防止計画関係，能力向上教育に関する指針関係，技術上の指針関係，健康障害防止のための指針関係 ほか），第3巻 行政通達編（主要行政指導通達関係）

(内容)労働安全衛生法と関連政省令をまとめた法令集。2002年1月31日現在の各法令等を28の部門に区分し三分冊に構成。第1巻「法令・様式編」では，労働安全衛生法全文とその関連政省令・規則・関連法，及び様式について，第2巻「告示・指針編」では，実務に関連する公示・指針について，第3巻「行政通達編」では主要行政通達について，それぞれまとめている。各政省令・公示は，労働安全衛生法の根拠ごとに整理排列し，各解釈例規・解説・判例もあわせて収載している。

安衛法便覧 平成15年度版 厚生労働省安
全衛生部編 労働調査会 2003.5 3冊（セット） 19cm 9300円 Ⓘ4-89782-755-8

(目次)第1巻 法令・様式編（法と関連告示関係，規則と関連告示関係，関連法関係 ほか），第2巻 告示・指針編（労働災害防止計画関係，能力

向上教育に関する指針関係，技術上の指針関係 ほか），第3巻 行政通達編（主要行政指導通達関係）

(内容)本書は三分冊とし，第1巻を法令・様式編、第2巻を告示・指針編、第3巻を行政通達編とした。収録した関係諸法律、政省令、告示、解釈例規、行政通達は原則として平成十五年一月三十一日現在のものである。

安衛法便覧 平成16年度版 厚生労働省安
全衛生部編 労働調査会 2004.5 3冊（セット） 19cm 9300円 Ⓘ4-89782-823-6

(目次)第1巻 法令・様式編（法と関連告示関係，規則と関連告示関係，関連法関係，様式関係），第2巻 告示・指針編（労働災害防止計画関係，能力向上教育に関する指針関係，技術上の指針関係，健康障害防止のための指針関係 ほか），第3巻 行政通達編（主要行政指導通達関係）

(内容)労働安全衛生法とその関係政省令との関係は、膨大かつ複雑多岐であるため理解しにくい。このため、本書は各政省令を労働安全衛生法の根拠ごとに整理配列し、理解しやすくすることを主眼として編集した。また、各政省令の条文に、その運用の基礎となる施行通達を掲載し、利用しやすいように編集した。更に、労働安全衛生法違反による送検事案で結審しているものについて、その裁判例の要旨を掲載し、一層便利なものとした。

安衛法便覧 平成17年度版 労働調査会
2005.7 3冊（セット） 19cm 9300円 Ⓘ4-89782-872-4

(目次)第1巻 法令・様式編（労働安全衛生法全条文，法と関連告示関係，規則と関連告示関係 ほか），第2巻 告示・指針編（労働災害防止計画関係，能力向上教育に関する指針関係，技術上の指針関係 ほか），第3巻 行政通達編（主要行政指導通達関係）

(内容)各政省令を労働安全衛生法の根拠ごとに整理配列。また、各政省令の条文に、その運用の基礎となる施行通達を掲載し、更に、労働安全衛生法違反による送検事案で結審しているものについて、その裁判例の要旨を掲載している。

安衛法便覧 平成18年度版 1 労働調査会
出版局編 労働調査会 2006.7 2917,6p 19cm Ⓘ4-89782-933-X Ⓝ509.8

安衛法便覧 平成18年度版 2 労働調査会
出版局編 労働調査会 2006.7 1460,8p 19cm Ⓘ4-89782-933-X Ⓝ509.8

産業災害　　　　　　　人為的災害・事故

安衛法便覧　平成18年度版 3　労働調査会
出版局編　労働調査会　2006.7　1626p
19cm　Ⓘ4-89782-933-X　Ⓝ509.8

安衛法便覧　平成19年度版　労働調査会出
版局編　労働調査会　2007.5　3冊(セット)
19cm　9300円　Ⓘ978-4-89782-966-1

(目次)第1巻 法令・様式編(労働安全衛生法全条
文, 法と関連告示関係, 規則と関連告示関係,
関連法関係, 様式関係), 第2巻 告示・指針編
(労働災害防止計画関係, 能力向上教育に関す
る指針関係, 技術上の指針関係, 健康障害防止
のための指針関係, 製造許可基準・構造規格関
係, 自主検査指針関係, 危険・有害性等の調査
指針関係, 特別教育規定関係, 作業環境測定に
関する基準関係, 検診結果措置に関する指針関
係, 健康保持増進のための指針関係, 免許・試
験規定関係, 技能講習規定関係, 労働災害再発
防止っ講習規定関係, マネジメントシステム指
針関係, その他各種指針・公示関係), 第3巻 行
政通達編(主要行政指導通達関係)

安衛法便覧　平成20年度版　労働調査会出
版局編　労働調査会　2008.7　3冊(セット)
20×15cm　9300円　Ⓘ978-4-86319-016-0

(目次)第1巻 法令・様式編(労働安全衛生法全条
文, 法と関連告示関係, 規則と関連告示関係 ほ
か), 第2巻 告示・指針編(労働災害防止計画関
係, 能力向上教育に関する指針関係, 技術上の
指針関係 ほか), 第3巻 行政通達編(主要行政
指導通達関係)

(内容)労働安全衛生法とその関係政省令との関
係は, 膨大かつ複雑多岐であるため理解しにく
い。このため, 本書は各政省令を労働安全衛生
法の根拠ごとに整理配列し, 理解しやすくする
ことを主眼として編集した。また, 各政省令の
条文に, その運用の基礎となる施行通達を掲載
し, 利用しやすいように編集した。更に, 労働
安全衛生法違反による送検事案で結審している
ものについて, その裁判例の要旨を掲載した。

安衛法便覧　平成21年度版　労働調査会出
版局編　労働調査会　2009.6　3冊(セット)
19cm　9300円　Ⓘ978-4-86319-077-1

(目次)第1巻 法令・様式編(労働安全衛生法全条
文, 法と関連政令関係, 規則と関連告示関係, 関
連法関係, 様式関係), 第2巻 告示・指針編(労
働災害防止計画関係, 能力向上教育に関する指
針関係, 技術上の指針関係, 健康障害防止のた
めの指針関係, 製造許可基準・構造規格関係,
自主検査指針関係, 危険・有害性等の調査指針

関係, 特別教育規程関係, 作業環境測定に関す
る基準関係, 健診結果措置に関する指針関係,
健康保持増進のための指針関係, 免許・試験規
程関係, 技能講習規定関係, マネジメントシス
テム指針関係, その他各種指針・公示関係),
第3巻 行政通達編(主要行政指導通達関係)

安衛法便覧　平成22年度版　労働調査会出
版局編　労働調査会　2010.5　3冊(セット)
19cm　9300円　Ⓘ978-4-86319-116-7

(目次)第1巻 法令(労働安全衛生法全条文, 法
と関連政令関係, 規則と関連告示関係 ほか),
第2巻 様式・指針編(様式関係, 労働災害防止計
画関係, 能力向上教育に関する指針関係 ほか),
第3巻 行政通達編(主要行政指導通達関係)

安衛法便覧　平成23年度版　労働調査会出
版局編　労働調査会　2011.6　3冊(セット)
19cm　〈付属資料：CD‐ROM1〉　10300円
Ⓘ978-4-86319-174-7

(目次)第1巻 法令(労働安全衛生法全条文, 法
と関連政令関係, 規則と関連告示関係 ほか),
第2巻 様式・指針編(様式関係, 労働災害防止計
画関係, 能力向上教育に関する指針関係 ほか),
第3巻 行政通達編(主要行政指導通達関係)

安衛法便覧　平成24年度版　労働調査会出
版局編　労働調査会　2012.9　3冊(セット)
19cm　〈付属資料：CD‐ROM1〉　10300円
Ⓘ978-4-86319-237-9

(目次)第1巻 法令編(労働安全衛生法全条文, 法
と関連政令関係, 規則と関連告示関係 ほか),
第2巻 様式・指針編(様式関係, 労働災害防止計
画関係, 能力向上教育に関する指針関係 ほか),
第3巻 行政通達編(主要行政指導通達関係)

◆◆安全管理

<ハンドブック>

新しい時代の安全管理のすべて　第6版　大
関親著　中央労働災害防止協会　2014.4
892p　22cm　〈文献あり 索引あり〉　4800
円　Ⓘ978-4-8059-1551-6　Ⓝ366.34

(目次)第1編 安全管理の基本, 第2編 安全管理シ
ステム, 第3編 労働安全衛生マネジメントシス
テム, 第4編 労働災害の原因・分析, 第5編 人
間行動の安全対策, 第6編 機械・設備要因によ
る災害防止, 第7編 作業・環境要因による災害
防止, 第8編 管理的要因による災害防止, 第9編
非定常作業の安全, 第10編 その他配慮すべき安
全対策

人為的災害・事故　　　　　　　　　　　　　　産業災害

（内容）法令で定められている重要な基本的事項と国内外の動向などを踏まえたこれからの安全管理において配慮すべき事項を中心にまとめた新しい時代の安全管理の入門書。

あなたの職場の安全点検　第2版　中央労働災害防止協会編　中央労働災害防止協会　2014.9　159p　19cm　（安全衛生実践シリーズ）　1000円　①978-4-8059-1573-8　Ⓝ509.8

（目次）1 安全点検の手法（安全点検の目的，点検を効果的に進める方法），2 安全点検のポイント（機械設備，電気設備，危険物等，設備・環境，運搬用機械設備，工具類，作業服装，作業方法等）

危険予知活動トレーナー必携　2002　中央労働災害防止協会編　中央労働災害防止協会　2002.4　230p　26cm　1600円　①4-8059-0818-1

（目次）中災防とゼロ災運動，ゼロ災運動の理念，問題解決4ラウンド法，ヒューマン・エラー事故防止のために，危険予知訓練，作業指示者レベルのKYT，小人数チームレベルのKYT,1人レベルのKYT，交通KYT，ミーティングKYT，現場の先取り手法，ゼロ災運動・KYT研修の進め方

（内容）本書は，現場でのゼロ災害全員参加運動（略称：ゼロ災運動）推進の中核とも言える危険予知（KY）活動のトレーナーとなる方のための研修用テキストとしてまとめられたものであり、「ゼロ災運動推進者ハンドブック2002」（略称：ハンドブック）のダイジェスト版である。

業種別・作業別・法令別安全衛生用品ガイド　これだけはそろえておきたい!　ミドリ安全安全衛生相談室編　労働調査会　2003.10　131p　26cm　1200円　①4-89782-802-3

（目次）第1章 すべての職場で必要になる安全衛生用品・防災用品，第2章 業種別安全衛生用品，第3章 作業別安全衛生用品，第4章 法令別安全衛生用品，第5章 測定機器，第6章 労働安全衛生法関係以外の標識，第7章 安全衛生保護具チェックリスト

（内容）「職場にはどのような危険・有害要因があるのか」、また「それに対して必要となる安全衛生用品や機器、標識などにはどのようなものがあるのか」をまとめた。

交通危険予知活動トレーナー必携　2002　中央労働災害防止協会編　中央労働災害防止協会　2002.4　176p　26cm　2000円　①4-8059-0819-X

（目次）第1章 ゼロ災運動の概要，第2章 交通労働災害と交通危険予知活動，第3章 ヒューマン・エラー事故防止のために，第4章 交通危険予知活動の具体的な手法，第5章 企業における交通安全対策のあり方，参考資料

ゼロ災運動推進者ハンドブック　2002　中央労働災害防止協会編　中央労働災害防止協会　2002.4　324p　26cm　4000円　①4-8059-0808-4

（目次）第1部 理論編（中災防とゼロ災運動，ゼロ災運動の理念，ゼロ災小集団活動─職場自主活動ほか），第2部 手法編（危険予知訓練（KYT），作業指示者レベルのKYT，小人数チームレベルのKYT ほか），第3部 実践編（ゼロ災運動・KYT研修の進め方，KYTの導入から定着まで，ゼロ災運動キャンペーン）

（内容）本書は、中央労働災害防止協会（略称：中災防）が主催しているゼロ災運動トップセミナー及びゼロ災運動プログラム研究会（プロ研）に使用しているテキストである。ゼロ災害全員参加運動（略称：ゼロ災運動）で築いてきた運動理論と実践手法がこの本に集大成されている。

ゼロ災運動推進者ハンドブック　第2版　中央労働災害防止協会編　中央労働災害防止協会　2009.12　340p　26cm　〈年表あり〉　4000円　①978-4-8059-1280-5　Ⓝ509.8

（目次）ゼロ災害全員参加運動のあらまし，ゼロ災運動の理念，ゼロ災小集団活動，ヒューマンエラー事故防止，KYTの目指すもの，KYTの導入から定着まで，指差し呼称，健康KY，ホンネの話し合い方，問題解決4ラウンド法，危険予知訓練（KYT），ヒヤリ・ハットの活用

保護具ハンドブック　安全衛生保護具・機器のすべて　日本保安用品協会編　中央労働災害防止協会　2004.10　297p　26cm　3000円　①4-8059-0920-X

（目次）保護帽，乗車用安全帽，保護めがね等，耳栓・耳覆い（防音保護具），呼吸用保護具，手袋等，安全帯，腰部サポートベルト，安全靴，静電気帯電防止靴，プロテクティブスニーカー，防護服，ガス検知警報器，放射線管理用個人線量計，安全標識，ウィンドウフィルム（窓ガラス用フィルム）

保護具ハンドブック　安全衛生保護具・機器のすべて　第3版　日本保安用品協会編著　中央労働災害防止協会　2011.7　316p　26cm　3200円　①978-4-8059-1371-0　Ⓝ509.8

事故・災害レファレンスブック　*159*

産業災害　　　　　　　　　人為的災害・事故

(目次)保護帽，乗車用ヘルメット，保護めがね
等，耳栓・耳覆い(防音保護具)，呼吸用保護具，
手袋等，安全帯，腰部サポートベルト，安全靴，
静電気帯電防止靴，プロテクティブスニーカー，
防護服，ガス検知警報器，放射線管理用個人線
量計，安全標識，ウィンドウフィルム(窓ガラ
ス用フィルム)，資料 関係法令 日本工業規格

**みんなで進める!職場改善ブック アクショ
ンチェックリストと目で見る改善事例**
神代雅晴編著，三上行生，飯田憲一，渋谷正
弘，長谷川徹也著 中央労働災害防止協会
2014.7 103p 21cm 1100円 ①978-4-
8059-1567-7 Ⓝ509.8
(目次)第1編 改善とは?，第2編 写真で見る職場
改善－アクションチェックリストと改善事例(働
きやすい職場にするためには(できていますか
3S?(整理，整頓，清掃))，ムダな動きをなくし
て効率よく働くためには，ミスを減らすために
は，工具・治具・道具を使いやすくするために
は，腰痛を防ぐためには，肩こりを防ぐために
は，体に疲れをためないためには，ケガ・事故
を減らすためには，万が一，ケガ・事故が起き
たら，健康に働くためには)

◆◆危険物取扱・保管

<事典>

危険物の事典 田村昌三総編集 朝倉書店
2004.9 503p 21cm 18000円 ①4-254-
25247-1
(目次)1 総論(化学物質と潜在危険，危険物の分
類と特性，危険物関連法規，危険物の危険性評
価，危険物による災害防止，危険物取り扱いに
関する国際動向)，2 用語編，3 物質編，4 混合
危険，5 事故事例集
(内容)危険物に関わる基本的事項―化学物質の
発火・爆発危険，有害危険，環境汚染等の潜在
危険，危険物の関連法規，危険性評価法，危険
物による災害防止や危険物の国際動向等―を平
易に解説。用語編では危険物関連用語約300に
ついて，物質編では主要な化学物質約500につ
いてデータを含めて解説。巻末に用語索引と物
質名索引を収録。

<ハンドブック>

危険物データブック 第2版 東京連合防火
協会編，東京消防庁警防研究会監修 丸善
1993.1 581p 19×27cm 9991円 ①4-

621-03790-0 Ⓝ574.036
(内容)危険物の中の290品目のデータをまとめた
もの。危険物，毒物又は劇物などの漏えい，流
出、火災が発生した場合に特に危険性が高く応
急措置又は消化の困難性が予想される物質を対
象に、一般的危険性及び物性、消火、応急措置
及び処理要領、安全管理上留意すべき事項及び
必要な装備、人体に対する危険性及び救護要領、
について要約掲載している。

危険物ハンドブック 普及版 ギュンター・
ホンメル編，新居六郎訳 シュプリンガー・
フェアラーク東京 1996.9 4冊(セット)
26cm 〈原書名：Handbuch der gefährlichen
Güter〉 98000円 ①4-431-70720-4
(内容)1205種の危険物をデータに収録したハン
ドブック。化学式や物性データのほか外観性状・
注意事項等も掲載。本文は3分冊で構成され、
データの解説・中毒災害情報センターリスト等
の付録・文献リスト・五十音順物質名索引・ア
ルファベット順物質名索引を収めたガイドブッ
クを付す。

**危険物防災救急要覧 化学物質の性状と取
扱い** 神戸海難防止研究会編 成山堂書店
1990.3 947p 26cm 22000円 ①4-425-
38022-3
(目次)危険物(化学物質等)の安全な取り扱いに
ついて，有害中毒に対する応急処置，品目欄，
危険物船舶上の一般的注意事項(危険物の評価・
判定基準，個品輸送に関する船積危険物の分類
比較表及びばら積み危険物の分類，危険物船舶
運送及び貯蔵規則，IMDG‐CODE,CFR，放射
性物質に関する用語略解)，関係法規抜粋(港則
法，海洋汚染及び海上災害の防止に関する法律
(海防法)，毒物及び劇物取締法，消防法，火薬
取締法，高圧ガス取締法)

最新 毒物劇物取扱の手引 古賀元監修，毒
物劇物安全対策研究会編 時事通信社
2001.5 10,1327,29p 21cm 5200円 ①4-
7887-0160-X Ⓝ498.12
(目次)総説(毒物及び劇物，毒物及び劇物の毒作
用ほか)，毒物及び劇物取締法の解説(沿革，逐
条解説 ほか)，各論(毒物，劇物)，法令集(毒
物及び劇物取締法，毒物及び劇物指定令 ほか)，
毒物劇物取扱者試験問題と解答
(内容)毒物と劇物の取扱についてのガイドブッ
ク。毒物劇物取扱の基礎知識を詳しく解説する。
地方分権法や省庁再編にも対応した最新版。各
県の毒物劇物取扱者試験の最新問題と模範解答

160　事故・災害レファレンスブック

人為的災害・事故　　　　　　　　　　　　　　　　　産業災害

を掲載。

中毒ハンドブック　Kent R.Olson著，坂本哲也監訳　メディカル・サイエンス・インターナショナル　1999.4　356p　30cm　〈原書第2版〉　12000円　Ⓘ4-89592-196-4

(目次)1 中毒の総合診断と治療，2 特異的な中毒─診断と治療，3 治療薬と解毒薬・拮抗薬，4 環境および職業上の被災

(内容)薬物・薬物中毒の治療に関するハンドブック。日本で入手可能な薬物には、日本での一般名と商品名を記載。索引付き。

毒物・劇物　7訂　危険物査察研究会編著　東京法令出版　2012.12　249p　19cm　（フォトグラフィックガイド）　〈索引あり〉　2800円　Ⓘ978-4-8090-2349-1　Ⓝ574.036

(目次)アクリルアミド，亜ひ酸（三酸化二砒素），アンモニア，一水素二ふっ化アンモニウム，一酸化鉛，1－ブロモ－3－クロロプロパン，エチレンオキシド，塩化亜鉛，塩化水素，塩化第一すず〔ほか〕

毒物・劇物取扱の手引　改訂新版　厚生省医薬安全局毒物劇物研究会編　時事通信社　1998.6　1288,22p　21cm　4700円　Ⓘ4-7887-9815-8

(目次)総説，毒物及び劇物取締法の解説，各論（毒物，劇物），法令集，毒物劇物取扱者試験問題と解答

(内容)毒物劇物取扱の基礎知識を解説。県別資格試験問題291問と模範解答を巻末に収録。索引付き。

<法令集>

危険物関係法令集　平成3年改正版　危険物法令研究会編　第一法規出版　1991.6　532p　21cm　〈『危険物関係法令早わかりの手引』別冊〉　1000円　Ⓘ4-474-01537-1　Ⓝ317.734

(目次)消防法，危険物の規制に関する政令，危険物の規制に関する規則，危険物の試験及び性状に関する省令，危険物の規制に関する技術上の基準の細目を定める告示，危険物の取扱作業の保安に関する講習の実施細目

(内容)「危険物関係法令早わかりの手引」の別冊として編集された法令集。消防法をはじめ、危険物の規制に関する政省令・告示をコンパクトにまとめたもので、危険物取扱者試験の受験者及び危険物取扱担当者のための基本法令集。

危険物関係法令集　平成5年改正版　危険物法令研究会編　第一法規出版　1993.6　532p,23p　21cm　〈『危険物関係法令早わかりの手引』別冊　付（20p 20cm）：補遺〉　1300円　Ⓘ4-474-00260-1　Ⓝ317.734

危険物関係法令集　平成6年改正版　危険物法令研究会編　第一法規出版　1994.5　720p,23p　21cm　〈『危険物関係法令早わかりの手引』別冊　付（7p 20cm）：補遺〉　1300円　Ⓘ4-474-00406-X　Ⓝ317.734

危険物関係法令集　平成7年改正版　危険物法令研究会編　第一法規出版　1995.6　732p,25p　21cm　〈『危険物関係法令早わかりの手引』別冊〉　1300円　Ⓘ4-474-00539-2　Ⓝ317.734

危険物関係法令集　1997年　自治省消防庁危険物規制課監修　オーム社　1996.11　660p　19cm　2369円　Ⓘ4-274-11996-3

(目次)消防法 抄，危険物の規制に関する政令，危険物の規制に関する規則，危険物の試験及び性状に関する省令，危険物の規制に関する政令別表第1及び同令別表第2の自治省令で定める物質及び数量を指定する省令，危険物の規制に関する技術上の基準の細目を定める告示，石油コンビナート等災害防止法，石油パイプライン事業法，消防法施行令 抄，建築基準法 抄，建築基準法施行令 抄，危険物法令改正関係通達

危険物関係法令集　平成9年改正版　危険物法令研究会編　第一法規出版　1997.8　734p,25p　21cm　〈「危険物関係法令早わかりの手引」別冊〉　1300円　Ⓘ4-474-00745-X　Ⓝ317.734

危険物関係法令集　1998年　自治省消防庁危険物規制課監修　オーム社　1997.11　671p　19cm　2800円　Ⓘ4-274-10213-0

(目次)消防法〔抄〕，危険物の規制に関する政令，危険物の規制に関する規則，危険物の試験及び性状に関する省令，危険物の規制に関する政令別表第1及び同令別表第2の自治省令で定める物質及び数量を指定する省令，危険物の規制に関する技術上の基準の細目を定める告示，石油コンビナート等災害防止法，石油パイプライン事業法，消防法施行令〔抄〕，建築基準法〔抄〕，建築基準法施行令〔抄〕，危険物法令改正関係通達

危険物関係法令集　平成10年改正版　危険物法令研究会編　第一法規出版　1998.7

事故・災害レファレンスブック　　161

734,25p 21cm 〈「危険物関係法令早わかり
の手引」別冊〉 1300円 Ⓘ4-474-00835-9
Ⓝ317.734

危険物関係法令集 1999年 自治省消防庁
危険物規制課監修 オーム社 1998.11
704p 19cm 3000円 Ⓘ4-274-10231-9

Ⓘ次消防法〔抄〕,危険物の規制に関する政令,
危険物の規制に関する規則,危険物の試験及び
性状に関する省令,危険物の規制に関する政令
別表第1及び同令別表第2の自治省令で定める物
質及び数量を指定する省令,危険物の規制に関
する技術上の基準の細目を定める告示,石油コ
ンビナート等災害防止法,石油パイプライン事
業法,消防法施行令〔抄〕,建築基準法〔抄〕,建
築基準法施行令〔抄〕,危険物法令改正関係通達

危険物関係法令集 平成11年改正版 危険
物法令研究会編 第一法規出版 1999.9 1
冊 21cm 〈「危険物関係法令早わかりの手
引」別冊〉 1300円 Ⓘ4-474-00921-5
Ⓝ317.734

危険物関係法令集 2000年版 オーム社編
オーム社 1999.11 730p 19cm 3000円
Ⓘ4-274-10248-3

Ⓘ次消防法(抄),危険物の規制に関する政令,
危険物の規制に関する規則,危険物の試験及び
性状に関する省令,危険物の規制に関する政令
別表第1及び同令別表第2の自治省令で定める物
質及び数量を指定する省令,危険物の規制に関
する技術の基準の細目を定める告示,石油コ
ンビナート等災害防止法,石油パイプライン事
業法,消防法施行令(抄),建築基準法(抄),建
築基準法施行令(抄),危険物法令改正関係通達

危険物関係法令集 2001年版 オーム社編
オーム社 2000.11 591p 19cm 2500円
Ⓘ4-274-12003-1 Ⓝ317.734

Ⓘ次消防法(抄),危険物の規制に関する政令,
危険物の規制に関する規則,危険物の試験及び
性状に関する省令,危険物の規制に関する政令
別表第1及び同令別表第2の自治省令で定める物
質及び数量を指定する省令,危険物の規制に関
する技術上の基準の細目を定める告示,石油コ
ンビナート等災害防止法,石油パイプライン事
業法,地方公共団体の手数料の標準に関する政
令(抄),地方公共団体の手数料の標準に関する
政令に規定する自治省令で定める金額等を定め
る省令,消防法施行令(抄),建築基準法(抄),
建築基準法施行令(抄),危険物法令改正関係通
達一覧(抄)

危険物関係法令集 2002年版 オーム社編
オーム社 2001.11 607p 19cm 2800円
Ⓘ4-274-12004-X Ⓝ317.734

Ⓘ次消防法(抄),危険物の規制に関する政令,
危険物の規制に関する規則,危険物の試験及び
性状に関する省令,危険物の規制に関する政令,
別表第1及び同別表第2の総務省令で定める物
質及び数量を指定する省令,危険物の規制に関
する技術上の基準の細目を定める告示,石油コ
ンビナート等災害防止法,石油パイプライン事
業法,地方公共団体の手数料の標準に関する政
令(抄),地方公共団体の手数料の標準に関する
政令に規定する自治省令で定める金額等を定め
る省令,消防法施行例(抄),建築基準法(抄),
建築基準法施行令(抄),危険物法令改正関係通
達一覧(抄)

内容消防法とその関連の危険物関係の法令を
収録した法令集。内容は2001年10月11日現在。

危険物関係法令集 オーム社編 オーム社
2003.1 617p 19cm 3000円 Ⓘ4-274-
12007-4

Ⓘ次消防法(抄),危険物の規制に関する政令,
危険物の規制に関する規則,危険物の試験及び
性状に関する省令,危険物の規制に関する政令
別表第1及び同別表第2の総務省令で定める物
質及び数量を指定する省令,危険物の規制に関
する技術上の基準の細目を定める告示,石油コ
ンビナート等災害防止法,石油パイプライン事
業法,地方公共団体の手数料の標準に関する政
令(抄),地方公共団体の手数料の標準に関する
政令に規定する自治省で定める金額等を定め
る省令(抄),消防法施行令(抄),建築基準法
(抄),建築基準法施行令(抄),危険物法令改
正関係通達一覧(抄)

危険物技術基準の解説 5訂版 危険物技術
研究会編著 東京法令出版 2012.10 341p
26cm 3400円 Ⓘ978-4-8090-2347-7
Ⓝ317.734

Ⓘ次危険物,危険物施設の区分,危険物施設
のすべてに共通する貯蔵・取扱いの技術上の基
準,危険物の類ごとに共通する貯蔵・取扱いの
技術上の基準,製造所,屋内貯蔵所,屋外タン
ク貯蔵所,屋内タンク貯蔵所,地下タンク貯蔵
所,簡易タンク貯蔵所,移動タンク貯蔵所,屋
外貯蔵所,給油取扱所,販売取扱所,移送取扱
所,一般取扱所,消火設備・警報設備及び避難
設備の技術上の基準,運搬及び移送の技術上の
基準

危険物規制と防災安全 予防行政のあゆみ

次郎丸誠男著　オーム社　2009.5　238p
21cm　〈索引あり〉　3000円　①978-4-274-
20710-5　Ⓝ317.734
(目次)第1章 危険物規制の制度に関する変遷，第
2章 危険物製造所等に係る技術上の基準の変遷，
第3章 危険物施設における貯蔵・取扱いに係る
技術基準の変遷，第4章 危険物の運搬・移送の
技術上の基準の変遷，第5章 石油コンビナート
等災害防止法に係る基準の変遷，第6章 石油パ
イプライン事業法に係る規準の変遷，付属資料

危険物法令の早わかり　10訂版　神戸市消防
　局予防部査察課監修，神戸市危険物安全協会
　編集　東京法令出版　2013.2　222p　30cm
　2400円　①978-4-8090-2355-2　Ⓝ317.734
(目次)1 消防法の改正概要(昭和63年改正)，2
消防法の改正概要(危険物規制事務関連改正)，
3 危険物の規制に関する政令の一部改正(昭和
63年改正)，4 位置，構造及び設備等の改正の
概要(昭和63年改正)，5 危険物の規制に関する
政省令等の一部改正(平成元年から平成15年ま
での改正)，6 危険物の規制に関する政省令等
の一部改正(平成16・17年改正)，7 危険物の規
制に関する政省令等の一部改正(平成18・19年
改正)，8 危険物の規制に関する政省令等の一
部改正(平成21・22年改正)，9 危険物の規制に
関する政省令等の一部改正等(平成23・24年改
正等)，10 製造所等の位置・構造・設備早見表
(10訂版)

危険物六法　平成4年新版　危険物法規研究
　会編　東京法令出版　1992.3　1冊　21cm
　〈平成4年3月15日現在 付・法令・実務の要点
　解説，危険物用語索引〉　1500円　①4-8090-
　2006-1　Ⓝ317.734

危険物六法　平成10年新版　自治省消防庁
　危険物規制課編　東京法令出版　1998.4
　955,90p　21cm　〈平成10年4月1日現在 付・
　法令・実務の要点解説，危険物用語索引〉
　1572円　①4-8090-2034-7　Ⓝ317.734

危険物六法　平成12年新版　危険物法令研
　究会編　東京法令出版　2000.4　955,91p
　21cm　〈付・法令，実務の要点解説／危険物
　用語索引〉　1600円　①4-8090-2071-1
　Ⓝ317.734

危険物六法　平成13年新版　危険物法令研
　究会編　東京法令出版　2001.4　955,91p
　21cm　〈付・法令・実務の要点解説／危険物
　用語索引〉　1600円　①4-8090-2118-1

Ⓝ317.734

危険物六法　平成14年新版　危険物法令研
　究会編　東京法令出版　2002.4　955,91p
　21cm　〈付・法令，実務の要点解説／危険物
　用語索引〉　1700円　①4-8090-2146-7
　Ⓝ317.734

危険物六法　平成15年新版　危険物法令研
　究会編　東京法令出版　2003.4　955,91p
　21cm　〈付：法令・実務の要点解説，危険物
　用語索引〉　1700円　①4-8090-2162-9
　Ⓝ317.734

危険物六法　平成16年新版　危険物法令研
　究会編　東京法令出版　2004.4　1冊　21cm
　〈付・法令・実務の要点解説，危険物用語索
　引〉　1700円　①4-8090-2179-3　Ⓝ317.734

危険物六法　平成17年新版　危険物法令研
　究会編　東京法令出版　2005.4　959,91p
　21cm　〈付・法令・実務の要点解説，危険物
　用語索引〉　1700円　①4-8090-2191-2
　Ⓝ317.734

危険物六法　平成18年新版　危険物法令研
　究会編　東京法令出版　2006.5　959,91p
　21cm　〈付・法令・実務の要点解説，危険物
　用語索引〉　1900円　①4-8090-2207-2
　Ⓝ317.734

危険物六法　平成19年新版　危険物法令研
　究会編　東京法令出版　2007.5　959,91p
　21cm　〈付・法令・実務の要点解説，危険物
　用語索引〉　2100円　①978-4-8090-2226-5
　Ⓝ317.734

危険物六法　平成20年新版　危険物法令研
　究会編　東京法令出版　2008.5　1冊　21cm
　〈付・法令・実務の要点解説，危険物用語索
　引〉　2100円　①978-4-8090-2248-7　Ⓝ317.
　734
(内容)危険物を取り扱う実務者向け，また危険
物取扱者試験の受験準備講習用の法令集。基本
法令，参考法令の2部に分けて収録する。

危険物六法　平成21年新版　危険物法令研
　究会編　東京法令出版　2009.5　1冊　21cm
　〈付：法令・実務の要点解説，危険物用語索
　引〉　2300円　①978-4-8090-2275-3　Ⓝ317.
　734
(目次)基本法令(消防法，消防法第十一条の五第
一項又は第二項等の規定により命令をした場合

事故・災害レファレンスブック　**163**

産業災害

の標識を定める件，危険物の規制に関する政令，危険物の規制に関する規則，危険物の試験及び性状に関する省令 ほか），参考法令（危険物保安技術協会に関する省令，危険物保安技術協会の財務及び会計に関する省令，石油パイプライン事業法（抄），石油コンビナート等災害防止法（抄），火災予防条例（例）（抄）ほか），付録

危険物六法 平成22年新版 危険物法令研
究会編 東京法令出版 2010.5 959,91p 21cm 〈付：法令・実務の要点解説，危険物用語索引〉 2300円 Ⓘ978-4-8090-2301-9 Ⓝ317.734

(目次)基本法令（消防法，消防法第十一条の五第一項又は第二項等の規定により命令をした場合の標識を定める件，危険物の規制に関する政令，危険物の規制に関する規則 ほか），参考法令（危険物保安技術協会に関する省令，危険物保安技術協会の財政及び会計に関する省令，石油パイプライン事業法（抄），石油コンビナート等災害防止法（抄）ほか）

危険物六法 平成23年新版 危険物法令研
究会編 東京法令出版 2011.5 1冊 21cm 〈付：法令・実務の要点解説 危険物用語索引〉 2300円 Ⓘ978-4-8090-2323-1 Ⓝ317.734

(目次)基本法令（消防法，消防法第十一条の五第一項又は第二項等の規定により命令をした場合の標識を定める件，危険物の規制に関する政令，危険物の規制に関する規則，危険物の試験及び性状に関する省令 ほか），参考法令（危険物保安技術協会に関する省令，危険物保安技術協会の財務及び会計に関する省令，石油パイプライン事業法（抄），石油コンビナート等災害防止法（抄），火災予防条例（例）（抄）ほか）

危険物六法 平成24年新版 危険物法令研
究会編 東京法令出版 2012.6 1冊 21cm 〈平成24年4月1日現在 〈付録〉法令・実務の要点解説 危険物用語索引 索引あり〉 2300円 Ⓘ978-4-8090-2340-8 Ⓝ317.734

(目次)基本法令（消防法，消防法第十一条の五第一項又は第二項等の規定により命令をした場合の標識を定める件，危険物の規制に関する政令，危険物の規制に関する規則 ほか），参考法令（危険物保安技術協会に関する省令，危険物保安技術協会の財務及び会計に関する省令，石油パイプライン事業法（抄），石油コンビナート等災害防止法（抄）ほか），付録 危険物用語索引・法令・実務の要点解説

危険物六法 平成25年新版 危険物法令研
究会編 東京法令出版 2013.5 1冊 21cm 〈平成25年4月1日現在 索引あり〉 2300円 Ⓘ978-4-8090-2362-0 Ⓝ317.734

(目次)基本法令（消防法，消防法第十一条の五第一項又は第二項等の規定により命令をした場合の標識を定める件，危険物の規制に関する政令，危険物の規制に関する規則 ほか），参考法令（危険物保安技術協会に関する省令，危険物保安技術協会の財務及び会計に関する省令，石油パイプライン事業法（抄），石油コンビナート等災害防止法（抄）ほか）

危険物六法 平成26年新版 危険物法令研
究会編 東京法令出版 2014.5 1029,91p 21cm 〈平成26年3月1日現在 索引あり〉 2500円 Ⓘ978-4-8090-2379-8 Ⓝ317.734

(目次)基本法令（消防法，消防法第十一条の五第一項又は第二項等の規定により命令をした場合の標識を定める件，危険物の規制に関する政令 ほか），参考法令（危険物保安技術協会に関する省令，危険物保安技術協会の財務及び会計に関する省令，石油パイプライン事業法（抄）ほか），付録（危険物用語索引，法令・実務の要点解説）

基本危険物関係法令集 平成12年改正版
危険物法令研究会編 第一法規出版 2000.8 743,25p 21cm 1300円 Ⓘ4-474-00964-9 Ⓝ317.734

図解危険物施設基準の早わかり 1 10訂
危険物行政研究会編著，東京消防庁監修 東京法令出版 2009.8 289p 26cm 〈内容現在平成21年5月1日現在〉 3200円 Ⓘ978-4-8090-2281-4 Ⓝ317.734

(目次)第1章 危険物規制の概要（規制概要のフロー，手続の種類，危険物の範囲，危険物の貯蔵及び取扱いの制限等，指定数量未満の危険物等の市町村条例への委任 ほか），第2章 製造所の基準（区分，規制範囲，危険物の取扱数量及び倍数，保安距離，保有空地 ほか），第3章 一般取扱所の基準（区分，危険物の取扱数量及び倍数，危政令第19条第1項の一般取扱所，危政令第19条第2項を適用することができる一般取扱所，危政令第19条第3項を適用することができる一般取扱所 ほか），資料（保安距離規制関連法令（抜すい），電気設備に係る基準（抜すい））

特定化学物質障害予防規則の解説 第15版
中央労働災害防止協会編 中央労働災害防止協会 2014.3 503p 21cm 1800円 Ⓘ978-4-8059-1535-6 Ⓝ366.34

目次第1編 総説（規則制定の経緯等，改正の要点），第2編 逐条解説（総則，製造等に係る措置，用後処理 ほか），第3編 関係法令（労働安全衛生法〈抄〉・労働安全衛生法施行令〈抄〉・労働安全衛生規則〈抄〉，特定化学物質障害予防規則，作業環境測定法〈抄〉・作業環境測定法施行令〈抄〉・作業環境測定法施行規則〈抄〉），付録

早わかり危険物関係法令集　消防庁危険物規

制課編　ぎょうせい　1994.1　659p　21cm　3200円　①4-324-04002-8　Ⓝ317.734

目次消防法，危険物の規制に関する政令，危険物の規制に関する規則，危険物の試験及び性状に関する省令，危険物の規制に関する政令別表第一及び同令別表第二の自治省令で定める物質及び数量を指定する省令，危険物の規制に関する技術上の基準の細目を定める告示，消防法施行令〈抄〉

内容本書は，消防法に基づく危険物規制行政に係る主要法令等を集成し，もって危険物規制行政に携わる消防職員のみならず，広く危険物を日常取り扱う者が手軽に使用できる法令集として発刊するものである。

◆◆健康管理・産業保険

<事　典>

ILO産業安全保健エンサイクロペディア

第1巻　労働科学研究所，小木和孝編　労働調査会　2002.9　3378p　31×22cm　〈原書第4版 原書名：Encyclopaedia of occupational health and safety，4th ed.〉70000円　①4-89782-748-5　Ⓝ366.34

目次1 人体と健康（血液，がん ほか），2 医療と保健管理（救急処置と緊急医療サービス，健康の保護と増進 ほか），3 管理と基本方針（労働能力障害と労働，教育と訓練 ほか），4 技法とアプローチ（生物学的モニタリング，疫学と統計学 ほか）

内容産業安全保健の主要な学問分野の情報をまとめたILO編集の事典。全4巻の第1巻。「人体と健康」と「医療と保健管理」は医学的なアプローチから，疾患，その検出と予防，産業保健サービスと健康増進活動について解説。「管理と基本方針」は，法的，倫理的，社会的側面と、教育，情報，制度に関する資源をとりあげる。「技法とアプローチ」では，産業安全保健の研究と応用を構成する学問（工学，人間工学，産業衛生学，疫学と統計学，実験室研究など）について考察する。

<名簿・人名事典>

労災指定医療機関便覧　平成2年版　労働

新聞社　1990.2　817p　26cm　〈監修：労働省労働基準局補償課〉　4950円　Ⓝ498.16

<ハンドブック>

産業医の職務Q&A　第10版　産業医の職務

Q&A編集委員会編　産業医学振興財団　2014.3　538p　26cm　〈文献あり〉　3000円　①978-4-915947-53-7　Ⓝ498.8

目次産業医制度，産業保健に関する法令，総括管理，職場巡視，作業環境管理，作業管理，健康管理，労働衛生教育，職業性疾病等とその予防対策，事務職場の労働衛生管理，小規模事業場における労働衛生管理，産業医活動の支援，付編

労災医療ガイドブック　労災保険情報セン

ター　2006.9　175p　30cm　1905円　①4-903286-14-2

目次第1部 治療から治ゆ，そしてきめ細かな援護（労災医療とは，労災保険における「治ゆ」（症状固定）などについて，二次健康診断等給付（過労死予防のための給付）のあらまし，労働福祉事業（治ゆ後の援護）のあらまし，労災保険指定医療機関等の制度のしくみ），第2部 労災医療に関する各種手続き（療養補償給付の請求方法，労災診療費等の請求方法と支払い，労災保険指定医療機関等の指定を受けるための手続き），参考

労災医療ガイドブック　労災保険情報セン

ター　2008.9　169p　30cm　1905円　①978-4-903286-26-6　Ⓝ498.8

目次第1部 治療から治ゆ，そして社会復帰のために（労災医療とは，労災保険における「治ゆ」（症状固定）などについて，二次健康診断等給付（過労死予防のための給付）のあらまし，社会復帰促進等事業（治ゆ後の援護）のあらまし，労災保険指定医療機関等の制度のしくみ），第2部 労災医療に関する各種手続き（療養補償給付の請求方法，労災診療費等の請求方法と支払い，労災保険指定医療機関等の指定を受けるための手続き），参考

労災医療ガイドブック　改訂2版　労災保険

情報センター　2010.9　165p　30cm　1905円　①978-4-903286-36-5　Ⓝ498.8

目次第1部 治療から治ゆ，そして社会復帰のために（労災医療とは，労災保険における「治

産業災害　　　　　　　　　人為的災害・事故

ゆ」（症状固定）の考え方，二次健康診断等給付，社会復帰促進等事業，労災保険指定医療機関等の制度），第2部 労災医療に関する各種手続き（療養補償給付の請求方法，労災診療費等の請求方法と支払い，労災保険指定医療機関等の指定），参考

労災医療ガイドブック　医療担当者必読書

改訂4版　労災保険情報センター　2014.12
199p　30cm　2037円　Ⓘ978-4-903286-58-7
Ⓝ498.8

労災防止活動推進ハンドブック　日本労働

組合総連合会監修　労働基準調査会　1997.6
199p　26cm　2000円　Ⓘ4-89782-451-6
（目次）第1部 安全衛生職場改善チェックシート，第2部 職場での安全衛生改善活動の進め方 解説編（安全衛生管理活動の改善と進め方，屋内産業の安全衛生活動の改善と進め方，屋外産業の安全衛生活動の改善と進め方），第3部 労災防止活動の進め方 活動編（こうすれば活発にできる自主的な労災防止活動，労災防止指導員制度の積極的な活用）

労災防止活動推進ハンドブック　改訂3版

日本労働組合総連合会監修　労働調査会
2006.11　241p　26cm　2000円　Ⓘ4-89782-946-1
（目次）第1部 安全衛生職場改善チェックシート，第2部 職場での安全衛生改善活動の進め方 解説編（安全衛生管理活動の改善と進め方，屋内における安全衛生活動の改善と進め方，屋外における安全衛生活動の改善と進め方），第3部 労災防止活動の進め方 活動編（こうすれば活発にできる自主的な労災防止活動，労災防止指導員制度の積極的な活用）

労災保険 医療費算定実務ハンドブック

平成8年版　労働省労働基準局補償課編　労働基準調査会　1996.10　287p　21cm　2800円　Ⓘ4-89782-423-0
（目次）第1章 労災保険制度の概要，第2章 労災保険指定医療機関制度，第3章 指定医療機関における労災診療の具体的取扱い，第4章 労災診療費，第5章 労災診療費の請求及び支払い，第6章 はり・きゅう施術（一般医療との併施），第7章 看護，第8章 移送

労災保険 医療費算定実務ハンドブック

平成14年版　厚生労働省労働基準局労災補償部補償課編　労働調査会　2002.9　326p　21cm　2667円　Ⓘ4-89782-763-9　Ⓝ364.5

（目次）第1章 労災保険制度の概要，第2章 労災保険指定医療機関制度，第3章 指定医療機関における労災診療の具体的取扱い，第4章 労災診療費，第5章 労災診療費の請求及び支払い，第6章 はり・きゅう施術（一般医療との併施），第7章 看護，第8章 移送

（内容）労災医療の内容，算定方法及び請求から支払いまでの基礎知識と手続きについてのガイドブック。付録に，労災医療関連法令抜粋，傷病等級表，施設一覧などがある。平成14年版は，平成14年4月の労災診療費の改定に伴い，現行の労災医療の取扱いに即した内容に改める。

労災保険の給付手続便覧　改訂新版　労働省

労働基準局補償課編　労務行政研究所　1997.2　357p　21cm　2913円　Ⓘ4-8452-7014-5
（目次）第1 労災保険のしくみ，第2 労災保険法の改正について，第3 保険給付のあらまし，第4 保険給付の内容と請求の手続，第5 労災保険の保険給付と民事損害賠償との調整，第6 第三者行為災害等，第7 労働福祉事業

＜法令集＞

健康安全関係法令集　平成26年版　日本人

事行政研究所編　日本人事行政研究所
2014.6　974p　22cm　〈索引あり　発売：PM出版〉　8500円　Ⓘ978-4-903541-35-8
Ⓝ366.34

（目次）人事院規則一〇・四（職員の保健及び安全保持）／人事院規則一〇・四の運用について（通知），人事院規則一〇・五（職員の放射線障害の防止）／人事院規則一〇・五の運用について（通知），人事院規則一〇・一三（東日本大震災により生じた放射性物質により汚染された土壌等の除染等のための業務等に係る職員の放射線障害の防止）／人事院規則一〇・一三（東日本大震災により生じた放射性物質により汚染された土壌等の除染等のための業務等に係る職員の放射線障害の防止）の運用について（通知），人事院規則一〇・八（船員である職員に係る保健及び安全保持の特例）／人事院規則一〇・八の運用について（通知），人事院規則一〇・七（女子職員及び年少職員の健康、安全及び福祉）／人事院規則一〇・七（女子職員及び年少職員の健康、安全及び福祉）の運用について（通知）

＜年鑑・白書＞

日本労働年鑑　第73集（2003年版）　大原

社会問題研究所編　旬報社　2003.6　461p

166　事故・災害レファレンスブック

21cm 15000円 ①4-8451-0813-5

(目次)政治・経済の動向と労働問題の焦点，特集 メンタルヘルス問題と職場の健康―その現状と対策，第1部 労働経済と労働者生活，第2部 経営労務と労使関係，第3部 労働組合の組織と運動，第4部 労働組合と政治・社会運動，第5部 労働・社会政策

(内容)二〇〇二年一月から一二月までの、日本の労働問題、労働・社会運動の動向を記録。

<統計集>

労働者健康状況調査報告　平成24年　厚生労働省大臣官房統計情報部雇用・賃金福祉統計課賃金福祉統計室編　厚生労働省大臣官房統計情報部　2014.3　282p　30cm　Ⓝ498.8

医療・介護・看護事故

<年 表>

日本医療史事典　トピックス1722-2012　日外アソシエーツ編集部編　日外アソシエーツ　2013.9　453p　21cm　〈文献あり 索引あり　発売：(東京)紀伊国屋書店〉　14200円　①978-4-8169-2431-6　Ⓝ498.021

(目次)本文，分野別索引(政策，制度，法令，団体，教育，病気，治療，事件，出版，社会)，事項名索引

(内容)1722年から2012年まで、日本の医療に関するトピック3,354件を年月日順に掲載。医療に関する政策・制度・法律、病気の流行と対策、医療技術・治療法の研究と発達、医療現場での事故・事件など幅広いテーマを収録。「分野別索引」「事項名索引」付き。

<事 典>

医療安全用語事典　日本病院管理学会監修，濃沼信夫企画・編集　エルゼビア・ジャパン　2004.5　128p　22cm　2300円　①4-86034-514-2　Ⓝ498.163

医療の質用語事典　飯田修平，飯塚悦功，棟近雅彦監修，医療の質用語事典編集委員会編著　日本規格協会　2005.9　359p　19cm　3000円　①4-542-20310-7

(目次)第1章 基本概念(質，顧客・要求 ほか)，第2章 質マネジメント(マネジメントシステム，質マネジメント(QM)要素・管理，文書化・標準化)，第3章 医療安全(医療事故，リスクマネ

ジメント(危険管理)，医療事故分析，医療安全推進，ヒューマンファクター・ヒューマンエラー)，第4章 運用・推進技術(5S,QCサークルほか)，第5章 手法・技法(QC手法，QCストーリー ほか)

(内容)質にかかわる概念、管理の仕組み、支援・運用技術などを、単に定義を記すだけでなく、"質保証"の視点からの説明や、医療従事者になじみが薄い質マネジメント用語については"医療での適用のポイント"などの説明を充実させた画期的な事典。

<ハンドブック>

医薬品急性中毒ガイド　毒性ランク・症例・処置法　山崎太，森博美編著　ヴァンメディカル　2000.11　313p　21cm　3800円　①4-900799-34-3　Ⓝ493.155

(目次)総論，各論(催眠鎮静剤，抗てんかん剤，精神神経用剤，中枢興奮剤，解熱鎮痛消炎剤，鎮痛剤 ほか)，巻末資料(主な医療用医薬品合剤一覧，主な一般用医薬品(OTC)合剤一覧)

(内容)医薬品の中毒症状に関する情報をまとめたハンドブック。現在最も汎用されている医薬品と、過去に中毒省令報告のあるものを中心とした176品目を収録。総論の後の各論で薬品種類別に掲載し、中毒症状、致死量、体内動態、処置法について記載する。また、個々の医薬品の毒性の危険度別にランク分けしてある。巻末に五十音順索引付き。

イラスト&チャートでみる急性中毒診療ハンドブック　相馬一亥監修，上條吉人著　医学書院　2005.10　347p　21cm　3800円　①4-260-00088-8

(目次)第1章 初期対応の考え方(中毒物質の推定，中毒の3大合併症 ほか)，第2章 中毒物質マスト40(医薬品，家庭用品 ほか)，第3章 急性中毒と精神医学(急性中毒患者の精神科的背景，精神科的問題への対処法 ほか)，第4章 向精神薬の致死的副作用(抗精神病薬による悪性症候群，非定型抗精神病薬による糖尿病性ケトアシドーシス ほか)，付録 解毒薬・拮抗薬早見表

(内容)「初期対応の考え方」では、豊富なイラストや語呂合わせで初期対応の理論をわかりやすく解きほぐす。「中毒物質マスト40」では、初期治療のポイント、中毒を疑うポイント、治療のフローチャートなど、急性中毒診療の現場で迅速かつ的確に対応するための情報をコンパクトに収載。

医療・介護・看護事故　　人為的災害・事故

介護施設と法令遵守　伊藤重夫，結城康博編
集代表　ぎょうせい　2010.8　284p　21cm
（シリーズ介護施設安全・安心ハンドブック
3）　2381円　Ⓘ978-4-324-08699-5

(目次)介護保険制度と法令遵守，法令遵守の経
緯，特別養護老人ホームにおける法令遵守，老
人保健施設，通所系サービス・短期入所系サー
ビス，介護付有料老人ホームの契約と顧客満足
の介護サービス，訪問介護，グループホーム，
ケアマネジャーと法令遵守，介護事故訴訟から
学ぶ利用者との関係，指導監査からみた法令遵
守，法令遵守と介護現場—措置制度と介護保険

技師とナースのための消化管内視鏡ハンド
ブック　長廻紘監修　文光堂　2001.10
262p　19cm　3500円　Ⓘ4-8306-4209-2

(目次)1 はじめに，2 患者さんへの対応，3 内視
鏡機器はどのように扱ったらよいか，4 内視鏡
検査をどのように介助するか，5 処置のポイン
トとコツ，6 環境と感染防止，7 事故や緊急時
の対応，8 その他

薬・毒物中毒救急マニュアル　改訂6版　西
勝英監修，西玲子，福永栄子，渡辺せい子，
守田美和著　医薬ジャーナル社　1999.5
415p　26cm　4900円　Ⓘ4-7532-1742-6

(目次)急性中毒の処置(応急処置，毒物の除去，
初期維持療法，対症療法)，各論(農薬による中
毒，医薬品による中毒，家庭用品による中毒，
動植物による中毒，その他の工業用品による中
毒)

<法令集>

医療法務／医療の安全管理　訴訟になる前
に知っておくべきこと　須田清著　日本医
療企画　2010.6　77p　26cm　（医療経営士
テキスト 中級 一般講座 10）　〈文献あり〉
2800円　Ⓘ978-4-89041-918-0　Ⓝ498.163

(目次)第1章 総論—問題提起に代えて，第2章 医
療事故を発生させない方策，第3章 医療事故の
対応，第4章 個人情報(保護・開示)と医療，第
5章 民事訴訟手続，第6章 刑事裁判手続

<年鑑・白書>

医療白書　医療の安全性確保へ向けて
2000年度版　問われる「医療の質」と
「リスクマネジメント」　医療経済研究機
構監修　日本医療企画　2000.11　317p
26cm　2800円　Ⓘ4-89041-437-1　Ⓝ498.021

(目次)プロローグ 医療界に押し寄せる革命的潮
流，第1編 情報開示の流れは止まらない，第2編
「医療の標準化」への模索，第3編 「医療の質向
上」への挑戦，第4編 危機管理意識の覚醒—医
療事故防止システムの構築

(内容)医療界の年間動向を分析・掲載したもの。
今版では医療の質とリスク管理の問題を中心に
据え，診療情報の開示に関する患者のニーズと
医師・医療機関側の対応，診療ガイドライン作
りの新たな潮流，病院機能評価事業の現状と展
望，医療事故とリスクマネジメントなどについ
て記述する。

<統計集>

食中毒の統計と情報　平成10年　日本食品
衛生協会　2001.10　385p　30cm　3000円
Ⓝ493.157

(目次)第1編 平成10年に発生した食中毒事件の
統計学的考察(概要，原因食品別発生状況 ほ
か)，第2編 主な食中毒事件例(サルモネラ属菌
による事件，病原大腸菌による事件 ほか)，第3
編 都道府県・政令指定都市・中核市別食中毒一
覧，第4章 社団法人日本食品衛生協会の食品営
業賠償共済制度と共済金支払い統計(食品事故
と損害賠償責任，食品営業賠償共済制度 ほか)

◆医療・介護・看護事故防止

<ハンドブック>

医療事故防止のためのガイドライン　東京
警察病院医療事故防止委員会編　篠原出版
1994.8　226p　21cm　3399円　Ⓘ4-87949-
141-1　Ⓝ498.12

(目次)医療事故とその内容(医療事故の意味，本
質，背景，医療事故が診療，病院管理，病院経営
に及ぼす影響，医療事故の内容〈種類〉，医療事
故防止対策の基本的事項，事故発生時の処置対
策と注意事項，医療事故防止対策の関連事項)，
院内各部門における医療事故の特徴と防止対策
(内科一般，内科〈循環器センター，消化器セン
ター〉，神経科，小児科，外科，救急集中治療
部〈ICU〉，整形外科，形成外科，脳神経外科 ほ
か)

救急医療における精神症状評価と初期診療
PEECガイドブック　チーム医療の視点
からの対応のために　日本臨床救急医学会
監修，日本臨床救急医学会「自殺企図者のケ
アに関する検討委員会」編　へるす出版

168　事故・災害レファレンスブック

人為的災害・事故　　　　　　　　　　　　　交通事故

2012.6　215p　19cm　2600円　Ⓘ978-4-
89269-774-6

(目次)1章 総論(救急医療における精神症状評
価の必要性とその実態について，精神症状や心
理的危機を有する患者の初療アルゴリズム ほ
か)，2章 コース開催の概略，カリキュラム、必
要物品、運営のコツ(PEECコース開発の経緯，
PEECコースの学習目標 ほか)，3章 ケースシ
ナリオ(大量服薬を繰り返すパーソナリティ障
害の事例、身体的な治療継続が必要だが、退院要
求が強い事例，自殺企図により搬送された50代
男性の事例(混乱した家族のケアが必要であっ
た事例) ほか)，4章 精神科救急医療、自殺関
連問題に関する話題(精神科救急医療体制とそ
の課題，自殺企図者のケアに関する医療システ
ム、相談窓口、社会資源 ほか)

針刺し事故防止ハンドブック　肝炎／
AIDSへの対応　岡慎一監修、国立国際医
療センターエイズ治療・研究開発センター編
著　(大阪)医薬ジャーナル社　1999.11
34p　19cm　950円　Ⓘ4-7532-1790-6

(目次)針刺し事故防止対策について(針刺し事
故防止対策の心構え，環境を整える，患者への
説明，廃棄時のポイント，安全なリキャップの
方法，安全な注射、採血の方法，安全な抜針の
方法、安全な分注の方法)，事故後の対応につ
いて(事故直後の処置，事故後の対応，肝炎ウ
イルスの事故後の対処法，ヒト免疫不全ウイル
ス(HIV)，スタンダート・プレコーションに必
要は取り扱い方)，物品の紹介とコスト
(針捨て容器，真空採血管，手袋、閉鎖式輸血
システム)

ユニバーサルプレコーション実践マニュア
ル 新しい感染予防対策　「医療の安全に
関する研究会」安全教育分科会編　南江堂
1998.7　120p　30cm　3800円　Ⓘ4-524-
21748-7

(目次)1 総論(院内感染予防に関する全般的基本
事項，院内感染予防対策の基本)，2 MRSA感染
予防対策(MRSA感染予防に関する全般的基本
事項，MRSA感染予防対策の基本)，3 針刺し
事故防止対策(針刺し事故による健康被害，針
刺し事故防止対策，針刺し事故発生後の管理)

(内容)国際標準とみなされる院内感染対策基準
を示すマニュアル。

交通事故

＜年　表＞

日本交通史事典　トピックス　1868-2009
日外アソシエーツ編集部編　日外アソシエー
ツ　2010.3　493p　21cm　〈文献あり 索引
あり〉　13800円　Ⓘ978-4-8169-2238-1
Ⓝ682.1

(目次)本文，分野別索引，事項名索引

(内容)1868年から2009年まで、交通に関するト
ピック4536件を年月日順に掲載。法整備、国際
交渉、技術開発、業界・企業動向、事故など幅
広いテーマを収録。巻末に便利な「分野別索引」
「事項名索引」付き。

＜事　典＞

海と空の港大事典　日本港湾経済学会編　成
山堂書店　2011.9　247p　27cm　〈索引あ
り〉　5600円　Ⓘ978-4-425-11181-7　Ⓝ683.
9

(目次)海と空の港の歴史と文化―日本の海の港
の歴史的意義，船舶と航空機の種類と事故事例
―海運業界の現状と課題，ハブ港の重要性，海
運競争と物流システム―アジア地域の経済成長
とコンテナ港の競争時代の到来，航空サービス
と航空政策―航空業界の現状と空港(ハブ)の重
要性，海の港の物流・運送事業とハブ港化―国
際物流の現状と日本の港湾への影響について，
空の港の施設とハブ港化―国際航空貨物輸送の
史的発展と日本の空の港，海の港の都市開発と
観光・集客―都市の臨海部の再開発による観光・
集客力，海と空の港と環境―東日本大震災の想
定外の被災と責任，海と空の港の国際事情―ア
ジアのハブ空港競争の現状と課題，海と空の港
の行政と機関―21世紀、日本の観光立国と観光
行政，海と空の港に関する法律―海と空の港に
関する法制度

(内容)海と空の港にかかわる用語を約1,200項目
収録。歴史から学際的な事柄まで、港湾・空港
に関連する用語をわかりやすく解説。現在進行中
の諸問題も網羅。理論・政策・実務を体系的に
理解できる基本図書。巻頭とおもな章にカラー
口絵を掲載。写真から海と空の港の歴史と現状
を知る。

＜年鑑・白書＞

交通安全白書　平成2年版　総務庁編　大蔵
省印刷局　1990.7　587p　21cm　2900円

事故・災害レファレンスブック　*169*

交通事故　　　　　　人為的災害・事故

Ⓘ4-17-191165-6

(目次)交通事故の状況及び交通安全施策の現況，第1編　交通安全対策20年の歩みと今後の方向（道路交通，鉄軌道交通，海上交通，航空交通），第2編　交通安全施策の現況（陸上交通，海上交通，航空交通），平成2年度において実施すべき交通安全施策に関する計画（陸上交通の安全に関する施策，海上交通の安全に関する施策，航空交通の安全に関する施策，第5次交通安全基本計画の策定）

(内容)今年が交通安全対策基本法の制定後20年に当たることから，第一編「交通安全対策20年の歩みと今後の方向」で20年間の交通事故の動向、交通安全対策の歩みを振り返り、今後の交通安全対策の方向を展望している。

交通安全白書　平成3年版　総務庁編　大蔵
省印刷局　1991.6　480p　21cm　2800円
Ⓘ4-17-191166-4

(目次)第1編　交通事故の動向と交通安全対策の今後の方向（道路交通，鉄軌道交通，海上交通，航空交通），第2編　交通安全施策の現況（陸上交通，海上交通，航空交通），平成3年度において実施すべき交通安全施策に関する計画（陸上交通の安全に関する施策，海上交通の安全に関する施策，航空交通の安全に関する施策）

交通安全白書　平成4年版　総務庁編　大蔵
省印刷局　1992.6　500p　21cm　2900円
Ⓘ4-17-191167-2

(目次)平成3年度交通事故の状況及び交通安全施策の現況，陸上交通（道路交通，鉄軌道交通，陸上交通安全に関する財政措置），海上交通（海難の動向，プレジャーボート等の事故の増加と交通安全対策，海上交通安全施策の現況），航空交通（航空交通事故の動向，ヘリコプター事故と交通安全対策，航空交通安全施策の現況），平成4年度において実施すべき交通安全施策に関する計画（陸上交通の安全に関する施策，海上交通の安全に関する施策，航空交通の安全に関する施策）

交通安全白書　平成5年版　総務庁編　大蔵
省印刷局　1993.6　460p　21cm　2900円
Ⓘ4-17-191168-0　Ⓝ681.3

(目次)交通事故の状況及び交通安全施策の現況，陸上交通（道路交通，鉄軌道交通，陸上交通安全に関する財政措置），海上交通（海難の動向，プレジャーボート等の事故と交通安全対策，海上交通安全施策の現況），航空交通（航空交通事故の動向，航空交通安全施策の現況），平成5年度において実施すべき交通安全施策に関する計

画，陸上交通の安全に関する施策（道路交通の安全に関する施策，鉄軌道交通の安全に関する施策，付 陸上交通の安全に関する財政措置），海上交通の安全に関する施策，航空交通の安全に関する施策

(内容)道路、鉄軌道、海上及び航空の各交通分野における交通事故の状況と交通の安全に関する施策を取りまとめたもの。交通安全対策基本法に基づき政府が毎年国会に提出している年次報告。

交通安全白書　平成6年版　総務庁編　大蔵
省印刷局　1994.7　491p　21cm　3000円
Ⓘ4-17-191169-9　Ⓝ681.3

(目次)平成5年度交通事故の状況及び交通安全施策の現況，第1編　陸上交通（道路交通，鉄軌道交通），第2編　海上交通，第3章　航空交通，平成6年度において実施すべき交通安全に関する計画，（陸上交通の安全に関する施策，海上交通の安全に関する施策，航空交通の安全に関する施策）

(内容)道路、鉄軌道、海上及び航空の各交通分野における交通事故の状況と交通の安全に関する施策を取りまとめたもの。交通安全対策基本法に基づき政府が毎年国会に提出している年次報告。

交通安全白書　平成7年版　総務庁編　大蔵
省印刷局　1995.6　488p　21cm　3000円
Ⓘ4-17-191170-2

(目次)平成6年度 交通事故の状況及び交通安全施策の現況（陸上交通，海上交通，航空交通），平成7年度において実施すべき交通安全施策に関する計画（陸上交通の安全に関する施策，海上交通の安全に関する施策，航空交通の安全に関する施策）

交通安全白書　平成8年版　総務庁編　大蔵
省印刷局　1996.6　519p　21cm　3000円
Ⓘ4-17-191171-0

(目次)平成7年度交通事故の状況及び交通安全施策の現況（陸上交通，海上交通，航空交通），平成8年度において実施すべき交通安全施策に関する計画（陸上交通の安全に関する施策，海上交通の安全に関する施策，航空交通の安全に関する施策）

交通安全白書　平成9年版　総務庁編　大蔵
省印刷局　1997.7　494p　21cm　2900円
Ⓘ4-17-191172-9

(目次)交通事故の状況及び交通安全施策の現況（陸上交通，海上交通，航空交通），平成9年度

において実施すべき交通安全施策に関する計画（陸上交通の安全に関する施策，海上交通の安全に関する施策，航空交通の安全に関する施策）

交通安全白書 平成10年版 総務庁編 大蔵省印刷局 1998.7 457p 21cm 2900円
Ⓘ4-17-191173-7
Ⓣ目次Ⓣ平成9年度 交通事故の状況及び交通安全施策の現況（陸上交通，海上交通，航空交通），平成10年度において実施すべき交通安全施策に関する計画（陸上交通の安全に関する施策，海上交通の安全に関する施策，航空交通の安全に関する施策）
Ⓝ内容Ⓝ道路、鉄軌道、海上及び航空の各交通分野における交通事項の状況と交通の安全に関する施策を取りまとめたもの。

交通安全白書 平成11年版 総務庁編 大蔵省印刷局 1999.7 561p 21cm 3700円
Ⓘ4-17-191174-5
Ⓣ目次Ⓣ交通事故の状況及び交通安全施策の現況（陸上交通，海上交通，航空交通），平成11年度において実施すべき交通安全施策に関する計画（陸上交通の安全に関する施策，海上交通の安全に関する施策，航空交通の安全に関する施策）

交通安全白書 平成12年版 総務庁編 大蔵省印刷局 2000.6 538p 21cm 2500円
Ⓘ4-17-191175-3 Ⓝ681.3
Ⓝ内容Ⓝ道路、鉄道、海上、航空の各分野の交通における事故の現状と安全対策についてとりまとめた白書。今版では、新幹線トンネルコンクリート剥落事故、など社会的関心の高いテーマについて各分野ごとに特集でとりあげ、重点的に考察している。

交通安全白書 平成13年版 内閣府編 財務省印刷局 2001.6 485p 21cm 2200円
Ⓘ4-17-191176-1 Ⓝ681.3
Ⓣ目次Ⓣ平成12年度交通事故の状況及び交通安全施策の現況，平成13年度において実施すべき交通安全施策に関する計画
Ⓝ内容Ⓝ道路、鉄道、海上、航空の各分野の交通における事故の現状と安全対策についてとりまとめた白書。交通安全対策基本法第13条に基づき政府が国会に報告しているもの。平成13年版は昭和46年の第1回報告から31回目にあたる。

交通安全白書 平成14年版 内閣府編 財務省印刷局 2002.7 212p 30cm 1800円
Ⓘ4-17-191177-X
Ⓣ目次Ⓣ平成13年度交通事故の状況及び交通安全

施策の現況（陸上交通，海上交通，航空交通），平成14年度において実施すべき交通安全施策に関する計画（陸上交通の安全に関する施策，海上交通の安全に関する施策，航空交通の安全に関する施策）

交通安全白書 平成15年版 内閣府編 国立印刷局 2003.7 192p 30cm 2200円
Ⓘ4-17-191178-8
Ⓣ目次Ⓣ平成14年度交通事故の状況及び交通安全施策の現況（陸上交通，海上交通，航空交通），平成15年度において実施すべき交通安全施策に関する計画（陸上交通の安全に関する施策，海上交通の安全に関する施策，航空交通の安全に関する施策）

交通安全白書 平成16年版 内閣府編 国立印刷局 2004.6 198p 30cm 2200円
Ⓘ4-17-191179-6
Ⓣ目次Ⓣ平成15年度交通事故の状況及び交通安全施策の現況（陸上交通，海上交通，航空交通），平成16年度において実施すべき交通安全施策に関する計画（陸上交通の安全に関する施策，海上交通の安全に関する施策，航空交通の安全に関する施策），別添参考

交通安全白書 平成17年版 内閣府編 国立印刷局 2005.6 210p 30cm 2200円
Ⓘ4-17-191180-X
Ⓣ目次Ⓣ平成16年度交通事故の状況及び交通安全施策の現況（陸上交通，海上交通，航空交通），平成17年度交通安全施策に関する計画（陸上交通の安全に関する施策，海上交通の安全に関する施策，航空交通の安全に関する施策）

交通安全白書 平成18年版 内閣府編 国立印刷局 2006.6 240p 30cm 2381円
Ⓘ4-17-191181-8
Ⓣ目次Ⓣ平成17年度交通事故の状況及び交通安全施策の現況（陸上交通，海上交通，航空交通），平成18年度交通安全施策に関する計画（陸上交通の安全についての対策，海上交通の安全についての対策，航空交通の安全についての対策）

交通安全白書 平成19年版 内閣府編 佐伯印刷 2007.6 232p 30cm 2381円
Ⓘ978-4-903729-08-4
Ⓣ目次Ⓣ平成18年度交通事故の状況及び交通安全施策の現況（陸上交通，海上交通，航空交通），平成19年度交通安全施策に関する計画（陸上交通の安全についての施策，海上交通の安全についての施策，航空交通の安全についての施策），

事故・災害レファレンスブック **171**

交通事故　　　　　　人為的災害・事故

別添参考

交通安全白書　平成20年版　内閣府編　佐
伯印刷　2008.6　201p　30cm　2200円
Ⓘ978-4-903729-31-2　Ⓝ681.3
Ⓣ次平成19年度交通事故の状況及び交通安全
施策の現況（陸上交通，海上交通，航空交通），
平成20年度交通安全施策に関する計画（陸上交
通の安全についての施策，海上交通の安全につ
いての施策，航空交通の安全についての施策）

交通安全白書　平成21年版　内閣府編　日
経印刷　2009.6　194p　30cm　2200円
Ⓘ978-4-904260-24-1　Ⓝ681.3
Ⓣ次平成20年度交通事故の状況及び交通安全
施策の現況（陸上交通，海上交通，航空交通），
平成21年度交通安全施策に関する計画（陸上交
通の安全についての施策，海上交通の安全につ
いての施策，航空交通の安全についての施策）

交通安全白書　平成22年版　内閣府編　日
経印刷　2010.7　193p　30cm　2200円
Ⓘ978-4-904260-62-3　Ⓝ681.3
Ⓣ次平成21年度交通事故の状況及び交通安全
施策の現況（陸上交通，海上交通，航空交通），
平成22年度交通安全施策に関する計画（陸上交
通の安全についての施策，海上交通の安全につ
いての施策，航空交通の安全についての施策）

交通安全白書　平成23年版　内閣府編　日
経印刷　2011.6　192p　30cm　2200円
Ⓘ978-4-904260-89-0
Ⓣ次平成22年度交通事故の状況及び交通安
施策の現況（陸上交通，海上交通，航空交通），
平成23年度交通安全施策に関する計画（陸上交
通の安全についての施策，海上交通の安全につ
いての施策，航空交通の安全についての施策）

交通安全白書　平成24年版　内閣府編　佐
伯印刷　2012.6　185p　30cm　2200円
Ⓘ978-4-905428-19-0
Ⓣ次平成23年度交通事故の状況及び交通安全
施策の現況（陸上交通（道路交通，鉄道交通），
海上交通，航空交通），平成24年度交通安全施
策に関する計画（陸上交通の安全についての施
策，海上交通の安全についての施策，航空交通
の安全についての施策）

交通安全白書　平成25年版　内閣府編　勝
美印刷　2013.7　180p　30cm　2200円
Ⓘ978-4-906955-17-6
Ⓣ次平成24年度交通事故の状況及び交通安全
施策の現況（陸上交通（道路交通，鉄道交通），

海上交通，航空交通），平成25年度交通安全施
策に関する計画（陸上交通の安全についての施
策，海上交通の安全についての施策，航空交通
の安全についての施策）

**交通安全白書のあらまし　平成2年版　交
通事故の状況及び交通安全施設の現況**
大蔵省印刷局編　大蔵省印刷局　1990.8
137p　18cm　（白書のあらまし 7）　260円
Ⓘ4-17-351407-7
Ⓣ次交通安全対策20年の歩みと今後の方向（道
路交通，鉄軌道交通，海上交通，航空交通）

**交通安全白書のあらまし　平成3年版　交
通事故の状況及び交通安全施設の現況**
大蔵省印刷局　1991.7　106p　18cm　（白書
のあらまし 7）　260円　Ⓘ4-17-351507-3
Ⓣ次第1編 交通事故の動向と交通安全対策の
今後の方向（道路交通，鉄軌道交通，海上交通，
航空交通），第2編 交通安全施策の現況（陸上交
通，海上交通，航空交通）

交通安全白書のあらまし　平成4年版　大
蔵省印刷局編　大蔵省印刷局　1992.7　63p
18cm　（白書のあらまし 7）　280円　Ⓘ4-
17-351607-X
Ⓣ次第1編 陸上交通（道路交通，鉄軌道交通），
第2編 海上交通，第3編 航空交通

交通安全白書のあらまし　平成5年版　大
蔵省印刷局編　大蔵省印刷局　1993.8　57p
18cm　（白書のあらまし 7）　300円　Ⓘ4-
17-351707-6
Ⓣ次第1編 陸上交通（道路交通，鉄軌道交通），
第2編 海上交通，第3編 航空交通

交通安全白書のあらまし　平成6年版　大
蔵省印刷局　1994.9　59p　17cm　（白書の
あらまし 7）　300円　Ⓘ4-17-351807-2
Ⓣ次第1編 陸上交通，第2編 海上交通，第3編
航空交通

交通安全白書のあらまし　平成7年版　大
蔵省印刷局　1995.8　55p　17cm　（白書の
あらまし 7）　320円　Ⓘ4-17-351907-9
Ⓣ次第1編 陸上交通（道路交通，鉄軌道交通），
第2編 海上交通，第3編 航空交通

交通安全白書のあらまし　平成8年版　大
蔵省印刷局　1996.8　56p　18cm　（白書の
あらまし 7）　320円　Ⓘ4-17-352107-3
Ⓣ次第1編 陸上交通（道路交通，鉄軌道交通），

人為的災害・事故　　　交通事故

第2編 海上交通，第3編 航空交通

交通安全白書のあらまし　平成9年版　大
蔵省印刷局編　大蔵省印刷局　1997.9　53p
18cm　（白書のあらまし 7）　320円　①4-
17-352207-X
(目次)第1編 陸上交通（道路交通，鉄軌道交通），
第2編 海上交通，第3編 航空交通
(内容)陸上（道路及び鉄軌道）、海上及び航空の
各交通分野ごとに、近年の交通事故の状況と平
成八年度の交通安全施策の実施状況をまとめ
たもの。年齢層別事故死者数が平成五年以降連
続して最多となっている高齢者に焦点をあて、
高齢者の交通事故の状況とその対策を重点的に
記述している。

交通安全白書のあらまし　平成10年版　大
蔵省印刷局編　大蔵省印刷局　1998.8　47p
18cm　（白書のあらまし 7）　320円　①4-
17-352307-6
(目次)第1編 陸上交通（道路交通，鉄軌道交通），
第2編 海上交通，第3編 航空交通

交通安全白書のあらまし　交通事故の状況
及び交通安全施策の現況　平成11年版
大蔵省印刷局編　大蔵省印刷局　1999.9
49p　18cm　（白書のあらまし 7）　320円
①4-17-352407-2
(目次)第1編 陸上交通（道路交通，鉄軌道交通），
第2編 海上交通，第3編 航空交通

交通安全白書のあらまし　平成12年版　大
蔵省印刷局編　大蔵省印刷局　2000.10　37p
19cm　（白書のあらまし 7）　320円　①4-
17-352507-9
(目次)第1編 陸上交通（道路交通，鉄軌道交通），
海上交通，航空交通

交通安全白書のあらまし　平成13年版　財
務省印刷局編　財務省印刷局　2001.8　34p
19cm　（白書のあらまし 7）　340円　①4-
17-352607-5
(目次)第1編 陸上交通（道路交通，鉄軌道交通），
海上交通，航空交通

交通安全白書のあらまし　平成14年版　財
務省印刷局編　財務省印刷局　2002.8　25p
19cm　（白書のあらまし 7）　340円　①4-
17-352707-1
(目次)第1編 陸上交通（道路交通，鉄軌道交通），
第2編 海上交通，第3編 航空交通

◆陸上交通事故

＜ハンドブック＞

道路管理瑕疵判例判例ハンドブック　建設省道
路局道路交通管理課訟務班監修，道路管理瑕
疵研究会編　ぎょうせい　1996.8　401,35p
21cm　4300円　①4-324-04918-1
(目次)第1章 穴ぼこ・段差に関する事故，第2章
スリップに関する事故，第3章 路上障害物に関
する事故，第4章 落石に関する事故，第5章 道
路崩壊に関する事故，第6章 排水施設の不備に
関する事故，第7章 路肩部分で起こった事故，
第8章 道路構造に起因する事故，第9章 橋梁の
不全に関する事故，第10章 側溝等の蓋不全に関
する事故，第11章 ガードレールの不全に関する
事故，第12章 照明施設等の不全に関する事故，
第13章 道路工事の不全に関する事故，第14章
その他
(内容)道路法関係例規集に収録されている「道
路管理瑕疵」「道路環境」に関する裁判例につい
ての事故・事件の概要および判決要旨をまとめ
たもの。各判例を事故の原因・様態別に「穴ぼ
こ・段差に関する事故」等14項目に分類し、最
終審の判決年月日順に掲載。道路関係判例一覧
表・判例年月日索引が巻末にある。

道路管理瑕疵判例ハンドブック　改訂版
国土交通省道路局道路交通管理課監修，道路
管理瑕疵研究会編　ぎょうせい　2003.3
447,45p　21cm　4286円　①4-324-06904-2
(目次)穴ぼこ・段差に関する事故，スリップに
関する事故，路上障害物に関する事故，落石に
関する事故，道路崩壊に関する事故，排水施設
の不備に関する事故，路肩部分で起こった事故，
道路構造に起因する事故，橋梁の不全に関する
事故，側溝等の蓋不全に関する事故，ガードレー
ルの不全に関する事故，証明施設等の不全に関
する事故，道路工事の不全に関する事故，その他
(内容)本書は、国家賠償法の正しい理解と被災
者の方への早期救済に資するものとして、まこ
とに便宜なものと考える。また、これらの裁判
事例は、道路管理者の責任の範囲を示すもので
あり、今後の適正な道路の建設と管理を行うた
め、司法の判断を踏まえた方向性を的確につか
むためにも有用なものである。

道路管理瑕疵判例ハンドブック　第2次改訂
版　道路管理瑕疵研究会編　ぎょうせい
2008.5　414,51p　22cm　4286円　①978-4-
324-08359-8　Ⓝ685.1

事故・災害レファレンスブック　173

交通事故　　　　　　人為的災害・事故

(目次)穴ぼこ・段差に関する事故，スリップに関する事故，路上障害物に関する事故，落石に関する事故，道路崩壊に関する事故，排水施設の不備に関する事故，路肩部分で起こった事故，道路構造に起因する事故，橋梁の不全に関する事故，側溝等の蓋不全に関する事故，ガードレールの不全に関する事故，照明施設等の不全に関する事故，道路工事の不全に関する事故，その他

◆◆自動車事故

＜ハンドブック＞

Q&A 交通事故診療ハンドブック　医療機関のためのガイドラインと患者対応のノウハウ　改訂版　羽成守監修，日本臨床整形外科学会編　ぎょうせい　2006.12　357p　26cm　3905円　①4-324-08071-2

(目次)第1編 総論(交通事故医療の問題点，人身傷害補償保険について，日医基準と独占禁止法，わが国における自賠責保険の歴史およびその運用の経過，交通事故医療の新しい診療報酬体系の構築)，第2編 交通事故診療のためのQ&A(交通事故と自動車保険，交通事故患者が来院したときの窓口での具体的対応方法，交通事故診療にかかわるトラブル，自賠責保険の法律にかかわるトラブル，後遺障害等級診断書作成の手引と新しい後遺障害，交通事故診療と個人情報保護法)，資料編

(内容)好評旧版を大幅改訂。交通事故診療における法制度・保険実務・窓口の対応方法等，必要な知識を網羅。様々な事例230を掲載し，Q&A形式で詳細に解説。

交通事故損害賠償必携 平成2年11月版　資料編　改訂版　倉田卓次，宮原守男編　新日本法規出版　1990.11　531p　26cm　4500円　①4-7882-1450-4

(目次)第1 事故の発生，第2 法律相談，第3 弁護士への依頼，第4 法律扶助，第5 事故原因調査，第6 損害の算定，第7 自賠責保険(共済)への請求，第8 労災保険及び健康保険等への請求，第9 保険給付，第10 示談書，第11 自動車保険(任意保険・共済)と保険金(共済金)請求

新 交通事故損害賠償の手引　全訂版　淀屋橋法律事務所執筆　(大阪)企業開発センター，清文社〔発売〕　1993.4　578p　26cm　4800円　①4-7960-6513-X　Ⓝ681.3

(目次)解説編(序論，損害賠償額の算定，保険請求，交通事故解決のための方策)，資料編(賠償

責任者と賠償請求権者，交通事故による損害，人身事故による積極損害，死亡による逸失利益，傷害による逸失利益，損害の減額要因，車両損害，自賠責保険，任意保険，労災保険，健康保険，生命・傷害保険，その他各種公的私的給付と交通事故，交通事故の調査方法，事故原因調査の参考知識，弁護士への依頼，相談，示談，調停，訴訟)，判例編(交通事故基本判例の要旨，後遺障害による労働能力喪失率と期間，好意同乗事案における減額の程度)

(内容)交通事故における損害賠償の賠償額の算定，保険，法律に関する知識などをまとめた資料集。今回の改訂版では，遺族年金の損害賠償額からの控除に関する最新の最高裁判決に言及するなど，可能な限り最新の資料・判例で損害賠償について解説する。87の資料，基本判例66例，後遺障害・好意同乗関係は1430判例を掲載する。

わかりやすい交通事故　吉田杉明著　自由国民社　1994.11　159p　21cm　(イラスト六法)　1400円　①4-426-37804-4

(目次)第1部 交通事故と損害賠償，第2部 自動車保険と保険金の請求，第3部 交通事故の紛争解決法，第4部 行政上の責任と刑事上の責任

(内容)頻発する交通事故の法律と紛争事例を網羅。損害賠償の請求から算定法まで平易に解説。自賠責保険・任意保険のしくみがわかる。示談・訴訟など紛争解決手続きがわかる。

わかりやすい交通事故　事故発生から損害賠償・保険・紛争解決手続きまで　改訂版　吉田杉明著，山川直人絵　自由国民社　1995.6　159p　21cm　(イラスト六法)　1400円　①4-426-37805-2

(目次)第1部 交通事故と損害賠償，第2部 自動車保険と保険金の請求，第3部 交通事故の紛争解決法，第4部 行政上の責任と刑事上の責任

＜法令集＞

交通安全対策実務必携　平成2年版　総務庁長官官房交通安全対策室監修　ぎょうせい　1990.3　2207p　19cm　4500円　①4-324-02171-6

(目次)第1章 交通安全総合対策の推進(交通安全対策基本法等，交通対策本部決定等)，第2章 交通環境の整備(交通安全施設等の整備，踏切道の整備)，第3章 交通安全に関する知識の普及等，第4章 安全運転の確保(運転者の労働条件の適正化 ほか)，第5章 車両の安全性の確保，

174　事故・災害レファレンスブック

第6章 交通秩序の維持，第7章 被害の救済（救急体制の整備，損害賠償の適正化），第8章 科学技術の振興等

(内容)現行の道路交通安全に関するすべての法規類から厳選収録。収録法令の内容は，平成元年12月13日現在として，法律，政令，省令，告示，通達を収録した。

交通安全対策実務必携　平成3年版　総務
庁長官官房交通安全対策室監修　ぎょうせい　1991.3　2207p　19cm　4500円　①4-324-02603-3

(目次)第1章 交通安全総合対策の推進，第2章 交通環境の整備，第3章 交通の安全に関する知識の普及等，第4章 安全運転の確保，第5章 車両の安全性の確保，第6章 交通秩序の維持，第7章 被害の救済，第8章 科学技術の振興等

交通安全対策実務必携　平成4年版　総務
庁長官官房交通安全対策室監修　ぎょうせい　1992.3　2407p　19cm　4700円　①4-324-03266-1

(目次)第1章 交通安全総合対策の推進，第2章 交通環境の整備，第3章 交通の安全に関する知識の普及等，第4章 安全運転の確保，第5章 車両の安全性の確保，第6章 交通秩序の維持，第7章 被害の救済，第8章 科学技術の振興等

交通安全対策実務必携　平成7年版　総務
庁長官官房交通安全対策室監修　ぎょうせい　1995.6　2407p　19cm　5200円　①4-324-04638-7

(目次)第1章 交通安全総合対策の推進，第2章 交通環境の整備，第3章 交通の安全に関する知識の普及等，第4章 安全運転の確保，第5章 車両の安全性の確保，第6章 交通秩序の維持，第7章 被害の救済，第8章 科学技術の振興等

(内容)陸上交通関連の法令，政令，省令，告示，通達を集めたもの。内容は1995年6月1日現在。交通安全対策基本法，道路法，道路運送法，道路運送車両法，道路交通法の5法には関連法令の注記を付す。巻末に法令名等の五十音索引がある。

交通安全対策実務必携　平成8年版　総務
庁長官官房交通安全対策室監修　ぎょうせい　1996.7　2407p　19cm　5400円　①4-324-04926-2

(目次)第1章 交通安全総合対策の推進，第2章 交通環境の整備，第3章 交通の安全に関する知識の普及等，第4章 安全運転の確保，第5章 車両の安全性の確保，第6章 交通秩序の維持，第7章

被害の救済，第8章 科学技術の振興等

(内容)陸上交通関連の法令、政令、省令、告示、通達を集めたもの。内容は1996年6月30日現在。交通安全対策基本法、道路法、道路運送法、道路運送車両法、道路交通法の5法には関連法令の注記を付す。巻末に法令名等の五十音索引がある。

交通安全対策実務必携　平成10年版　総務
庁長官官房交通安全対策室監修　ぎょうせい　1998.9　1冊　19cm　5400円　①4-324-05529-7　Ⓝ685.1

交通安全対策実務必携　平成11年版　総務
庁長官官房交通安全対策室監修　ぎょうせい　1999.9　1冊　19cm　5600円　①4-324-05935-7　Ⓝ685.1

交通安全対策実務必携　平成13年版　交通
安全対策研究会監修　ぎょうせい　2001.9　1冊　19cm　5600円　①4-324-06675-2　Ⓝ685.1

交通安全対策実務必携　平成14年版　交通
安全対策研究会監修　ぎょうせい　2002.10　2105p　19cm　5714円　①4-324-06950-6　Ⓝ685.1

交通事件犯罪事実記載例集　第4版　宮田正之編著　立花書房　2014.4　375p　21cm
2400円　①978-4-8037-4404-0　Ⓝ317.73

交通事故裁定例集　7（昭和63年度）　交通
事故紛争処理センター編　ぎょうせい　1990.3　386p　21cm　2700円　①4-324-02026-4

(内容)本書は、昭和63年4月から平成元年3月までの1年間における当センターの本部及び支部の裁定書を網羅的に収録し、要旨を付して整理したものである。

交通事故裁定例集　8（平成元年度）　交通
事故紛争処理センター編　ぎょうせい　1991.3　425p　21cm　3000円　①4-324-02522-3

(内容)本書は、平成元年4月から平成2年3月までの1年間における交通事故紛争処理センターの本部及び支部の裁定書を網羅的に収録し、要旨を付して体系的に整理したものである。

交通事故裁定例集　9（平成2年度）　交通事
故紛争処理センター編　ぎょうせい　1992.3　362p　21cm　2600円　①4-324-03020-0

(内容)本書は、1990年4月から1991年3月までの1年間における交通事故紛争処理センターの本

交通事故 人為的災害・事故

部及び支部の裁定書を網羅的に収録し、要旨を
付して体系的に整理したものである。

交通事故裁定例集 11（平成4年度） 交通
事故紛争処理センター編 ぎょうせい 1994.
3 449p 21cm 3600円 ⑪4-324-03999-2

（目次）要旨索引（責任要件，損害賠償の範囲と損
害額の算定），被害者類型索引（傷害事故，死亡
事故），後遺障害類型索引，裁定書（東京本部，
名古屋支部，札幌支部，福岡支部，大阪支部，
高松支部，仙台支部）

（内容）本書は、1992年4月から1993年3月までの
1年間における当センターの本部及び支部の裁
定書を網羅的に収録し、要旨を付して体系的に
整理したものである。

交通事故裁定例集 12（平成5年度） 交通
事故紛争処理センター編 ぎょうせい 1995.
3 443p 21cm 3800円 ⑪4-324-04499-6

（内容）本書は、1993年（平成5年）4月から1994年
（平成6年）3月までの1年間における当センター
の本部及び支部の裁定書を網羅的に収録し、要
旨を付して体系的に整理したものである。

交通事故裁定例集 20（平成13年度） 交
通事故紛争処理センター編 ぎょうせい
2003.7 571p 21cm 5400円 ⑪4-324-
07092-X

（目次）損害賠償額一覧（責任要件，損害賠償の範
囲と損害額の算定），被害者類型一覧（傷害事
故，死亡事故），後遺障害類型一覧（裁定書（東
京本部，名古屋支部，札幌支部，福岡支部，大
阪支部，高松支部，仙台支部））

（内容）交通事故裁定例集は、交通事故紛争処理
センターの本部及び支部の裁定書を網羅的に収
録し、要旨を付して体系的に整理したもので、
本巻は2001年（平成13年）4月から2002年（平成
14年）3月までの1年間分を収録したものである。

交通事故裁定例集 21（平成14年度） 交
通事故紛争処理センター編 ぎょうせい
2004.7 537p 21cm 5200円 ⑪4-324-
07404-6

（目次）損害賠償額一覧（責任要件，損害賠償の範
囲と損害額の算定），被害者類型一覧（傷害事
故，死亡事故），後遺障害類型一覧，裁定書（東
京本部，名古屋支部，札幌支部，福岡支部，広
島支部，大阪支部，高松支部，仙台支部）

（内容）交通事故裁定例集は、交通事故紛争処理
センターの本部及び各支部における裁定書を
収録し、これに要旨を付して体系的に整理をし

たものである。本巻は、2002年（平成14年）4月
から2003年（平成15年）3月までの1年間分（211
件）の中から、125件を選り抜いて収録した。

交通事故裁定例集 23（平成16年度） 交
通事故紛争処理センター編 ぎょうせい
2006.8 582p 21cm 5300円 ⑪4-324-
07964-1

（目次）第1章 責任要件（事故との因果関係等），
第2章 損害賠償の範囲と損害額の算定（積極損
害，消極損害，慰謝料，物損，過失相殺，好意同
乗減額，シートベルト不着用による過失相殺，
寄与度による減額，損益相殺，その他の諸問題）

交通事故裁定例集 24（平成17年度） 交
通事故紛争処理センター編 ぎょうせい
2007.3 539p 21cm 5276円 ⑪978-4-
324-08162-4

（目次）損害賠償額一覧（責任要件，損害賠償の範
囲と損害額の算定），被害者類型一覧（傷害事
故，死亡事故），後遺障害類型一覧，裁定書

交通事故裁定例集 25（平成18年度） 交
通事故紛争処理センター編 ぎょうせい
2008.3 519p 21cm 5276円 ⑪978-4-
324-08390-1 Ⓝ681.3

（目次）損害賠償額一覧（責任要件，損害賠償の範
囲と損害額の算定），被害者類型一覧（傷害事
故，死亡事故），後遺障害類型一覧（裁定書）

交通事故裁定例集 26（平成19年度） 交
通事故紛争処理センター編 ぎょうせい
2009.3 577p 21cm 5524円 ⑪978-4-
324-08682-7

（目次）損害賠償額一覧（責任要件，損害賠償の範
囲と損害額の算定），被害類型一覧（傷害事故，
死亡事故，物損事故），後遺障害類型一覧，裁
定書（東京本部，名古屋支部，札幌支部，福岡
支部，大阪支部，仙台支部）

（内容）2007年（平成19年）4月から2008年（平成
20年）3月までの1年分（269件）の交通事故裁定
例の中から、110件を選り抜いて収録。

交通事故裁定例集 27（平成20年度） 交
通事故紛争処理センター編 ぎょうせい
2010.3 525p 21cm 5048円 ⑪978-4-
324-08947-7

（目次）損害賠償額一覧（責任要件，損害賠償の範
囲と損害額の算定），被害類型一覧（傷害事故，
死亡事故，物損事故），後遺障害類型一覧，裁
定書（東京本部，名古屋支部，札幌支部，福岡
支部，広島支部，大阪支部，仙台支部）

人為的災害・事故　　　　　　　　　　交通事故

（内容）平成20年4月から平成21年3月までの201件の交通事故裁定例の中から、95件を選り抜いて収録。

交通事故裁定例集　28（平成21年度）　交通事故紛争処理センター編　ぎょうせい　2011.3　581p　21cm　5524円　①978-4-324-09251-4

（目次）損害賠償額一覧（責任要件，損害賠償の範囲と損害額の算定），被害類型一覧（償害事故，死亡事故，物損事故），後遺障害類型一覧，裁定書

交通事故裁定例集　29（平成22年度）　交通事故紛争処理センター編　ぎょうせい　2012.3　603p　21cm　5524円　①978-4-324-09459-4

（目次）損害賠償額一覧（責任要件，損害賠償の範囲と損害額の算定），被害類型一覧（傷害事故，死亡事故，物損事故），後遺障害類型一覧，裁定書（東京本部，名古屋支部，札幌支部 ほか）

交通事故裁定例集　31（平成24年度）　交通事故紛争処理センター編　ぎょうせい　2014.3　635p　21cm　5550円　①978-4-324-09773-1

（目次）第1章 責任要件（因果関係），第2章 損害賠償の範囲と損害額の算定（積極損害，消極損害，慰謝料，物損，過失割合，寄与度減額，損益相殺・損害の塡補等）

交通事故判例解説　淀屋橋法律事務所編著（大阪）企業開発センター，星雲社〔発売〕　2001.2　206p　26cm　1500円　①4-434-00849-8

（目次）1 損害賠償責任者，2 加害者の賠償責任の範囲，3 運転者の過失割合，4 積極損害，5 逸失利益，6 車両損害，7 示談，8 時効等

（内容）かねてから自動車管理の連載をまとめたものがほしいという読者の要望もあり，月刊『自動車管理』誌の「交通事故の判例解説」シリーズの連載回数が100を超えたのを機会に，とくに重要な判例をピックアップして，テーマ別にわけて再構成をしたのが本書である。

交通事故民事裁判例集　第20巻　索引・解説号　不法行為法研究会編　ぎょうせい　1990.10　325p　21cm　1751円　①4-324-01190-7

（内容）本号は，第20巻第1号から第6号までに登載した判決を対象にする。本号の索引編は，「事項索引」，「被害者類型索引」「判決月日・要旨索

引」、「裁判所別索引」及び「当事者名索引」から成る。

交通事故民事裁判例集　第21巻　第3号　不法行為法研究会編　ぎょうせい　1990.6　693p　21cm　1750円　①4-324-02265-8

（内容）交通事故に関する民事判決を網羅的に調査し，それらのうち，学問上又は実務上意義があるものを選択して収録した判例集。

交通事故民事裁判例集　第21巻　第4号　不法行為法研究会編　ぎょうせい　1990.6　p695〜915　21cm　1750円　①4-324-02266-6

交通事故民事裁判例集　第21巻　第5号　不法行為法研究会編　ぎょうせい　1990.10　917〜1146　21cm　1750円　①4-324-02267-4

交通事故民事裁判例集　第22巻　第3号　不法行為法研究会編　ぎょうせい　1991.10　813p　21cm　1750円　①4-324-02803-6

（内容）交通事故に関する民事判決を網羅的に調査し，それらのうち，学問上又は実務上意義があるものを選択して収録した判例集。

交通事故民事裁判例集　第22巻　第4号　不法行為法研究会編　ぎょうせい　1991.11　1冊　21cm　1750円　①4-324-02804-4

（内容）交通事故に関する民事判決を網羅的に調査し，それらのうち，学問上又は実務上意義があるものを選択して収録した判例集。

交通事故民事裁判例集　第23巻　第1号　不法行為法研究会編　ぎょうせい　1992.3　260p　21cm　1850円　①4-324-03235-1

（内容）本書は，交通事故に関する民事判決を網羅的に調査し，それらのうち，学問上又は実務上意義があるものを選択して収録。

交通事故民事裁判例集　第23巻　索引・解説号　不法行為法研究会編　ぎょうせい　1993.6　296p　21cm　1850円　①4-324-03241-6

（目次）第1 責任要件，第2 損害賠償の範囲と損害額の算定，第3 示談，第4 消滅時効，第5 保険契約，第6 その他の諸問題

交通事故民事裁判例集　第24巻　第3号　不法行為法研究会編　ぎょうせい　1993.1　18,533〜780p　21cm　1850円　①4-324-03435-4

事故・災害レファレンスブック　177

交通事故　　　　　　　　　　　　　人為的災害・事故

交通事故民事裁判例集　第24巻　第6号　不
法行為法研究会編　ぎょうせい　1993.6
p1333～1635　21cm　1850円　①4-324-
03438-9
[内容]本書は、交通事故に関する民事判決を網
羅的に調査し、それらのうち、学問上又は実務
上意義があるものを選択して収録する。

交通事故民事裁判例集　第25巻　第1号　不
法行為法研究会編　ぎょうせい　1993.6
277p　21cm　1900円　①4-324-03619-5
[内容]本書は、交通事故に関する民事判決を網
羅的に調査し、それらのうち、学問上又は実務
上意義があるものを選択して収録する。

交通事故民事裁判例集　第25巻　第2号　不
法行為法研究会編　ぎょうせい　1993.7
545p　21cm　1900円　①4-324-03620-9
[内容]本書は、交通事故に関する民事判決を網
羅的に調査し、それらのうち、学問上又は実務
上意義があるものを選択して収録する。

交通事故民事裁判例集　第25巻　第5号　不
法行為法研究会編　ぎょうせい　1993.12
1293p　21cm　1900円　①4-324-03623-3
[内容]本書は、交通事故に関する民事判決を網
羅的に調査し、それらのうち、学問上又は実務
上意義があるものを選択して収録する。

交通事故民事裁判例集　第25巻　第6号　不
法行為法研究会編　ぎょうせい　1994.3　1
冊　21cm　1900円　①4-324-03624-1
[内容]本書は、交通事故に関する民事判決を網
羅的に調査し、それらのうち、学問上又は実務
上意義があるものを選択して収録する。

**交通事故民事裁判例集　第26巻　第5号（平
成5年9月・10月）　　不法行為法研究会編**
ぎょうせい　1995.2　1374p　21cm　1900円
①4-324-04036-2
[内容]交通事故に関する民事判決のうち、学問
上あるいは実務上意義のあるものを選択・収録
した判例集。この号では1993年9～10月に判決
の出た27件を収録。1年分を1巻とし、巻ごとに
索引を付す。目次及び本文に判例の要旨と索引
語となるキーワードを併記する。

交通事故民事裁判例集　第27巻　第4号　不
法行為法研究会編　ぎょうせい　1996.1
1177p　21cm　2000円　①4-324-04589-5
[内容]本書は、交通事故に関する民事判決を網
羅的に調査し、それらのうち、学問上又は実務

上意義があるものを選択して収録する。

交通事故民事裁判例集　第28巻　第1号　不
法行為法研究会編　ぎょうせい　1996.7
328p　21cm　2000円　①4-324-04886-X
[目次]本書は、交通事故に関する民事判決を網
羅的に調査し、それらのうち、学問上又は実務
上意義があるものを選択して収録する。各判決
の冒頭に、判示事項ごとに簡潔な要旨を掲げ、
また、検索の便に資するため索引事項を掲げる。

交通事故民事裁判例集　第28巻　第2号　不
法行為法研究会編　ぎょうせい　1996.9
683p　21cm　2000円　①4-324-04887-8
[目次]最高裁判所，高等裁判所，地方裁判所
[内容]交通事故に関する民事判決を収録した判
例集。この号では1995年3月・4月に判決の出た
42件を最高裁判所・高等裁判所・地方裁判所に
大別して収める。目次及び本文に判例の要旨と
索引語となるキーワードを併記する。

交通事故民事裁判例集　第28巻　第4号
ぎょうせい　1997.1　p963～1253　21cm
1942円　①4-324-04889-4
[内容]交通事故に関する民事判決を調査し、学
問上又は実務上意義があるものを選択して収録。
各判決の冒頭に、判示事項ごとに要旨を掲げ、
また索引事項を付ける。

**交通事故民事裁判例集　第28巻　索引・解
説号　不法行為法研究会編　ぎょうせい**
1998.1　496p　21cm　1942円　①4-324-
04892-4
[目次]索引編，解説編，座談会編

交通事故民事裁判例集　第29巻　第1号　不
法行為法研究会編　ぎょうせい　1997.7
289p　21cm　2000円　①4-324-05201-8
[内容]交通事故に関する民事判決のうち、学問
上あるいは実務上意義のあるものを選択・収録
した判例集。この号では1996年1月～2月に判決
の出た40件を収録。1年分を1巻とし、巻ごとに
索引を付す。

交通事故民事裁判例集　第29巻　第4号　不
法行為法研究会編　ぎょうせい　1997.12
1254p　21cm　2000円　①4-324-05204-2
[内容]交通事故に関する民事判決のうち、学問
上あるいは実務上意義のあるものを選択・収録
した判例集。

交通事故民事裁判例集　第29巻　第5号　不

178　事故・災害レファレンスブック

法行為法研究会編　ぎょうせい　1998.2　1
冊　21cm　2000円　①4-324-05205-0

交通事故民事裁判例集　第29巻　索引・解説号　平成8年1月〜12月　不法行為法研究会編　ぎょうせい　1999.2　491p　21cm　2000円　①4-324-05207-7

(目次)索引編(事項索引，被害者類型索引，判決月日・要旨索引，裁判所別索引，当事者名索引，後遺障害の部位・等級別索引)，解説編

(内容)「交通事故民事裁判例集」の第29巻第1号から第6号までに登載した判決を対象にした索引及び解説。索引編は「事項索引」，「被害者類型索引」，「判決月日・要旨索引」，「裁判所別索引」，「当事者名索引」，「後遺障害の部位・等級別索引」からなる。解説編は，学問上・実務上特に意義があると考えられる判決の中からいくつかを選んで，解説を付したもの。

交通事故民事裁判例集　第31巻　第3号(平成10年5月・6月)　不法行為法研究会編　ぎょうせい　1999.7　984p　21cm　2100円　①4-324-05754-0

交通事故民事裁判例集　第32巻　第3号　平成11年5月・6月　不法行為法研究会編　ぎょうせい　2000.8　1冊　21cm　2100円　①4-324-06105-X

(目次)高等裁判所(大阪高裁・平成一一年五月二五日)，地方裁判所(東京地裁・五月一〇日，神戸地裁・五月一〇日，東京地裁・五月一一日，大阪地裁・五月一一日　ほか)

交通事故民事裁判例集　第34巻　第3号　不法行為法研究会編　ぎょうせい　2002.8　1冊　21cm　2190円　①4-324-06793-7　Ⓝ681.3

(内容)交通事故に関する民事判決を網羅的に調査し，学問上または実務上意義があるものを選択収録した判例集。平成13年5月・6月分を収録。

交通事故民事裁判例集　第34巻　第6号　不法行為法研究会編　ぎょうせい　2003.2　1冊　21cm　2190円　①4-324-06796-1

(内容)交通事故に関する民事判決を調査し，学問上または実務上義務があるものを掲載した判例集。平成13年11月・12月分を収録した。

交通事故民事裁判例集　第34巻　索引・解説号　不法行為法研究会編　ぎょうせい　2004.2　401p　21cm　2190円　①4-324-06797-X

(目次)索引編(事項索引，被害者類型索引，判決月日・要旨索引，裁判所別索引，後遺障害の部位・等級別索引)，解説編(自動車保険契約の他車運転危険担保特約にいう「常時使用する自動車」に該当するとした事例，物損事故と修理費用・代車費用・評価損等の請求，被害車両と同種同等の車両の中古車市場における価格を認定すべき資料の存在しない場合には，減価償却の方法を参考として被害車両の時価額を認定することを認めた事例，年五パーセントによる中間利息控除を不相当であるとはいえないとした事例，大学助教授の逸失利益—大学教員は高額所得者か　ほか)

(内容)本号は，第三四巻第一号から第六号までに登載した判決を対象にする。本号は，索引編及び解説編に大別する。索引編は，「事項索引」，「被害者類型索引」，「判決月日・要旨索引」及び「裁判所別索引」及び「後遺障害の部位・等級別索引」から成る。解説編は，学問上・実務上特に意義があると考えられる判決の中からいくつかを選んで，解説を付したものである。

交通事故民事裁判例集　第35巻　第3号　不法行為法研究会編　ぎょうせい　2003.7　915p　21cm　2286円　①4-324-07050-4

(内容)本書は，不法行為法研究会がその責任において，編集するものである。交通事故に関する民事判決を網羅的に調査し，それらのうち，学問上又は実務上意義があるものを選択して収録する。

交通事故民事裁判例集　第35巻　第6号　不法行為法研究会編　ぎょうせい　2004.1　1822p　21cm　2286円　①4-324-07053-9

(内容)本書は，交通事故に関する民事判決を網羅的に調査し，それらのうち，学問上又は実務上意義があるものを選択して収録する。平成14年11月・12月分。

交通事故民事裁判例集　第36巻　第1号　不法行為法研究会編　ぎょうせい　2004.3　303p　21cm　2286円　①4-324-07359-7

(内容)本書は，交通事故に関する民事判決を網羅的に調査し，それらのうち，学問上又は実務上意義があるものを選択して収録する。

交通事故民事裁判例集　第36巻　第4号　不法行為法研究会編　ぎょうせい　2004.8　1冊　21cm　2286円　①4-324-07362-7

(内容)本書は，交通事故に関する民事判決を網羅的に調査し，それらのうち，学問上又は実務上意義があるものを選択して収録している。

交通事故民事裁判例集　第36巻　索引・解説号　不法行為法研究会編　ぎょうせい
2006.2　269p　21cm　2286円　①4-324-07365-1

(目次)索引編(事項索引，被害者類型索引，判決月日・要旨索引，裁判所別索引，後遺障害の部位・等級別索引)，座談会編(最近の交通事故をめぐる諸問題)

(内容)平成15年1月～12月の判例を収録。

交通事故民事裁判例集　第37巻　第1号　不法行為法研究会編　ぎょうせい　2005.2
279p　21cm　2381円　①4-324-07592-1

(内容)本書は，交通事故に関する民事判決を網羅的に調査し，それらのうち，学問上又は実務上意義があるものを選択して収録する。

交通事故民事裁判例集　第37巻　第3号(平成16年5月・6月)　不法行為法研究会編
ぎょうせい　2005.6　881p　21cm　2381円　①4-324-07594-8

(内容)本書は，交通事故に関する民事判決を網羅的に調査し，それらのうち，学問上又は実務上意義があるものを選択して収録する。

交通事故民事裁判例集　第37巻　第5号　不法行為法研究会編　ぎょうせい　2005.10　1冊　21cm　2381円　①4-324-07596-4

(内容)本書は，交通事故に関する民事判決を網羅的に調査し，それらのうち，学問上又は実務上意義があるものを選択して収録する。

交通事故民事裁判例集　第37巻　索引・解説号　不法行為法研究会編　ぎょうせい
2007.3　247p　21cm　2381円　①978-4-324-07598-2

(目次)索引編(事項索引，被害者類型索引，判決月日・要旨索引，裁判所別索引，後遺障害の部位・等級別索引)，解説編

交通事故民事裁判例集　第38巻　第1号　平成17年1月・2月　不法行為法研究会編
ぎょうせい　2006.2　314p　21cm　2381円　①4-324-07857-2

(目次)高等裁判所(大阪高裁─平成一七年一月二五日)，地方裁判所(東京地裁─一月一二日，東京地裁─一月一七日，さいたま地裁─一月一八日，神戸地裁─一月一八日　ほか)

(内容)本書は，交通事故に関する民事判決を網羅的に調査し，それらのうち，学問上又は実務上意義があるものを選択して収録する。

交通事故民事裁判例集　第38巻　第2号　不法行為法研究会編　ぎょうせい　2006.4
618p　21cm　2381円　①4-324-07858-0

(内容)交通事故に関する民事判決を網羅的に調査し，それらのうち，学問上又は実務上意義があるものを選択して収録。

交通事故民事裁判例集　第38巻　第3号　平成17年5月・6月　不法行為法研究会編
ぎょうせい　2006.6　897p　21cm　2381円　①4-324-07859-9

(目次)最高裁(一小)(平成一七年六月二日)，最高裁(三小)(六月一四日)，名古屋高裁金沢支部(五月三〇日)，神戸地裁(五月一二日)，神戸地裁(五月一七日)，名古屋地裁(五月一七日)，名古屋地裁(五月一八日)，大阪地裁(六月三日)，大阪地裁(六月六日)，東京地裁(六月九日)，神戸地裁(六月九日)，さいたま地裁(六月十七日)，東京地裁(六月二一日)，大阪地裁(六月二三日)，大阪地裁(六月二七日)，大阪地裁(六月二九日)，東京地裁(六月三〇日)

交通事故民事裁判例集　第38巻　第4号　不法行為法研究会編　ぎょうせい　2006.8
1207p　21cm　2381円　①4-324-07860-2

(目次)福岡高裁(平成一七年八月九日)，大阪地裁(七月八日)，東京地裁(七月一二日)，名古屋地裁(七月一三日)，名古屋地裁(七月一五日)，東京地裁(七月二一日)，大阪地裁(七月二一日)，神戸地裁(七月二一日)，大阪地裁(七月二二日)，大阪地裁(七月二五日)〔ほか〕

(内容)交通事故に関する民事判決を網羅的に調査し，それらのうち，学問上又は実務上意義があるものを選択して収録。

交通事故民事裁判例集　第38巻　第5号　不法行為法研究会編　ぎょうせい　2006.10
1506p　21cm　2381円　①4-324-07861-0

(目次)名古屋地裁・平成一七年九月七日，大阪地裁・九月八日，名古屋地裁・九月九日，東京地裁・九月一三日，東京地裁・九月十三日，大阪地裁・九月二一日，大阪地裁・九月二一日，横浜地裁・九月二二日，大阪地裁・九月二七日，大阪地裁・九月二九日〔ほか〕

(内容)本書では，交通事故に関する民事判決を網羅的に調査し，学問上又は実務上意義があるものを選択して収録している。一年分を巻とし，二か月分を号として，本巻には，平成17年9月・10月分を収録した。

交通事故民事裁判例集　第38巻　第6号　不

法行為法研究会編　ぎょうせい　2007.1
1785p　21cm　2381円　①978-4-324-07862-
4

⸨内容⸩本書は、交通事故に関する民事判決を網羅的に調査し、それらのうち、学問上又は実務上意義があるものを選択して収録する。

交通事故民事裁判例集　第39巻　第1号(平成18年1月・2月)　不法行為法研究会編

ぎょうせい　2007.2　283p　21cm　2476円　①978-4-324-08110-5

⸨内容⸩平成18年1月、2月におこなわれた交通事故に関する民事判決を学問上又は実務上意義があるものを選択して収録。見取図なども掲載。

交通事故民事裁判例集　第39巻　第2号　不法行為法研究会編　ぎょうせい　2007.4　1冊　21cm　2476円　①978-4-324-08111-2

⸨内容⸩本書は、交通事故に関する民事判決を網羅的に調査し、それらのうち、学問上又は実務上意義があるものを選択して収録する。平成18年3月・4月分を収録。

交通事故民事裁判例集　第39巻　第3号　不法行為法研究会編　ぎょうせい　2007.6

920p　21cm　2476円　①978-4-324-08112-9

⸨目次⸩最高裁判所(最高裁(一小)―平成一八年六月一日(平一七(受)一二〇六))、高等裁判所(大阪高裁―六月二九日(平一八(ネ)八八四一三四三))、地方裁判所(東京地裁―五月一〇日(平一六(ワ)二六〇七三)、東京地裁―五月一六日(平一六(ワ)二〇四七六)、神戸地裁―五月一六日(平一五(ワ)五一六　一一二九)、東京地裁―五月二六日(平成一六(ワ)一〇七九八、平一七(ワ)一六六五三)、大阪地裁―六月二日(平一七(ワ)一七〇九)、大阪地裁―六月五日(平一五(ワ)一一〇八六)ほか)

⸨内容⸩交通事故に関する民事判決を網羅的に調査し、それらのうち、学問上又は実務上意義があるものを選択して収録。各判決の冒頭に、判示事項ごとに簡潔な要旨を掲げ、検索の便に資するため索引事項を掲げた。

交通事故民事裁判例集　第39巻　第4号　不法行為法研究会編　ぎょうせい　2007.8

1226p　21cm　2476円　①978-4-324-08113-6

⸨目次⸩さいたま地裁(平成一八年七月五日)、大阪地裁(七月七日)、大阪地裁(七月一〇日)、東京地裁(七月一四日)、大阪地裁(七月一四日)、東京地裁(七月一八日)、東京地裁(七月一九

日)、東京地裁(七月二〇日)、大阪地裁(七月二〇日)、名古屋地裁(七月二一日)〔ほか〕

交通事故民事裁判例集　第39巻　第5号　平成18年9月・10月　不法行為法研究会編

ぎょうせい　2007.10　1524p　21cm　2476円　①978-4-324-08114-3

⸨目次⸩大阪高裁(平成一八年九月二八日)、東京地裁(九月六日)、大阪地裁(九月一二日)、千葉地裁(九月一四日)、大阪地裁(九月一五日)、大阪地裁(九月二〇日)、大阪地裁(九月二五日)、東京地裁(九月二七日)、大阪地裁(九月二七日)、大阪地裁(九月二九日)〔発売〕

交通事故民事裁判例集　第39巻　第6号　不法行為法研究会編　ぎょうせい　2007.12

1801p　21cm　2476円　①978-4-324-08115-0

⸨目次⸩神戸地裁・平成一八年一一月一日(平一七(ワ)一七七九)、大阪地裁・一一月七日(平一七(ワ)八九四)、名古屋地裁・一一月七日(平一五(ワ)一一五〇)、東京地裁・一一月一五日(平一六(ワ)二五〇二五)、大阪地裁・一一月一五日(平一七(ワ)一二〇六四)、東京地裁・一一月一五日(平一八(ワ)三三〇二)、大阪地裁・一一月一六日(平一七(ワ)三九七八)、神戸地裁・一一月一七日(平一七(ワ)二四九〇、平一八(ワ)一三六二)、大阪地裁・一一月二二日(平一七(ワ)六一八五)、神戸地裁・一一月二四日(平一七(ワ)一一三九)〔ほか〕

交通事故民事裁判例集　第40巻　第3号　不法行為法研究会編　ぎょうせい　2008.6

848p　21cm　2476円　①978-4-324-08346-8　Ⓝ681.3

⸨目次⸩最高(三小)平成一九年五月二九日、名古屋地裁五月八日、大阪地裁五月九日、大阪地裁五月一一日、東京地裁五月一五日、大阪地裁五月二二日、水戸地裁五月二四日、神戸地裁五月二四日、東京地裁五月二八日、東京地裁五月三〇日、名古屋地裁五月三〇日、横浜地裁川崎支部六月十九日、東京地裁六月二〇日、名古屋地裁六月二二日、千葉地裁六月二六日、東京地裁六月二七日、東京地裁六月二七日、大阪地裁六月二七日、神戸地裁六月二八日

⸨内容⸩本書は、交通事故に関する民事判決を網羅的に調査し、それらのうち、学問上又は実務上意義があるものを選択して収録する。

交通事故民事裁判例集　第40巻　第4号　不法行為法研究会編　ぎょうせい　2008.8　1冊　21cm　2476円　①978-4-324-08347-5

Ⓝ681.3

目次 東京地裁（平成一九年七月五日），大阪地裁（七月一〇日），名古屋地裁（七月一一日），東京地裁八王子支部（七月一二日），大阪地裁（七月一二日），大阪地裁（七月一七日），東京地裁（七月二三日），東京地裁（七月二五日），東京地裁（七月二六日），大阪地裁（七月二六日）〔発売〕

交通事故民事裁判例集　第40巻　索引・解説号　不法行為法研究会編　ぎょうせい

2010.3　293p　21cm　2476円　Ⓘ978-4-324-08350-5　Ⓝ681.3

目次 索引編（事項索引，被害者類型索引，判決月日・要旨索引，裁判所別索引，後遺障害の部位・等級別索引），解説編

交通事故民事裁判例集　第41巻　第5号　不法行為法研究会編　ぎょうせい　2009.10　1冊　21cm　2571円　Ⓘ978-4-324-08626-1　Ⓝ681.3

内容 交通事故に関する民事判決のうち，学問上又は実務上意義があるものを選択し収録。各判決の冒頭に，判示事項ごとに簡潔な要旨，検索に便利な索引事項を掲げる。平成20年9月、10月の主要判決を掲載。

交通事故民事裁判例集　第41巻　第6号　平成20年11月・12月　不法行為法研究会編　ぎょうせい　2009.12　1693p　21cm　2571円　Ⓘ978-4-324-08627-8　Ⓝ681.3

内容 交通事故に関する民事判決のうち，学問上又は実務上意義があるものを選択し収録。各判決の冒頭に，判示事項ごとに簡潔な要旨、検索に便利な索引事項を掲げる。平成20年11月、12月の主要判決を掲載。

交通事故民事裁判例集　第41巻　索引・解説号　索引・解説号　不法行為法研究会編　ぎょうせい　2011.3　312p　21cm　2571円　Ⓘ978-4-324-08628-5

目次 索引編（事項索引，被害者類型索引，判決月日・要旨索引，裁判所別索引，後遺障害の部位・等級別索引），解説編

交通事故民事裁判例集　第43巻　第4号　不法行為法研究会編　ぎょうせい　2011.8　1冊　21cm　2571円　Ⓘ978-4-324-09231-6

目次 岡山地裁（平成二二年七月一日），名古屋地裁（七月二日），名古屋地裁（七月九日），神戸地裁（七月一三日），秋田地裁（七月一六日），東京地裁（七月二一日），大阪地裁（七月二一日），東京地裁（七月二二日），大阪地裁（七月二七日），

大阪地裁（七月二九日）〔ほか〕

交通事故民事裁判例集　第43巻　第5号　平成22年9月・10月　不法行為法研究会編　ぎょうせい　2011.10　1冊　21cm　2571円　Ⓘ978-4-324-09232-3

目次 東京高裁（平成二二年九月九日），大阪高裁（九月一五日），名古屋地裁（九月三日），名古屋地裁（九月八日），神戸地裁（九月九日），名古屋地裁（九月一〇日），東京地裁（九月一四日），さいたま地裁（九月二四日），大阪地裁（九月二四日），さいたま地裁（九月二七日）〔ほか〕

交通事故民事裁判例集　第43巻　索引・解説号　平成22年1月〜12月　不法行為法研究会編　ぎょうせい　2013.4　326p　21cm　2571円　Ⓘ978-4-324-09234-7

目次 索引編（事項索引，被害者類型索引，判決月日・要旨索引，裁判所別索引，後遺障害の部位・等級別索引），解説編

交通事故民事裁判例集　第44巻　第5号　不法行為法研究会編　ぎょうせい　2012.11　1422p　21cm　2571円　Ⓘ978-4-324-09447-1

目次 大阪地裁（平成二三年九月七日），神戸地裁（九月七日），岡山地裁（九月一二日），東京地裁（九月一三日），さいたま地裁（九月一六日），名古屋地裁（九月一六日），東京地裁（九月二〇日），東京地裁（九月二二日），奈良地裁五条支部（九月二二日），横浜地裁（九月二七日）〔ほか〕

自動車事故・危険運転犯罪事実記載例集

宮田正之編著　立花書房　2012.10　602p　21cm　2762円　Ⓘ978-4-8037-1298-8　Ⓝ317.73

内容 自動車事故・危険運転犯罪事実記載の事例562を、車両対車両の事故、車両対自転車の事故、車両対歩行者の事故、危険運転致死傷、特殊な形態の事故、過失認定の困難な事故に分類して収録する。「自動車事故犯罪事実記載例集」新版 改訂版（2008年刊）の改題改訂版。

要約交通事故判例140　高野真人著　学陽書房　2014.9　305p　21cm　〈索引あり〉　3400円　Ⓘ978-4-313-31311-8　Ⓝ681.3

目次 1 責任の発生、賠償額の減額・調整（運行供用者の定義－実質的要件を『運行支配』と『運行利益』の帰属する者とした事例，加害自動車所有者の親の運行供用者責任－運行供用者の認定において支配・管理して事故を防止すべき立場であることを重視した事例 ほか），2 休業損

害・逸失利益の算定（定年後の逸失利益－学歴計平均を基に算定した事例，比較的高収入の若年女性労働者の逸失利益－賃金センサスの年齢別平均と全年齢平均との比率を被害者の現実収入に乗じ基礎収入額と認定した事例 ほか），3 積極損害算定の問題点（過剰高額な医療費と賠償の可否－医師の裁量の範囲を逸脱した不合理なものとは言えないとしつつ健保診療の1.5倍の限度で賠償を認めた事例，効果のない治療費の賠償－治療を行ったのは医療機関側の責任であり被害者が治療費を支払っている以上減額することは相当ではないとした事例 ほか），4 慰謝料の問題点（死亡した本人の慰謝料請求権－死者の取得した慰謝料請求権を相続人が相続により取得することを肯定した事例，兄弟固有の慰謝料－年齢，生活状況，家族構成などから兄弟固有の慰謝料を否定した事例 ほか），5 物損の問題点（破損自動車の買替えが認められるための要件－本体の本質的構造部分に重大な損傷を生じたことが客観的に認められることを要するとした事例，経済的全損による買替相当の判断にあたって考慮すべき金額－車両時価額に車検費用，車両購入諸費用を含めた金額を修理費と比較すべきであるとした事例 ほか）

(内容)「赤い本」「青本」編集30年の著者が説く実務家のための判例ガイド!!実務に使える判例を厳選!!

<年鑑・白書>

交通事故の状況及び交通安全施策の現況　平成25年度　交通安全施策に関する計画　平成26年度　（[東京]）[内閣府]　[2014]　164,19p　30cm　〈第186回国会（常会）提出　年表あり〉　Ⓝ681.3

図説交通安全　交通安全対策のための手引き　平成10年版　総務庁長官官房交通安全対策室監修　ぎょうせい　1998.8　103p　21cm　695円　Ⓘ4-324-05528-9

(目次)1 道路交通事故の動向，2 若者の交通事故の状況とその対策，3 道路交通環境の整備，4 交通安全思想の普及徹底，5 安全運転の確保，6 車両の安全性の確保，7 道路交通秩序の維持，8 救助・救急体制の整備，9 損害賠償の適正化等，10 踏切事故の状況と交通安全対策

図説交通安全　交通安全対策のための手引　平成11年版　総務庁長官官房交通安全対策室監修，交通安全対策研究会編　ぎょうせい　1999.8　101p　21cm　724円　Ⓘ4-324-

05926-8

(目次)1 道路交通事故の動向，2 最近の道路交通事故死者数の減少傾向の要因分析，3 道路交通環境の整備，4 交通安全思想の普及徹底，5 安全運転の確保，6 車両の安全性の確保，7 道路交通秩序の維持，8 救助・救急体制の整備，9 損害賠償の適正化等，10 踏切事故の状況と交通安全対策

(内容)交通安全白書に掲載されている最近の道路交通事故の状況や国が進めている交通安全対策の主な内容を図表化して分かりやすく紹介したもの。本年の白書は特に，道路交通，事故件数及び死傷者数が引き続き増加する中で，死者数が近年減少傾向で推移していることを踏まえて，その要因を分析した上で，今後の課題・問題点等について明らかにするため，「最近の道路交通事故死者数の減少傾向の要因分析」，「第6次交通安全基本計画の目標達成に向けて」として重点的に記述した。

<統計集>

交通事故統計年報　平成7年版　交通事故総合分析センター　1996.11　367p　26cm　3000円

(目次)第1編 交通事故の推移，第2編 平成7年中の交通事故（都道府県（方面）別交通事故発生状況，都道府県（方面）別死亡事故発生状況，態様別事故発生状況，高速道路における交通事故，「30日以内死者」の状況），第3編 交通取締・交通規制・運転免許関係（道路交通法違反等取締状況，交通事故事件の捜査，交通規制の実施状況，運転免許関係），第4編 参考資料，第5編 特集

交通事故統計年報　平成9年版　交通事故総合分析センター　1998.12　387p　26cm　3000円

(目次)第1編 交通事故の推移，第2編 平成9年中の交通事故（都道府県（方面）別交通事故発生状況，都道府県（方面）別死亡事故発生状況，態様別事故発生状況，高速道路における交通事故，「30日以内死者」の状況），第3編 交通取締・交通規制・運転免許関係（道路交通法違反等取締状況，交通事故事件の捜査，交通規制の実施状況，運転免許関係），第4編 参考資料，第5編 特集 全国市区町村別・交通事故件数・死亡事故件数・死者数・負傷者数

交通事故統計年報　平成10年版　交通事故総合分析センター　1999.9　387p　26cm　3000円

交通事故　　　　　　　　　　　　人為的災害・事故

(目次)第1編 交通事故の推移，第2編 平成10年中の交通事故(都道府県(方面)別交通事故発生状況，都道府県(方面)別死亡事故発生状況，態様別事故発生状況，高速道路における交通事故，「30日以内死者」の状況)，第3編 交通取締・交通規制・運転免許関係(道路交通法違反等取締状況，交通事故事件の捜査，交通規制の実施状況，運転免許関係)，第4編 参考資料，第5編 特集

交通事故統計年報　平成11年版　交通事故
　　総合分析センター　2000.12　389p　26cm
　　3000円
(目次)第1編 交通事故の推移，第2編 平成11年中の交通事故(都道府県(方面)別交通事故発生状況，都道府県(方面)別死亡事故発生状況，態様別事故発生状況，高速道路における交通事故，「30日以内死者」の状況)，第3編 交通取締・交通規制・運転免許関係(道路交通法違反等取締状況，交通事故事件の捜査，交通規制の実施状況，運転免許関係)，第4編 参考資料，第5編 特集・全国市区町村別・交通事故件数・死亡事故件数・死者数・負傷者数

交通事故統計年報　平成12年版　交通事故
　　総合分析センター　2001.11　395p　26cm
　　3000円　　Ⓝ681.3
(目次)第1編 交通事故の推移(交通事故・自動車台数等の推移，都道府県別交通事故発生状況の推移 ほか)，第2編 平成12年中の交通事故(都道府県(方面)別交通事故発生状況，都道府県(方面)別死亡事故発生状況 ほか)，第3編 交通取締・交通規制・運転免許関係(道路交通法違反等取締状況，交通事故事件の捜査 ほか)，第4編 参考資料(都道府県別・道路種類別実延長，都道府県別・面積・人口・道路・自動車保有台数 ほか)，第5編 特集(全国市区町村別・交通事故件数・死亡事故件数・死者数・負傷者数)

交通事故統計年報　平成13年版　交通事故
　　総合分析センター　2002.8　401p　26cm
　　3000円　　Ⓝ681.3
(目次)第1編 交通事故の推移，第2編 平成13年中の交通事故(都道府県(方面)別交通事故発生状況，都道府県(方面)別死亡事故発生状況，態様別事故発生状況，高速道路における交通事故，「30日以内死者」の状況)，第3編 交通取締・交通規制・運転免許関係(道路交通法違反等取締状況，交通事故事件の捜査，交通規制の実施状況，運転免許関係)，第4編 参考資料，第5編 特集
(内容)交通事故の実態をまとめた統計集。交通事故の概況，当事者別・事故形態別に見た交通事故の推移と特徴，シートベルト・ヘルメット

の着用の有無，法令違反別などから交通事故の推移、特徴を掲載する。

交通事故統計年報　平成14年版　交通事故
　　総合分析センター　2003.10　404p　26cm
　　3000円
(目次)第1編 交通事故の推移，第2編 平成14年中の交通事故(都道府県(方面)別交通事故発生状況，都道府県(方面)別死亡事故発生状況，態様別事故発生状況，高速道路における交通事故，「30日以内死者」の状況)，第3編 交通取締・運転免許関係(道路交通関係法令違反等取り締り状況，交通事故事件の捜査，交通規制の実施状況，運転免許関係)，第4編 参考資料，第5編 特集

交通事故統計年報　平成15年版　交通事故
　　総合分析センター　2004.10　403p　26cm
　　3000円
(目次)第1編 交通事故の推移(交通事故・自動車台数等の推移，都道府県別交通事故発生状況の推移 ほか)，第2編 平成15年中の交通事故(都道府県(方面)別交通事故発生状況，都道府県(方面)別死亡事故発生状況 ほか)，第3編 交通取締・交通規制・運転免許関係(道路交通関係法令違反等取り締り状況，交通事故事件の捜査 ほか)，第4編 参考資料(都道府県別・道路種類別実延長，都道府県別・面積・人口・道路・自動車保有台数 ほか)，第5編 特集(全国市区町村別交通事故件数・死亡事故件数・死者数・負傷者数)

交通事故統計年報　平成16年版　交通事故
　　総合分析センター　2005.9　400p　30cm
　　3000円
(目次)第1編 交通事故の推移(交通事故・自動車台数等の推移，都道府県別交通事故発生状況の推移 ほか)，第2編 平成16年中の交通事故(都道府県(方面)別交通事故発生状況，都道府県(方面)別死亡事故発生状況 ほか)，第3編 交通取締・交通規制・運転免許関係(道路交通関係法令違反等取り締り状況，交通事故事件の捜査 ほか)，第4編 参考資料(都道府県別・道路種類別実延長，都道府県別・面積・人口・道路・自動車保有台数 ほか)，第5編 特集(全国市区町村別交通事故件数・死亡事故件数・死者数・負傷者数)

交通事故統計年報　平成17年版　交通事故
　　総合分析センター　2006.9　395p　30cm
　　3000円
(目次)第1編 交通事故の推移(交通事故・自動車

184　事故・災害レファレンスブック

人為的災害・事故　　　　　　　　　　　　　　　交通事故

台数等の推移，都道府県別交通事故発生状況の推移 ほか），第2編 平成17年中の交通事故（都道府県（方面）別交通事故発生状況，都道府県（方面）別死亡事故発生状況 ほか），第3編 交通取締・交通規制・運転免許関係（道路交通関係法令違反取締り状況，交通事故事件の捜査 ほか），第4編 参考資料（都道府県別・道路種類別実延長，都道府県別・面積・人口・道路・自動車保有台数 ほか），第5編 特集（全国市区町村別交通事故件数・死亡事故件数・死者数・負傷者数）

交通事故統計年報　平成18年版　交通事故
　　総合分析センター　2007.9　400p　30cm
　　3000円

(目次)第1編 交通事故の推移（交通事故・自動車台数等の推移，都道府県別交通事故発生状況の推移 ほか），第2編 平成18年中の交通事故（都道府県（方面）別交通事故発生状況，都道府県（方面）別死亡事故発生状況 ほか），第3編 交通取締・交通規制・運転免許関係（道路交通関係法令違反取締り状況，交通事故事件の捜査 ほか），第4編 参考資料（都道府県別・道路種類別実延長，都道府県別・面積・人口・道路・自動車保有台数 ほか），第5編 特集（全国市区町村別交通事故件数・死亡事故件数・死者数・死傷者数）

交通事故統計年報　平成19年版　交通事故
　　総合分析センター　2008.9　364p　30cm
　　3000円　Ⓝ681.3

(目次)第1編 交通事故の推移（交通事故・自動車台数等の推移，都道府県別交通事故発生状況の推移 ほか），第2編 平成19年中の交通事故（都道府県（方面）別交通事故発生状況，都道府県（方面）別死亡事故発生状況 ほか），第3編 交通取締・交通規制・運転免許関係（道路交通関係法令違反取締り状況，交通事故事件の捜査 ほか），第4編 参考資料（都道府県別・道路種類別実延長，都道府県別・面積・人口・道路・自動車保有台数 ほか）：第5編 特集（全国市区町村別交通事故件数・死亡事故件数・死者数・死傷者数）

交通事故統計年報　平成20年版　交通事故
　　総合分析センター　2009.9　364p　30cm
　　3000円　Ⓝ681.3

(目次)第1編 交通事故の推移（交通事故・自動車台数等の推移，都道府県別交通事故発生状況の推移 ほか），第2編 平成20年中の交通事故（都道府県（方面）別交通事故発生状況，都道府県（方面）別死亡事故発生状況 ほか），第3編 交通取締・交通規制・運転免許関係（道路交通関係

法令違反取締り状況，交通事故事件の捜査 ほか），第4編 参考資料（都道府県別・道路種類別実延長，都道府県別・面積・人口・道路・自動車保有台数 ほか），第5編 特集（全国市区町村別 交通事故件数・死亡事故件数・死者数・死傷者数）

交通事故統計年報　平成21年版　交通事故
　　総合分析センター　2010.9　362p　30cm
　　3000円　Ⓝ681.3

(目次)第1編 交通事故の推移（交通事故・自動車台数等の推移，都道府県別交通事故発生状況の推移 ほか），第2編 平成21年中の交通事故（都道府県（方面）別交通事故発生状況，都道府県（方面）別死亡事故発生状況 ほか），第3編 交通取締・交通規制・運転免許関係（道路交通関係法令違反取締り状況，交通事故事件の捜査 ほか），第4編 参考資料（都道府県別・道路種類別実延長，都道府県別・面積・人口・道路・自動車保有台数 ほか），第5編 特集（全国市区町村別交通事故件数・死亡事故件数・死者数・死傷者数）

交通事故統計年報　平成22年版　交通事故
　　総合分析センター　2011.9　362p　30cm
　　3000円

(目次)第1編 交通事故の推移（交通事故・自動車台数等の推移，都道府県別交通事故発生状況の推移 ほか），第2編 平成22年中の交通事故（都道府県（方面）別交通事故発生状況，都道府県（方面）別死亡事故発生状況 ほか），第3編 交通取締・交通規制・運転免許関係（道路交通関係法令違反取締り状況，交通事故事件の捜査 ほか），第4編 参考資料（都道府県別・道路種類別実延長，都道府県別・面積・人口・道路・自動車保有台数 ほか），第5編 特集（全国市区町村別交通事故件数・死亡事故件数・死者数・死傷者数）

交通事故統計年報　平成23年版　交通事故
　　総合分析センター　2012.10　362p　30cm
　　3000円

(目次)第1編 交通事故の推移（交通事故・自動車台数等の推移，都道府県別交通事故発生状況の推移 ほか），第2編 平成13年中の交通事故（都道府県（方面）別交通事故発生状況，都道府県（方面）別死亡事故発生状況 ほか），第3編 交通取締・交通規制・運転免許関係（道路交通関係法令違反取締り状況，交通事故事件の捜査 ほか），第4編 参考資料（都道府県別・道路種類別実延長，都道府県別・面積・人口・道路・自動車保有台数 ほか），第5編 特集（全国市区町村

事故・災害レファレンスブック　　**185**

別交通事故件数・死亡事故件数・死者数・死傷者数）

交通事故統計年報　平成24年版　交通事故総合分析センター　2013.9　362p　30cm　3000円

（目次）第1編 交通事故の推移（交通事故・自動車台数等の推移，都道府県別交通事故発生状況の推移 ほか），第2編 平成24年中の交通事故（都道府県（方面）別交通事故発生状況，都道府県（方面）別死亡事故発生状況 ほか），第3編 交通取締・交通規制・運転免許関係（道路交通関係法令違反取締り状況，交通事故事件の捜査 ほか），第4編 参考資料（都道府県別・道路種類別実延長，都道府県別・面積・人口・道路・自動車保有台数 ほか），第5編 特集（全国市区町村別交通事故件数・死亡事故件数・死者数・死傷者数）

交通事故統計年報　平成25年版　交通事故総合分析センター　2014.9　362p　30cm　3000円

（目次）第1編 交通事故の推移，第2編 平成25年中の交通事故（都道府県（方面）別交通事故発生状況，都道府県（方面）別死亡事故発生状況，態様別事故発生状況，高速道路における交通事故，「30日以内死者」の状況），第3編 交通取締・交通規制・運転免許関係（道路交通関係法令違反取締り状況，交通事故事件の捜査，交通規制の実施状況，運転免許関係），第4編 参考資料，第5編 特集

交通統計　平成5年版　交通事故総合分析センター　1994.4　179p　21cm　800円

（目次）交通情勢の推移と現状，交通事故の推移と現状，平成5年中の交通事故，交通取締り，交通規制，運転免許〔ほか〕

交通統計　平成6年版　交通事故総合分析センター　1995.4　193p　21cm　1000円

（目次）第1編 交通情勢の推移と現状，第2編 交通事故の推移と現状，第3編 平成6年中の交通事故，第4編 交通取締り，第5編 交通規制，第6編 運転免許，第7編 参考資料，第8編 女性運転者による交通事故

交通統計　平成7年版　交通事故総合分析センター　1996.4　202p　21cm　1000円

（目次）第1編 交通情勢の推移と現状，第2編 交通事故の推移と現状，第3編 平成7年中の交通事故，第4編 交通取締り，第5編 交通規制，第6編 運転免許

交通統計　平成10年版　交通事故総合分析センター　1999.4　226p　21cm　1000円

（目次）第1編 交通情勢の推移と現状，第2編 交通事故の推移と現状（全国，地域別），第3編 平成10年中の交通事故（概況及び交通事故発生状況，死亡事故発生状況，死亡及び負傷者，子供の事故，高速道路における交通事故，30日以内志望者の状況），第4編 交通取締り（道路交通法違反取締り状況，交通事故事件の捜査），第5編 交通規制，第6編 運転免許，第7章 参考資料

交通統計　平成11年版　交通事故総合分析センター　2000.4　242p　21cm　1000円　Ⓝ681.3

（目次）第1編 交通情勢の推移と現状，第2編 交通事故の推移と現状，第3編 平成11年中の交通事故，第4編 交通取締り，第5編 交通規制，第6編 運転免許，第7編 参考資料

交通統計　平成12年版　交通事故総合分析センター　2001.4　246p　21cm　1000円　Ⓝ681.3

（目次）第1編 交通情勢の推移と現状，第2編 交通事故の推移と現状，第3編 平成12年中の交通事故，第4編 交通取締り，第5編 交通規制，第6編 運転免許，第7編 参考資料

交通統計　平成13年版　交通事故総合分析センター　2002.4　260p　21cm　1000円　Ⓝ681.3

（目次）第1編 交通情勢の推移と現状，第2編 交通事故の推移と現状，第3編 平成13年中の交通事故，第4編 交通取締り，第5編 交通規制，第6編 運転免許，第7編 参考資料，付録 イタルダ・インフォメーション

交通統計　平成14年版　交通事故総合分析センター　2003.4　256p　21cm　1000円

（目次）第1編 交通情勢の推移と現状，第2編 交通事故の推移と現状，第3編 平成14年中の交通事故，第4編 交通取締り，第5編 交通規制，第6編 運転免許，第7編 参考資料

交通統計　平成15年版　交通事故総合分析センター　2004.4　276p　21cm　1000円

（目次）第1編 交通情勢の推移と現状，第2編 交通事故の推移と現状，第3編 平成15年中の交通事故，第4編 交通取締り，第5編 交通規制，第6編 運転免許，第7編 参考資料，付録 イタルダ・インフォメーション平成15年発行分

交通統計　平成16年版　交通事故総合分析

人為的災害・事故　　　　　　　　　　　　　　交通事故

センター　2005.4　266p　21cm　1000円

(目次)第1編 交通情勢の推移と現状，第2編 交通事故の推移と現状，第3編 平成16年中の交通事故，第4編 交通取締り，第5編 交通規制，第6編運転免許，第7編 参考資料，付録 イタルダ・インフォメーション平成16年発行分

交通統計　平成17年版　交通事故総合分析

センター　2006.6　282p　21cm　1000円

(目次)第1編 交通情勢の推移と現状，第2編 交通事故の推移と現状，第3編 平成17年中の交通事故，第4編 交通取締り，第5編 交通規制，第6編運転免許，第7編 参考資料，付録 イタルダ・インフォメーション平成17年発行分

交通統計　平成18年版　交通事故総合分析

センター　2007.6　306p　21cm　1000円

(目次)第1編 交通情勢の推移と現状，第2編 交通事故の推移と現状，第3編 平成18年中の交通事故，第4編 交通取締り，第5編 交通規制，第6編運転免許，第7編 参考資料，付録 イタルダ・インフォメーション平成18年発行分

交通統計　平成19年版　交通事故総合分析

センター　2008.6　258p　21cm　1000円 Ⓝ681.3

(目次)第1編 交通情勢の推移と現状，第2編 交通事故の推移と現状，第3編 平成19年中の交通事故，第4編 交通取締り，第5編 交通規制，第6編運転免許，第7編 参考資料

交通統計　平成20年版　交通事故総合分析

センター　2009.6　246p　21cm　1000円 Ⓝ681.3

(目次)第1編 交通情勢の推移と現状，第2編 交通事故の推移と現状，第3編 平成20年中の交通事故，第4編 交通取締り，第5編 交通規制，第6編運転免許，第7編 参考資料

交通統計　平成21年版　交通事故総合分析

センター　2010.6　220p　21cm　1000円 Ⓝ681.3

(目次)第1編 交通情勢の推移と現状，第2編 交通事故の推移と現状，第3編 平成21年中の交通事故，第4編 交通取締り，第5編 交通規制，第6編運転免許，第7編 参考資料，付録 イタルダインフォメーション平成21年発行分

交通統計　平成22年版　交通事故総合分析

センター　2011.6　244p　21cm　1000円

(目次)第1編 交通情勢の推移と現状，第2編 交通事故の推移と現状，第3編 平成22年中の交通事

故，第4編 交通取締り，第5編 交通規制，第6編運転免許，第7編 参考資料，付録 イタルダインフォメーション平成22年発行分

交通統計　平成23年版　交通事故総合分析

センター　2012.7　232p　21cm　1000円

(目次)第1編 交通情勢の推移と現状，第2編 交通事故の推移と現状，第3編 平成23年中の交通事故，第4編 交通取締り，第5編 交通規制，第6編運転免許，第7編 参考資料，付録 イタルダインフォメーション平成23年発行分

交通統計　平成24年版　交通事故総合分析

センター　2013.7　232p　21cm　1000円

(目次)第1編 交通情勢の推移と現状，第2編 交通事故の推移と現状，第3編 平成24年中の交通事故，第4編 交通取締り，第5編 交通規制，第6編運転免許，第7編 参考資料，付録 イタルダインフォメーション平成24年発行分

交通統計　平成25年版　交通事故総合分析

センター　2014.7　224p　21cm　1000円

(目次)第1編 交通情勢の推移と現状，第2編 交通事故の推移と現状，第3編 平成25年中の交通事故，第4編 交通取締り，第5編 交通規制，第6編運転免許，第7編 参考資料，付録 イタルダインフォメーション平成25年発行分

数字でみる自動車　平成3年版　運輸省地域交通局監修　日本自動車会議所　1991.2　135p　15cm　370円　Ⓝ685.059

(目次)自動車の台数，旅客自動車の輸送量，バス事業，ハイヤー・タクシー事業，レンタカー・リース事業，貨物自動車の輸送量，トラック事業，通運事業，税制，道路，自動車ターミナル，自動車の登録・検査，自動車の整備，自動車の安全，運転者，自動車による事故，自動車公害対策，エネルギー，被害者の救済，参考

数字でみる自動車　平成5年版　運輸省自動車交通局監修　日本自動車会議所　1993.4　143p　15cm　450円

(目次)自動車の台数，旅客自動車の輸送量，バス事業，ハイヤー・タクシー事業，レンタカー・リース事業，貨物自動車の輸送量，トラック事業，鉄道に係る貨物運送取扱事業，税制・財投，道路，自動車ターミナル，自動車の登録・検査，自動車の整備，自動車の安全，運転者，自動車による事故，自動車公害対策，エネルギー，被害者の救済

数字でみる自動車　平成6年版　日本自動車会議所　1994.3　160p　15cm　〈監修：運輸

事故・災害レファレンスブック　*187*

省自動車交通局〉 437円

(目次)自動車の台数，旅客自動車の輸送量，バス事業，地方バス路線維持費，ハイヤー・タクシー事業，レンタカー・リース事業・ニューサービス，貨物自動車の輸送量，トラック事業〔ほか〕

数字でみる自動車　平成7年版　運輸省自動車交通局監修　日本自動車会議所　1995.3　162p　15×11cm　450円

(目次)自動車の台数，旅客自動車の輸送量，バス事業，地方バス路線維持費，ハイヤー・タクシー事業，レンタカー・リース事業・ニューサービス，貨物自動車の輸送量，トラック事業，税制・財投，道路，自動車ターミナル，自動車の登録・検査，自動車の整備

数字でみる自動車　平成8年版　運輸省自動車交通局監修　日本自動車会議所　1996.3　162p　15cm　450円

(目次)自動車の台数，旅客自動車の輸送量，バス事業，ハイヤー・タクシー事業，レンタカー・リース事業・ニューサービス，貨物自動車の輸送量，トラック事業，税制・財投，道路，自動車ターミナル，自動車の登録・検査，自動車の整備

数字でみる自動車　平成10年版　運輸省自動車交通局監修　日本自動車会議所　1998.3　162p　15cm　429円

(目次)自動車の台数，旅客自動車の輸送量，バス事業，ハイヤー・タクシー事業，レンタカー・リース事業・ニューサービス，トラック事業，鉄道に係る貨物運送取扱事業，税制・財投，道路，自動車ターミナル，自転車の登録・検査，自動車の整備，自動車の安全，運転者，自動車による事故，自動車公害対策，エネルギー，被害者の救済，参考

数字でみる自動車　平成11年版　運輸省自動車交通局監修　日本自動車会議所　1999.3　162p　15cm　429円

(目次)自動車の台数，旅客自動車の輸送量，バス事業，ハイヤー・タクシー事業，レンタカー・リース事業・ニューサービス，トラック事業，鉄道に係る貨物運送取扱事業，税制・財投，道路，自動車ターミナル，自転車の登録・検査，自動車の整備，自動車の安全，運転者，自動車による事故，自動車公害対策，エネルギー，被害者の救済，参考

数字でみる自動車　平成12年版　運輸省自動車交通局監修　日本自動車会議所　2000.3

168p　19cm　429円　Ⓝ685.059

(目次)自動車の台数，旅客自動車の輸送量，バス事業，ハイヤー・タクシー事業，レンタカー・リース事業・ニューサービス，貨物自動車の輸送量，トラック事業，鉄道に係る貨物運送取扱事業，税制・財投，道路，自動車ターミナル，自動車の整備，自動車の安全，運転者，自動車のよる事故，自動車環境対策，エネルギー，被害者の救済

数字でみる自動車　平成13年版　国土交通省自動車交通局監修　日本自動車会議所　2001.3　196p　19cm　429円　Ⓝ685.059

(目次)自動車の台数，旅客自動車の輸送量，バス事業，ハイヤー・タクシー事業，レンタカー・リース事業・ニューサービス，貨物自動車の輸送量，トラック事業，鉄道に係る貨物運送取扱事業，税制・財投，道路，自動車ターミナル，自動車の整備，自動車の安全，運転者，自動車による事故，自動車環境対策，エネルギー，被害者の救済

数字でみる自動車　平成14年版　国土交通省自動車交通局監修　日本自動車会議所　2002.3　202p　19cm　429円　Ⓝ685.059

(目次)自動車の台数，旅客自動車の輸送量，バス事業，ハイヤー・タクシー事業，レンタカー・リース事業・ニューサービス，貨物自動車の輸送量，トラック事業，鉄道に係る貨物運送取扱事業，税制・財投，道路〔ほか〕

数字でみる自動車　平成15年版　国土交通省自動車交通局監修　日本自動車会議所　2003.3　198p　19cm　429円

(目次)自動車の台数，旅客自動車の輸送量，バス事業，ハイヤー・タクシー事業，レンタカー・リース事業・ニューサービス，貨物自動車の輸送量，トラック事業，鉄道に係る貨物運送取扱事業，税制・財投，道路，自動車ターミナル，自動車の登録・検査，自動車の整備，自動車の安全，運転者，自動車による事故，自動車環境対策，エネルギー，被害者の救済

数字でみる自動車　平成16年版　国土交通省自動車交通局監修　日本自動車会議所　2004.3　200p　19cm　429円

(目次)自動車の台数，旅客自動車の輸送量，バス事業，ハイヤー・タクシー事業，レンタカー・リース事業・ニューサービス，貨物自動車の輸送量，トラック事業，税制・財投，道路，自動車ターミナル，自動車の登録・検査，自動車の

整備，自動車の安全，運転者，自動車による事故，自動車環境対策，エネルギー，被害者の救済，参考

数字でみる自動車　平成18年版　国土交通省自動車交通局監修　日本自動車会議所　2006.4　204p　15cm　429円

(目次)自動車の台数，旅客自動車の輸送量，バス事業，ハイヤー・タクシー事業，レンタカー・リース事業・ニューサービス，貨物自動車の輸送量，トラック事業，税制・財投，道路，自動車ターミナル〔ほか〕

数字でみる自動車　平成19年版　国土交通省自動車交通局監修　日本自動車会議所　2007.4　206p　15cm　429円

(目次)経済指標，自動車の台数，旅客自動車の輸送量，バス事業，ハイヤー・タクシー事業，レンタカー・リース事業・ニューサービス，貨物自動車の輸送量，トラック事業，税制・財投，道路，自動車ターミナル，自動車の登録・検査，自動車の整備，自動車の安全，運転者，自動車による事故，自動車環境対策，エネルギー，被害者の救済，参考

数字でみる自動車　平成20年版　国土交通省自動車交通局監修　日本自動車会議所　2008.7　208p　15cm　429円　Ⓝ685.059

(目次)経済指標，自動車の台数，旅客自動車の輸送量，バス事業，ハイヤー・タクシー事業，レンタカー・リース事業・ニューサービス，貨物自動車の輸送量，トラック事業，税制・財投，道路，自動車の登録・検査，自動車の整備，自動車の安全，運転者，自動車による事故，自動車環境対策，エネルギー，被害者の救済，参考

数字でみる自動車　平成21年版　国土交通省自動車交通局監修　日本自動車会議所　2009.4　206p　15cm　429円　Ⓝ685.059

(目次)経済指標，自動車の台数，旅客自動車の輸送量，バス事業，ハイヤー・タクシー事業，レンタカー・リース事業・ニューサービス，貨物自動車の輸送量，トラック事業，税制・財投，道路，自動車の登録・検査，自動車の整備，自動車の安全，運転者，自動車による事故，自動車環境対策，エネルギー，被害者の救済，参考

数字でみる自動車　平成22年版　国土交通省自動車交通局監修　日本自動車会議所　2010.6　209p　15cm　429円　Ⓝ685.059

(目次)経済指標，自動車の台数，旅客自動車の輸送量，バス事業，ハイヤー・タクシー事業，

レンタカー・リース事業，貨物自動車の輸送量，トラック事業，税制・財投，道路〔ほか〕

数字でみる自動車　平成24年版　国土交通省自動車局監修　日本自動車会議所　2012.6　211p　15cm　429円

(目次)経済指標，自動車の台数，旅客自動車の輸送量，バス事業，ハイヤー・タクシー事業，レンタカー・リース事業・ニューサービス，貨物自動車の輸送量，トラック事業，税制・財投，道路，自動車ターミナル，自動車の登録・検査，自動車の整備，自動車の安全，運転者，自動車による事故，自動車環境対策，エネルギー，被害者の救済，参考

数字でみる自動車　平成25年版　国土交通省自動車局監修　日本自動車会議所　2013.6　213p　15cm　429円

(目次)経済指標，自動車の台数，旅客自動車の輸送量，バス事業，ハイヤー・タクシー事業，レンタカー・リース事業・ニューサービス，トラック事業，税制・財投，道路，自動車ターミナル，自動車の登録・検査，自動車の整備，自動車の安全，運転者，自動車による事故，自動車環境対策，エネルギー，被害者の救済，参考

数字でみる自動車　平成26年版　国土交通省自動車局監修　日本自動車会議所　2014.6　213p　15cm　417円

(目次)経済指標，自動車の台数，旅客自動車の輸送量，バス事業，ハイヤー・タクシー事業，自動車運転代行業，貨物自動車の輸送量，トラック事業，税制，財投〔ほか〕

ビジュアルデータ　図で見る交通事故統計　平成7年版　警察庁交通局監修　大成出版社　1997.1　186p　26cm　2000円　Ⓣ4-8028-0869-0

(目次)第1部 グラフ（交通事故の概況，交通事故の推移と特徴），第2部 データ

ビジュアルデータ　図で見る交通事故統計　平成8年版　警察庁交通局交通企画課監修，交通事故総合分析センター編　大成出版社　1998.1　187p　26cm　2000円　Ⓣ4-8028-0898-4

(目次)第1部 グラフ（交通事故の概況，交通事故の推移と特徴），第2部 データ

(内容)交通事故の実態を数字と図表で示し，交通事故実態の特徴等についてコメントした交通事故統計集。

事故・災害レファレンスブック　*189*

交通事故　　　　　　　　　　　人為的災害・事故

ビジュアルデータ 図で見る交通事故統計
平成9年版　警察庁交通局交通企画課監修,
交通事故総合分析センター編　大成出版社
1998.11　186p　26cm　2000円　Ⓘ4-8028-
0312-5
(目次)第1部 グラフ(交通事故の概況, 交通事故
の推移と特徴), 第2部 データ

ビジュアルデータ 図で見る交通事故統計
平成10年版　警察庁交通局交通企画課監
修, 交通事故総合分析センター編　大成出版
社　1999.8　189p　26cm　2000円　Ⓘ4-
8028-0332-X
(目次)第1部 グラフ(交通事故の概況, 交通事故
の推移と特徴), 第2部 データ

ビジュアルデータ 図で見る交通事故統計
平成11年版　交通事故総合分析センター編
大成出版社　2000.8　191p　26cm　2000円
Ⓘ4-8028-0348-6　Ⓝ681.3
(目次)第1部 グラフ(交通事故の概況, 交通事故
の推移と特徴(当事者(車両)別にみた交通事故
の推移と特徴, 当事者(人)別にみた交通事故の
推移と特徴, 事故形態別にみた交通事故の推移
と特徴, シートベルト、ヘルメットの着用有無
別にみた事故の特徴, 法令違反別にみた交通事
故の推移と特徴)), 第2部 データ
(内容)交通事故の実態を数字だけでなく, 視覚
的に理解できるように図表化し, また交通事故
実態の特徴等についてコメントした統計データ
集。交通事故の概況、当事者別・事故形態別に
見た交通事故の推移と特徴、シートベルト・ヘ
ルメットの着用の有無、法令違反別などから交
通事故の推移、特徴を掲載する。

ビジュアルデータ 図で見る交通事故統計
平成12年版　交通事故総合分析センター編
大成出版社　2001.8　191p　26cm　2000円
Ⓘ4-8028-0362-1　Ⓝ681.3
(目次)第1部 グラフ(交通事故の概況, 交通事故
の推移と特徴), 第2部 データ
(内容)交通事故の実態をまとめた統計データ集。
数字だけでなく、視覚的に理解できるように指
標を図表化し、また交通事故実態の特徴等につ
いてコメントを加えている。交通事故の概況、
当事者別・事故形態別に見た交通事故の推移と
特徴、シートベルト・ヘルメットの着用の有無、
法令違反別などから交通事故の推移、特徴を掲
載する。

ビジュアルデータ 図で見る交通事故統計

ビジュアルデータ 図で見る交通事故統計
平成13年版　交通事故総合分析センター編
大成出版社　2002.9　189p　26cm　2200円
Ⓘ4-8028-0381-8　Ⓝ681.3
(目次)第1部 グラフ(交通事故の概況, 交通事故
の推移と特徴), 第2部 データ
(内容)交通事故の実態をまとめた統計データ集。
数字だけでなく、視覚的に理解できるように指
標を図表化し、交通事故実態の特徴等について
コメントを加えている。

ビジュアルデータ 図で見る交通事故統計
平成14年版　交通事故総合分析センター編
大成出版社　2003.9　191p　26cm　2200円
Ⓘ4-8028-0399-0
(目次)第1部 グラフ(交通事故の概況, 交通事故
の推移と特徴(車両別にみた交通事故の推移と
特徴, 当事者(人)別にみた交通事故の推移と特
徴, 事故形態別にみた交通事故の推移と特徴,
シートベルト、ヘルメットの着用有無別にみた
事故の特徴, 法令違反別にみた交通事故の推移
と特徴)), 第2部 データ
(内容)交通事故の実態を数字だけでなく、視覚
的に理解できるように図表化し、また交通事故
実態の特徴等についてコメントするなど、交通
安全の最前線で活動されている人が利用しやす
いように編集。

ビジュアルデータ 図で見る交通事故統計
平成15年版　交通事故総合分析センター編
大成出版社　2005.2　191p　26cm　2200円
Ⓘ4-8028-1616-2
(目次)第1部 グラフ(交通事故の概況, 交通事故
の推移と特徴(車両別にみた交通事故の推移と
特徴, 当事者(人)別にみた交通事故の推移と特
徴, 事故形態別にみた交通事故の推移と特徴,
シートベルト、ヘルメットの着用有無別にみた
事故の特徴, 法令違反別にみた交通事故の推移
と特徴)), 第2部 データ

ビジュアルデータ 図で見る交通事故統計
平成16年版　交通事故総合分析センター編
大成出版社　2005.9　191p　26cm　2200円
Ⓘ4-8028-1624-3
(目次)第1部 グラフ(交通事故の概況, 交通事故
の推移と特徴), 第2部 データ
(内容)交通事故の実態を数字だけでなく、視覚
的に理解できるように図表化し、交通事故実態
の特徴等についてのコメントなどもついた交通
事故統計集。

ビジュアルデータ 図で見る交通事故統計

190　事故・災害レファレンスブック

人為的災害・事故　　　交通事故

2006　交通事故総合分析センター編　大成
出版社　2006.9　191p　26cm　2200円
　Ⓘ4-8028-1645-6
Ⓣ目次Ⓣ第1部 グラフ（交通事故の概況，交通事故
の推移と特徴），第2部 データ

ビジュアルデータ 図で見る交通事故統計
2007　交通事故総合分析センター編　大成
出版社　2008.4　191p　26cm　2300円
　Ⓘ978-4-8028-1656-4　Ⓝ681.3
Ⓣ目次Ⓣ第1部 グラフ（交通事故の概況，交通事故
の推移と特徴），第2部 データ

◆◆鉄道事故

＜年鑑・白書＞

日本労働年鑑　第76集（2006年版）　大原
社会問題研究所編　旬報社　2006.6　485p
21cm　15000円　Ⓘ4-8451-0987-5
Ⓣ目次Ⓣ序 政治・経済の動向と労働問題の焦点，
特集1 JR福知山線脱線事故とJRの労使関係─
経営権の肥大化が招いた悲劇，特集2 日経連「新
時代の日本的経営」から一〇年，第1部 労働経
済と労働者生活，第2部 経営労務と労使関係，
第3部 労働組合の組織と運動，第4部 労働組合
と政治・社会運動，第5部 労働・社会政策
Ⓘ内容Ⓘ本書は『日本労働年鑑』の第七六集・二
〇〇六年版である。内容的には，二〇〇五年一
月から一二月までの，日本の労働問題，労働・
社会運動の動向を記録している。

＜統計集＞

鉄道人身事故データブック2002 - 2009
佐藤裕一著　柘植書房新社　2011.7　231p
21cm　2400円　Ⓘ978-4-8068-0620-2
Ⓣ目次Ⓣ1 鉄道路線別の傾向（JR東日本 山手線・
中央線と総武援行線・京浜東北線と根岸線・東
海道線・高崎線と宇都宮線，JR東日本 総武快
速線と横須賀線・常磐線・京葉線と武蔵野線・
埼京線・横浜線 ほか），2 駅別事故概要，3 駅
構内での人身事故の概要（原因の内訳 55%が自
殺，発生件数の推移 8年間で1.5倍に ほか），4
資料（視覚障害者の駅ホームでの重傷事故，大
阪市営地下鉄が原因で利用者が怪我をした場合
の賠償一覧 ほか）
Ⓘ内容Ⓘ2002年4月1日から2009年3月31日までに
駅で発生した3997件の人身事故を，いつ・どこ
で・どんな人に・何が起きたのかまとめたデー
タ集。

鉄道統計年報　昭和63年度　運輸省大臣官
房国有鉄道改革推進部，運輸省地域交通局監
修　政府資料等普及調査会　1990.11　501p
26cm　5500円　Ⓝ686.059
Ⓣ目次Ⓣ1 運輸，2 作業量，3 財務，4 施設・車両，
5 資材，6 職員，7 運転事故，8 索道，9 附表

鉄道統計年報　平成元年度　運輸省大臣官
房国有鉄道改革推進部，運輸省地域交通局監
修　政府資料等普及調査会　1991.6　503p
26cm　5500円
Ⓣ目次Ⓣ1 運輸，2 作業量，3 財務，4 施設・車両，
5 資材，6 職員，7 運転事故，8 索道，9 附表

鉄道統計年報　平成2年度　運輸省鉄道局監
修　政府資料等普及調査会　1992.6　504p
26cm　5500円
Ⓣ目次Ⓣ1 運輸（運輸成績表，車扱貨物主要品目別
輸送実績表），2 作業量（営業キロ及び走行キロ
表），3 財務（損益計算書，鉄・軌道業営業損益，
貸借対照表），4 施設・車両（土地建物面積表，
踏切道数及び軌道重量別軌道延長表，通信設備
表，踏切保安装置〈電気式〉設備表，変電所設備
表 ほか），資財（運転用電力，燃料及び油脂消
費額表），6 職員（職員数及び年間給与額表），
7 運転事故（運転事故件数及び死傷者数表），8
索道（索道輸送年度実績），9 附表（免・特許等
一覧表，運輸成績の推移）

鉄道統計年報　平成3年度　運輸省鉄道局監
修　政府資料等普及調査会　1993.5　503p
26cm　5500円
Ⓣ目次Ⓣ1 運輸，2 作業量，3 財務，4 施設・車両，
5 資財，6 職員，7 運転事故，8 索道，9 附表

鉄道統計年報　平成4年度　運輸省鉄道局監
修　政府資料等普及調査会　1994.5　503p
30cm　5800円
Ⓣ目次Ⓣ1 運輸，2 作業量，3 財務，4 施設・車両，
5 資財，6 職員，7 運転事故，8 索道，9 附表

鉄道統計年報　平成5年度　運輸省鉄道局監
修　政府資料等普及調査会　1995.5　513p
30cm　5800円
Ⓣ目次Ⓣ1 運輸，2 作業量，3 財務，4 施設・車両，
5 資材，6 職員，7 運転事故，8 索道，9 附表

鉄道統計年報　平成6年度　運輸省鉄道局監
修　政府資料等普及調査会　1996.5　513p
30cm　5800円
Ⓣ目次Ⓣ1 運輸，2 作業量，3 財務，4 施設・車両，
5 資材，6 職員，7 運転事故，8 索道，9 附表

事故・災害レファレンスブック　*191*

交通事故　　　　　　　　人為的災害・事故

鉄道統計年報　平成8年度　運輸省鉄道局監修　政府資料等普及調査会　1998.5　521p　30cm　5715円
(目次)1 運輸, 2 作業量, 3 財務, 4 施設・車両, 5 資材, 6 職員, 7 運転事故, 8 索道, 9 附表

鉄道統計年報　平成9年度　運輸省鉄道局監修　政府資料等普及調査会　1999.5　521p　30cm　5715円
(目次)1 運輸, 2 作業量, 3 財務, 4 施設・車両, 5 資材, 6 職員, 7 運転事故, 8 索道, 9 附表

鉄道統計年報　平成11年度　国土交通省鉄道局監修　政府資料等普及調査会　2001.6　517p　30cm　6000円　Ⓝ686
(目次)1 運諭, 2 作業量, 3 財務, 4 施設・車両, 5 資材, 6 職員, 7 運転事故, 8 索道, 9 附表

鉄道統計年報　平成12年度　国土交通省鉄道局監修　政府資料等普及調査会　2002.3　520p　30cm　6000円
(目次)1 運輸, 2 作業量, 3 財務, 4 施設・車両, 5 資材, 6 職員, 7 運転事故, 8 索道, 9 附表

鉄道統計年報　平成13年度　国土交通省鉄道局監修　政府資料等普及調査会　2003.3　534p　30×21cm　6000円
(目次)1 運輸, 2 作業量, 3 財務, 4 施設・車両, 5 資材, 6 職員, 7 運転事故, 8 索道, 9 附表
(内容)本年報は平成13年度分のJR及び民鉄の統計について編集したものである。統計数値は、鉄道事業、軌道事業の実績報告書、営業報告書及び鉄道輸送統計年報を基礎資料とした。財務関係資料については、損益計算書、鉄道・軌道業営業損益、貸借対照表の3つを掲載した。なお、事業者については無償運送を行っているものを含まない。

鉄道統計年報　平成14年度　国土交通省鉄道局監修　政府資料等普及調査会　2004.3　532p　30cm　6000円
(目次)1 運輸, 2 作業量, 3 財務, 4 施設・車両, 5 資材, 6 職員, 7 運転事故, 8 索道, 9 附表

鉄道統計年報　平成15年度　国土交通省鉄道局監修　政府資料等普及調査会　2005.3　640p　30cm　6000円
(目次)1 運輸, 2 作業量, 3 財務, 4 施設・車両, 5 資材, 6 職員, 7 運転事故, 8 索道, 9 附表
(内容)本年報は平成15年度分のJR及び民鉄の統計について編集したものである。

鉄道統計年報　平成16年度　国土交通省鉄道局監修　政府資料等普及調査会　2006.3　561p　30cm　〈付属資料：CD-ROM1〉　7000円
(目次)1 運輸, 2 作業量, 3 財務, 4 施設・車両, 5 資材, 6 職員, 7 運転事故, 8 索道, 9 附表

鉄道統計年報　平成17年度　国土交通省鉄道局監修　政府資料等普及調査会　2007.3　564p　30cm　〈付属資料：CD-ROM1〉　7000円
(目次)1 運輸, 2 作業量, 3 財務, 4 施設・車両, 5 資材, 6 職員, 7 運転事故, 8 索道, 9 附表
(内容)JRとは、昭和62年4月1日より国鉄の分割・民営化により発足した鉄道事業者であり、民鉄とは、JR以外の鉄道、軌道、索道事業者をいう。本年報は平成17年度分のJR及び民鉄の統計について編集したものである。

鉄道統計年報　平成18年度　国土交通省鉄道局監修　政府資料等普及調査会　2008.3　556p　30cm　〈付属資料：CD‐ROM1〉　7000円　Ⓝ686
(目次)1 運輸, 2 作業量, 3 財務, 4 施設・車両, 5 資材, 6 職員, 7 運転事故, 8 索道, 9 附表

鉄道統計年報　平成19年度　国土交通省鉄道局監修　電気車研究会　2009.11　611p　30cm　8000円　Ⓘ978-4-88548-114-7
(内容)平成19年度分のJR及び民鉄の統計数値を、運輸、作業量、財務、施設・車両、資材、職員、運転事故、索道の項目別にまとめる。平成19年度鉄道・軌道の許可・特許等一覧なども収録。

鉄道統計年報　平成20年度　国土交通省鉄道局監修　電気車研究会　2010.12　549p　30cm　〈付属資料：CD‐ROM1〉　8095円　Ⓘ978-4-88548-117-8　Ⓝ686
(目次)1 運輸, 2 作業量, 3 財務, 4 施設・車両, 5 資材, 6 職員, 7 運転事故, 8 索道, 9 附表

鉄道統計年報　平成22年度　国土交通省鉄道局監修　電気車研究会　2013.3　549p　30cm　〈付属資料：CD‐ROM1〉　8095円　Ⓘ978-4-88548-121-5
(目次)1 運輸, 2 作業量, 3 財務, 4 施設・車両, 5 資材, 6 職員, 7 運転事故, 8 索道, 9 附表

人為的災害・事故　　　　　　　　　　　　　　交通事故

◆水上交通事故

<事典>

解説 海難審判関係用語集　伊藤喜市著　成
山堂書店　1996.5　158p　21cm　2400円
Ⓘ4-425-11151-6

(目次)1 組織の部―海難審判庁組織の関係用語,
2 理事官の部―事実の調査等及び裁決執行の関
係用語, 3 審判手続の部―海難審判及び審判廷
の手続関係の用語, 4 裁決書の部―裁決及び裁
決書の関係用語, 5 事実の部―船舶, ひと及び
環境の関係用語

(内容)よくわかる「海の裁判」。海難審判を理解
するための手軽な用語集。審判・裁決で使用さ
れる用語に著者の実務経験に基く解釈を加え,
審判業務を体系的に解説。

知られざる難破船の世界　リチャード・プ
ラット著, 川成洋日本語版監修　あすなろ書
房　2008.6　55p　29cm　(「知」のビジュア
ル百科 47)　〈原書名：Eyewitness-
shipwreck.〉　2500円　Ⓘ978-4-7515-2457-2
Ⓝ557.84

(目次)難破, 危険な海, 古代の難破船, 難破船
探査の歴史, 中国のジャンク, メアリー・ロー
ズ号の沈没, イギリスの海難事故, 無敵艦隊の
沈没, オンタリオ湖に沈む, 姿を現したヴァサ
号, "不沈船"タイタニック号, 石油タンカー事
故, 航海法, 灯台と灯台船, 海上での通信技術,
難破船からのサバイバル, 救助活動, 救助艇の
装備, 潜水の歴史, スキューバ・ダイビング,
深海探査, 沈没船の発見と引き揚げ, 生活のな
ごり, サルベージ, 復元と保存, 難破船と芸術
(内容)海底に眠る難破船が教えてくれるオドロ
キの真実!古代から現代まで, 貴重な写真ととも
に難破船の不思議に迫る驚異の歴史図鑑。

<ハンドブック>

**海の安全ハンドブック　小型船・漁船・プ
レジャーボート**　日本海難防止協会編　成
山堂書店　1994.7　207p　19cm　1800円
Ⓘ4-425-35211-4　Ⓝ557.8

(目次)1 海の事故について, 2 シーマンの常識,
3 衝突・乗揚げ事故を起こさないために, 4 海の
ルール, 5 確実な救助のために, 付録(地方運輸
局等所在地一覧, 海上保安管署等所在地一覧)
(内容)海上安全のための必要最小限の知識を平
易・簡潔に記述したもの。参考となる図・表,

安全上基本となる法令の関係条文等も掲載する。

航海当直のエンジョイブック　室原陽二著
成山堂書店　1994.10　138p　21cm　2200円
Ⓘ4-425-35221-1

(目次)第1部 船橋当直者心得, 第2部 心得の解
説, 第3部 海難事故の防止

(内容)どうすれば海難事故を防止し, 航海をエ
ンジョイできるか, 航海当直に必須の肝要事項
を取り上げ, 海難事故防止を強く訴える。

水難救助ハンドブック　Joost J.L.M.ビーレ
ンス編, 小林国男, 斎藤秀俊, 鈴木哲司監訳
シュプリンガー・ジャパン　2008.10　531p
27cm　〈文献あり　原書名：Handbook on
drowning.〉　22000円　Ⓘ978-4-431-10036-2
Ⓝ369.34

(目次)歴史, 溺水の疫学, 溺水予防, 救助に関
する作業部会：組織(救助計画, 訓練, 待機),
救助に関する作業部会―救助技術, 蘇生, 病院
での治療, 溺水患者の脳蘇生, 浸漬低体温症,
水関連災害, 素潜り, 他給気式潜水, スクーバ
潜水, 溺水事故の調査

<法令集>

海上人命安全条約　2011年　国土交通省海
事局安全基準課監修　海文堂出版　2011.12
938p　21cm　〈本文：日英両文〉　20000円
Ⓘ978-4-303-38373-2

(目次)1974年の海上における人命の安全のため
の国際会議最終議定書, 1974年海上人命安全条
約―1974年の海上における人命の安全のための
国際条約, 1988年議定書―1974年の海上におけ
る人命の安全のための国際条約に関する1988年
の議定書, 附属書―1974年の海上における人命
の安全のための国際条約の附属書(1988年議定
書, 2011年11月1日より前に発効した改正を含
む)(一般規定, 構造(構造, 区画及び復原性並
びに機関及び電気設備, 防火並びに火災探知及
び消火), 救命設備, 無線通信, 航行の安全(第
1～35規則)ほか)

海上保安法制　海洋法と国内法の交錯　山
本草二編　三省堂　2009.5　464p　22cm
6800円　Ⓘ978-4-385-32294-0　Ⓝ557.8

(目次)第1章 総論(海上執行をめぐる国際法と
国内法の相互関係, 海上保安庁法の成立と外国
法制の継受―コーストガード論 ほか), 第2章
国内法の適用・執行とその限界(内水, 領海 ほ
か), 第3章 執行の対象となる海上活動(密航,

事故・災害レファレンスブック　　193

密輸と組織犯罪 ほか），第4章 海上保安法制の
課題と展望（外国船舶に対する執行管轄権行使
に伴う国家の責任，係争海域における活動の国
際法上の評価—日中・日韓間の諸問題を手がか
りとして ほか）

[内容]海上執行に関する国際法と国内法（行政
法，刑事法）が交錯する法的諸問題につき海上
保安業務の理論体系の構築を考察。

海上保安六法　平成2年版　海事法令研究会
編著，海上保安庁監修　成山堂書店　1990.3
1263,14p　21cm　（海事法令シリーズ 4）
11000円　①4-425-21128-6

[目次]1 通則，2 海上交通，3 海上公害，4 海難
救助，5 水路業務・航路標識，6 領海・漁業水
域，7 関係法令，8 条約，海難審判

海上保安六法　平成3年版　海事法令研究会
編著，海上保安庁監修　成山堂書店　1991.3
1272,14p　21cm　（海事法令シリーズ 4）
11000円　①4-425-21129-4

[目次]1 通則，2 海上交通，3 海上公害，4 海難
救助，5 水路業務・航路標識，6 領海・漁業水
域，7 関係法令，8 条約，海難審判，海事法令
関係条約一覧表

海上保安六法　平成4年版　海事法令研究会
編著，海上保安庁監修　成山堂書店　1992.3
1302,14p　21cm　（海事法令シリーズ 4）
11000円　①4-425-21130-8

[目次]主要改正法令の要綱，1 通則，2 海上交
通，3 海上公害，4 海難救助，5 水路業務・航
路標識，6 領海・漁業水域，7 関係法令，8 条
約，海難審判

[内容]この法令集は，海上保安庁の所掌事務に
関連する法令を中心に集録したものであり，編
纂にあたっては，法令内容の正確さに十分配慮
するとともに，利用の便を考慮して主要法令に
は条文ごとに改正経過及び参照事項を附すこと
としました。

海上保安六法　平成5年版　海事法令研究会
編著，海上保安庁監修　成山堂書店　1993.3
1354,15p　21cm　（海事法令シリーズ 4）
11000円　①4-425-21131-6　Ⓝ683.7

[目次]1 通則，2 海上交通，3 海上公害，4 海難
救助，5 水路業務・航路標識，6 領海・漁業水
域，7 関係法令，8 条約

[内容]運輸省所管の海事法令のうち，海上保安
庁所掌の事業に関するものを中心に収録したも
の。重要法令には条文ごとに改正経過や参照事

項を示す。海運・船舶・船員・海上保安・港湾
各六法の5冊からなる海事法令シリーズの1冊。
巻末にシリーズ中の全法令名の索引を付す。

海上保安六法　平成6年版　海事法令研究会
編著，海上保安庁監修　成山堂書店　1994.3
1388,15p　21cm　（海事法令シリーズ 4）
11000円　①4-425-21132-4　Ⓝ683.7

[目次]1 通則，2 海上交通，3 海上公害，4 海難
救助，5 水路業務・航路標識，6 領海・漁業水
域，7 関係法令，8 条約，海難審判

[内容]運輸省所管の海事法令のうち，海上保安
庁の所掌事務に関連する法令を中心に集録した
もの。主要法令には条文ごとに改正経過及び参
照事項を示す。海運・船舶・船員・海上保安・
港湾各六法の5冊からなる海事法令シリーズの1
冊。巻末にシリーズ中の全法令名の索引を付す。

海上保安六法　平成7年版　海上保安庁監
修，海事法令研究会編著　成山堂書店
1995.3　1426,15p　21cm　（海事法令シリー
ズ 4）　12000円　①4-425-21133-2

[内容]海運・船舶・船員・海上保安・港湾各六
法の5冊からなる海事法令シリーズの一冊。こ
の巻では海上保安に関する法令・条約を収録す
る。内容は1995年1月5日現在。重要法令には条
文ごとに改正経過や参照事項を示す。巻末にシ
リーズ中の全法令名の索引を付す。

海上保安六法　平成8年版　海上保安庁監
修，海事法令研究会編著　成山堂書店
1996.3　1362,15p　21cm　（海事法令シリー
ズ 4）　11000円　①4-425-21134-0

[目次]1 通則，2 海上交通，3 海上公害，4 海難
救助，5 水路業務・航路標識，6 領海・漁業水
域，7 関係法令，8 条約，海難審判

海上保安六法　平成9年版　海上保安庁監
修，海事法令研究会編著　成山堂書店
1997.3　1374,15p　26cm　（海事法令シリー
ズ 4）　10680円　①4-425-21135-9

[目次]1 通則，2 海上交通，3 海上公害，4 海難
救助，5 水路業務・航路標識，6 領海・排他的
経済水域，7 関係法令，8 条約，海難審判

海上保安六法　平成10年版　海上保安庁監
修，海事法令研究会編著　成山堂書店
1998.3　1377,15p　22×16cm　（海事法令シ
リーズ 4）　11000円　①4-425-21136-7

[目次]1 通則，2 海上交通，3 海上公害，4 海難
救助，5 水路業務・航路標識，6 領海・排他的
経済水域，7 関係法令，8 条約，海難審判

人為的災害・事故　　　　　　　　　　　　　　　　　　交通事故

海上保安六法　平成11年版　海上保安庁監
修, 海事法令研究会編著　成山堂書店
1999.3　1391p　21cm　（海事法令シリーズ
4）　11000円　①4-425-21137-5

（目次）海上保安六法（通則, 海上交通, 海上公
害, 海難救助, 水路業務・航路標識, 領海・排
他の経済水域, 関係法令, 条約）, 海難審判

（内容）海運・船舶・船員・海上保安・港湾各六
法の5冊からなる海事法令シリーズの一冊。こ
の巻では海上保安に関する法令・条約を収録す
る。内容は平成11年1月5日現在。重要法令には
条文ごとに改正経過や参照事項を示す。巻末に
シリーズ中の全法令名の索引を付す。

海上保安六法　平成12年版　海上保安庁監
修, 海事法令研究会編著　成山堂書店
2000.3　1414,15p　21cm　（海事法令シリー
ズ4）　12500円　①4-425-21138-3　N557.8

（目次）海上保安六法（通則, 海上交通, 海上公
害, 海難救助, 水路業務・航路標識, 領海・排
他の経済水域, 関係法令, 条約）, 海難審判

（内容）海上保安庁の所掌事務に関連する法案を
中心に収録した法令集。海上保安六法および海
難審判に関する法令を収録。内容は平成12年1
月5日現在。巻末に海事法令関係条約一覧表を
掲載、海事法令シリーズ全5冊の六法に納めた
全法令名の索引を総合法令索引として付す。

海上保安六法　平成13年版　海上保安庁監
修, 海事法令研究会編著　成山堂書店
2001.3　1440,15p　21cm　（海事法令シリー
ズ4）　13000円　①4-425-21139-1　N557.8

（目次）海上保安六法（通則, 海上交通, 海上公
害, 海難救助, 水路業務・航路標識, 領海・排
他的経済水域, 関係法令, 条約）, 海難審判

（内容）海上保安庁の所掌事務に関連する法令を
中心に収録した実務法令集。内容は2001年1月
6日現在。

海上保安六法　平成14年版　海上保安庁監
修, 海事法令研究会編著　成山堂書店
2002.2　1279,14p　21cm　（海事法令シリー
ズ4）　11200円　①4-425-21140-5　N557.8

（目次）1 通則, 2 海上交通, 3 海上公害, 4 海難
救助, 5 水路業務・航路標識, 6 領海・排他的
経済水域, 7 関係法令, 8 条約

（内容）海上保安庁の所轄事務に関連する法令を
中心に収録した法令集。主要法令には条文ごと
に改正経過および参照事項を付している。内容
は平成14年1月5日現在。

**海上保安六法　海事法令シリーズ〈4〉　平
成15年版**　海上保安庁監修, 海事法令研究
会編著　成山堂書店　2003.3　1316p　21cm
（海事法令シリーズ4）　11205円　①4-425-
21141-3

（目次）1 通則, 2 海上交通, 3 海上公害, 4 海難
救助, 5 水路業務・航路標識, 6 領海・排他的
経済水域, 7 関係法令, 8 条約

**海上保安六法　海事法令シリーズ〈4〉　平
成16年版**　海上保安庁監修, 海事法令研究
会編著　成山堂書店　2004.3　1350,16,5p
21cm　（海事法令シリーズ4）　11205円
①4-425-21142-1

（目次）1 通則, 2 海上交通, 3 海上公害, 4 海難
救助, 5 水路業務・航路標識, 6 領海・排他的
経済水域, 7 関係法令, 8 条約

**海上保安六法　海事法令シリーズ〈4〉　平
成17年版**　海上保安庁監修, 海事法令研究
会編著　成山堂書店　2005.3　1407p　21cm
（海事法令シリーズ4）　13600円　①4-425-
21143-X

（目次）1 通則, 2 海上交通, 3 海上公害, 4 海難
救助, 5 水路業務・航路標識, 6 領海・排他的
経済水域, 7 関係法令, 8 条約

（内容）海上保安庁の所掌事務に関連する法令を
中心に集録。編纂にあたっては、法令内容の正
確さに十分配慮するとともに、利用の便を考慮
して主要法令には条文ごとに改正経過及び参照
事項を附した。

**海上保安六法　海事法令シリーズ〈4〉　平
成18年版**　海上保安庁監修, 海事法令研究
会編著　成山堂書店　2006.3　1351p　21cm
（海事法令シリーズ4）　13600円　①4-425-
21144-8

（目次）1 通則, 2 海上交通, 3 海上公害, 4 海難
救助, 5 水路業務・航路標識, 6 領海・排他的
経済水域, 7 関係法令, 8 条約

海上保安六法　平成19年版　海上保安庁監
修, 海事法令研究会編著　成山堂書店
2007.3　1118,14p　22cm　（海事法令シリー
ズ4）　〈折り込1枚〉　12000円　①978-4-
425-21145-6　N557.8

海上保安六法　平成20年版　海上保安庁監
修, 海事法令研究会編著　成山堂書店
2008.3　1126,14p　22cm　（海事法令シリー
ズ4）　〈折り込1枚〉　13000円　①978-4-

事故・災害レファレンスブック　　**195**

交通事故 　　人為的災害・事故

425-21146-3　Ⓝ557.8

Ⓝ内容 海上保安庁法や、海上交通、海上公害、海難救助、水路業務・航路標識、領海・接続水域に関する法律等、海上保安庁の所掌事務に関わる法令を中心に集録。主要法令には条文ごとに改正経過及び参照事項を付す。

海上保安六法　平成21年版　海事法令研究
会編著，海上保安庁監修　成山堂書店
2009.3　1136,14p　22cm　（海事法令シリーズ 4）　〈折り込1枚，索引あり〉　13300円
Ⓘ978-4-425-21147-0　Ⓝ557.8

Ⓝ内容 海上保安庁法や、海上衝突予防法、水難救護法、水路業務法、航路標識法、領海及び接続水域に関する法律等、海上保安庁の所掌事務に関わる法令を中心に集録。主要法令には条文ごとに改正経過及び参照事項を付す。

海上保安六法　平成22年版　海事法令研究
会編著，海上保安庁監修　成山堂書店
2010.3　1122,14p　22cm　（海事法令シリーズ 4）　〈索引あり〉　14000円　Ⓘ978-4-425-21148-7　Ⓝ557.8

Ⓝ内容 海上保安庁法や、海上衝突予防法、水難救護法、水路業務法、航路標識法、領海及び接続水域に関する法律等、海上保安庁の所掌事務に関わる法令を中心に集録。主要法令には条文ごとに改正経過及び参照事項を付す。

海上保安六法　平成23年版　海事法令研究
会編著，海上保安庁監修　成山堂書店
2011.3　1180,14p　22cm　（海事法令シリーズ 4）　〈索引あり〉　14600円　Ⓘ978-4-425-21149-4　Ⓝ557.8

Ⓝ内容 海上保安庁法や、海上衝突予防法、水難救護法、水路業務法、航路標識法、領海及び接続水域に関する法律等、海上保安庁の所掌事務に関わる法令を中心に集録。主要法令には条文ごとに改正経過及び参照事項を付す。

海上保安六法　平成24年版　海事法令研究
会編著，海上保安庁監修　成山堂書店
2012.3　1203,15p　22cm　（海事法令シリーズ 4）　〈索引あり〉　15000円　Ⓘ978-4-425-21150-0　Ⓝ557.8

Ⓝ内容 海上保安庁法や、海上衝突予防法、水難救護法、水路業務法、航路標識法、領海及び接続水域に関する法律等、海上保安庁の所掌事務に関わる法令を中心に集録。主要法令には条文ごとに改正経過及び参照事項を付す。

海上保安六法　平成25年版　海上保安庁監
修，海事法令研究会編著　成山堂書店
2013.3　1249,15p　22cm　（海事法令シリーズ 4）　〈索引あり〉　15200円　Ⓘ978-4-425-21351-1　Ⓝ557.8

Ⓝ内容 海上保安庁法や、海上衝突予防法、水難救護法、水路業務法、航路標識法、領海及び接続水域に関する法律等、海上保安庁の所掌事務に関わる法令を中心に集録。主要法令には条文ごとに改正経過及び参照事項を附す。

海難審判法及び関係法令　最新版　高等海難
審判庁監修　成山堂書店　1996.4　56,7p
21cm　1000円　Ⓘ4-425-25024-9

Ⓣ目次 海難審判法，海難審判法施行令，海難審判法施行規則，海難審判庁事務章程，海事補佐人登録規則，海難審判庁の裁決書の謄本等交付手数料に関する規則，国家行政組織法（抄），運輸省設置法（抄），運輸省組織令（抄），運輸省組織規程（抄），海難審判庁組織規則，船員法（抄），水難救護法（抄），水先法（抄），海難審判庁組織一覧，海難審判庁管轄区域一覧図

最新　海難審判法及び関係法令　成山堂書店
1991.8　55p　21cm　〈監修：高等海難審判庁　『海難審判法及び関係法令』(1983年刊)の改訂版〉　900円　Ⓘ4-425-25023-0
Ⓝ557.85

Ⓣ目次 海難審判法，海難審判法施行令，海難審判法施行規則，海難審判庁事務章程，海事補佐人登録規則，海難審判庁の裁決書の謄本等交付手数料に関する規則，国家行政組織法（抄），運輸省設置法（抄），運輸省組織令（抄），運輸省組織規程（抄），海難審判庁組織規則，船員法（抄），水難救護法（抄），水先法（抄）

最新　海難審判法及び関係法令　改訂版　高
等海難審判庁監修　成山堂書店　1999.6
57p　21cm　1200円　Ⓘ4-425-25025-7

Ⓣ目次 海難審判法，海難審判法施行令，海難審判法施行規則，海難審判庁事務章程，海事補佐人登録規則，海難審判庁の裁決書の謄本等交付手数料に関する規則，国家行政組織法（抄），運輸省設置法（抄），運輸省組織令（抄），運輸省組織規程（抄），海難審判庁組織規則，船員法（抄），水難救護法（抄），水先法（抄）

最新　海難審判法及び関係法令　〔平成13
年〕改訂版　高等海難審判庁監修　成山堂書店　2001.8　61p　21cm　1200円　Ⓘ4-425-25026-5　Ⓝ557.85

Ⓣ目次 海難審判法，海難審判法施行令，海難審判

法施行規則，海難審判庁事務章程，海事補佐人登録規則，海難審判庁の裁決書の謄本等交付手数料に関する規則，国家行政組織法（抄），国土交通省設置法（抄），国土交通省組織令（抄），国土交通省組織規則（抄），海難審判庁組織規則，船員法（抄），水難救護法（抄），水先法（抄）
内容 海難審判法を中心に，これに関する政令，省令及びその他の関係参考法令を収録するとともに，関連参照条文等も掲載したも実務法令集。

最新 海難審判法及び関係法令 高等海難審判庁監修 成山堂書店 2006.6 73p 21cm 1400円 ①4-425-25027-3 Ⓝ557.85

最新 海洋汚染及び海上災害の防止に関する法律及び関係法令 改訂版 運輸省運輸政策局環境課監修 成山堂書店 1990.10 542p 21cm 4600円 ①4-425-24106-1
内容 平成2年10月施行法令集録。

最新 海洋汚染及び海上災害の防止に関する法律及び関係法令 平成5年4月現在 改訂版 運輸省運輸政策局環境・海洋課監修 成山堂書店 1993.7 629p 21cm 5600円 ①4-425-24107-X

最新 海洋汚染及び海上災害の防止に関する法律及び関係法令 改訂版 運輸省運輸政策局環境・海洋課海洋室監修 成山堂書店 1999.10 768p 19cm 6600円 ①4-425-24108-8
目次 海洋汚染及び海上災害の防止に関する法律，海洋汚染及び海上災害の防止に関する法律施行令，海洋汚染及び海上災害の防止に関する法律施行規則，有害液体物質等の範囲から除かれる液体物質を定める総理府令，海洋汚染防止設備等及び油濁防止緊急措置手引書に関する技術上の基準を定める省令，海洋汚染防止設備等及び油濁防止緊急措置手引書に関する技術上の基準を定める省令第三十一条の有害液体物質を定める告示，海洋汚染防止設備等及び油濁防止緊急措置手引書検査規則，海洋汚染及び海上災害の防止に関する法律第九条の六第三項の規定に基づく未査定液体物質の査定に関する総理府令，未査定液体物質の査定結果，海洋汚染及び海上災害の防止に関する法律第九条の七の規定に基づく指定確認機関〔ほか〕

最新 海洋汚染等及び海上災害の防止に関する法律及び関係法令 平成20年1月現在 国土交通省総合政策局海洋政策課監修 成山堂書店 2008.2 10,793p 21cm 9400円 ①978-4-425-24109-5 Ⓝ519.4
目次 海洋汚染等及び海上災害の防止に関する法律，海洋汚染等及び海上災害の防止に関する法律施行令，海洋汚染等及び海上災害の防止に関する法律施行規則，有害液体物質等の範囲から除かれる液体物質を定める省令，海洋汚染防止設備等，海洋汚染防止緊急措置手引書等及び大気汚染防止検査対象設備に関する技術上の基準等に関する省令，海洋汚染防止設備等，海洋汚染防止緊急措置手引書等及び大気汚染防止検査対象設備に関する技術上の基準等に関する省令第三十一条の有害液体物質を定める告示，海洋汚染防止設備等，海洋汚染防止緊急措置手引書等及び大気汚染防止検査対象設備の検査等に関する規則，海洋汚染等及び海上災害の防止に関する法律第九条の六第三項の規定に基づく未査定液体物質の査定に関する省令，海洋汚染等及び海上災害の防止に関する法律の規定に基づく事業場の認定に関する規則，海洋汚染防止設備及び大気汚染防止検査対象設備型式承認規則〔ほか〕

1994年海上人命安全条約 1974年海上人命安全条約の1994年改正 運輸省海上技術安全局監修，船舶安全法関係条約研究会編 海文堂出版 1997.12 933p 21cm 〈本文：日英両文〉 19000円 ①4-303-38365-1
目次 1974年海上人命安全条約，附属書，一般規定，構造（区画及び復原性並びに電気設備），構造（防火並びに火災探知及び消火），救命設備，無線通信，航行の安全，貨物の運送，危険物の運送，原子力船，船舶の安全運航の管理，高速船の安全措置，海上の安全性を高めるための特別措置

2000年海上人命安全条約 国土交通省海事局監修 海文堂出版 2001.7 1173p 21cm 〈本文：日英両文〉 20000円 ①4-303-38366-X
目次 1974年の海上における人命の安全のための国際会議最終議定書，1974年の海上における人命の安全のための国際条約，1974年の海上における人命の安全のための国際条約に関する1988年の議定書，1974年海上人命安全条約及び1974年海上人命安全条約の1988年議定書の1999年までの改正を含む統合附属書（一般規定，構造（構造，区画及び復原性並びに機関及び電気設備），構造（防火並びに火災探知及び消火），救命設備，無線通信，航行の安全，貨物の運送，危険物の運送，原子力船，船舶の安全運行の管理，高速船の安全措置，開錠の安全性を高める

事故・災害レファレンスブック **197**

ための特別措置，ばら積み貨物船の追加の安全
措置），証書，1974年の海上における人命の安
全のための国際条約の2000年改正（仮訳）

2008年海上人命安全条約附属コード集　英和対訳　国土交通省海事局安全基準課監修

海文堂出版　2009.10　415p　21cm　8000円
Ⓘ978-4-303-38372-5　Ⓝ557.8

(目次)火災試験方法の適用に関する国際コード
（FTPコード），火災安全設備のための国際コード（FSSコード），国際救命設備コード（LSAコード），船舶の安全航行及び汚染防止のための国際管理コード（ISMコード），船舶及び港湾施設の保安のための国際コード（ISPSコード），非損傷時復原性に関する国際コード2008（2008 ISコード）

＜年鑑・白書＞

海上保安白書　平成2年版　海上保安庁編

大蔵省印刷局　1990.12　216p　21cm　1280円　Ⓘ4-17-150165-2

(目次)海上保安をめぐる主な出来事（年表），第1章 海上保安活動の国際化の進展とその対応，第2章 海上治安の維持，第3章 海上交通の安全確保，第4章 海洋レジャーへの対応，第5章 海難の救助，第6章 海洋汚染防止と海上防災，第7章 海洋調査と海洋情報の提供，第8章 航路標識の現状と整備，第9章 海上保安体制の現状

海上保安白書　平成3年版　海上保安庁編

大蔵省印刷局　1991.12　254p　21cm　1450円　Ⓘ4-17-150166-0

(目次)第1章 安心感のある海をめざして（「安全な海」の実現に向けて，「秩序ある海」の実現に向けて，「明るく清い海」の実現に向けて，国民の要請にこたえるために），第2章 海上治安の維持（領域警備等，外国漁船の監視取締り，海上における法秩序の維持，海上粉争等の警備と警備・警護，プルトニウム海上輸送の護衛），第3章 海上交通の安全確保（海上交通三法とその運用，ふくそう海域における情報提供・航行管制システム，大規模プロジェクトの安全対策，危険物輸送の安全対策，海上交通の安全確保のための指導），第4章 海洋レジャーの安全確保と健全な発展のための対策の推進（海洋レジャーの現状と今後の動向，海洋レジャー事故の発生状況とその原因，海洋レジャーの事故防止及び健全な発展に資する対策の推進，海洋レジャーに係る救助体制の充実強化，海洋レジャーの安全に資する情報の提供），第5章 海難の救助（海難の発生と救助状況，海難救助体制），第6章 海

洋汚染防止と海上防災（海洋汚染の現状と防止対策，海上防災対策），第7章 海洋調査と海洋情報の提供（管轄海域の確定，航海の安全確保のための情報提供，地球温暖化問題への対応），第8章 航路標識の現状と整備（航路標識の現状，航路標識の整備），第9章 海上の保安に関する国際活動（国際機関との協力，国際関係業務の推進，技術協力等），第10章 海上保安体制の現状（組織・定員，装備，教育訓練体制，研究開発）

海上保安白書　平成4年版　海上保安庁編

大蔵省印刷局　1992.11　256p　21cm　1600円　Ⓘ4-17-150167-9

(目次)第1章 新たな期待にこたえて，第2章 海上治安の維持，第3章 海上交通の安全確保，第4章 海洋レジャーの安全確保と健全な発展のための対策の推進，第5章 海難の救助，第6章 海洋汚染防止と海上防災，第7章 海洋調査と海洋情報の提供，第8章 航路標識の現状と整備，第9章 海上保安に関する国際活動，第10章 海上保安体制の現状

海上保安白書　平成5年版　海上保安庁編

大蔵省印刷局　1993.11　262p　21cm　1700円　Ⓘ4-17-150168-7　Ⓝ557.8

(目次)第1部 海上保安業務の力強い展開をめざして（たくましい海上警備をめざして，より安全な海上交通のために，美しい海洋環境を守るために），第2部 海上保安の動向（海上治安の維持，海上交通の安全確保，海洋レジャーの安全確保と健全な発展のための対策の推進，海難の救助，海洋汚染防止と海上防災，海洋調査と海洋情報の提供，航路標識の現状と整備，海上保安に関する国際活動，海上保安体制の現状）

海上保安白書　平成6年版　海上保安庁編

大蔵省印刷局　1994.11　256p　21cm　1800円　Ⓘ4-17-150169-5　Ⓝ557.8

(目次)第1部 国際的に連携し発展する海上保安業務（海上における警備に万全を期するために，航海の安全を確保するために，広大な海域における海難を救助するために，地球規模での海洋環境を保全するために，国際化に対応した海上保安業務執行体制の強化），第2部 海上保安の動向（海上治安の維持，海上交通の安全確保，海洋レジャーの安全確保と健全な発展のための対策の推進，海難の救助，海洋汚染防止と海上防災，自然災害への対応，海洋調査と海洋情報の提供，航路標識業務の現状，海上保安に関する国際活動，海上保安体制の現状）

海上保安白書　平成7年版　海上保安庁編

198　事故・災害レファレンスブック

大蔵省印刷局　1995.11　10,272p　21cm
1900円　⒤4-17-150170-9　Ⓝ557.8

海上保安白書　平成8年版　海上保安庁編
　　大蔵省印刷局　1996.11　241p　21cm　1900
　　円　⒤4-17-150171-7
(目次)第1部 海における新たな秩序の確立に向
けて(国連海洋法条約の締結と国内法制の整備,
国連海洋法条約に対応した新たな海上警備, 国
連海洋法条約と海洋調査の推進, 新たな海洋秩
序に対応した海上保安庁の体制整備), 第2部 海
上保安の動向(海上治安の維持, 海上交通の安
全確保, 海洋レジャーの安全確保と健全な発展
のための対策の推進, 海難の救助 ほか)

海上保安白書　平成9年版　海上保安庁編
　　大蔵省印刷局　1997.12　11,221p　21cm
　　1840円　⒤4-17-150172-5　Ⓝ557.8

海上保安白書　平成10年版　海上保安庁編
　　大蔵省印刷局　1998.12　261p　21cm　2000
　　円　⒤4-17-150173-3
(目次)第1部 平成における海上保安の取組と今
後の課題(平成の10年間を振り返って, 海上に
おける秩序の維持に努めて, 海難ゼロを目指し
て, 迅速・的確な海難救助体制の構築に向けて
ほか), 第2部 海上保安の動向(海上治安の維持,
海上交通の安全確保, 海洋レジャーの安全確保
と健全な発展のための対策の推進, 海難の救助
ほか)

海上保安白書　平成11年版　海上保安庁編
　　大蔵省印刷局　1999.10　253p　21cm　2300
　　円　⒤4-17-150174-1
(目次)第1部 海外から押し寄せる海上警備事案
への対応(重要性を増す領海警備等, 巧妙化す
る密航・密輸, 国際的な漁業秩序の維持の一翼
を担って, 新たな事案への対応), 第2部 海上
保安の動向(海上治安の維持, 海上交通の安全
確保, 海洋レジャーの安全確保と健全な発展の
ための対策の推進, 海難の救助, 海洋環境の保
全と海上防災, 自然災害への対応, 海洋調査と
海洋情報の提供, 航路標識業務への取組, 海上
保安に関する国際活動, 海上保安体制の現状)

海上保安白書　平成12年版　海上保安庁編
　　大蔵省印刷局　2000.9　15 245p　21cm
　　2300円　⒤4-17-150175-X　Ⓝ557.8
(目次)第1部 21世紀に向けて, 第2部 海上保安の
動向(海上治安の維持, 海上交通の安全確保, マ
リンレジャーの事故防止対策と救助体制の充実
強化, 海難及び人身事故の救助, 海洋環境の保

全と海上防災, 自然災害への対応, 海洋調査と
海洋情報の提供, 航路標識業務への取組 ほか)

**海上保安白書のあらまし　平成元年版　海
上保安の現況**　大蔵省印刷局編　大蔵省印
　　刷局　1990.1　57p　18cm　(白書のあらま
　　し 19)　260円　⒤4-17-351319-4
(目次)第1章 安全で明るい美しい海をめざして,
第2章 海上保安をめぐる主な出来事, 第3章 海
上治安の維持, 第4章 海難の救助, 第5章 海洋
汚染防止と海上防災, 第6章 海洋調査と海洋情
報の提供, 第7章 航路標識の現状と整備, 第8章
海上保安に関する国際活動, 第9章 海上保安体
制の現状

海上保安白書のあらまし　平成3年版　大
　　蔵省印刷局編　大蔵省印刷局　1991.12　78p
　　18cm　(白書のあらまし 19)　260円　⒤4-
　　17-351519-7
(目次)第1章 安心感のある海をめざして, 第2章
海上治安の維持, 第3章 海上交通の安全確保,
第4章 海洋レジャーの安全確保と健全な発展の
ための対策の推進, 第5章 海難の救助, 第6章
海洋汚染防止と海上防災, 第7章 海洋調査と海
洋情報の提供, 第8章 航路標識の現状と整備,
第9章 海上保安に関する国際活動, 第10章 海上
保安体制の現状

海上保安白書のあらまし　平成4年版　大
　　蔵省印刷局編　大蔵省印刷局　1992.12　72p
　　18cm　(白書のあらまし 19)　280円　⒤4-
　　17-351619-3
(目次)第1章 新たな期待にこたえて, 第2章 海
上治安の維持, 第3章 海上交通の安全確保, 第
4章 海洋レジャーの安全確保と健全な発展のた
めの対策の推進, 第5章 海難の救助, 第6章 海
洋汚染防止と海上防災, 第7章 海洋調査と海洋
情報の提供, 第8章 航路標識の現状と整備, 第9
章 海上保安に関する国際活動, 第10章 海上保
安体制の現状

海上保安白書のあらまし　平成5年版　大
　　蔵省印刷局編　大蔵省印刷局　1993.12　54p
　　17×11cm　(白書のあらまし 19)　300円
　　⒤4-17-351719-X　Ⓝ557.8
(目次)第1部 海上保安業務の力強い展開をめざ
して, 第2部 海上保安の動向

海上保安白書のあらまし　平成6年版　大
　　蔵省印刷局編　大蔵省印刷局　1995.1　57p　18cm　(白書の
　　あらまし 19)　300円　⒤4-17-351819-6
(目次)第1部 国際的に連携し発展する海上保安

業務，第2部 海上保安の動向

海上保安白書のあらまし　平成7年版　大
蔵省印刷局　1996.2　48p　18cm　（白書の
あらまし 19）　320円　Ⓘ4-17-351919-2

（目次）第1部 安心感のある国民生活を求めて，
第2部 海上保安の動向

海上保安白書のあらまし　平成8年版　大
蔵省印刷局　1996.12　36p　18cm　（白書の
あらまし 19）　320円　Ⓘ4-17-352119-7

（目次）第1部 海における新たな秩序の確立に向
けて，第2部 海上保安の動向

海上保安白書のあらまし　平成9年版　大
蔵省印刷局編　大蔵省印刷局　1997.12　38p
18cm　（白書のあらまし 19）　320円　Ⓘ4-
17-352219-3　Ⓝ557.8

海上保安白書のあらまし　平成10年版　大
蔵省印刷局編　大蔵省印刷局　1999.1　54p
18cm　（白書のあらまし 19）　320円　Ⓘ4-
17-352319-X

（目次）第1部 平成における海上保安の取組と今
後の課題，第2部 海上保安の動向

海上保安白書のあらまし　平成11年版　大
蔵省印刷局編　大蔵省印刷局　1999.12　56p
18cm　（白書のあらまし 19）　320円　Ⓘ4-
17-352419-6

（目次）第1 海外から押し寄せる海上警備事案へ
の対応，第2 航行安全のための新しいシステム
の整備，第3 迅速・的確な海難の救助，第4 海
上防災と海洋環境の保全のための体制強化，参
考 海上保安の動向（第2部の要約）

海上保安白書のあらまし　平成12年版　財
務省印刷局編　財務省印刷局　2001.1　23p
18cm　（白書のあらまし 19）　320円　Ⓘ4-
17-352519-2

（目次）第1部 21世紀に向けて（グローバル社会の
舞台裏，海のIT戦略，安心して海に親しむため
に）

（内容）平成十二年版「海上保安の現況」第1部は，
「二十一世紀に向けて」と題して，「グローバル
化する犯罪への対応」，「情報技術の活用」，「国
民が安心して海に親しむための取組」という，
今後海上保安庁が取り組むべき三つの重点課題
について，海上保安を取り巻く状況とその対応
策を記述している。この海上保安白書のあらま
しにおいては，内容を簡潔にまとめるため，構
成を若干変更した。

海上保安レポート　2005　海上保安庁編
国立印刷局　2005.5　171p　30cm　1400円
Ⓘ4-17-150181-4

（目次）TOPICS 海上保安の一年（水際でのテロ対
策!国際船舶・港湾保安法の施行，Team Samurai
04!東アジアで初!PSI海上阻止訓練を日本で開
催 ほか），特集1 海洋権益の保全とテロ対策（領
海警備と海洋権益，テロ未然防止のための取組
み），本編（治安の確保，生命を救う ほか），特
集2 海保の救難（自然災害への対応，海保の救
助要員）

◆航空交通事故

＜事 典＞

航空実用事典　航空技術・営業用語辞典兼
用　改訂新版　日本航空広報部編　朝日ソノ
ラマ　1997.5　473p　21cm　3800円　Ⓘ4-
257-03502-1

（目次）1 飛行機のメカニズム，2 飛行機の運航・
整備，3 営業（旅客・貨物業務），4 航空従事者，
航空機事故

（内容）航空用語を約4500語を収録。巻末に和文
索引，欧文索引を付す。

＜統計集＞

数字でみる航空　1993　運輸省航空局監修
航空振興財団　1993.3　280p　15cm　650円

（目次）1 国際航空，2 国内航空，3 航空機，4 航
空従事者，5 飛行場，6 航空機騒音対策，7 航
空交通管制，8 航空保安関係施設，9 航空事故
異常接近

数字でみる航空　1994　運輸省航空局監修
航空振興財団　1994.3　282p　15cm　680円

（目次）1 国際航空，2 国内航空，3 航空機，4 航
空従事者，5 飛行場，6 航空機騒音対策，7 航
空交通管制，8 航空保安関係施設，9 航空事故
異常接近，10 参考

数字でみる航空　1995　運輸省航空局監修
航空振興財団　1995.3　286p　15×11cm
680円

（目次）1 国際航空，2 国内航空，3 航空機，4 航
空従事者，5 飛行場，6 航空機騒音対策，7 航
空交通管制，8 航空保安関係施設，9 航空事故
異常接近，10 参考

数字でみる航空　1996　運輸省航空局監修

航空振興財団 1996.3 290p 15×10cm
680円

(目次)国際航空，国内航空，航空機，航空従事者，旅行場，航空機騒音対策，航空交通管制，航空保安関係施設，航空事故異常接近

数字でみる航空 1999 運輸省航空局監修

航空振興財団 1999.5 306p 15cm 667円

(目次)1 国際航空，2 国内航空，3 航空機，4 航空従事者，5 飛行場，6 航空機騒音対策，7 航空交通管制，8 航空保安関係施設，9 航空事故・異常接近

数字でみる航空 2001 運輸省航空局監修

航空振興財団 2001.5 318p 19cm 667円 Ⓝ687

(目次)1 国際航空，2 国内航空，3 航空機，4 航空従事者，5 飛行場，6 航空機騒音対策，7 航空交通管制，8 航空保安関係施設，9 航空事故・異常接近，10 参考

数字でみる航空 2003 国土交通省航空局監修

航空振興財団 2003.5 333p 19cm 667円

(目次)1 国際航空，2 国内航空，3 航空機，4 航空従事者，5 飛行場，6 航空機騒音対策，7 航空交通管制，8 航空保安関係施設，9 航空事故・異常接近，10 参考

数字でみる航空 2005 国土交通省航空局監修

航空振興財団 2005.6 333p 15cm 667円

(目次)1 国際航空，2 国内航空，3 航空機，4 航空従事者，5 飛行場，6 航空機騒音対策，7 航空交通管制，8 航空保安関係施設，9 航空事故・異常接近，10 参考

数字でみる航空 2006 国土交通省航空局監修

航空振興財団 2006.6 337p 15cm 667円

(目次)1 国際航空，2 国内航空，3 航空機，4 航空従事者，5 飛行場，6 航空機騒音対策，7 航空交通管制，8 航空保安関係施設，9 航空事故・異常接近，10 参考

数字でみる航空 2007 国土交通省航空局監修

航空振興財団 2007.6 343p 15cm 667円

(目次)1 国際航空，2 国内航空，3 航空機，4 航空従事者，5 飛行場，6 航空機騒音対策，7 航空交通管制，8 航空保安関係施設，9 航空事故・異常接近，10 参考

数字でみる航空 2008 国土交通省航空局監修 航空振興財団 2008.6 353p 15cm 857円 Ⓝ687

(目次)1 国際航空，2 国内航空，3 航空機，4 航空従事者，5 飛行場，6 航空機騒音対策，7 航空交通管制，8 航空保安関係施設，9 航空事故・異常接近，10 参考

数字でみる航空 2009 国土交通省航空局監修 航空振興財団 2009.6 363p 15cm 952円 Ⓝ687

(目次)1 国際航空，2 国内航空，3 航空機，4 航空従事者，5 飛行場，6 航空機騒音対策，7 航空交通管制，8 航空保安関係施設，9 航空事故・異常接近，10 参考

数字でみる航空 2010 国土交通省航空局監修 航空振興財団 2010.7 365p 15cm 952円 Ⓝ687

(目次)1 国際航空，2 国内航空，3 航空機，4 航空従事者，5 飛行場，6 航空機騒音対策，7 航空交通管制，8 航空保安関係施設，9 航空事故・異常接近，10 参考

数字でみる航空 2011 国土交通省航空局監修 航空振興財団 2011.8 392p 15cm 952円

(目次)1 国際航空，2 国内航空，3 航空機，4 航空従事者，5 飛行場，6 航空機騒音対策，7 航空交通管制，8 航空保安関係施設，9 航空事故・異常接近，10 参考

数字でみる航空 2012 国土交通省航空局監修 航空振興財団 2012.8 396p 15cm 1048円

(目次)1 国際航空，2 国内航空，3 航空機，4 航空従事者，5 飛行場，6 航空機騒音対策，7 航空交通管制，8 航空保安関係施設，9 航空事故・異常接近，10 参考

数字でみる航空 2013 国土交通省航空局監修 航空振興財団 2013.8 396p 15cm 1048円

(目次)1 国際航空，2 国内航空，3 航空機，4 航空従事者，5 飛行場，6 航空機騒音対策，7 航空交通管制，8 航空保安関係施設，9 航空事故・異常接近，10 参考

数字でみる航空 2014 国土交通省航空局監修 航空振興財団 2014.8 380p 15cm 1296円

(目次)国際航空，国内航空，航空機，航空従事

火災　　　　　　　　　　　　　人為的災害・事故

者，飛行場，航空機騒音対策，航空交通管制，
航空保安関係施設，航空事故・異常接近，参考

火災

＜ハンドブック＞

火災調査参考図　調査に役立つ物品名鑑　4
版　火災調査研究会編著，東京消防庁監修
東京法令出版　2010.3　216p　26cm　〈文献
あり〉　2400円　①978-4-8090-2296-8
Ⓝ524.036
Ⓓ建築構造，設備，家具関係，部屋別の物
品等，車両関係，その他

火災便覧　第3版　日本火災学会編　共立出版
1997.5　1673p　21cm　47000円　①4-320-
07649-4
Ⓓ第1編 火災の基礎（燃焼現象，伝熱と熱気
流，火災と生理・心理，火災調査と実験・計測技
術），第2編 各種の火災の実態（火災の実態，建
物火災，産業火災爆発，広域火災，乗物火災，各
種火災），第3編 火災安全の技術・体制（感知・
警報・消火設備，建築防煙・避難設備，材料・
製品の対火災性能，建築材料・構造，消防の装
備，消防戦術，防火管理と防災教育，モデリン
グとシステム分析，建築の火災危険度評価），
第4編 火災安全の設計法（建築防火設計，広域
火災対策，産業防火設計），第5編（阪神・淡路
大震災），資料編

◆火災対策

＜事　典＞

**日本災害資料集　火災編第6巻　都市不燃
化運動史**　田中哮義編・解説　クレス出版
2013.6　427,4p　27cm　〈布装　都市不燃化
同盟 昭和32年刊の複製〉　16000円　①978-
4-87733-763-6,978-4-87733-765-0　Ⓝ369.3

＜ハンドブック＞

賢く備える防火講座　東京消防庁監修，市民
防災研究所編　大蔵省印刷局　1999.11
127p　21cm　680円　①4-17-156551-0
Ⓓまさかの落とし穴，火災から見る日本の
文化・社会，日常に潜む "火種" バスター学，も
しもの時の初期消火学，いざ！という時の避難学
（基礎編，TPO編），消火活動をよりスムーズ
にする

建築消防advice　'90　建築消防実務研究会
編　新日本法規出版　1990　1冊　21cm
3689円　Ⓝ528.6
Ⓒ建築家の立場から，現在の消防法全体を
多色刷りで図表化した実務的なハンドブック。
基礎知識、基本計画、消防用設備等、危険物、
その他、チェックリスト、緩和・特例、付録で
構成される。

建築消防advice　'91　建築消防実務研究
編　新日本法規出版　1991　1冊　21cm
3786円　Ⓝ528.6
Ⓒ建築関係者に必要な知識を図・表化して
示すハンドブック。基礎知識、基本計画、消防
用設備等、危険物、その他、チェックリスト、
緩和・特令、附録、の8部からなる。

建築消防advice　'92　建築消防実務研究
編　新日本法規出版　1992　1冊　21cm
3786円
Ⓒ建築関係者を対象に、消防法の概要、火
災の予防、防火対象物、準地下街、無窓階、消
防用設備等の基準、消火器、スプリンクラー、
他の消化設備、危険物、建物用途別設備基準、
各行政実例等を解説したハンドブック。

建築消防advice　2008　建築消防実務研究
会　新日本法規出版　2008.3　4500円
①978-4-7882-7037-4
Ⓒ建築物の防火安全対策を確保するため実
務便覧。消防法令及び建築基準法令の正しい理
解を目指す解説書。

建築消防advice　2009　建築消防実務研究
会編　（名古屋）新日本法規出版　2009.3　1
冊　26cm　4500円　①978-4-7882-7155-5
ⒹA 基礎知識，B 基本計画，C 消防用設備
等，D 危険物，E その他，F チェックリスト，
G 特例，H 附録

建築消防advice　2010　建築消防実務研究
会編　新日本法規出版　2010.3　1冊　26cm
4500円　①978-4-7882-7269-9　Ⓝ528.6
ⒹA 基礎知識，B 基本計画，C 消防用設備
等，D 危険物，E その他，F チェックリスト，
G 特例，H 附録

**最新耐震・防火建築ハンドブック　実務家
のための**　最新耐震・防火建築ハンドブッ
ク編集委員会編　建設産業調査会　1991.12
966p　27cm　47000円
Ⓒ耐震設計技術に係る知識を体系的に整理

202　事故・災害レファレンスブック

し、設計実務の参考書用にまとめた耐震編と、新しい防火設計法に関する事項を実務者用にまとめた防火編の2部で構成。巻末に五十音順の用語索引を付す。

消防施設整備費補助事務必携　平成2年度版　自治省消防庁消防課編　第一法規出版
1990.8　295p　21cm　1800円　Ⓘ4-474-01495-2

Ⓣ次 国庫補助制度のあらまし，補助対象施設と補助率，補助対象規格，補助金交付事務手続，補助事業執行上の留意点，補助金の確定

消防防災関係財政・補助事務必携　平成26年度版　消防財政研究会編　第一法規
2014.8　766p　21cm　2800円　Ⓘ978-4-474-03327-6　Ⓝ317.79

Ⓣ次 消防財政制度のあらまし，市町村の消防財源，補助対象施設と補助率，補助対象規格（消防防災施設，緊急消防援助隊設備），補助金交付事務手続，補助事業執行上の留意点，実績報告，補助金交付要綱及び関係法令等

住まいと暮らしのデータブック　2004年版　生活情報センター編集部編　生活情報センター　2004.7　314p　30cm　14800円
Ⓘ4-86126-118-X

Ⓣ次 第1章 余暇時間に関するデータ（就労条件—厚生労働省「就労条件総合調査等」，住宅・土地統計調査—総務省「平成10年住宅・土地統計調査」ほか），第2章 住宅取得に関する意識（住宅・土地取得—国土交通省住宅局「住宅市場動向調査報告書」，住宅取得—国土交通省「住宅市場動向調査—民間住宅建築主アンケート調査」ほか），第3章 賃貸・定借住宅に関する意識（賃貸住宅—国土交通省「住宅市場動向調査—賃貸住宅入居者アンケート調査」，部屋探し—アットホーム「部屋探しに関するアンケート」ほか），第4章 住宅リフォームに関する意識（住宅リフォーム—国土交通省「住宅市場動向調査—リフォーム住宅アンケート調査」，火災防止対策—内閣府「消防・救急に関する世論調査」ほか），第5章 住まいに関する意識全般（ペット—内閣府「動物愛護に関する世論調査」，住宅取得・住み替え—東京都「住まいに関する世論調査」ほか）

太陽光発電システム火災と消防活動における安全対策　（調布）消防庁消防研究センター　2014.3　139p　30cm　（消防研究技術資料 83号）　〈文献あり〉　Ⓘ978-4-88391-091-5　Ⓝ519.9

防炎用語ハンドブック　日本防炎協会編　日本防炎協会　1992.9　274,6p　22cm　〈日本防炎協会創立30周年記念〉

Ⓝ容 約1029語を収録し，五十音順排列で解説した辞典。用語の選定には，繊維，防炎加工，薬剤，流通販売，デザイン等の産業分野と関連省庁，研究機関の専門家があたっている。巻末付録に防炎防火対象物等一覧ほか，規格，基準，関連機関等17項目の一覧を掲載。

防火・防災管理の実務　増補改訂版　東京消防庁監修　東京防災救急協会　2014.4　167p　30cm　1000円　Ⓝ317.79

＜法令集＞

火災予防条例の解説　7訂版　東京消防庁監修　東京法令出版　2011.12　1097p　21cm　4200円　Ⓘ978-4-8090-2328-6

Ⓣ次 第1編 総論（火災予防条例の法体系上の位置付け，火災予防条例の概要，運用上の留意事項，平成十四年以降の火災予防条例改正の背景と概要等），第2編 各論（総則，削除，火を使用する設備の位置，構造及び管理の基準等，指定数量未満の危険物及び指定可燃物の貯蔵及び取扱いの技術上の基準等 ほか）

建築防火防災法規の解説　3訂版　日本建築防災協会編，建設省住宅局建築指導課，自治省消防庁予防課監修　新日本法規出版　1990.10　633p　21cm　4300円　Ⓘ4-7882-3120-4

Ⓣ次 第1編 建築基準法の防火・防災規定（防火，避難施設等，建築設備，都市計画区域内の建築物の敷地，構造及び建築設備，その他），第2編 消防法の防火・防災規定（消防設備，防災），第3編 JIS防火試験方法等

一目でわかる消防防火対象物用途判定早わかり　2訂版　消防実務研究会編著　近代消防社　2009.1　269p　26cm　〈消防用設備等早見表付〉　2476円　Ⓘ978-4-421-00774-9　Ⓝ317.79

Ⓝ容 総務省消防庁が消防防火対象物の判定について示した「消防法施行令別表第1の取扱いについて」の通知や質疑応答事例などを，防火対象物の各用途ごとにまとめて紹介する。平成21年4月施行の法令に準拠した2訂版。

一目でわかる消防防火対象物用途判定早わかり　3訂版　消防実務研究会編著　近代消防社　2010.7　192p　26cm　1905円　Ⓘ978-4-421-00799-2　Ⓝ317.79

〔目次〕第1 "消令"別表第1の防火対象物の用途判定，第2 関連通知等("消令"別表第1の防火対象物の取扱いの基準，建築物と建築物が接続されている場合の取扱い基準，消防法施行令別表第1)

一目でわかる予防実務 2訂版 消防実務研究会編著 近代消防社 2008.2 445p 26cm 3333円 Ⓘ978-4-421-00768-8 Ⓝ317.79
〔目次〕屋外における火災の予防又は消防活動の障害除去のための措置命令，資料提出命令・立入検査，防火対象物の火災予防措置命令等，建築許可等についての消防(署)長の同意，防火管理，防火対象物の点検及び報告，避難管理等，防炎対象物品，火気使用設備・器具等，消防活動等阻害物質，住宅用防災機器，指定数量未満の危険物及び指定可燃物，消防用設備等，必要とされる防火安全性能を有する消防の用に供する設備等，消防用設備等の検査・点検等

防火管理六法 平成19年新版 消防法規研究会編 東京法令出版 2006.11 1冊 21cm 〈平成18年10月1日現在〉 1500円 Ⓝ317.79

防火管理六法 平成19年新版 2版 消防法規研究会編 東京法令出版 2007.5 1冊 21cm 〈平成19年4月1日現在〉 1500円 Ⓝ317.79

防火管理六法 平成20年新版 消防法規研究会編 東京法令出版 2008.3 1冊 21cm 〈平成19年10月1日現在〉 1500円 Ⓝ317.79

防火管理六法 平成20年新版 2版 消防法規研究会編 東京法令出版 2008.5 1冊 21cm 〈平成20年4月1日現在〉 1500円 Ⓝ317.79

防火管理六法 平成21年新版 消防法規研究会編 東京法令出版 2008.11 1冊 21cm 〈平成20年10月1日現在〉 1500円 Ⓝ317.79

防火管理六法 平成21年新版 2版 消防法規研究会編 東京法令出版 2009.5 1冊 21cm 〈平成21年4月1日現在〉 1700円 Ⓝ317.79

防火管理六法 平成24年新版 消防法規研究会編 東京法令出版 2012.4 1冊 21cm 〈平成24年3月1日現在〉 1800円 Ⓝ317.79
〔内容〕防火管理者制度に基づく，防火管理者に必要な最小限度の法令等を収録した基本六法。講習・研修用に使える。「よくわかる!防火管理」では防火管理に欠くことのできないポイントを

イラストを中心に分かりやすく解説する。

用途別防火(防災)管理&消防用設備等早見集 消防実務研究会編著 近代消防社 2011.12 139p 26cm 1429円 Ⓘ978-4-421-00815-9 Ⓝ317.79
〔目次〕(1)項イ—劇場，映画館等，(1)項ロ—公会堂又は集会場，(2)項イ—キャバレー，カフェー等，(2)項ロ—遊技場又はダンスホール，(2)項ハ—性風俗関連特殊営業を営む店舗等，(2)項ニ—カラオケボックス等を営む店舗，(3)項イ—待合，料理店等，(3)項ロ—飲食店，(4)項—百貨店，マーケット等，(5)項イ—旅館，ホテル，宿泊所等〔ほか〕

よくわかるガソリンスタンドの消防基準 消防法・危険物政令・規則・公示対照早見集 最新改正省令・告示及び全国統一運用基準付 服部明彦著 近代消防社 2011.1 330p 30cm 〈文献あり〉 3333円 Ⓘ978-4-421-00806-7 Ⓝ317.79
〔目次〕1 取扱所の区分，2 給油取扱所の基準，3 消火設備の基準，4 警報設備の基準，5 避難設備の基準，6 消火設備，警報設備の規格等，7 貯蔵及び取扱いの基準，8 危険物保安監督者等，9 予防規程，10 定期点検，11 別記

◆消防

<事 典>

イラストでわかる消防設備士用語集 中井多喜雄著，石田芳子イラスト (京都)学芸出版社 2003.8 299p 21cm 3000円 Ⓘ4-7615-3115-0
〔目次〕1 機械・電気に関する基礎的知識，2 消防用設備等の構造、機能，3 消防設備士および消火活動上必要な施設，4 消防用水および消防水利，5 消防防災システムおよび防災センター、非常用エレベーター，6 防災設備
〔内容〕本書は甲種・乙種消防設備士受験に必要不可欠とする用語を厳選し、正確にわかりやすくした体系的な用語集としたものであり、かつ、巻末の索引を利用していただければ、消防設備用語辞典としても活用できるようにアレンジしている。

消防訓練礼式用語事典 消防訓練礼式実務研究会編著 近代消防社 2002.1 214p 21cm 1905円 Ⓘ4-421-00649-1 Ⓝ317.79
〔内容〕「消防訓練礼式の基準」の項目を解説する

用語集。全896項目を五十音順に排列し、読みや
関連用語を示しながら簡潔に解説。「消防訓練
礼式の基準」は消防組織法（昭和22年法律第226
号）第14条の4第2項及び第15条の6第2項の規定
に基づくもので、消防職・消防団員がその責務と
消防活動の万全を期することを目的としている。

消防設備用語マスター　オーム社編　オーム
社　2008.11　259p　21cm　2500円　①978-
4-274-20623-8　N528.6

(目次)1 消火設備, 2 警報設備, 3 避難設備, 4
消火活動上必要な施設, 5 消防設備関係法規,
6 防火管理

(内容)消防用設備等（消火設備、警報設備、避難
設備等）を中心として、危険物規制、防火管理
規制など関係法令の用語について解説。

消防法の危険物　フォトグラフィックガイ
ド　4訂　東京消防危険物行政研究会編, 東
京消防庁監修　東京法令出版　2008.11
161p　19cm　〈索引あり〉　2000円　①978-
4-8090-2264-7　N574

(目次)第一類の危険物となり得る物品, 第二類
の危険物となり得る物品, 第三類の危険物とな
り得る物品, 第四類の危険物となり得る物品,
第五類の危険物となり得る物品, 第六類の危険
物となり得る物品

(内容)消防法別表第1に掲げられている危険物の
分類に基づき、第一類の危険物から第六類の危
険物について、各類の品名の項の順に、各品名ご
とに危険物となり得る代表的な物品を掲載した。

消防法の中の基礎用語　10訂　消防法逐条用
語研究会編集　東京法令出版　2014.1　572,
37p　21cm　2900円　①978-4-8090-2375-0
N317.79

(目次)総則, 火災の予防, 危険物, 危険物保安
技術協会, 消防の設備等, 消防の用に供する機
械器具等の検定等, 日本消防検定協会等, 火災
の警戒, 消化の活動, 火災の調査〔ほか〕

＜名簿・人名事典＞

消防・防災航空隊資料集　2001年度版　月
刊『Helicopter JAPAN』編集部編　タクト・
ワン　2001.7　95p　26cm　〈「Helicopter
JAPAN」別冊〉　2476円　①4-925188-22-4

(目次)消防・防災航空隊一覧, 写真による業務
紹介, 運航実績一覧, 装備品一覧, 救急資器材
調査一覧, 出動事例紹介

消防・防災航空隊資料集　2002年度版　月

刊『Helicopter JAPAN』編集部編　タク
ト・ワン　2002.9　95p　26cm
〈「Helicopter JAPAN」別冊〉　2571円
①4-925188-23-2,ISSN1341-4658　N317.79

(目次)全機カラーバリエーション＆写真による
業務紹介, 「消防・防災ヘリコプターによる災
害活動の更なる推進」, 消防・防災航空隊一覧,
新聞と写真による事例紹介, 運航実績一覧, 装
備品一覧, 救急資器材調査一覧

(内容)各航空隊の平成14年6月末日時点の現況を
まとめた資料集。数値資料は航空隊によって異
なり、平成13年度、一部は平成13年（1～12月）
の統計を掲載。今回から巻頭のグラビアページ
を16ページ増やし48ページにしている。

全国消防便覧　平成3年度版　消防庁消防課
編著　地球書館　1991.11　518p　26cm
4500円

(目次)1 消防本部, 2 消防庁, 3 消防関係団体,
4 参考資料

全国消防便覧　平成9年度版　消防庁消防課
編　丸井工文社　1998.2　648p　30cm
5000円

(目次)1 消防本部（北海道, 青森県, 岩手県, 宮
城県 ほか）, 2 消防庁（本庁, 消防研究所, 消
防大学校）, 3 消防関係団体（消防団員等公務災
害補償等共済基金, 日本消防検定協会, 危険物
保安技術協会, 財団法人日本消防協会 ほか）,
4 参考資料

全国消防便覧　平成13年度版　全国消防組
織研究会編　ぎょうせい　2002.1　664p
30cm　5333円　①4-324-06662-0　N317.79

(目次)1 消防本部（北海道, 青森県 ほか）, 2 消
防庁（本庁, 消防大学校）, 3 消防研究所（独立
行政法人消防研究所）, 4 消防関係団体（消防団
員等公務災害補償等共済基金, 日本消防検定協
会 ほか）, 5 参考資料（都道府県消防補償組合
一覧, 全国消防学校所在地及び学校長名一覧表
ほか）

(内容)全国の消防本部及び関係団体のガイドブッ
ク。平成13年4月1日現在のデータを収録。消防
本部については、都道府県ごとに、名称、所在
地、組織のほか、消防長の階級・氏名、市町村
コード、本部設立年月日、管轄区域の世帯数・
人口・面積、職員数等のデータを掲載する。ま
た、消防庁、消防研究所、その他の消防関係団
体についても掲載。参考資料として、都道府県
別消防補償組合一覧、全国消防学校所在地及び
学校長名一覧表ほかも掲載する。

火災　　　　　　　　　人為的災害・事故

全国消防便覧　平成15年度版　全国消防組
織研究会編　ぎょうせい　2004.1　623p
30cm　5143円　Ⓘ4-324-07295-7
Ⓣ目次1 消防本部，2 消防庁，3 消防研究所，4
消防関係団体，5 参考資料
Ⓝ内容全国の消防本部について、都道府県ごと
に名称、所在地、組織のほか、消防長の階級・氏
名、市町村コード、消防本部設置年月日、管轄
区域の世帯数・人口・面積、消防職員数、火災・
救急件数、消防団長名、団員数等を、また、消
防本部を構成する市町村についても市町村コー
ド、組合加入日（事務委託日）、世帯数・人口・
面積をそれぞれ記載している。

全国消防便覧　平成17年度版　全国消防組
織研究会編　ぎょうせい　2006.1　565p
30cm　5238円　Ⓘ4-324-07746-0
Ⓣ目次1 消防本部（北海道，青森県 ほか），2 消
防庁（本庁，消防大学校），3 消防研究所（独立
行政法人消防研究所），4 消防関係団体（消防団
員等公務災害補償等救済基金，日本消防検定協
会 ほか），5 参考資料
Ⓝ内容全国の消防本部について、都道府県ごと
に名称、所在地、連絡先（電話・FAX番号、E-
mailアドレス）、組織のほか、消防長の階級・氏
名、市町村コード、消防本部設置年月日、管轄
区域の世帯数・人口・面積、消防職員数、火災・
救急・救助件数、消防団長名、団員数頭を、ま
た、消防本部を構成する市町村についても市町
村コード、組合加入日（事務委託日）、世帯数・
人口面積をそれぞれ記載している。

全国消防便覧　平成19年度版　全国消防組
織研究会編　ぎょうせい　2008.1　515p
30cm　5524円　Ⓘ978-4-324-08298-0
Ⓝ317.79
Ⓣ目次1 消防本部（北海道，青森県，岩手県，宮
城県，秋田県，山形県，福島県，茨城県，栃木
県，群馬県，埼玉県，千葉県，東京都，神奈川
県，新潟県，富山県，石川県，福井県，山梨県，
長野県，岐阜県，静岡県，愛知県，三重県，滋賀
県，京都府，大阪府，兵庫県，奈良県，和歌山
県，鳥取県，島根県，岡山県，広島県，山口県，
徳島県，香川県，愛媛県，高知県，福岡県，佐
賀県，長崎県，熊本県，大分県，宮崎県，鹿児
島県，沖縄県），2 消防庁（本庁，消防大学校，
消防大学校消防研究センター），3 消防関係団
体（消防団員等公務災害補償等共済基金，日本
消防検定協会，規見物保安技術協会，財団法人
日本消防協会），4 参考資料（全国消防学校所在
地及び学校長名一覧表，都道府県消防協会一覧

表，全国消防長会都道府県会長一覧表，(財)全
国消防協会都道府県支部長一覧表，(財)消防試
験研究センター支部及び支部長名一覧表）
Ⓝ内容全国の消防本部について、都道府県ごと
に名称、所在地、連絡先（電話・FAX番号、E-
mailアドレス）、組織のほか、消防長の階級・氏
名、市町村コード、消防本部設置年月日、管轄
区域の世帯数・人口・面積、消防職員数、火災・
救急・救助件数、消防団長名、団員数等を、ま
た、消防本部を構成する市町村についても市町
村コード、組合加入日（事務委託日）、世帯数・
人口・面積をそれぞれ記載。

全国消防便覧　平成21年度版　全国消防組
織研究会編　ぎょうせい　2010.1　511,19p
30cm　5524円　Ⓘ978-4-324-08841-8
Ⓝ317.79
Ⓣ目次1 消防本部（北海道，青森県 ほか），2 消
防庁（消防庁本庁，消防大学校 ほか），3 消防
関係団体（消防団員等公務災害補償等共済基金，
日本消防検定協会 ほか），4 参考資料（全国消
防学校所在地及び学校長名一覧表，都道府県消
防協会一覧表 ほか）

全国消防便覧　平成23年度版　消防庁消防・
救急課　2012.3　501,19p　30cm　Ⓝ317.79
Ⓝ内容全国の消防本部について、都道府県ごと
に名称、所在地、連絡先（電話・FAX番号、E-
mailアドレス）、組織のほか、消防長の階級・氏
名、市町村コード、消防本部設置年月日、管轄
区域の世帯数・人口・面積、消防職員数、火災・
救急・救助件数、消防団長名、団員数等を、ま
た、消防本部を構成する市町村についても市町
村コード、組合加入日（事務委託日）、世帯数・
人口・面積をそれぞれ記載。

全国消防便覧　平成25年度版　〔［東京］〕
消防庁消防・救急課　2014.3　1冊　30cm
Ⓝ317.79

全国消防防災航空隊資料集　2008年度　月
刊『Helicopter JAPAN』編集部編　タク
ト・ワン　2009.3　132p　26cm
〈『Helicopter JAPAN』別冊〉　2667円
Ⓘ978-4-86323-055-2　Ⓝ538.64
Ⓣ目次東京消防航空隊，札幌市消防航空隊，北
海道防災航空隊，青森県防災航空隊，岩手県防
災航空隊，秋田県消防防災航空隊，山形県消防
防災航空隊，仙台市消防航空隊，宮城県防災航
空隊，福島県消防防災航空隊〔ほか〕
Ⓝ内容写真と資料で見る全72機の活躍。

人為的災害・事故　　　火災

＜ハンドブック＞

危険物データブック　第2版　東京連合防火
協会編，東京消防庁警防研究会監修　丸善
2000.4　581p　18×26cm　13000円　Ⓘ4-
621-04752-3　Ⓝ574.036

Ⓝ内容 東京消防庁が，物質の物理的・化学的性
状，人体への危険性と対応措置などについて整
理し，火災時の消化要領，漏えい時の処理要領
などについて検討し，そのノウハウをまとめた
もの。

国際消防ガイドブック　東京消防庁監修，国
際消防研究会編著　近代消防社　1997.6
372p　19cm　2857円　Ⓘ4-421-00597-5

目次 第1章 実務編，第2章 用語編，第3章 組織
編，第4章 参考資料編

内容 10年前に出版された和英消防実務辞典を
母体として作成したもの。防災，火災予防，救
助救急等で使われる英語の表現や用語を改訂，
追加するとともに，世界各国の消防体制，火災
通報電話番号，消防関係団体，消防機関及び消
防雑誌の一覧表のほか日米の防火標語，英語の
名刺及び手紙の作成例等の参考資料を掲載。

消防財政ハンドブック　平成19年度版　消
防財政研究会編　第一法規　2007.6　523p
21cm　2300円　Ⓘ978-4-474-02283-6

目次 解説編（消防財政制度のあらまし，市町村
の消防財源），資料編（経済財政運営と構造改革
に関する基本方針2006について，三位一体の改
革について，地方六団体要望，平成19年度地方
債計画，平成19年度地方債充当率 ほか）

消防財政ハンドブック　平成20年度版　消
防財政研究会編　第一法規　2008.8　523p
21cm　2300円　Ⓘ978-4-474-02420-5
Ⓝ317.79

目次 解説編（消防財政制度のあらまし，市町村
の消防財源），資料編（経済財政改革の基本方針
2008（抄），経済財政改革の基本方針2007，三位
一体の改革について，地方六団体要望，平成20
年度地方債計画

消防財政ハンドブック　平成21年度版　消
防財政研究会編　第一法規　2009.8　491p
21cm　2500円　Ⓘ978-4-474-02527-1
Ⓝ317.79

目次 解説編（消防財政制度のあらまし，市町村
の消防財源），資料編（経済財政改革の基本方針
2008（抄），三位一体の改革について，地方六団

体要望，平成21年度地方債計画，平成21年度地
方債充当率，平成21年度地方債同意等基準 ほ
か）

図解消防救助技術の基本　名古屋消防技術セ
ンター監修　近代消防社　2014.1　481p
26cm　（警防技術基本シリーズ 1）〈文献
あり 索引あり〉　2600円　Ⓘ978-4-421-
00849-4　Ⓝ369.3

内容 第1章 救助の現況，第2章 救助ロープ，第
3章 救助器材，第4章 結索，第5章 救助活動の
力学，第6章 確保，第7章 降下・登はん，第8章
渡過，第9章 代表的な救助法

全訂 消防団員実務必携　6版　消防学校消防
団員教育研究会編著　東京法令出版　2007.10
171p　30cm　1400円　Ⓘ978-4-8090-2234-0

目次 第1編 総説，第2編 火災予防，第3編 消防
機械，第4編 火災防ぎょ，第5編 防災対策，第6
編 救急，第7編 安全管理

内容 消防教育を行う上での教育資料。消防団
員等の教育を担当する九州各県の消防学校教官
を中心に，九州ブロック消防学校会長で検討し，
調整して平成7年に完成した「消防団員新実務
必携」を基に，全面的に改正。

全訂 消防団員実務必携　7版　消防学校消防
団員教育研究会編著　東京法令出版　2008.
11　177p　30cm　〈文献あり〉　1400円
Ⓘ978-4-8090-2249-4　Ⓝ317.79

目次 第1編 総説，第2編 火災予防，第3編 消防
機械，第4編 火災防ぎょ，第5編 防災対策，第6
編 救急，第7編 安全管理

全訂 消防団員実務必携　9版　消防学校消防
団員教育研究会編著　東京法令出版　2012.6
181p　30cm　1400円　Ⓘ978-4-8090-2341-5

目次 第1編 総説，第2編 火災予防，第3編 消防
機械，第4編 火災防ぎょ，第5編 防災対策，第6
編 救急，第7編 安全管理

全訂 消防団員実務必携　10版　消防学校消
防団員教育研究会編著　東京法令出版
2013.10　183p　30cm　1400円　Ⓘ978-4-
8090-2373-6

目次 第1編 総説，第2編 火災予防，第3編 消防
機械，第4編 火災防ぎょ，第5編 防災対策，第6
編 救急，第7編 安全管理

＜法令集＞

絵とき消防設備技術基準早わかり　第11版

オーム社編　オーム社　2008.9　702p　21cm
5400円　①978-4-274-50196-8　⑩528.6

（目次）消防法の目的と用語の定義，火災予防又
は消火活動に支障があるものとして届出を要す
る物質，危険物・指定可燃物として定められる
もの，消防法令における消防設備規制の体系，
ルートAによる消防設備規制（消防設備の設置，
維持が義務づけられている防火対象物と消防用
設備等の種類），ルートB（客観的検証法）によ
る消防設備規制，ルートC（特殊の消防用設備
等）による消防設備規制，消火器具に関する技
術上の基準，屋内消火栓設備に関する技術上の
基準，スプリンクラー設備に関する技術上の基
準〔ほか〕

基本 消防六法　平成18年版　消防行政研究
会編　ぎょうせい　2006.3　1717p　21cm
6476円　①4-324-07827-0

（目次）第1編 消防組織法関係，第2編 消防法関
係，第3編 消防財政関係，第4編 消防団員責任
共済法関係，第5編 石油コンビナート関係，第
6編 関係法令

（内容）消防組織法及び消防法を中心に，消防関
係者が日常の業務遂行において必要とする消防
行政関係の基本法令を集成したものであり，平
成五年に創刊され，平成六年，平成十二年及び
平成十四年に改訂された。今回は，その後の改
正等のほか，最新の消防関係法令，通知等を収
録し，更に内容の充実を図った。

実例に学ぶ消防法令解釈の基礎　5訂　関東
一著　東京法令出版　2009.3　468p　21cm
3000円　①978-4-8090-2273-9　⑩317.79

（目次）第1章 法令の基本形式，第2章 法令の適用
と解釈，第3章 法令の解釈・適用に関する原理
等，第4章 法令の効力，第5章 基本的な法令用
語，第6章 消防法令の解釈例

消防関係法令集　平成26年度版　東京消防
庁監修　東京防災救急協会　2014.6　1032p
30cm　〈平成26年4月1日現在　解説・参照
付〉　1700円　⑩317.79

消防基本六法　平成13年新版　消防法規研
究会編　東京法令出版　2001.3　1597p
21cm　1600円　①4-8090-2116-5　⑩317.79

（目次）消防組織（消防組織法，消防力の基準，消
防職員委員会の組織及び運営の基準 ほか），消
防行政（消防法，消防法施行令，消防法施行規
則 ほか），その他（民法（抄），失火ノ責任ニ関
スル法律，商法（抄）ほか）

（内容）消防関係の法令を収録した法令集。内容
は2001年2月1日現在。

消防基本六法　平成18年新版　消防法規研
究会編　東京法令出版　2006.5　1978,27p
21cm　1700円　①4-8090-2198-X

（目次）消防組織（消防組織法，緊急消防援助隊に
関する政令，消防力の整備指針 ほか），消防行
政（消防法，消防法施行令，消防法施行規則 ほ
か），その他（民法（抄），失火ノ責任ニ関スル
法律，商法（抄）ほか）

消防基本六法　平成20年新版　消防法規研
究会編　東京法令出版　2007.11　1982,48,
27p　21cm　1700円　①978-4-8090-2236-4

（目次）消防組織（消防組織法，緊急消防援助隊に
関する政令，消防力の整備指針 ほか），消防行
政（消防法，消防法施行令，消防法施行規則 ほ
か），その他（民法（抄），先火ノ責任ニ関スル
法律，商法（抄）ほか）

消防基本六法　平成21年新版　消防法規研
究会編　東京法令出版　2008.11　1982,28p
21cm　1700円　①978-4-8090-2262-3
⑩317.79

（目次）消防組織（消防組織法，緊急消防援助隊に
関する政令，消防力の整備指針 ほか），消防行
政（消防法，消防法施行令，消防法施行規則 ほ
か），その他（民法（抄），失火ノ責任ニ関スル
法律，商法（抄）ほか）

消防基本六法　平成21年新版　第2版　消防
法規研究会編　東京法令出版　2009.5
1982,28p　21cm　1900円　①978-4-8090-
2274-6　⑩317.79

（目次）消防組織（消防組織法，緊急消防援助隊に
関する政令，消防力の整備指針 ほか），消防行
政（消防法，消防法施行令，消防法施行規則 ほ
か），その他（民法（抄），失火ノ責任ニ関スル
法律，商法（抄）ほか）

消防基本六法　平成22年新版　消防法規研
究会編　東京法令出版　2009.11　1982,28p
21cm　1900円　①978-4-8090-2288-3
⑩317.79

（目次）消防組織（消防組織法，緊急消防援助隊に
関する政令，消防力の整備指針 ほか），消防行
政（消防法，消防法施行令，消防法施行規則 ほ
か），その他（民法（抄），失火ノ責任ニ関スル
法律，商法（抄）ほか）

消防基本六法　平成22年新版　2版　消防法

規研究会編　東京法令出版　2010.5　1982,
28p　21cm　1900円　Ⓘ978-4-8090-2300-2
Ⓝ317.79

Ⓣ次消防組織（消防組織法，緊急消防援助隊に
関する政令，消防力の整備指針 ほか），消防行
政（消防法，消防法施行令，消防法施行規則 ほ
か），その他（民法（抄），失火ノ責任ニ関スル
法律，保険法（抄）ほか）

消防基本六法　平成22年新版　3版　消防法
規研究会編　東京法令出版　2010.11　2000p
21cm　1900円　Ⓘ978-4-8090-2315-6
Ⓝ317.79

Ⓣ次消防組織（消防組織法，緊急消防援助隊に
関する政令，消防力の整備指針 ほか），消防行
政（消防法，消防法施行令，消防法施行規則 ほ
か），その他（民法（抄），失火ノ責任ニ関スル
法律，保険法（抄）ほか）

消防基本六法　平成23年新版　消防法規研
究会編　東京法令出版　2011.4　1982,28p
21cm　2000円　Ⓘ978-4-8090-2321-7

Ⓣ次消防組織（消防組織法，緊急消防援助隊に
関する政令，消防力の整備指針 ほか），消防行
政（消防法，消防法施行令，消防法施行規則 ほ
か），その他（民法（抄），失火ノ責任ニ関スル
法律，保険法（抄）ほか）

消防基本六法　平成24年新版　新版　消防
法規研究会編　東京法令出版　2012.3
2000p　21cm　2000円　Ⓘ978-4-8090-2333-
0

Ⓣ次消防組織（消防組織法，緊急消防援助隊に
関する政令，消防力の整備指針 ほか），消防行
政（消防法，消防法施行令，消防法施行規則 ほ
か），その他（民法（抄），失火ノ責任ニ関スル
法律，保険法（抄）ほか）

消防基本六法　平成25年新版　消防法規研
究会編　東京法令出版　2013.3　1982,19,
29p　21cm　2000円　Ⓘ978-4-8090-2356-9

Ⓣ次消防組織（消防組織法），消防行政（消防
法，消防法施行令，消防法施行規則，危険物の規
制に関する政令，危険物の規制に関する規則），
その他

消防基本六法　平成26年新版　消防法規研
究会編集　東京法令出版　2014.3　1冊
21cm　〈内容現在平成26年2月1日〉　2000円
Ⓘ978-4-8090-2378-1　Ⓝ317.79

Ⓣ次消防組織（消防組織法，緊急消防援助隊に
関する政令，消防力の整備指針 ほか），消防行

政（消防法，消防法施行令，消防法施行規則 ほ
か），その他（民法（抄），失火ノ責任ニ関スル
法律，保険法（抄）ほか）

消防小六法　平成3年版　消防庁総務課編
全国加除法令出版　1991.3　1,320p　19cm
4800円　Ⓘ4-421-00539-8

Ⓣ次第1編 消防組織法関係，第2編 消防法関
係，第3編 石油コンビナート関係，第4編 消防
財政関係，第5編 基金法関係，第6編 関係法令

消防設備危険物関係用語・手続事典　消防
法令実務研究会編　（名古屋）新日本法規出
版　2000.1－　冊（加除式）　22cm　10500
円　Ⓝ528.6

消防設備基準の解説　10訂版　消防建築法規
研究会編著　東京法令出版　2008.3　444p
26cm　3200円　Ⓘ978-4-8090-2245-6
Ⓝ528.6

Ⓣ次第1章 用語の解説，第2章 消防法の体系と
考え方，第3章 消防用設備等の基準，第4章 用途
別消防用設備等設置対象，参考資料（主要通達，
特定共同住宅等における必要とされる防火安全
性能を有する消防の用に供する設備の概要）

Ⓘ容消防用設備等の規格・設置から維持管理
までの実務知識をまとめた便覧。10訂版では，
平成18年9月，平成19年6月の消防法施行令・同
施行規則の改正による「第3章 消防用設備等の
基準」（屋内消火栓設備，スプリンクラー設備，
連結散水設備，連結送水管），「第4章 用途別消
防用設備等設置対象」の内容を補訂している。

消防設備等関係法令集　消防庁予防課監修
オーム社　1994.9　452p　21cm　3300円
Ⓘ4-274-10162-2　Ⓝ317.79

Ⓣ次消防砲〔抄〕，消防法施行令〔抄〕，消防
法施行規則〔抄〕，規格省令〔抄〕

Ⓘ容消防関係法規から実務・受験に必要な項
目を抄出した法令集。消防法，消防法施行令，
消防法施行規則，規格省令の4部構成。横組の
新編集方式をとっている。

消防設備等関係法令集　第2版　自治省消防
庁予防課監修　オーム社　1998.3　482p
21cm　2900円　Ⓘ4-274-10217-3

Ⓣ次消防法，消防法施行令，消防法施行規則，
規格省令

消防設備早見帖　12訂版　消防法規研究会編
東京法令出版　2009.8　121p　18cm　1300
円　Ⓘ978-4-8090-2283-8　Ⓝ528.6

火災 人為的災害・事故

内容消防設備の法規に関わる対応をまとめた小型の実務便覧。消防官，消防設備士，消防設備点検資格者向けに編集。施行令別表第1の項目ごと，消防設備の設置基準を早見表で示す。施行令のみならず，条例（東京都火災予防条例）の設置基準をも示している。平成21年7月1日内容現在。

消防設備法令等実務事典　消防設備法令研究会編　第一法規出版　1990.11-　冊（加除式）　22cm　15600円　Ⓘ4-474-61256-6　Ⓝ528.6

消防設備六法　規格省令・基準告示集　平成9年度版　自治省消防庁予防課監修，日本消防設備安全センター編　日本消防設備安全センター　1997.5　1181,238p　21cm　1810円

目次消防組織法，消防法，消防法施行令，消防法施行規則，規格省令等，特例省令，基準告示等，告示，建基法関係告示，通達

消防設備六法　規格省令・基準告示集　平成10年度版　自治省消防庁予防課監修，日本消防設備安全センター編　日本消防設備安全センター　1998.5　1512p　21cm　1810円

目次消防組織法，消防法，消防法施行令，消防法施行規則，規格省令等，特例省令，基準告示等，告示，建基法関係告示，通達

消防設備六法　規格省令・基準告示集　平成11年度版　日本消防設備安全センター編　日本消防設備安全センター　1999.5　152p　21cm　1810円

目次消防組織法，消防法，消防法施行令，消防法施行規則，危険物の規制に関する政令（抄），危険物の規制に関する規則（抄），火災予防条例準則，建築基準法（抄），建築基準法施行令（抄），建築基準法施行規則（抄）〔ほか〕

消防設備六法　規格省令・基準告示集　平成12年度版　日本消防設備安全センター編　日本消防設備安全センター　2000.5　1冊　21cm　〈平成12年4月1日現在　消防設備早見表付〉　1810円　Ⓝ528.6

消防設備六法　規格省令・基準告示集　平成13年度版　日本消防設備安全センター編　日本消防設備安全センター　2001.6　1789,314p　21cm　1810円　Ⓝ317.79

目次消防組織法，消防法，消防法施行令，消防法施行規則，危険物の規制に関する政令（抄），危険物の規制に関する規則（抄），火災予防条

例（例），建築基準法（抄），建築基準法施行令（抄），建築基準法施行規則（抄）〔ほか〕

消防設備六法　平成14年度版　規格省令・基準告示集　日本消防設備安全センター編　日本消防設備安全センター　2002.6　1889,328p　21cm　1810円　Ⓝ317.79

目次消防組織法，消防法，消防法施行令，消防法施行規則，対象火気設備等の位置，構造及び管理並びに対象火気器具等の取扱いに関する条例の制定に関する基準を定める省令，消防法施行規則第四条の五第一項に規定する指定確認機関を指定する省令，消防法施行規則第三十一条の六第五項に規定する指定講習機関を指定する省令，対象火気設備等及び対象火気器具等の離隔距離に関する基準，危険物の規制に関する政令（抄），危険物の規制に関する規則（抄），火災予防条例（例）〔ほか〕

内容消防設備関係の法令を収録した法令集。平成14年4月20日現在。

消防設備六法　平成15年度版　日本消防設備安全センター編　日本消防設備安全センター　2003.6　3009p　21cm　〈平成15年4月2日現在　消防設備早見表付〉　1810円　Ⓝ528.6

消防設備六法　平成16年度版　日本消防設備安全センター編　日本消防設備安全センター　2004.5　3009p　21cm　1810円

目次第1編　基本法令（消防組織法，消防法，消防法施行令　ほか），第2編　消防用設備等（技術基準，検査・点検），第3編　予防（火炎予防，防火管理，特定防火対象物の防火安全対策），第4編　関連法規等

内容平成16年4月1日現在の内容。消防設備早見表付。

消防設備六法　平成17年度版　日本消防設備安全センター編　日本消防設備安全センター　2005.5　2809p　21cm　1810円

目次第1編　基本法令（消防組織法，消防法，消防法施行令，消防法施行規則），第2編　消防用設備等（技術基準，検査・点検），第3編　予防（火災予防，住宅用防災機器の設置及び維持，特定防火対象物の防火安全対策），第4編　関連法規

消防設備六法　消防設備士受験準備のための　平成18年度版　日本消防設備安全センター編　日本消防設備安全センター　2006.3　2159p　21cm　〈平成18年3月1日現在　消防設備早見表付〉　1810円　Ⓝ528.6

人為的災害・事故　　　　　　　　　　　　　　　　火災

消防設備六法　消防設備士受験準備のため
の　平成19年度版　日本消防設備安全セン
ター編　日本消防設備安全センター　2007.4
2159p　21cm　1810円

(目次)第1編 基本法令・関連法規(消防法規, 住
宅用防災機器の設置及び維持, 危険物), 第2編
消防用設備等(技術基準, 検査・点検)

消防設備六法　消防設備士受験準備のため
の　平成20年度版　日本消防設備安全セン
ター編　日本消防設備安全センター　2008.4
2159p　21cm　〈平成20年4月1日現在　消防
設備早見表付〉　1810円　Ⓝ317.79

(内容)消防設備関係の法令を収録した法令集。
平成20年4月現在。

消防設備六法　消防設備士受験準備のため
の　平成21年度版　日本消防設備安全セン
ター編　日本消防設備安全センター　2009.4
2159p　21cm　〈消防設備早見表付 平成21年
4月1日現在〉　1810円　Ⓝ317.79

(内容)消防設備関係の法令を収録した法令集。
平成21年4月現在。

消防設備六法　消防設備士受験準備のため
の　平成22年度版　日本消防設備安全セン
ター編　日本消防設備安全センター　2010.4
2159p　21cm　1810円

(目次)第1編 基本法令・関連法規(消防法規, 住
宅用防災機器の設置及び維持, 危険物), 第2編
消防用設備等(技術基準, 検査・点検)

(内容)消防設備関係の法令を収録した法令集。
平成22年4月現在。

消防設備六法　消防設備士受験準備のため
の　平成23年度版　日本消防設備安全セン
ター編　日本消防設備安全センター　2011.4
2161p　21cm　1810円

(目次)第1編 基本法令・関連法規(消防法規, 住
宅用防災機器の設置及び維持, 危険物), 第2編
消防用設備等(技術基準, 検査・点検)

消防設備六法　消防設備士受験準備のため
の　平成24年度版　日本消防設備安全セン
ター編　日本消防設備安全センター　2012.4
2161p　21cm　〈消防設備早見表付 平成24年
4月1日現在〉　1810円　Ⓝ528.6

(内容)消防設備関係の法令を収録した法令集。
平成24年4月1日現在における消防組織法・消防
法・消防法施行令・消防法施行規則をはじめ,
消防用設備に関する基本法令・関連法規を収録。

各条文の解説・参照・罰則等は検索しやすいよ
う色刷で掲載。消防設備早見表付。

消防設備六法　消防設備士受験準備のため
の　平成25年度版　日本消防設備安全セン
ター編　日本消防設備安全センター　2013.4
2161p　21cm　〈消防設備早見表付, 平成25
年4月1日現在〉　1900円　Ⓝ528.6

(内容)消防設備関係の法令を収録した法令集。
平成25年4月1日現在における消防組織法・消防
法・消防法施行令・消防法施行規則をはじめ,
消防用設備に関する基本法令・関連法規を収録。
各条文の解説・参照・罰則等は検索しやすいよ
う色刷で掲載。消防設備早見表付。

消防用設備関係省令・告示集　近代消防社
編　近代消防社　2007.7　668p　21cm
1524円　Ⓘ978-4-421-00760-2

(目次)第1章 消火設備, 第2章 警報設備, 第3章
避難設備, 第4章 消防活動上必要な施設, 第5
章 各設備に共通する基準, 第6章 特殊消防用設
備等, 第7章 消防用機械器具等検定・認定, 第
8章 消防用設備等の工事・整備・試験・点検,
第9章 防火対象物の点検・報告, 第10章 防炎関
係, 第11章 条例の制定に関する基準, その他

(内容)平成19年7月19日までに公布された改正分
までを収録。

消防用設備関係省令・告示集　2訂　近代消
防社編　近代消防社　2009.4　720p　21cm
〈索引あり〉　1619円　Ⓘ978-4-421-00780-0
Ⓝ528.6

(目次)消火設備, 警報設備, 避難設備, 消防活
動上必要な施設, 各設備に共通する基準, 特殊
消防用設備等, 消防用機械器具等検定・認定,
消防用設備等の工事・整備・試験・点検, 点検
の結果について報告, 防炎関係, 条例の制定に
関する基準, その他

消防用設備関係省令・告示集　3訂　近代消
防社編　近代消防社　2010.7　738p　21cm
〈索引あり〉　1619円　Ⓘ978-4-421-00798-5
Ⓝ528.6

(目次)第1章 消火設備, 第2章 警報設備, 第3章
避難設備, 第4章 消防活動上必要な施設, 第5章
各施設に共通する基準, 第6章 防火安全性能を
有する設備等, 第7章 消防用機械器具等検定・
認定, 第8章 消防用設備等の工事・整備・試験・
点検, 第9章 防火・防災対象物の点検・報告,
第10章 防炎関係, 第11章 条例の制定に関する
基準

事故・災害レファレンスブック　*211*

火災　　　　　　　　　人為的災害・事故

消防用設備関係省令・告示集　4訂　近代消
　防社編集　近代消防社　2013.11　761p
　21cm　2000円　①978-4-421-00847-0
　Ⓝ528.6

[目次]第1章 消火設備，第2章 警報設備，第3章
避難設備，第4章 消防活動上必要な施設，第5章
各設備に共通する基準，第6章 防火安全性能を
有する設備等，第7章 消防用機器器具等検定・
認定，第8章 消防用設備等の工事・整備・試験・
点検，第9章 防火・防災対象物の点検・報告，
第10章 防炎関係，第11章 条例の制定に関する
基準

消防予防小六法　平成**10年度版**　自治省消
　防庁予防課監修，日本消防設備安全センター
　編　日本消防設備安全センター　1998.6
　2671p　19cm　3429円

[目次]法令編（基本法令，消防用機械・器具等，
消防用設備等，防火管理，関係法令，行政手続），
実務編（通則，消防用設備等の運用，予防，そ
の他）

[内容]消防予防・設備関係の実務法令集。平成
10年3月31日現在。

消防予防小六法　平成**11年度版**　自治省消
　防庁予防課監修，日本消防設備安全センター
　編　日本消防設備安全センター　1999.6
　2911p　19cm　3429円

[目次]法令編（基本法令，消防用機械・器具等，
消防用設備等，防火管理，関係法令，行政手続），
実務編（通則，消防用設備等の運用，予防，そ
の他）

[内容]消防予防・設備関係の実務法令集。内容は，
平成11年4月1日現在。巻末に50音索引がある。

消防予防小六法　平成**12年度版**　日本消防
　設備安全センター編　日本消防設備安全セン
　ター　2000.5　1冊　19cm　3429円　Ⓝ317.
　79

消防予防小六法　平成**13年度版**　日本消防
　設備安全センター編　日本消防設備安全セン
　ター　2001.11　2890p　19cm　3429円
　Ⓝ317.79

[目次]第1編 基本法令，第2編 消防用設備等，
第3編 予防，第4編 住宅防火対策，第5編 防火水
槽，第6編 関連法規等

消防予防小六法　平成**15年度版**　日本消防
　設備安全センター編　日本消防設備安全セン
　ター　2003.6　4662p　19cm　3429円

[目次]第1編 基本法令，第2編 消防用設備等，第
3編 予防，第4編 住宅防火対策，第5編 防火水
槽，第6編 関連法規等

消防予防小六法　平成**16年度版**　日本消防
　設備安全センター編　日本消防設備安全セン
　ター　2004.9　4662p　21cm　4762円

[目次]第1編 基本法令，第2編 消防用設備等，第
3編 予防，第4編 住宅防火対策，第5編 防火水
槽，第6編 関連法規等

[内容]基本法令，消防用設備等，予防，住宅防
火対策，防火水槽，関連法規等の六編で構成。
内容は，原則として平成一六年七月三〇日現在
をもって収録。

逐条解説 消防組織法　第3版　消防基本法制
　研究会編著　東京法令出版　2009.10　764p
　22cm　〈索引あり〉　4200円　①978-4-8090-
　2279-1　Ⓝ317.79

[目次]第1部 総説（消防組織の沿革，消防組織法
の概要及び特色，消防組織法に関連する法律），
第2部 逐条解説（総則，国の行政機関，地方公
共団体の機関 ほか），附録（消防組織法の改正
経過一覧表，制定当初の消防組織法，消防組織
法新旧対照条文 ほか）

逐条解説 消防法　第二版　総務省消防庁監
　修，消防基本法制研究会編著　東京法令出版
　2005.11　960p　21cm　4000円　①4-8090-
　2202-1

[目次]第1部 逐条解説（総則，火災の予防，危険
物，危険物保安技術協会，消防の設備等，消防
の用に供する機器器具等の検定等，日本消防検
定協会等，火災の警戒，消火の活動，火災の調
査，救急業務，雑則，罰則），第2部 付録

逐条解説 消防法　第4版　消防基本法制研究
　会編著　東京法令出版　2012.3　1036,21p
　21cm　4200円　①978-4-8090-2331-6

[目次]第1部 逐条解説（総則，火災の予防，危険
物，危険物保安技術協会，消防の設備等，消防
の用に供する機器器具等の検定等，日本消防検
定協会等，火災の警戒，消火の活動，火災の調
査，救急業務，雑則，罰則），第2部 付録

逐条解説 消防法　第5版　消防基本法制研究
　会編著　東京法令出版　2014.6　1060,22p
　22cm　〈年表あり 索引あり〉　4200円
　①978-4-8090-2383-5　Ⓝ317.79

[目次]第1部 逐条解説（総則，火災の予防，危険
物，危険物保安技術協会，消防の設備等，消防
の用に供する機器器具等の検定等，日本消防検

定協会等，火災の警戒，消火の活動，火災の調査，救急業務，雑則，罰則，附則），第2部 付録（消防法令改正年表，制定消防法）

注解 消防関係法規集　1990年新版　全国
加除法令出版　1990.4　1186p　19cm　1340円　Ⓘ4-421-00497-9

⦅目次⦆消防組織法，消防法，消防法施行令，消防法施行規則，危険物の規制に関する政令，危険物の規制に関する規則，消防施設強化促進法，消防力の基準，火災予防条例準則について，失火ノ責任ニ関スル法律〔ほか〕

注解 消防関係法規集　11年版　近代消防社
1998.8　1331p　19cm　1619円　Ⓘ4-421-00608-4

⦅目次⦆消防組織法，消防法，消防法施行令，消防法施行規則，火災通報装置の基準，危険物の規制に関する政令，危険物の規制に関する規則，危険物の試験及び性状に関する省令，危険物の規制に関する政令別表第一及び同令別表第二の自治省令で定める物質及び数量を指定する省令〔ほか〕

注解 消防関係法規集　11年新版（11.3.1現在）　近代消防社　1999.4　1328p　19cm　1619円　Ⓘ4-421-00613-0

⦅目次⦆消防組織法，消防法，消防法施行令，消防法施行規則，火災通報装置の基準，危険物の規制の関する政令，危険物の規制に関する規則，危険物の試験及び性状に関する省令，危険物の規制に関する政令別表第一及び同令別表第二の自治省令で定める物質及び数量を指定する省令，危険物の規制に関する技術上の基準の細目を定める告示〔ほか〕

注解 消防関係法規集　12年版　近代消防社
1999.6　1332p　26cm　1619円　Ⓘ4-421-00616-5

⦅目次⦆消防組織法，消防法，消防法施行令，消防法施行規則，火災通報装置の基準，危険物の規制に関する政令，危険物の規制に関する規則，危険物の試験及び性状に関する省令，危険物の規制に関する政令別表第一及び同令別表第二に自治省令で定める物質及び数量を指定する省令，危険物の規制に関する技術上の基準の細目を定める告示〔ほか〕

注解 消防関係法規集　2000年版　近代消防社　2000.2　1364p　19cm　1619円　Ⓘ4-421-00619-X　Ⓝ317.79

⦅目次⦆消防組織法，消防法，消防法施行令，消防

法施行規則，火災通報装置の基準，危険物の規制に関する政令，危険物の規制に関する規則，危険物の試験及び性状に関する省令，危険物の規制に関する政令別表第一及び同令別表第二の自治省令で定める物質及び数量を指定する省令，危険物の規制に関する技術上の基準の細目を定める告示〔ほか〕

⦅内容⦆消防に関する法規を収録した法令集。内容は平成12年2月1日現在。

注解 消防関係法規集　2000年新版　近代消防社　2000.8　1415p　19cm　1619円　Ⓘ4-421-00625-4　Ⓝ317.79

⦅目次⦆消防組織法，消防法，消防法施行令，消防法施行規則，火災通報装置の基準，危険物の規制に関する政令，危険物の規制に関する規則，危険物の試験及び性状に関する省令，危険物の規制に関する政令別表第一及び同令別表第二の自治省令で定める物質及び数量を指定する省令，危険物の規制に関する技術上の基準の細目を定める告示〔ほか〕

⦅内容⦆消防関係の法令集。消防組織法、消防法及び同施行令、施行規則その他災害救助法などの消防関係の法令を収録する。内容は平成12年8月1日現在の改正を収録する。

注解 消防関係法規集　2001年版　近代消防社　2001.2　1422p　19cm　1619円　Ⓘ4-421-00635-1　Ⓝ317.79

⦅目次⦆消防組織法，消防法，消防法施行令，消防法施行規則，危険物の規制に関する政令，危険物の規制に関する規則，危険物の試験及び性状に関する省令，危険物の規制に関する政令別表第一及び同令別表第二の総務省令で定める物質及び数量を指定する省令，危険物の規制に関する技術上の基準の細目を定める告示，地方公共団体の手数料の標準に関する政令 抄〔ほか〕

⦅内容⦆消防関係の法令を収録した法令集。内容は2001年1月20日現在。

注解 消防関係法規集　2001年新版　近代消防社　2001.6　1424p　19cm　1619円　Ⓘ4-421-00641-6　Ⓝ317.79

⦅目次⦆消防組織法，消防法，消防法施行令，消防法施行規則，危険物の規制に関する政令，危険物の規制に関する規則，危険物の試験及び性状に関する省令，危険物の規制に関する政令別表第一及び同令別表第二の総務省令で定める物質及び数量を指定する法令，危険物の規制に関する技術上の基準の細目を定める告示，地方公共団体の手数料の標準に関する政令（抄）〔ほか〕

（内容）消防関係の法令を収録した法令集。内容は2001年6月1日現在。

注解 消防関係法規集　2002年版
近代消防社　2002.3　1452p　19cm　1619円　①4-421-00658-0　Ⓝ317.79

（目次）消防組織法，消防法，消防法施行令，消防法施行規則，危険物の規制に関する政令，危険物の規制に関する規則，危険物の試験及び性状に関する省令，危険物の規制に関する政令別表第一及び同令別表第二の総務省令で定める物質及び数量を指定する省令，危険物の規制に関する技術上の基準の細目を定める告示，地方公共団体の手数料の標準に関する政令(抄)〔ほか〕

（内容）消防関係の法令を収録した法令集。参照条文にゴシックで傍線を付したのが特色。内容は平成14年2月15日現在。

注解 消防関係法規集　消防法大改正収録版 2002年新版
近代消防社編　近代消防社　2002.6　1488p　19cm　1619円　①4-421-00666-1　Ⓝ317.79

（目次）消防組織法，消防法，消防法施行令，消防法施行規則，対象火気設備等の位置、構造及び管理並びに対象火気器具等の取扱いに関する条例の制定に関する基準を定める省令，対象火気設備等及び対象火気器具等の離隔距離に関する基準，危険物の規制に関する政令，危険物の規制に関する規則，危険物の試験及び性状に関する省令，危険物の規制に関する政令別表第一及び同令別表第二の総務省令で定める物質及び数量を指定する省令〔ほか〕

（内容）消防関係の法令を収録した法令集。内容は平成14年6月1日現在で、消防法大改正に対応する。

注解 消防関係法規集　2003年新版
近代消防社　2002.12　1570p　19cm　1619円　①4-421-00678-5　Ⓝ317.79

（目次）消防組織法，消防法，消防法施行令，消防法施行規則，対象火気設備等の位置、構造及び管理並びに対象火気器具等の取扱いに関する条例の制定に関する基準を定める省令，対象火気設備等及び対象火気器具等の離隔距離に関する基準，危険物の規制に関する政令，危険物の規制に関する規則，危険物の試験及び性状に関する省令，危険物の規制に関する政令別表第一及び同令別表第二の総務省令で定める物質及び数量を指定する省令〔ほか〕

（内容）消防関係の法令を収録した法令集。2002年12月1日内容現在で、消防法の大改正に対応

する。部門別に構成し、改正経過・注解・参照条文も記載する。

注解 消防関係法規集　2004年新版
近代消防社著　近代消防社　2003.11　2093p　21cm　1619円　①4-421-00694-7

（目次）消防組織法，消防組織法の一部改正新旧対照条文，緊急消防援助隊に関する省令，消防法，消防法の一部改正新旧対照条文，消防法施行令，消防法施行規則，対象火気設備等の位置、構造及び管理並びに対象火気器具等の取扱いに関する条例の制定に関する基準を定める省令，対象火気設備等及び対象火気器具等の離隔距離に関する基準，危険物の規制に関する政令〔ほか〕

注解 消防関係法規集　2005年版
近代消防社編集局編　近代消防社　2004.6　2094p　21cm　1619円　①4-421-00705-6

（目次）消防組織法，緊急消防援助隊に関する政令，消防法，消防法施行令，消防法施行規則，必要とされる防火安全性能を有する消防の用に供する設備等に関する省令，対象火気設備等の位置、構造及び管理並びに対象火気器具等の取扱いに関する条例の制定に関する基準を定める省令，対象火気設備等及び対象火気器具等の離隔距離に関する基準，危険物の規制に関する政令，危険物の規制に関する規則〔ほか〕

注解 消防関係法規集　2005年新版
近代消防社　2004.12　2094p　21cm　1619円　①4-421-00713-7

（目次）消防組織法，緊急消防援助隊に関する政令，消防法，消防法施行令，消防法施行規則，必要とされる防火安全性能を有する消防の用に供する設備等に関する省令，対象火気設備等の位置、構造及び管理並びに対象火気器具等の取扱いに関する条例の制定に関する基準を定める省令，対象火気設備等及び対象火気器具等の離隔距離に関する基準，危険物の規制に関する政令，危険物の規制に関する規則〔ほか〕

（内容）平成16年12月1日現在の主な改正法令及び新規搭載法令。

注解 消防関係法規集　2006年新版
近代消防社編集局編　近代消防社　2005.10　2094p　21cm　1619円　①4-421-00728-5

（目次）消防組織法，緊急消防援助隊に関する政令，消防法，消防法施行令，消防法施行規則，必要とされる防火安全性能を有する消防の用に供する設備等に関する省令，対象火気設備等の位置、構造及び管理並びに対象火気器具等の取扱いに関する条例の制定に関する基準を定める

省令，対象火気設備等及び対象火気器具等の離隔距離に関する基準，危険物の規制に関する政令，危険物の規制に関する規則〔ほか〕

注解 消防関係法規集 2007年版　近代消

防社編集局編　近代消防社　2006.8　2094p
21cm　1619円　Ⓘ4-421-00740-4

［目次］組織法，消防法，施行令，施行規則，危政令，危規則，危告示，災対法，条例（例），建基法

注解 消防関係法規集 2007年新版　近代消

防社編集局編　近代消防社　2007.3　2094p
21cm　1619円　Ⓘ978-4-421-00754-1

［目次］消防組織法，緊急消防援助隊に関する政令，消防法，消防法施行令，消防法施行規則，必要とされる防火安全性能を有する消防の用に供する設備等に関する省令，対象火気設備等の位置，構造及び管理並びに対象火気器具等の取扱いに関する条例の制定に関する基準を定める省令，対象火気設備等及び対象火気器具等の離隔距離に関する基準，危険物の規制に関する政令，危険物の規制に関する規則〔ほか〕

［内容］平成19年2月10日現在の法律を収録。

注解 消防関係法規集 2007年新版　新版

近代消防社編集局編　近代消防社　2007.6
2094p　21cm　1619円　Ⓘ978-4-421-00757-2

［目次］消防組織法，緊急消防援助隊に関する政令，消防法，消防法施行令，消防法施行規則，必要とされる防火安全性能を有する消防の用に供する設備等に関する省令，対象火気設備等の位置，構造及び管理並びに対象火気器具等の取扱いに関する条例の制定に関する基準を定める省令，対象火気設備等及び対象火気器具等の離隔距離に関する基準，危険物の規制に関する政令，危険物の規制に関する規則〔ほか〕

注解 消防関係法規集 2008年版　近代消

防社編集局編　近代消防社　2007.11　2114p
21cm　1619円　Ⓘ978-4-421-00766-4

［目次］消防組織法，緊急消防援助隊に関する政令，消防法，消防法施行令，消防法施行規則，危険物の規制に関する政令，危険物の規制に関する規則，危険物の試験及び性状に関する省令，危険物の規制に関する政令別表第1及び同令別表第2の総務省令で定める物質及び数量を指定する省令，危険物の規制に関する技術上の基準の細目を定める告示〔ほか〕

注解 消防関係法規集 内容現在平成21年1

月5日　2009年版　近代消防社編集局編

近代消防社　2009.1　2114p　21cm　1714円
Ⓘ978-4-421-00777-0　Ⓝ317.79

［目次］消防組織法，緊急消防援助隊に関する政令，消防法，消防法施行令，消防法施行規則，危険物の規制に関する政令，危険物の規制に関する規則，危険物の試験及び性状に関する省令，危険物の規制に関する政令別表第1及び同令別表第2の総務省令で定める物質及び数量を指定する省令，危険物の規制に関する技術上の基準の細目を定める告示〔ほか〕

注解 消防関係法規集 2010年版　近代消

防社編集局編　近代消防社　2010.3　2114p
21cm　1714円　Ⓘ978-4-421-00789-3
Ⓝ317.79

［目次］消防組織法，緊急消防援助隊に関する政令，消防法，消防法施行令，消防法施行規則，危険物の規制に関する政令，危険物の規制に関する規則，危険物の試験及び性状に関する省令，危険物の規制に関する政令別表第1及び同令別表第2の総務省令で定める物質及び数量を指定する省令，危険物の規制に関する技術上の基準の細目を定める告示〔ほか〕

注解 消防関係法規集 2011年版　近代消

防社　2010.9　2114p　21cm　〈内容現在平成22年9月10日〉　1810円　Ⓘ978-4-421-00804-3　Ⓝ317.79

［目次］消防組織法，緊急消防援助隊に関する政令，消防法，消防法施行令，消防法施行規則，危険物の規制に関する政令，危険物の規制に関する規則，危険物の試験及び性状に関する省令，危険物の規制に関する政令別表第1及び同令別表第2の総務省令で定める物質及び数量を指定する省令，危険物の規制に関する技術上の基準の細目を定める告示〔ほか〕

注解 消防関係法規集 2012年版　近代消

防社編集局編　近代消防社　2011.7　2114p
21cm　1810円　Ⓘ978-4-421-00809-8

［目次］消防組織法—昭和22年法律第226号，緊急消防援助隊に関する政令—平成15年政令第379号，消防法—昭和23年法律第186号，消防法施行令—昭和36年政令第37号，消防法施行規則—昭和36年自治省令第6号，危険物の規制に関する政令—昭和34年政令第306号，危険物の規制に関する規則—昭和34年総理府令第55号，危険物の試験及び性状に関する省令—平成元年自治省令第1号，危険物の規制に関する政令別表第1及び同令別表第2の総務省令で定める物質及び

火災　　　　　　　　　　人為的災害・事故

数量を指定する省令—平成元年自治省令第2号,
危険物の規制に関する技術上の基準の細目を定
める告示—昭和49年自治省告示第99号〔ほか〕

注解 消防関係法規集　2013年版　近代消
　防社編集局編　近代消防社　2012.11　2114p
　21cm　1810円　①978-4-421-00837-1
（目次）消防組織法, 緊急消防援助隊に関する政
令, 消防法, 消防法施行令, 消防法施行規則,
危険物の規制に関する政令, 危険物の規制に関
する規則, 危険物の試験及び性状に関する省令,
危険物の規制に関する政令別表第1及び同令別
表第2の総務省令で定める物質及び数量を指定
する省令, 危険物の規制に関する技術上の基準
の細目を定める告示〔ほか〕

注解 消防関係法規集　2014年版　近代消
　防社編集局編　近代消防社　2013.11　2115p
　21cm　2000円　①978-4-421-00846-3
（目次）消防組織法, 緊急消防援助隊に関する政
令, 消防法, 消防法施行令, 消防法施行規則,
危険物の規制に関する政令, 危険物の規制に関
する規則, 危険物の試験及び性状に関する省令,
危険物の規制に関する政令別表第1及び同令別
表第2の総務省令で定める物質及び数量を指定
する省令, 危険物の規制に関する技術上の基準
の細目を定める告示〔ほか〕

注解 消防関係法規集　2015年版　近代消
　防社　2014.9　1冊　21cm　〈内容現在平成
　26年8月1日〉　2000円　①978-4-421-00860-9
　Ⓝ317.79
（目次）消防組織法, 緊急消防援助隊に関する政
令, 消防法, 消防法施行令, 消防法施行規則,
危険物の規制に関する政令, 危険物の規制に関
する規則, 危険物の試験及び性状に関する省令,
危険物の規制に関する政令別表第1及び同令別
表第2の総務省令で定める物質及び数量を指定
する省令, 危険物の規制に関する技術上の基準
の細目を定める告示〔ほか〕

予防消防六法　平成18年度版　日本消防設
　備安全センター編　日本消防設備安全セン
　ター　2006.3　2冊（セット）　21cm　4762円
（目次）第1部 基本法令編（消防関係法令, 消防関
連法規, 火災予防条例（例）），第2部 規格省令・
告示・通達編（通則, 予防一般, 消防用設備等
及び特殊消防用設備等, 火災原因調査, 火災予
防条例関係, 関連法規関係告示・通達）

◆各地の火災と消防

＜事典＞

**日本災害資料集　火災編第1巻　火災　白
木屋の大火　明日の都市**　田中㐂義編・解
　説　〔白木屋調査部〕［編］　［田邊平學］
　［著］　クレス出版　2013.6　1冊　22cm
　〈布装　岩波書店 昭和10年刊の複製　白木屋
　昭和8年刊の複製ほか〉　14000円　①978-4-
　87733-758-2,978-4-87733-765-0　Ⓝ369.3

**日本災害資料集　火災編第2巻　大正大震
災大火災　大地震による大火災　関東大
震災と帝都復興事業**　田中㐂義編・解説
　［大日本雄辯會講談社］［編纂］　［中村清二］
　［述］　クレス出版　2013.6　1冊　22cm
　〈布装　大日本雄辯會・講談社 大正12年刊の
　複製　東京帝國大學部會 大正14年刊の複製
　ほか〉　15000円　①978-4-87733-759-9,978-
　4-87733-765-0　Ⓝ369.3

**日本災害資料集　火災編第3巻　函館大火
史 附消防沿革史**　田中㐂義編・解説　［函
　館消防本部］［編纂］　クレス出版　2013.6
　372,4p　22cm　〈布装　函館消防本部 昭和
　12年刊の複製〉　10000円　①978-4-87733-
　760-5,978-4-87733-765-0　Ⓝ369.3

**日本災害資料集　火災編第4巻　鳥取市大
火災誌　復興篇**　田中㐂義編・解説　［鳥
　取市大火災誌編纂委員会］［編］　クレス出版
　2013.6　486,3p　22cm　〈布装　鳥取県庁鳥
　取市 昭和30年刊の複製〉　14000円　①978-
　4-87733-761-2,978-4-87733-765-0　Ⓝ369.3

＜年鑑・白書＞

地方自治便覧　1993　文書事務管理研究会
　編　地方財務協会　1993.8　358p　21cm
　2400円
（目次）統計表（地方公共団体, 地方公務員, 選
挙, 地方財政, 地方税, 地域振興, 消防）

地方自治便覧　1998　文書事務管理研究会
　編　地方財務協会　1999.1　337p　30cm
　2762円
（目次）統計表（地方公共団体, 地方公務員, 選
挙, 地方財政, 地方税, 地域振興, 消防, その
他），付表

地方自治便覧　2000年　文書事務管理研究

会編　地方財務協会　2001.1　301p　30cm　2858円　Ⓝ318.059

Ⓜ統計表（地方公共団体，地方公務員，選挙，地方財政，地方税，地域振興，消防，その他），付表

Ⓝ地方自治に関わる統計を編集収録した基礎統計集。

東京都統計年鑑　第42回（平成2年）　東京都総務局統計部統計調整課編　東京都統計協会　1992.3　543p　26cm　4000円

Ⓜ土地面積及び気象，人口，事業所，農林水産業，工業，建設及び住居，電気，ガス及び上下水道，物資需給，運輸及び通信，商業、サービス及び貿易，金融，物価，労働及び賃金，家計，社会保障，都民経済計算，財政，教育及び文化，衛生、清掃及び公害，選挙及び職員，司法、警察及び消防，付表 都道府県勢一覧

東京都統計年鑑　第49回（平成9年）　東京都総務局統計部統計調整課編　東京都統計協会　1999.4　535p　30cm　4000円

Ⓜ土地面積及び気象，人口，事業所，農林水産業，工業，建設及び住居，電気，ガス及び上下水道，物資需給，運輸及び通信，商業、サービス及び貿易，金融，労働及び賃金，家計，社会保障，都民経済計算，財政，教育及び文化，衛生、清掃及び環境保全，選挙及び職員，司法、警察及び消防

東京都統計年鑑　第50回（平成10年）　東京都総務局統計部統計調整課編　東京都統計協会　2000.3　535p　31cm　〈英文併記 並列タイトル：Tokyo statistical yearbook〉　4000円　Ⓝ351.36

Ⓜ土地面積及び気象，人口，事業所，農林水産業，工業，建設及び住居，電気，ガス及び上下水道，物資需給，運輸及び通信，商業、サービス及び貿易，金融，労働及び賃金，家計，社会保障，都民経済計算，財政，教育及び文化，衛生、清掃及び環境保全，選挙及び職員，司法、警察及び消防

東京都統計年鑑　第51回（平成11年）　東京都総務局統計部統計調整課編　東京都統計協会　2001.3　535p　30cm　〈英文併記 並列タイトル：Tokyo statistical yearbook〉　4000円　Ⓝ351.36

Ⓜ土地面積及び気象，人口，事業所，農林水産業，工業，建設及び住居，電気，ガス及び上下水道，物資需給，運輸及び通信，商業、サービス及び貿易，金融，物価，労働及び賃金，家計，社会保障，都民経済計算，財政，教育及び文化，衛生、清掃及び環境保全，選挙及び職員，司法、警察及び消防，付録 都道府県勢一覧

書 名 索 引

書名索引　　　　いまか

【あ】

ILO産業安全保健エンサイクロペディア
　　第1巻 ･･･････････････････ 165
アクトンファイル 98 ･･･････････ 94
アクトンファイル 99 ･･･････････ 94
朝日年鑑 1996 ･････････････････ 83
アスベスト対策ハンドブック ･････ 137
新しい時代の安全管理のすべて 第6版 158
あなたの職場の安全点検 第2版 ･･････ 159
油流出事故環境影響調査のためのガイダ
　　ンス ･･･････････････････ 97
雨と風の事典 ･････････････････ 69
安衛法便覧 平成2年度版 ･････････ 155
安衛法便覧 平成3年度版 ･････････ 155
安衛法便覧 平成4年度版 ･････････ 155
安衛法便覧 平成5年度版 ･････････ 156
安衛法便覧 平成6年度版 ･････････ 156
安衛法便覧 平成7年度版 ･････････ 156
安衛法便覧 平成8年度版 ･････････ 156
安衛法便覧 平成9年度版 ･････････ 156
安衛法便覧 平成10年度版 ･････････ 156
安衛法便覧 平成11年度版 ･････････ 156
安衛法便覧 平成12年度版 ･････････ 156
安衛法便覧 平成13年度版 ･････････ 157
安衛法便覧 平成14年度版 ･････････ 157
安衛法便覧 平成15年度版 ･････････ 157
安衛法便覧 平成16年度版 ･････････ 157
安衛法便覧 平成17年度版 ･････････ 157
安衛法便覧 平成18年度版 1 ･･･････ 157
安衛法便覧 平成18年度版 2 ･･･････ 157
安衛法便覧 平成18年度版 3 ･･･････ 158
安衛法便覧 平成19年度版 ･････････ 158
安衛法便覧 平成20年度版 ･････････ 158
安衛法便覧 平成21年度版 ･････････ 158
安衛法便覧 平成22年度版 ･････････ 158
安衛法便覧 平成23年度版 ･････････ 158
安衛法便覧 平成24年度版 ･････････ 158
アンケート調査年鑑 2011年版（vol.24）
　　････････････････････････ 77
安全・安心まちづくりハンドブック 防
　　犯まちづくり編 ･･･････････ 34
安全衛生スタッフ便覧 平成13年度版 ･･･ 146
安全衛生スタッフ便覧 平成14年度版 ･･･ 146
安全衛生通達要覧 平成21年版 ･････ 150
安全衛生通達要覧 平成22年版 ･････ 150

安全衛生通達要覧 平成23年版 ･･･････ 150
安全衛生年鑑 平成2年版 ･････････ 147
安全衛生年鑑 平成4年版 ･････････ 148
安全衛生年鑑 平成10年版 ････････ 148
安全衛生年鑑 平成12年版 ････････ 148
安全衛生年鑑 平成13年版 ････････ 148
安全衛生年鑑 平成14年版 ････････ 148
安全衛生年鑑 平成16年版 ････････ 148
安全衛生年鑑 平成17年版 ････････ 148
安全衛生年鑑 平成18年版 ････････ 148
安全衛生法令要覧 平成13年版 ････ 151
安全衛生法令要覧 平成14年版 ････ 151
安全衛生法令要覧 平成15年版 ････ 151
安全衛生法令要覧 平成16年版 ････ 151
安全衛生法令要覧 平成17年版 ････ 151
安全衛生法令要覧 平成18年版 ････ 151
安全衛生法令要覧 平成20年版 ････ 152
安全衛生法令要覧 平成21年版 ････ 152
安全衛生法令要覧 平成22年版 ････ 152
安全衛生法令要覧 平成23年版 ････ 152
安全衛生法令要覧 平成24年版 ････ 152
安全衛生法令要覧 平成25年版 ････ 152
安全管理マニュアル 改訂版 ･･････ 121
安全の指標 平成14年度 ･･･････ 123
安全の指標 平成15年度 ･･･････ 123
安全の指標 平成16年度 ･･･････ 124
安全の指標 平成17年度 ･･･････ 124
安全の指標 平成18年度 ･･･････ 124
安全の指標 平成19年度 ･･･････ 124
安全の指標 平成21年度 ･･･････ 124
安全の指標 平成22年度 ･･･････ 124
安全の指標 平成23年度 ･･･････ 124
安全の指標 平成24年度 ･･･････ 124
安全の指標 平成26年度 ･･･････ 124
安全の百科事典 ･･･････････････ 19

【い】

生きる力を育む学校防災 2 ･･･････ 29
イザのとき役立つ震災ハンドブック ････ 88
石綿障害予防規則の解説 第3版 ･･･････ 137
石綿障害予防規則の解説 第4版 ･･･････ 138
石綿障害予防規則の解説 第5版 ･･･････ 138
1億人の防災ハンドブック ･･･････ 25
いちばんやさしい天気と気象の事典 ････ 62
稲作大百科 2 第2版 ･･･････････ 60
いまからできる放射線対策ハンドブッ

事故・災害レファレンスブック　221

いやく　書名索引

ク …………………………… 103
医薬品急性中毒ガイド ……………… 167
イラスト＆チャートでみる急性中毒診療
ハンドブック ……………………… 167
イラストでわかる消防設備士用語集 ……… 204
医療安全用語事典 …………………… 167
医療系大学データブック 2012 ………… 76
医療・高齢者施設の計画法規ハンドブッ
ク ……………………………………… 29
医療事故防止のためのガイドライン … 168
医療の質用語事典 …………………… 167
医療白書 2000年度版 ……………… 168
医療法務／医療の安全管理 …………… 168
岩波講座 地球環境学 7 …………… 70
岩波講座 地球惑星科学 14 ………… 56
インターネット白書 2011 …………… 15

【う】

海と空の港大事典 …………………… 169
海の安全ハンドブック ……………… 193
運輸白書のあらまし 平成7年版 ………… 14

【え】

衛星通信ガイドブック 2011 ………… 14
衛星通信ガイドブック 2012 ………… 14
衛星通信ガイドブック 2013 ………… 14
絵とき消防設備技術基準早わかり 第11
版 …………………………………… 207
江戸東京学事典 新装版 ……………… 6
NHK気象・災害ハンドブック ………… 56
NHK気象ハンドブック 新版 ………… 56
NHK気象ハンドブック 改訂版 ………… 56
NHK年鑑 2005 …………………… 74
NHK年鑑 2013 …………………… 104
NHK放送文化研究所年報 2012（No.56）
…………………………… 77, 104
NHK20世紀日本 大災害の記録 ………… 6
NPO NGO事典 …………………… 17
エネルギー白書 2011年版 …………… 105
エネルギー白書 2012年版 …………… 105
エネルギー白書 2013年版 …………… 105

【お】

おかあさんと子どものための防災＆非常
時ごはんブック …………………… 26
思い刻んで ………………………… 83
親子の地震まるごとハンドブック ……… 88

【か】

地球の危機 普及版 ………………… 59
外国人労働者の労災白書 92年版 ……… 123
外国人労働者のわかりやすい労災保険給
付のあらまし 3版 ………………… 139
介護施設と法令遵守 ………………… 168
海上人命安全条約 2011年 …………… 193
海上保安白書 平成2年版 …………… 198
海上保安白書 平成3年版 …………… 198
海上保安白書 平成4年版 …………… 198
海上保安白書 平成5年版 …………… 198
海上保安白書 平成6年版 …………… 198
海上保安白書 平成7年版 …………… 198
海上保安白書 平成8年版 …………… 199
海上保安白書 平成9年版 …………… 199
海上保安白書 平成10年版 …………… 199
海上保安白書 平成11年版 …………… 199
海上保安白書 平成12年版 …………… 199
海上保安白書のあらまし 平成元年版 …… 199
海上保安白書のあらまし 平成3年版 …… 199
海上保安白書のあらまし 平成4年版 …… 199
海上保安白書のあらまし 平成5年版 …… 199
海上保安白書のあらまし 平成6年版 …… 199
海上保安白書のあらまし 平成7年版 …… 200
海上保安白書のあらまし 平成8年版 …… 200
海上保安白書のあらまし 平成9年版 …… 200
海上保安白書のあらまし 平成10年版 …… 200
海上保安白書のあらまし 平成11年版 …… 200
海上保安白書のあらまし 平成12年版 …… 200
海上保安法制 ……………………… 193
海上保安レポート 2005 …………… 200
海上保安六法 平成2年版 …………… 194
海上保安六法 平成3年版 …………… 194
海上保安六法 平成4年版 …………… 194
海上保安六法 平成5年版 …………… 194
海上保安六法 平成6年版 …………… 194

222　事故・災害レファレンスブック

海上保安六法 平成7年版 ‥‥‥‥‥‥ 194
海上保安六法 平成8年版 ‥‥‥‥‥‥ 194
海上保安六法 平成9年版 ‥‥‥‥‥‥ 194
海上保安六法 平成10年版 ‥‥‥‥‥‥ 194
海上保安六法 平成11年版 ‥‥‥‥‥‥ 195
海上保安六法 平成12年版 ‥‥‥‥‥‥ 195
海上保安六法 平成13年版 ‥‥‥‥‥‥ 195
海上保安六法 平成14年版 ‥‥‥‥‥‥ 195
海上保安六法 平成15年版 ‥‥‥‥‥‥ 195
海上保安六法 平成16年版 ‥‥‥‥‥‥ 195
海上保安六法 平成17年版 ‥‥‥‥‥‥ 195
海上保安六法 平成18年版 ‥‥‥‥‥‥ 195
海上保安六法 平成19年版 ‥‥‥‥‥‥ 195
海上保安六法 平成20年版 ‥‥‥‥‥‥ 195
海上保安六法 平成21年版 ‥‥‥‥‥‥ 196
海上保安六法 平成22年版 ‥‥‥‥‥‥ 196
海上保安六法 平成23年版 ‥‥‥‥‥‥ 196
海上保安六法 平成24年版 ‥‥‥‥‥‥ 196
海上保安六法 平成25年版 ‥‥‥‥‥‥ 196
解説 海難審判関係用語集 ‥‥‥‥‥‥ 193
海難審判法及び関係法令 最新版 ‥‥‥ 196
開発許可・宅地防災法令要覧 2005年版 ‥ 49
開発許可・宅地防災法令要覧 2007年版 ‥ 49
科学技術白書 平成24年版 ‥‥‥‥‥‥ 39
学術用語集 増訂版 ‥‥‥‥‥‥‥‥‥ 86
学生部ハンドブック ‥‥‥‥‥‥‥‥‥ 29
火災調査参考図 4版 ‥‥‥‥‥‥‥‥ 202
火災便覧 第3版 ‥‥‥‥‥‥‥‥‥‥ 202
火災予防条例の解説 7訂版 ‥‥‥‥‥ 203
火山工学入門 応用編 ‥‥‥‥‥‥‥‥ 91
火山の事典 ‥‥‥‥‥‥‥‥‥‥‥‥ 91
火山の事典 第2版 ‥‥‥‥‥‥‥‥‥ 91
かしこい消費生活へのしおり 平成7年
版 ‥‥‥‥‥‥‥‥‥‥‥‥‥‥‥ 113
かしこい消費生活へのしおり 平成11年
版 ‥‥‥‥‥‥‥‥‥‥‥‥‥‥‥ 113
賢く備える防火講座 ‥‥‥‥‥‥‥‥ 202
風工学ハンドブック ‥‥‥‥‥‥‥‥ 70
河川技術ハンドブック ‥‥‥‥‥‥‥ 71
河川工事の積算 ‥‥‥‥‥‥‥‥‥‥ 71
河川便覧 1990（平成2年版）‥‥‥‥‥ 72
河川便覧 1992 ‥‥‥‥‥‥‥‥‥‥‥ 72
河川便覧 1994（平成6年版）‥‥‥‥‥ 72
河川便覧 1996 ‥‥‥‥‥‥‥‥‥‥‥ 72
河川便覧 1998 ‥‥‥‥‥‥‥‥‥‥‥ 72
河川便覧 2000 ‥‥‥‥‥‥‥‥‥‥‥ 72
河川便覧 2004 ‥‥‥‥‥‥‥‥‥‥‥ 72
河川便覧 2006 ‥‥‥‥‥‥‥‥‥‥‥ 72
河川六法 平成4年版 ‥‥‥‥‥‥‥‥ 71

家族で学ぶ地震防災はじめの一歩 ‥‥‥ 88
語りかける国土 第5版 ‥‥‥‥‥‥‥ 58
学校安全ハンドブック ‥‥‥‥‥‥‥ 30
学校医・学校保健ハンドブック ‥‥‥ 30
学校運営便覧 ‥‥‥‥‥‥‥‥‥‥‥ 30
学校危機対策・頻発36事案 ‥‥‥‥‥ 30
学校災害ハンドブック ‥‥‥‥‥‥‥ 93
環境汚染 ‥‥‥‥‥‥‥‥‥‥‥‥‥ 96
環境記事索引 '92年版 ‥‥‥‥‥‥‥ 53
環境記事索引 '93年版 ‥‥‥‥‥‥‥ 53
環境記事索引 '94年版 ‥‥‥‥‥‥‥ 53
環境・災害・事故の事典 ‥‥‥‥‥‥‥ 6
環境ソリューション企業総覧 2012年度
版（Vol.12）‥‥‥‥‥‥‥‥‥‥‥ 21
環境と健康の事典 ‥‥‥‥‥‥‥ 56, 95
環境白書 平成24年版 ‥‥‥‥‥‥‥ 105
環境問題記事索引 1988-1997 ‥‥‥‥ 54
環境問題記事索引 1998 ‥‥‥‥‥‥‥ 53
環境問題記事索引 1999 ‥‥‥‥‥‥‥ 53
環境問題情報事典 ‥‥‥‥‥‥‥‥‥ 56
環境問題文献目録 2000-2002 ‥‥‥‥ 54
環境問題文献目録 2003-2005 ‥‥‥‥ 54
環境問題文献目録 2006-2008 ‥‥‥‥ 54
環境六法 平成4年版 ‥‥‥‥‥‥‥‥ 97
看護白書 平成24年版 ‥‥‥‥‥‥‥ 12
関西年鑑 '97 ‥‥‥‥‥‥‥‥‥‥‥ 83

【き】

企業リスク白書 2006年版 ‥‥‥‥‥‥ 28
企業リスク白書 2008年版 ‥‥‥‥‥‥ 29
企業リスク白書 2011年 春号 ‥‥‥‥ 29
危険物関係法令集 平成3年改正版 ‥‥ 161
危険物関係法令集 平成5年改正版 ‥‥ 161
危険物関係法令集 平成6年改正版 ‥‥ 161
危険物関係法令集 平成7年改正版 ‥‥ 161
危険物関係法令集 1997年 ‥‥‥‥‥ 161
危険物関係法令集 1998年 ‥‥‥‥‥ 161
危険物関係法令集 平成9年改正版 ‥‥ 161
危険物関係法令集 1999年 ‥‥‥‥‥ 162
危険物関係法令集 平成10年改正版 ‥‥ 161
危険物関係法令集 2000年版 ‥‥‥‥ 162
危険物関係法令集 平成11年改正版 ‥‥ 162
危険物関係法令集 2001年版 ‥‥‥‥ 162
危険物関係法令集 2002年版 ‥‥‥‥ 162
危険物関係法令集 ‥‥‥‥‥‥‥‥ 162
危険物技術基準の解説 5訂版 ‥‥‥‥ 162

危険物規制と防災安全 ‥‥‥‥‥‥‥ 162
危険物データブック 第2版 ‥‥‥ 160, 207
危険物の事典 ‥‥‥‥‥‥‥‥‥‥‥ 160
危険物ハンドブック ‥‥‥‥‥‥‥‥ 13
危険物ハンドブック 普及版 ‥‥‥‥ 160
危険物防災救急要覧 2006年新訂版 新訂
　版 ‥‥‥‥‥‥‥‥‥‥‥‥‥‥‥ 13
危険物防災救急要覧 ‥‥‥‥‥‥‥ 160
危険物防災救急要覧 新訂版 ‥‥‥‥ 13
危険物法令の早わかり 10訂版 ‥‥‥ 163
危険物六法 平成4年新版 ‥‥‥‥‥ 163
危険物六法 平成10年新版 ‥‥‥‥ 163
危険物六法 平成12年新版 ‥‥‥‥ 163
危険物六法 平成13年新版 ‥‥‥‥ 163
危険物六法 平成14年新版 ‥‥‥‥ 163
危険物六法 平成15年新版 ‥‥‥‥ 163
危険物六法 平成16年新版 ‥‥‥‥ 163
危険物六法 平成17年新版 ‥‥‥‥ 163
危険物六法 平成18年新版 ‥‥‥‥ 163
危険物六法 平成19年新版 ‥‥‥‥ 163
危険物六法 平成20年新版 ‥‥‥‥ 163
危険物六法 平成21年新版 ‥‥‥‥ 163
危険物六法 平成22年新版 ‥‥‥‥ 164
危険物六法 平成23年新版 ‥‥‥‥ 164
危険物六法 平成24年新版 ‥‥‥‥ 164
危険物六法 平成25年新版 ‥‥‥‥ 164
危険物六法 平成26年新版 ‥‥‥‥ 164
危険予知活動トレーナー必携 2002 ‥‥ 159
気候変動監視レポート 1997 ‥‥‥‥ 64
気候変動監視レポート 1998 ‥‥‥‥ 64
気候変動監視レポート 1999 ‥‥‥‥ 65
気候変動監視レポート 2000 ‥‥‥‥ 65
気候変動監視レポート 2001 ‥‥‥‥ 66
技師とナースのための消化管内視鏡ハン
　ドブック ‥‥‥‥‥‥‥‥‥‥‥ 168
気象 ‥‥‥‥‥‥‥‥‥‥‥‥‥‥‥ 64
気象業務はいま 2011 ‥‥‥‥‥‥‥ 58
気象業務はいま 2012 ‥‥‥‥‥‥‥ 58
気象大図鑑 ‥‥‥‥‥‥‥‥‥‥‥‥ 64
気象・天気の新事実 ‥‥‥‥‥‥‥‥ 64
気象と天気図がわかる本 ‥‥‥‥‥‥ 63
気象年鑑 1990年版 ‥‥‥‥‥‥‥‥ 67
気象年鑑 1991年版 ‥‥‥‥‥‥‥‥ 67
気象年鑑 1992年版 ‥‥‥‥‥‥‥‥ 67
気象年鑑 1993年版 ‥‥‥‥‥‥‥‥ 67
気象年鑑 1994年版 ‥‥‥‥‥‥‥‥ 67
気象年鑑 1995年版 ‥‥‥‥‥‥‥‥ 67
気象年鑑 1996年版 ‥‥‥‥‥‥‥‥ 67
気象年鑑 1997年版 ‥‥‥‥‥‥‥‥ 67

気象年鑑 1998年版 ‥‥‥‥‥‥‥‥ 67
気象年鑑 1999年版 ‥‥‥‥‥‥‥‥ 68
気象年鑑 2000年版 ‥‥‥‥‥‥‥‥ 68
気象年鑑 2001年版 ‥‥‥‥‥‥‥‥ 68
気象年鑑 2002年版 ‥‥‥‥‥‥‥‥ 68
気象年鑑 2003年版 ‥‥‥‥‥‥‥‥ 68
気象年鑑 2004年版 ‥‥‥‥‥‥‥‥ 68
気象年鑑 2005年版 ‥‥‥‥‥‥‥‥ 69
気象年鑑 2006年版 ‥‥‥‥‥‥‥‥ 69
気象年鑑 2008年版 ‥‥‥‥‥‥‥‥ 69
気象年鑑 2009年版 ‥‥‥‥‥‥‥‥ 69
気象年鑑 2010年版 ‥‥‥‥‥‥‥‥ 69
机上版 日本史年表 増補版 ‥‥‥‥‥ 5
気象・防災六法 平成8年版 ‥‥‥‥ 57
気象・防災六法 平成10年版 ‥‥‥‥ 58
気象・防災六法 平成15年版 ‥‥‥‥ 58
気象予報のための風の基礎知識 ‥‥‥ 70
基本危険物関係法令集 ‥‥‥‥‥‥ 164
基本 消防六法 平成18年版 ‥‥‥‥ 208
Q&A災害時の法律実務ハンドブック 改
　訂版 ‥‥‥‥‥‥‥‥‥‥‥‥‥ 19
Q&A震災と住まいの法律相談 ‥‥‥‥ 86
Q&A学校災害対応ハンドブック ‥‥‥ 30
Q&A交通事故診療ハンドブック 改訂
　版 ‥‥‥‥‥‥‥‥‥‥‥‥‥‥ 174
Q&A震災後の人事労務・賃金管理 ‥‥‥ 86
救急医療における精神症状評価と初期診
　療PEECガイドブック ‥‥‥‥‥‥ 168
救急・救助六法 平成2年版 ‥‥‥‥ 11
救急・救助六法 平成10年度版 ‥‥‥ 11
救急・救助六法 平成12年版 ‥‥‥‥ 12
救急・救助六法 平成13年版 ‥‥‥‥ 12
救急・救助六法 平成14年12月31日現在
　‥‥‥‥‥‥‥‥‥‥‥‥‥‥‥ 12
救急・救助六法 平成22年8月1日現在 ‥‥ 12
救急・救助六法 3訂版 ‥‥‥‥‥‥ 12
救急・救助六法 4訂版 ‥‥‥‥‥‥ 12
救急・救助六法 6訂版 ‥‥‥‥‥‥ 12
救急現場活動における法的判断 ‥‥‥ 12
救急実務ハンドブック 改訂版 ‥‥‥ 10
救急ハンドブック ‥‥‥‥‥‥‥‥ 10
九州・山口県防災気象情報ハンドブック
　2014 ‥‥‥‥‥‥‥‥‥‥‥‥‥ 59
教育課題便覧 平成20年版 ‥‥‥‥‥ 33
教育判例ガイド ‥‥‥‥‥‥‥‥‥ 33
教師のための防災教育ハンドブック ‥‥ 30
教師のための防災教育ハンドブック 増
　補改訂版 ‥‥‥‥‥‥‥‥‥‥‥ 30
業種別・作業別・法令別安全衛生用品ガ
　イド ‥‥‥‥‥‥‥‥‥‥‥‥‥ 159

書名索引　　けんし

教職員のための学校の危機管理とクレー
　ム対応 改訂 ･･････････････････････････ 30
業務上疾病の認定 資料集 改訂3版 ･････ 137
漁業災害補償関係法令集 ････････････････ 60
キーワード 気象の事典 ･･･････････････ 63
緊急事態関係法令集 2000年版 ･･･････････ 50
緊急事態関係法令集 2002 ････････････････ 50
緊急事態関係法令集 2003 ････････････････ 50
緊急事態関係法令集 2004 ････････････････ 50
緊急事態関係法令集 2005 ････････････････ 50
緊急事態関係法令集 2006 ････････････････ 50
緊急事態関係法令集 2007 ････････････････ 50
緊急事態関係法令集 2008 ････････････････ 50
緊急事態関係法令集 2009 ････････････････ 50
緊急事態関係法令集 2010 ････････････････ 50
緊急事態関係法令集 2011 ････････････････ 50
緊急事態関係法令集 2012 ････････････････ 50
緊急事態関係法令集 2013 ････････････････ 50
緊急事態関係法令集 2014 ････････････････ 51
緊急時の整体ハンドブック ･･･････････ 10

【く】

苦情対応と危機管理体制 ･･････････････ 31
薬・毒物中毒救急マニュアル 改訂6版 ･･･ 168
クライシス・カウンセリングハンドブッ
　ク ･････････････････････････････････ 18
くらしの法律相談ハンドブック ･･･････ 19
グラフィック労働災害統計 平成21年版
　････････････････････････････････････ 128
クローズドシステム処分場技術ハンド
　ブック ･････････････････････････････ 31

【け】

経営者のための安全衛生のてびき 第6
　版 ･･････････････････････････････････ 146
警察白書 平成2年版 ･･････････････････ 39
警察白書 平成3年版 ･･････････････････ 39
警察白書 平成4年版 ･･････････････････ 39
警察白書 平成5年版 ･･････････････････ 39
警察白書 平成6年版 ･･････････････････ 39
警察白書 平成7年版 ･･････････････････ 39
警察白書 平成8年版 ･･････････････････ 39
警察白書 平成9年版 ･･････････････････ 39
警察白書 平成10年版 ･･････････････････ 40

警察白書 平成11年版 ･･････････････････ 40
警察白書 平成12年版 ･･････････････････ 40
警察白書 平成13年版 ･･････････････････ 40
警察白書 平成14年版 ･･････････････････ 40
警察白書 平成15年版 ･･････････････････ 40
警察白書 平成16年版 ･･････････････････ 40
警察白書 平成17年版 ･･････････････････ 40
警察白書 平成18年版 ･･････････････････ 41
警察白書 平成19年版 ･･････････････････ 41
警察白書 平成20年版 ･･････････････････ 41
警察白書 平成21年版 ･･････････････････ 41
警察白書 平成22年版 ･･････････････････ 41
警察白書 平成23年版 ･･････････････････ 41
警察白書 平成25年版 ･･････････････････ 41
警察白書のあらまし 平成4年版 ･･･････ 42
警察白書のあらまし 平成5年版 ･･･････ 42
警察白書のあらまし 平成6年版 ･･･････ 42
警察白書のあらまし 平成7年版 ･･･････ 42
警察白書のあらまし 平成8年版 ･･･････ 42
警察白書のあらまし 平成9年版 ･･･････ 42
警察白書のあらまし 平成10年版 ･･････ 42
警察白書のあらまし 平成11年版 ･･････ 42
警察白書のあらまし 平成12年版 ･･････ 42
警察白書のあらまし 平成13年版 ･･････ 42
警察白書のあらまし 平成14年版 ･･････ 42
研究年報 No.28 ･･････････････････････ 83
健康安全関係法令集 平成26年版 ･･････ 166
健康と環境の科学 ･･････････････････ 93
検証被災者生活再建支援法 ･･･････････ 19
原子力安全委員会安全審査指針集 改訂
　第9版 ･･･････････････････････････････ 103
原子力安全白書 平成元年版 ････････ 106
原子力安全白書 平成2年版 ･･････････ 106
原子力安全白書 平成3年版 ･･････････ 106
原子力安全白書 平成4年版 ･･････････ 106
原子力安全白書 平成5年版 ･･････････ 106
原子力安全白書 平成6年版 ･･････････ 106
原子力安全白書 平成7年版 ･･････････ 106
原子力安全白書 平成9年版 ･･････････ 106
原子力安全白書 平成10年版 ･･････････ 106
原子力安全白書 平成11年版 ･･････････ 107
原子力安全白書 平成12年版 ･･････････ 107
原子力安全白書 平成13年版 ･･････････ 107
原子力安全白書 平成14年版 ･･････････ 107
原子力安全白書 平成15年版 ･･････････ 107
原子力安全白書 平成16年版 ･･････････ 107
原子力安全白書 平成18年版 ･･････････ 108
原子力安全白書 平成19・20年版 ･･････ 108
原子力安全白書 平成21年版 ･･････････ 108

事故・災害レファレンスブック　225

けんし　　　　　　書名索引

原子力安全白書のあらまし　平成元年版 ‥ 108
原子力安全白書のあらまし　平成2年版 ‥ 108
原子力安全白書のあらまし　平成4年版 ‥ 108
原子力安全白書のあらまし　平成5年版 ‥ 108
原子力安全白書のあらまし　平成6年版 ‥ 108
原子力安全白書のあらまし　平成7年版 ‥ 109
原子力安全白書のあらまし　平成9年版 ‥ 109
原子力安全白書のあらまし　平成10年版
　　‥‥‥‥‥‥‥‥‥‥‥‥‥‥‥‥‥ 109
原子力安全白書のあらまし　平成11年版
　　‥‥‥‥‥‥‥‥‥‥‥‥‥‥‥‥‥ 109
原子力安全白書のあらまし　平成12年版
　　‥‥‥‥‥‥‥‥‥‥‥‥‥‥‥‥‥ 109
原子力安全白書のあらまし　平成13年版
　　‥‥‥‥‥‥‥‥‥‥‥‥‥‥‥‥‥ 109
原子力規制関係法令集　2010年 ‥‥‥‥ 103
原子力実務六法　2004年版 ‥‥‥‥‥‥ 103
原子力実務六法　2008年版 ‥‥‥‥‥‥ 103
原子力実務六法　2011年版 ‥‥‥‥‥‥ 104
原子力市民年鑑　'98 ‥‥‥‥‥‥‥‥‥ 109
原子力市民年鑑　99 ‥‥‥‥‥‥‥‥‥ 109
原子力市民年鑑　2000 ‥‥‥‥‥‥‥‥ 109
原子力市民年鑑　2001 ‥‥‥‥‥‥‥‥ 110
原子力市民年鑑　2002 ‥‥‥‥‥‥‥‥ 110
原子力市民年鑑　2003 ‥‥‥‥‥‥‥‥ 110
原子力市民年鑑　2004 ‥‥‥‥‥‥‥‥ 110
原子力市民年鑑　2005 ‥‥‥‥‥‥‥‥ 110
原子力市民年鑑　2006 ‥‥‥‥‥‥‥‥ 110
原子力市民年鑑　2007 ‥‥‥‥‥‥‥‥ 110
原子力市民年鑑　2008 ‥‥‥‥‥‥‥‥ 110
原子力市民年鑑　2009 ‥‥‥‥‥‥‥‥ 110
原子力市民年鑑　2010 ‥‥‥‥‥‥‥‥ 111
原子力市民年鑑　2011 · 12 ‥‥‥‥‥‥ 111
原子力市民年鑑　2013 ‥‥‥‥‥‥‥‥ 111
原子力市民年鑑　2014 ‥‥‥‥‥‥‥‥ 111
原子力年鑑　'96 ‥‥‥‥‥‥‥‥‥‥‥ 111
原子力年鑑　2012 ‥‥‥‥‥‥‥‥‥‥ 111
原子力年鑑　2013 ‥‥‥‥‥‥‥‥‥‥ 111
原子力年鑑　2014 ‥‥‥‥‥‥‥‥‥‥ 112
原子力問題図書・雑誌記事全情報　1985-
　　1999 ‥‥‥‥‥‥‥‥‥‥‥‥‥‥‥ 102
原子力問題図書・雑誌記事全情報　2000-
　　2011 ‥‥‥‥‥‥‥‥‥‥‥‥‥‥‥ 102
建設省防災業務計画　平成10年3月 ‥‥‥ 38
現代的学校マネジメントの法的論点厳選
　　10講 ‥‥‥‥‥‥‥‥‥‥‥‥‥‥‥ 33
現代用語の基礎知識　1996 ‥‥‥‥‥‥‥ 88
建築携帯ブック　安全管理　改訂版 ‥‥ 137
建築消防advice　'90 ‥‥‥‥‥‥‥‥‥ 202
建築消防advice　'91 ‥‥‥‥‥‥‥‥‥ 202
建築消防advice　'92 ‥‥‥‥‥‥‥‥‥ 202

建築消防advice　2008 ‥‥‥‥‥‥‥‥ 202
建築消防advice　2009 ‥‥‥‥‥‥‥‥ 202
建築消防advice　2010 ‥‥‥‥‥‥‥‥ 202
建築施工単価　2000秋 ‥‥‥‥‥‥‥‥‥ 88
建築防火防災法規の解説　3訂版 ‥‥‥ 90, 203
現場から生まれた介護福祉施設の災害対
　　策ハンドブック ‥‥‥‥‥‥‥‥‥‥ 31
現場技術者のための安全管理ポケット
　　ブック ‥‥‥‥‥‥‥‥‥‥‥‥‥‥ 137
原発をよむ ‥‥‥‥‥‥‥‥‥‥‥‥‥ 102
原発事故と子どもたち ‥‥‥‥‥‥‥‥ 103
原発・放射能キーワード事典 ‥‥‥‥‥ 102

【こ】

航海当直のエンジョイブック ‥‥‥‥‥ 193
公害・労災・職業病年表　新版 ‥‥‥‥‥ 93
航空実用事典　改訂新版 ‥‥‥‥‥‥‥ 200
厚生省防災業務計画関連資料集 ‥‥‥‥‥ 38
厚生労働統計で知る東日本大震災の実
　　状 ‥‥‥‥‥‥‥‥‥‥‥‥‥‥‥‥ 78
交通安全対策実務必携　平成2年版 ‥‥‥ 174
交通安全対策実務必携　平成3年版 ‥‥‥ 175
交通安全対策実務必携　平成4年版 ‥‥‥ 175
交通安全対策実務必携　平成7年版 ‥‥‥ 175
交通安全対策実務必携　平成8年版 ‥‥‥ 175
交通安全対策実務必携　平成10年版 ‥‥ 175
交通安全対策実務必携　平成11年版 ‥‥ 175
交通安全対策実務必携　平成13年版 ‥‥ 175
交通安全対策実務必携　平成14年版 ‥‥ 175
交通安全白書　平成2年版 ‥‥‥‥‥‥ 169
交通安全白書　平成3年版 ‥‥‥‥‥‥ 170
交通安全白書　平成4年版 ‥‥‥‥‥‥ 170
交通安全白書　平成5年版 ‥‥‥‥‥‥ 170
交通安全白書　平成6年版 ‥‥‥‥‥‥ 170
交通安全白書　平成7年版 ‥‥‥‥‥‥ 170
交通安全白書　平成8年版 ‥‥‥‥‥‥ 170
交通安全白書　平成9年版 ‥‥‥‥‥‥ 170
交通安全白書　平成10年版 ‥‥‥‥‥‥ 171
交通安全白書　平成11年版 ‥‥‥‥‥‥ 171
交通安全白書　平成12年版 ‥‥‥‥‥‥ 171
交通安全白書　平成13年版 ‥‥‥‥‥‥ 171
交通安全白書　平成14年版 ‥‥‥‥‥‥ 171
交通安全白書　平成15年版 ‥‥‥‥‥‥ 171
交通安全白書　平成16年版 ‥‥‥‥‥‥ 171
交通安全白書　平成17年版 ‥‥‥‥‥‥ 171
交通安全白書　平成18年版 ‥‥‥‥‥‥ 171

226　事故・災害レファレンスブック

書名索引　　　　　　　　　　　　こうつ

交通安全白書 平成19年版 ……………… 171
交通安全白書 平成20年版 ……………… 172
交通安全白書 平成21年版 ……………… 172
交通安全白書 平成22年版 ……………… 172
交通安全白書 平成23年版 ……………… 172
交通安全白書 平成24年版 ……………… 172
交通安全白書 平成25年版 ……………… 172
交通安全白書のあらまし 平成2年版 …… 172
交通安全白書のあらまし 平成3年版 …… 172
交通安全白書のあらまし 平成4年版 …… 172
交通安全白書のあらまし 平成5年版 …… 172
交通安全白書のあらまし 平成6年版 …… 172
交通安全白書のあらまし 平成7年版 …… 172
交通安全白書のあらまし 平成8年版 …… 172
交通安全白書のあらまし 平成9年版 …… 173
交通安全白書のあらまし 平成10年版 … 173
交通安全白書のあらまし 平成11年版 … 173
交通安全白書のあらまし 平成12年版 … 173
交通安全白書のあらまし 平成13年版 … 173
交通安全白書のあらまし 平成14年版 … 173
交通危険予知活動トレーナー必携 2002
　………………………………………… 159
交通事件犯罪事実記載例集 第4版 …… 175
交通事故裁定例集 7（昭和63年度）……… 175
交通事故裁定例集 8（平成元年度）……… 175
交通事故裁定例集 9（平成2年度）……… 175
交通事故裁定例集 11（平成4年度）…… 176
交通事故裁定例集 12（平成5年度）…… 176
交通事故裁定例集 20（平成13年度）…… 176
交通事故裁定例集 21（平成14年度）…… 176
交通事故裁定例集 23（平成16年度）…… 176
交通事故裁定例集 24（平成17年度）…… 176
交通事故裁定例集 25（平成18年度）…… 176
交通事故裁定例集 26（平成19年度）…… 176
交通事故裁定例集 27（平成20年度）…… 176
交通事故裁定例集 28（平成21年度）…… 177
交通事故裁定例集 29（平成22年度）…… 177
交通事故裁定例集 31（平成24年度）…… 177
交通事故損害賠償必携 平成2年11月版 資
　料編 改訂版 ………………………… 174
交通事故統計年報 平成7年版 ………… 183
交通事故統計年報 平成9年版 ………… 183
交通事故統計年報 平成10年版 ………… 183
交通事故統計年報 平成11年版 ………… 184
交通事故統計年報 平成12年版 ………… 184
交通事故統計年報 平成13年版 ………… 184
交通事故統計年報 平成14年版 ………… 184
交通事故統計年報 平成15年版 ………… 184
交通事故統計年報 平成16年版 ………… 184

交通事故統計年報 平成17年版 ………… 184
交通事故統計年報 平成18年版 ………… 185
交通事故統計年報 平成19年版 ………… 185
交通事故統計年報 平成20年版 ………… 185
交通事故統計年報 平成21年版 ………… 185
交通事故統計年報 平成22年版 ………… 185
交通事故統計年報 平成23年版 ………… 185
交通事故統計年報 平成24年版 ………… 186
交通事故統計年報 平成25年版 ………… 186
交通事故の状況及び交通安全施策の現況
　平成25年度 交通安全施策に関する計
　画 平成26年度 …………………… 183
交通事故判例解説 ……………………… 177
交通事故民事裁判例集 第20巻 索引・解
　説号 …………………………………… 177
交通事故民事裁判例集 第21巻 第3号 … 177
交通事故民事裁判例集 第21巻 第4号 … 177
交通事故民事裁判例集 第21巻 第5号 … 177
交通事故民事裁判例集 第22巻 第3号 … 177
交通事故民事裁判例集 第22巻 第4号 … 177
交通事故民事裁判例集 第23巻 第1号 … 177
交通事故民事裁判例集 第23巻 索引・解
　説号 …………………………………… 177
交通事故民事裁判例集 第24巻 第3号 … 177
交通事故民事裁判例集 第24巻 第6号 … 178
交通事故民事裁判例集 第25巻 第1号 … 178
交通事故民事裁判例集 第25巻 第2号 … 178
交通事故民事裁判例集 第25巻 第5号 … 178
交通事故民事裁判例集 第25巻 第6号 … 178
交通事故民事裁判例集 第26巻 第5号（平
　成5年9月・10月）…………………… 178
交通事故民事裁判例集 第27巻 第4号 … 178
交通事故民事裁判例集 第28巻 第1号 … 178
交通事故民事裁判例集 第28巻 第2号 … 178
交通事故民事裁判例集 第28巻 第4号 … 178
交通事故民事裁判例集 第28巻 索引・解
　説号 …………………………………… 178
交通事故民事裁判例集 第29巻 第1号 … 178
交通事故民事裁判例集 第29巻 第4号 … 178
交通事故民事裁判例集 第29巻 第5号 … 178
交通事故民事裁判例集 第29巻 索引・解
　説号 …………………………………… 179
交通事故民事裁判例集 第31巻 第3号（平
　成10年5月・6月）…………………… 179
交通事故民事裁判例集 第32巻 第3号 … 179
交通事故民事裁判例集 第34巻 第3号 … 179
交通事故民事裁判例集 第34巻 第6号 … 179
交通事故民事裁判例集 第34巻 索引・解
　説号 …………………………………… 179
交通事故民事裁判例集 第35巻 第3号 … 179

事故・災害レファレンスブック　227

こうつ　　　　　　　　　　書名索引

交通事故民事裁判例集　第35巻　第6号 ···· 179
交通事故民事裁判例集　第36巻　第1号 ···· 179
交通事故民事裁判例集　第36巻　第4号 ···· 179
交通事故民事裁判例集　第36巻　索引・解
　　説号 ·································· 180
交通事故民事裁判例集　第37巻　第1号 ···· 180
交通事故民事裁判例集　第37巻　第3号（平
　　成16年5月・6月） ···················· 180
交通事故民事裁判例集　第37巻　第5号 ···· 180
交通事故民事裁判例集　第37巻　索引・解
　　説号 ·································· 180
交通事故民事裁判例集　第38巻　第1号 ···· 180
交通事故民事裁判例集　第38巻　第2号 ···· 180
交通事故民事裁判例集　第38巻　第3号 ···· 180
交通事故民事裁判例集　第38巻　第4号 ···· 180
交通事故民事裁判例集　第38巻　第5号 ···· 180
交通事故民事裁判例集　第38巻　第6号 ···· 180
交通事故民事裁判例集　第39巻　第1号（平
　　成18年1月・2月） ···················· 181
交通事故民事裁判例集　第39巻　第2号 ···· 181
交通事故民事裁判例集　第39巻　第3号 ···· 181
交通事故民事裁判例集　第39巻　第4号 ···· 181
交通事故民事裁判例集　第39巻　第5号 ···· 181
交通事故民事裁判例集　第39巻　第6号 ···· 181
交通事故民事裁判例集　第40巻　第3号 ···· 181
交通事故民事裁判例集　第40巻　第4号 ···· 181
交通事故民事裁判例集　第40巻　索引・解
　　説号 ·································· 182
交通事故民事裁判例集　第41巻　第5号 ···· 182
交通事故民事裁判例集　第41巻　第6号 ···· 182
交通事故民事裁判例集　第41巻　索引・解
　　説号 ·································· 182
交通事故民事裁判例集　第43巻　第4号 ···· 182
交通事故民事裁判例集　第43巻　第5号 ···· 182
交通事故民事裁判例集　第43巻　索引・解
　　説号 ·································· 182
交通事故民事裁判例集　第44巻　第5号 ···· 182
交通システムの信頼性向上に関する調
　　査 ····································· 14
交通統計　平成5年版 ····················· 186
交通統計　平成6年版 ····················· 186
交通統計　平成7年版 ····················· 186
交通統計　平成10年版 ···················· 186
交通統計　平成11年版 ···················· 186
交通統計　平成12年版 ···················· 186
交通統計　平成13年版 ···················· 186
交通統計　平成14年版 ···················· 186
交通統計　平成15年版 ···················· 186
交通統計　平成16年版 ···················· 186
交通統計　平成17年版 ···················· 187

交通統計　平成18年版 ···················· 187
交通統計　平成19年版 ···················· 187
交通統計　平成20年版 ···················· 187
交通統計　平成21年版 ···················· 187
交通統計　平成22年版 ···················· 187
交通統計　平成23年版 ···················· 187
交通統計　平成24年版 ···················· 187
交通統計　平成25年版 ···················· 187
こうべ災害ボランティア支援マニュアル
　　改訂 ···································· 83
港湾小六法　平成15年版 ·················· 51
古記録による14世紀の天候記録 ·········· 65
国際消防ガイドブック ··················· 207
国際労働経済統計年鑑 1988 ············ 128
国際労働経済統計年鑑 1991 ············ 128
国際労働経済統計年鑑 1992年版 ········ 128
国際労働経済統計年鑑 1993年版 第52
　　版 ··································· 128
国際労働経済統計年鑑 1994年版 第53
　　版 ··································· 128
国際労働経済統計年鑑 1995年版 ········ 128
国際労働経済統計年鑑 1996年版 第55
　　版 ··································· 128
国際労働経済統計年鑑 1997年版 第56
　　版 ··································· 129
国際労働経済統計年鑑 1998年版 第57
　　版 ··································· 129
国際労働経済統計年鑑 1999年版 第58
　　版 ··································· 129
国際労働経済統計年鑑 2000年版 ········ 129
国際労働経済統計年鑑 2001年版 第60
　　版 ··································· 129
国際労働経済統計年鑑 2002年版 第61
　　版 ··································· 129
国際労働経済統計年鑑 2004年版 第61
　　版 ··································· 130
国際労働経済統計年鑑 2003年版 第62
　　版 ··································· 129
国際労働経済統計年鑑 2004年版 第63
　　版 ··································· 130
国際労働経済統計年鑑 2005年版 第64
　　版 ··································· 130
国土交通省河川砂防技術基準 同解説・計
　　画編 ··································· 71
国土交通白書 2011 ····················· 43
国土交通白書 2013 ····················· 43
国内外の安全防災に係わる法令・規則　平
　　成2年度業務 ························· 51
5000人の鎮魂歌 ························· 83
古地図が語る大災害 ······················ 9
国家公務員災害補償関係法令集　平成3年

228　事故・災害レファレンスブック

版 ･･････････････････････････ 141
国家公務員災害補償関係法令集 平成5年
版 ･･････････････････････････ 141
国家公務員災害補償関係法令集 平成7年
版 ･･････････････････････････ 141
国家公務員災害補償関係法令集 平成9年
版 ･･････････････････････････ 141
国家公務員災害補償関係法令集 平成12
年版 ･･･････････････････････ 141
国家公務員災害補償関係法令集 平成14
年版 ･･･････････････････････ 141
国家公務員災害補償関係法令集 平成16
年版 ･･･････････････････････ 141
国家公務員災害補償関係法令集 平成20
年版 ･･･････････････････････ 141
国家公務員災害補償関係法令集 平成23
年版 ･･･････････････････････ 141
国家公務員災害補償関係法令集 平成25
年版 ･･･････････････････････ 142
国家公務員災害補償実務のてびき 平成
10年版 ･･････････････････････ 139
子どもと法 ････････････････････････ 33
子どもの安全ハンドブック ･･････････ 26
子どもの命を守る防災教育 実践活用編 ･･ 31
子どもの救急大事典 ･･･････････････ 29
これからの都市水害対応ハンドブック ･･ 71
これだけは知っておきたい!防災ハンド
ブック ････････････････････････ 26
これだけは知っておきたい! 山村流災害・
防災用語事典 ･･････････････････ 1
今日の気象業務 平成8年版 ･･･････････ 58
今日の気象業務 平成10年版 ･･･････････ 59

【さ】

災害医学用語事典 ･････････････････ 10
災害救助の運用と実務 平成26年版 ･･････ 10
災害共済給付ハンドブック ･･･････････ 93
災害・健康危機管理ハンドブック ･･･････ 11
災害・事故事例事典 ････････････････ 6
災害・事故年鑑 平成12年版 ････････････ 9
災害・事故年鑑 平成13年版 ････････････ 9
災害時における透析医療活動マニュアル
改訂版 ･･･････････････････････ 11
災害時の労務管理ハンドブック ･･･････ 28
災害事務必携 平成15年度 ･･･････････ 123
災害時要援護者支援活動事例集 ･･････ 15
災害・状況別 防災絵事典 ･･･････････ 26

災害事例 イラスト100 ･･･････････････ 122
災害対策基本法改正ガイドブック ･･･････ 51
災害対策基本法等の一部を改正する法律
案(内閣提出第18号)資料 ･･････････ 51
災害対策全書 1 ････････････････････ 2
災害対策全書 2 ････････････････････ 9
災害対策全書 3 ･･･････････････････ 17
災害対策全書 4 ･･･････････････････ 20
災害統計年報 平成23年版 ･････････ 130
災害時の水利用 ･･･････････････････ 17
災害と防災・防犯統計データ集 2012
年版 ･･･････････････････････ 2
災害と防災・防犯統計データ集 2014 ･･･ 78
災害に強い病院であるために ･･･････ 31
災害に負けない防災ハンドブック ･･･････ 15
災害の事典 ･･････････････････････ 56
災害・引揚・共同募金基本資料 第1巻 ･･･ 8
災害・引揚・共同募金基本資料 第2巻 ･･･ 8
災害・引揚・共同募金基本資料 第3巻 ･･･ 9
災害復旧工事の積算 改訂版 ･･･････････ 17
災害復旧実務用語の手引 改訂3版 ･･････ 17
災害文献大事典 ･･･････････････････ 1
災害・防災の本全情報 45-95 ･･･････････ 1
災害・防災の本全情報 1995-2004 ･･････ 1
災害・防災の本全情報 2004-2012 ･･････ 1
最新 雨水貯留・浸透施設要覧 ･･･････ 71
最新 海難審判法及び関係法令 ･･････ 196
最新 海難審判法及び関係法令 改訂版 ･･ 196
最新 海難審判法及び関係法令 〔平成13
年〕改訂版 ･･･････････････････ 196
最新 海難審判法及び関係法令 ･･････ 197
最新 海洋汚染及び海上災害の防止に関
する法律及び関係法令 改訂版 ･･･ 98, 197
最新 海洋汚染及び海上災害の防止に関
する法律及び関係法令 平成5年4月現
在 改訂版 ･･･････････････････ 98
最新 海洋汚染及び海上災害の防止に関
する法律及び関係法令 改訂版 ･･･ 98, 197
最新 海洋汚染及び海上災害の防止に関
する法律及び関係法令 平成5年4月現
在 改訂版 ･･･････････････････ 197
最新 海洋汚染等及び海上災害の防止に
関する法律及び関係法令 平成20年1月
現在 ･･･････････････････ 98, 197
最新Q&A 教師のための救急百科 ･･･････ 31
最新漁業災害補償関係法令集 ･･･････ 60
最新地震津波総覧 ･･･････････････ 74
最新耐震・防火建築ハンドブック ･･･ 89, 202
最新 毒物劇物取扱の手引 ･･･････････ 160
最新版 テーピング・ハンディマニュア

さいし　　書名索引

ル ………………………………… 11
最新版 日本被害地震総覧 416-2001 …… 74
最新防災事典 ……………………… 59
3・11を心に刻むブックガイド ………… 75
3.11の記録 原発事故篇 ……………… 102
3.11の記録 震災篇 ………………… 75
3.11の記録 テレビ特集番組篇 ……… 76
産業安全技術総覧 ………………… 100
産業医の職務Q&A 第10版 ………… 165
産業災害全史 ……………………… 100
「3・11」震災法務Q&A …………… 77
3・11被災地子ども白書 ………… 16, 77

【し】

事故・災害 92年版 ……………………… 6
事故情報収集制度報告書 平成2年度 説
　明編 …………………………… 114
事故情報収集制度報告書 平成2年度 明
　細編 …………………………… 114
事故情報収集制度報告書 平成3年度 説
　明編 …………………………… 114
事故情報収集制度報告書 平成3年度 明
　細編 …………………………… 114
事故情報収集制度報告書 平成4年度 説
　明編 …………………………… 114
事故情報収集制度報告書 平成4年度 明
　細編 …………………………… 114
事故情報収集制度報告書 平成5年度 説
　明編 …………………………… 114
事故情報収集制度報告書 平成5年度 明
　細編 …………………………… 114
事故情報収集制度報告書 平成6年度 説
　明編 …………………………… 114
事故情報収集制度報告書 平成6年度 明
　細編 …………………………… 114
事故情報収集制度報告書 平成7年度 説
　明編 …………………………… 114
事故情報収集制度報告書 平成7年度 明
　細編 …………………………… 114
事故情報収集制度報告書 平成7年度 …… 114
事故情報収集制度報告書 平成8年度 …… 114
事故情報収集制度報告書 平成9年度 …… 114
事故情報収集制度報告書 平成10年度 …… 114
事故情報収集制度報告書 平成11年度 …… 114
事故情報収集制度報告書 平成12年度 …… 115
事故情報収集制度報告書 平成13年度 …… 115
事故情報収集制度報告書 平成14年度 …… 115

事故情報収集制度報告書 平成15年度 …… 115
事故情報収集制度報告書 平成16年度 …… 115
事故情報収集制度報告書 平成17年度 …… 115
事故情報収集制度報告書 平成18年度 …… 115
事故情報収集制度報告書 平成19年度 …… 116
事故に遭いたくない人のためのダイビン
　グ生き残りハンドブック ………… 93
事故の防止に向けた実践ハンドブック … 31
自殺対策白書 平成19年版 ………… 43
自殺対策白書 平成20年版 ………… 43
自殺対策白書 平成21年版 ………… 43
自殺対策白書 平成22年版 ………… 43
自殺対策白書 平成23年版 ………… 43
自殺対策白書 平成24年版 ………… 44
自殺対策白書 平成25年版 ………… 44
自殺対策ハンドブックQ&A ………… 20
地震・津波等に関する県民意識調査 平
　成25年度 ……………………… 84
地震・火山の事典 ………………… 73
地震災害を究明せよ ……………… 86
地震・津波と火山の事典 ………… 73
地震に強いマンションにする55の方法 … 89
地震の事典 第2版 ………………… 85
地震の事典 第2版 普及版 ………… 85
地震・噴火災害全史 ……………… 73
地震防災対策ハンドブック ………… 89
地震防災の事典 …………………… 88
地震防災ハンドブック 新装改訂版 …… 89
地震予測ハンドブック …………… 85
JISハンドブック 10 ……………… 100
JISハンドブック 21 ……………… 101
JISハンドブック 36 ……………… 101
JISハンドブック 2003 36 ………… 101
自然エネルギーと環境の事典 ……… 102
自然災害・土壌汚染等と不動産取引 ‥ 58, 97
自然災害と防災の事典 …………… 59
自然災害の事典 …………………… 56
自然災害ハンドブック …………… 57
自然災害ハンドブック 新版 ……… 59
自治体・事業者のための防災計画作成・
　運用ハンドブック ……………… 34
実践的な防災訓練の普及に向けた事例調
　査報告書 ……………………… 25
実務者のための水防ハンドブック …… 71
実用暮らしの知恵事典 …………… 25
実例に学ぶ消防法令解釈の基礎 5訂 …… 208
事典 働く者の健康・安全・衛生と補償 ‥ 100, 139
自動車運転者の脳・心臓疾患災害補償判
　例総覧 ………………………… 142
自動車事故・危険運転犯罪事実記載例

230　事故・災害レファレンスブック

集 ……………………………… 182
自分と家族を守る防災ハンドブック …… 26
社会人類学年報 Vol.32.（2006） ………… 84
社会福祉に関する法とその展開 ………… 49
社会福祉六法 平成4年版 …………………… 12
社会保障便利事典 平成5年版 …………… 119
社会保障便利事典 平成8年版 改訂版第
　15版 ………………………………… 119
社会保障便利事典 平成9年版 …………… 119
社会保障便利事典 平成10年版 ………… 119
社会保障便利事典 平成11年版 ………… 119
社会保障便利事典 平成12年版 ………… 119
社会保障便利事典 平成13年版 ………… 120
社会保障便利事典 平成14年版 ………… 120
社会保障便利事典 平成15年版 ………… 120
社会保障便利事典 平成16年版 ………… 120
社会保障便利事典 平成17年版 ………… 120
社会保障便利事典 平成18年版 ………… 120
社会保障便利事典 平成19年版 改訂版
　〔第26版〕 ……………………………… 120
社会保障便利事典 平成20年版 ………… 121
社会保障便利事典 平成21年版 ………… 121
社会保障便利事典 平成22年版 ………… 121
社会保障便利事典 平成23年版 ………… 121
社会保障便利事典 平成24年版 改訂版
　（第31版） ……………………………… 121
社会保障便利事典 平成25年版 ………… 121
重症児者の防災ハンドブック ………… 16
住宅白書 1996年版 ……………………… 84
住宅白書 2002・2003 …………………… 18
重油汚染 明日のために ……………… 98
首都圏の酸性雨 ………………………… 96
首都圏白書 平成18年版 ………………… 90
首都圏白書 平成23年版 ………………… 78
首都圏白書 平成24年版 ………………… 78
首都大地震揺れやすさマップ ………… 78
首都直下地震等対処要領 ……………… 89
小学校・中学校 理科薬品ハンドブック
　新訂版 ………………………………… 32
消費生活年報 1990 ……………………… 116
消費生活年報 1991 ……………………… 116
消費生活年報 1992 ……………………… 116
消費生活年報 1994 ……………………… 116
消費生活年報 1996 ……………………… 116
消費生活年報 1998 ……………………… 116
消費生活年報 1999 ……………………… 117
消費生活年報 2000 ……………………… 117
消費生活年報 2001 ……………………… 117
消費生活年報 2002 ……………………… 117
消費生活年報 2003 ……………………… 117

消費生活年報 2004 ……………………… 117
消費生活年報 2005 ……………………… 117
消費生活年報 2006 ……………………… 117
消費生活年報 2007 ……………………… 118
消費生活年報 2008 ……………………… 118
消費生活年報 2009 ……………………… 118
消費生活年報 2010 ……………………… 118
消費生活年報 2011 ……………………… 118
消費生活年報 2012 ……………………… 118
消費生活年報 2013 ……………………… 119
情報化白書 1995 ………………………… 15
消防関係法令集 平成26年度版 ………… 208
消防基本六法 平成13年新版 …………… 208
消防基本六法 平成18年新版 …………… 208
消防基本六法 平成20年新版 …………… 208
消防基本六法 平成21年新版 …………… 208
消防基本六法 平成21年新版 第2版 …… 208
消防基本六法 平成22年新版 …………… 208
消防基本六法 平成22年新版 2版 ……… 208
消防基本六法 平成22年新版 3版 ……… 209
消防基本六法 平成23年新版 …………… 209
消防基本六法 平成24年新版 新版 …… 209
消防基本六法 平成25年新版 …………… 209
消防基本六法 平成26年新版 …………… 209
消防訓練礼式用語事典 ………………… 204
消防財政ハンドブック 平成19年度版 … 207
消防財政ハンドブック 平成20年度版 … 207
消防財政ハンドブック 平成21年度版 … 207
消防施設整備費補助事務必携 平成2年度
　版 ……………………………………… 203
消防小六法 平成3年版 ………………… 209
消防設備危険物関係用語・手続事典 … 209
消防設備基準の解説 10訂版 …………… 209
消防設備等関係法令集 ………………… 209
消防設備等関係法令集 第2版 ………… 209
消防設備早見帖 12訂版 ………………… 209
消防設備法令等実務事典 ……………… 210
消防設備用語マスター ………………… 205
消防設備六法 平成9年度版 …………… 210
消防設備六法 平成10年度版 …………… 210
消防設備六法 平成11年度版 …………… 210
消防設備六法 平成12年度版 …………… 210
消防設備六法 平成13年度版 …………… 210
消防設備六法 平成14年度版 …………… 210
消防設備六法 平成15年度版 …………… 210
消防設備六法 平成16年度版 …………… 210
消防設備六法 平成17年度版 …………… 210
消防設備六法 平成18年度版 …………… 210
消防設備六法 平成19年度版 …………… 211

消防設備六法 平成20年度版 ………… 211
消防設備六法 平成21年度版 ………… 211
消防設備六法 平成22年度版 ………… 211
消防設備六法 平成23年度版 ………… 211
消防設備六法 平成24年度版 ………… 211
消防設備六法 平成25年度版 ………… 211
情報通信アウトルック 2012 ………… 14
消防白書 平成2年版 ………………… 44
消防白書 平成3年版 ………………… 44
消防白書 平成4年版 ………………… 44
消防白書 平成5年版 ………………… 44
消防白書 平成6年版 ………………… 44
消防白書 平成7年版 ………………… 44
消防白書 平成8年版 ………………… 45
消防白書 平成9年版 ………………… 45
消防白書 平成10年版 ……………… 45
消防白書 平成11年版 ……………… 45
消防白書 平成12年版 ……………… 45
消防白書 平成13年版 ……………… 45
消防白書 平成15年版 ……………… 45
消防白書 平成16年版 ……………… 46
消防白書 平成17年版 ……………… 46
消防白書 平成18年版 ……………… 46
消防白書 平成19年版 ……………… 46
消防白書 平成20年版 ……………… 47
消防白書 平成21年版 ……………… 47
消防白書 平成22年版 ……………… 47
消防白書 平成23年版 ……………… 47
消防白書 平成24年版 ……………… 47
消防白書 平成25年版 ……………… 47
消防白書 平成26年版 ……………… 48
消防白書のあらまし 平成2年版 …… 48
消防白書のあらまし 平成3年版 …… 48
消防白書のあらまし 平成4年版 …… 48
消防白書のあらまし 平成5年版 …… 48
消防白書のあらまし 平成6年版 …… 48
消防白書のあらまし 平成7年版 …… 48
消防白書のあらまし 平成8年版 …… 48
消防白書のあらまし 平成9年版 …… 48
消防白書のあらまし 平成10年版 …… 48
消防白書のあらまし 平成11年版 …… 49
消防白書のあらまし 平成12年版 …… 49
消防白書のあらまし 平成13年版 …… 49
消防白書のあらまし 平成14年版 …… 49
消防防災関係財政・補助事務必携 平成
　26年度版 …………………………… 203
消防・防災航空隊資料集 2001年度版 …… 205
消防・防災航空隊資料集 2002年度版 …… 205
消防法の危険物 4訂 ………………… 205

消防法の中の基礎用語 10訂 ………… 205
消防用設備関係省令・告示集 ……… 211
消防用設備関係省令・告示集 2訂 …… 211
消防用設備関係省令・告示集 3訂 …… 211
消防用設備関係省令・告示集 4訂 …… 212
消防予防小六法 平成10年度版 ……… 212
消防予防小六法 平成11年度版 ……… 212
消防予防小六法 平成12年度版 ……… 212
消防予防小六法 平成13年度版 ……… 212
消防予防小六法 平成15年度版 ……… 212
消防予防小六法 平成16年度版 ……… 212
条約集 多数国間 昭和62年 ………… 104
昭和災害史事典 1 …………………… 7
昭和災害史事典 3 …………………… 7
昭和災害史事典 4 …………………… 7
昭和災害史事典 5 …………………… 7
昭和災害史事典 総索引 ……………… 7
昭和災害史年表事典 2 昭和21年～昭和
　35年 ………………………………… 7
昭和史年表 第3版 …………………… 5
昭和・平成 現代史年表 ……………… 5
食中毒の統計と情報 平成10年 …… 168
食の安全と健康意識データ集 2012 …… 28
職場・学校・家庭・地域での応急手当マ
　ニュアル 改訂版 …………………… 11
職場のトラブル防止ハンドブック …… 28
食料・農業・農村白書 平成24年版 …… 112
助成団体要覧 2012 ………………… 76
除染電離則の理論と解説 …………… 104
知られざる難破船の世界 …………… 193
事例解説 事典 学校の危機管理 …… 29
事例解説 事典 学校の危機管理 第2版 …… 32
新安全工学便覧 新版 ………………… 94
新石綿則ハンドブック ……………… 138
新救急救命士医学用語辞典 ………… 10
新 交通事故損害賠償の手引 全訂版 …… 174
震災対策における都民等の意識調査 平
　成25年度 …………………………… 79
震災対策の充実のために ……………… 89
震災直後ノ市勢統計 ………………… 79
震災における不動産の法律問題 ……… 86
震災の法律相談 ……………………… 87
震災の法律相談Q&A ………………… 87
震災の法律相談Q&A 第2版 ………… 87
震災法務Q&A ………………………… 87
心身健康事典 ………………………… 93
新訂 労災・通災・メンタルヘルスハン
　ドブック 新訂版 …………………… 122
震度7から家族を守る家 ……………… 89

新版 気象ハンドブック ……………… 63
新版 静電気ハンドブック …………… 101
新版 労災保険の給付手続便覧 ………… 140
新・福利厚生ハンドブック ………… 140
新労災・通災ハンドブック ………… 122
新 労災保険の用語の解説 …………… 139

【す】

水難救助ハンドブック ……………… 193
数字でツカめ生活のリスク 2005 前編 …… 26
数字でみる航空 1993 ……………… 200
数字でみる航空 1994 ……………… 200
数字でみる航空 1995 ……………… 200
数字でみる航空 1996 ……………… 200
数字でみる航空 1999 ……………… 201
数字でみる航空 2001 ……………… 201
数字でみる航空 2003 ……………… 201
数字でみる航空 2005 ……………… 201
数字でみる航空 2006 ……………… 201
数字でみる航空 2007 ……………… 201
数字でみる航空 2008 ……………… 201
数字でみる航空 2009 ……………… 201
数字でみる航空 2010 ……………… 201
数字でみる航空 2011 ……………… 201
数字でみる航空 2012 ……………… 201
数字でみる航空 2013 ……………… 201
数字でみる航空 2014 ……………… 201
数字でみる自動車 平成3年版 ………… 187
数字でみる自動車 平成5年版 ………… 187
数字でみる自動車 平成6年版 ………… 187
数字でみる自動車 平成7年版 ………… 188
数字でみる自動車 平成8年版 ………… 188
数字でみる自動車 平成10年版 ……… 188
数字でみる自動車 平成11年版 ……… 188
数字でみる自動車 平成12年版 ……… 188
数字でみる自動車 平成13年版 ……… 188
数字でみる自動車 平成14年版 ……… 188
数字でみる自動車 平成15年版 ……… 188
数字でみる自動車 平成16年版 ……… 188
数字でみる自動車 平成18年版 ……… 189
数字でみる自動車 平成19年版 ……… 189
数字でみる自動車 平成20年版 ……… 189
数字でみる自動車 平成21年版 ……… 189
数字でみる自動車 平成22年版 ……… 189
数字でみる自動車 平成24年版 ……… 189
数字でみる自動車 平成25年版 ……… 189

数字でみる自動車 平成26年版 ……… 189
図解危険物施設基準の早わかり 1 10訂
…………………………………… 164
図解消防救助技術の基本 …………… 207
図説交通安全 平成10年版 …………… 183
図説交通安全 平成11年版 …………… 183
図でみる運輸白書 平成7年度 ………… 14
スポーツ事故ハンドブック ………… 94
スポーツにおける紛争と事故 ………… 94
住まいと暮らしのデータブック 2004年
版 …………………………………… 203

【せ】

製造物責任 …………………………… 113
製造物責任ハンドブック …………… 113
政府開発援助（ODA）白書 2012年版 …… 84
政府事故調 中間・最終報告書 ……… 103
世界災害史事典 1945-2009 ……………… 5
世界地図で読む環境破壊と再生 …… 63, 96
世界の火山図鑑 …………………………… 90
世界の火山百科図鑑 ………………… 90
積算ポケット手帳 防犯・防災ハンドブック
…………………………………… 26
石綿取扱い作業ハンドブック ……… 137
絶対に知っておきたい! 震災時の法律相
談 …………………………………… 87
ゼロ災運動推進者ハンドブック 2002 …… 159
ゼロ災運動推進者ハンドブック 第2版 … 159
1995年阪神・淡路大震災調査報告 1 …… 80
1995年兵庫県南部地震災害調査速報 英
訳版 …………………………… 84
1994年海上人命安全条約 …………… 197
1994年ノースリッジ地震災害調査報告
書 …………………………………… 85
1994年北海道東方沖地震災害調査報告・
1994年三陸はるか沖地震災害調査報
告 …………………………………… 75
全国77都市の地盤と災害ハンドブック …… 34
全国消防便覧 平成3年度版 ………… 205
全国消防便覧 平成9年度版 ………… 205
全国消防便覧 平成13年度版 ………… 205
全国消防便覧 平成15年度版 ………… 206
全国消防便覧 平成17年度版 ………… 206
全国消防便覧 平成19年度版 ………… 206
全国消防便覧 平成21年度版 ………… 206
全国消防便覧 平成23年度版 ………… 206
全国消防便覧 平成25年度版 ………… 206

せんこ　　　　書名索引

全国消防防災航空隊資料集 2008年度 ････ 206
全国農村サミット 2009 ･･････････････ 60
戦後史大事典 ･･････････････････････ 7
全訂 消防団員実務必携 6版 ･･･････････ 207

【し】

全訂 消防団員実務必携 7版 ･････････････ 207

【せ】

全訂 消防団員実務必携 9版 ･････････････ 207
全訂 消防団員実務必携 10版 ･････････････ 207
船舶からの大気汚染防止関係法令及び関
　係条約 ･････････････････････････ 96

【そ】

送検事例と労働災害 平成元年版 ･･･････ 124
送検事例と労働災害 平成3年版 ･･･････ 124
送検事例と労働災害 平成4年版 ･･･････ 125
送検事例と労働災害 平成5年版 ･･･････ 125
送検事例と労働災害 平成6年版 ･･･････ 125
送検事例と労働災害 平成7年版 ･･･････ 125
送検事例と労働災害 平成8年版 ･･･････ 125
送検事例と労働災害 平成9年版 ･･･････ 125
送検事例と労働災害 平成10年版 ･･････ 125
送検事例と労働災害 平成11年版 ･･････ 125
送検事例と労働災害 平成12年版 ･･････ 125
送検事例と労働災害 平成13年版 ･･････ 125
送検事例と労働災害 平成14年版 ･･････ 126
送検事例と労働災害 平成15年版 ･･････ 126
送検事例と労働災害 平成16年版 ･･････ 126
送検事例と労働災害 平成17年版 ･･････ 126
送検事例と労働災害 平成18年版 ･･････ 126
送検事例と労働災害 平成19年版 ･･････ 126
送検事例と労働災害 平成20年版 ･･････ 127
送検事例と労働災害 平成21年版 ･･････ 127
送検事例と労働災害 平成22年版 ･･････ 127
送検事例と労働災害 平成23年版 ･･････ 127
送検事例と労働災害 平成24年版第1集 ･･････ 127
続編 電気設備事故事例集 ････････････ 138

【た】

大規模災害における緊急消防援助隊ハン
　ドブック 4訂版 ････････････････ 11
体系労災保険判例総覧 第4集 新訂版 ･･･ 142
体系労災保険判例総覧 第5集 新訂 ････ 142
体系労災保険判例総覧 第6集 新訂 ････ 142
体系労災保険判例総覧 新訂版 ･･･････ 142
大災害に備える! お金の危機管理ハンド
　ブック ･･･････････････････････ 27
第3次産業に属する特定業種の安全衛生
　管理の実態 ･･･････････････････ 149
耐震構造設計ハンドブック ･･･････････ 89
大震災が遺したもの ･･････････････ 83
大震災と子どもの貧困白書 ･･･････････ 75
大震災と日本の法政策 ･･･････････ 73
大都市直下型震災時における被災地域住
　民行動実態調査 ･･･････････････ 87
台風・気象災害全史 ･･･････････ 66, 69
太陽光発電システム火災と消防活動にお
　ける安全対策 ･･･････････････ 203
脱原発年鑑 96 ･･･････････････････ 112
脱原発年鑑 97 ･･･････････････････ 112

【ち】

地域の経済 2011 ･････････････････ 74
地域の経済 2012 ･････････････････ 76
地域防災とまちづくり 増補改訂版 ････ 34
地球温暖化図鑑 ･･･････････････････ 64
地球温暖化の事典 ･･･････････････ 63
地球環境工学ハンドブック ･･･････ 57, 96
地球環境情報 1990 ･･･････････････ 95
地球環境情報 1992 ･･･････････････ 95
地球環境情報 1994 ･･･････････････ 95
地球環境情報 1996 ･･･････････････ 95
地球環境情報 1998 ･･･････････････ 95
地球環境大事典 〔特装版〕 ･･････････ 54
地球環境年表 2003 ･･･････････････ 56
地球・自然環境の本全情報 45-92 ･･･････ 54
地球・自然環境の本全情報 1993-1998 ･･･ 54
地球・自然環境の本全情報 1999-2003 ･･･ 55
地球・自然環境の本全情報 2004-2010 ･･･ 55
地球と気象 ･･･････････････････････ 58

234　事故・災害レファレンスブック

書名索引　　てつと

逐条解説 消防組織法 第3版 ……………… 212
逐条解説 消防法 第2版 ………………… 212
逐条解説 消防法 第4版 ………………… 212
逐条解説 消防法 第5版 ………………… 212
地図でみる東日本の古代 ……………… 9
地方自治便覧 1993 ……………………… 216
地方自治便覧 1998 ……………………… 216
地方自治便覧 2000年 …………………… 216
注解 消防関係法規集 1990年新版 …… 213
注解 消防関係法規集 11年版 ………… 213
注解 消防関係法規集 11年新版（11.3.1
　現在） …………………………………… 213
注解 消防関係法規集 12年版 ………… 213
注解 消防関係法規集 2000年版 ……… 213
注解 消防関係法規集 2000年新版 …… 213
注解 消防関係法規集 2001年版 ……… 213
注解 消防関係法規集 2001年新版 …… 213
注解 消防関係法規集 2002年版 ……… 214
注解 消防関係法規集 2002年新版 …… 214
注解 消防関係法規集 2003年新版 …… 214
注解 消防関係法規集 2004年新版 …… 214
注解 消防関係法規集 2005年版 ……… 214
注解 消防関係法規集 2005年新版 …… 214
注解 消防関係法規集 2006年新版 …… 214
注解 消防関係法規集 2007年版 ……… 215
注解 消防関係法規集 2007年新版 …… 215
注解 消防関係法規集 2007年新版 新版
　…………………………………………… 215
注解 消防関係法規集 2008年版 ……… 215
注解 消防関係法規集 2009年版 ……… 215
注解 消防関係法規集 2010年版 ……… 215
注解 消防関係法規集 2011年版 ……… 215
注解 消防関係法規集 2012年版 ……… 215
注解 消防関係法規集 2013年版 ……… 216
注解 消防関係法規集 2014年版 ……… 216
注解 消防関係法規集 2015年版 ……… 216
中国災害史年表 ………………………… 5
中毒ハンドブック ……………………… 161
中部圏建設計画 平成13年度〜17年度 …… 34
地理学関係書誌の書誌 ………………… 55
地理学文献目録 第9集（1987〜1991）…… 55
地理学文献目録 第10集（1992〜1996）
　…………………………………………… 55
地理学文献目録 第11集 ……………… 55
地理学文献目録 第12集 ……………… 55

【つ】

津波堆積物調査・評価に関する手引き …… 86
津波の事典 縮刷版 ……………………… 85
津波防災地域づくり法ハンドブック …… 90

【て】

データしずおか '96 …………………… 79
データでみる県勢 1999年版 第8版 …… 2
データでみる県勢 2000年版 第9版 …… 3
データでみる県勢 2001年版 第10版 …… 3
データでみる県勢 2002年版 第11版 …… 3
データでみる県勢 2003年版 第12版 …… 3
データでみる県勢 2004年版 第13版 …… 3
データでみる県勢 2005年版 第14版 …… 3
データでみる県勢 2006年版 第15版 …… 4
データでみる県勢 2007年版 第16版 …… 4
データでみる県勢 2008年版 第17版 …… 4
データブック国際労働比較 1999 ……… 130
データブック国際労働比較 2000 ……… 130
データブック国際労働比較 2001年版 …… 130
データブック国際労働比較 2002年版 …… 131
データブック国際労働比較 2003年版 …… 131
データブック国際労働比較 2004年版 …… 131
データブック国際労働比較 2005年版 …… 131
データブック国際労働比較 2006年版 …… 131
データブック国際労働比較 2007年版 …… 131
データブック国際労働比較 2008年版 …… 131
データブック国際労働比較 2009年版 …… 132
データブック国際労働比較 2010年版 …… 132
データブック国際労働比較 2011年版 …… 132
データブック国際労働比較 2012年版 …… 132
データブック国際労働比較 2013年版 …… 132
鉄道人身事故データブック2002‐2009 …… 191
鉄道統計年報 昭和63年度 …………… 191
鉄道統計年報 平成元年度 …………… 191
鉄道統計年報 平成2年度 …………… 191
鉄道統計年報 平成3年度 …………… 191
鉄道統計年報 平成4年度 …………… 191
鉄道統計年報 平成5年度 …………… 191
鉄道統計年報 平成6年度 …………… 191
鉄道統計年報 平成8年度 …………… 192
鉄道統計年報 平成9年度 …………… 192

事故・災害レファレンスブック　235

てつと　　書名索引

鉄道統計年報 平成11年度 ……………… 192
鉄道統計年報 平成12年度 ……………… 192
鉄道統計年報 平成13年度 ……………… 192
鉄道統計年報 平成14年度 ……………… 192
鉄道統計年報 平成15年度 ……………… 192
鉄道統計年報 平成16年度 ……………… 192
鉄道統計年報 平成17年度 ……………… 192
鉄道統計年報 平成18年度 ……………… 192
鉄道統計年報 平成19年度 ……………… 192
鉄道統計年報 平成20年度 ……………… 192
鉄道統計年報 平成22年度 ……………… 192
電力エネルギーまるごと! 時事用語事典
　　2012年版 …………………………… 102

【と】

東海地震についての県民意識調査 平成
　　25年度 ………………………………… 79
東京都足立区 …………………………… 35
東京都荒川区 …………………………… 35
東京都板橋区 …………………………… 35
東京都江戸川区 ………………………… 35
東京都大田区 …………………………… 35
東京都葛飾区 …………………………… 36
東京都北区 ……………………………… 36
東京都江東区 …………………………… 36
東京都品川区 …………………………… 36
東京都渋谷区 …………………………… 36
東京都新宿区 …………………………… 36
東京都杉並区 …………………………… 36
東京都墨田区 …………………………… 37
東京都世田谷区 ………………………… 37
東京都台東区 …………………………… 37
東京都中央区 …………………………… 37
東京都千代田区 ………………………… 37
東京都統計年鑑 第42回（平成2年） …… 217
東京都統計年鑑 第49回（平成9年） …… 217
東京都統計年鑑 第50回（平成10年） …… 217
東京都統計年鑑 第51回（平成11年） …… 217
東京都豊島区 …………………………… 37
東京都中野区 …………………………… 37
東京都練馬区 …………………………… 38
東京都文京区 …………………………… 38
東京都港区 ……………………………… 38
東京都目黒区 …………………………… 38
統計図表レファレンス事典 事故・災害 …… 1
統計と地図でみる東日本大震災被災市町

村のすがた ……………………………… 76
道路管理瑕疵判例ハンドブック ……… 173
道路管理瑕疵判例ハンドブック 改訂版 ‥ 173
道路管理瑕疵判例ハンドブック 第2次改
　　訂版 …………………………………… 173
道路震災対策便覧 震災危機管理編 …… 14
道路震災対策便覧 震後対策編 ………… 13
道路震災対策便覧 震前対策編 改訂版 … 13
道路震災対策便覧 震災復旧編 改訂版 … 13
読書案内「昭和」を知る本 2 …………… 4
読書案内「戦国」を知る本 2 …………… 4
読書案内 続・大事件を知る本 ………… 4
読書案内 大事件を知る本 ……………… 5
特定化学物質障害予防規則の解説 第15
　　版 ……………………………………… 164
毒物・劇物 7訂 ………………………… 161
毒物・劇物取扱の手引 改訂新版 ……… 161
都市再開発・防災実務必携 平成10年版 ‥ 35
都市防災実務ハンドブック …………… 90
都市防災実務ハンドブック 震災に強い都
　　市づくり・地区まちづくりの手引 改
　　訂 ……………………………………… 34
土砂災害から命を守る ………………… 73
都市ライフラインハンドブック ……… 35
利根川荒川事典 ………………………… 70

【な】

長野の大地 ……………………………… 79
雪崩ハンドブック ……………………… 72

【に】

にげましょう 特別版 ………………… 27
20世紀の日本の気候 …………………… 69
2000年海上人命安全条約 ……………… 197
2008年海上人命安全条約附属コード集 … 198
2004年10月23日新潟県中越地震災害調査
　　報告 …………………………………… 79
日本医療史事典 ………………………… 167
日本河川水質年鑑 1989 ………………… 98
日本河川水質年鑑 1990 ………………… 99
日本河川水質年鑑 1991 ………………… 99
日本河川水質年鑑 1992 ………………… 99
日本河川水質年鑑 1993 ………………… 99

書名索引　　はけん

日本河川水質年鑑 1995 ・・・・・・・・・・・・・・・ 99
日本河川水質年鑑 1996 ・・・・・・・・・・・・・・・ 99
日本河川水質年鑑 1997 ・・・・・・・・・・・・・・・ 100
日本河川水質年鑑 1998 ・・・・・・・・・・・・・・・ 100
日本活火山総覧 第2版 ・・・・・・・・・・・・・・・ 91
日本交通史事典 1868-2009 ・・・・・・・・・・・・・・・ 169
日本災害史事典 1868-2009 ・・・・・・・・・・・・・・・ 5
日本災害資料集 火災編第1巻 ・・・・・・・・・・ 216
日本災害資料集 火災編第2巻 ・・・・・・・ 78, 216
日本災害資料集 火災編第3巻 ・・・・・・・・・・ 216
日本災害資料集 火災編第4巻 ・・・・・・・・・・ 216
日本災害資料集 火災編第5巻 ・・・・・・・・・・ 88
日本災害資料集 火災編第6巻 ・・・・・・・・・・ 202
日本災害資料集 気象災害編第1巻 ・・・・・・・ 66
日本災害資料集 気象災害編第2巻　第1
　巻 ・・・・・・・・・・・・・・・・・・・・・・・・・・・・・・・・・ 66
日本災害資料集 気象災害編第3巻　第2
　巻 ・・・・・・・・・・・・・・・・・・・・・・・・・・・・・・・・・ 66
日本災害資料集 気象災害編第4巻　第3
　巻、第4巻 ・・・・・・・・・・・・・・・・・・・・・・・・ 66
日本災害資料集 気象災害編第5巻　第6
　巻 ・・・・・・・・・・・・・・・・・・・・・・・・・・・・・・・・・ 66
日本災害資料集 地震編第1巻 ・・・・・・・・・・ 79
日本災害資料集 地震編第2巻 ・・・・・・・・・・ 76
日本災害資料集 地震編第3巻 ・・・・・・・・・・ 84
日本災害資料集 地震編第4巻 ・・・・・・・・・・ 79
日本災害資料集 地震編第5巻 ・・・・・・・・・・ 80
日本災害資料集 地震編第6巻 ・・・・・・・・・・ 75
日本災害資料集 地震編第7巻 ・・・・・・・・・・ 73
日本災害資料集 地震編第8巻 ・・・・・・・・・・ 78
日本災害資料集 地震編第9巻 ・・・・・・・・・・ 80
日本災害資料集 地震編第10巻 ・・・・・・・・・ 76
日本災害資料集 地震編第11巻 ・・・・・・・・・ 79
日本災害資料集 地震編第12巻 ・・・・・・・・・ 75
日本災害資料集 水害編第1巻 ・・・・・・・・・・ 70
日本災害資料集 水害編第2巻 ・・・・・・・・・・ 70
日本災害資料集 水害編第3巻 ・・・・・・・・・・ 70
日本災害資料集 水害編第4巻 ・・・・・・・・・・ 70
日本災害資料集 水害編第5巻 ・・・・・・・・・・ 70
日本災害資料集 水害編第6巻 ・・・・・・・・・・ 70
日本災害資料集 水害編第7巻 ・・・・・・・・・・ 70
日本災変通志 ・・・・・・・・・・・・・・・・・・・・・・・・・ 5
日本新聞年鑑 2012 ・・・・・・・・・・・・・・・・・・ 15
日本中世気象災害史年表稿 ・・・・・・・・・・・・ 65
日本の地震活動 第1版追補版 ・・・・・・・・・ 86
日本の水資源 平成7年版 ・・・・・・・・・・・・・ 65
日本の水資源 平成17年版 ・・・・・・・・・・・・ 65
日本の水資源 平成23年版 ・・・・・・・・・・・・ 65
日本被害地震総覧 ・・・・・・・・・・・・・・・・・・・ 74
日本被害津波総覧 第2版 ・・・・・・・・・・・・・ 74

日本歴史災害事典 ・・・・・・・・・・・・・・・・・・・・ 7
日本労働年鑑 第62集（1992年版） ・・・・・・ 127
日本労働年鑑 第73集（2003年版） ・・・・・・ 166
日本労働年鑑 第76集（2006年版） ・・ 127, 191
日本労働年鑑 第77集／2007年版 ・・・・・・ 127
日本労働年鑑 第82集（2012年版） ・・・・・・ 128
ニュービジネス白書 2010／2011年版 ・・・・ 112

【ね】

年表昭和・平成史 ・・・・・・・・・・・・・・・・・・・・・ 6

【の】

農作物災害種類別被害統計 平成元年 ・・・・・ 60
農作物災害種類別被害統計 平成7年 ・・・・・ 60
農作物災害種類別被害統計 平成12年 ・・・・・ 60
農作物災害種類別被害統計 平成13年 ・・・・・ 61
農作物災害種類別被害統計 平成14年 ・・・・・ 61
農作物災害種類別被害統計 平成15年 ・・・・・ 61
農作物災害種類別被害統計 平成16年 ・・・・・ 61
農作物災害種類別被害統計 平成17年 ・・・・・ 61
農作物災害種類別被害統計 平成18年 ・・・・・ 61
農作物災害種類別被害統計 平成19年 ・・・・・ 62
農作物災害種類別被害統計 平成20年 ・・・・・ 62
農作物災害種類別被害統計 平成21年 ・・・・・ 62
農作物災害種類別被害統計 平成22年 ・・・・・ 62
農作物災害種類別被害統計 平成23年 ・・・・・ 62
農作物災害種類別被害統計 平成24年　第2 ・・・・・ 62
脳・心臓疾患の災害補償判例総覧 第2
　集 ・・・・・・・・・・・・・・・・・・・・・・・・・・・・・・・・ 142
脳・心臓疾患の災害補償判例総覧 第3
　集 ・・・・・・・・・・・・・・・・・・・・・・・・・・・・・・・・ 142
脳・心臓疾患の災害補償判例総覧 第4
　集 ・・・・・・・・・・・・・・・・・・・・・・・・・・・・・・・・ 143
農林水産業災害六法 平成15年版 ・・・・・・・・・・ 60

【は】

廃棄物処理法令・通知集 平成25年版 ・・・・・ 77
廃石綿等処理マニュアル ・・・・・・・・・・・・・・・ 137
派遣・請負の労務と安全衛生 改訂版 第
　2版 ・・・・・・・・・・・・・・・・・・・・・・・・・・・・・・ 146

事故・災害レファレンスブック　237

はたら　　　　　　　書名索引

働くもののメンタルヘルス ‥‥‥‥‥ 122
発達科学ハンドブック 7 ‥‥‥‥‥‥‥ 2
発達障害児者の防災ハンドブック ‥‥‥ 16
発達障害年鑑 VOL.4 ‥‥‥‥‥‥‥‥ 16
発達障害白書 2013年版 ‥‥‥‥‥‥‥ 16
早わかり危険物関係法令集 ‥‥‥‥‥ 165
針刺し事故防止ハンドブック ‥‥‥‥ 169
パワハラにあったときどうすればいいか
　わかる本 ‥‥‥‥‥‥‥‥‥‥‥‥ 122
阪神・淡路大震災関連文献目録 1995 -
　2000 ‥‥‥‥‥‥‥‥‥‥‥‥‥‥ 80
阪神・淡路大震災人権白書 ‥‥‥‥‥ 84
阪神・淡路大震災調査報告 ‥‥‥ 81, 80
阪神・淡路大震災調査報告 機械編 ‥‥ 81
阪神・淡路大震災調査報告 共通編 1 ‥‥ 81
阪神・淡路大震災調査報告 共通編 2 ‥‥ 81
阪神・淡路大震災調査報告 共通編 3 ‥‥ 81
阪神・淡路大震災調査報告 建築編 1 ‥‥ 81
阪神・淡路大震災調査報告 建築編 2 ‥‥ 81
阪神・淡路大震災調査報告 建築編 3 ‥‥ 81
阪神・淡路大震災調査報告 建築編 4 ‥‥ 81
阪神・淡路大震災調査報告 建築編 5 ‥‥ 82
阪神・淡路大震災調査報告 建築編 6 ‥‥ 82
阪神・淡路大震災調査報告 建築編 7 ‥‥ 82
阪神・淡路大震災調査報告 建築編 8 ‥‥ 82
阪神・淡路大震災調査報告 建築編 9 ‥‥ 82
阪神・淡路大震災調査報告 建築編 10 ‥‥ 82
阪神・淡路大震災調査報告 土木・地盤
　1 ‥‥‥‥‥‥‥‥‥‥‥‥‥‥‥ 82
阪神・淡路大震災調査報告 土木・地盤
　2 ‥‥‥‥‥‥‥‥‥‥‥‥‥‥‥ 82
阪神・淡路大震災調査報告 土木・地盤
　3 ‥‥‥‥‥‥‥‥‥‥‥‥‥‥‥ 82
阪神・淡路大震災調査報告 土木・地盤
　4 ‥‥‥‥‥‥‥‥‥‥‥‥‥‥‥ 82
阪神・淡路大震災調査報告 土木・地盤
　5 ‥‥‥‥‥‥‥‥‥‥‥‥‥‥‥ 82
阪神・淡路大震災調査報告 土木・地盤
　7 ‥‥‥‥‥‥‥‥‥‥‥‥‥‥‥ 82
阪神・淡路大震災調査報告 土木・地盤
　8 ‥‥‥‥‥‥‥‥‥‥‥‥‥‥‥ 82
阪神・淡路大震災調査報告 土木・地盤
　9 ‥‥‥‥‥‥‥‥‥‥‥‥‥‥‥ 82
阪神・淡路大震災調査報告 土木・地盤
　12 ‥‥‥‥‥‥‥‥‥‥‥‥‥‥‥ 83
阪神・淡路大震災調査報告書 解説編 ‥‥‥ 80
阪神・淡路大震災調査報告書 資料編 vol.
　1 ‥‥‥‥‥‥‥‥‥‥‥‥‥‥‥ 80
阪神・淡路大震災調査報告書 資料編 vol.
　2 ‥‥‥‥‥‥‥‥‥‥‥‥‥‥‥ 80
阪神・淡路大震災調査報告書 資料編 vol.
　3 ‥‥‥‥‥‥‥‥‥‥‥‥‥‥‥ 80

阪神・淡路大震災調査報告書 資料編 vol.
　4 ‥‥‥‥‥‥‥‥‥‥‥‥‥‥‥ 80
阪神・淡路大震災調査報告書 ‥‥‥‥‥ 80
阪神・淡路大震災復興誌 ‥‥‥‥‥‥‥ 83

【ひ】

東日本大震災の復興 ‥‥‥‥‥‥‥‥‥ 76
東日本大震災復興支援地図 ‥‥‥‥‥‥ 77
被災生活ハンドブック ‥‥‥‥‥‥‥‥ 17
ビジュアルデータ 図で見る交通事故統
　計 平成7年版 ‥‥‥‥‥‥‥‥‥ 189
ビジュアルデータ 図で見る交通事故統
　計 平成8年版 ‥‥‥‥‥‥‥‥‥ 189
ビジュアルデータ 図で見る交通事故統
　計 平成9年版 ‥‥‥‥‥‥‥‥‥ 190
ビジュアルデータ 図で見る交通事故統
　計 平成10年版 ‥‥‥‥‥‥‥‥‥ 190
ビジュアルデータ 図で見る交通事故統
　計 平成11年版 ‥‥‥‥‥‥‥‥‥ 190
ビジュアルデータ 図で見る交通事故統
　計 平成12年版 ‥‥‥‥‥‥‥‥‥ 190
ビジュアルデータ 図で見る交通事故統
　計 平成13年版 ‥‥‥‥‥‥‥‥‥ 190
ビジュアルデータ 図で見る交通事故統
　計 平成14年版 ‥‥‥‥‥‥‥‥‥ 190
ビジュアルデータ 図で見る交通事故統
　計 平成15年版 ‥‥‥‥‥‥‥‥‥ 190
ビジュアルデータ 図で見る交通事故統
　計 平成16年版 ‥‥‥‥‥‥‥‥‥ 190
ビジュアルデータ 図で見る交通事故統
　計 2006 ‥‥‥‥‥‥‥‥‥‥‥‥ 190
ビジュアルデータ 図で見る交通事故統
　計 2007 ‥‥‥‥‥‥‥‥‥‥‥‥ 191
ビジュアル博物館 第38巻 ‥‥‥‥‥‥ 91
ビジュアル博物館 第85巻 ‥‥‥‥‥‥ 12
必携―NBCテロ対処ハンドブック ‥‥ 94
必携 救急・災害ハンドブック ‥‥‥‥ 11
一目でわかる消防防火対象物用途判定早
　わかり 2訂版 ‥‥‥‥‥‥‥‥‥ 203
一目でわかる消防防火対象物用途判定早
　わかり 3訂版 ‥‥‥‥‥‥‥‥‥ 203
ひと目でわかる地球環境データブック ‥ 57, 97
一目でわかる予防実務 2訂版 ‥‥‥‥ 204
一人暮らしの地震対策ハンドブック ‥‥ 90
『避難所』から『被災者支援拠点』へ ‥ 10
病院・施設の防災 "実戦" ハンドブック ‥ 32
病院のBCP ‥‥‥‥‥‥‥‥‥‥‥‥ 32
病院の見えないリスクに「気づく」方

書名索引　　ほこく

法 ……………………………… 32
兵庫県の気象 …………………… 66

【ふ】

復興まちづくり実践ハンドブック ……… 17
文教施設災害実務ハンドブック 第二次
　改訂版 ……………………………… 32

【へ】

平成災害史事典 平成元年～平成10年 …… 8
平成災害史事典 平成11年～平成15年 …… 8
平成災害史事典 平成16年～平成20年 …… 8
平成災害史事典 平成21年～平成25年 …… 8
弁護士白書 2012年版 ………………… 112

【ほ】

保育所・幼稚園等南海トラフ地震対策事
　例集 ………………………………… 33, 90
防炎用語ハンドブック ………………… 203
防火・防災管理の実務 増補改訂版 …… 203
防火・防災管理の知識 改訂版 ………… 28
防火管理者・防災管理者の役割と仕事 … 28
防火管理六法 平成19年新版 ………… 204
防火管理六法 平成19年新版 2版 ……… 204
防火管理六法 平成20年新版 ………… 204
防火管理六法 平成20年新版 2版 ……… 204
防火管理六法 平成21年新版 ………… 204
防火管理六法 平成21年新版 2版 ……… 204
防火管理六法 平成24年新版 ………… 204
防災アドレス帳 '96 …………………… 20
防災学ハンドブック …………………… 20
防災・危機管理六法 平成13年版 ……… 51
防災・危機管理六法 平成15年版 ……… 51
防災・危機管理六法 平成17年版 ……… 51
防災・危機管理六法 平成18年版 ……… 51
防災・危機管理六法 平成20年版 ……… 51
防災基本計画 平成14年4月 …………… 20
防災公園 計画・設計ガイドライン …… 20
防災事典 ……………………………… 19
防災・震災管理ハンドブック ………… 21

防災手帳 2012 ………………………… 21
防災白書 平成2年度版 ………………… 21
防災白書 平成3年版 …………………… 21
防災白書 平成4年版 …………………… 21
防災白書 平成5年版 …………………… 21
防災白書 平成6年版 …………………… 21
防災白書 平成7年版 …………………… 22
防災白書 平成8年版 …………………… 22
防災白書 平成9年版 …………………… 22
防災白書 平成10年版 ………………… 22
防災白書 平成11年版 ………………… 22
防災白書 平成12年版 ………………… 22
防災白書 平成13年版 ………………… 22
防災白書 平成14年版 ………………… 23
防災白書 平成15年版 ………………… 23
防災白書 平成16年版 ………………… 23
防災白書 平成17年版 ………………… 23
防災白書 平成18年版 ………………… 23
防災白書 平成19年版 ………………… 23
防災白書 平成20年版 ………………… 23
防災白書 平成21年版 ………………… 23
防災白書 平成22年版 ………………… 23
防災白書 平成23年版 ………………… 24
防災白書 平成24年版 ………………… 24
防災白書 平成25年版 ………………… 24
防災白書のあらまし 平成2年版 ……… 24
防災白書のあらまし 平成3年版 ……… 24
防災白書のあらまし 平成4年版 ……… 24
防災白書のあらまし 平成5年版 ……… 24
防災白書のあらまし 平成6年版 ……… 24
防災白書のあらまし 平成7年版 ……… 24
防災白書のあらまし 平成8年版 ……… 25
防災白書のあらまし 平成9年版 ……… 25
防災白書のあらまし 平成10年版 …… 25
防災白書のあらまし 平成11年版 …… 25
防災白書のあらまし 平成12年版 …… 25
防災白書のあらまし 平成13年版 …… 25
防災白書のあらまし 平成14年版 …… 25
防災ピクニックが子どもを守る! …… 27
防災六法 平成3年版 …………………… 51
防災六法 平成5年版 …………………… 51
防災六法 平成8年版 …………………… 51
防災六法 平成14年版 ………………… 51
防災六法 平成18年版 ………………… 51
放射性物質等の輸送法令集 2002年度版
　…………………………………………… 104
法人税法令集 8年度版 ………………… 19
防犯・防災関係データ集 2006 ………… 25
保護具ハンドブック …………………… 159

事故・災害レファレンスブック　239

ほこく　　　　　書名索引

保護具ハンドブック　第3版 ……………… 159
北海道開発レポート　2000 ……………… 91
北海道駒ヶ岳噴火史料集 ……………… 92
ボランティアコーディネーター白書 2010-
　　2012年版 ……………… 18
ボランティア白書 2009 ……………… 18

【ま】

ママのための防災ハンドブック ……… 27
まんがで読む防衛白書 平成22年版 …… 85

【み】

身の回りの危険と安全への対応 ……… 113
民生委員のための地域福祉活動実践ハン
　　ドブック ……………… 16
みんなで進める!職場改善ブック ……… 160

【め】

明説 労災保険法 新訂版 ……………… 143

【も】

モバイル・コミュニケーション 2012 -
　　13 ……………… 15

【や】

やさしい気象教室 ……………… 63

【ゆ】

雪と氷の事典 ……………… 72
ユニバーサルプレコーション実践マニュ
　　アル ……………… 169

【よ】

用途別防火（防災）管理&消防用設備等早
　　見集 ……………… 204
要約交通事故判例140 ……………… 182
よくわかるガソリンスタンドの消防基
　　準 ……………… 204
予防消防六法 平成18年度版 ………… 216
4コマですぐわかるみんなの防災ハンド
　　ブック ……………… 27

【ら】

ラテンアメリカレポート　Vol.29No.2 …… 85

【り】

理科年表 平成24年 机上版 …………… 57
リスク学事典 ……………… 1
リスク学事典 増補改訂版 ……………… 2

【れ】

レスキュー・ハンドブック ……………… 11
レスキュー・ハンドブック 新版 ……… 11

【ろ】

労災医療ガイドブック ……………… 165
労災医療ガイドブック 改訂2版 ……… 165
労災医療ガイドブック 改訂4版 ……… 166
労災指定医療機関便覧 平成2年版 …… 165
労災職業病民事賠償年鑑 1991年版 … 138
労災職業病民事賠償年鑑 1992年版 … 139
労災職業病民事賠償年鑑 1993年版 … 138
労災職業病民事賠償年鑑 1994年版 … 145
労災・通災ハンドブック 改訂新版 …… 123

240　事故・災害レファレンスブック

労災・通災・メンタルヘルスハンドブック ･･････････ 123
労災防止活動推進ハンドブック ･･････････ 166
労災防止活動推進ハンドブック 改訂3版 ･･････････ 166
労災保険 医療費算定実務ハンドブック 平成6年版 ･････････････････････ 140
労災保険 医療費算定実務ハンドブック 平成8年版 ･････････････････････ 166
労災保険 医療費算定実務ハンドブック 平成14年版 ････････････････････ 166
労災保険関係法令集 平成10年版 ･･･････ 143
労災保険関係法令集 平成11年版 ･･･････ 143
労災保険関係法令集 平成13年版 ･･･････ 143
労災保険関係法令集 平成18年版 ･･･････ 143
労災保険関係法令集 平成19年版 ･･･････ 143
労災保険関係法令集 平成20年版 ･･･････ 143
労災保険関係法令集 平成21年版 ･･･････ 143
労災保険関係法令集 平成22年版 ･･･････ 143
労災保険関係法令集 平成23年版 ･･･････ 143
労災保険関係法令集 平成24年度版 ････ 143
労災保険関係法令集 平成25年版 ･･･････ 143
労災保険関係法令集 平成26年版 ･･･････ 144
労災保険雇用保険用語・手続事典 ･･･････ 139
労災保険の給付手続便覧 改訂新版 ･････ 166
労災保険の給付手続便覧 改訂版 ･･･････ 140
労災保険法解釈総覧 ･･･････････････････ 144
労災保険法便覧 改訂版 ･･･････････････ 144
労災保険法便覧 改訂2版 ･････････････ 145
労災保険法便覧 改訂3版 ･････････････ 145
労災保険法便覧 改訂4版 ･････････････ 145
労災保険法便覧 改訂5版 ･････････････ 145
労災保険労働福祉事業要覧 ･････････････ 140
労働安全衛生関係法令集 平成2年度版 ･･･ 152
労働安全衛生関係法令集 平成5年度版 ･･･ 152
労働安全衛生関係法令集 平成6年度版 ･･･ 153
労働安全衛生関係法令集 平成7年度版 ･･･ 153
労働安全衛生関係法令集 平成8年度版 ･･･ 153
労働安全衛生関係法令集 平成9年度版 ･･･ 153
労働安全衛生関係法令集 平成10年度版 ･････････････････････････････ 153
労働安全衛生関係法令集 平成13年度版 ･････････････････････････････ 153
労働安全衛生関係法令集 平成14年度版 ･････････････････････････････ 153
労働安全衛生関係法令集 平成15年度版 ･････････････････････････････ 154
労働安全衛生関係法令集 平成16年度版 ･････････････････････････････ 154
労働安全衛生関係法令集 平成17年度版 ･････････････････････････････ 154

労働安全衛生関係法令集 平成18年度版 ･････････････････････････････ 154
労働安全衛生関係法令集 平成19年度版 ･････････････････････････････ 154
労働安全衛生関係法令集 平成20年度版 ･････････････････････････････ 154
労働安全衛生関係法令集 平成21年度版 ･････････････････････････････ 155
労働安全衛生関係法令集 平成22年度版 ･････････････････････････････ 155
労働安全衛生関係法令集 平成23年度版 ･････････････････････････････ 155
労働安全衛生関係法令集 平成24年度版 ･････････････････････････････ 155
労働安全衛生管理実務便覧 ･････････････ 149
労働安全衛生基本調査 平成7年版 ･･････ 149
労働安全衛生法実務便覧 改訂7版 ･･････ 149
労働安全衛生法実務便覧 改訂8版 ･･････ 149
労働安全衛生法実務便覧 改訂14版 ･････ 150
労働安全衛生法実務便覧 改訂15版 ･････ 150
労働安全衛生法実務便覧 平成4年10月1日現在 ････････････････････ 149
労働安全衛生法実務便覧 平成21年6月1日現在 ････････････････････ 150
労働安全衛生法実務便覧 平成22年6月1日現在 ････････････････････ 150
労働衛生手続便覧 改訂2版 ･･･････････ 150
労働衛生のしおり 平成13年度 ･･･････ 146
労働衛生のしおり 平成15年度 ･･･････ 146
労働衛生のしおり 平成16年度 ･･･････ 146
労働衛生のしおり 平成18年度 ･･･････ 147
労働衛生のしおり 平成19年度 ･･･････ 147
労働衛生のしおり 平成20年度 ･･･････ 147
労働衛生のしおり 平成21年度 ･･･････ 147
労働衛生のしおり 平成22年度 ･･･････ 147
労働衛生のしおり 平成23年度 ･･･････ 147
労働衛生のしおり 平成24年度 ･･･････ 147
労働環境の実態 平成8年 ･･･････････ 149
労働環境の実態 平成13年 ･･･････････ 149
労働関係と社会保障法 ･･･････････････ 123
労働基準法・労働安全衛生法・労災保険法のあらまし 改訂7版 ･･･････ 101
労働基準法・労働安全衛生法・労災保険法のあらまし 改訂12版 ･･････ 101
労働・雇用問題文献目録 1990-2004 ･･･ 119
労働災害が発生したときの企業の対応・手続ハンドブック ･････････････ 140
労働者健康状況調査報告 平成24年 ････ 167
労働者災害補償保険法 6訂新版 ･･･････ 145
労働者災害補償保険法 7訂新版 ･･･････ 145
労働統計年報 第41回（昭和63年） ･･････ 132

ろうと　　　　　　　　　書名索引

労働統計年報　第42回（平成元年）‥‥‥‥ 132
労働統計年報　第43回（平成2年）‥‥‥‥‥ 133
労働統計年報　第44回（平成3年）‥‥‥‥‥ 133
労働統計年報　第45回（平成4年）‥‥‥‥‥ 133
労働統計年報　第46回（平成5年）‥‥‥‥‥ 133
労働統計年報　第47回（平成6年）‥‥‥‥‥ 133
労働統計年報　第48回（平成7年）‥‥‥‥‥ 133
労働統計年報　第49回（平成8年）‥‥‥‥‥ 133
労働統計年報　第50回（平成9年）‥‥‥‥‥ 133
労働統計年報　第51回（平成10年）‥‥‥‥ 133
労働統計年報　第53回（平成12年）‥‥‥‥ 133
労働統計年報　第54回（平成13年）‥‥‥‥ 134
労働統計年報　第56回（平成15年）‥‥‥‥ 134
労働統計年報　第57回（平成16年）‥‥‥‥ 134
労働統計年報　第58回（平成17年）‥‥‥‥ 134
労働統計年報　第59回（平成18年）‥‥‥‥ 134
労働統計年報　第60回（平成19年）‥‥‥‥ 134
労働統計要覧　1990年版 ‥‥‥‥‥‥‥‥ 134
労働統計要覧　1991年版 ‥‥‥‥‥‥‥‥ 134
労働統計要覧　1992年版 ‥‥‥‥‥‥‥‥ 135
労働統計要覧　1993年版 ‥‥‥‥‥‥‥‥ 135
労働統計要覧　1994年版 ‥‥‥‥‥‥‥‥ 135
労働統計要覧　1995 ‥‥‥‥‥‥‥‥‥‥ 135
労働統計要覧　1996 ‥‥‥‥‥‥‥‥‥‥ 135
労働統計要覧　1997 ‥‥‥‥‥‥‥‥‥‥ 135
労働統計要覧　1998 ‥‥‥‥‥‥‥‥‥‥ 135
労働統計要覧　1999年版 ‥‥‥‥‥‥‥‥ 135
労働統計要覧　2000年版 ‥‥‥‥‥‥‥‥ 135
労働統計要覧　平成12年度 ‥‥‥‥‥‥‥ 135
労働統計要覧　平成13年度 ‥‥‥‥‥‥‥ 135
労働統計要覧　平成14年度 ‥‥‥‥‥‥‥ 136
労働統計要覧　平成15年度 ‥‥‥‥‥‥‥ 136
労働統計要覧　平成16年度 ‥‥‥‥‥‥‥ 136
労働統計要覧　平成17年度 ‥‥‥‥‥‥‥ 136
労働統計要覧　平成18年度 ‥‥‥‥‥‥‥ 136
労働統計要覧　平成19年度 ‥‥‥‥‥‥‥ 136
労働統計要覧　平成20年度 ‥‥‥‥‥‥‥ 136
労働統計要覧　平成21年度 ‥‥‥‥‥‥‥ 136
労働統計要覧　平成22年度 ‥‥‥‥‥‥‥ 136
労働統計要覧　平成23年度 ‥‥‥‥‥‥‥ 136
労働統計要覧　平成24年度 ‥‥‥‥‥‥‥ 136
労働判例に見る危機管理対応 ‥‥‥‥‥‥ 87
労働保険徴収関係法令集　平成4年版 ‥‥ 145
労働保険徴収関係法令集　平成24年版 ‥‥ 145
労働保険の手引　平成19年度版 ‥‥‥‥‥ 140

【わ】

我が国における自殺の概要及び自殺対策
　の実施状況　平成25年度 ‥‥‥‥‥‥‥ 49
わかりやすい交通事故 ‥‥‥‥‥‥‥‥‥ 174
わかりやすい交通事故　改訂版 ‥‥‥‥‥ 174

著編者名索引

【あ】

ILO（国際労働事務局）
　国際労働経済統計年鑑 1998年版 第57
　　版 ……………………………… 129
青木 荘太郎
　製造物責任 …………………………… 113
青木 孝
　岩波講座 地球惑星科学 14 …………… 56
青野 允
　災害医学用語事典 …………………… 10
青山 佾
　1億人の防災ハンドブック ………… 25
アクトンファイル制作委員会
　アクトンファイル 98 ……………… 94
　アクトンファイル 99 ……………… 94
浅井 利夫
　子どもの救急大事典 ………………… 29
朝倉 正
　新版 気象ハンドブック …………… 63
浅野 孝
　岩波講座 地球環境学 7 …………… 70
アシトチエ・プレス
　自然災害ハンドブック ……………… 57
　自然災害ハンドブック 新版 ……… 59
アスベスト問題研究会
　アスベスト対策ハンドブック …… 137
安達 宏之
　社会福祉に関する法とその展開 ……… 49
阿部 勝征
　岩波講座 地球惑星科学 14 ………… 56
新井 英靖
　発達障害児者の防災ハンドブック … 16
荒井 正児
　震災法務Q&A ……………………… 87
荒牧 重雄
　火山の事典 …………………………… 91
　火山の事典 第2版 ………………… 91
安全・安心まちづくり研究会
　安全・安心まちづくりハンドブック 防
　　犯まちづくり編 ………………… 34
安全工学協会
　新安全工学便覧 新版 ……………… 94

【い】

飯島 伸子
　公害・労災・職業病年表 新版 ……… 93
飯塚 悦功
　医療の質用語事典 ………………… 167
飯田 憲一
　みんなで進める!職場改善ブック … 160
飯田 修平
　医療の質用語事典 ………………… 167
池内 淳子
　災害に強い病院であるために … 31
池田 正一郎
　日本災変通志 ………………………… 5
池谷 浩
　土砂災害から命を守る ……………… 73
石井 一郎
　環境汚染 …………………………… 96
石井 昇
　災害・健康危機管理ハンドブック … 11
石井 寿
　日本被害地震総覧 ………………… 74
石井 裕介
　震災法務Q&A ……………………… 87
石田 哲朗
　環境汚染 …………………………… 96
石田 芳子
　イラストでわかる消防設備士用語集 … 204
石村 耕治
　大震災と日本の法政策 ……………… 73
いじめ・メンタルヘルス労働者支援センター
　パワハラにあったときどうすればいいか
　　わかる本 ………………………… 122
伊津野 和行
　日本災害資料集 地震編第1巻 ……… 79
　日本災害資料集 地震編第2巻 ……… 76
　日本災害資料集 地震編第3巻 ……… 84
　日本災害資料集 地震編第4巻 ……… 79
　日本災害資料集 地震編第5巻 ……… 80
　日本災害資料集 地震編第6巻 ……… 75
　日本災害資料集 地震編第7巻 ……… 73
　日本災害資料集 地震編第8巻 ……… 78
　日本災害資料集 地震編第9巻 ……… 80

日本災害資料集 地震編第10巻 ……… 76
日本災害資料集 地震編第11巻 ……… 79
日本災害資料集 地震編第12巻 ……… 75
泉 亮
事故の防止に向けた実践ハンドブック
…………………………………… 31
磯部 雅彦
岩波講座 地球環境学 7 ……………… 70
磯村 大
パワハラにあったときどうすればいいか
わかる本 ……………………… 122
井田 喜明
岩波講座 地球惑星科学 14 ………… 56
火山の事典 ……………………………… 91
火山の事典 第2版 …………………… 91
一番ヶ瀬 康子
社会福祉に関する法とその展開 ……… 49
市村 充章
大震災と日本の法政策 ……………… 73
伊藤 喜市
解説 海難審判関係用語集 ………… 193
伊藤 重夫
介護施設と法令遵守 ………………… 168
伊藤 堯
スポーツ事故ハンドブック ………… 94
伊藤 朋之
キーワード 気象の事典 …………… 63
伊藤 正直
世界地図で読む環境破壊と再生 …… 63, 96
今村 隆正
日本被害地震総覧 …………………… 74
今村 文彦
津波の事典 縮刷版 ………………… 85
井村 博宣
地図でみる東日本の古代 …………… 9
入沢 充
スポーツ事故ハンドブック ………… 94
医療経営情報研究所
病院・施設の防災 "実戦" ハンドブック
…………………………………… 32
医療経済研究機構
医療白書 2000年度版 ……………… 168
「医療の安全に関する研究会」安全教育分科会
ユニバーサルプレコーション実践マニュ
アル ……………………………… 169

医療の質用語事典編集委員会
医療の質用語事典 ………………… 167
岩崎 大輔
子どもの安全ハンドブック ………… 26
岩崎 政孝
教育判例ガイド ……………………… 33
インターネット協会
インターネット白書 2011 ………… 15
インデックス
地球環境年表 2003 ………………… 56
インパクト
親子の地震まるごとハンドブック …… 88
インプレスR&Dインターネットメディア総合
研究所
インターネット白書 2011 ………… 15

【う】

ウータン編集部
地球環境大事典 〔特装版〕………… 54
ウォッツ, クレア
ビジュアル博物館 第85巻 ………… 12
鵜飼 卓
災害に強い病院であるために ……… 31
宇佐美 龍夫
最新版 日本被害地震総覧 416-2001 …… 74
日本被害地震総覧 ………………… 74
宇津 徳治
地震の事典 第2版 ………………… 85
地震の事典 第2版 普及版 ………… 85
ウッドワード, ジョン
気象 …………………………………… 64
運輸省運輸政策局環境課
最新 海洋汚染及び海上災害の防止に関
する法律及び関係法令 改訂版 ‥ 98, 197
運輸省運輸政策局環境・海洋課
最新 海洋汚染及び海上災害の防止に関
する法律及び関係法令 平成5年4月現
在 改訂版 …………………… 98, 197
運輸省運輸政策局環境・海洋課海洋室
最新 海洋汚染及び海上災害の防止に関
する法律及び関係法令 改訂版 ‥ 98, 197
運輸省運輸政策局情報管理部
図でみる運輸白書 平成7年度 ……… 14

運輸省海上技術安全局
　1994年海上人命安全条約 ‥‥‥‥‥‥ 197
運輸省航空局
　数字でみる航空 1993 ‥‥‥‥‥‥‥‥ 200
　数字でみる航空 1994 ‥‥‥‥‥‥‥‥ 200
　数字でみる航空 1995 ‥‥‥‥‥‥‥‥ 200
　数字でみる航空 1996 ‥‥‥‥‥‥‥‥ 200
　数字でみる航空 1999 ‥‥‥‥‥‥‥‥ 201
　数字でみる航空 2001 ‥‥‥‥‥‥‥‥ 201
運輸省自動車交通局
　数字でみる自動車 平成5年版 ‥‥‥‥ 187
　数字でみる自動車 平成7年版 ‥‥‥‥ 188
　数字でみる自動車 平成8年版 ‥‥‥‥ 188
　数字でみる自動車 平成10年版 ‥‥‥ 188
　数字でみる自動車 平成11年版 ‥‥‥ 188
　数字でみる自動車 平成12年版 ‥‥‥ 188
運輸省大臣官房国有鉄道改革推進部
　鉄道統計年報 昭和63年度 ‥‥‥‥‥ 191
　鉄道統計年報 平成元年度 ‥‥‥‥‥ 191
運輸省地域交通局
　数字でみる自動車 平成3年版 ‥‥‥‥ 187
　鉄道統計年報 昭和63年度 ‥‥‥‥‥ 191
　鉄道統計年報 平成元年度 ‥‥‥‥‥ 191
運輸省鉄道局
　鉄道統計年報 平成2年度 ‥‥‥‥‥‥ 191
　鉄道統計年報 平成3年度 ‥‥‥‥‥‥ 191
　鉄道統計年報 平成4年度 ‥‥‥‥‥‥ 191
　鉄道統計年報 平成5年度 ‥‥‥‥‥‥ 191
　鉄道統計年報 平成6年度 ‥‥‥‥‥‥ 191
　鉄道統計年報 平成8年度 ‥‥‥‥‥‥ 192
　鉄道統計年報 平成9年度 ‥‥‥‥‥‥ 192

【え】

江沢 和彦
　苦情対応と危機管理体制 ‥‥‥‥‥‥ 31
衛藤 隆
　学校医・学校保健ハンドブック ‥‥‥‥ 30
　最新Q&A 教師のための救急百科 ‥‥‥ 31
衛藤 英達
　統計と地図でみる東日本大震災被災市町
　　村のすがた ‥‥‥‥‥‥‥‥‥‥‥ 76
NHK
　NHK年鑑 2013 ‥‥‥‥‥‥‥‥‥‥ 104
NHK情報ネットワーク
　NHK20世紀日本 大災害の記録 ‥‥‥‥ 6

NHKソフトウェア
　NHK20世紀日本 大災害の記録 ‥‥‥‥ 6
NHK放送文化研究所
　NHK気象・災害ハンドブック ‥‥‥‥ 56
　NHK気象ハンドブック 改訂版 ‥‥‥ 56
　NHK年鑑 2005 ‥‥‥‥‥‥‥‥‥‥ 74
　NHK放送文化研究所年報 2012（No.56）
　‥‥‥‥‥‥‥‥‥‥‥‥‥‥‥ 77, 104
NTTドコモモバイル社会研究所
　モバイル・コミュニケーション 2012 -
　　13 ‥‥‥‥‥‥‥‥‥‥‥‥‥‥‥ 15
NPO法人阪神淡路大震災1.17希望の灯り
　思い刻んで ‥‥‥‥‥‥‥‥‥‥‥ 83
エネルギーフォーラム
　原子力実務六法 2004年版 ‥‥‥‥‥ 103

【お】

大垣 真一郎
　岩波講座 地球環境学 7 ‥‥‥‥‥‥ 70
大木 聖子
　家族で学ぶ地震防災はじめの一歩 ‥‥ 88
大串 夏身
　震災直後ノ市勢統計 ‥‥‥‥‥‥‥‥ 79
大久保 賢治
　岩波講座 地球環境学 7 ‥‥‥‥‥‥ 70
大蔵省印刷局
　海上保安白書のあらまし 平成元年版 ‥ 199
　海上保安白書のあらまし 平成3年版 ‥ 199
　海上保安白書のあらまし 平成4年版 ‥ 199
　海上保安白書のあらまし 平成5年版 ‥ 199
　海上保安白書のあらまし 平成9年版 ‥ 200
　海上保安白書のあらまし 平成10年版
　‥‥‥‥‥‥‥‥‥‥‥‥‥‥‥‥ 200
　海上保安白書のあらまし 平成11年版
　‥‥‥‥‥‥‥‥‥‥‥‥‥‥‥‥ 200
　警察白書のあらまし 平成4年版 ‥‥‥ 42
　警察白書のあらまし 平成5年版 ‥‥‥ 42
　警察白書のあらまし 平成8年版 ‥‥‥ 42
　警察白書のあらまし 平成9年版 ‥‥‥ 42
　警察白書のあらまし 平成10年版 ‥‥ 42
　警察白書のあらまし 平成11年版 ‥‥ 42
　原子力安全白書のあらまし 平成元年版
　‥‥‥‥‥‥‥‥‥‥‥‥‥‥‥‥ 108
　原子力安全白書のあらまし 平成2年版
　‥‥‥‥‥‥‥‥‥‥‥‥‥‥‥‥ 108
　原子力安全白書のあらまし 平成4年版

………………………… 108
　　原子力安全白書のあらまし 平成5年版
　　………………………… 108
　　原子力安全白書のあらまし 平成7年版
　　………………………… 109
　　原子力安全白書のあらまし 平成9年版
　　………………………… 109
　　原子力安全白書のあらまし 平成10年版
　　………………………… 109
　　原子力安全白書のあらまし 平成11年版
　　………………………… 109
　　交通安全白書のあらまし 平成2年版 172
　　交通安全白書のあらまし 平成4年版 ‥ 172
　　交通安全白書のあらまし 平成5年版 ‥ 172
　　交通安全白書のあらまし 平成9年版 ‥ 173
　　交通安全白書のあらまし 平成10年版
　　………………………… 173
　　交通安全白書のあらまし 平成11年版
　　………………………… 173
　　交通安全白書のあらまし 平成12年版
　　………………………… 173
　　消防白書のあらまし 平成2年版 ……… 48
　　消防白書のあらまし 平成3年版 ……… 48
　　消防白書のあらまし 平成4年版 ……… 48
　　消防白書のあらまし 平成5年版 ……… 48
　　消防白書のあらまし 平成8年版 ……… 48
　　消防白書のあらまし 平成9年版 ……… 48
　　消防白書のあらまし 平成10年版 ……… 48
　　消防白書のあらまし 平成11年版 ……… 49
　　防災白書のあらまし 平成2年版 ……… 24
　　防災白書のあらまし 平成4年版 ……… 24
　　防災白書のあらまし 平成5年版 ……… 24
　　防災白書のあらまし 平成9年版 ……… 25
　　防災白書のあらまし 平成10年版 ……… 25
　　防災白書のあらまし 平成11年版 ……… 25
　　防災白書のあらまし 平成12年版 ……… 25
大関 親
　　新しい時代の安全管理のすべて 第6版
　　………………………… 158
太田 光洋
　　保育所・幼稚園等南海トラフ地震対策事
　　例集 ………………………… 33, 90
大橋 雄介
　　3・11被災地子ども白書 ………… 16, 77
大原社会問題研究所
　　日本労働年鑑 第73集（2003年版） ‥‥ 166
　　日本労働年鑑 第76集（2006年版） ‥ 127, 191
岡 慎一
　　針刺し事故防止ハンドブック ……… 169

おがた たかはる
　　地震災害を究明せよ ……………… 86
岡田 恒男
　　地震防災の事典 …………………… 88
岡田 真人
　　ビジュアル博物館 第85巻 ………… 12
岡田 義光
　　自然災害の事典 …………………… 56
岡部 朋子
　　ママのための防災ハンドブック ……… 27
岡本 多喜子
　　事故の防止に向けた実践ハンドブック
　　………………………… 31
小川 義龍
　　震災の法律相談 …………………… 87
小木 新造
　　江戸東京学事典 新装版 …………… 6
奥寺 敬
　　災害・健康危機管理ハンドブック …… 11
奥野 隆史
　　地理学関係書誌の書誌 …………… 55
奥山 尚子
　　NPO NGO事典 …………………… 17
小倉 秀夫
　　震災の法律相談 …………………… 87
小田 大輔
　　震災法務Q&A …………………… 87
落合 康浩
　　地図でみる東日本の古代 ………… 9
乙須 敏紀
　　気象大図鑑 ………………………… 64
オーム社
　　絵とき消防設備技術基準早わかり 第11
　　版 ………………………… 207
　　危険物関係法令集 2000年版 ……… 162
　　危険物関係法令集 2001年版 ……… 162
　　危険物関係法令集 2002年版 ……… 162
　　危険物関係法令集 ……………… 162
　　消防設備用語マスター ………… 205
オルソン，ケント R.
　　中毒ハンドブック ……………… 161

【か】

海事法令研究会
　海上保安六法　平成2年版 ……………　194
　海上保安六法　平成3年版 ……………　194
　海上保安六法　平成4年版 ……………　194
　海上保安六法　平成5年版 ……………　194
　海上保安六法　平成6年版 ……………　194
　海上保安六法　平成7年版 ……………　194
　海上保安六法　平成8年版 ……………　194
　海上保安六法　平成9年版 ……………　194
　海上保安六法　平成10年版 …………　194
　海上保安六法　平成11年版 …………　195
　海上保安六法　平成12年版 …………　195
　海上保安六法　平成13年版 …………　195
　海上保安六法　平成14年版 …………　195
　海上保安六法　平成15年版 …………　195
　海上保安六法　平成16年版 …………　195
　海上保安六法　平成17年版 …………　195
　海上保安六法　平成18年版 …………　195
　海上保安六法　平成19年版 …………　195
　海上保安六法　平成20年版 …………　195
　海上保安六法　平成21年版 …………　196
　海上保安六法　平成22年版 …………　196
　海上保安六法　平成23年版 …………　196
　海上保安六法　平成24年版 …………　196
　海上保安六法　平成25年版 …………　196
海上保安庁
　海上保安白書　平成2年版 ……………　198
　海上保安白書　平成3年版 ……………　198
　海上保安白書　平成4年版 ……………　198
　海上保安白書　平成5年版 ……………　198
　海上保安白書　平成6年版 ……………　198
　海上保安白書　平成7年版 ……………　198
　海上保安白書　平成8年版 ……………　199
　海上保安白書　平成9年版 ……………　199
　海上保安白書　平成10年版 …………　199
　海上保安白書　平成11年版 …………　199
　海上保安白書　平成12年版 …………　199
　海上保安レポート　2005 ……………　200
　海上保安六法　平成2年版 ……………　194
　海上保安六法　平成3年版 ……………　194
　海上保安六法　平成4年版 ……………　194
　海上保安六法　平成5年版 ……………　194
　海上保安六法　平成6年版 ……………　194
　海上保安六法　平成7年版 ……………　194

　海上保安六法　平成8年版 ……………　194
　海上保安六法　平成9年版 ……………　194
　海上保安六法　平成10年版 …………　194
　海上保安六法　平成11年版 …………　195
　海上保安六法　平成12年版 …………　195
　海上保安六法　平成13年版 …………　195
　海上保安六法　平成14年版 …………　195
　海上保安六法　平成15年版 …………　195
　海上保安六法　平成16年版 …………　195
　海上保安六法　平成17年版 …………　195
　海上保安六法　平成18年版 …………　195
　海上保安六法　平成19年版 …………　195
　海上保安六法　平成20年版 …………　195
　海上保安六法　平成21年版 …………　196
　海上保安六法　平成22年版 …………　196
　海上保安六法　平成23年版 …………　196
　海上保安六法　平成24年版 …………　196
　海上保安六法　平成25年版 …………　196
垣内　ユカ里
　地球温暖化図鑑 …………………………　64
開発許可・宅地防災制度研究会
　開発許可・宅地防災法令要覧　2005年版
　　…………………………………………　49
　開発許可・宅地防災法令要覧　2007年版
　　…………………………………………　49
外務省
　条約集　多数国間　昭和62年 …………　104
　政府開発援助（ODA）白書　2012年版
　　…………………………………………　84
海洋工学研究所出版部
　重油汚染　明日のために ………………　98
科学技術庁原子力安全局原子力安全調査室
　原子力安全委員会安全審査指針集　改訂
　　第9版 …………………………………　103
香川　靖雄
　いまからできる放射線対策ハンドブッ
　　ク ………………………………………　103
火災調査研究会
　火災調査参考図　4版 …………………　202
笠谷　和司
　心身健康事典 ……………………………　93
河川工事積算研究会
　河川工事の積算 …………………………　71
片居木　英人
　社会福祉に関する法とその展開 ………　49
方波見　寧
　大災害に備える！お金の危機管理ハンド
　　ブック …………………………………　27

かつけ　　著編者名索引

学研辞典編集部
　実用暮らしの知恵事典 ‥‥‥‥‥‥‥‥ 25
学校教育課題研究会
　教育課題便覧 平成20年版 ‥‥‥‥‥‥ 33
学校災害対応ハンドブック編集委員会
　Q&A学校災害対応ハンドブック ‥‥‥ 30
学校防災研究プロジェクトチーム
　生きる力を育む学校防災 2 ‥‥‥‥‥ 29
勝又 護
　地震・火山の事典 ‥‥‥‥‥‥‥‥‥‥ 73
加藤 美勝
　最新地震津波総覧 ‥‥‥‥‥‥‥‥‥‥ 74
金丸 隆太
　発達障害児者の防災ハンドブック ‥‥‥ 16
上條 吉人
　イラスト&チャートでみる急性中毒診療
　ハンドブック ‥‥‥‥‥‥‥‥‥‥‥ 167
亀井 太
　石綿取扱い作業ハンドブック ‥‥‥‥ 137
カリフォルニア開発的カウンセリング協会
　クライシス・カウンセリングハンドブッ
　ク ‥‥‥‥‥‥‥‥‥‥‥‥‥‥‥‥‥ 18
川添 禎浩
　健康と環境の科学 ‥‥‥‥‥‥‥‥‥‥ 93
河田 恵昭
　岩波講座 地球環境学 7 ‥‥‥‥‥‥‥ 70
　にげましょう 特別版 ‥‥‥‥‥‥‥‥ 27
川成 洋
　知られざる難破船の世界 ‥‥‥‥‥‥ 193
河本 毅
　労働判例に見る危機管理対応 ‥‥‥‥‥ 87
ガン，S.W.A.
　災害医学用語事典 ‥‥‥‥‥‥‥‥‥‥ 10
環境省
　環境白書 平成24年版 ‥‥‥‥‥‥‥‥ 105
環境庁環境法令研究会
　環境六法 平成4年版 ‥‥‥‥‥‥‥‥‥ 97
環境庁水質保全局
　油流出事故環境影響調査のためのガイダ
　ンス ‥‥‥‥‥‥‥‥‥‥‥‥‥‥‥‥ 97
関西学院大学災害復興制度研究所被災者生活再
　建支援法効果検証研究会
　検証被災者生活再建支援法 ‥‥‥‥‥‥ 19
神田 文人
　昭和史年表 第3版 ‥‥‥‥‥‥‥‥‥‥ 5
　昭和・平成 現代史年表 ‥‥‥‥‥‥‥‥ 5

関東弁護士会連合会
　Q&A災害時の法律実務ハンドブック 改
　訂版 ‥‥‥‥‥‥‥‥‥‥‥‥‥‥‥‥ 19

【き】

菊地 透
　いまからできる放射線対策ハンドブッ
　ク ‥‥‥‥‥‥‥‥‥‥‥‥‥‥‥‥‥ 103
危険物技術研究会
　危険物技術基準の解説 5訂版 ‥‥‥‥ 162
危険物行政研究会
　図解危険物施設基準の早わかり 1 10訂
　 ‥‥‥‥‥‥‥‥‥‥‥‥‥‥‥‥‥‥ 164
危険物査察研究会
　毒物・劇物 7訂 ‥‥‥‥‥‥‥‥‥‥‥ 161
危険物法規研究会
　危険物六法 平成4年新版 ‥‥‥‥‥‥ 163
危険物法令研究会
　危険物関係法令集 平成3年改正版 ‥‥ 161
　危険物関係法令集 平成5年改正版 ‥‥ 161
　危険物関係法令集 平成6年改正版 ‥‥ 161
　危険物関係法令集 平成7年改正版 ‥‥ 161
　危険物関係法令集 平成9年改正版 ‥‥ 161
　危険物関係法令集 平成10年改正版 ‥‥ 161
　危険物関係法令集 平成11年改正版 ‥‥ 162
　危険物六法 平成20年新版 ‥‥‥‥‥‥ 163
　危険物六法 平成12年新版 ‥‥‥‥‥‥ 163
　危険物六法 平成13年新版 ‥‥‥‥‥‥ 163
　危険物六法 平成14年新版 ‥‥‥‥‥‥ 163
　危険物六法 平成15年新版 ‥‥‥‥‥‥ 163
　危険物六法 平成16年新版 ‥‥‥‥‥‥ 163
　危険物六法 平成17年新版 ‥‥‥‥‥‥ 163
　危険物六法 平成18年新版 ‥‥‥‥‥‥ 163
　危険物六法 平成19年新版 ‥‥‥‥‥‥ 163
　危険物六法 平成21年新版 ‥‥‥‥‥‥ 163
　危険物六法 平成22年新版 ‥‥‥‥‥‥ 164
　危険物六法 平成23年新版 ‥‥‥‥‥‥ 164
　危険物六法 平成24年新版 ‥‥‥‥‥‥ 164
　危険物六法 平成25年新版 ‥‥‥‥‥‥ 164
　危険物六法 平成26年新版 ‥‥‥‥‥‥ 164
　基本危険物関係法令集 ‥‥‥‥‥‥‥‥ 164
気象業務支援センター
　気象年鑑 2008年版 ‥‥‥‥‥‥‥‥‥ 69
　気象年鑑 2009年版 ‥‥‥‥‥‥‥‥‥ 69
　気象年鑑 2010年版 ‥‥‥‥‥‥‥‥‥ 69

気象庁
　気候変動監視レポート 1997 ………… 64
　気候変動監視レポート 1998 ………… 64
　気候変動監視レポート 1999 ………… 65
　気候変動監視レポート 2000 ………… 65
　気候変動監視レポート 2001 ………… 66
　気象業務はいま 2011 ……………… 58
　気象業務はいま 2012 ……………… 58
　気象年鑑 1996年版 ………………… 67
　気象年鑑 1990年版 ………………… 67
　気象年鑑 1991年版 ………………… 67
　気象年鑑 1992年版 ………………… 67
　気象年鑑 1993年版 ………………… 67
　気象年鑑 1995年版 ………………… 67
　気象年鑑 1997年版 ………………… 67
　気象年鑑 1998年版 ………………… 67
　気象年鑑 1999年版 ………………… 68
　気象年鑑 2000年版 ………………… 68
　気象年鑑 2001年版 ………………… 68
　気象年鑑 2002年版 ………………… 68
　気象年鑑 2003年版 ………………… 68
　気象年鑑 2004年版 ………………… 68
　気象年鑑 2005年版 ………………… 69
　気象年鑑 2006年版 ………………… 69
　気象年鑑 2008年版 ………………… 69
　気象年鑑 2009年版 ………………… 69
　気象年鑑 2010年版 ………………… 69
　気象・防災六法 平成8年版 ………… 57
　気象・防災六法 平成10年版 ………… 58
　気象・防災六法 平成15年版 ………… 58
　今日の気象業務 平成8年版 ………… 58
　今日の気象業務 平成10年版 ………… 59
　20世紀の日本の気候 ……………… 69
　日本活火山総覧 第2版 …………… 91
喜多 明人
　学校安全ハンドブック ……………… 30
　学校災害ハンドブック ……………… 93
北原 糸子
　日本歴史災害事典 ………………… 7
木下 良
　地図でみる東日本の古代 ………… 9
木原 実
　おかあさんと子どものための防災＆非常
　　時ごはんブック ………………… 26
木村 龍治
　気象・天気の新事実 ……………… 64
　キーワード 気象の事典 …………… 63

木村 玲欧
　日本歴史災害事典 ………………… 7
救急救助問題研究会
　救急・救助六法 平成13年版 ………… 12
　救急・救助六法 平成14年12月31日現在
　　………………………………… 12
　救急・救助六法 3訂版 …………… 12
　救急・救助六法 4訂版 …………… 12
　救急・救助六法 平成22年8月1日現在
　　………………………………… 12
　救急・救助六法 6訂版 …………… 12
救急問題研究会
　救急実務ハンドブック 改訂版 ……… 10
京都大学防災研究所
　自然災害と防災の事典 …………… 59
　防災学ハンドブック ……………… 20
清原 博
　絶対に知っておきたい! 震災時の法律相
　　談 ……………………………… 87
近畿弁護士会連合会
　阪神・淡路大震災人権白書 ………… 84
金田 章裕
　地図でみる東日本の古代 ………… 9
近代消防社
　消防用設備関係省令・告示集 ……… 211
　消防用設備関係省令・告示集 2訂 … 211
　消防用設備関係省令・告示集 3訂 … 211
　消防用設備関係省令・告示集 4訂 … 212
　注解 消防関係法規集 2002年新版 … 214
　注解 消防関係法規集 2004年新版 … 214
近代消防社編集局
　注解 消防関係法規集 2005年版 …… 214
　注解 消防関係法規集 2006年新版 … 214
　注解 消防関係法規集 2007年版 …… 215
　注解 消防関係法規集 2007年新版 新版
　　………………………………… 215
　注解 消防関係法規集 2007年新版 … 215
　注解 消防関係法規集 2008年版 …… 215
　注解 消防関係法規集 2009年版 …… 215
　注解 消防関係法規集 2010年版 …… 215
　注解 消防関係法規集 2012年版 …… 215
　注解 消防関係法規集 2013年版 …… 216
　注解 消防関係法規集 2014年版 …… 216

【く】

空気調和・衛生工学会
　災害時の水利用 ‥‥‥‥‥‥‥‥ 17
草谷 桂子
　3・11を心に刻むブックガイド ‥‥‥ 75
草野 かおる
　おかあさんと子どものための防災＆非常
　　時ごはんブック ‥‥‥‥‥ 26
　4コマですぐわかるみんなの防災ハンド
　　ブック ‥‥‥‥‥‥‥‥‥ 27
葛田 一雄
　病院の見えないリスクに「気づく」方
　　法 ‥‥‥‥‥‥‥‥‥‥‥‥ 32
国崎 信江
　イザのとき役立つ震災ハンドブック ‥‥ 88
　震度7から家族を守る家 ‥‥‥‥ 89
　ママのための防災ハンドブック ‥‥‥ 27
窪田 和弘
　子どもの救急大事典 ‥‥‥‥‥‥ 29
窪田 眞二
　教育課題便覧 平成20年版 ‥‥‥‥‥ 33
神代 雅晴
　みんなで進める!職場改善ブック ‥‥‥ 160
くらしのリサーチセンター
　東日本大震災の復興 ‥‥‥‥‥‥ 76
倉田 卓次
　交通事故損害賠償必携 平成2年11月版 資
　　料編 改訂版 ‥‥‥‥‥‥‥‥‥ 174
栗山 和大
　現代的学校マネジメントの法的論点厳選
　　10講 ‥‥‥‥‥‥‥‥‥‥‥ 33
黒田 勲
　環境・災害・事故の事典 ‥‥‥‥‥ 6
黒部 信一
　原発事故と子どもたち ‥‥‥‥‥ 103

【け】

慶応義塾大学理工学部環境化学研究室
　首都圏の酸性雨 ‥‥‥‥‥‥‥‥ 96

経済産業省
　エネルギー白書 2011年版 ‥‥‥‥‥ 105
　エネルギー白書 2012年版 ‥‥‥‥‥ 105
　エネルギー白書 2013年版 ‥‥‥‥‥ 105
経済調査会
　建築施工単価 2000秋 ‥‥‥‥‥‥‥ 88
　最新 雨水貯留・浸透施設要覧 ‥‥‥‥ 71
警察庁
　警察白書 平成2年版 ‥‥‥‥‥‥ 39
　警察白書 平成3年版 ‥‥‥‥‥‥ 39
　警察白書 平成4年版 ‥‥‥‥‥‥ 39
　警察白書 平成5年版 ‥‥‥‥‥‥ 39
　警察白書 平成6年版 ‥‥‥‥‥‥ 39
　警察白書 平成7年版 ‥‥‥‥‥‥ 39
　警察白書 平成8年版 ‥‥‥‥‥‥ 39
　警察白書 平成9年版 ‥‥‥‥‥‥ 39
　警察白書 平成10年版 ‥‥‥‥‥‥ 40
　警察白書 平成11年版 ‥‥‥‥‥‥ 40
　警察白書 平成12年版 ‥‥‥‥‥‥ 40
　警察白書 平成13年版 ‥‥‥‥‥‥ 40
　警察白書 平成14年版 ‥‥‥‥‥‥ 40
　警察白書 平成15年版 ‥‥‥‥‥‥ 40
　警察白書 平成16年版 ‥‥‥‥‥‥ 40
　警察白書 平成17年版 ‥‥‥‥‥‥ 40
　警察白書 平成18年版 ‥‥‥‥‥‥ 41
　警察白書 平成19年版 ‥‥‥‥‥‥ 41
　警察白書 平成20年版 ‥‥‥‥‥‥ 41
　警察白書 平成21年版 ‥‥‥‥‥‥ 41
　警察白書 平成22年版 ‥‥‥‥‥‥ 41
　警察白書 平成23年版 ‥‥‥‥‥‥ 41
警察庁交通局
　ビジュアルデータ 図で見る交通事故統
　　計 平成7年版 ‥‥‥‥‥‥‥‥ 189
警察庁交通局交通企画課
　ビジュアルデータ 図で見る交通事故統
　　計 平成8年版 ‥‥‥‥‥‥‥‥ 189
　ビジュアルデータ 図で見る交通事故統
　　計 平成9年版 ‥‥‥‥‥‥‥‥ 190
　ビジュアルデータ 図で見る交通事故統
　　計 平成10年版 ‥‥‥‥‥‥‥‥ 190
警視庁警備心理学研究会
　震災対策における都民等の意識調査 平
　　成25年度 ‥‥‥‥‥‥‥‥‥‥ 79
月刊オール関西
　関西年鑑 '97 ‥‥‥‥‥‥‥‥‥ 83
月刊『Helicopter JAPAN』編集部
　全国消防防災航空隊資料集 2008年度
　　‥‥‥‥‥‥‥‥‥‥‥‥‥‥ 206
　消防・防災航空隊資料集 2001年度版 ‥‥ 205

著編者名索引　こうせ

消防・防災航空隊資料集 2002年度版 ‥ 205
現場施工応援する会
　建築携帯ブック 安全管理 改訂版 ‥‥‥ 137
原子力安全委員会
　原子力安全白書 平成元年版 ‥‥‥‥‥ 106
　原子力安全白書 平成2年版 ‥‥‥‥‥‥ 106
　原子力安全白書 平成3年版 ‥‥‥‥‥‥ 106
　原子力安全白書 平成4年版 ‥‥‥‥‥‥ 106
　原子力安全白書 平成5年版 ‥‥‥‥‥‥ 106
　原子力安全白書 平成6年版 ‥‥‥‥‥‥ 106
　原子力安全白書 平成7年版 ‥‥‥‥‥‥ 106
　原子力安全白書 平成9年版 ‥‥‥‥‥‥ 106
　原子力安全白書 平成10年版 ‥‥‥‥‥ 106
　原子力安全白書 平成11年版 ‥‥‥‥‥ 107
　原子力安全白書 平成12年版 ‥‥‥‥‥ 107
　原子力安全白書 平成13年版 ‥‥‥‥‥ 107
　原子力安全白書 平成14年版 ‥‥‥‥‥ 107
　原子力安全白書 平成15年版 ‥‥‥‥‥ 107
　原子力安全白書 平成16年版 ‥‥‥‥‥ 107
　原子力安全白書 平成18年版 ‥‥‥‥‥ 108
　原子力安全白書 平成19・20年版 ‥‥‥ 108
　原子力安全白書 平成21年版 ‥‥‥‥‥ 108
原子力安全基盤機構
　津波堆積物調査・評価に関する手引き ‥‥ 86
原子力安全・保安院
　原子力実務六法 2008年版 ‥‥‥‥‥‥ 103
　原子力実務六法 2011年版 ‥‥‥‥‥‥ 104
原子力規制関係法令研究会
　原子力規制関係法令集 2010年 ‥‥‥‥ 103
原子力資料情報室
　原子力市民年鑑 '98 ‥‥‥‥‥‥‥‥‥ 109
　原子力市民年鑑 99 ‥‥‥‥‥‥‥‥‥ 109
　原子力市民年鑑 2000 ‥‥‥‥‥‥‥‥ 109
　原子力市民年鑑 2001 ‥‥‥‥‥‥‥‥ 110
　原子力市民年鑑 2002 ‥‥‥‥‥‥‥‥ 110
　原子力市民年鑑 2003 ‥‥‥‥‥‥‥‥ 110
　原子力市民年鑑 2004 ‥‥‥‥‥‥‥‥ 110
　原子力市民年鑑 2005 ‥‥‥‥‥‥‥‥ 110
　原子力市民年鑑 2006 ‥‥‥‥‥‥‥‥ 110
　原子力市民年鑑 2007 ‥‥‥‥‥‥‥‥ 110
　原子力市民年鑑 2008 ‥‥‥‥‥‥‥‥ 110
　原子力市民年鑑 2009 ‥‥‥‥‥‥‥‥ 110
　原子力市民年鑑 2010 ‥‥‥‥‥‥‥‥ 111
　原子力市民年鑑 2011 - 12 ‥‥‥‥‥‥ 111
　原子力市民年鑑 2013 ‥‥‥‥‥‥‥‥ 111
　原子力市民年鑑 2014 ‥‥‥‥‥‥‥‥ 111
　脱原発年鑑 96 ‥‥‥‥‥‥‥‥‥‥‥ 112
　脱原発年鑑 97 ‥‥‥‥‥‥‥‥‥‥‥ 112

原子力年鑑編集委員会
　原子力年鑑 2013 ‥‥‥‥‥‥‥‥‥‥ 111
建設省
　建設省防災業務計画 平成10年3月 ‥‥‥ 38
建設省河川局
　河川六法 平成4年版 ‥‥‥‥‥‥‥‥‥ 71
　日本河川水質年鑑 1989 ‥‥‥‥‥‥‥ 98
　日本河川水質年鑑 1990 ‥‥‥‥‥‥‥ 99
　日本河川水質年鑑 1991 ‥‥‥‥‥‥‥ 99
　日本河川水質年鑑 1992 ‥‥‥‥‥‥‥ 99
　日本河川水質年鑑 1993 ‥‥‥‥‥‥‥ 99
　日本河川水質年鑑 1995 ‥‥‥‥‥‥‥ 99
　日本河川水質年鑑 1996 ‥‥‥‥‥‥‥ 99
建設省住宅局建築指導課
　建築防火防災法規の解説 3訂版 ‥ 90, 203
建設省道路局道路交通管理課訟務班
　道路管理瑕疵判例ハンドブック ‥‥‥‥ 173
建設省都市局公園緑地課
　防災公園 計画・設計ガイドライン ‥‥‥ 20
建設省都市局都市再開発防災課
　都市再開発・防災実務必携 平成10年版
　‥‥‥‥‥‥‥‥‥‥‥‥‥‥‥‥‥‥ 35
建設省都市局都市防災対策室
　都市防災実務ハンドブック ‥‥‥‥‥‥ 90
建設省土木研究所環境部
　防災公園 計画・設計ガイドライン ‥‥‥ 20
建築消防実務研究会
　建築消防advice '90 ‥‥‥‥‥‥‥‥‥ 202
　建築消防advice '91 ‥‥‥‥‥‥‥‥‥ 202
　建築消防advice '92 ‥‥‥‥‥‥‥‥‥ 202
　建築消防advice 2008 ‥‥‥‥‥‥‥‥ 202
　建築消防advice 2009 ‥‥‥‥‥‥‥‥ 202
　建築消防advice 2010 ‥‥‥‥‥‥‥‥ 202

【こ】

濃沼 信夫
　医療安全用語事典 ‥‥‥‥‥‥‥‥‥‥ 167
郷木 義子
　職場・学校・家庭・地域での応急手当マ
　ニュアル 改訂版 ‥‥‥‥‥‥‥‥‥‥ 11
纐纈 一起
　地震・津波と火山の事典 ‥‥‥‥‥‥‥ 73
厚生省
　社会福祉六法 平成4年版 ‥‥‥‥‥‥‥ 12

事故・災害レファレンスブック　253

こうせ　　　　　　　　　著編者名索引

厚生省医薬安全局毒物劇物研究会
　毒物・劇物取扱の手引 改訂新版 ‥‥‥ 161
厚生省生活衛生局水道環境部産業廃棄物対策室
　廃石綿等処理マニュアル ‥‥‥‥‥ 137
厚生省大臣官房政策課
　厚生省防災業務計画関連資料集 ‥‥‥‥ 38
厚生省大臣官房政策課調査室
　社会保障便利事典 平成5年版 ‥‥‥‥ 119
　社会保障便利事典 平成8年版 改訂版第
　　15版 ‥‥‥‥‥‥‥‥‥‥‥‥‥ 119
　社会保障便利事典 平成9年版 ‥‥‥‥ 119
　社会保障便利事典 平成10年版 ‥‥‥ 119
　社会保障便利事典 平成11年版 ‥‥‥ 119
厚生労働省安全衛生部
　労働安全衛生関係法令集 平成14年度版
　　‥‥‥‥‥‥‥‥‥‥‥‥‥‥‥ 153
厚生労働省大臣官房統計情報部雇用・賃金福祉
統計課賃金福祉統計室
　労働者健康状況調査報告 平成24年 ‥‥ 167
厚生労働省大臣官房統計情報部
　労働統計要覧 平成12年度 ‥‥‥‥‥ 135
厚生労働省安全衛生部
　安衛法便覧 平成13年度版 ‥‥‥‥ 157
　安衛法便覧 平成14年度版 ‥‥‥‥ 157
　安衛法便覧 平成15年度版 ‥‥‥‥ 157
　安衛法便覧 平成16年度版 ‥‥‥‥ 157
　安全衛生法令要覧 平成16年版 ‥‥‥ 151
　安全衛生法令要覧 平成17年版 ‥‥‥ 151
　安全衛生法令要覧 平成15年版 ‥‥‥ 151
　労働安全衛生関係法令集 平成15年度版
　　‥‥‥‥‥‥‥‥‥‥‥‥‥‥‥ 154
　労働安全衛生関係法令集 平成13年度版
　　‥‥‥‥‥‥‥‥‥‥‥‥‥‥‥ 153
　労働安全衛生法実務便覧 改訂7版 ‥‥ 149
厚生労働省大臣官房統計情報部
　労働環境の実態 平成13年 ‥‥‥‥‥ 149
　労働統計年報 第53回（平成12年） 133
　労働統計年報 第54回（平成13年） 134
　労働統計年報 第56回（平成15年） 134
　労働統計年報 第57回（平成16年） 134
　労働統計年報 第58回（平成17年） 134
　労働統計年報 第59回（平成18年） 134
　労働統計年報 第60回（平成19年） 134
　労働統計要覧 平成13年度 ‥‥‥‥‥ 135
　労働統計要覧 平成14年度 ‥‥‥‥‥ 136
　労働統計要覧 平成15年度 ‥‥‥‥‥ 136
　労働統計要覧 平成16年度 ‥‥‥‥‥ 136
　労働統計要覧 平成17年度 ‥‥‥‥‥ 136
　労働統計要覧 平成18年度 ‥‥‥‥‥ 136

　労働統計要覧 平成19年度 ‥‥‥‥‥ 136
　労働統計要覧 平成20年度 ‥‥‥‥‥ 136
　労働統計要覧 平成21年度 ‥‥‥‥‥ 136
　労働統計要覧 平成22年度 ‥‥‥‥‥ 136
　労働統計要覧 平成23年度 ‥‥‥‥‥ 136
　労働統計要覧 平成24年度 ‥‥‥‥‥ 136
厚生労働省労働基準局
　安全の指標 平成14年度 ‥‥‥‥‥ 123
　安全の指標 平成15年度 ‥‥‥‥‥ 123
　安全の指標 平成16年度 ‥‥‥‥‥ 124
　労災保険関係法令集 平成13年版 ‥‥ 143
　労災保険法解釈総覧 ‥‥‥‥‥‥‥ 144
　労働衛生のしおり 平成13年度 ‥‥‥ 146
　労働衛生のしおり 平成15年度 ‥‥‥ 146
　労働衛生のしおり 平成16年度 ‥‥‥ 146
厚生労働省労働基準局労災補償部補償課
　業務上疾病の認定 資料集 改訂3版 ‥‥ 137
　体系労災保険判例総覧 第5集 新訂 ‥‥ 142
　体系労災保険判例総覧 第6集 新訂 ‥‥ 142
　労災保険 医療費算定実務ハンドブック
　　平成14年版 ‥‥‥‥‥‥‥‥‥‥ 166
　労災保険の給付手続便覧 改訂版 ‥‥‥ 140
　労災保険法便覧 改訂5版 ‥‥‥‥‥ 145
厚生労働省労働基準局労災補償部労災管理課
　労働者災害補償保険法 6訂新版 ‥‥‥ 145
　労働者災害補償保険法 7訂新版 ‥‥‥ 145
高知県教育委員会事務局幼保支援課
　保育所・幼稚園等南海トラフ地震対策事
　　例集 ‥‥‥‥‥‥‥‥‥‥‥‥ 33, 90
交通安全対策研究会
　交通安全対策実務必携 平成13年版 ‥‥ 175
　交通安全対策実務必携 平成14年版 ‥‥ 175
　図説交通安全 平成11年版 ‥‥‥‥‥ 183
交通事故総合分析センター
　ビジュアルデータ 図で見る交通事故統
　　計 平成8年版 ‥‥‥‥‥‥‥‥‥ 189
　ビジュアルデータ 図で見る交通事故統
　　計 平成9年版 ‥‥‥‥‥‥‥‥‥ 190
　ビジュアルデータ 図で見る交通事故統
　　計 平成10年版 ‥‥‥‥‥‥‥‥ 190
　ビジュアルデータ 図で見る交通事故統
　　計 平成11年版 ‥‥‥‥‥‥‥‥ 190
　ビジュアルデータ 図で見る交通事故統
　　計 平成12年版 ‥‥‥‥‥‥‥‥ 190
　ビジュアルデータ 図で見る交通事故統
　　計 平成13年版 ‥‥‥‥‥‥‥‥ 190
　ビジュアルデータ 図で見る交通事故統
　　計 平成14年版 ‥‥‥‥‥‥‥‥ 190
　ビジュアルデータ 図で見る交通事故統

計 平成15年版 ·················· 190
ビジュアルデータ 図で見る交通事故統
計 平成16年版 ·················· 190
ビジュアルデータ 図で見る交通事故統
計 2006 ······················ 190
ビジュアルデータ 図で見る交通事故統
計 2007 ······················ 191
交通事故紛争処理センター
交通事故裁定例集 7（昭和63年度）···· 175
交通事故裁定例集 8（平成元年度）···· 175
交通事故裁定例集 9（平成2年度）···· 175
交通事故裁定例集 11（平成4年度）··· 176
交通事故裁定例集 12（平成5年度）··· 176
交通事故裁定例集 20（平成13年度）·· 176
交通事故裁定例集 21（平成14年度）·· 176
交通事故裁定例集 23（平成16年度）·· 176
交通事故裁定例集 24（平成17年度）·· 176
交通事故裁定例集 25（平成18年度）·· 176
交通事故裁定例集 26（平成19年度）·· 176
交通事故裁定例集 27（平成20年度）·· 176
交通事故裁定例集 28（平成21年度）·· 177
交通事故裁定例集 29（平成22年度）·· 177
交通事故裁定例集 31（平成24年度）·· 177
高等海難審判庁
海難審判法及び関係法令 最新版 ····· 196
最新 海難審判法及び関係法令 改訂版
················· 196
最新 海難審判法及び関係法令 〔平成13
年〕改訂版 ···················· 196
最新 海難審判法及び関係法令 ········ 197
河野 智聖
緊急時の整体ハンドブック ········ 10
神戸海難防止研究会
危険物防災救急要覧 ·················· 160
危険物防災救急要覧 新訂版 ············ 13
危険物防災救急要覧 2006年新訂版 新訂
版 ···························· 13
神戸海洋気象台
兵庫県の気象 ························· 66
神戸市危険物安全協会
危険物法令の早わかり 10訂版 ······· 163
神戸市社会福祉協議会ボランティア情報セ
ンター
こうべ災害ボランティア支援マニュアル
改訂 ························· 83
神戸市消防局予防部査察課
危険物法令の早わかり 10訂版 ······· 163
古賀 元
最新 毒物劇物取扱の手引 ············ 160

子川 智
子どもの安全ハンドブック ············ 26
小木 和孝
ILO産業安全保健エンサイクロペディア
第1巻 ························· 165
国際エメックスセンター
油流出事故環境影響調査のためのガイダ
ンス ························· 97
国際消防研究会
国際消防ガイドブック ················· 207
国際労働事務局
国際労働経済統計年鑑 1988 ········· 128
国際労働経済統計年鑑 1991 ········· 128
国際労働経済統計年鑑 1992年版 ······ 128
国際労働経済統計年鑑 1994年版 第53
版 ···························· 128
国際労働経済統計年鑑 1996年版 第55
版 ···························· 128
国際労働経済統計年鑑 1997年版 第56
版 ···························· 129
国際労働経済統計年鑑 1999年版 第58
版 ···························· 129
国際労働経済統計年鑑 2000年版 ····· 129
国際労働経済統計年鑑 2001年版 第60
版 ···························· 129
国際労働経済統計年鑑 2003年版 第62
版 ···························· 129
国際労働経済統計年鑑 2004年版 第63
版 ···························· 130
国際労働経済統計年鑑 2005年版 第64
版 ···························· 130
国土開発調査会
河川便覧 1992 ······················ 72
河川便覧 1996 ······················ 72
河川便覧 1998 ······················ 72
河川便覧 2000 ······················ 72
河川便覧 2004 ······················ 72
河川便覧 2006 ······················ 72
国土交通省
国土交通白書 2011 ·················· 43
国土交通白書 2013 ·················· 43
首都圏白書 平成18年版 ··············· 90
首都圏白書 平成23年版 ··············· 78
首都圏白書 平成24年版 ··············· 78
中部圏建設計画 平成13年度〜17年度
···························· 34
国土交通省海事局
2000年海上人命安全条約 ············· 197

国土交通省海事局安全基準課
海上人命安全条約 2011年 ･････････････ 193
船舶からの大気汚染防止関係法令及び関
　係条約 ･･････････････････････････････ 96
2008年海上人命安全条約附属コード集
　･･････････････････････････････････････ 198

国土交通省河川局
国土交通省河川砂防技術基準 同解説・計
　画編 ･･････････････････････････････････ 71

国土交通省航空局
数字でみる航空 2003 ････････････････ 201
数字でみる航空 2005 ････････････････ 201
数字でみる航空 2006 ････････････････ 201
数字でみる航空 2007 ････････････････ 201
数字でみる航空 2008 ････････････････ 201
数字でみる航空 2009 ････････････････ 201
数字でみる航空 2010 ････････････････ 201
数字でみる航空 2011 ････････････････ 201
数字でみる航空 2012 ････････････････ 201
数字でみる航空 2013 ････････････････ 201
数字でみる航空 2014 ････････････････ 201

国土交通省港湾局
港湾小六法 平成15年版 ･･･････････････ 51

国土交通省国土技術政策総合研究所
実務者のための水防ハンドブック ･････ 71

国土交通省自動車局
数字でみる自動車 平成24年版 ･･･････ 189
数字でみる自動車 平成25年版 ･･･････ 189
数字でみる自動車 平成26年版 ･･･････ 189

国土交通省自動車交通局
数字でみる自動車 平成13年版 ･･･････ 188
数字でみる自動車 平成14年版 ･･･････ 188
数字でみる自動車 平成15年版 ･･･････ 188
数字でみる自動車 平成16年版 ･･･････ 188
数字でみる自動車 平成18年版 ･･･････ 189
数字でみる自動車 平成19年版 ･･･････ 189
数字でみる自動車 平成20年版 ･･･････ 189
数字でみる自動車 平成21年版 ･･･････ 189
数字でみる自動車 平成22年版 ･･･････ 189

国土交通省総合政策局海洋政策課
最新 海洋汚染等及び海上災害の防止に
　関する法律及び関係法令 平成20年1月
　現在 ･････････････････････････ 98, 197

国土交通省鉄道局
鉄道統計年報 平成11年度 ･･･････････ 192
鉄道統計年報 平成12年度 ･･･････････ 192
鉄道統計年報 平成13年度 ･･･････････ 192
鉄道統計年報 平成14年度 ･･･････････ 192

鉄道統計年報 平成15年度 ･･･････････ 192
鉄道統計年報 平成16年度 ･･･････････ 192
鉄道統計年報 平成17年度 ･･･････････ 192
鉄道統計年報 平成18年度 ･･･････････ 192
鉄道統計年報 平成19年度 ･･･････････ 192
鉄道統計年報 平成20年度 ･･･････････ 192
鉄道統計年報 平成22年度 ･･･････････ 192

国土交通省道路局道路交通管理課
道路管理瑕疵判例ハンドブック 改訂版
　･･････････････････････････････････････ 173

国土交通省土地・水資源局水資源部
日本の水資源 平成17年版 ･････････････ 65

国土交通省水管理・国土保全局水資源部
日本の水資源 平成23年版 ･････････････ 65

国土庁
防災白書 平成2年度版 ････････････････ 21
防災白書 平成3年版 ･･････････････････ 21
防災白書 平成4年版 ･･････････････････ 21
防災白書 平成5年版 ･･････････････････ 21
防災白書 平成6年版 ･･････････････････ 21
防災白書 平成7年版 ･･････････････････ 22
防災白書 平成8年版 ･･････････････････ 22
防災白書 平成9年版 ･･････････････････ 22
防災白書 平成10年版 ･････････････････ 22
防災白書 平成11年版 ･････････････････ 22
防災白書 平成12年版 ･････････････････ 22

国土庁計画・調整局総合交通課
交通システムの信頼性向上に関する調
　査 ･･････････････････････････････････ 14

国土庁長官官房水資源部
日本の水資源 平成7年版 ･･････････････ 65

国分 久子
クライシス・カウンセリングハンドブッ
　ク ･････････････････････････････････ 18

国分 康孝
クライシス・カウンセリングハンドブッ
　ク ･････････････････････････････････ 18

国民生活センター
消費生活年報 1992 ････････････････ 116
消費生活年報 1994 ････････････････ 116
消費生活年報 1998 ････････････････ 116
消費生活年報 1999 ････････････････ 117
消費生活年報 2000 ････････････････ 117
消費生活年報 2001 ････････････････ 117
消費生活年報 2002 ････････････････ 117
消費生活年報 2003 ････････････････ 117
消費生活年報 2004 ････････････････ 117
消費生活年報 2005 ････････････････ 117

消費生活年報 2006 ・・・・・・・・・・・・・・・ 117
消費生活年報 2007 ・・・・・・・・・・・・・・・ 118
消費生活年報 2008 ・・・・・・・・・・・・・・・ 118
消費生活年報 2009 ・・・・・・・・・・・・・・・ 118
消費生活年報 2010 ・・・・・・・・・・・・・・・ 118
消費生活年報 2011 ・・・・・・・・・・・・・・・ 118
消費生活年報 2012 ・・・・・・・・・・・・・・・ 118
消費生活年報 2013 ・・・・・・・・・・・・・・・ 119
国民生活センター
消費生活年報 1990 ・・・・・・・・・・・・・・・ 116
消費生活年報 1991 ・・・・・・・・・・・・・・・ 116
国立環境研究所地球環境研究センター
地球温暖化の事典 ・・・・・・・・・・・・・・・・・ 63
国立国際医療センターエイズ治療・研究開発セ
ンター
針刺し事故防止ハンドブック ・・・・・・・・ 169
国立天文台
理科年表 平成24年 机上版 ・・・・・・・・・・・・ 57
越村 俊一
津波の事典 縮刷版 ・・・・・・・・・・・・・・・・・ 85
国家公安委員会・警察庁
警察白書 平成25年版 ・・・・・・・・・・・・・・・ 41
子ども科学技術白書編集委員会
地震災害を究明せよ ・・・・・・・・・・・・・・・ 86
小林 恭一
環境・災害・事故の事典 ・・・・・・・・・・・・・ 6
小林 国男
水難救助ハンドブック ・・・・・・・・・・・・・ 193
小林 雅彦
民生委員のための地域福祉活動実践ハン
ドブック ・・・・・・・・・・・・・・・・・・・・・・ 16
駒宮 功額
環境・災害・事故の事典 ・・・・・・・・・・・・・ 6

【さ】

災害救助実務研究会
災害救助の運用と実務 平成26年版 ・・・・・ 10
災害事務研究会
災害事務必携 平成15年度 ・・・・・・・・・・・・ 123
災害情報センター
災害・事故事例事典 ・・・・・・・・・・・・・・・・・ 6
災害・事故年鑑 平成12年版 ・・・・・・・・・・・ 9
災害・事故年鑑 平成13年版 ・・・・・・・・・・・ 9
地震・噴火災害全史 ・・・・・・・・・・・・・・・ 73

災害対策制度研究会
防災・危機管理六法 平成18年版 ・・・・・・・ 51
防災・危機管理六法 平成20年版 ・・・・・・・ 51
災害対策法制研究会
災害対策基本法改正ガイドブック ・・・・・ 51
災害復旧工事積算研究会
災害復旧工事の積算 改訂版 ・・・・・・・・・・・ 17
災害補償研究会
国家公務員災害補償関係法令集 平成12
年版 ・・・・・・・・・・・・・・・・・・・・・・・・ 141
国家公務員災害補償関係法令集 平成14
年版 ・・・・・・・・・・・・・・・・・・・・・・・・ 141
国家公務員災害補償関係法令集 平成16
年版 ・・・・・・・・・・・・・・・・・・・・・・・・ 141
最終処分場技術システム研究協会
クローズドシステム処分場技術ハンド
ブック ・・・・・・・・・・・・・・・・・・・・・・ 31
最新耐震・防火建築ハンドブック編集委員会
最新耐震・防火建築ハンドブック ・・ 89, 202
斎藤 秀俊
水難救助ハンドブック ・・・・・・・・・・・・・ 193
財務省印刷局
海上保安白書のあらまし 平成12年版
・・・・・・・・・・・・・・・・・・・・・・・・・・・ 200
警察白書のあらまし 平成12年版 ・・・・・・ 42
警察白書のあらまし 平成13年版 ・・・・・・ 42
警察白書のあらまし 平成14年版 ・・・・・・ 42
原子力安全白書のあらまし 平成12年版
・・・・・・・・・・・・・・・・・・・・・・・・・・・ 109
原子力安全白書のあらまし 平成13年版
・・・・・・・・・・・・・・・・・・・・・・・・・・・ 109
交通安全白書のあらまし 平成13年版
・・・・・・・・・・・・・・・・・・・・・・・・・・・ 173
交通安全白書のあらまし 平成14年版
・・・・・・・・・・・・・・・・・・・・・・・・・・・ 173
消防白書のあらまし 平成12年版 ・・・・・・・ 49
消防白書のあらまし 平成13年版 ・・・・・・・ 49
消防白書のあらまし 平成14年版 ・・・・・・・ 49
防災白書のあらまし 平成13年版 ・・・・・・・ 25
防災白書のあらまし 平成14年版 ・・・・・・・ 25
坂本 哲也
中毒ハンドブック ・・・・・・・・・・・・・・・ 161
坂本 洋子
クライシス・カウンセリングハンドブッ
ク ・・・・・・・・・・・・・・・・・・・・・・・・・ 18
佐々木 毅
戦後史大事典 ・・・・・・・・・・・・・・・・・・・・・ 7
佐々木 勝
病院のBCP ・・・・・・・・・・・・・・・・・・・・ 32

佐々木 亮
　震災の法律相談 ························· 87
佐竹 健治
　津波の事典 縮刷版 ··················· 85
サテマガBI（株）
　衛星通信ガイドブック 2011 ··········· 14
佐藤 武敏
　中国災害史年表 ······················· 5
佐藤 裕一
　鉄道人身事故データブック2002‐2009
　　 ································· 191
佐野 武仁
　環境と健康の事典 ················ 56, 95
「3.11の記録」刊行委員会
　3.11の記録 原発事故篇 ·············· 102
　3.11の記録 震災篇 ··················· 75
三一書房編集部
　地震予測ハンドブック ················ 85
産業安全技術総覧編集委員会
　産業安全技術総覧 ··················· 100
産業医学振興財団
　産業医の職務Q&A 第10版 ··········· 165
産業医の職務Q&A編集委員会
　産業医の職務Q&A 第10版 ··········· 165
産業労働調査所
　新労災・通災ハンドブック ··········· 122
三信図書
　労災保険関係法令集 平成18年版 ······ 143
　労災保険関係法令集 平成19年版 ······ 143
　労災保険関係法令集 平成24年度版 ··· 143
　労災保険関係法令集 平成25年版 ······ 143
　労働保険の手引 平成19年度版 ········ 140
三信図書有限会社
　労災保険関係法令集 平成20年版 ······ 143
　労災保険関係法令集 平成21年版 ······ 143
　労災保険関係法令集 平成22年版 ······ 143
　労災保険関係法令集 平成23年版 ······ 143
　労災保険関係法令集 平成26年版 ······ 144
三冬社編集部
　災害と防災・防犯統計データ集 2012
　　年版 ······························· 2
　災害と防災・防犯統計データ集 2014 ··· 78
　食の安全と健康意識データ集 2012 ····· 28
三陸大震災史刊行會
　日本災害資料集 地震編第2巻 ·········· 76

産労総合研究所
　職場のトラブル防止ハンドブック ······· 28
　新訂 労災・通災・メンタルヘルスハン
　　ドブック 新訂版 ··················· 122
　防災・震災管理ハンドブック ··········· 21
　労災・通災ハンドブック 改訂新版 ··· 123
　労災・通災・メンタルヘルスハンドブッ
　　ク ······························· 123

【し】

シアラー，ピーター
　雪崩ハンドブック ····················· 72
鹿園 直建
　岩波講座 地球惑星科学 14 ············· 56
GK京都
　にげましょう 特別版 ················· 27
地震情報新聞社
　防災アドレス帳 '96 ··················· 20
地震防災対策研究会
　地震防災対策ハンドブック ············· 89
静岡県
　東海地震についての県民意識調査 平成
　　25年度 ··························· 79
志田 雅洋
　一人暮らしの地震対策ハンドブック ··· 90
自治省消防庁危険物規制課
　危険物関係法令集 1997年 ············· 161
　危険物関係法令集 1998年 ············· 161
　危険物関係法令集 1999年 ············· 162
　危険物六法 平成10年新版 ············· 163
自治省消防庁救急救助課
　救急・救助六法 平成10年度版 ········· 11
　救急・救助六法 平成12年版 ··········· 12
自治省消防庁消防課
　消防施設整備費補助事務必携 平成2年度
　　版 ······························· 203
自治省消防庁予防課
　建築防火防災法規の解説 3訂版 ··· 90, 203
　消防設備等関係法令集 第2版 ········· 209
　消防設備六法 平成9年度版 ··········· 210
　消防設備六法 平成10年度版 ··········· 210
　消防予防小六法 平成10年度版 ········· 212
　消防予防小六法 平成11年度版 ········· 212

辞典編集部
　最新防災事典 ………………………… 59
篠原 厚子
　環境と健康の事典 …………… 56, 95
地盤工学会
　全国77都市の地盤と災害ハンドブック
　………………………………………… 34
　阪神・淡路大震災調査報告書 解説編 … 80
地盤工学会阪神大震災調査委員会
　阪神・淡路大震災調査報告書 資料編 vol.
　　1 ………………………………… 80
　阪神・淡路大震災調査報告書 資料編 vol.
　　2 ………………………………… 80
　阪神・淡路大震災調査報告書 資料編 vol.
　　3 ………………………………… 80
　阪神・淡路大震災調査報告書 資料編 vol.
　　4 ………………………………… 80
　阪神・淡路大震災調査報告 土木・地盤
　　1 ………………………………… 82
CBRNEテロ対処研究会
　必携—NBCテロ対処ハンドブック …… 94
渋谷 正弘
　みんなで進める!職場改善ブック …… 160
嶋 悦三
　地震の事典 第2版 ………………… 85
　地震の事典 第2版 普及版 ………… 85
島方 洸一
　地図でみる東日本の古代 …………… 9
島田 守家
　やさしい気象教室 ………………… 63
市民防災研究所
　賢く備える防火講座 ……………… 202
下鶴 大輔
　火山の事典 ………………………… 91
　火山の事典 第2版 ………………… 91
下村 哲夫
　事例解説 事典 学校の危機管理 ……… 29
　事例解説 事典 学校の危機管理 第2版
　………………………………………… 32
週刊社会保障編集部
　社会保障便利事典 平成12年版 ……… 119
　社会保障便利事典 平成13年版 ……… 120
　社会保障便利事典 平成14年版 ……… 120
　社会保障便利事典 平成15年版 ……… 120
　社会保障便利事典 平成16年版 ……… 120
　社会保障便利事典 平成17年版 ……… 120
　社会保障便利事典 平成18年版 ……… 120
　社会保障便利事典 平成19年版 改訂版
　　〔第26版〕 ……………………… 120

社会保障便利事典 平成20年版 ……… 121
社会保障便利事典 平成21年版 ……… 121
社会保障便利事典 平成22年版 ……… 121
社会保障便利事典 平成23年版 ……… 121
社会保障便利事典 平成24年版 改訂版
　（第31版）………………………… 121
社会保障便利事典 平成25年版 ……… 121
衆議院
　災害対策基本法等の一部を改正する法律
　　案（内閣提出第18号）資料 ………… 51
自由法曹団
　くらしの法律相談ハンドブック ……… 19
首藤 伸夫
　津波の事典 縮刷版 ………………… 85
消防学校消防団員教育研究会
　全訂 消防団員実務必携 7版 ……… 207
　全訂 消防団員実務必携 6版 ……… 207
　全訂 消防団員実務必携 9版 ……… 207
　全訂 消防団員実務必携 10版 ……… 207
消防基本法制研究会
　逐条解説 消防組織法 第3版 ……… 212
　逐条解説 消防法 第2版 …………… 212
　逐条解説 消防法 第4版 …………… 212
　逐条解説 消防法 第5版 …………… 212
消防行政研究会
　基本 消防六法 平成18年版 ……… 208
消防訓練礼式実務研究会
　消防訓練礼式用語事典 ……………… 204
消防建築法規研究会
　消防設備基準の解説 10訂版 ………… 209
消防財政研究会
　消防財政ハンドブック 平成19年度版
　………………………………………… 207
　消防財政ハンドブック 平成20年度版
　………………………………………… 207
　消防財政ハンドブック 平成21年度版
　………………………………………… 207
　消防防災関係財政・補助事務必携 平成
　　26年度版 ………………………… 203
消防実務研究会
　一目でわかる消防防火対象物用途判定早
　　わかり 2訂版 …………………… 203
　一目でわかる消防防火対象物用途判定早
　　わかり 3訂版 …………………… 203
　一目でわかる予防実務 2訂版 ……… 204
　用途別防火（防災）管理＆消防用設備等
　　早見集 …………………………… 204
消防設備法令研究会
　消防設備法令等実務事典 …………… 210

事故・災害レファレンスブック　259

しよう　　　　　　　著編者名索引

消防大学校消防研究センター
　太陽光発電システム火災と消防活動にお
　　ける安全対策 ………………………… 203
消防庁
　危険物六法 平成10年新版 ………… 163
　救急・救助六法 平成10年度版 ……… 11
　実践的な防災訓練の普及に向けた事例調
　　査報告書 ………………………………… 25
　消防白書 平成2年版 ……………… 44
　消防白書 平成3年版 ……………… 44
　消防白書 平成4年版 ……………… 44
　消防白書 平成5年版 ……………… 44
　消防白書 平成6年版 ……………… 44
　消防白書 平成7年版 ……………… 44
　消防白書 平成8年版 ……………… 45
　消防白書 平成9年版 ……………… 45
　消防白書 平成10年版 ……………… 45
　消防白書 平成11年版 ……………… 45
　消防白書 平成12年版 ……………… 45
　消防白書 平成13年版 ……………… 45
　消防白書 平成15年版 ……………… 45
　消防白書 平成16年版 ……………… 46
　消防白書 平成17年版 ……………… 46
　消防白書 平成18年版 ……………… 46
　消防白書 平成19年版 ……………… 46
　消防白書 平成20年版 ……………… 47
　消防白書 平成21年版 ……………… 47
　消防白書 平成22年版 ……………… 47
　消防白書 平成23年版 ……………… 47
　消防白書 平成24年版 ……………… 47
　消防白書 平成25年版 ……………… 47
　消防白書 平成26年版 ……………… 48
　全国消防便覧 平成23年度版 …… 206
　全国消防便覧 平成25年度版 …… 206
消防庁危険物規制課
　早わかり危険物関係法令集 ………… 165
消防庁救急救助課
　救急・救助六法 平成2年版 ……… 11
消防庁消防課
　全国消防便覧 平成3年度版 ……… 205
　全国消防便覧 平成9年度版 ……… 205
消防庁震災対策指導室
　地震防災対策ハンドブック ………… 89
消防庁総務課
　消防小六法 平成3年版 …………… 209
消防庁防災課
　防災六法 平成3年版 ……………… 51
　防災六法 平成5年版 ……………… 51

消防庁予防課
　消防設備等関係法令集 …………… 209
情報通信総合研究所
　情報通信アウトルック 2012 ……… 14
消防法規研究会
　消防基本六法 平成13年新版 ……… 208
　消防基本六法 平成18年新版 ……… 208
　消防基本六法 平成20年新版 ……… 208
　消防基本六法 平成21年新版 ……… 208
　消防基本六法 平成21年新版 第2版 … 208
　消防基本六法 平成22年新版 ……… 208
　消防基本六法 平成22年新版 2版 … 208
　消防基本六法 平成22年新版 3版 … 209
　消防基本六法 平成23年新版 ……… 209
　消防基本六法 平成24年新版 新版 … 209
　消防基本六法 平成25年新版 ……… 209
　消防基本六法 平成26年新版 ……… 209
　消防設備早見帖 12訂版 …………… 209
　防火管理六法 平成19年新版 ……… 204
　防火管理六法 平成19年新版 2版 … 204
　防火管理六法 平成20年新版 2版 … 204
　防火管理六法 平成20年新版 ……… 204
　防火管理六法 平成21年新版 ……… 204
　防火管理六法 平成21年新版 2版 … 204
　防火管理六法 平成24年新版 ……… 204
消防法逐条用語研究会
　消防法の中の基礎用語 10訂 ……… 205
消防法令実務研究会
　消防設備危険物関係用語・手続事典 … 209
助成財団センター
　助成団体要覧 2012 ………………… 76
白木屋
　日本災害資料集 火災編第1巻 …… 216
白木屋調査部
　日本災害資料集 火災編第1巻 …… 216
次郎丸 誠男
　危険物規制と防災安全 …………… 162
人事院災害補償研究会
　国家公務員災害補償関係法令集 平成3年
　　版 …………………………………… 141
　国家公務員災害補償関係法令集 平成5年
　　版 …………………………………… 141
　国家公務員災害補償関係法令集 平成9年
　　版 …………………………………… 141
　国家公務員災害補償実務のてびき 平成
　　10年版 ……………………………… 139
陣内 秀信
　江戸東京学事典 新装版 ……………… 6

260　事故・災害レファレンスブック

人文地理学会文献目録編集委員会
地理学文献目録 第9集（1987〜1991）
.... 55
地理学文献目録 第10集（1992〜1996）
.... 55
地理学文献目録 第11集 55
地理学文献目録 第12集 55

【す】

水産庁漁政部漁業保険課
漁業災害補償関係法令集 60
水防ハンドブック編集委員会
実務者のための水防ハンドブック ... 71
末次 忠司
河川技術ハンドブック 71
これからの都市水害対応ハンドブック
.... 71
菅井 裕行
重症児者の防災ハンドブック 16
鈴木 栄子
発達障害児者の防災ハンドブック ... 16
鈴木 二郎
社会人類学年報 Vol.32.（2006） ... 84
鈴木 哲司
水難救助ハンドブック 193
須田 清
医療法務／医療の安全管理 168
須藤 茂
世界の火山図鑑 90
スマーテック
気象 64
住 明正
岩波講座 地球惑星科学 14 56
キーワード 気象の事典 63

【せ】

生活情報センター編集部
住まいと暮らしのデータブック 2004年
版 203
生活と経済
数字でツカめ生活のリスク 2005 前編
.... 26

生活・福祉技術センター
事故情報収集制度報告書 平成17年度
.... 115
事故情報収集制度報告書 平成18年度
.... 115
事故情報収集制度報告書 平成19年度
.... 116
静電気学会
新版 静電気ハンドブック 101
製品評価技術基盤機構
事故情報収集制度報告書 平成12年度
.... 115
事故情報収集制度報告書 平成13年度
.... 115
事故情報収集制度報告書 平成14年度
.... 115
事故情報収集制度報告書 平成15年度
.... 115
事故情報収集制度報告書 平成16年度
.... 115
関 東一
実例に学ぶ消防法令解釈の基礎 5訂 ... 208
関口 理郎
新版 気象ハンドブック 63
全国消防組織研究会
全国消防便覧 平成13年度版 205
全国消防便覧 平成15年度版 206
全国消防便覧 平成17年度版 206
全国消防便覧 平成19年度版 206
全国消防便覧 平成21年度版 206
全国労働安全衛生センター連絡会議
外国人労働者の労災白書 92年版 ... 123
全国労働基準関係団体連合会
派遣・請負の労務と安全衛生 改訂版 第
2版 146
船舶安全法関係条約研究会
1994年海上人命安全条約 197

【そ】

相馬 一亥
イラスト＆チャートでみる急性中毒診療
ハンドブック 167
総務省消防庁
逐条解説 消防法 第2版 212
総務庁
交通安全白書 平成2年版 169

事故・災害レファレンスブック　261

交通安全白書 平成3年版 ……………… 170
交通安全白書 平成4年版 ……………… 170
交通安全白書 平成5年版 ……………… 170
交通安全白書 平成6年版 ……………… 170
交通安全白書 平成7年版 ……………… 170
交通安全白書 平成8年版 ……………… 170
交通安全白書 平成9年版 ……………… 170
交通安全白書 平成10年版 …………… 171
交通安全白書 平成11年版 …………… 171
交通安全白書 平成12年版 …………… 171

総務庁長官官房交通安全対策室
交通安全対策実務必携 平成10年版 … 175
交通安全対策実務必携 平成11年版 … 175

総務庁行政監察局
震災対策の充実のために ………… 89

総務庁長官官房交通安全対策室
交通安全対策実務必携 平成2年版 …… 174
交通安全対策実務必携 平成3年版 …… 175
交通安全対策実務必携 平成4年版 …… 175
交通安全対策実務必携 平成7年版 …… 175
交通安全対策実務必携 平成8年版 …… 175
図説交通安全 平成10年版 ………… 183
図説交通安全 平成11年版 ………… 183

総理府地震調査研究推進本部地震調査委員会
日本の地震活動 第1版追補版 ……… 86

総理府阪神・淡路復興対策本部事務局
阪神・淡路大震災復興誌 …………… 83

曽我 陽一
Q&A震災と住まいの法律相談 ……… 86

【た】

第一協同法律事務所
Q&A震災後の人事労務・賃金管理 …… 86

大成出版社編集部
津波防災地域づくり法ハンドブック …… 90

大日本雄辯會講談社
日本災害資料集 火災編第2巻 …… 78, 216

平 朝彦
岩波講座 地球惑星科学 14 ………… 56

高木 仁三郎
原発をよむ ………………………… 102

高崎 真一
除染電離則の理論と解説 ………… 104

高野 真人
要約交通事故判例140 …………… 182

高橋 裕
岩波講座 地球環境学 7 …………… 70

高橋 洋平
現代的学校マネジメントの法的論点厳選
10講 ……………………………… 33

宝 馨
岩波講座 地球環境学 7 …………… 70
自然災害と防災の事典 …………… 59

瀧本 浩一
地域防災とまちづくり 増補改訂版 …… 34

竹内 宏
アンケート調査年鑑 2011年版（vol.24）
…………………………………… 77

竹内 誠
江戸東京学事典 新装版 …………… 6

竹田 悦子
地球の危機 普及版 ………………… 59

武田 康男
いちばんやさしい天気と気象の事典 … 62

武村 雅之
日本被害地震総覧 ………………… 74

武山 裕一
重症児者の防災ハンドブック ……… 16

立田 慶裕
教師のための防災教育ハンドブック 増
補改訂版 ………………………… 30

立石 友男
地図でみる東日本の古代 …………… 9

田中 総一郎
重症児者の防災ハンドブック ……… 16

田中 敬文
NPO NGO事典 …………………… 17

田中 哮義
日本災害資料集 火災編第1巻 ……… 216
日本災害資料集 火災編第2巻 …… 78, 216
日本災害資料集 火災編第3巻 ……… 216
日本災害資料集 火災編第4巻 ……… 216
日本災害資料集 火災編第5巻 ……… 88
日本災害資料集 火災編第6巻 ……… 202

田中 哲郎
最新Q&A 教師のための救急百科 …… 31

田辺 平学
日本災害資料集 火災編第1巻 ……… 216

棚村 政行
　子どもと法 ……………………………… 33
玉木 貴
　被災生活ハンドブック ……………… 17
田村 昌三
　安全の百科事典 …………………… 19
　危険物の事典 ……………………… 160
ダンロップ，ストーム
　気象大図鑑 ……………………………… 64

【ち】

地学団体研究会長野支部「長野の大地」編集委
　員会
　長野の大地 ……………………………… 79
地球環境工学ハンドブック編集委員会
　地球環境工学ハンドブック ……… 57, 96
地球環境情報センター
　環境記事索引 ’92年版 ……………… 53
　環境記事索引 ’93年版 ……………… 53
　環境記事索引 ’94年版 ……………… 53
地球環境データブック編集委員会
　ひと目でわかる地球環境データブック
　……………………………………… 57, 97
中央氣象臺
　日本災害資料集 地震編第1巻 ……… 79
　日本災害資料集 地震編第5巻 ……… 80
中央防災会議内閣府政策統括官
　防災基本計画 平成14年4月 ………… 20
中央労働災害防止協会
　あなたの職場の安全点検 第2版 …… 159
　安全衛生通達要覧 平成21年版 …… 150
　安全衛生通達要覧 平成22年版 …… 150
　安全衛生通達要覧 平成23年版 …… 150
　安全衛生年鑑 平成14年版 ………… 148
　安全衛生法令要覧 平成13年版 …… 151
　安全衛生法令要覧 平成14年版 …… 151
　安全衛生法令要覧 平成15年版 …… 151
　安全衛生法令要覧 平成16年版 …… 151
　安全衛生法令要覧 平成17年版 …… 151
　安全衛生法令要覧 平成18年版 …… 151
　安全衛生法令要覧 平成20年版 …… 152
　安全衛生法令要覧 平成21年版 …… 152
　安全衛生法令要覧 平成22年版 …… 152
　安全衛生法令要覧 平成23年版 …… 152

　安全衛生法令要覧 平成24年版 …… 152
　安全衛生法令要覧 平成25年版 …… 152
　安全の指標 平成17年度 …………… 124
　安全の指標 平成18年度 …………… 124
　安全の指標 平成19年度 …………… 124
　安全の指標 平成21年度 …………… 124
　安全の指標 平成22年度 …………… 124
　安全の指標 平成23年度 …………… 124
　安全の指標 平成24年度 …………… 124
　安全の指標 平成26年度 …………… 124
　石綿障害予防規則の解説 第3版 …… 137
　石綿障害予防規則の解説 第4版 …… 138
　石綿障害予防規則の解説 第5版 …… 138
　危険予知活動トレーナー必携 2002 … 159
　グラフィック労働災害統計 平成21年版
　……………………………………… 128
　経営者のための安全衛生のてびき 第6
　版 ………………………………… 146
　交通危険予知活動トレーナー必携 2002
　……………………………………… 159
　ゼロ災運動推進者ハンドブック 2002
　……………………………………… 159
　ゼロ災運動推進者ハンドブック 第2版
　……………………………………… 159
　特定化学物質障害予防規則の解説 第15
　版 ………………………………… 164
　派遣・請負の労務と安全衛生 改訂版.
　第2版 …………………………… 146
　労働衛生のしおり 平成18年度 …… 147
　労働衛生のしおり 平成19年度 …… 147
　労働衛生のしおり 平成20年度 …… 147
　労働衛生のしおり 平成21年度 …… 147
　労働衛生のしおり 平成22年度 …… 147
　労働衛生のしおり 平成23年度 …… 147
　労働衛生のしおり 平成24年度 …… 147

【つ】

通商産業省
　かしこい消費生活へのしおり 平成7年
　版 ………………………………… 113
通商産業省産業政策局
　事故情報収集制度報告書 平成2年度 説
　明編 ……………………………… 114
　事故情報収集制度報告書 平成2年度 明
　細編 ……………………………… 114
　事故情報収集制度報告書 平成3年度 説
　明編 ……………………………… 114

事故情報収集制度報告書 平成3年度 明
細編 ………………………………… 114
事故情報収集制度報告書 平成4年度 説
明編 ………………………………… 114
事故情報収集制度報告書 平成4年度 明
細編 ………………………………… 114
事故情報収集制度報告書 平成5年度 説
明編 ………………………………… 114
事故情報収集制度報告書 平成5年度 明
細編 ………………………………… 114
事故情報収集制度報告書 平成6年度 説
明編 ………………………………… 114
事故情報収集制度報告書 平成6年度 明
細編 ………………………………… 114
事故情報収集制度報告書 平成7年度 説
明編 ………………………………… 114
事故情報収集制度報告書 平成7年度 明
細編 ………………………………… 114
事故情報収集制度報告書 平成8年度 ‥ 114
事故情報収集制度報告書 平成10年度
………………………………… 114
事故情報収集制度報告書 平成11年度
………………………………… 114

通商産業省産業政策局消費経済課
かしこい消費生活へのしおり 平成11年
版 ………………………………… 113
事故情報収集制度報告書 平成7年度 ‥ 114
通商産業省産業政策局製品安全課
事故情報収集制度報告書 平成9年度 ‥ 114
通商産業省製品評価技術センター
事故情報収集制度報告書 平成9年度 ‥ 114
月谷 真紀
自分と家族を守る防災ハンドブック ‥‥ 26
津久井 雅志
北海道駒ヶ岳噴火史料集 …………… 92
鶴見 俊輔
戦後史大事典 ……………………………… 7

【て】

天気検定協会
気象と天気図がわかる本 …………… 63

【と】

外井 浩志
事典 働く者の健康・安全・衛生と補償
………………………… 100, 139
東京警察病院医療事故防止委員会
医療事故防止のためのガイドライン ‥ 168
東京災害事例研究会
災害事例 イラスト100 …………… 122
東京市
震災直後ノ市勢統計 ………………… 79
東京消防危険物行政研究会
消防法の危険物 4訂 ………………… 205
東京消防庁
火災調査参考図 4版 ………………… 202
火災予防条例の解説 7訂版 ………… 203
賢く備える防火講座 ………………… 202
国際消防ガイドブック ……………… 207
消防関係法令集 平成26年度版 …… 208
消防法の危険物 4訂 ………………… 205
図解危険物施設基準の早わかり 1 10訂
………………………………… 164
防火・防災管理の知識 改訂版 ……… 28
防火・防災管理の実務 増補改訂版 ‥ 203
東京消防庁救急部
救急実務ハンドブック 改訂版 ……… 10
東京消防庁警防研究会
危険物データブック 第2版 ……‥ 160, 207
東京大学地震研究所
地震・津波と火山の事典 …………… 73
東京大学社会情報研究所
1995年阪神・淡路大震災調査報告 1 ‥ 80
東京電力福島原子力発電所における事故調査・
検証委員会
政府事故調 中間・最終報告書 ……… 103
東京都社会福祉協議会
災害時要援護者支援活動事例集 ……… 15
東京都総務局統計部統計調整課
東京都統計年鑑 第50回（平成10年）
………………………………… 217
東京都総務局災害対策部防災計画課
阪神・淡路大震災調査報告書 ……… 80
東京都総務局総合防災部防災対策課
首都直下地震等対処要領 …………… 89

著編者名索引　　　　　ないか

東京都総務局統計部統計調整課
　東京都統計年鑑　第42回（平成2年）　····　217
　東京都統計年鑑　第49回（平成9年）　····　217
　東京都統計年鑑　第51回（平成11年）
　　·······························　217
東京都福祉保健局保健政策部疾病対策課
　災害時における透析医療活動マニュアル
　　改訂版　·······················　11
東京都立大学社会人類学会
　社会人類学年報　Vol.32.（2006）　········　84
東京弁護士会法友会東日本大震災復興支援特別
　委員会
　「3・11」震災法務Q&A　·················　77
東京防災設備保守協会
　防火管理者・防災管理者の役割と仕事　···　28
東京連合防火協会
　危険物データブック　第2版　······　160, 207
道路管理瑕疵研究会
　道路管理瑕疵判例ハンドブック　······　173
　道路管理瑕疵判例ハンドブック　改訂版
　　·····························　173
　道路管理瑕疵判例ハンドブック　第2次改
　　訂版　························　173
十勝沖地震調査委員會
　日本災害資料集　地震編第6巻　··········　75
土岐　憲三
　地震防災の事典　··················　88
毒物劇物安全対策研究会
　最新　毒物劇物取扱の手引　·········　160
都市防災実務ハンドブック編集委員会
　都市防災実務ハンドブック　········　90
　都市防災実務ハンドブック　震災に強い
　　都市づくり・地区まちづくりの手引　改
　　訂　························　34
都市緑化技術開発機構
　防災公園　計画・設計ガイドライン　·····　20
戸田　圭一
　自然災害と防災の事典　················　59
鳥取市大火災誌編纂委員会
　日本災害資料集　火災編第4巻　········　216
利根川文化研究会
　利根川荒川事典　··················　70
土木学会
　都市ライフラインハンドブック　········　35
土木学会地盤工学委員会火山工学研究小委員会
　火山工学入門　応用編　················　91

富永　健一
　戦後史大事典　·······················　7
鳥海　光弘
　岩波講座　地球惑星科学　14　············　56

【な】

内閣府
　交通安全白書　平成13年版　············　171
　交通安全白書　平成14年版　············　171
　交通安全白書　平成15年版　············　171
　交通安全白書　平成16年版　············　171
　交通安全白書　平成17年版　············　171
　交通安全白書　平成18年版　············　171
　交通安全白書　平成19年版　············　171
　交通安全白書　平成20年版　············　172
　交通安全白書　平成21年版　············　172
　交通安全白書　平成22年版　············　172
　交通安全白書　平成23年版　············　172
　交通安全白書　平成24年版　············　172
　交通安全白書　平成25年版　············　172
　交通事故の状況及び交通安全施策の現況
　　平成25年度　交通安全施策に関する計
　　画　平成26年度　······················　183
　自殺対策白書　平成19年版　············　43
　自殺対策白書　平成20年版　············　43
　自殺対策白書　平成21年版　············　43
　自殺対策白書　平成22年版　············　43
　自殺対策白書　平成23年版　············　43
　自殺対策白書　平成24年版　············　44
　自殺対策白書　平成25年版　············　44
　防災・危機管理六法　平成13年版　······　51
　防災白書　平成13年版　··············　22
　防災白書　平成14年版　··············　23
　防災白書　平成15年版　··············　23
　防災白書　平成16年版　··············　23
　防災白書　平成17年版　··············　23
　防災白書　平成18年版　··············　23
　防災白書　平成19年版　··············　23
　防災白書　平成20年版　··············　23
　防災白書　平成21年版　··············　23
　防災白書　平成22年版　··············　23
　防災白書　平成23年版　··············　24
　防災白書　平成24年版　··············　24
　防災白書　平成25年版　··············　24
　我が国における自殺の概要及び自殺対策
　　の実施状況　平成25年度　············　49

事故・災害レファレンスブック　　265

ないか　　　　　　　　　　　著編者名索引

内閣府政策統括官
　地域の経済 2012 ……………………… 76
内閣府政策統括官室（経済財政分析担当）
　地域の経済 2011 ……………………… 74
内閣府政策統括官（防災担当）
　防災・危機管理六法 平成13年版 ……… 51
　防災・危機管理六法 平成15年版 ……… 51
　防災・危機管理六法 平成17年版 ……… 51
中井 里史
　環境と健康の事典 ……………………… 56, 95
中井 多喜雄
　イラストでわかる消防設備士用語集 ‥ 204
長廻 紘
　技師とナースのための消化管内視鏡ハン
　　ドブック ……………………………… 168
中田 節也
　火山の事典 第2版 ……………………… 91
中田 誠
　事故に遭いたくない人のためのダイビン
　　グ生き残りハンドブック ………… 93
中辻 啓二
　岩波講座 地球環境学 7 ……………… 70
長野 典右
　社会福祉に関する法とその展開 ……… 49
中原 俊隆
　学校医・学校保健ハンドブック ……… 30
中村 清二
　日本災害資料集 火災編第2巻 … 78, 216
中村 浩美
　地球の危機 普及版 …………………… 59
中村 政則
　戦後史大事典 …………………………… 7
　年表昭和・平成史 ……………………… 6
「なくそう! 子どもの貧困」全国ネットワーク
　大震災と子どもの貧困白書 …………… 75
名古屋消防技術センター
　図解消防救助技術の基本 ……………… 207
浪本 勝年
　教育判例ガイド ………………………… 33
成瀬 臣彦
　最新版 テーピング・ハンディマニュア
　　ル ……………………………………… 11

【に】

新居 六郎
　危険物ハンドブック …………………… 13
　危険物ハンドブック 普及版 ………… 160
西 勝英
　薬・毒物中毒救急マニュアル 改訂6版
　………………………………………… 168
西 玲子
　薬・毒物中毒救急マニュアル 改訂6版
　………………………………………… 168
日外アソシエーツ
　環境問題文献目録 2000-2002 ……… 54
　環境問題情報事典 ……………………… 56
　環境問題文献目録 2003-2005 ……… 54
　原子力問題図書・雑誌記事全情報 1985-
　　1999 …………………………………… 102
　災害・防災の本全情報 1995-2004 ‥ 1
　地球・自然環境の本全情報 45-92 … 54
　地球・自然環境の本全情報 1993-1998
　………………………………………… 54
　地球・自然環境の本全情報 1999-2003
　………………………………………… 55
　読書案内 続・大事件を知る本 ……… 4
　読書案内 大事件を知る本 …………… 5
　阪神・淡路大震災関連文献目録 1995 -
　　2000 …………………………………… 80
　労働・雇用問題文献目録 1990-2004 ‥ 119
日外アソシエーツ株式会社
　環境問題文献目録 2006-2008 ……… 54
　原子力問題図書・雑誌記事全情報 2000-
　　2011 …………………………………… 102
　災害・防災の本全情報 2004-2012 …… 1
　台風・気象災害全史 ……………… 66, 69
　地球・自然環境の本全情報 2004-2010
　………………………………………… 55
　統計図表レファレンス事典 事故・災害
　………………………………………… 1
　読書案内「戦国」を知る本 2 ……… 4
日外アソシエーツ編集部
　環境問題記事索引 1988-1997 ……… 54
　環境問題記事索引 1998 …………… 53
　環境問題記事索引 1999 …………… 53
　産業災害全史 …………………………… 100
　地震・噴火災害全史 …………………… 73
　昭和災害史事典 3 ……………………… 7
　昭和災害史年表事典 2 昭和21年～昭和

266　事故・災害レファレンスブック

35年 ……………………………… 7
世界災害史事典 1945-2009 ………… 5
読書案内「昭和」を知る本 2 ………… 4
日本医療史事典 ……………………… 167
日本交通史事典 1868-2009 ………… 169
日本災害史事典 1868-2009 ………… 5
平成災害史事典 平成元年～平成10年
……………………………………… 8
平成災害史事典 平成11年～平成15年
……………………………………… 8
平成災害史事典 平成16年～平成20年
……………………………………… 8
平成災害史事典 平成21年～平成25年
……………………………………… 8
日刊工業出版プロダクション
　環境ソリューション企業総覧 2012年度
　版（Vol.12）………………………… 21
新田 尚
　キーワード 気象の事典 …………… 63
　新版 気象ハンドブック …………… 63
日本財団次の災害に備える企画実行委員会
　『避難所』から『被災者支援拠点』へ … 10
日本医療福祉建築協会
　医療・高齢者施設の計画法規ハンドブッ
　ク ……………………………………… 29
日本海難防止協会
　海の安全ハンドブック ……………… 193
日本火災学会
　火災便覧 第3版 …………………… 202
日本火山の会
　世界の火山百科図鑑 ………………… 90
日本風工学会
　風工学ハンドブック ………………… 70
日本河川協会
　河川便覧 1990（平成2年版）………… 72
　河川便覧 1996 ……………………… 72
　河川便覧 1998 ……………………… 72
　河川便覧 2000 ……………………… 72
　河川便覧 2004 ……………………… 72
　河川便覧 2006 ……………………… 72
　国土交通省河川砂防技術基準 同解説・計
　画編 ………………………………… 71
　日本河川水質年鑑 1989 …………… 98
　日本河川水質年鑑 1990 …………… 99
　日本河川水質年鑑 1991 …………… 99
　日本河川水質年鑑 1992 …………… 99
　日本河川水質年鑑 1993 …………… 99
　日本河川水質年鑑 1995 …………… 99
　日本河川水質年鑑 1996 …………… 99

　日本河川水質年鑑 1997 …………… 100
　日本河川水質年鑑 1998 …………… 100
日本看護協会
　看護白書 平成24年版 ……………… 12
日本規格協会
　JISハンドブック 10 ………………… 100
　JISハンドブック 21 ………………… 101
　JISハンドブック 36 ………………… 101
　JISハンドブック 2003 36 ………… 101
日本気象協会
　気象年鑑 1990年版 ………………… 67
　気象年鑑 1991年版 ………………… 67
　気象年鑑 1992年版 ………………… 67
　気象年鑑 1993年版 ………………… 67
　気象年鑑 1994年版 ………………… 67
　気象年鑑 1995年版 ………………… 67
　気象年鑑 1996年版 ………………… 67
　気象年鑑 1997年版 ………………… 67
　気象年鑑 1998年版 ………………… 67
　気象年鑑 1999年版 ………………… 68
　気象年鑑 2000年版 ………………… 68
　気象年鑑 2001年版 ………………… 68
　気象年鑑 2002年版 ………………… 68
日本原子力産業会議
　原子力年鑑 '96 …………………… 111
　放射性物質等の輸送法令集 2002年度版
　……………………………………… 104
日本原子力産業協会
　原子力年鑑 2012 …………………… 111
　原子力年鑑 2013 …………………… 111
　原子力年鑑 2014 …………………… 112
日本建築学会
　1994年北海道東方沖地震災害調査報告・
　1994年三陸はるか沖地震災害調査報
　告 …………………………………… 75
　2004年10月23日新潟県中越地震災害調査
　報告 ………………………………… 79
　阪神・淡路大震災調査報告 建築編 6 … 82
　阪神・淡路大震災調査報告 建築編 9 … 82
日本建築構造技術者協会
　耐震構造設計ハンドブック ………… 89
日本建築防災協会
　建築防火防災法規の解説 3訂版 … 90, 203
日本航空広報部
　航空実用事典 改訂新版 …………… 200
日本港湾経済学会
　海と空の港大事典 ………………… 169

日本産業廃棄物処理振興センター
　廃棄物処理法令・通知集　平成25年版 … 77
日本地震学会
　学術用語集　増訂版 ………………… 86
日本自然災害学会
　防災事典 …………………………… 19
日本住宅会議
　住宅白書 1996年版 ………………… 84
　住宅白書 2002‐2003 ……………… 18
日本情報処理開発協会
　情報化白書 1995 …………………… 15
日本消防設備安全センター
　消防設備六法　平成9年度版 ………… 210
　消防設備六法　平成10年度版 ………… 210
　消防設備六法　平成11年度版 ………… 210
　消防設備六法　平成12年度版 ………… 210
　消防設備六法　平成13年度版 ………… 210
　消防設備六法　平成14年度版 ………… 210
　消防設備六法　平成15年度版 ………… 210
　消防設備六法　平成16年度版 ………… 210
　消防設備六法　平成17年度版 ………… 210
　消防設備六法　平成18年度版 ………… 210
　消防設備六法　平成19年度版 ………… 211
　消防設備六法　平成20年度版 ………… 211
　消防設備六法　平成21年度版 ………… 211
　消防設備六法　平成22年度版 ………… 211
　消防設備六法　平成23年度版 ………… 211
　消防設備六法　平成24年度版 ………… 211
　消防設備六法　平成25年度版 ………… 211
　消防予防小六法　平成10年度版 ……… 212
　消防予防小六法　平成11年度版 ……… 212
　消防予防小六法　平成12年度版 ……… 212
　消防予防小六法　平成13年度版 ……… 212
　消防予防小六法　平成15年度版 ……… 212
　消防予防小六法　平成16年度版 ……… 212
　予防消防六法　平成18年度版 ………… 216
日本人事行政研究所
　健康安全関係法令集　平成26年版 …… 166
　国家公務員災害補償関係法令集　平成3年
　　版 ……………………………… 141
　国家公務員災害補償関係法令集　平成5年
　　版 ……………………………… 141
　国家公務員災害補償関係法令集　平成9年
　　版 ……………………………… 141
　国家公務員災害補償関係法令集　平成12
　　年版 …………………………… 141
　国家公務員災害補償関係法令集　平成14
　　年版 …………………………… 141
　国家公務員災害補償関係法令集　平成16

　　年版 …………………………… 141
　国家公務員災害補償関係法令集　平成20
　　年版 …………………………… 141
　国家公務員災害補償関係法令集　平成23
　　年版 …………………………… 141
　国家公務員災害補償関係法令集　平成25
　　年版 …………………………… 142
日本新聞協会
　日本新聞年鑑 2012 ………………… 15
日本スポーツ振興センター
　災害共済給付ハンドブック ………… 93
日本雪氷学会
　雪と氷の事典 ……………………… 72
日本損害保険協会
　国内外の安全防災に係わる法令・規則　平
　　成2年度業務 …………………… 51
日本大学生物資源科学部全国農村サミット運営
　委員会
　全国農村サミット 2009 …………… 60
日本電気協会
　続編　電気設備事故事例集 ………… 138
日本道路協会
　道路震災対策便覧　震後対策編 ……… 13
　道路震災対策便覧　震災復旧編　改訂版
　　……………………………… 13
　道路震災対策便覧　震前対策編　改訂版
　　……………………………… 13
　道路震災対策便覧　震災危機管理編 … 14
日本雪崩ネットワーク
　雪崩ハンドブック ………………… 72
日本能率協会総合研究所
　防犯・防災関係データ集 2006 ……… 25
日本発達障害ネットワーク（JDDネット）
　発達障害年鑑 VOL.4 ……………… 16
日本発達障害福祉連盟
　発達障害白書 2013年版 …………… 16
日本発達心理学会
　発達科学ハンドブック 7 …………… 2
日本病院管理学会
　医療安全用語事典 ………………… 167
日本弁護士連合会
　弁護士白書 2012年版 ……………… 112
日本保安用品協会
　保護具ハンドブック ……………… 159
　保護具ハンドブック　第3版 ……… 159
日本防炎協会
　防炎用語ハンドブック …………… 203

著編者名索引　　はきわ

日本ボランティアコーディネーター協会
　ボランティアコーディネーター白書 2010-
　2012年版 ………………………… 18
日本リスク研究学会
　リスク学事典 ……………………… 1
　リスク学事典 増補改訂版 …………… 2
日本臨床救急医学会「自殺企図者のケアに関す
る検討委員会」
　救急医療における精神症状評価と初期診
　療PEECガイドブック …………… 168
日本臨床救急医学会
　救急医療における精神症状評価と初期診
　療PEECガイドブック …………… 168
日本臨床整形外科学会
　Q&A 交通事故診療ハンドブック 改訂
　版 ………………………………… 174
日本労働組合総連合会
　労災防止活動推進ハンドブック … 166
　労災防止活動推進ハンドブック 改訂3
　版 ………………………………… 166
日本労働研究機構
　データブック国際労働比較 1999 …… 130
　データブック国際労働比較 2000 …… 130
　データブック国際労働比較 2001年版
　………………………………… 130
　データブック国際労働比較 2002年版
　………………………………… 131
日本労働研究機構計量情報部
　データブック国際労働比較 2003年版
　………………………………… 131
饒村 曜
　雨と風の事典 …………………… 69

【ぬ】

布村 明彦
　地球温暖化図鑑 ………………… 64

【の】

農文協
　稲作大百科 2 第2版 …………… 60
農林水産業災害関係法令研究会
　農林水産業災害六法 平成15年版 …… 60

農林水産省
　食料・農業・農村白書 平成24年版 … 112
農林水産省経済局統計情報部
　農作物災害種類別被害統計 平成元年 … 60
　農作物災害種類別被害統計 平成7年 … 60
農林水産省大臣官房統計情報部
　農作物災害種類別被害統計 平成12年
　………………………………… 60
　農作物災害種類別被害統計 平成13年
　………………………………… 61
　農作物災害種類別被害統計 平成14年
　………………………………… 61
農林水産省大臣官房統計部
　農作物災害種類別被害統計 平成15年
　………………………………… 61
　農作物災害種類別被害統計 平成16年
　………………………………… 61
　農作物災害種類別被害統計 平成17年
　………………………………… 61
　農作物災害種類別被害統計 平成18年
　………………………………… 61
　農作物災害種類別被害統計 平成20年
　………………………………… 62
　農作物災害種類別被害統計 平成21年
　………………………………… 62
　農作物災害種類別被害統計 平成22年
　………………………………… 62
　農作物災害種類別被害統計 平成23年
　………………………………… 62
　農作物災害種類別被害統計 平成24年
　………………………………… 62
農林水産大臣官房統計部
　農作物災害種類別被害統計 平成19年
　………………………………… 62
野口 邦和
　原発・放射能キーワード事典 ……… 102
野口 武悟
　3.11の記録 テレビ特集番組篇 ……… 76

【は】

廃棄物研究財団
　廃石綿等処理マニュアル …………… 137
芳賀 徹
　江戸東京学事典 新装版 …………… 6
萩原 幸男
　災害の事典 ……………………… 56

事故・災害レファレンスブック　*269*

箱崎 幸也
　災害・健康危機管理ハンドブック ……… 11
箱田 英子
　教育判例ガイド ………………………… 33
函館消防本部
　日本災害資料集 火災編第3巻 ……… 216
橋本 学
　自然災害と防災の事典 ………………… 59
パスコ災害緊急撮影プロジェクト
　語りかける国土 第5版 ……………… 58
長谷川 徹也
　みんなで進める!職場改善ブック …… 160
長谷川 秀吉
　小学校・中学校 理科薬品ハンドブック
　　新訂版 ………………………………… 32
秦野市教育研究所
　子どもの命を守る防災教育 実践活用編
　　…………………………………………… 31
働くもののいのちと健康を守る全国センター
　働くもののメンタルヘルス ………… 122
服部 明彦
　よくわかるガソリンスタンドの消防基
　　準 …………………………………… 204
花嶋 正孝
　クローズドシステム処分場技術ハンド
　　ブック ………………………………… 31
羽成 守
　Q&A 交通事故診療ハンドブック 改訂
　　版 …………………………………… 174
　製造物責任 …………………………… 113
花輪 稔
　学校運営便覧 …………………………… 30
羽根田 治
　レスキュー・ハンドブック ………… 11
　レスキュー・ハンドブック 新版 …… 11
馬場・沢田法律事務所
　震災における不動産の法律問題 ……… 86
原 由美子
　3.11の記録 テレビ特集番組篇 ……… 76
原沢 英夫
　環境と健康の事典 ……………… 56, 95
阪神・淡路大震災調査報告編集委員会
　阪神・淡路大震災調査報告 ……… 81, 80
　阪神・淡路大震災調査報告 機械編 … 81
　阪神・淡路大震災調査報告 共通編 1 … 81
　阪神・淡路大震災調査報告 共通編 2 … 81
　阪神・淡路大震災調査報告 共通編 3 … 81

　阪神・淡路大震災調査報告 建築編 1 … 81
　阪神・淡路大震災調査報告 建築編 2 … 81
　阪神・淡路大震災調査報告 建築編 3 … 81
　阪神・淡路大震災調査報告 建築編 4 … 81
　阪神・淡路大震災調査報告 建築編 5 … 82
　阪神・淡路大震災調査報告 建築編 7 … 82
　阪神・淡路大震災調査報告 建築編 8 … 82
　阪神・淡路大震災調査報告 建築編 9 … 82
　阪神・淡路大震災調査報告 建築編 10
　　…………………………………………… 82
　阪神・淡路大震災調査報告 土木・地盤
　　2 ……………………………………… 82
　阪神・淡路大震災調査報告 土木・地盤
　　3 ……………………………………… 82
　阪神・淡路大震災調査報告 土木・地盤
　　4 ……………………………………… 82
　阪神・淡路大震災調査報告 土木・地盤
　　5 ……………………………………… 82
　阪神・淡路大震災調査報告 土木・地盤
　　7 ……………………………………… 82
　阪神・淡路大震災調査報告 土木・地盤
　　8 ……………………………………… 82
　阪神・淡路大震災調査報告 土木・地盤
　　9 ……………………………………… 82
　阪神・淡路大震災調査報告 土木・地盤
　　12 …………………………………… 83
半田 幸子
　地球の危機 普及版 …………………… 59

【ひ】

檜浦 徳行
　労働災害が発生したときの企業の対応・
　　手続ハンドブック ………………… 140
ひょうご震災記念21世紀研究機構災害対策全
書編集企画委員会
　災害対策全書 1 ……………………… 2
　災害対策全書 2 ……………………… 9
　災害対策全書 3 ……………………… 17
　災害対策全書 4 ……………………… 20
平岡 成明
　現場技術者のための安全管理ポケット
　　ブック ……………………………… 137
平野 敏右
　環境・災害・事故の事典 …………… 6
ビーレンス, Joost J.L.M.
　水難救助ハンドブック ……………… 193

【ふ】

福井縣
日本災害資料集 地震編第4巻 ·········· 79
福岡管区気象台
九州・山口県防災気象情報ハンドブック
2014 ································· 59
福田 幾夫
災害に強い病院であるために ·········· 31
福永 栄子
薬・毒物中毒救急マニュアル 改訂6版
······································ 168
福原 英起
社会福祉に関する法とその展開 ········ 49
藤井 敏嗣
地震・津波と火山の事典 ··············· 73
藤木 久志
日本中世気象災害史年表稿 ············· 65
藤田 英夫
企業リスク白書 2006年版 ············· 28
企業リスク白書 2008年版 ············· 29
企業リスク白書 2011年 春号 ··········· 29
ニュービジネス白書 2010／2011年版
···································· 112
藤谷 徳之助
気象 ································· 64
藤吉 洋一郎
NHK20世紀日本 大災害の記録 ·········· 6
藤原 尚雄
レスキュー・ハンドブック ············· 11
レスキュー・ハンドブック 新版 ········ 11
交通事故民事裁判例集 第34巻 第3号
······································ 179
復興まちづくり研究会
復興まちづくり実践ハンドブック ······ 17
船木 正文
教育判例ガイド ····················· 33
船水 尚行
岩波講座 地球環境学 7 ················ 70
不法行為法研究会
交通事故民事裁判例集 第20巻 索引・解
説号 ······························ 177
交通事故民事裁判例集 第21巻 第3号
······································ 177

交通事故民事裁判例集 第21巻 第4号
······································ 177
交通事故民事裁判例集 第21巻 第5号
······································ 177
交通事故民事裁判例集 第22巻 第3号
······································ 177
交通事故民事裁判例集 第22巻 第4号
······································ 177
交通事故民事裁判例集 第23巻 第1号
······································ 177
交通事故民事裁判例集 第23巻 索引・解
説号 ······························ 177
交通事故民事裁判例集 第24巻 第3号
······································ 177
交通事故民事裁判例集 第24巻 第6号
······································ 178
交通事故民事裁判例集 第25巻 第1号
······································ 178
交通事故民事裁判例集 第25巻 第2号
······································ 178
交通事故民事裁判例集 第25巻 第5号
······································ 178
交通事故民事裁判例集 第25巻 第6号
······································ 178
交通事故民事裁判例集 第26巻 第5号（平
成5年9月・10月） ·················· 178
交通事故民事裁判例集 第27巻 第4号
······································ 178
交通事故民事裁判例集 第28巻 第1号
······································ 178
交通事故民事裁判例集 第28巻 第2号
······································ 178
交通事故民事裁判例集 第28巻 索引・解
説号 ······························ 178
交通事故民事裁判例集 第29巻 第1号
······································ 178
交通事故民事裁判例集 第29巻 第4号
······································ 178
交通事故民事裁判例集 第29巻 第5号
······································ 178
交通事故民事裁判例集 第29巻 索引・解
説号 ······························ 179
交通事故民事裁判例集 第31巻 第3号（平
成10年5月・6月） ·················· 179
交通事故民事裁判例集 第32巻 第3号
······································ 179
交通事故民事裁判例集 第34巻 第3号
······································ 179
交通事故民事裁判例集 第34巻 第6号
······································ 179
交通事故民事裁判例集 第34巻 索引・解
説号 ······························ 179
交通事故民事裁判例集 第35巻 第3号
······································ 179

ふらう　　　　　　　　　著編者名索引

交通事故民事裁判例集　第35巻　第6号
　　　　　　　　　　　　　　　　　179
交通事故民事裁判例集　第36巻　第1号
　　　　　　　　　　　　　　　　　179
交通事故民事裁判例集　第36巻　第4号
　　　　　　　　　　　　　　　　　179
交通事故民事裁判例集　第36巻　索引・解
　説号 ………………………………… 180
交通事故民事裁判例集　第37巻　第1号
　　　　　　　　　　　　　　　　　180
交通事故民事裁判例集　第37巻　第3号（平
　成16年5月・6月）………………… 180
交通事故民事裁判例集　第37巻　第5号
　　　　　　　　　　　　　　　　　180
交通事故民事裁判例集　第37巻　索引・解
　説号 ………………………………… 180
交通事故民事裁判例集　第38巻　第1号
　　　　　　　　　　　　　　　　　180
交通事故民事裁判例集　第38巻　第2号
　　　　　　　　　　　　　　　　　180
交通事故民事裁判例集　第38巻　第3号
　　　　　　　　　　　　　　　　　180
交通事故民事裁判例集　第38巻　第4号
　　　　　　　　　　　　　　　　　180
交通事故民事裁判例集　第38巻　第5号
　　　　　　　　　　　　　　　　　180
交通事故民事裁判例集　第38巻　第6号
　　　　　　　　　　　　　　　　　180
交通事故民事裁判例集　第39巻　第1号（平
　成18年1月・2月）………………… 181
交通事故民事裁判例集　第39巻　第2号
　　　　　　　　　　　　　　　　　181
交通事故民事裁判例集　第39巻　第3号
　　　　　　　　　　　　　　　　　181
交通事故民事裁判例集　第39巻　第4号
　　　　　　　　　　　　　　　　　181
交通事故民事裁判例集　第39巻　第5号
　　　　　　　　　　　　　　　　　181
交通事故民事裁判例集　第39巻　第6号
　　　　　　　　　　　　　　　　　181
交通事故民事裁判例集　第40巻　第3号
　　　　　　　　　　　　　　　　　181
交通事故民事裁判例集　第40巻　第4号
　　　　　　　　　　　　　　　　　181
交通事故民事裁判例集　第40巻　索引・解
　説号 ………………………………… 182
交通事故民事裁判例集　第41巻　第5号
　　　　　　　　　　　　　　　　　182
交通事故民事裁判例集　第41巻　第6号
　　　　　　　　　　　　　　　　　182
交通事故民事裁判例集　第41巻　索引・解
　説号 ………………………………… 182
交通事故民事裁判例集　第43巻　第4号
　　　　　　　　　　　　　　　　　182

交通事故民事裁判例集　第43巻　第5号
　　　　　　　　　　　　　　　　　182
交通事故民事裁判例集　第43巻　索引・解
　説号 ………………………………… 182
交通事故民事裁判例集　第44巻　第5号
　　　　　　　　　　　　　　　　　182
ブラウン，サム
　製造物責任ハンドブック ………… 113
PLUGGED
　防災ピクニックが子どもを守る! …… 27
プラット，リチャード
　知られざる難破船の世界 ………… 193
ブラッドレー，アーサー・T
　自分と家族を守る防災ハンドブック … 26
古市　徹
　クローズドシステム処分場技術ハンド
　ブック ……………………………… 31
文教施設災害復旧法令研究会
　文教施設災害実務ハンドブック　第二次
　改訂版 ……………………………… 32
文献情報研究会
　災害文献大事典 …………………… 1
文書事務管理研究会
　地方自治便覧 1993 ……………… 216
　地方自治便覧 1998 ……………… 216
　地方自治便覧 2000年 …………… 216

【ほ】

防衛省
　まんがで読む防衛白書　平成22年版 ……85
法研
　社会保障便利事典　平成20年版 ……… 121
　社会保障便利事典　平成22年版 ……… 121
　社会保障便利事典　平成23年版 ……… 121
防災を考える会
　1億人の防災ハンドブック …………… 25
防災科学技術研究所
　最新防災事典 ……………………… 59
防災教育を考える会
　これだけは知っておきたい!防災ハンド
　ブック ……………………………… 26
防災行政研究会
　大規模災害における緊急消防援助隊ハン
　ドブック　4訂版 ………………… 11
　防災六法　平成8年版 …………… 51

272　　事故・災害レファレンスブック

防災六法 平成14年版 ………………… 51
防災六法 平成18年版 ………………… 51
防災計画研究会
　自治体・事業者のための防災計画作成・
　運用ハンドブック ……………… 34
法政大学大原社会問題研究所
　日本労働年鑑 第62集 (1992年版) …… 127
　日本労働年鑑 第77集／2007年版 …… 127
　日本労働年鑑 第82集 (2012年版) …… 128
干川 剛史
　災害文献大事典 ………………………… 1
北海道開発庁
　北海道開発レポート 2000 …………… 91
北海道自然エネルギー研究会
　自然エネルギーと環境の事典 ……… 102
堀 清和
　災害に負けない防災ハンドブック …… 15
堀井 雅道
　学校安全ハンドブック ……………… 30
堀切 忠和
　教職員のための学校の危機管理とクレー
　ム対応 改訂 ………………………… 30
本渡 章
　古地図が語る大災害 ………………… 9
ホンメル, ギュンター
　危険物ハンドブック ………………… 13
　危険物ハンドブック 普及版 ……… 160

【ま】

毎日新聞震災取材班
　思い刻んで ……………………………… 83
マイヤーズ, ノーマン
　地球の危機 普及版 ………………… 59
前川 あさ美
　発達科学ハンドブック 7 …………… 2
前田 愛
　江戸東京学事典 新装版 ……………… 6
牧野 国義
　環境と健康の事典 ……………… 56, 95
正村 公宏
　戦後史大事典 …………………………… 7
升田 純
　自然災害・土壌汚染等と不動産取引 ·· 58, 97

増本 清
　労働安全衛生管理実務便覧 ……… 149
増本 直樹
　労働安全衛生管理実務便覧 ……… 149
松井 孝典
　岩波講座 地球惑星科学 14 ………… 56
松井 秀樹
　震災法務Q&A ………………………… 87
松浦 律子
　日本被害地震総覧 …………………… 74
　日本歴史災害事典 ……………………… 7
松尾 一郎
　地球温暖化図鑑 ……………………… 64
マックラング, デビッド
　雪崩ハンドブック …………………… 72
松坂 晃
　発達障害児者の防災ハンドブック … 16
松島 悠佐
　大震災が遺したもの ………………… 83
松園 万亀雄
　社会人類学年報 Vol.32.(2006) …… 84
松冨 英夫
　津波の事典 縮刷版 ………………… 85
松山 セツ
　まんがで読む防衛白書 平成22年版 ···· 85
MAMA-PLUG
　防災ピクニックが子どもを守る! ……· 27
丸の内総合法律事務所
　災害時の労務管理ハンドブック ……… 28
丸山 富夫
　救急現場活動における法的判断 ……… 12

【み】

三井 香児
　救急ハンドブック …………………… 10
三上 行生
　みんなで進める!職場改善ブック … 160
水越 允治
　古記録による14世紀の天候記録 …… 65
水山 高久
　岩波講座 地球環境学 7 …………… 70
溝川 徳二
　事故・災害 92年版 …………………… 6

みとり　　　　　　著編者名索引

ミドリ安全安全衛生相談室
　業種別・作業別・法令別安全衛生用品ガ
　　イド …………………………… 159
宮沢 清治
　台風・気象災害全史 …………… 66, 69
宮田 正之
　交通事件犯罪事実記載例集 第4版 …… 175
　自動車事故・危険運転犯罪事実記載例
　　集 ………………………………… 182
宮原 守男
　交通事故損害賠償必携 平成2年11月版 資
　　料編 改訂版 ………………… 174

【む】

棟近 雅彦
　医療の質用語事典 ……………… 167
村上 陽一郎
　戦後史大事典 ……………………… 7
村武 精一
　社会人類学年報 Vol.32.(2006) ……… 84
室原 陽二
　航海当直のエンジョイブック ……… 193

【め】

目黒 公郎
　首都大地震揺れやすさマップ ……… 78
メディア・インターフェイス
　地球環境情報 1990 …………… 95
　地球環境情報 1992 …………… 95
　地球環境情報 1994 …………… 95
　地球環境情報 1996 …………… 95
　地球環境情報 1998 …………… 95

【も】

本橋 豊
　自殺対策ハンドブックQ&A ………… 20
森 健
　子どもの安全ハンドブック ………… 26

森 武麿
　年表昭和・平成史 ………………… 6
森 博美
　医薬品急性中毒ガイド …………… 167
守田 美和
　薬・毒物中毒救急マニュアル 改訂6版
　　………………………………… 168
文部科学省
　科学技術白書 平成24年版 ………… 39
文部科学省科学技術・学術政策局調査調整課
　地震災害を究明せよ ……………… 86
文部省
　学術用語集 増訂版 ……………… 86
文部省高等教育局学生課内厚生補導研究会
　学生部ハンドブック …………… 29

【や】

安田 和弘
　新救急救命士医学用語辞典 ………… 10
安成 哲三
　キーワード 気象の事典 …………… 63
柳沢 旭
　労働関係と社会保障法 …………… 123
矢野 克巳
　地震に強いマンションにする55の方法
　　………………………………… 89
矢野恒太記念会
　データでみる県勢 1999年版 第8版 …… 2
　データでみる県勢 2000年版 第9版 …… 3
　データでみる県勢 2001年版 第10版
　　………………………………… 3
　データでみる県勢 2002年版 第11版
　　………………………………… 3
　データでみる県勢 2003年版 第12版
　　………………………………… 3
　データでみる県勢 2004年版 第13版
　　………………………………… 3
　データでみる県勢 2005年版 第14版
　　………………………………… 3
　データでみる県勢 2006年版 第15版
　　………………………………… 4
　データでみる県勢 2007年版 第16版
　　………………………………… 4
　データでみる県勢 2008年版 第17版
　　………………………………… 4

著編者名索引　　　よしな

矢部　五郎
　製造物責任ハンドブック ・・・・・・・・・・・・・ 113
山内　直人
　NPO NGO事典 ・・・・・・・・・・・・・・・・・・・・・・・ 17
山川　直人
　わかりやすい交通事故 改訂版 ・・・・・・・・ 174
山岸　米二郎
　気象大図鑑 ・・・・・・・・・・・・・・・・・・・・・・・・・・ 64
　気象予報のための風の基礎知識 ・・・・・・・ 70
山口　元一
　震災の法律相談 ・・・・・・・・・・・・・・・・・・・・・・ 87
山崎　太
　医薬品急性中毒ガイド ・・・・・・・・・・・・・・ 167
山科　健一郎
　地震の事典 第2版 ・・・・・・・・・・・・・・・・・・・ 85
　地震の事典 第2版 普及版 ・・・・・・・・・・・・ 85
山田　兼尚
　教師のための防災教育ハンドブック ・・・ 30
山田　健太
　3.11の記録 テレビ特集番組篇 ・・・・・・・・・ 76
山田　滋
　現場から生まれた介護福祉施設の災害対
　　策ハンドブック ・・・・・・・・・・・・・・・・・・・・ 31
山と渓谷社
　自然災害ハンドブック ・・・・・・・・・・・・・・・ 57
　自然災害ハンドブック 新版 ・・・・・・・・・・ 59
山野　雅弘
　苦情対応と危機管理体制 ・・・・・・・・・・・・・ 31
山端　勝二
　災害復旧実務用語の手引 改訂3版 ・・・・・・ 17
山村　武彦
　これだけは知っておきたい! 山村流災害・
　　防災用語事典 ・・・・・・・・・・・・・・・・・・・・・・ 1
　災害・状況別 防災絵事典 ・・・・・・・・・・・・ 26
山本　草二
　海上保安法制 ・・・・・・・・・・・・・・・・・・・・・・ 193
山本　保博
　新救急救命士医学用語辞典 ・・・・・・・・・・ 10
　必携 救急・災害ハンドブック ・・・・・・・・ 11
矢守　克也
　発達科学ハンドブック 7 ・・・・・・・・・・・・・・ 2

【ゆ】

結城　康博
　介護施設と法令遵守 ・・・・・・・・・・・・・・・・ 168

【よ】

横田　俊一郎
　最新Q&A 教師のための救急百科 ・・・・・・・ 31
吉井　敏尅
　地震の事典 第2版 ・・・・・・・・・・・・・・・・・・・ 85
　地震の事典 第2版 普及版 ・・・・・・・・・・・・ 85
吉岡　佐和子
　まんがで読む防衛白書 平成22年版 ・・・ 85
吉岡　睦子
　教育判例ガイド ・・・・・・・・・・・・・・・・・・・・・ 33
吉越　昭久
　日本災害資料集 気象災害編第1巻 ・・・・・・ 66
　日本災害資料集 気象災害編第2巻　第1
　　巻 ・・・・・・・・・・・・・・・・・・・・・・・・・・・・・・・・ 66
　日本災害資料集 気象災害編第3巻　第2
　　巻 ・・・・・・・・・・・・・・・・・・・・・・・・・・・・・・・・ 66
　日本災害資料集 気象災害編第4巻　第3
　　巻、第4巻 ・・・・・・・・・・・・・・・・・・・・・・・・・ 66
　日本災害資料集 気象災害編第5巻　第6
　　巻 ・・・・・・・・・・・・・・・・・・・・・・・・・・・・・・・・ 66
　日本災害資料集 水害編第1巻 ・・・・・・・・・ 70
　日本災害資料集 水害編第2巻 ・・・・・・・・・ 70
　日本災害資料集 水害編第3巻 ・・・・・・・・・ 70
　日本災害資料集 水害編第4巻 ・・・・・・・・・ 70
　日本災害資料集 水害編第5巻 ・・・・・・・・・ 70
　日本災害資料集 水害編第6巻 ・・・・・・・・・ 70
　日本災害資料集 水害編第7巻 ・・・・・・・・・ 70
吉田　旬子
　気象 ・・・・・・・・・・・・・・・・・・・・・・・・・・・・・・・ 64
吉田　杉明
　わかりやすい交通事故 ・・・・・・・・・・・・・・ 174
　わかりやすい交通事故 改訂版 ・・・・・・・・ 174
吉田　浩
　厚生労働統計で知る東日本大震災の実
　　状 ・・・・・・・・・・・・・・・・・・・・・・・・・・・・・・・・ 78
良永　弥太郎
　労働関係と社会保障法 ・・・・・・・・・・・・・・ 123

事故・災害レファレンスブック　275

よしの　　　　　　　　　　　　　　　　　著編者名索引

よしの　えみこ
　　地震災害を究明せよ ………………… 86
淀屋橋法律事務所
　　交通事故判例解説 ………………… 177
　　新 交通事故損害賠償の手引 全訂版 … 174
淀屋橋・山上合同
　　震災の法律相談Q&A ……………… 87
　　震災の法律相談Q&A 第2版 ……… 87

【り】

リリーフ・システムズ
　　ビジュアル博物館 第38巻 ………… 91

【れ】

歴史学研究会
　　机上版 日本史年表 増補版 ………… 5

【ろ】

労災保険情報センター
　　労災医療ガイドブック ……………… 165
　　労災医療ガイドブック 改訂2版 …… 165
　　労災医療ガイドブック 改訂4版 …… 166
労働科学研究所
　　ILO産業安全保健エンサイクロペディア
　　第1巻 ……………………………… 165
労働基準調査会
　　安全管理マニュアル 改訂版 ……… 121
　　送検事例と労働災害 平成元年版 … 124
　　送検事例と労働災害 平成3年版 … 124
　　送検事例と労働災害 平成4年版 … 125
　　送検事例と労働災害 平成5年版 … 125
　　送検事例と労働災害 平成6年版 … 125
　　送検事例と労働災害 平成9年版 … 125
　　送検事例と労働災害 平成10年版 … 125
　　送検事例と労働災害 平成11年版 … 125
　　労働基準法・労働安全衛生法・労災保険
　　法のあらまし 改訂7版 ………… 101
労働省安全衛生部
　　安衛法便覧 平成2年度版 ………… 155

安衛法便覧 平成3年度版 ………… 155
安衛法便覧 平成4年度版 ………… 155
安衛法便覧 平成5年度版 ………… 156
安衛法便覧 平成6年度版 ………… 156
安衛法便覧 平成7年度版 ………… 156
安衛法便覧 平成9年度版 ………… 156
安衛法便覧 平成10年度版 ……… 156
安衛法便覧 平成11年度版 ……… 156
安衛法便覧 平成12年度版 ……… 156
安全衛生法令要覧 平成13年版 …… 151
安全衛生法令要覧 平成14年版 …… 151
労働安全衛生関係法令集 平成2年度版
　………………………………………… 152
労働安全衛生関係法令集 平成5年度版
　………………………………………… 152
労働安全衛生関係法令集 平成6年度版
　………………………………………… 153
労働安全衛生関係法令集 平成7年度版
　………………………………………… 153
労働安全衛生関係法令集 平成8年度版
　………………………………………… 153
労働安全衛生関係法令集 平成9年度版
　………………………………………… 153
労働安全衛生関係法令集 平成10年度版
　………………………………………… 153
労働安全衛生法実務便覧 平成4年10月1
　日現在 ……………………………… 149
労働省政策調査部
　　労働安全衛生基本調査 平成7年版 …… 149
労働省労働基準局
　　体系労災保険判例総覧 新訂版 ……… 142
　　体系労災保険判例総覧 第4集 新訂版
　　…………………………………………… 142
　　労災指定医療機関便覧 平成2年版 …… 165
　　労災保険関係法令集 平成10年版 …… 143
　　労災保険関係法令集 平成11年版 …… 143
　　労災保険法解釈総覧 ………………… 144
　　労災保険法便覧 改訂版 …………… 144
　　労災保険法便覧 改訂2版 ………… 145
　　労災保険法便覧 改訂3版 ………… 145
　　労災保険法便覧 改訂4版 ………… 145
　　労災保険労働福祉事業要覧 ……… 140
労働省〔労働基準局〕安全衛生部
　　安衛法便覧 平成8年度版 ………… 156
労働省労働基準局補償課
　　外国人労働者のわかりやすい労災保険給
　　付のあらまし 3版 ……………… 139
　　自動車運転者の脳・心臓疾患災害補償判
　　例総覧 …………………………… 142
　　新版 労災保険の給付手続便覧 ……… 140

脳・心臓疾患の災害補償判例総覧 第2
　集 ……………………………… 142
脳・心臓疾患の災害補償判例総覧 第3
　集 ……………………………… 142
脳・心臓疾患の災害補償判例総覧 第4
　集 ……………………………… 143
労災保険 医療費算定実務ハンドブック
　平成6年版 …………………… 140
労災保険 医療費算定実務ハンドブック
　平成8年版 …………………… 166
労災保険の給付手続便覧 改訂新版 … 166

労働省労働基準局労災管理課
　明説 労災保険法 新訂版 ………… 143

労働政策研究・研修機構
　データブック国際労働比較 2006年版
　　…………………………………… 131
　データブック国際労働比較 2007年版
　　…………………………………… 131
　データブック国際労働比較 2008年版
　　…………………………………… 131
　データブック国際労働比較 2009年版
　　…………………………………… 132
　データブック国際労働比較 2010年版
　　…………………………………… 132
　データブック国際労働比較 2011年版
　　…………………………………… 132
　データブック国際労働比較 2012年版
　　…………………………………… 132
　データブック国際労働比較 2013年版
　　…………………………………… 132

労働政策研究・研修機構（情報解析部）
　データブック国際労働比較 2004年版
　　…………………………………… 131
　データブック国際労働比較 2005年版
　　…………………………………… 131

労働大臣官房政策調査部
　第3次産業に属する特定業種の安全衛生
　管理の実態 ……………………… 149
　労働環境の実態 平成8年 ……………… 149
　労働統計年報 第41回（昭和63年） ……… 132
　労働統計年報 第42回（平成元年） ……… 132
　労働統計年報 第43回（平成2年） ……… 133
　労働統計年報 第44回（平成3年） ……… 133
　労働統計年報 第45回（平成4年） ……… 133
　労働統計年報 第46回（平成5年） ……… 133
　労働統計年報 第47回（平成6年） ……… 133
　労働統計年報 第48回（平成7年） ……… 133
　労働統計年報 第49回（平成8年） ……… 133
　労働統計年報 第50回（平成9年） ……… 133
　労働統計年報 第51回（平成10年） ……… 133
　労働統計要覧 1990年版 ……………… 134

労働統計要覧 1991年版 ……………… 134
労働統計要覧 1992年版 ……………… 135
労働統計要覧 1993年版 ……………… 135
労働統計要覧 1994年版 ……………… 135
労働統計要覧 1995 ………………… 135
労働統計要覧 1996 ………………… 135
労働統計要覧 1997 ………………… 135
労働統計要覧 1998 ………………… 135
労働統計要覧 1999年版 ……………… 135
労働統計要覧 2000年版 ……………… 135

労働大臣官房労働保険徴収課
　労働保険徴収関係法令集 平成4年版 ‥ 145

労働調査会
　送検事例と労働災害 平成12年版 …… 125
　送検事例と労働災害 平成13年版 …… 126
　送検事例と労働災害 平成14年版 …… 126
　送検事例と労働災害 平成15年版 …… 126

労働調査会出版局
　安衛法便覧 平成18年度版 1 ……… 157
　安衛法便覧 平成18年度版 2 ……… 157
　安衛法便覧 平成18年度版 3 ……… 158
　安衛法便覧 平成19年度版 ………… 158
　安衛法便覧 平成20年度版 ………… 158
　安衛法便覧 平成21年度版 ………… 158
　安衛法便覧 平成22年度版 ………… 158
　安衛法便覧 平成23年度版 ………… 158
　安衛法便覧 平成24年度版 ………… 158
　災害統計年報 平成23年版 ………… 130
　新石綿則ハンドブック ……………… 138
　送検事例と労働災害 平成16年版 …… 126
　送検事例と労働災害 平成17年版 …… 126
　送検事例と労働災害 平成18年版 …… 126
　送検事例と労働災害 平成19年版 …… 126
　送検事例と労働災害 平成20年版 …… 127
　送検事例と労働災害 平成21年版 …… 127
　送検事例と労働災害 平成22年版 …… 127
　送検事例と労働災害 平成23年版 …… 127
　送検事例と労働災害 平成24年版 第1集
　　…………………………………… 127
　労働安全衛生法実務便覧 改訂8版 …… 149
　労働安全衛生法実務便覧 平成21年6月1
　日現在 …………………………… 150
　労働安全衛生法実務便覧 平成22年6月1
　日現在 …………………………… 150
　労働安全衛生法実務便覧 改訂14版 … 150
　労働安全衛生法実務便覧 改訂15版 … 150
　労働衛生手続便覧 改訂2版 ……… 150
　労働基準法・労働安全衛生法・労災保険
　法のあらまし 改訂12版 …………… 101

労働法令協会
　労働保険徴収関係法令集 平成24年版
　　‥‥‥‥‥‥‥‥‥‥‥‥‥‥ 145
労務行政
　労災保険法解釈総覧 ‥‥‥‥‥‥‥ 144
労務行政研究所
　労働安全衛生関係法令集 平成16年度版
　　‥‥‥‥‥‥‥‥‥‥‥‥‥‥ 154
　労働安全衛生関係法令集 平成17年度版
　　‥‥‥‥‥‥‥‥‥‥‥‥‥‥ 154
　労働安全衛生関係法令集 平成18年度版
　　‥‥‥‥‥‥‥‥‥‥‥‥‥‥ 154
　労働安全衛生関係法令集 平成19年度版
　　‥‥‥‥‥‥‥‥‥‥‥‥‥‥ 154
　労働安全衛生関係法令集 平成20年度版
　　‥‥‥‥‥‥‥‥‥‥‥‥‥‥ 154
　労働安全衛生関係法令集 平成21年度版
　　‥‥‥‥‥‥‥‥‥‥‥‥‥‥ 155
　労働安全衛生関係法令集 平成22年度版
　　‥‥‥‥‥‥‥‥‥‥‥‥‥‥ 155
　労働安全衛生関係法令集 平成23年度版
　　‥‥‥‥‥‥‥‥‥‥‥‥‥‥ 155
　労働安全衛生関係法令集 平成24年度版
　　‥‥‥‥‥‥‥‥‥‥‥‥‥‥ 155
労務研究所
　新・福利厚生ハンドブック ‥‥‥‥ 140
ローズ，スザンナ・ヴァン
　ビジュアル博物館 第38巻 ‥‥‥‥ 91
Lotus8
　ママのための防災ハンドブック ‥‥ 27
ロッシ，マウロ
　世界の火山百科図鑑 ‥‥‥‥‥‥‥ 90

渡辺 実
　4コマですぐわかるみんなの防災ハンド
　ブック ‥‥‥‥‥‥‥‥‥‥‥‥ 27

【わ】

和歌山県
　地震・津波等に関する県民意識調査 平
　成25年度 ‥‥‥‥‥‥‥‥‥‥‥ 84
渡辺 せい子
　薬・毒物中毒救急マニュアル 改訂6版
　　‥‥‥‥‥‥‥‥‥‥‥‥‥‥ 168
渡辺 偉夫
　日本被害津波総覧 第2版 ‥‥‥‥‥ 74
渡辺 博
　最新Q&A 教師のための救急百科 ‥‥ 31
渡邉 正樹
　学校危機対策・頻発36事案 ‥‥‥‥ 30

事 項 名 索 引

事項名索引　　　こうか

【あ】

アスベスト（石綿）　→職業病とその予
防 ……………………………………… 137
油流出事故　→水質汚染 ………………… 97
雨水貯水　→水害予防・対策 …………… 71
安全管理　→安全管理 …………………… 158
異常気象　→気象災害全般 ……………… 62
異常接近　→航空交通事故 …………… 200
医療事故　→医療・介護・看護事故 … 167
医療事故防止　→医療・介護・看護事故
防止 ……………………………………… 168
医療施設の防災　→各種施設の防災 … 29
岩手県　→東北地方 ……………………… 75
運輸　→交通・運輸 ……………………… 13
NPO・NGO　→災害復旧・復興 ……… 17
応急手当　→災害救助 …………………… 10

【か】

外国人労働者　→労働災害時の補償 …… 139
外国の地震　→外国 ……………………… 84
介護事故　→医療・介護・看護事故 … 167
介護事故防止　→医療・介護・看護事故
防止 ……………………………………… 168
介護福祉施設の防災　→各種施設の防災 … 29
海上災害　→水上交通事故 …………… 193
海難　→水上交通事故 ………………… 193
海洋汚染　→水質汚染 …………………… 97
各種施設の防災　→各種施設の防災 … 29
各地の火災と消防　→各地の火災と消防 ‥ 216
各地の火山　→各地の火山 ……………… 91
各地の地震・震災と復旧　→各地の地震・
震災と復旧 …………………………… 74
火災　→火災 …………………………… 202
火災対策　→火災対策 ………………… 202
火山
　→地震・火山全般 …………………… 73
　→各地の火山 ………………………… 91

火山活動　→噴火・火山活動 ………… 90
火山活動研究　→火山活動研究 ……… 91
カスリーン台風　→台風 ……………… 69
河川工学　→水害予防・対策 ………… 71
学校災害　→人為的災害・事故全般 … 93
学校の防災・危機管理　→各種施設の防災‥ 29
渇水　→気象災害全般 ………………… 62
家庭の防災　→家庭・住宅の防災 …… 25
環境汚染　→公害 ……………………… 95
環境問題　→自然災害全般 …………… 53
看護事故　→医療・介護・看護事故 … 167
看護事故防止　→医療・介護・看護事故
防止 …………………………………… 168
関東大震災　→関東地方 ……………… 78
関東地方　→関東地方 ………………… 78
危機管理　→防災・危機管理全般 …… 19
企業の防災・危機管理　→企業の防災・
危機意識 ……………………………… 28
危険物取扱・保管　→危険物取扱・保管 ‥ 160
危険物輸送　→交通・運輸 …………… 13
気候変動　→気象災害全般 …………… 62
気象
　→自然災害全般 ……………………… 53
　→気象災害全般 ……………………… 62
気象災害史
　→気象災害史 ………………………… 65
　→台風 ………………………………… 69
気象災害全般　→気象災害全般 ……… 62
北伊豆地震　→中部・北陸地方 ……… 79
北上川流域水害　→水害 ……………… 70
救急医療　→災害救助 ………………… 10
凶作　→気象災害史 …………………… 65
漁業災害補償　→農林水産業被害 …… 60
近畿地方　→近畿地方 ………………… 80
緊急事態関係法　→法令（防災・危機管
理全般） ……………………………… 49
群馬県　→水害 ………………………… 70
警察白書　→国家の防災行政 ………… 38
健康管理　→健康管理・産業保険 …… 165
原子力災害　→原子力・放射線災害 … 102
公害
　→人為的災害・事故全般 …………… 93
　→公害 ………………………………… 95

事故・災害レファレンスブック　281

こうく　　　　　　　　事項名索引

航空交通事故　→航空交通事故 …………… 200
交通　→交通・運輸 ………………………… 13
交通事故　→交通事故 …………………… 169
国際災害支援　→外国 ……………………… 84
国家公務員災害補償　→労働災害時の補
　　償 …………………………………………… 139
国家の防災行政　→国家の防災行政 …… 38
駒ヶ岳　→各地の火山 …………………… 91

【さ】

災害救助　→災害救助 …………………… 10
災害史
　　→災害史 ………………………………… 4
　　→気象災害史 ………………………… 65
　　→台風 ………………………………… 69
災害時の医療
　　→災害救助 …………………………… 10
　　→東北地方 …………………………… 75
災害時の対応　→災害時の対応 ………… 9
災害弱者問題　→災害弱者問題 ………… 15
災害全般　→事故・災害全般 …………… 1
災害対策　→防災・危機管理全般 ……… 19
災害復旧・復興
　　→災害復旧・復興 …………………… 17
　　→自然災害対策・災害復旧 ………… 59
災害ボランティア　→災害復旧・復興 … 17
サバイバル術　→家庭・住宅の防災 …… 25
砂防事業　→水害予防・対策 …………… 71
3.11
　　→東北地方 …………………………… 75
　　→原子力・放射線災害 ……………… 102
産業災害　→産業災害 …………………… 100
産業保険　→健康管理・産業保険 ……… 165
酸性雨
　　→気象災害全般 ……………………… 62
　　→公害 ………………………………… 95
三陸大震災　→東北地方 ………………… 75
JR福知山線脱線事故　→鉄道事故 …… 191
事故全般
　　→事故・災害全般 …………………… 1

　　→人為的災害・事故全般 …………… 93
四国地方　→四国地方 …………………… 84
自殺対策
　　→防災・危機管理全般 ……………… 19
　　→国家の防災行政 …………………… 38
地震
　　→地震・火山全般 …………………… 73
　　→地震 ………………………………… 73
地震学　→地震学 ………………………… 85
地震対策　→地震対策・震災対策 ……… 88
自然災害全般　→自然災害全般 ………… 53
自然災害対策　→自然災害対策・災害復旧 ‥ 59
自動車事故　→自動車事故 ……………… 174
子ども　→災害弱者問題 ………………… 15
地盤災害全般　→地盤災害全般 ………… 73
社会保障　→労働災害 …………………… 119
住宅の防災　→家庭・住宅の防災 ……… 25
重油汚染　→水質汚染 …………………… 97
消防　→消防 ……………………………… 204
情報　→情報 ……………………………… 14
消防白書　→国家の防災行政 …………… 38
職業病　→人為的災害・事故 …………… 93
職業病とその予防　→職業病とその予防 ‥ 137
食中毒　→医療・介護・看護事故 ……… 167
職場のトラブル　→企業の防災・危機意識 ‥ 28
人為的災　→人為的災害・事故 ………… 93
震災　→地震 ……………………………… 73
震災対策　→地震対策・震災対策 ……… 88
震災時の対応　→震災時の対応 ………… 86
震災法務　→震災時の対応 ……………… 86
水害　→水害 ……………………………… 70
水害予防・対策　→水害予防・対策 …… 71
水質汚染　→水質汚染 …………………… 97
水上交通事故　→水上交通事故 ………… 193
水難救助　→水上交通事故 ……………… 193
スポーツ事故　→人為的災害・事故 …… 93
製品事故　→製品事故 …………………… 113
雪害　→雪害 ……………………………… 72
ゼロ災運動　→安全管理 ………………… 158

282　事故・災害レファレンスブック

事項名索引　　ほうさ

【た】

大気汚染　→公害 ························· 95
耐震　→地震対策・震災対策 ········· 88
台風　→台風 ···························· 69
地域の防災　→地域の防災 ············ 34
地殻変動災害全般　→地殻変動災害全般 ··· 73
地球温暖化　→気象災害全般 ········· 62
治水事業　→水害予防・対策 ········· 71
中毒
　→危険物取扱・保管 ·············· 160
　→医療・介護・看護事故 ··········· 167
中部地方　→中部・北陸地方 ········· 79
通勤災害　→労働災害 ··············· 119
津波
　→地震・火山全般 ················· 73
　→各地の地震・震災と復旧 ········· 74
　→東北地方 ······················ 75
　→地震学 ························· 85
津波防災　→地震対策・震災対策 ········· 88
鉄道事故　→鉄道事故 ··············· 191
天候記録　→気象災害史 ············· 65
東京都
　→地域の防災 ····················· 34
　→水害 ························· 70
　→関東地方 ······················ 78
　→各地の火災と消防 ··············· 216
東北地方　→東北地方 ··············· 75
道路管理　→陸上交通事故 ··········· 173
十勝沖地震　→北海道 ··············· 75
毒物
　→危険物取扱・保管 ·············· 160
　→医療・介護・看護事故 ··········· 167
都市水害　→水害 ·················· 70
土砂災害　→地盤災害全般 ··········· 73
土壌汚染　→公害 ·················· 95
鳥取市大火災　→各地の火災と消防 ··· 216
都道府県民意識調査
　→関東地方 ······················ 78

　→中部・北陸地方 ················· 79
　→近畿地方 ······················ 80

【な】

雪崩　→雪害 ······················ 72
南海大震災　→四国地方 ············· 84
新潟県中越地震　→中部・北陸地方 ··· 79
農林水産業被害　→農林水産業被害 ······· 60
ノースリッジ地震　→外国 ··········· 84

【は】

廃棄物処理　→東北地方 ············· 75
ハイチ大震災　→外国 ··············· 84
函館大火　→各地の火災と消防 ········· 216
パワハラ　→労働災害 ··············· 119
阪神・淡路大震災　→近畿地方 ········· 80
東日本大震災
　→東北地方 ······················ 75
　→関東地方 ······················ 78
被災者支援　→東北地方 ············· 75
被災者のメンタル・ケア　→被災者のメ
　ンタル・ケア ····················· 18
被災生活　→災害復旧・復興 ········· 17
兵庫県南部地震　→近畿地方 ········· 80
風害　→風害 ······················ 70
風水害　→風水害 ·················· 69
福井地震　→中部・北陸地方 ········· 79
福島県　→東北地方 ················· 75
福島第一原発事故　→原子力・放射線災
　害 ····························· 102
福山水害　→水害 ·················· 70
噴火活動　→噴火・火山活動 ········· 90
防火　→火災対策 ·················· 202
防災
　→防災・危機管理全般 ············· 19
　→自然災害対策・災害復旧 ········· 59
　→地震対策・震災対策 ············· 88
防災航空隊　→消防 ················· 204

事故・災害レファレンスブック　283

ほうさ　　　　　　　　事項名索引

防災白書　→防災・危機管理全般 ············ 19
放射線災害　→原子力・放射線災害 ········ 102
法令
　→法令（災害復旧・復興）····················· 19
　→法令（防災・危機管理全般）·············· 49
北陸地方　→中部・北陸地方 ················· 79
北海道
　→水害 ··· 70
　→北海道 ·· 75
　→各地の火山 ·································· 91
北海道東方沖地震　→北海道 ················· 75

【ま】

宮城県　→東北地方 ····························· 75

【ら】

陸上交通事故　→陸上交通事故 ············· 173
レスキュー　→災害救助 ························ 10
労災医療　→健康管理・産業保険 ········· 165
労働安全衛生　→労働安全衛生 ············· 146
労働安全衛生法　→労働安全衛生法 ········ 149
労働災害
　→人為的災害・事故 ························· 93
　→労働災害 ···································· 119
労働災害時の補償　→労働災害時の補償 ·· 139

284　事故・災害レファレンスブック

事故・災害 レファレンスブック

2015 年 8 月 25 日　第 1 刷発行

発 行 者／大高利夫
編集・発行／日外アソシエーツ株式会社
　　　　　　〒143-8550 東京都大田区大森北 1-23-8 第 3 下川ビル
　　　　　　電話 (03)3763-5241(代表)　FAX(03)3764-0845
　　　　　　URL http://www.nichigai.co.jp/
発 売 元／株式会社紀伊國屋書店
　　　　　　〒163-8636 東京都新宿区新宿 3-17-7
　　　　　　電話 (03)3354-0131(代表)
　　　　　　ホールセール部(営業)　電話 (03)6910-0519

電算漢字処理／日外アソシエーツ株式会社
印刷・製本／光写真印刷株式会社

不許複製・禁無断転載　　《中性紙H-三菱書籍用紙イエロー使用》
〈落丁・乱丁本はお取り替えいたします〉
ISBN978-4-8169-2555-9　　**Printed in Japan,2015**

本書はディジタルデータでご利用いただくことが
できます。詳細はお問い合わせください。

統計図表レファレンス事典 事故・災害
A5・230頁　定価（本体8,800円＋税）　2011.9刊
1997〜2010年に国内で刊行された白書などに、事故・災害に関する表やグラフなどの形式の統計図表がどこにどんなタイトルで掲載されているかを、キーワードから調べられる索引。白書・年鑑・統計集385種から3,000点を収録。

平成災害史事典
台風・地震などの自然災害から公害・医療・列車事故などの社会的災害まで、各種災害・事故を年表形式に排列した記録事典。災害の概略や具体的な被害データも記載、どの時期にどんな災害が発生したかを通覧することができる。

平成21年〜平成25年
A5・510頁　定価（本体13,000円＋税）　2014.3刊

平成16年〜平成20年
A5・460頁　定価（本体13,000円＋税）　2009.3刊

平成11年〜平成15年
A5・410頁　定価（本体12,500円＋税）　2004.5刊

3.11の記録 東日本大震災資料総覧
東日本大震災についてマスメディアは何を報じたのか――。「震災篇」「原発事故篇」は図書と新聞・雑誌記事、視聴覚・電子資料を収載。「テレビ特集番組篇」では、震災関連特別番組のタイトルを一覧することができる。

震災篇
山田健太・野口武悟 編集代表　「3.11の記録」刊行委員会 編
A5・580頁　定価（本体19,000円＋税）　2013.7刊

原発事故篇
山田健太・野口武悟 編集代表　「3.11の記録」刊行委員会 編
A5・470頁　定価（本体19,000円＋税）　2013.7刊

テレビ特集番組篇
原由美子（NHK放送文化研究所）
山田健太・野口武悟（「3.11の記録」刊行委員会）　共編
A5・450頁　定価（本体19,000円＋税）　2014.1刊

データベースカンパニー
日外アソシエーツ　〒143-8550　東京都大田区大森北1-23-8
TEL.(03)3763-5241　FAX.(03)3764-0845　http://www.nichigai.co.jp/